PARTS I-V

DAS SCHRIFTWORT

IN DER

RABBINISCHEN LITERATUR.

THE LIBRARY OF BIBLICAL STUDIES

Edited by

Harry M. Orlinsky

PARTS I-V

DAS SCHRIFTWORT

IN DER

RABBINISCHEN LITERATUR.

VON

DR. V. APTOWITZER.

PROLEGOMENON BY

SAMUEL LOEWINGER

KTAV PUBLISHING HOUSE, INC.

NEW YORK, NEW YORK

1970

FIRST PUBLISHED 1906, 1908, 1911, 1915

SBN 87068-005-6

LIBRARY OF CONGRESS CATALOG CARD NUMBER: 68-19735
MANUFACTURED IN THE UNITED STATES OF AMERICA

SITZUNGSBERICHTE

DER

KAIS. AKADEMIE DER WISSENSCHAFTEN IN WIEN

PHILOSOPHISCH-HISTORISCHE KLASSE.

BAND CLIII.

VI.

DAS SCHRIFTWORT

IN DER

RABBINISCHEN LITERATUR.

PROLEGOMENA

VON

DR. V. APTOWITZER.

(VORGELEGT IN DER SITZUNG AM 14. MÄRZ 1906.)

FIRST PUBLISHED 1906

TABLE OF CONTENTS

PROLEGOMENON

I. *Introduction*

a) The attention of the Jewish Bible exegetes of the Middle Ages was frequently directed toward the Aramaic translations from which they reconstructed many variant readings in the Bible, especially where difficult passages were concerned.

The medieval commentators on the Talmud noted quotations from the Bible that did not agree with their Biblical text. This presented serious difficulties to the commentators, and they sought solutions in accordance with their approach to these problems and the sources available to them. The greatest difficulties were presented by those variants that could not be regarded as copyists' errors because halachot and agadot were based on them.

In more recent times, scholars of the Masora, such as Jacob ben Hayyim and Jedidiah Norzi, also struggled with the variants in the Talmudic quotations together with those in the Masoretic lists, such as the "Differences between Western and Eastern Recensions" and the variants that they discovered in Biblical manuscripts.

Nevertheless, theological problems concerning these variants did not arise in these circles; the scholars simply recorded the facts. It is an interesting development that only since the middle of the nineteenth century have numerous scholars introduced this aspect into their studies of the problem, in an attempt to deny the possibility of textual variants and to prove that they are the result of errors made by copyists of the Talmud. Two actual works of this type were mentioned by V. Aptowitzer.[1]

A contemporary author who has chosen a peculiar line of thought is Rabbi Chaim M. Brecher, an American expert in this field, who prepared the text of the Bible[2] for Yehoash's Yiddish translation[3] and who annotated M. Hyamson's publication: *Mishne*

1. S. Waldberg, דרכי השנויים (Lemberg, 1870); S. R. Edelmann, המסלות (Wilna, 1875).

2. Yehoash Farlag Gezelshaft (New York, 1941; 3rd edition, 1946). Hebrew introduction and notes by Brecher.

3. See on this edition the review by H. M. Orlinsky, *Journal of Biblical Literature*, 60 (1941), 173–177.

Torah, *The Book of Adoration*, by Maimonides.[4] In the Introduction to his notes to the Bible, Brecher states that, with only two exceptions, he will not mention any textual variants in connection with the Torah, not even those brought by the most eminent Jewish exegetes. As an example he brings Ex. 25, 22, ואת כל אשר אצוה. In the traditional text, the reading is את (without the prefix ו, but a reading quoted by Saadia Gaon, Rashi, Ibn Ezra, and others is: ואת. Brecher's reason for disregarding variations of this type is[5]: ...ובכל זאת אחר שנשתקעה ו׳ זו ונתבטלה מנוסח כל הספרים, אין להזכירה כלל היום, ואפילו היתה מציאותה אמתית ומקורית, נאמר שכן רצונו של נותן התורה ית״ש, המסבב כל הסבות שתתבטל ו׳ זו.

Certainly, this peculiar approach based on the exaggerated fear of the sanctity of the text of the Torah, and the Masora concerning it, is not grounded on facts, for more than twenty manuscripts with the reading ואת are listed by such collectors of variants as Kennicott, De Rossi, and Ginsburg. How can one reject a tradition that is extant in so many sources, especially as it was also mentioned by the greatest Jewish exegetes?

This principle also guided Brecher in a matter which concerned not the text itself but the form in which the Torah scroll is to be written. As we know, it was common practice in Europe, when writing a Torah scroll for synagogue use, to follow the tradition set down in the minor tractate *Soferim* concerning the copying of the Song of Moses (Deut. 32) in precisely 70 lines. However, there was a widespread, different tradition which instructed the scribe to copy the Song of Moses in 67 lines. This latter tradition is found in the earliest manuscripts of Moses ben Maimon's *Mishne Torah* and in Biblical manuscripts as well. However, when *Mishne Torah* was set to print, its text was changed without this fact being noted, on the assumption that the manuscript reading "67 lines" was corrupt.

Today, however, when editors publish the manuscript as written by the author himself, one ought not mislead the reader by changing the text of the manuscript without even mentioning the original reading, as Rabbi Brecher did (apparently with the consent of the editor, Rabbi M. Hyamson). Perhaps it was their opinion that it is the

4. Edited according to the Bodleian (Oxford) Codex with an English Translation by Moses Hyamson. The Talmudical References and Hebrew Footnotes by Rabbi Chaim M. Brecher (Jerusalem, 1962).

5. See the Hebrew Introduction 1, p. א.

Divine wish that the version written by Moses ben Maimon should vanish because another tradition about copying the Song of Moses was accepted in certain circles. Moses ben Maimon writes explicitly, in הלכות ס״ת, פ״ז, ה״י in the *Mishne Torah*, that in matters not clearly expounded in the Talmud he relied on the Codex copied by Ben-Asher.[6] Today we know that in the Aleppo Codex, which is presumed to have been vocalized by Aaron ben Asher, the Song of Moses is indeed written in 67 lines.[7]

Furthermore, in the previous centuries, when it was not possible to examine this famous Codex, it was well known that there were conflicting traditions concerning the writing of the Song of Moses in 67 or 70 lines,[8] and the matter was discussed in the literature at length. Is it possible that these two learned men were wholly unaware of these discussions? It seems more plausible to assume that they deliberately changed the reading of the manuscript of the *Mishne Torah* because of their exaggerated fear of the possibility of the existence of any differences in the traditions concerning the Torah. It is to be regretted that they did not realize that such an approach undermines the faith in "research" of this kind.

We shall bring here the passage concerning this matter from the manuscript of the *Mishne Torah* signed by Moses ben Maimon himself: הוגה מספרי אני משה ברבי מימון זצ״ל.

In this manuscript it is written concerning the Song of Moses: וכותבין אותה בשבע וששים שיטות. In Hyamson's edition we find וכותבין אותה בשבעים שיטות, with Brecher's note[9]:

בשבעים שיטות, — אבל בפרטן לא נמנו בכתה״י אלא שבע וששים ובערבוב מתמיה, שבראשי שיטין דלג על ״שאל״, ״יפרש״, ״ומחדרים״, ״יונק״, ובאמצעי שיטין דלג על ״בינו״, ״זקניך״, ״על״, ״ישאהו״, ״גם״, ושרכב במקומם ״שאל״, ״יפרש״ שהשמיט מראשי שיטין, ואנו תקננו כמסרה.

b) The first serious attempt to collect the Biblical variant readings

6. There: פ״ח, ה״ד

7. See M. H. Goshen-Gottstein, "The Authenticity of the Aleppo Codex," *Textus*, 1 (1960), 17–59; ד.ש. לוינגר וא. קופפר, תיקון ספר תורה של ר׳ יום טוב ליפמן מילהויזן (סיני, ס׳, תשכ״ז, במבוא. ב. צורת השירים בתורה).

8. The facsimile of the first part of the Song of Moses from the Aleppo Codex was already published by the late President of the State of Israel in his paper which appeared in 1958 ״כתר התורה״ של בן־אשר שנכתב בארץ ישראל (סיני, מ״ג, תשי״ח).

9. See in the Hyamson-Brecher edition, p. 131b: "The form of the Song Haazinu. . . . The Song is written in 70 lines."

appearing in the Talmud, Midrash, Targum, and even in the literature of the Kabbala, was made by S. Rosenfeld in his book משפחת סופרים (Wilna, 1883). In the preface to his book, Aptowitzer indicated the shortcomings of Rosenfeld's method, and in his sharp criticism he is undoubtedly correct. Yet Rosenfeld's repository and discussions remain useful to this day.

Aptowitzer set out to collect the material according to his own method; he relied principally on authorized sources, and indicated the sources of the variants that he recorded. He indicated far more fully than Rosenfeld whether the variants also appear in ancient Greek, Latin, Syriac, and other translations, in addition to the Targum. He further expanded his list by recording the variants found in Jewish exegetical and grammatical works written in Hebrew or Arabic, in liturgical poetry and the commentaries on it, etc. In doing this, he served as a guide, showing how, by making use of a wide variety of material, it is possible to draw an accurate description of Hebrew manuscripts in which the readings differ from our accepted text.

It should not surprise us that he struggled much over the choice of a title for his work. It was difficult, indeed, to find a suitable name for such a variegated collection. It is clear to anyone who surveys this rich material that the title *Rabbinische Literatur* is not accurate, for many variants from Karaite literature are listed, and a large number of works that cannot be included under the heading of Rabbinic literature served as source material. Nor is the title *Hebräische Literatur* suitable, for this book deals with works written in Aramaic and even in Arabic. In our opinion, the title that comes closest to describing accurately the contents of the book is *Post-Biblical Jewish Literature*, although it, too, is not perfect, as not all of this literature is encompassed by him.

c) In order to understand the development of Aptowitzer's work and the reason for its interruption after the completion of the section on the Early Prophets (excluding Kings), we must review in brief his life and scientific work.[10]

Victor Aptowitzer was born in 1871 in Tarnopol in East Galicia,

10. See his biography in: ספר זכרון לבית המדרש לרבנים בווינה, ירושלים, תש״ו (ח.ז. הרשברג), ע׳ 46–59; חכמת ישראל במערב אירופה, ירושלים–תל־אביב, תשי״ט (מ. ווכסמן), ע׳ 25–36.

part of Austria. Already in his childhood he was recognized as a prodigy. A brilliant future in enriching the Talmudic literature was justly predicted for him. However, his desire was to become familiar with Western culture as well, without alienating himself from traditional education. He knew that in order to accomplish this he would have to continue his studies in the centers of learning in Western Europe. At the age of 28 he received his matriculation certificate in Bukovina, at that time part of Austria, and in 1899 he went to Vienna. There, he entered the university and the Rabbinical Seminary. His teachers immediately realized that the future held in store for him outstanding success in the research he would undertake. Less than ten years later he was considered one of the recognized Jewish scholars in Western, non-Jewish circles as well. The results of his first studies were presented at meetings of the Viennese Academy of Sciences. Two parts of this work which is now being republished, appeared as publications of this Academy,[11] and two other parts in the reports of the Rabbinical Seminary,[12] where he was appointed lecturer two years after his graduation in 1907, and later, full professor.

After the first two parts of his work appeared as a publication of the Viennese Academy, two other valuable books by him in different fields of study, were published by the same Academy.[13]

Throughout the following decades his name is found in all the outstanding forums of Judaica in Western Europe and America. Two very important works appeared as publications of the Alexander Kohut Foundation.[14] A work of great scope was his annotated edition of the ראבי״ה by the Tosafist, Eliezer ben Joel Halevi.[15]

Why did Aptowitzer not complete his work in the field of variant readings? We cannot dismiss the reason that material factors were to blame, for despite his high position in the scholarly world he was

11. *Sitzungsberichte der Kais. Akademie der Wissenschaften in Wien*, Band CLIII (1906); ibid., Band 160, 7 Abhandlung (1908).

12. *XVIII. Jahresbericht der Israelitisch-Theologischen Lehranstalt in Wien für das Schuhljahr* 1910/1911 (Wien 1911); XXII (1914/1915).

13. *Beiträge zur Mosaischen Rezeption im armenischen Recht* (1907); *Die syrischen Rechtsbücher und das mosäisch-talmudische Recht* (1909).

14. *Kain und Abel in der Agada, den Apokryphen, der hellenistischen, christlichen und muhammedanischen Literatur* (Wien, 1912); *Parteipolitik der Hasmonärzeit in rabbinischen und pseudepigraphischen Schrifttum* (Wien, 1927).

15. ברלין – ירושלים. תרע״ג־תרצ״ח.

confronted with such problems in Vienna, the prosperous Jewish center, as we see in the article by his pupil, H. Z. Hirschberg.[16] But the main reason, we feel, is that a scholar of his caliber, with such wide horizons, could not devote all his energy to collecting material of this type. This task demanded a team of workers able to continue and complete the collection under his guidance. A similar occurence was the suspension of work on the Talmudic encyclopedia, מפתח התלמוד, by the late M. Guttmann. He succeeded in publishing only four volumes, covering the letter *aleph* of this excellent work, and then turned to other fields of interest.[17] Today, a full team of research assistants, under the guidance of recognized experts, is working on the Talmudic Encyclopedia in Jerusalem.[18]

It is a great pity that Aptowitzer was unable to accept the offer of a chair by the Hebrew University in Jerusalem when it opened in 1925. He might thus have obtained the assistance necessary to complete this undertaking. When he reached Palestine after the conquest of Austria by the Nazis in 1939, he could not join the academic staff of the University because of his advanced age and near-blindness. During the years that followed, he continued to work at home on his research, and published, among other things, an important volume on the period of the Geonim.[19] In 1943 he passed away and was buried on the Mount of Olives. May his memory be for a blessing.

d) There can be no doubt that with regard to the Books of Joshua, Judges, and Samuel, Aptowitzer presented to Biblical scholars a wealth of material which will continue to serve as a source for many studies in the future. Whoever intends to work on these Books will require this material. To our regret, however, we must emphasize that in the decades since this work appeared, it has not been utilized as much as it could have been.[20]

Thus it is worth comparing the first chapter of Joshua in the

16. See n. 10 above.

17. Such as his most important work, *Das Judentum und seine Umwelt* (Berlin, 1927). His complete bibliography was published by A. Scheiber (List of Writings of Prof. Michael Guttmann in: *Jewish Studies in Memory of M. Guttmann*, I, edited by S. Löwinger (Budapest, 1946), pp. XXXIII–L.

18. אנציקלופדיה תלמודית (בעריכת מ. ברלין וש״י זוין, ירושלים, Vols. א־י״ב).

19. מחקרים בספרות הגאונים (ירושלים, תש״א).

20. See the articles by A. Mirsky, "Biblical Variants in the Medieval Hebrew Poetry," *Textus*, 3 (1963), 159–162 and S. Esh, "Variant Readings in Mediaeval Hebrew Commentaries: R. Samuel Ben Meir (Rashbam)," 5 (1966), 84–92, where the pertinent literature is listed.

most recent edition of Kittel-Kahle's *Biblia Hebraica*[21] with the parallel chapter of Aptowitzer's book, in order to prove that a great injustice has been done to Biblical scholars who were not presented with at least part of his conclusions. When variants found in the ancient translations are listed, notice should be made of the same variants appearing in the Talmud and Midrash. Why are readings found in the Talmud and Midrash, and written in the same Hebrew and Aramaic language as the Bible, less valuable than those readings reconstructed from translations? The Tannaim and the Amoraim most certainly had before them texts of the Bible differing in certain details from the accepted text. True, it should also be taken into account that some of these variants are not original; but many of them are derived from ancient and reliable sources. The doubts concerning the authenticity of the variants reconstructed from the numerous translations are no less serious than those concerning the variants extant in Rabbinic literature.

In order to emphasize the importance of variants reconstructed by the Jewish commentators on the Bible in the Middle Ages, we shall adduce three examples—which, incidentally, have bearing also on the Dead Sea Scrolls.

(1) In *Pesikta d'Rav Kahana*,[22] the reading of Hab. 1.13 is מראות ברע instead of the masoretic reading מראות רע[23]. Ibn Ezra states in his commentary: טהור: הלוא אתה טהור עינים שלא תראה ברע והבי״ת חסר והוא כמו ואל אראה ברעתי (במד׳ יא, טו). The same variant is found in the *Midrash Hagadol*.[24] It is to be regretted that Z. Zinger, who dealt with this problem,[25] did not mention that in the *Pesher Habakkuk*[26] of the Dead Sea Scrolls, this variant appears twice in succession: first as the continuation of the preceding passage and then alone with the commentary: טהור עינים מראות ברע... אשר שמרו את מצוותיו בצר למו כיא הוא אשר אמר טהור עינים מראות ברע. In the 1952 edition of the *Biblia Hebraica* this variant is listed in the

21. Ed. A. Alt and O. Eissfeldt (Stuttgart, 1952); see also my review of this edition in *Kirjath-Sepher*, 29 (1953–54), pp. 218–220.

22. Ed. Bernard Mandelbaum (New York, 1962), Vol. I, p. 77.

23. See also in my commentary in the *Perush Maddai* of A. Kahana to this verse (Tel Aviv, 1930); Goshen-Gottstein, *VT*, 3 (1953), 187–88.

24. Ed. S. Fish, *Numbers*, Vol. 2 (Jerusalem, 1963), p. 117.

25. "The Bible Quotations in the Pesikta de Rav Kahana," *Textus*, 5 (1966), 114–124.

26. Ed. M. Burrows (New Haven, 1950), Plate LVII, Col. V.

additional apparatus of Eissfeldt because of its ancient and reliable source; but we must ask: Why was this reading not accredited on the basis of Ibn Ezra's conjecture and the Midrashic sources?

(2) Another example: On משובב נתיבות לשבת (Isa. 58.12) Rashi commented, תירגם יונתן מתיב רשיעיא לאורייתא, משובב כמו משיב: The reading משיב was not noted in the apparatus of the 1952 edition of the *Biblia Hebraica.*[27] It was noted only in the new edition which appeared recently,[28] since the reading appears in DSI II. Why was it not adduced from Rashi, based on Targum Jonathan,[29] that such a reading may have existed, and why was the reading not arrived at on the basis of other translations?

(3) Isa. 49.6 reads: ויאמר נקל מהיותך לי עבד. Even though David Kimḥi suggested that the interrogatory letter ה may be missing and that the reading should be הנקל, and the Targum upholds this reading,[30] it is not mentioned in the apparatus even of the latest edition of *Biblia Hebraica.*[31]

These examples, to which many others could readily be added justify Aptowitzer's method, i.e., the listing of all variants, with the exception of those that are clearly copyists' errors, without attempting to judge the authenticity and originality of the readings. In these matters, it is impossible, in any case, to draw definite conclusions before a broad and fundamental investigation of each item is undertaken.

Undoubtedly, the significance of the variant may depend on whether it appears in a source close to the period of the original such as the Dead Sea Scrolls, or whether it is found in a later source, though we must take into account the possibility that even the latter may well derive from an early source. One cannot establish rules in these matters, though a reading appearing in an early manuscript of the Talmud or Midrash is generally to be preferred to one appearing in later manuscripts or editions. All sources, however, should be utilized in their entirety, and collated carefully. Aptowitzer, in his work, serves well as a guide in these matters.

27. See n. 21 above.

28. *BHS* = *Biblia Hebraica Stuttgartensia*, ed. K. Elliger et W. Rudolf. Liber Jesaiae preparavit D. Winton Thomas (Stuttgart, 1968).

29. See my paper, "The Variants of DSI II", *Vetus Testamentum*, 4 (1954), p. 161, n. 7.

30. Ibid., p. 158, n. 9.

31. See n. 28 above. H. M. Orlinsky discusses additional examples in his Prolegomenon to KTAV reissue of C. D. Ginsburg, *Introduction to the Massoretico-Critical Edition of the Hebrew Bible* (1966), XX ff.

II. [*To be*] *Read but not Written*—[*To be*] *Written but not Read*
קריין ולא כתבן—כתבן ולא קריין

a) These interesting lists, appearing in the Babylonian Talmud (Nedarim 37b–38a), presented serious difficulties to the commentators on the Talmud who lacked the manuscripts of the Talmud, Bible, and masoretic literature necessary for the fundamental investigation and solution of the problems. Recently, sources in all these fields have come to light, and they facilitate the solutions of these difficulties. In approaching these problems, it is necessary

(1) to consider the text of the Talmud by comparing the printed editions with manuscripts;

(2) in the examination of masoretic lists and notes, to rely neither on the editions nor on single manuscripts, but to make use of all relevant texts as much as possible;

(3) and to take into account the different groups of manuscripts of the Bible and to examine their relationship to the masoretic lists and Talmudic statements. Throughout, it must be borne in mind that it does not suffice to examine one part of a source when the solution to the difficulties lies hidden precisely in another part of the same source.

This happened to the well-known scholar, A. Sperber, when he dealt with "Problems of the Masora" a quarter-century ago,[1] and again when he reiterated his opinions in his comprehensive book published three years ago.[2] These studies and their conclusions require a renewed investigation of these lists, in such a way as to put the research in this field back on the right track.

We shall first print here these lists as they appear in Ms. Monacensis (Munich) 95.[3] In footnotes we shall record part of the variants in Ms. Vatican 110,[4] and note certain details in Ms. Parma[5] and

1. *HUCA*, 17 (1942–43), 293–394, with 3 plates.

2. *A Historical Grammar of Biblical Hebrew* (Leiden, 1966), 493–562.

3. Facsimile-edition by H. L. Strack (Leiden, 1912).

4. See U. Cassuto, *Bibliothecae Vaticanae codices manuscritti recensiti. Codices Vaticani hebraici* (Vatican, 1956) pp. 174–175; N. Allony and D. S. Loewinger, *List of Photocopies in the Institute of Hebrew Manuscripts.* Part III: *Hebrew Manuscripts in the Vatican* (Jerusalem, 1968), p. 24.

5. Cat. of J. B. De-Rossi, no. 156.

the British Museum[6] manuscripts which contain Rabbinic statements.

In our study of these lists we shall also examine many ancient Bible codices: Ms. Leningrad 3 (with Babylonian vocalization)[7] and the Aleppo Codex,[8] as well as masoretic lists from Ms. Leningrad B 19 [A9] and masoretic lists from later manuscripts, inasmuch as they provide material illuminating the problems and their solutions.

Next to the serial number of Recension 'a' the serial number of Recension 'b' is listed; but the source of the Biblical passage is not repeated, unless it has not appeared in the previous recension.

List A: קריין ולא כתבן

Recension a: Bab. Nedarim 37b.

		Codex Monacensis	Edd.
1 = 2	II Sam. 8.3	פ ר ת דבלכתו	פ ר ת דבלכתו
2 = 3	Ibid. 16.23	א י ש דכאשר ישאל איש	א י ש דכאשר ישאל איש בדבר האלהים
3 = 7	Jer. 31.37	ב א י ם דנבנת׳	ב א י ם דנבנתה
4 = 8	Ibid. 50.29	ל ה דפליט׳	ל ה דפליטה
5 =	Ruth 2.11	א ת דהגד הוגד לי[10]	א ת דהגד הוגד
6 = 9	Ibid. 3.5	א ל י דהגורן	א ל י דהגורן
7 = 10	Ibid. 3.17[16]	א ת דהשעורי׳[16][11]	א ל י דהשעורים [17]

6. Cat. of G. Margoliouth, no. 406: In listing the variants in these mss., we are using here the following abbreviations: Vat. = Ms. Vatican 110; Par. = Ms. Parma 156; BM. = Ms. British Museum 406.

7. Facsimile edition by H. L. Strack (Petropoli, 1876).

8. See my papers on "The Aleppo Codex and the Ben Asher Tradition" (*Textus*, 1 [1960], 59–111) and כתר ארם־צובה או ״דקדוקי הטעמים?״ (*Tarbiz*, 38 [1968/69], 186–204).

9. See Cat. of A. Harkavy and H. L. Strack (St. Petersburg, 1875), pp. 263–274.

10. Sic!; also Vat. In BM. לי is missing, but to this add: ברות כתיב

11. Par.: לי דהשעורים.

List A: י׳ קרי ולא כתב

Recension b: Masora Magna in the Aleppo Codex to Jud. 20.13[12]

1 =	Jud. 20.13	בני
2 = 1		פרת
3 = 2		איש
4 =	II Sam. 18.20	כן
5 =	II Kings. 19.37	בניו
6 =	Ibid. 19.31	צבאות דמלכים
7 = 3		באים
8 = 4		לה
9 = 6		אלי
10 = 7		אלי

12. Printed on p. 76 of my English paper mentioned in note 8 above.

List B: כתבן ולא קריין

Recension a: Bab. Nedarim 37b–38a

		Codex Monacensis	Edd.
1 = 5	II Kings 5.18	נ א דיסלח	נ א דיסלח
2 = 6	Jer. 38.16	ו א ת דהנפש[13]	
3 =	Ibid. 32.11	א ת דהמצוה[14]	ז א ת דהמצוה
4 = 7	Ibid. 51.3	י ד ר ו ך הדורך	י ד ר ו ך דהדורך
5 = 8	Ezek. 48.15	ח מ ש דפאת נגב[15]	ח מ ש דפאת נגב
6 = 4	Ruth 3.12	א ם דכי יגאל[16]	א ם דכי גואל

13. Vat.: ואת הנפש; BM.: את דהנפש בירמיה כתוב.
14. Vat.: ואת המצוה; BM.: this example is missing; Par.: ואת דהמצוה פי׳ בואתחנן כתי׳.
15. Vat. add: ארבע למזרח.
16. Vat.: וכי גואל הדין; BM. add: אם דאמנון אם דבמקום בשמואל.; Par. add: אם דאמנון אם דבמקום אם דבאשר

List B: חד מן ח׳ מלין דכתבין ולא קריין וסימנהון

Recension b: Masora Magna in the Codex Petro.

to Jer. 39.12 and Ez. 48.16

1 =	II Sam. 15.21	א ם במקום
2 =	Ibid. 13.33	א ם אמנם
3 =	Jer. 39.12	א ם כאשר
4 = 6		א ם יגאל
5 = 1		נ א יהוה
6 = 2		א ת אשר
7 = 4		י ד ר ך הדרך
8 = 5		ח מ ש דנגב

The main difficulty presented by these two lists is the inclusion in each of an example that does not appear in any of the accepted Masoretic lists:

List A, Recension a, No. 5: את דהגד הוגד (Ruth 2.11)
List B, Recension a, No. 3: זאת דהמצוה (Jer. 32.11)

b) We shall first discuss the example from List B which presents more difficulties than the one from List A, as many of the commentators on the Talmud made use of a corrupt text which read זאת instead of the original reading ואת; for ואת may easily have become זאת as a result of a copyist's error.

R. Nissim undoubtedly also used a manuscript with the corrupt reading זאת, and was therefore forced to seek a combination of these two words in the Bible; he found it בסדר ואתחנן. כן מצאתי כתוב ולא נמצא בספרים שלנו that is, in the Biblical codices there is no note, "Written but not Read" in ואתחנן. The Tosafot on the passage also explain: פרשת ואתחנן ואין כך בשום חומש.

On the other hand, the text used by the author of pseudo-Rashi originally read correctly ואת המצוה, and he added כתיב בירמ׳, i.e., in Jer. 32.11; but in the edition this entry was "corrected" to read זאת, so that there is no justification for R. Elijah of Vilna's correction[16a] which erases this entry entirely and reads in its place את דהנפש—for as we see, this passage already appears in the manuscripts of the Talmud as another example.

However, R. Jedidiah Norzi, author of "Minḥat Shai," who had access to many manuscripts of the Bible with Masoretic lists, came close to the correct solution after some hesitancy, in his notes to Jer. 32.11:

אח״כ מצאתי בחילופי מערבאי ומדנחאי דלמערבאי את החתום המצוה והחקים, למדנחאי את החתום ואת המצוה. אולי זאת היתה כוונת וגרסת רש״י ז״ל וצריך להגיה בפירושו ואת המצוה כגרסת מקצת הספרים.

Norzi, at least, suspected that the source of this annotation in the list in the Babylonian Talmud is the Eastern recension of the Bible. However, he did not find a Bible manuscript with the note that this phrase was "Written but not Read." If Sperber had looked up the "Minḥat Shai" and examined Ms. Monacensis 95 as he did in connection with no. 7 in list A,[17] he would hardly have been satisfied with quoting the Masoretic list concerning this matter from Ms. Leningrad 3, but would have checked the appropriate passage in that same manuscript which supplies us with a solution difficult to refute.[18] Incidentally, Ginsburg had already mentioned Jer. 32.11 in his article in the Chwolson Festschrift dealing with the problem of the agreement of the text of this manuscript, vocalized according to the Babylonian system, with the rubric "Eastern" found in Ms. Leningrad B19^{A}, vocalized according to the Tiberian system.[19] Ginsburg also deals with this problem in his *Introduction*.[20]

16a. Naturally we have to correct the translation and notes of Rabbi Dr. H. Freedmann; *The Babylonian Talmud:* Nedarim 37b–38a (London, 1936), pp. 116–118, because they are based on the printed text and not on mss.; we must also reject the corrections and additions mentioned by him from the Vilna Gaon.

17. "Problems of the Masora," p. 313: "The Munich Ms. reads את דהשער׳ (instead of אלי דהשערים)."

18. Ibid., p. 300: "Rashi's indication that this passage is to be found in Jeremia, is rather vague . . . "

19. "On the Relationship of the so-called Codex Babylonicus of A. D. 916 to the Eastern Recension of the Hebrew Text," in: לחם חמדות לדניאל איש חמדות (Berlin, 1899), pp. 149–188.

20. On p. 223 of his chapter (IX) on "The Western and Eastern Recension" (pp. 197–240), in connection with Jer. 32.11 concerning Codex Babylonicus.

The reading in this manuscript with Babylonian vocalization is indeed ואת המצוה, exactly as we should infer from the Eastern rubric in the list of Differences between the Western and Eastern Recensions: ואת המצוה. The Masora Parva adds at Jer. 32.11 two notes: את לא ק׳; והמצוה ק׳.

It is clear that these two sources—the Western–Eastern differences and the manuscript with Babylonian vocalization—complement one another.

The example of Jer. 32.11 quoted in the Babylonian Talmud is not the result of corruption, but is taken from an actual text.[21] In the version of the Bible that was accepted in Babylonia at the time of the Amoraim there was such a "Written but not Read," and it is natural that the list in the Babylonian Talmud should include this example, the trace of which was lost in the following centuries. In Palestine in the period of the Masoretes—and perhaps in Babylonia as well—no one knew of this reading, nor of the problems associated with it.

The other difficulties posed by this passage—for instance, why does the Masora Parva add two notes to one word?—may easily be solved. This example differs somewhat from the other five in that while they concern the deletion of a complete word, here only the principal part of the word, i.e., את, is deleted, while the *waw* preceding it is to be read in conjunction with the following word: והמצוה.

Another difficulty: Why did the copyist who added the Masora Magna to Ms. Leningrad 3 precisely in two places in the manuscript (Jer. 39.12; Ezek. 48.16) not include this example as well in his list, especially as he mentioned it in the Masora Parva? This can be understood if we consider the working methods of those who added the Masora to the text of the Bible; they would not alter the Masora that was traditional in their time and surroundings even if they were aware that it did not agree with the text of the Bible that they were copying. If, nevertheless, they made alterations, they would erase or add a letter to the text itself or to the note of the Masora,[22] but they would not permit themselves to introduce a new example to a traditional list.

21. See also M. B. Lewin, *Otzar ha-Geonim*, XI, Nedarim (Jerusalem, 1942) p. 37, n. 1.

22. See my English paper mentioned in note 8 above, pp. 84–85, and my Hebrew article mentioned there, p. 204.

This example may serve as a guide on how to treat variants in Talmudic literature, as well as on how not to be led astray even by the most prominent commentators on the Talmud who would assuredly have arrived at the same conclusions as we have, if they had had before them the same sources that we have today.

c) Let us return to List A. The main difficulty confronting us upon comparing the list in the Talmud with the list in the Masoretic note is the absence in the latter of the item **את דהגד הוגד** which appears in the Talmudic list of "Read but not Written." The solution proposed by Edelmann is easily refuted. He suggested[23] that the passage referred to in the Talmud is not Ruth 2.11 but Jos. 9.24, in which these words also appear. This possibility is valid, however, only according to the text of the printed edition in which the word **לי** following **דהגד הוגד** is missing. **לי** in manuscripts, clearly indicates that the passage referred to is Ruth 2.11, and not Jos. 9.24, which reads **לעבדיך** after **הגד הגד**. Finally, this suggestion does not solve the problem, since the Masora on Jos. 9. 24 also lacks the note "Read but not Written."

The medieval commentators on the Talmud correctly noted that the passage referred to can only be in Ruth, although R. Nissim remarks:

את דהגד הגד. ברות ויען בעז ויאמר לה הגד הגד לי כל אשר עשית את חמותך. האי את קרי ולא כתיב. מיהו בספרים שלנו קרי וכתיב ואף במסורה לא מדכר ליה בהנך דקריין ולא כתבן.

Here, as well, Sperber's explanations are not satisfactory and fail to supply a solution: "We on our part are puzzled, too; for in our Bible text **את** does not occur here at all"[24]; "It is, therefore, perhaps significant that the example **את דהגד הגד** which the Talmud quotes finds no support in the reading of our Bible . . . ."[25]

The truth is that there are several readings of Ruth 2.11 in the Bible manuscripts recorded by Kennicott, De Rossi, and Ginsburg:

1. **כל אשר**
2. **את כל אשר**
3. **את אשר**

Concerning this example as well, it is advisable to pay attention

23. **המסלות** (see § I, n. 1), p. 42.
24. "Problems," p. 300.
25. Ibid., p. 312.

to Norzi's observations in "Minḥat Shai." He refers us to the differences between the Western and the Eastern recensions, and in his notes to Ruth 2.11 he asserts: דלמדנחאי כתיב את כל אשר. Once again we are led to the possibility that the differences between the lists in the Talmud and in the Masora are due to the use by the Babylonian Amoraim of an Eastern recension with readings that were not preserved in the texts accepted in Palestine at the time of the Masoretes. However, we have not succeeded in finding a Bible codex with Babylonian vocalization containing a Masoretic note connected with this verse, similar to the one on Jer. 32.11 in Ms. Leningrad 3.

Ginsburg, however, notes in the *apparatus criticus* to Ruth 2.11, in his edition[26] of the text: כל, כן למערבאי. למדנחאי כל כת׳ את כל ק׳. It is to be regretted that in this case he did not specify the manuscript or list in which this note was found, but we must assume that he copied it from a reliable source.

* * *

What is reflected in the lists of differences between the Western and the Eastern recensions that we examined?

At the head of the list of differences on Ruth in Ms. Leningrad B19[A], we find a very unusual note: למע׳ ותאמר אליה כל למד׳ את כל אשר, את כת׳ ולא ק׳.[27]

This note implies that the compiler of this list had before him a reading of Ruth 3.5 which disagreed with both the Western and Eastern traditions, both of which know of a "Read but not Written" referring to אלי, but not of a "Written but not Read" referring to את.

On the basis of this note we can, perhaps add to the list of "Written but not Read" in the tractate *Nedarim* a seventh example from the Book of Ruth (3.5). If we take into account that by the time the first edition of the Talmud appeared one example (Jer. 38.16 את דהנפש) was lost and only Jer. 32.11 ואת דהמצוה remained—and this in a corrupt form (זאת), because in both cases it was an identical word (את) that was to be "Written but not Read"—then it is not a remote possibility that the "Written but not Read" in Ruth 3.5

26. *The Writings*-כתובים (London, 1926), p. 578.

27. This list was published by Ginsburg in his article mentioned in n. 19 above.

was forgotten, as there was already recorded in the list of "Read but not Written" an example from this verse: אלי דהגורן.

That there exists a lack of stability concerning another passage in which these two words appear we see from a second example in Ruth (3.16–17).

In later lists of Eastern–Western differences there appears already, in addition to Ruth 3.5, the example we are concerned with, viz., Ruth 2.11, without, however the addition we are interested in. We find in Ms. Oxford-Bodleian 93, and in other Bible codices two examples together:

3.5: למער׳ ותאמר אליה כל
למד׳ ותאמר אליה את כל אשר כת׳.
2.11: למער׳ ויען בעז כל אשר עשית
למד׳ את כל אשר עשית קר׳.

The precise meaning of these abbreviations is not clear from the wording of the notes. If we permit ourselves to complete the lines thus: [ולא קר׳] כת׳ in the first example, and in the second example [ולא כת׳] קר׳, then we could assume that there are preserved in these lists unique Babylonian traditions referring to these passages, and on their basis it is possible to complete the list of "Written but not Read" in the Talmud and, in addition, to verify the validity of the example quoted in the Talmud alone (את דהגד הוגד לי).

Nevertheless, the fact that in all the late lists Ruth 2.11 appears after Ruth 3.5 when it should precede it according to the sequence of the chapters, suggests that the former was written in the margin and by mistake was entered into the wrong place in the list. It is almost certain that the correct reading of example no. 7 is the one preserved in Ms. Monacensis, and it refers to verse 16 in which appear the words: את כל אשר עשה.

Already, Kennicott's list of variant readings calls attention to the list of differences between the Western and Eastern recensions in the London Polyglot (MDCLVII)[28] in which the following note appears: למד׳ את כל אשר, את קר׳ ולא כת׳.

It is possible that this reading is a remnant of a tradition similar to the version in Ms. Monacensis.

28. Appendix, p. 14.

29. See my English article mentioned in §II, n. 8, above.

30. See S. Frensdorf, *Das Buch Ochlah W'ochlah* (Hannover, 1864), no. 97 (p. 96), and his "Nachweise und Bemerkungen" to this no., p. 28

There were irregularities, as well, concerning the example that appears only in the Masora list, no. 6 (צבאות). The Aleppo Codex reads: צבאות דמלכים. In this list of ten examples there is no other instance of a word being added to indicate the source of the example.[29] It is as if the compiler of the list realized that it is possible to err by locating the passage in Isaiah, as the author of the book אכלה ואכלה did[30] when he added to this word: צבאות, כי מירושלים תצא שארית. דיש׳.

In concluding the discussion of these lists, we should note our assumption that the absence of a number of examples which appear in the Masoretic literature from the list in the Talmud is in part due to the differences between the Bible manuscripts used by the Amoraim and those used by the Palestinian Masoretes.

Nevertheless, in order to understand the history of the Biblical tradition concerning this unit, it is necessary to search for new material in manuscripts that will suggest solutions to the problems that still remain unsolved, or to validate conjectures that require additional evidence.

III. *The Severus Codex and its Relation to "The Torah of R. Meir" and to DSI I.*

a) We shall now examine another group found in a Midrash. During the past few decades a heated debate has taken place concerning the list of readings from the Severus Codex, the Torah Scroll stored in the synagogue of Severus in Rome, in which the leading scholars in the fields of Talmudic, Midrashic, and Masoretic literature have participated, and most recently those studying the DSI have taken part as well. The list of these readings was first published by A. Epstein from the midrash *Bereshith Rabbathi* based on the material collected by Rabbi Moshe Ha-darshan of Narbonne.[1]

A. Neubauer later discovered this list at the end of a Bible manuscript (Paris, Bibliothèque Nationale, no. 31) written in Saragossa in 1404. His publication[2] is of great importance, as it provides the true contents of the list, while that of *Bereshith Rabbathi* contains only an abridged and very incorrect version.

A. Harkavy found in Damascus a copy of a Bible dated 1382

1. *MGWJ*, 34 (1885), 337–351.
2. *MGWJ*, 36 (1887), 508–509.

that also included this list.[3] On the basis of the publications of Neubauer and Harkavy, Epstein returned to deal with the problems of this list in a comprehensive article: "Biblische Textkritik bei den Rabbiner."[4] All the scholars who worked on this list and dealt with its relation to parallel sources (The Torah of R. Meir, DSI), including A. M. Habermann who republished these three sources together as a supplement to his article, **עיונים במגילות מדבר יהודה**,[5] did not know that the Damascus manuscript used by Harkavy is today located in the famous Sassoon collection of manuscripts. In *Ohel David*,[6] the catalogue of his collection, D. S. Sassoon noted that this list is copied twice in the manuscript. It should have been expected that in articles appearing after the publication of this catalogue, the text of the manuscript itself would have been examined by any scholar studying the lists anew.

We have compared Harkavy's publication with the text of the two variations in the Sassoon Ms., and have come to the conclusion that Harkavy, who is generally recognized as an accurate transcriber of manuscripts, erred in this case precisely when copying significant details in the list, and created a source of errors for those who followed him.

Before we begin to deal with the problems, we shall print here an abridged list according to the Paris Ms., noting the important variations from the Sassoon Ms. and *Bereshith Rabbathi*.

The Aramaic introduction and numbers 1–2 are printed in full as they are very important from the point of view of our problem.[7]

אלין פסוקיא דהוו כתיבין בספר אוריתא דאישתכח ברומי והיא גנוזה וסתומא בכנשתא דסירוס[7a] בשנוי אותיות ותיבות

3. חדשים וגם ישנים, ו, ע׳ 5–4

4. Published in the Chwolson Volume, לחם חמדות לדניאל איש חמדות pp. 42–56.

5. ספר אורייתא דאשתכח ברומא (סיני, לב, תשי״ג,קסא־קסג).

6. London (5692—1932).

7. We shall use here the following abbreviations: P = Ms. Paris; BR = Bereshith Rabbathi; MDS = Ms. Damascus-Sassoon; MT = Masoretic Text.

7a. MDS: דסוירוס; BR: דאסוירוס.

8. Perhaps the original text was ומארצ; we can see in DSI I that sometimes it is impossible to distiguish between צ and ע (e.g., Is. 5.8 מגיעי – מגיצי); BR: מביתי ומארצי.

9. MT: יעיש.

10. MT: יעיש; P יעוש; MDS: יעיש.

11. MT: מצרים.

1. Gen. 1.33: וירא אלהים את כל אשר עשה והנה טוב מאד — מות היה כתוב

2. Ibid. 3.21: כתנות עור וילבשם — כתנוד היה כתוב

3. Ibid. 18.21: הכצעקתה — הכצעקתם

4. Ibid. 24.7: ומארץ — ומארע[8]

5. Ibid. 25.33: בכורתו — מכרתו

6. Ibid. 27.2: יום מתי — יוממתי

7. Ibid. 27.27: שדה — סדה

8. Ibid. 36.5: יעוש[9] — יעיש

9. Ibid. 36.14: יעוש — יעיש[10]

10. Ibid. 43.15: מצרימה[11]—מצרים

11. Ibid. 36.10: בן עדה—בנעדה[12]

12. Ibid. 45.8: לפרעה — פרעה[13]

13. Ibid. 48.7: שם — שמ

14. Ex.1.1: מצרימה — מצרים[14]

15. Ibid. 12.37: מרעמסס—מרעמס[15]

16. Ibid. 19.3: לבני — לבית[16]

17. Ibid. 26.27: בריחים —

18. Lev. 4.34: מדם—מדמ[17]

19. Ibid. 15.8: במים — + חיים[18]

20. Ibid. 14.10 תמימה — תמימים

21. Num. 4.3: בא — הבא

22. Ibid. 15.21: לדרתיכם—לדריכם

23. Ibid. 31.2: אחר — אשר

24. Ibid. 31.12: כל — —

25. Ibid. 36.1: בני — בן[19]

26. Deut. 1.26: אביתם — אביתמ

27. Ibid. 3.20: הם — המ

28. Ibid. 1.27: האמרי — האמור[20]

29. Ibid. 22.6: הבנים — האבנים

30. Ibid. 29.22: שרפה — שרפת

31. Ibid. 21: כמהפכת — כמהפת[21]

32. Ibid. 32.26 אפיהם — אף אי הם[22]

---

12. BR: בן ענה; P בן ער״י־בן עדה.
13. BR: וישני לאב לפרעה.
14. See also Gen. 46.8 :מצרימה.
15. BR add: כי אות היא ביני (Ex. 31.13).
16. BR: לבני.
17. BR: מדמה.
18. This example is missing in MDS; BR: וכי יטהר הזב... במים חיים (Lev. 15.13).
19. BR: בית.
20. BR: האמורים.
21. MDS :כמהפכת סדום, כמהפכת אלהים כתי׳.
22: MDS and BR :אף איהם.

There are no difficulties with No. 1, which is transcribed accurately in the publications, and it is clear that the example is a parallel to the reading in the "Torah of R. Meir." However, there is no relation at all between No. 2 and the reading in the "Torah of R. Meir." The compiler of this list found in the Severus Codex an example of the substitution of a 'taw' for a 'dalet' in Gen. 1.31 (מאד–מות), and in Chapter 3.21 he found the opposite phenomenon, the substitution of a 'dalet' for a 'taw' (כתנות – כתנוד), and his intention was only to note this fact. Perhaps he did not know of the other variant in the same verse that appears in the "Torah of R. Meir."

Neubauer, however, did not comprehend the meaning of the reading in the manuscript. He copied it correctly, but, based on Epstein, note: "Wahrscheinlich zu lesen אור," that is, instead of כתנוד as is written in the manuscript we should perhaps read כתנות אור and then we would have a parallel to the reading in the "Torah of R. Meir." Influenced by this note, apparently, Harkavy wrote כתנות אור. כתנור כתיב, instead of the text with the two variations in the manuscript which is identical with the text in Ms. Paris 31: כתנוד. Albeck, in his edition of *Bereshith Rabbathi*,[23] states: צ״ל..., כתנות אור, ובכי״פ[24] וכי״ד[25]: כתנור כתיב without considering that according to Neubauer's transcription the Paris manuscript read: כתנוד.

A. M. Habermann, even though he knew that Ms. Paris 31 read כתנוד (he printed this in his publication), refers in the notes to his article mentioned above[26] only to Harkavy's reading of כתנור, and emphasizes: כי עיקר השינוי בנוסח הוא כאן כתנור (ולא כתנוד); he then proceeds to identify כתנור with "oven," and collects a vast amount of material to support his hypothesis, and concludes: ומסתבר, כי מן הנוסח ׳כתנור׳ נתפתח גם הנוסח ׳אור׳ מ׳עור׳–which in fact does not appear in any of the sources.

E. Y. Kutscher[27] subsequently continued in Habermann's foot-

23. ירושלים, ת״ש, p. 210, n. 1.
24. = Ms. Paris = כתב יד פריס.
25. = MDS = כתב יד דמשק.
26. N. 5, p. קסג, note 2.
27. The Language and Linguistic Background of the Isaiah Scroll (Jerusalem 1959; hereafter: Kutscher) = י. קוטשר, הלשון והרקע הלשוני של מגילת ישעיהו השלמה ממגילות ים המלח, (ירושלים תשי״ט).
28. Ibid., p. 64, n. 39.

steps by adducing this example in connection with features characterizing the DSI:[28]

כ״י אחד גורס ׳כתנר׳ (הברמן עמ׳ קס״ג, הערה 2). פירוש הדבר לדעתי, כי הוא גורס ׳כתן׳ (= ׳כתנת׳ בארמית) + ׳עור׳ בהבלעת הע׳ (= ׳כתנור׳ כמו המג׳ לעתים, ראה לעיל עמ׳ 42).

Kutscher arrived at very reasonable conclusions in the interesting chapter of his book dealing with the common philological phenomenon found in No. 1: [29]דל״ת בסוף תיבה ביצועה=תי״ו. Had he been aware of the readings in the manuscripts, he could have cited No. 2 from the Severus Codex as a fine illustration of the substitution he brings from DSI I 63.2, in which we find גד instead of גת in the Masoretic text—exactly the same phenomenon as the substitution of כתנוד in Codex Severus for Masoretic כתנות, and abandoned his conjectures based on the reading כתנר which is not found in any of the sources.

Let us take another example from this list, No. 31, that, too, shows how an error can lead even the most serious scholars astray if they rely on their predecessors even when readings can be checked and corrections made from materials that are readily available. The Paris manuscript reads here כמהפת instead of כמהפכת, that is, the second כ is omitted. Ginsburg, who printed the list in his *Introduction*[30] according to the Paris manuscript, uses the incorrect reading כמפכת. It is necessary to emphasize this error because it serves as the basis for erroneous explanations and comparisons by other scholars. Habermann,[31] apparently under Ginsburg's influence, gives as the text of Ms. Paris כמכפת, and in his footnote he clearly explains: ועי׳ גם בנוסח כ״י פאריז, כמפכת׳ בחסרון הה״א אחרי המי״ם מצוי, עי׳ מגילת ישעיה א, ז (כמפכת ואלף תלויה)... נויבאואר: כמהפת.

In Ms. Paris and Neubauer's transcription כמהפת appears! Therefore, one cannot justify Kutscher's reliance on Ginsburg-Habermann, or his use of this example as a parallel to DSI I[32]: ושוב אין זה מקרה מן הסתם, כי לפי גרסה אחת נמצאה צורת ׳מפכת׳ בספר אסוירוס, היינו = מג׳ בפרק א, 7, לפני התיקון!

29. Ibid., pp. 408–409.

30. P. 411, n. 1, with many other errors less important: עוד־עור; יעוש־יעיש; אביתס־אביתם; תקה־תקח.

31. P. קסז, n. 28.

32. P. 190 top (and n. 70): הברמן, אסוירוס, עמ׳ קסז.

b) Modern scholars were not the first to find a relationship between the Severus Codex and the "Torah of R. Meir." Already in the Middle Ages this relationship was considered on the basis of No. 1.

When David Kimḥi reached verse 1.31 in his commentary on Genesis[33] he says:

וכן מצאנו בבראשית רבה, בתורתו של ר׳ מאיר מצאו כתוב והנה טוב מות ואני מצאתי כתוב דהוה כת׳ באוריתא דאשתביאת לרומי והיא פי׳ גניזא וסתימא בכנישתא דסוירוס והנה טוב מות...

But in the continuation of his commentary at 3.21 he does not cite readings from either the Severus Codex or the "Torah of R. Meir." The fact that in his allegorical commentary on the beginning of Genesis[34] he cites in connection with verse 3.21 the reading in the "Torah of R. Meir" כתנות אור, but does not mention the variants in Severus Codex, shows that he had before him the list of variants in the Severus Codex with the reading כתנוד as found in other sources; so that we cannot surmise that the list contained any reading that would lead him to the "Torah of R. Meir," for in that case he would not have disregarded the relationship between the two.

The reading כתנוד, like most variants of this sort, was of no interest to him, since it is only an orthographic difference of no significance for the exegete.

Concerning *Bereshith Rabbathi* the problems are more comp-plicated. It seems that the compiler of this Midrash was not aware of the contents of No. 1.

Since he mentions a parallel with the "Torah of R. Meir" only in connection with Gen. 45.8 (וישימני — וישני), it is clear that the list of variants in the Severus Codex that he copied from contained no other reading similar to those in the "Torah of R. Meir," not even No. 1.

How did this reading reach his list of variants in the Severus Codex? It may be surmised that on the margin of this list referring

33. We are printing here the text from Ms. Paris, Bibl. Nat., 193; see the edition of A. Grossberg (Pressburg, 1842) to this verse.

34. Edited by L. Finkelstein, *The Commentary of David Kimhi on Isaiah*. (New York, 1926): Appendix 1, "Kimhi' s Allegorical Commentary on Genesis," p. LXVII.

to Gen. 45.8 (לפרעה–פרעה) an anonymous scribe noted another variant found in the "Torah of R. Meir." Afterwards, a common occurence in these cases, another scribe erroneously entered the reading from the margin into the text as well. Later, after a battle between the two readings, the "alien" won out and replaced the original. We gave an example of such a conflict in dealing with Ruth 2.11, and 3.16–17.

c) Concerning the origin of the Severus Codex in Jerusalem, one cannot rely on the expression found only in *Bereshith Rabbathi* דנפקת מן ירושלם.[35] This may be only an addition by a scribe to enhance the value of the list.

Nor can we bring as evidence the famous passage[36]: אנשי ירושלים היו כותבין ירושלימה ולא היו מקפידין ודכותיה צפון צפונה תימן תימנה. This certainly does not refer to the use of a medial מ or נ in final positions, as some scholars have suggested,[37] but to the use of long forms, as we noted in a previous publication, or simply to the indiscriminate use of the long and short forms of these words.[38] If we assume that in Jerusalem there was a tendency to use the long forms as in the DSI, then the Severus Codex cannot originate in Jerusalem, for the list includes two cases in which it makes use of the short form מצרים instead of his masoretic reading מצרימה.[39]

It is clear that there is no concrete relationship between the Severus Codex and the "Torah of R. Meir," and that the Severus Codex was influenced by Bible codices of the DSI I type:

(1) Several features in the Severus Codex list prove that the codices influencing it were of the kind, like DSI I, that did not comply strictly with the orthographic rules of the traditional circles that demand rigidity in these matters: שמ (13), מדמ (18), אביתמ (26), המ (27)

(2) In addition to the relaxation of the orthographic rules the Severus Codex follows in the footsteps of DSI I by including ad-

35. Appears also at the end of his list: דנפקת מירושלם.

36. Yer. Meg. 1.9.

37. S. Lieberman, *Hellenism in Jewish Palestine* (New York, 1950), p. 13. See also Kutscher, pp. 66–67.

38. שרידי הניב העברי המאורך במגילת ישעיהו הראשונה ובנוסח המסורה (מחקרים במגילות הגנוזות, ירושלים תשכ״א), ע׳ 151.

39. Nos. 10 and 14 in the list.

joined[40] words: (6) יוממתי, (11) בנעדה or, on the contrary, אף אי הם instead of אפיהם.

d) Another problem is the character of the readings preserved in the Talmud and Midrash from the "Torah of R. Meir" and from the "Book of R. Meir." This is a very small collection of variants, small even in comparison with the list connected with the Severus Codex, not to speak of the list that could be compiled from DSI I–II:

1. Ber. Rabba to Gen. 1.31: בתורתו של רבי מאיר מצאו כתוב והנה טוב מאד, והנה טוב מות
2. Ibid. to Gen. 3.21: בתורתו של רבי מאיר מצאו כתוב כתנות אור
3. Ibid. to Gen. 46.27: בתורתו של רבי מאיר מצאו כתוב ובן דן חשים
4. Ber. Rabbathi to Gen. 45.8: בספרו של רבי מאיר כתוב וישני לאב
5. Yer. Taan. 1.1, to Isa. 21.11: בספרו של רבי מאיר מצאו כתוב משא דומה — משא רומי
6. Pes. de Rav Kahana, Chapter VII, to Isa. 34.7: וירדו ראמים עמם, אמר רבי מאיר וירדו רומיים עמם
7. Yer. Suk. 3.12: אם יתן לי אדם ספר תילים של רבי מאיר מוחק אני את כל הללויה שבו שלא נתכוון לקדשן

The last example concerns a complete group of words in Psalms which is dealt with in both Talmudim; and even at the time of the vocalizers there was no consensus of opinion on this matter. Some scribes wrote these two words together as a single unit, while others separated them.[41]

Of Nos. 1–6, only one example was inserted into the traditional Masora system: No. 3 was included in the סבירין group. The others are substitutions of letters: ת=ד (1), א = ע (2), ר = ד (5), ו = א (1 and 6).

40. See also the list of such pairs of words in my article, "The Variants of DSI II," *Vetus Testamentum*, 4 (1954), p. 156.

41. Yer. Meg. 1.9; Bab. Pes. 117a; etc.

or, as in example No. 4, which is less certain, the letter מ is deleted—and were not included in the traditional Masoretic material in any form.

Many attempts have been made to clarify the character of these variants.

S. Lieberman determined: "This is the sense to be attached to the phrase the 'book of R. Meir' . . . Rabbi Meir earned his livelihood as *librarius*; he transcribed books which were in demand by schools and individuals. He therefore copied the *vulgata*, the text to which the public was accustomed."[42]

Other scholars following him completed the picture.

R. Gordis[43] believes: הכנת כתב־יד מוגה ומדויק לכל פרטיו היתה מפעל קשה ומסובך וכרוך בהוצאות מרובות. לכן אין לתמוה שגם החכמים היו מסתפקים בכתבי־יד "עממיים" בלתי־מוגהים לשם קריאה פרטית. בכך מתבא־רים חילופי הגרסה הנמצאים בספרים ידועים, כגון "ספר תורה של רבי מאיר" ובמובאות הרבות בספרות התלמודית שאינן מסכימות עם הטכסט המקובל.

Y. Kutscher[44] raises the possibility: מתורתו של רבי מאיר מצטטים המקורות כמה פסוקים המעידים, כי תורה זו שונה היתה בנוסחתה מן הנוסחה המסורתית. רבי מאיר, בן המאה השנייה לסה"נ, סופר היה, והיו כנראה בידו ספרים, שהושפעו מספרים בעלי הכתיב העממי.

And he adds[45]: כנראה קיים בידו ספר זה (או ספרים אלה) לשם דרש ...

In our opinion these suggestions cannot be taken into account because they stand in contradiction to certain concepts that we know existed in that period. For we know that none other than the masters of R. Meir, R. Akiba and R. Ishmael, emphasized strongly the importance of preserving the traditional text. To the former is attributed the admonition to one of his leading disciples[46]: וכשאתה מלמד את בנך למדהו בספר מוגה, and it is related of the latter that when he heard from R. Meir that he was a *librarius*, he immediately told him[47]: הוי זהיר במלאכתך שמלאכתך מלאכת שמים היא שמא אתה מחסר או מייתר אות אחת נמצאת מחריב את כל העולם כלו.

It seems from these tales that in those circles to which R. Meir

42. *Hellenism*, etc., p. 25.

43. קדמותה של המסורה לאור ספרות חז"ל ומגילות ים המלח, in *Tarbiz*, 27 (1958), p. 458.

44. P. 63, n. 33.

45. Ibid., n. 34.

46. Pes. 112a.

47. Erubin 13a = Soṭah 20a.

belonged no deliberate variations such as these were permitted to be inserted into the text. R. Meir, as a scribe, certainly did not deliberately introduce variants, especially into the text of the Torah, for our sages founded halachot and agadot on *plene* and *defective* script in the Torah. How could a scribe such as R. Meir circulate, among school children and the common people copies of the Torah that would serve to confuse them?[47a]

Gordis' opinion is equally unacceptable. It is no less difficult to copy an "inaccurate" text (*vulgata*) than it is to prepare an accurate one. How did scribes work throughout the generations until the present day to prepare perfectly accurate copies? Even when they made errors, they would immediately correct them.

For this reason Kutscher's suggestions in this matter are not acceptable either.

We cannot believe that a scribe would introduce changes into the text for homiletic purposes. It is true that both the text as it was read (מקרא) and the script (מסורת) were used for various purposes, but the actual text was never changed. How can we suppose that R. Meir himself would introduce into the text copied by him readings for homiletic purposes?

Lieberman stressed that part of these variants were not introduced into the text by R. Meir: "This is certainly true with regard to those variants which were apparently glossae introduced by the eminent Rabbi."[48] We have to distinguish between R. Meir's profession as a scribe and his activity as a sage,[49] that is, between those books he copied as a scribe, which were designated for the common people or students, and his own personal copy in which he noted on the margins variant readings that seemed worth preserving for study only in a limited circle. His name was not attached to the former copies for there was nothing exceptional in them, but only to his personal copy with variants on the margins,

e) Why was it necessary to deal with textual problems in R. Meir's period?

47a. This is in line with H. M. Orlinsky's insistence that the masoretes did not correct — i.e., emend or invent — textual readings, let alone debase them. See pp. 185 f. of his article cited in n. 50 below.

48. *Hellenism*, etc., p. 24.

49. Giṭṭin 67a; see also the paper of E. E. Urbach הדרשה כיסוד ההלכה ובעית הסופרים, in *Tarbiẓ*, 27 (1958), 166–182.

because it contained interesting readings which made it a curiosity.

During the Second Commonwealth, copies of the Torah which served as the basis for establishing the correct text are said to have been on deposit in the Temple Court.[50] It may be that at the time of the destruction of the Second Temple these copies fell victim to the vandalism of the Roman conquerors. However, accurate copies may have existed in this period wherever Jewish colonies were located, in Babylon and Egypt, not to mention Palestine.

We cannot, of course, regard seriously the Arab-Christian story originating in Babylon that tells how the authorized copy was saved when the Temple was destroyed and removed to Bettir, and after this fortress fell, removed to Bosra where numerous copies of it were prepared and sent to all the communities in the Diaspora.[51] This story only expresses the legitimate aspiration to achieve an authorized text of the Bible deriving from the Second Commonwealth.

We encounter a similar phenomenon in the medieval Jewish legends that were spun around "the book of Ezra" or "Azara," which was searched for throughout the world. According to one of these legends, for example, Moses ben Maimon heard that in Burgundy (France) this Codex (ספר תורת אלהינו מכתב יד קודש עזרא הכהן הגדול סופר מהיר) was found, and he traveled to France in order to compare it with the material he had drawn from the Ben-Asher codex in Cairo. According to other stories this Codex reached other towns: Alexandria, Avignon, Bologna, Cairo, Damascus, and Toledo.[52]

These legends cannot be the basis for a scientific theory. Lagarde, who developed his theory of the "archetype" from the legend about Bosra, was justly attacked by Aptowitzer in the foreword to his work now being republished, and afterwards by others independent of Aptowitzer.

50. See S. Talmon, "The Three Scrolls of the Law that were found in the Temple Court," *Textus*, 2 (1962), 14–27; on p. 22 he has offered an incorrect list of the variants of the Severus Codex with a Hebrew addition which is not to be found in the sources: והיינו שהמ״ם אינה סתומה וכתובות בתיבה אחת. On these three scrolls, see also H. M. Orlinsky. "The Origin of the Kethib-Qere System: a New Approach," *Supplements to Vetus Testamentun*, 14 (1960; Oxford Congress Volume), 189 ff.; S. Zeitlin, "Were There Three Torah-Scrolls in the Azarah?" *JQR*, 56 (1966), 269–272.

51. See Gordis, in his above mentioned paper (n. 43) p. 460 f.

52. See our paper mentioned in § I, n. 7, pp. 2–12 (רלח-רמח).

Nevertheless, it is clear that after the destruction of the Jewish military and spiritual centers in Southern Palestine, the Tannaim in the Galilee endeavoured to revive literary activity not only in the field of halacha, but concerning the text of the Bible as well. However, the problems concerned with the text of the Bible were more sensitive and different from those of the Second Commonwealth. The Rabbis no longer felt that they were permitted to introduce anything new in the text of the Bible that had already been established and sanctified, but there was still place for discussions and resolutions of doubts, as there existed less accurate copies alongside codices that were considered authoritative. The Dead Sea Scrolls afford us a clearer picture of the situation in this matter. In all cases variant readings were widespread, and it was the task of the experts to decide in these matters.

There is no doubt that one of the recognized experts in this field was R. Meir, who mastered this subject because he had worked as a *librarius* since his youth.

In order to learn the problems he began, perhaps, to collect important variants and note them on the margins of the exemplar he kept for this purpose. The few remaining examples of these marginal notes are humble evidence of this activity.

We may find the key to the solution of these problems in the volumes[53] in which S. Lieberman deals with the influence of Greek culture in Jewish Palestine in general, and its influence on the methods of treating texts of Scripture in particular. Lieberman shows that in treating manuscripts of Scripture the Rabbis in the time of the Second Temple followed the example set by the Alexandrian grammarians in their treatment of the poems of Homer.

We may assume that this influence had not ceased by the second century, and R. Meir was one of those who was subject to it. It may be that his adhesion to Elisha ben Abuya was not uncalculated, and that he chose him as his third teacher not only because of his personal esteem for him but because he was able to learn from him the methodology of the Alexandrian grammarians. To this influence we can credit the method of arranging material according to subject, used in editing the Mishna.[54]

It may not be too much to imagine that the story in which it is

53. *Hellenism*, etc., and *Greek in Jewish Palestine* (New York, 1942).

related that Elisha ben Abuya "never tired of singing Greek songs"[55] refers to his interest in the works of Homer, and that, furthermore, Elisha was also well aquainted with the philological methods of the Alexandrian grammarians and would try to introduce them to his pupil, R. Meir, who would then attempt to apply these methods to the text of the Scriptures in accordance with the problems that arose in this period.

Of course, in this field as well, R. Meir would extract only those principles that could be interwoven into the fabric of traditional Judaism. The knowledge of unorthodox readings and their character was essential in that period because of the various sects — among them the Christians and Samaritans—that were emerging or had emerged in the previous centuries.

It is difficult for us to estimate the full size of the collection and the character of the variants written on the margins of his exemplar. From a few examples we may suppose that it was mainly those variants with political overtones that tended to be preserved and disseminated in wider circles, because they attracted the interest of the public in Palestine at the time of R. Meir and afterwards.

We find parallels to this phenomenon in later literature as well, particularly in connection with the Aramaic translations of Lam. 4.21–22.

The translation[56] of these two verses was added to manuscripts containing subject matter unconnected with the Targum of Lamentations as a *separate unit*,[57] and in one of them the second verse is preceded by the heading:[58] נבואה. This shows that quotations of this sort were circulated independent of their sources and with special emphasis.

It is not by chance that we meet the variants of R. Meir in the Talmud Yerushalmi and in the Palestinian Midrashim such as *Bereshith Rabbah* and *Pesikta d'Rav Kahana*. Together with the possibility that the Jews in Babylon were less interested in readings with political overtones of the kind found in part of these variants, we must also take into account the possibility that the Babylonian

54. See my paper, "Entwicklung unserer Traditionsliteratur mit Berücksichtigung der Wechselbeziehungen zwischen der jüdischen und der griechischen Kultur-Stellung Michael Guttmanns in der jüdischen Geistesgeschichte" (in the Guttmann Memorial Volume, mentioned in § I, n. 17).

55. Chag. 15b.

Jews did not approve of this new method of dealing with textual problems of the Bible.

In Babylon, as well as in Palestine, people generally had reservations about R. Meir's attachment to Elisha ben Abuyah, especially after the latter fell into bad ways in a manner paralleled only by the extreme Hellenists before the Maccabean period. At least some of the stories about this relationship were intended to defend R. Meir for his connections with this sage. They tried to find the reason for Elisha's deviation in his bitterness over the cruel acts the Romans committed after putting down Bar Kochba's war of liberation, and to justify R. Meir's hopes of rehabilitating Elisha.

We can attribute to the reservations concerning R. Meir prevalent also in Palestinian circles the fact that while his method of collecting and arranging halachic mattter was accepted, and his Mishna collection was officially recognized, his work in collecting variant text readings of the Bible was not continued, and a doctrine materialized calling for a return to the old system and the inclusion in the margins of only a limited number of notes, in effect, only those with ancient and established traditions.

IV. *Plene and Defective Spelling in the Passages of the Phylacteries and in the Story of Eli's Sons.*

a) Among the variants listed by Aptowitzer there are many that reflect only differences of plene and defective spelling. Of course, the most interesting ones are connected with halachot and agadot.

If we try to determine how to regard these readings quoted by the Rabbis, we must inspect their intentions on the one hand, and parallel sources and early manuscripts on the other hand.

In addition to the texts of both Talmudim and the phylacteries from the Qumran Cave and Wady Murabba'ât, we shall consider

56. We are printing here the Targum according to the Vatican Ms. Urbinati 1, because the text of the editions is abbreviated and corrupted: בת אדם...בת אדם=קושטנטינא קרתא דאדום רשיעא דמתבניאה בארע ארמיניאה בסגיאין אוכלסין דמן עמא דאדום... רומי רשעא דמתבניאה באיטליאה ומליאה אוכלוסין מבני אדום...

57. As a separate unit it appears also in Ms. Parma 480 dated 1381 (Psalms) at the end of the manuscript.

58. See also Ms. Paris. Bibl. Nat. 1178, dated 1455 (a medical tract) in the beginning of the manuscript.

in this chapter seven manuscripts of the Bible dating from the end of the 9th to the beginning of the 11th centuries:

1. Ms. Cairo: Prophets dated 895. Copied by Moses ben Asher.[1]
2. The Aleppo Codex: Complete Bible from the early tenth century. Vocalized by Aaron ben Moses ben Asher.
3. Ms. Leningrad II Firk. 17: Pentateuch dated 930. Copied by the scribe of the text of the Aleppo Codex, Solomon ben Buya'a.
4. Ms. Leningrad II Firk. 10: Pentateuch with a dedication dated 946.
5. Ms. Leningrad II Firk. 39: Former Prophets dated 989.
6. Ms. Leningrad II Firk. 94: Prophets and Hagiographa from the early 11th century.[2]
7. Ms. Leningrad B19^{A}. Complete Bible dated 1010.

Photocopies of numbers 3–6, together with photocopies of other manuscripts from the Firk. II collection, were made available to me through the courtesy of Saul Levin, Professor of Classics at New York State University. It is my pleasant obligation here to express my sincere thanks to him for the aid he has extended me.

b) In the Babylonian Talmud (Sanh. 4b) we find a discussion concerning the spelling of the word לטטפת (Ex. 13.16; Deut. 6.8; 11.18). In his comment on this discussion, Rashi states that the word is spelled *plene* in Deut. 11.18. However, since he does not discuss this point in his commentary on the Torah at this verse, and in connection with the two other passages he mentions only the opinion of R. Akiba, it is possible to assume that in this commentary on the Gemara his intention was not to take sides in the halachic question in this matter, but only to explain the opinion of R. Ishmael, and for this reason he did not take into consideration the actual readings in the manuscripts of the Bible or those in his own phylacteries.

Nevertheless, his grandson, Rabbenu Tam, examined the manuscripts in his vicinity and concluded[3]: דבספרים מדוייקים לא כתיב לטוטפות כלל בוי״ו לבסוף. At any rate, it is clear that in the 12th century in France, the *plene* reading of this word had disappeared in the correct manuscripts of the Bible known to Rabbenu Tam.

1. See P. Kahle, *The Cairo Geniza*2 (Oxford, 1959), pp. 91–105.
2. Nos. 3–6 are described by P. Kahle, *Masoreten des Westens* (Stuttgart, 1927), pp. 60–77; 3 = 1; 4 = 3; 5 = 5; 6 = 12.
3. Zeb. 37b; see my English paper mentioned in §II, note 8, pp. 89–90.

The same is true of the manuscripts in Egypt in the middle of the 10th century (no. 4) and in the early 11th century (no. 7).

We do not know what the reading was in the Aleppo Codex, since the first part, up to Deut. 28.66, is missing, and in the parallel manuscript (no. 3) the line in which this word (Deut. 11.18) appears is completely obscure in the photocopy: both Ex. 13.16 and Deut. 6.8 are here *defective*. In Moses ben Maimon's *Mishne Torah*, הלכות תפילין פ״ב, which may have been copied from the Ben-Asher codex, our word is spelled *defective* in Deut. 11.18.

What was the situation in the 2nd century at the time of R. Ishmael and R. Akiba?

In the phylacteries of Qumran published by Y. Yadín,[4] the parasha of והיה אם שמע is unfortunately missing; but in the two other verses (Ex. 13.16 and Deut. 6.8), our word is spelled *defective*.[5]

In the phylacteries found in Wady Murabba'ât and published several years ago by J. T. Milik,[6] it would appear that Ex. 13.16, Deut. 6.8 and 11.18 all offer the *defective* spelling: לטו֯ט֯פ֯ת֯; but this word was not preserved entirely, lacking the crucial last letters.

In any case, it seems clear that in the period of R. Ishmael and R. Akiba the *plene* spelling on which R. Ishmael bases his exposition was only *one* of the possibilities, but the *defective* spelling was more widely employed.[7]

c) ישכבון (I Sam. 2.22) ישכבן — ישכיבון; מעברים (ibid., 2.24) מעבירים — מעבירם.

The early manuscripts vocalized by members of the Tiberian school, among them nos. 1–2, 5–7, uniformly read ישכבון and מעברים. In the Talmudic period, however, there existed alongside these readings the variants ישכבן — ישכיבון and מעבירים — מעבירם, and these served various purposes.

4. תפילין־של־ראש מקומראן, in the W. F. Albright Volume, *Eretz-Israel*, 9 (1969), pp. 60–85.

5. Contrast the phylacteries from the Qumran Cave published by K. G. Kuhn (*Phylacterien aus Höhle 4 von Qumran* [Heidelberg, 1957], p. 19), where one of these verses appears (Ex. 13.16) and where the spelling is *plene*: ולט֯וטפות.

6. *Discoveries in the Judaean Desert*. II: *Les Grottes de Murabba'at* (Oxford 1961), pp. 80–85.

7. This is perhaps why R. Akiba — who in the same discussion (Sanh. 4a) bases his argument on the *plene* spelling נפשות in Lev. 21.11 in order to confirm a halacha — objects to R. Ishmael's statements.

We shall first consider the reading ישכיבון, about which there are differences of opinion, and even doubts as to its authenticity. Aptowitzer[8] is one of the skeptics in this matter; but in the light of the parallels in DSI I, we tend more toward those who do not cast doubt on the possibility that such a reading existed. It is known that it was especially common in DSI I that after letters that we vocalize with a *sheva* a *waw* is found. For example: סדם—סודם: ימשלו – ימשולו; יפלו – יפולו; שפטו – שפוטו etc. It may be that a reading ישכובון existed at one time, and was eventually "corrected" to ישכיבון. In any case, we can imagine that in the Talmudic period such a reading existed and the Rabbis used it to support their exoneration of Eli's sons.

Bab. Tal. Shab. 55b

א״ר יונתן כל האומר בני עלי חטאו אינו אלא טועה... אלא מה אני מקיים אשר ישכבון את הנשים מתוך ששהו את קיניהן שלא הלכו אצל בעליהן מעלה עליהן הכתוב כאלו שכבום.

Jer. Tal. Ketub. 13.1(=Soṭah 1.4)

ועלי זקן מאד וגו׳ את אשר ישכבון, ישכיבון כתיב אמר ר׳ שהיו הנשים מביאות קיניהן ליטהר לבעליהן[9] והיו משהין אותן ומעלה עליהן הכתוב[10] כאילו הן שוכבין עמן[11].

Of the two parallel texts in the Yerushalmi we printed the one that appears in Ketubot, because it seems to be the more original, but in our footnotes (9–11) we cite other readings from the parallel in Soṭah which facilitate the understanding of the contents. We have before us a good example of the methods used by the Rabbis who use one of the variant readings without deeming it necessary to introduce this reading into the text itself.

It may be noted that in the same discourse another spelling, ישכבן, was used in order to exonerate Phineas[12]:

אלא לאו שמע מינה פנחס לא חטא אלא הא כתיב אשר ישכבון ישכבן כתיב... והכתיב מעבירים... מעבירם כתיב.

8. In his explanations on I Sam. 2.22.
9. Soṭah: לטהר לבתיהן.
10. Ibid.: הקב״ה מעלה עליהן.
11. Ibid.: אותן.
12. Shab. 55b.

V. *Variants in Masoretic Literature.*

Aptowitzer devotes attention in his work also to variants in the Masoretic literature which were certainly based on texts seen by the Masoretes. This rich literature, too, is in need of being studied. It is possible, however, to learn more from the early manuscripts themselves and the comparison of the Masoretic apparatus with the text of the manuscripts than from secondary sources, viz., the various collections of Masoretic material.[1] We shall list here several variants from the Masora Magna of the Aleppo Codex that stand in contradiction to this manuscript, and the traditional text of the Books of Joshua, Judges, and Samuel.

		Masora Magna to		Masor. text	Variant
1.	Jos. 16.6	= :	הימה ז׳ בסיפ׳	המכמתת	המכמת
2.	Jud. 5.16	Job 20.17:	בפלגות ב׳ ומל׳	לפלגות	בפלגות[2]
3.	Ibid. 21.12	= 8.13:	שיתה זוגין מן ב׳ בחד עינין קדמיה לית בה למד ותינינה נסב למד	ידעה	ידעת[2]
4.	I Sam. 2.35	= :	בלבבי ג׳	לי	לו[4]
5.	Ibid. 3.6	Isa. 8.4:	קרא ד׳	קרא עוד	קרא —
6.	II Sam. 7.21	= :	הגדולה ד׳ ג׳ מל׳ וחד חס׳	דברך	עבדך[5]
7.	Ibid. 7.22	I Chron. 17.20:	ואין אלהים ג׳	אדני	יהוה[6]
8.	Ibid. 10.6	= :	רחוב ג׳ מל׳ שם קרייה	וישכרו —	וישכרו להם
9.	Ibid. 17.10	Ezek. 28.6:	כלב ה׳	בן חיל	— חיל
10.	Ibid. 19.43	Ps. 62.4:	על איש ה׳	יהודה	ישראל

Of course, among these examples there are some that are hardly true variants that originated in early manuscripts of the Bible, but

1. The variants mentioned by Aptowitzer are mainly based on Norzi, Frensdorff, and Ginsburg.

2. Many Hebrew Mss. also read בפלגות in this verse (Jud. 5.16). I wish to express my cordial thanks to Mr. J. Maori for his assistance in comparing the Masora Magna of the Aleppo Codex with the text of the Codex and of Ms. Leningrad B 19[A].

3. The scribe of this masoretic note was perhaps influenced by (וכל אשה) ידעת in verse 11 preceding.

4. See in this verse: ובניתי לו.

5. The LXX and I Chron. 17.19 read עבדך; see H. P. Smith, *The Books of Samuel* [ICC; 1899], p. 304; Driver, *Notes on . . . Samuel*[2] (1913), p. 277, *ad loc.*

6. Leningrad B19[A]: אדני יהוה; Aleppo Codex and Ms. Cairo: יהוה אלהים.

are due to lapses of memory or to the impression of other passages in the Bible; they influenced the copyists of the Masoretic notes no less than the copyists of the text itself. At any rate, they are worthy of being studied.

However, we must suggest that all those items concerned with differences of vocalization can be omitted from a collection of textual variants. We shall cite here two examples from the hundreds adduced by Aptowitzer, that cannot be considered valid.

At the time that Aptowitzer wrote his work, it was not possible for him to examine such early manuscripts of the Bible as the Aleppo Codex and the other manuscripts listed in the preceding chapter, and he was obliged to take even the versions of the rules and Masoretic lists from secondary sources.

For example, the difference in the vocalization of the word מְלַקְקִים – מְלַקֲקִים in Jud. 7.6–7 is taken from the publications of Derenbourg and from the *Mikhlol* of David Kimḥi. This phenomenon is dealt with at length in several places in the Masoretic and scientific literature.[7] The use of a ḥataf pataḥ with identical letters characterizes the Aleppo Codex as well as other manuscripts,[8] but its use has no influence on the meaning of the word and so cannot be considered here.

Likewise we must separate from this problem the discussion concerning the readings of "Ben Asher." For example, Aptowitzer refers to the vocalization of הַמָּרָק – הַמַּרַק in Jud. 6.19 on the basis of David Kimḥi's commentary on this verse: וראיתי במחברת בן־אשר שזוכר אותו בכלל הקמוצים. In the Aleppo Codex the reading is וְהַמָּ֫רַק partly with a ḳámeṣ and partly with a pataḥ. Furthermore, in the rules attributed to Aaron ben Moses ben Asher this detail is not mentioned. It has therefore been assumed that "Ben Asher" is an error for "Ben Balaam"[9] to whom is attributed the ספר טעמי המקרא, an anonymous work.[10]

At any rate, the material concerning vocalization should be treated carefully, and variants of this type should not be included in lists of variant readings.

7. See my English paper mentioned in § II, n. 8, p. 70; and I. Yeivin: כתר ארם־צובה, ניקודו וטעמו (Jerusalem, 1968), pp. 26, 44.

8. See my Hebrew paper mentioned in § II, n. 8, p. 201.

9. See A. Dotan: ספר דקדוקי הטעמים לר׳ אהרן בן משה בן אשר (Jerusalem, 1967), p. 18 (the notes on p. 313).

10. Yeivin, p. 69.

VI. *Summary*

The enormous difficulties that in the past confronted scholars attempting to solve this problem have been removed in part by the opportunities now afforded them of examining sources that were formerly unknown or unattainable. However, such a vast increase in the amount of material available, undreamed of in past generations, will oblige those utilizing it today and in the near future to seek refined methods of approaching so large a number of sources.

There are scattered in libraries throughout the world an estimated 60,000 volumes of Hebrew manuscripts, and about 200,000 fragments, the great majority of them from the Cairo Geniza. More than half of this material is already concentrated today in libraries in Jerusalem, in collections of original manuscripts and in the collection of microfilms of the Institute of Microfilms of Hebrew Manuscripts. Thanks to this Institute there is hope that by the end of the next decade photocopies of most of the remaining manuscripts in the world will be available for examination. About half of all this material, approximately 30,000 volumes and 100,000 fragments, is relevant to our problem.

Anyone who has examined texts on the basis of a large number of manuscripts and editions and realizes the great effort that must be made in order to achieve precise results, will certainly agree that it will be necessary to limit the scope of the investigation, and to abandon first and foremost the listing of differences in vocalization and *plene* and *defective* script that are of no importance even from the standpoint of the history of the halacha and agadah.

In addition, it will be necessary to encourage individual researchers or institutes undertaking the publication of scientific editions of texts containing material of this type to note especially variants of the Bible that appear in these texts; and even after these preparatory tasks, it will be necessary to reexamine the sources themselves. The work of the scholar who undertakes the collection of material of this sort today, even with a staff of assistants to aid him, will not be easy; but there is no other way.

April, 1969

Prof. D. S. Loewinger
Jewish National and University Library
Institute of Microfilms of Hebrew Manuscripts

ERRATA

I 26 l. 25: [Gen. 7,4] 32 = 23
32 l. 26: [I. R. 4] 2 = 20
53 l. 23: [Kap.] VII = XVII
II 103 l. 17: אלאקעאל = אלאפעאל
III 153 l. 19: [Nedarim] = Mishna [Nedarim]

Einleitendes Vorwort.

Die Frage, ob überhaupt etwas oder wie viel aus der talmudischen Literatur für die Textkritik der altt. Schriften gewonnen werden kann, ist in den letzten Jahrhunderten vielfach erörtert und verschieden beantwortet worden.

Am interessantesten und für die Art der Behandlung dieser Frage charakteristisch sind folgende ihrer Formulierung nach diametral entgegengesetzte Behauptungen, aus denen jedoch die *gleiche Beantwortung* der Frage resultiert. Einer der besten Kenner der rabbinischen Literatur unter den älteren christlichen Gelehrten, der jüngere Buxtorf, behauptet,[1] daß zwar in der Gemara einige, aber ganz unbedeutende, in der Mischna hingegen *gar keine*(!) abweichende Lesarten zu finden wären. J. J. Biesenthal dagegen meint,[2] daß im Talmud ‚die Zitate aus der Schrift *immer*(!!) mit Auslassung ganzer Wörter gemacht werden‘.

Gegenwärtig geht die Ansicht der meisten Gelehrten dahin, daß die talmudisch-midraschisch-rabbinische Literatur eine nicht unbedeutende textkritische Hilfsquelle abgeben könnte.

Aber das, was bis jetzt auf diesem Gebiete geleistet wurde, läßt den textkritischen Wert dieser Literatur nicht erkennen, weil diese Frage zum Gegenstand einer *gründlichen*,

[1] Anticritica II cap. 12 S. 808.

[2] Das Trostschreiben des Apostels Paulus an die Hebräer S. 54.

auf das ganze Gebiet dieser Literatur sich erstreckenden Untersuchung bis jetzt nicht gemacht worden ist.

Die Vorarbeiten bestehen, mit einer einzigen Ausnahme, in kleineren Abhandlungen, Aufsätzen, gelegentlichen Notizen und Bemerkungen, die insgesamt eine sehr geringe Anzahl abweichender Lesarten, jedoch ohne kritische Prüfung, bringen. Nach Abrechnung der Wiederholungen und Ausscheidung der einer näheren Prüfung nicht standhaltenden Beispiele wird diese geringe Zahl noch um ein bedeutendes reduziert. Die auf diesem Gebiete größte Arbeit, Rosenfelds משפחת סופרים, ist infolge ihrer Oberflächlichkeit, Kritiklosigkeit und Parteilichkeit fast völlig wertlos.

Diese Erkenntnis veranlaßte mich, die Untersuchung von neuem aufzunehmen. Während eines mehrjährigen fleißigen Studiums habe ich alle in der gesamten rabbinischen Literatur, bis zu einer bald zu nennenden Grenze, abweichend vom Massorahtext[1] zitierten Bibelstellen, mit Ausnahme solcher, die auf den ersten Blick als Schreib- oder Druckfehler zu erkennen sind, gesammelt[2] und auf ihren Wert für die Textkritik geprüft.

Wie weit ich dieser meiner Aufgabe gerecht geworden oder überhaupt gerecht werden kann, werden die Fachmänner beurteilen, denen ich — aus leicht begreiflichen Gründen — vorläufig nur diese Prolegomena zur Prüfung vorlegen kann. Daß ich jede fachmännische Belehrung dankbar berücksichtigen werde, ist selbstverständlich.

Gewöhnlich kommen nur die beiden Talmude und die ältesten Midraschim für die Textkritik in Betracht. Ich habe

---

[1] Ich behalte diese geläufige Bezeichnung unseres Textes bei, obwohl sie, wie schon aus Norzi zu erkennen ist und meine Untersuchung ergeben hat, ungenau ist. Vgl. auch Geiger, Nachgelassene Schriften IV S. 18.

[2] Dieses schwierige Unternehmen wurde mir durch das freundliche Entgegenkommen der Herren Prof. Büchler, Dr. Bernhard Münz und Dr. Bernhard Wachstein als Verwalter der Bibliotheken der israelitisch-theologischen Lehranstalt und der israelitischen Kultusgemeinde hier, sowie durch die Liebenswürdigkeit des Herrn Abraham Epstein, dessen reichhaltige Bibliothek und wertvolle Handschriftensammlung ich uneingeschränkt benützen durfte, wesentlich erleichtert. Bei der ersten sich darbietenden Gelegenheit diesen sehr geehrten Herren öffentlich Dank zu sagen, ist mir eine angenehme Pflicht.

aber bei den späteren Rabbinen eine so große Fülle echter Varianten gefunden, daß ich mich veranlaßt sah, meine Untersuchung auch auf ihre Schriften auszudehnen. Freilich nur bis zu der Zeit, da noch Codices im Gebrauche waren, also bis Anfang des XVI. Jahrhunderts, wo die Handschriften von den gedruckten Bibeln fast ganz verdrängt wurden.

Meine kritischen Hilfsmittel sind: 1. Die Textvergleichung mit den alten Ausgaben und Handschriften, Parallelstellen und Sekundärquellen. 2. Prüfung des Inhaltes der Stelle, der oft gegen das abweichende Zitat für M T und umgekehrt gegen das mit M T übereinstimmende Zitat für eine Variante spricht. 3. Aufsuchen von Möglichkeiten für das Entstehen der Abweichung, ohne eine andere Vorlage annehmen zu müssen. Auch die alten Vertenten und die Codices dienen zuweilen als kritische Behelfe, meistens jedoch, besonders die letzteren, lediglich als Stütze.

Die konsequent durchgeführte Vergleichung der rabbinischen Lesarten mit denen der alten Vertenten, namentlich aber der LXX, die bis jetzt, einzelne gelegentliche Bemerkungen abgerechnet, noch nicht unternommen wurde, ist noch in anderer Hinsicht bedeutsam. Während die Varianten der alten Rabbinen in der Menge und von der Bedeutung, wie sie in meiner Sammlung vorkommen, ihren Text dem unsrigen doch nicht so sehr konform erscheinen lassen, zeigt der Vergleich mit der LXX die merkwürdige Tatsache, daß hebräische Codices mit LXX-Lesarten, auch mit solchen von großer Differenz, noch im VIII.—IX., ja sogar noch im XII. Jahrhundert vorhanden waren, wie wir im zweiten Teil dieser Prolegomena sehen werden. Vgl. besonders zu I Sam. 14, 18.

Durch diese Tatsachen wird aber die Archetypus-Hypothese wieder in Frage gestellt. Diese These kommt zuerst vor in einer von Lagarde, ‚Materialien zur Kritik und Geschichte des Pentateuchs', I S. 230, mitgeteilten, jungen arabisch-christlichen ‚Erzählung', nach der alle Codices des alten Testaments Abschriften eines aus Bitther (Betther) geretteten Exemplars seien. In neuerer Zeit haben Rosenmüller[1] und

[1] In der Vorrede zu der bei Tauchnitz 1834 erschienenen Stereotypausgabe des hebr. AT. Vgl. Stade-Gunkel in ZATW IX S. 303.

Olshausen[1] unabhängig von dieser Erzählung die Behauptung von einem Musterkodex, auf den alle uns bekannten Texte zurückgehen, aufgestellt und mit der Tatsache begründet, daß die Variantensammlungen keine einzige den Sinn alterierende Variante ergaben. Dieses Argument fällt mit dem Nachweis solcher Varianten einfach weg. Es bleibt nur noch der Beweis Lagardes, dem diese Hypothese ihre Berühmtheit verdankt. Lagarde schreibt in ‚Anmerkungen zur griechischen Übersetzung der Proverbien', S. 1f. wie folgt: ‚da ich für wahrscheinlich halte, dass die in naher nachbarschaft lebenden Griechen, Syrer und Juden der ersten jahrhunderte dieselben schreibgebräuche gehabt haben, so erkläre ich die in hebräischen urkunden vorkommenden graphischen eigenthümlichkeiten genau so, wie ich sie erklären würde, wenn ich sie in griechischen oder syrischen büchern anträfe, das heißt ich betrachte punktirte worte als gelöscht, über der linie stehende buchstaben gelten mir als später nachgetragen .... wenn nun aber puncta extraordinaria und literae suspensae des hebräischen textes beweisen, dass die kopisten sich verschrieben haben, und wenn der פְּסָק auf irgend eine zufälligkeit zurückgeht, welche dem schreiber oder der von ihm beschriebenen haut begegnet war, so müssen alle manuscripte, welche an denselben stellen diese punkte, in der luft schwebenden buchstaben und freien stellen zeigen, nothwendig sklavisch treue abschriften desselben originals sein. denn es wäre, wenn auch auffallend so doch möglich, dass alle kopisten an derselben stelle denselben richtigen einfall gehabt hätten; dass aber alle unabhängig von einander und ihrer urschrift auf denselben fleck dieselben fehler gemacht und auf dieselbe weise verbessert haben sollten, ist undenkbar.

es ergiebt sich also, dass unsere hebräischen handschriften des alten testaments auf ein einziges exemplar zurückgehen, dem sie sogar die korrektur seiner schreibfehler als korrektur treu nachgeahmt und dessen zufällige unvollkommenheiten sie herübergenommen haben.'[2] So weit Lagarde.

---

[1] Die Psalmen, 1853 S. 17f., 337f. — Spinoza, Tractatus theologico-politicus cap. 10, spricht von unseren Codices als von treuen Abschriften von ‚vielleicht im ganzen nicht mehr als zwei oder drei Urexemplaren'.

[2] Vgl. noch Materialien I S. XII und Göttinger Gelehrte Anzeigen 1870, S. 1549 ff.

Was nun die Erklärung der puncta extraordinaria und literae suspensae betrifft, so ist die Bedeutung der ersteren als Tilgungszeichen schon in rabbinischen Quellen des II. Jahrhunderts[1] (der Ausspruch selbst mag noch älter sein) ausgesprochen worden und den mittelalterlichen Rabbinen geläufig gewesen.[2] Und über das Schreiben ausgelassener Buchstaben oder Wörter über der Linie hat eine Baraitha Menaḥoth 30[b] (ausführlicher Soferim V, 1 f.) genaue Vorschriften. Gegen den Schluß aber, den Lagarde aus der Übereinstimmung unserer Codices in bezug auf diese Unregelmäßigkeiten zieht, hat einmal D. H. Müller in einer Vorlesung gelegentlich einer der auspunktierten Stellen geltend gemacht, daß die hierin herrschende Übereinstimmung ihren Grund in einer massoretischen Notiz für Kopisten haben kann, die wieder ihre diesbezügliche Angabe auf Grund eines für autoritativ gehaltenen Codex gemacht haben mag, daß aber dann die Schreiber beim Kopieren anderer Codices auf Grund jener Notiz die puncta extraordinaria und literae suspensae eingetragen haben.

Daß diese Annahme mindestens eine ebensogroße Wahrscheinlichkeit für sich hat wie die Voraussetzung eines ‚einzigen Exemplars', ist leicht einzusehen. Aber was Müller, der diese Frage ja nur gelegentlich gestreift, bloß als Vermutung ausgesprochen, ist in Wirklichkeit mehr als bloße Vermutung. 1. Die von Müller angenommene massoretische Notiz ist in der Tat in einer rabbinischen Quelle aus den II. Jahr-

---

[1] Aboth d. R. Nathan cap. 34, ed. Schechter 51[a]: אלא כך אמר עזרא אם יבוא אליהו ויאמר לי מפני מה כתבת כך, אומר אני לו כבר נקדתי עליהן, ואם אומר לי יפה כתבת אעבור נקודה מעליהן. Vgl. ibid. II. Rezension cap. 37 S. 98 und Num. r. III. § 13.

[2] Vgl. בית המדרש ed. J. H. Weiß Wien 1863, S. 61 f.; Blau, zur Einleitung in die heilige Schrift S. 118 Anmerkung, Massoretische Untersuchungen S. 7 ff. Aus dem von mir gesammelten Material einige Proben. Lekaḥ tob zu Deut. 29, 28: הנסתרות.... נקודים כאילו אינם. R. Elasar Rokeaḥ im ספר תגין ms. Epstein 2[a] zu Gen. 1, 1: לכך על הי"ם תגין כמו שאמרו לענין נקודה בדרך רחוקה שלא לדרוש רחוק ולא רחוקה וכן ב' כאילו אינה כמו ראשית ברא ... וזה קשה איך בעבור אות אחת נתבטלה התיבה... Der R. Ascher ben Jeḥiel zugeschriebene Pentateuchkomm. הרא"ש im Hadar Zekenim 16[b] zu Gen. 37, 12: ליקוטים מספר הגימטריאות. עתה שנקוד את הרי הוא כמו שאינו des R. Elasar b. Moses Ha-Darschan, ms. München 221[10]: א"ת נקוד כאילו טעות. Ibid. zu Gen. 33, 4 (Abschrift Epstein 55[b]): נקוד וישקה"ו כאילו תיבה זאת טעות היא.

hundert erhalten.[1] 2. In den Angaben der gleichzeitigen und späteren rabbinischen Quellen[2] über die einzelnen punktierten Stellen herrscht nicht bloß ein Schwanken, sondern geradezu eine Verwilderung.[3] Für diese Erscheinung gibt es nur zwei Erklärungen. Entweder das Mißverstehen einer alten im Massorahstil abgefaßten massoretischen Notiz, wie Blau, Massoretische Untersuchungen S. 25 ff. nachweist, oder — und das spräche ja schon direkt gegen die Archetypus-Hypothese — die Varianten in den Codices selbst, auf Grund welcher die Angaben gemacht worden sind.

Wichtiger noch ist die Tatsache, daß diese vielgerühmte Übereinstimmung nicht so allgemein ist, wie gewöhnlich angenommen wird. In bezug auf die פְּסָקִים und Piskas (פיסקא) kann man schon aus Norzi und Ginsburg erkennen, daß nicht bloß die Zahl der freien Räume schwankt, sondern auch die einzelnen Stellen, wo sie vorkommen sollten, vielfach variieren. Man vergleiche beispielsweise Ginsburg Massorah Compiled II 494 N. 185 und III 72 Kol. 2 mit Norzi zu den betreffenden Stellen. Varianten gibt es auch bei den literae suspensae. Vgl. Ginsburg I Kol. 37 und Introduction[4] S. 334 ff. Ein Beispiel. Zu den schwebenden Buchstaben gehört das ע in מיער Ps. 80, 14; Aboth d. R. Nathan,[5] Mid. Ps. z. St. und

---

[1] Aboth de R. Nathan l. citatis, Sifre Num. § 69 Midrasch Prov. 26, 24, Num. r. III § 13, Soferim VI. Num. r. IX § 10.

[2] Die in Anm. 1 gen. St., dann Pesaḥim IX, 2. Ibid. 93[b]. Jerusch. ibid. 36[d] 31. Nasir 23[b]. Baba Mezia 87[a]. Synhed. 43[b]. Bechoroth 4[a]. Menaḥoth 87[b]. Gen. r. XLVIII, LI, § 8, LXXVIII § 9, LXXXIV § 13. Cant. r. VII § 4. Raschi zu den betreffenden St., Aruch v. וא"ו u. v. נקד. u. a. Heidenheim in seiner Genesisausgabe, תורת אלהים מפורש Offenbach 1797, bemerkt in seinem Kommentar zu 19, 33: ‚Es gibt viele Differenzen zwischen den verschiedenen Quellen, was in der einen steht, steht nicht in der andern.'

[3] Vgl. die Bemerkung Heidenheims, dann Blau, Mass. Untersuchungen S. 22. Zur Einleitung S. 117.

[4] Introduction to the massoretico-critical edition of the Hebrew Bible, London 1897.

[5] I Rezension cap. 34 ed. Schechter S. 100: הרי הוא אומר יכרסמנה חזיר מיער, יכרסמנה חזיר מיאור כתיב . . . וכל זמן שישראל עושין רצונו של מקום אין אומות העולם מושלים בהם כחזיר של יאור מה חזיר של יאור אינו הורג נפשות. . . לכן נכתב חזיר מיאור. Mid. Ps. ed. Buber S. קס"ב: אם זכיתם מיאור ואם לאו מיער. Cant. r. zu 3, 4 kennt beide Lesarten: . . . מיער העין תלויה, אם זכיתם מן היאור ואם לאו מן היער

Babli Pesachim 118b[1] haben aber מיאור gelesen, teils mit, teils ohne das K're מיער. Und in bezug auf die bedeutendste dieser Regelwidrigkeiten, die puncta extraordinaria, gibt es ebenfalls zahlreiche Varianten. Ich denke nicht an die in den rabbinischen Angaben vorkommenden, die zwar zum Teil ganz bedeutend sind,[2] aber doch immer innerhalb der angegebenen Zahlen und Stellen bleiben und die auch auf eine andere Ursache zurückgeführt werden können; ich meine auch nicht die bei Ginsburg I 37 N. 230, II 296 N. 521 und Introduction S. 334 erwähnten Punktierungen einzelner Buchstaben in anderen als den bekannten Stellen; ich denke an Auspunktierungen ganzer Wörter an von der Massorah und den Rabbinen nicht verzeichneten Stellen. Ein Beispiel. Die Pentateuchtossafoth in Hadar Zekenim (הדר זקנים) 23c haben zu Gen. 43, 33 folgende Bemerkung: הבכור כבכורתו. מצא הר״ם בספר מדויק כבכורתו נקוד.

Diese Tatsachen, die übrigens hier nur kurz erwähnt werden konnten, verleihen das Übergewicht der Annahme Müllers, die aber wegen der Varianten dahin zu modifizieren ist, daß mehrere verschiedene in der von Müller gedachten Weise entstandene massoretische Notizen angenommen werden.

Der Titel meiner Arbeit enthält eine kleine Ungenauigkeit. Meine Untersuchung erstreckt sich nämlich auch auf die Schriften der Karäer; da aber ihre Literatur im Vergleiche zur rabbinischen eine verschwindend kleine ist, habe ich sie nicht hervorgehoben. Hebräische Literatur kann ich aber deshalb nicht schreiben, weil erstens diese auch solche Werke umfaßt, die für meine Untersuchung nicht in Betracht kommen, zweitens sind auch rabbinische und karäische Schriften in nicht hebräischer Sprache (Trg., Massorah, arabische Schriften) benützt worden.

Aus der Einleitung, die alle aus dem Thema ‚die Bibel und die Rabbinen' sich ergebenden Fragen behandelt und die

---

1 Vgl. Grätz in Monatsschrift für Geschichte und Wissenschaft des Judentums 1874 S. 389.

2 Gen. XIX, 33 oder 35 ובקומה soll das mittlere ו punktiert sein; Aboth d. R. Nathan, Raschi, cod. Heidenheim 1294 und andere mss. haben das ganze Wort auspunktiert. Dasselbe gilt von ואהרן Num. III. 39, wo nach einigen Quellen und vielen Codices bloß das ו, nach anderen wieder das ganze Wort punktiert ist.

für sich einen starken Band ausmachen wird, kann ich hier nur das Wichtigste aus den Kapiteln Vorarbeiten und Zitierart mitteilen, die Angabe und teilweise Charakterisierung der bisherigen Literatur, eine gedrängte Darstellung der Prinzipien, von denen meine Untersuchung ausgeht, und als Probe des Werkes selbst einen Auszug aus der Bearbeitung eines biblischen Buches bringen.

Das Übersetzen der angeführten Stellen habe ich, weil mir überflüssig scheinend, und um Raum zu sparen, unterlassen.

I. Aus der Einleitung.

A. Vorarbeiten.

1. R. Jakob ben Ḥajim in seiner Einleitung zur rabbinischen Bibel Ven. (separat herausgegeben von Ginsburg, R. Jakob ben Ḥajim: Introduction to the Rabbinic Bible with an English Translation and notes, London 1865) hat zum erstenmal mehrere abweichende Lesarten aus Talmud und Midrasch gesammelt und zum Teil auch zu erklären versucht.

2. Buxtorf, Anticritica, II. cap. 12 S. 808. Er bringt nur einige neue Beispiele.

3. Fromann, Opuscula Philologica, I S. 1—46, bringt in dem Aufsatze ‚An Variae Lectiones ad Codicem V. T. colligi possint e Mischna‘ 15 Varianten aus der Mischnah.

4. Capellanus, Mare Rabbinicum perfidum, fascic. X. (ed. Crenius), bringt mehrere Beispiele aus der Gemara.

5. Morinus, Exercitt. bibl. II.

6. Surenhusius, βιβλος καττα λλαγῆς, I, Thes. 36. II. Thes. 4, u. a. behandelt die Zitierart der Rabbinen und bringt einige Beispiele.

7. Lucas Gadd, Dissert. philol.-critica aliquot exempla ex Targum et Talmud contra integritatem textus Hebraei allata examinans.

8. Carpcov, Critica Sacra S. 126, 127.

9. Kennicott, Dissertatio generalis in V. T. § 35 und in seiner Variantensammlung Nr. 650 und passim. Für ihn hat Joh. Gill gegen 1000 Abweichungen zusammengestellt, die erste

größere Sammlung. Über den Wert dieser Sammlung s. Eichhorn, Einleitung II S. 452 Anmerkung und über Kennicotts rabbinisches Wissen Strack, Prolegomena S. 99.

Die in 3—8 genannten (mit Ausnahme von Surenhusius) sowie noch andere christliche Gelehrte, die hie und da über den textkritischen Wert des Talmuds sprechen, haben fast alle die von ihnen gebrachten Beispiele R. Jakob ben Ḥajim oder Buxtorf entlehnt, oft ohne ihren Gewährsmann zu nennen. Sie selbst haben den Talmud wahrscheinlich niemals aufgeschlagen. S. auch Strack, Prolegomena, besonders S. 97—101.

Zur Bestätigung dieses Urteils diene folgendes Beispiel. Fromann und viele andere nach ihm bringen als Variante aus Mischnah Peah VI, 4 ‘בל תשוב’ für לא תשוב, Deut. 24, 19. Die betreffende Stelle lautet: יחיד שהתחיל בראש השורה ושכח לפניו ולאחריו, שלפניו אינו שכחה ושלאחריו שכחה, מפני שהוא בבל תשוב, זה הכלל, כל שהוא בבל תשוב שכחה, אינו בבל תשוב אינו שכחה.... Wie man sieht, handelt es sich hier nicht um ein direktes Zitat, sondern es wird bloß das betreffende Verbot genannt und in solchen Fällen hat der rabbinische Sprachgebrauch durchwegs בל für לא. Hier nur einige Belegstellen. Tosefta Rosch Ha-Schana I, 2, Erachin III, 18 בל תאחר (Deut. 23, 22); eine Barajtha in Pesaḥim 41^{b} zitiert aus Ex. 12, 9 konform dem Massorahtexte אל תאכלו ממנו נא ובשל מבושל במים, in der Erörterung dieser Stelle aber heißt es sechsmal בל תאכל נא; Pesaḥim 43^{b}, 94^{b} bringt der Tannaite R. Elieser aus Deut. 16, 3 לא תאכל עליו חמץ, hat aber in seiner Erklärung בל תאכל, ebenso R. Simon ben Joḥai in Sifre Deut. § 130 und Pesaḥim 28^{b}; Mechiltha Absch. בא 7^{a}, 9^{a}, 10^{b}, 20^{b} und eine Baraitha Pesaḥim 5^{b}, 27^{b} haben neben dem richtigen Zitat (ו)לא יראה לך חמץ (Ex. 13, 7) und שאר לא ימצא (Ex. 12, 19) in der Erörterung mehreremal בל יראה und בל ימצא, Mechiltha das. 18^{a} hat neben לא תשברו (Ex. 12, 46) בל תשברו; die oben genannte Baraitha in Pesaḥim (28^{a}) hat aus Ex. 12, 10 ולא תותירו und בל תותיר(ו); vgl. auch noch Sifra zu Lev. 22, 17—26 (den ganzen Abschnitt), zu 23, 1f., ferner Babli (und Jerusch. zu den betreffenden St.) Bezah 19^{b}, Rosch ha Schanah 4^{a}—5^{b}, Pesaḥim 53^{b}, Nasir 35^{b}, Schebuoth 26^{a}, 35^{b}, Ḥullin 7^{b} und 114^{b}, Sebachim 29^{a-b}, Temurah 7^{b} und 10^{b}, u. a. Die angeführten Stellen können um ein Vielfaches vermehrt werden, fast jeder Talmudtraktat liefert eine Anzahl Beispiele für בל

anstatt לא oder אל, wo nicht direkt zitiert wird.[1] Es ist daher zu verwundern, daß auch Strack S. 95 diese ‚Variante‘ bringt.

Genau so ist es um eine zweite Variante Fromanns bestellt. Aus Berachoth VII, 3 wird יהוה für אֲדֹנָי (Ps. 68, 27) gebracht. Aber in der gesamten rabbinischen Literatur, besonders aber in der talmudisch-midraschischen, wird für אדני immer ה׳, יי׳ oder ein anderes Zeichen[2] geschrieben, wie für יהוה. Die M T konforme Schreibung אדני ist eine äußerst seltene Ausnahme. Eine Erscheinung, die in der gleichen Aussprache beider Gottesnamen ihre Erklärung findet. Beispiele: Num. 14, 17 כח אדני, Babli Sabbath 89ᵃ, Synhedrin 11ᵇ, Threni Rabbathi zu 1, 6, Seder Eliah rabbah cap. 29 (ed. Friedmann S. 144) ה׳ ebenso Tanḥuma Absch. שלח § 13 und Num. rabbah kap. 16 § 22. יגדל נא כח ה׳, תנצח מדת הרחמים למדת הדין, er hat also אדני gelesen, schreibt aber ה׳.[3] Jes. 3, 17 — Sabbath 62ᵇ, Lev. rabbah cap. 16 § 1 und cap. 17 § 3, Num. rabbah cap. 17 § 5, Threni rabbathi zu 4, 15, Tanḥ. Abschn. מצורע § 4, Tanḥ. Ed. Buber das. § 9 und 10, Pesiktha rabbathi 145ᵇ (zweimal) ה׳. Jes. 4, 4 — Sotah 12ᵇ, Gen. r. cap. 48 § 10, Num. r. cap. 14 § 2, Threni rabbathi zu 1, 2 v. אזכרה, Koheleth rabbah zu 11, 1, Tanḥuma Abschn. וירא § 4 und Abschn. ויגש § 9 ה׳. Jes. 7, 8 Gen. rabbah cap. 98, § 11 (alte Ausg.), Midrasch Ps. 18, 41 (alte Ausg.), Seder Eliah, r. l. c., Pesiktah rabbathi 111ᵃ ה׳. Idc. 16, 28 — Babli Sotah 10ᵃ, Gen. r. cap. 66 § 3, cap.

---

[1] Interessant ist es, daß dieser rabbinische Sprachgebrauch sogar bei den Karäern Eingang gefunden hat. So schreibt Aron ben Eliah Nikomediensis (Aron II) in seinem Gann-Eden (גן עדן, verf. 1354, gedr. Eupatoria 1866) S. 45ᵃ—46ᵃ: כל יראה und כל ימצא.

[2] In älteren Hss.: ייי, י׳י׳, ה̈, bei den Karäern oft יי׳, so auch ein Fragment von Aboth d. R. N. in ms. Vat. N. 44, vgl. A. d. R. N. ed. Schlechter S. 150—160. Bei spätern Rabbinen auch ד׳, und in mittelalterlichen Gebetbüchern „ oder י̇ׄ, wie in Isserleins פסקים וכתבים N. 171 und Leket Joscher ed. M'kitze Nirdamim (Freimann) Berlin 1904 II S. 57 mitgeteilt wird. Für יהוה schreiben die Kabbalisten ידוד, R. Elasar Rokeaḥ יחוד (רוקח Absch. יחוד שמו . . . : שורש קדושת היחוד). Ein aramäischer Papyrus der Sammlung Erzherzog Rainer schreibt für יהוה יהוד, vgl. Epstein, Beiträge zur jüdischen Altertumskunde, S. 116, Anm. 2.

[3] Herr Prof. Bacher, in einer Randbemerkung zu dieser Stelle (diese Prolegomena lagen ihm im ms. vor) meint, daß der Midrasch, in dem er von יהוה = מדת הרחמים in bekannter agadischer Auffassung spricht, letzteres auch im Texte gelesen. Bei dieser Annahme ist nicht einzusehen, was

98 § 18, Num. r. cap. 9 § 24 'ה. II R. 19, 23 — Toseftha Sotah III, 17, Mechiltha בשלח (36a) Synhedrin 94[b], Tanḥuma בשלח § 12 (alte Ausg.) und צו § 2 'ה (יי). Jes. 9, 16 — Sabbath 33a, Kethuboth 8[b] 'ה. Jes. 11, 11 — Gen. r. cap. 42, § 4 und cap. 70, § 6, Ex., r. cap. 1 § 5, Num. r. cap. 13 § 5, Ruth rabbah cap. 1 Ende, Threni r. zu 1, 22, Pesiktha r. 158[a] 'ה. Jes. 22, 5 — Threni r. פתיחתא 24 'ה. Jes. 22, 12 — Ḥaggiga 5[b] (in den alten Ausg.), Abodah sarah 3[b], Threni r. l. c. und zu 1, 2 v. אזכרה, Koheleth r. cap. 3 § 10, Midrasch Ps. 20, 1 (alte Ausgaben) 'ה. Jes. 50, 4, 5, 7 — Seder Eliah r. cap. 18 S. 94, Pesiktha r. 151[a] (2 mal) 'ה. Jes. 61, 1 — Abodah sarah 20b, Mechiltha Absch. יתרו (72a). Lev. r. cap. 20 § 2 Threni r. zu 3, 49 'ה. Ez. 5, 7 — Midrasch Sam. cap. 22, § 3 'ה. Ez. 18, 32 — Cant. r. zu 5, 16, Seder Eliah suta cap. 9 S. 189 'ה. Ez. 20, 33 — Rosch ha-Schanah 32[b], Synhedrin 105[a], Num. r. cap. 2 § 16 'ה. Ez. 33, 11 — Cant. r. l. c., Seder Eliah suta l. c., Tanḥuma Absch. וירא § 8 (alte Ausg.) 'ה. Amos 3, 7 — Toseftha Jadajim II, 16, Jeruschalmi Sotah I, 9 und Jephe Mareh Nr. 16, Gen. r. cap. 49, § 3 und cap. 99 § 2, Koheleth r. cap. 1 § 27, Tanḥuma Absch. וירא § 5, Seder Eliah r. cap. 18 S. 93 und cap. 23 S. 124 'ה. Amos 7, 7 — Rosch ha-Schanah 31[a], Baba Mezia 59[a], Aboth de R. N. cap. 34, Lev. r. cap. 33 § 2, Thr. r. פתיחתא 25, Tanḥuma נח § 8 'ה. Amos 9, 1 — Rosch ha-Schanah 31[a], Aboth d. R. N. l. c., Gen. r. cap. 68 § 16, Lev. r. cap. 33 § 3, Thr. r. פתיחתא 25 'ה. Ps. 22, 31 — Synhedrin 110[b], Jerusch. Schebiith IV, 8 und im Jefe Mareh N. 6 'ה. Ps. 66, 18 — Kidduschin 40[a], Jerusch. Peah I, 1 (4[b]) und im Jefeh Mareh N. 23, Tanḥuma אמור § 16 'ה. Ps. 68, 18 — Gen. r. cap. 75 § 10, Ex. r. cap. 29 § 2 (2 mal) 'ה, trotz der Betonung: אין כתיב ביוד אלא באל"ף דל"ת, ferner Num. r. cap. 11 § 7, Mid. Ps. 17, 2, Pes. r. 102[b], 104[b] und 189[b] 'ה. Dan. 9, 7 — Synhedrin 93[a] u. a. 'ה. Diese Beispiele genügen doch, um die Tatsache zu erhärten, daß aus der Schreibung 'ה

---

den Agadisten auf מדת הדין = אדני geführt, während מדת הרחמים leicht aus den folgenden V. erklärt wird. Für meine Auffassung spricht Naḥmanides im Kommentar z. St.: ודרך האמת תכיר מפני שהשם במקום הזה כתוב באל"ף דל"ת ויאמר שיהיה הגדולה בכח רחמים כי מדת הדין היא שמתוחה כנגדם. Vgl. auch Baḥja b. Ascher z. St.

nicht auf יהוה im Texte geschlossen werden kann.[1] Aber ich wundere mich nicht, daß Strack (S. 96) diese Variante bringt, wenn Rosenfeld dasselbe mehrmals tut. Ihm, der ein Buch über die Varianten in der talmudischen Literatur geschrieben, der aus dieser Literatur nicht weniger als 1381 ‚Varianten' gesammelt und der auch in einem anderen Buche mit dieser Materie sich beschäftigt hat, ihm sollte doch eine Erscheinung nicht entgangen sein, der in jeder der von ihm benützten Schriften unzähligemal begegnet werden muß. Doch über ihn später.

10. R. Salomo Jedidia mi-Norzi in seinem bekannten Massorahwerke Minḥath Schaj (מנחת שי) bringt öfters Stellen aus Talmud und Midrasch, aus denen auf den Text der in ihnen besprochenen Bibelstellen geschlossen werden kann. Aber größtenteils solche, die den Massorahtext bestätigen. Die Zahl der von ihm gebrachten antimassoretischen Lesarten ist nicht sehr groß. In bezug auf die Zahl der abweichenden Lesarten bleibt daher die Gill-Kennicottsche Sammlung die erste größere. — Norzis diesbezüglicher Standpunkt ist der aller älteren Rabbinen, daß trotz der Verehrung, die man sonst dem Talmud zollen muß, seine antimassoretischen Lesarten a limine zurückzuweisen sind. Daß bei einer solchen Ansicht die kritische Prüfung, weil zwecklos, keinen Platz hat, ist verständlich und auch verzeihlich. Spätere größere und kleinere Abhandlungen und Sammlungen, soweit sie mir bis jetzt bekannt geworden sind, sind in alphabetischer Ordnung ihrer Verfasser oder der Werke, in denen sie vorkommen, folgende:

11. Bacher, Monatsschrift für Geschichte und Wissenschaft des Judentums 1871 S. 211—213: Varianten aus dem Targum zu Hiob; 1872, S. 463—465: Varianten aus dem Targum zu den Psalmen; Aus der Schrifterklärung des Abulwalid Merwan Ibn-Ġnaḥ S. 88—91 und dazu Nachtrag in der Vorrede zum ספר השרשים S. XLI; Ein hebräisch-persisches Wörterbuch aus dem vierzehnten Jahrhundert (Jahresbericht des Budapester Rabbiner-Seminars 1899/1900) S. 103 ff. Die in Bachers Agada-Werken zerstreut vorkommenden, auf unser

[1] Eine andere Unbegreiflichkeit ist es, wie Gesenius zu Jes. 6, 1; 9, 1 behaupten und Hermann Deutsch im Magazin für die Wissenschaft des Judentums 1885, S. 87 ihm nachschreiben konnte, daß ‚die Zitate in der Schreibung אדני für ה' abzuweichen pflegen'.

Thema bezüglichen Bemerkungen sind im Sachregister zu den einzelnen Bänden unter der Rubrik ‚Wortdeutung und Änderung der Buchstaben' verzeichnet.

12. Bardowicz, Leo, zur Geschichte der althebräischen Orthographie, einige Varianten in bezug auf plene und defektive Schreibung.

13. Berlin (auch Pick), R. Jesaiah, הפלאה שבערכין[1] s. v. מאה, bringt einige Varianten, besonders aus Raschis Kommentaren.

14. Berliner, Monatsschrift 1862, S. 213, Varianten aus Raschi.

15. Chajes, H. P., Revue des Etudes Juives 1891 S. 123—125, ‚Quelques remarques sur les citations bibliques dans le Talmud'.

16. Cornill, in seinem Ezechielkommentar und in Stades Zeitschrift für die altt. Wissenschaft, Jahrgang VII S. 187—202 behandelt ‚das Targum zu den Propheten'.

17. Deutsch, Hermann, die Sprüche Salomos, im Magazin für die Wissenschaft des Judentums 1885, S. 81—94, ‚Einzelne Abweichungen vom Texte der Massorah'.

18. Eger, R. Akiba, in seinen Glossen[2] zu Sabbath 55^b, mehrere Beispiele.

19. Eichhorn, Einleitung II, Varianten aus Targum und (S. 456) aus Kimḥis Wörterbuch.

20. Geiger, Jüdische Zeitschrift, IV S. 43, 99 f., 165 bis 171; V S. 236, 285, 515; Zeitschrift für Wissenschaft und Leben Jahrgang 1868, S. 22, 25; Urschrift S. 251, 256, 257, 288, 293, 300, 314, 315, 343, 401, 438, 481, 493; Nachgelassene Schriften, IV S. 29 f.

21. Jad Maleachi (יד מלאכי) N. 283, einige Beispiele.

22. Pick, Bernhard, in Stades ZATW VI S. 23—29. ‚Die Tosefta-Zitate und der hebräische Text'; S. 101—121 ‚Text-Varianten aus Mechiltha und Sifre'. Für die Kritiklosigkeit Picks ist die Tatsache charakteristisch, daß er für seine Sammlung aus Mechiltha und Sifre die jüngsten Ausgaben (Mech. Weiß 1865; Sifre Friedmann 1870) benützte, von der Mechiltha

---

[1] Additamenta zu R. Nathan ben Jeḥiels Aruch, ed. Rosenkranz, Wien 1859.

[2] In den jüngeren Talmudausgaben, z. B. Lemberg 1861 und in der großen Wilnaer Ausgabe.

nicht einmal die viel korrektere Ausgabe Friedmanns. Wenn in Toseftha Sotah IX, 4 (ed. Zuckermandel S. 312) für פלשתים in I S. 4, 9 פלשת. steht, so ist das nach Pick eine Variante, wo in Wirklichkeit bloß der Abkürzungsstrich (פלשת')[1] fehlt. Vgl. auch Derenbourg in ZATW VII S. 91—93.

23. Ratner, B., Einleitung in den Seder Olam rabbah S. 101—106, bringt einige Beispiele und unterzieht auch einige sonst angeführte Varianten einer Kritik.

24. Reifmann, Jakob, Ha-Karmel (הכרמל) I S. 128, 129; Ha-Schaḥar (השחר) II S. 345, 349, 373: Beth-Talmud I S. 217, 248, 383; II S. 50, 152, 153, 222, 376. Auch dieser Gelehrte, den sonst kritischer Scharfblick auszeichnet, zeigt beim Auffinden von Varianten in Targum, Talmud und den Midraschim eine geradezu unverzeihliche Leichtfertigkeit. Ein Beispiel, zugleich auch für die Notwendigkeit der Textvergleichung. In Tanḥuma אחרי § 1 wird Koheleth 9, 2 auf verschiedene historische Persönlichkeiten gedeutet. Da heißt es nun: לטוב זה משה שנאמר ותרא אותו כי טוב הוא (Ex. 2, 2) ,ולטהור זה דוד שנאמר וישלח (I S. 16, 12) .ויביאהו והוא אדמוני עם יפה עינים וטוב ראי. Daraus schließt Reifmann, Beth-Talmud II 1886 S. 376, daß Tanḥ. nicht, wie zitiert wird, וטוב ראי, sondern טהר עינים wie Hab. 1, 13, gelesen hat. Nach dem vorliegenden Text allerdings mit Recht. Aber der Text ist hier verderbt. In Tanḥuma ed. Buber lautet der betreffende Passus: ... כטוב זה משה ... לטוב זה דוד. Tanḥ. ed. Buber, der bloß ein Jahr früher (1885) gedruckt wurde, mag Reifmann noch nicht gekannt haben, aber auch im alten Tan., ואתחנן § 1 (so auch in Tanḥ. Buber), in Pes. d. R. Kahane 168[ab], Koheleth. r. cap. 9 § 1, Lev. r. cap. 20 § 1 und in Raschi z. St. in Koh. (vgl. auch Jalkut Koh. § 989) lautet die Stelle: ... כטוב זה דוד. Das hätte einem Gelehrten von der Belesenheit Reifmanns nicht entgehen können, wenn er die Stelle hätte prüfen wollen.

25. Rosenfeld in seinem ספר חקת התורה, Wilna 1864.

26. Schorr, O. H., He-Ḥaluz I S. 97—116; II S. 56; III S. 97; IV S. 80; X S. 46; Geigers Zeitschrift für Wissenschaft und Leben VI S. 308, Varianten aus Targum, Talmud, den alten Midraschim und Qimḥis und Parḥons Wörterbüchern.

---

[1] Wie Toseftha Sotah XI, 5 (S. 315[7]).

Ihm handelt es sich bloß darum, Waffen gegen den von ihm leidenschaftlich gehaßten Massorahtext zu gewinnen; daher sind ihm einfache Schreib- oder Druckfehler echte Varianten; daher preßt, dreht und wendet er ganz harmlose Stellen so lange, bis eine Variante zustande kommt. Einige dieser Varianten sind schon von Pinneles, דרכה של תורה S. 190 ins rechte Licht gesetzt worden.

27. Strack, Prolegomena critica in V. T. (Leipzig 1873) S. 60—111. Er bringt größtenteils schon bekannte Beispiele, die er auch zum Teil einer Prüfung unterzieht. Aber auch er verwandte darauf nicht die gehörige Sorgfalt. Beispiele oben bei den Fromannschen Varianten. Hier noch ein charakteristisches Beispiel. S. 95 N. 8 bringt Strack aus Jadajim IV, 4 zu Amos 9, 14 ושבתי את שבות עמי ישראל die Variante ושבתי את שבות עמי ישראל ויהודה. Nun kommt aber Jer. 30, 3 die Stelle genau so vor, wie sie in der Mischnah zitiert wird, nur der Index am Rande verweist irrtümlicherweise auf Amos 9. Das hat Strack irregeführt. Aber die eigentliche, zwar unschuldige, Urheberin dieses Irrtums ist die Konkordanz, mit deren Hilfe der Index verfaßt wurde. Sie bringt nämlich aus Jer. 30, 3 bloß ושבתי שבות, aus Amos 9, 14 hingegen ושבתי את שבות עמי, was mit dem Zitate der Mischnah genauer übereinstimmt. Ein Gelehrter vom Range Stracks hätte vorsichtiger sein müssen. Auch Zuckermandel hat sich zu Toseftha Jadajim II, 17, wo übrigens ויהודה fehlt, vom Rand-Index im Talmud verleiten lassen. Auch Büchler, Entstehung der hebräischen Akzente S. 139, zitiert dieses Beispiel aus Strack, ohne an die Stelle in Jer. zu denken. Je größer das Vertrauen, das man einem Gelehrten entgegenbringen darf, desto größer muß seine Vorsicht sein.

28. Tychsen, Repertorium für biblische und morgenländische Literatur I S. 169 f., Varianten aus handschriftlichen Kommentaren Raschis. Seine Sammlung, größtenteils aus Stichwörtern, ist eben deswegen von problematischem Wert, weil die Stichwörter, wie Berliner in der Einleitung zu der von ihm edierten Massorah zum Targum Onkelos es wahrscheinlich macht, nicht von den Kommentatoren selbst, die ihre Bemerkungen am Rande ihres Handexemplars geschrieben, sondern von den Abschreibern stammen.

29. Zion, hebräische Zeitschrift, I S. 100—102; 133, 134; II S. 67, mehrere Beispiele.

Einzelne Beispiele, Notizen und Bemerkungen habe ich noch in folgenden Schriften und Zeitschriften gefunden:

30. Baer, in den kritischen Noten zu den einzelnen biblischen Büchern seiner Ausgabe.

31. Bibelausgaben von Ginsburg und Kittel, Noten (in bezug auf Targum).

32. Bibelkommentare von Gesenius, Delitzsch und Grätz. In bezug auf Targum auch bei Budde, Driver (Notes on the hebrew text etc.), Hitzig, Klostermann, Wellhausen (Text der BB. Samuelis) u. a. Komm.

33. Birkhat ha-Zebaḥ (ברכת הזבח), Kommentar zur Ordnung Koddoschim von R. S. Koeidnower, zu Erachin 33a.[1]

34. Büchler, Entstehung der hebräischen Akzente, S. 100[3], 103, 112[1], 113, 139.

35 Ewald-Dukes, Beiträge II S. V.

36. Friedmann, Einleitung zu seiner Ausgabe des Seder Eliah rabbah und Suta, S. 133[1]. In seinen Noten zu Mechiltha, Sifre, Pesiktha rabbathi und Seder Eliah macht Friedmann jedesmal auf die Abweichung vom Bibeltext aufmerksam.

37. Kirchheim, כרמי שומרון, Einleitung (Brief Luzattos).

38. Krochmal, N., מורה נבוכי הזמן Ende.

39. Kunitz, Moses, Ben-Joḥai (בן יוחאי) S. 66, 70, 73, 83.

40. Pinneles, דרכה של תורה (Wien 1861) S. 94—96, 190.

41. Pollack, G., Halichoth Kedem (הליכות קדם, Schreiben Luzattos).

42. Rapoport, Erech Millin 47a, Biographie Sa'adias Note 37 (ביכורי העתים 1828 S. 32).

43. Responsen מים רבים des R. Raphaël Meldola (Amst. 1723) III N. 55, 56.

44. Responsen נודע ביהודה II Rezension N. 88 (Landau und R. Jesaiah Berlin).

45. Seligsohn, De duabus Hierosolymitanis paraphrasibus S. 16 (zu Onkelos).

---

[1] Im Namen des berühmten R. Lippmann Heller (1597—1654) wird die Bemerkung mitgeteilt, daß das Targum zu Prov. 6, 7 קציר für unser קצין gelesen, was jedoch der Verfasser mit den Worten: והוא דוחק — es ist gezwungen — zurückweist.

46. Wünsche, Bibliotheca rabbinica S. 265.

47. Beth-Talmud I S. 49, 50, 241; II S. 15, 26, 32, 89, 112,[1] 258.

48. Ha-Ḥoker (החוקר) I 147—150 (Epstein).

49. Ha-Karmel (הכרמל) I S. 283.

50. Ha-Schaḥar (השחר) II S. 336; III S. 411.

51. Jahrbücher, Brülls, IV S. 166.

52. Kheneseth ha-gedolah (כנסת הגדולה) 1891 S. 72—74.

53. Kherem Ḥemed (כרם חמד) 1836 S. 83.

54. Khochbe Jizḥak (כוכבי יצחק) 1845, Heft 5 S. 26.

55. Literaturblatt, Rahmers, 1875 S. 83; 1880 S. 191.

56. Monatsschrift für Geschichte und Wissenschaft des Judentums: 1855 S. 278, 433. 1861 S. 23, 24, 27, 78, 151. 1862 S. 434, 475. 1863 S. 358. 1864 S. 72, 73, 75, 224, 257, 358. 1869 S. 50, 81, 495, 496, 497. 1870 S. 551 Anmerk., 553. 1872 S. 364, 387, 390, 552. 1873 S. 567. 1875 S. 123.

57. Ozar Neḥmad (אוצר נחמד) 1856.

58. Zeitschrift für die altt. Wissenschaft IV S. 243; V S. 26.

59. Rosenfeld, משפחת סופרים, Wilna 1883. Wie schon erwähnt, ist das die größte Arbeit auf unserem Gebiete; die größte in bezug auf die Zahl der gesammelten Stellen, über ihren Wert ist schon früher das Urteil gesprochen worden. Ich muß nun dieses harte Urteil begründen.

1) Rosenfeld hat den Text seiner Quellen nicht geprüft; weder die alten Ausgaben, noch die Sekundärquellen hat er zu Rate gezogen. Im Jahre 1884 waren Rabinowicz' Variae lectiones fast vollständig erschienen und in Rosenfelds Buch wird höchstens zwei- oder dreimal eine handschriftliche Lesart angeführt. Der Jalkut, dieses textkritisch und als Fundgrube alter, sonst unbekannter Midraschim so hochwichtige, unschätzbare Werk hatte das Unglück, überhaupt von Rosenfeld nicht gekannt zu sein. Wozu auch Textkritik seiner Quellen für einen, der die talmudische Literatur nicht auf ihr Verhältnis zum massoretischen Text untersucht, sondern in

[1] In einem von Kaufmann veröffentlichten Brief des R. Ḥaim Ibn-Musa (XV. Jahrhundert) heißt es: וכבר נמצא אחד מן החכמים שהביא פסוק שאינו מהכ"ד ספרים והוא וילך אלקנה אחר אשתו (Berachoth 61a — I S. 2. 11).

ihr bloß Belege für Kennicott und de Rossi sucht! Daß dies sich aber so verhält, beweist die Tatsache, daß er fast durchwegs nur solche ‚Varianten‘ bringt, die mit Codices bei Kennicott und de Rossi übereinstimmen. Für einen solchen Zweck sind Textkritik und Verständnis der Quellen nicht bloß entbehrlich, ja vielmehr unzuträglich, daher hat Rosenfeld oft auch solche Stellen mißverstanden, wo für jeden unparteiischen Leser ein Mißverständnis unmöglich ist, wie z. B. seine ‚Variante‘ zu I S. 2, 3, ולא aus Mid. Sam. zeigt.[1] — Diese meine Behauptung habe ich zu meiner Genugtuung von M. Friedmann bestätigt gefunden. In seiner Einleitung zum Seder Eliah S. 133 Anm. 1 schreibt er in seiner trefflichen, kurzen Weise: ודרך אותו החכם היתה לבדוק אחר נוסחאות קעניקאט ודי ראססי אם לא נמצא להם דוגמא בדברי רבותינו ז״ל ולא שם עיניו בדברי רבותינו ז״ל לעמוד על תוכן דבריהם.

2) Rosenfeld hat die Quellen nicht kontinuierlich gelesen, sondern seine Belege für Kennicott und de Rossi mit Hilfe des bekannten בית אהרן gefunden. Es ist ja höchst sonderbar, wenn man in einem Buche, in dem es von Talmud- und Midraschstellen wimmelt, folgendes liest: ודע הכתוב בגמרא לא מפורש שם יהוה, ורק כתוב ה׳ לבד,[2] הוא רק במקום שחכמינו ז״ל רוצים להזכיר שם הויה (יהוה) כותבים. על כן כל מקום שתמצא ה׳ לבד, הכונה רק שם הויה ולא זולת... Daß das nicht wahr ist, daß vielmehr ה׳ auch für אדני steht, ist oben (S. 10 f.) durch Hunderte von Beispielen zur Evidenz bewiesen worden. Hätte Rosenfeld nur einen Talmudtraktat oder bloß einige Kapitel des Midrasch kontinuierlich durchsucht, er hätte unmöglich eine so grundfalsche Behauptung aufstellen können — es sei denn als bewußte Unwahrheit. Er hat aber die Bibelstellen, zu denen Kennicott oder de Rossi Varianten bringen, die allein er ja finden wollte, bloß mit Hilfe des genannten Werkes aufgesucht. —

[1] Ich greife dieses eine Beispiel aus Hunderten heraus, weil dabei, ohne ein Wort hinzufügen zu müssen, bloß durch Unterstreichen der betreffenden Worte klargemacht werden kann, daß ein Mißverständnis ausgeschlossen ist. Rosenfeld behauptet nämlich, Mid. Sam. kenne das Kethib ולא nicht. Nun lautet die Stelle cap. 5 § 10, übrigens auch von Norzi zitiert, wie folgt: ולו נתכנו עלילות, אין אנו יודעין, אם לו נתכנו עלילות, אם עלילות שאינן מכוונות לו... Vgl. auch die Bemerkung Bubers z. St.

[2] Aber יהוה wird ja im Talmud (und bei den Rabbinen) niemals geschrieben; auch nicht bei den Karäern.

Diese Tatsache erklärt auch eine andere Ungeheuerlichkeit. Man bedenke: ein Forscher, der aus der talmudischen Literatur Varianten zum Bibeltext sammelt, kennt nicht die Toseftha und den Sifre, nach der Mischnah die ältesten tanaitischen Quellen. Ebensowenig kennt er einen der ältesten Midraschim, die Pesikta de R. Kahane. Dafür gehören ihm der sehr späte Num. rabbah und die noch spätere Soharliteratur, die zum Teil (z. B. die תיקוני הזהר) sogar dem XIV. Jahrhundert angehört, zur talmudischen Literatur. Die Sache ist eben die. Der Verfasser des בית אהרן hat zur Toseftha, Sifre und zu der von ihm gar nicht gekannten Pes. de R. Kahane keinen Index, dagegen einen sehr ausführlichen zum Sohar und seinen Nebenwerken. Daß aber Rosenfeld trotzdem aus Sifra 20 und aus Mechiltha 8 Stellen bringt, bleibt mir ein Rätsel, da ja בית אהרן zu diesen Werken keinen Index hat. Hier muß ein Zufall mitgespielt haben.

3) Die primitivsten Voraussetzungen, die Grundgesetze der agadistischen Deutungsmethode sind Rosenfeld fremd. Ihm sind die Verwechslung von 'ה und ח (Prov. 12, 10), שׁ und שׂ (Prov. 27, 26) und ähnliche Buchstabenänderungen Textvarianten. Der bekannte Satz des Jeruschalmi:[1] לא מתמנעין רבנן דרשין בין ה״א לחי״ת ist Rosenfeld nicht bekannt; daß sogar manche Halacha auf der Deutung ה = ח und umgekehrt gegründet ist,[2] weiß Rosenfeld nicht oder will davon nichts wissen.

4) Dazu kommt noch die Mangelhaftigkeit seiner Sammlung. Ein Beispiel. Zum ganzen ersten Samuelbuche hat Rosenfeld nicht mehr als 29, sage neunundzwanzig Stellen, darunter zwei, die gar nicht hiehergehören, und mehrere, auf die schon Norzi aufmerksam gemacht, die übrigen aber teils auf Mißverständnis beruhen, teils als einfache Schreibfehler zu erkennen sind. Ein anderes Beispiel. Zu den Sprüchen hat Rosenfeld **53** Stellen von der gekennzeichneten Art. Aber schon das Targum allein hat mehr als **150** Abweichungen.

Das sind die Hauptfehler der Rosenfeldschen Arbeit. Wollte man auf Einzelheiten eingehen, müßte man ein Buch schreiben. Was noch alles über משפחת סופרים zu sagen wäre,

---

[1] Peah VII, 6; Ma'asser Scheni V, 2; Sabbath VII, 2 (20b 57. 56a 52. 9b 1 v. unten).

[2] Vgl. Berachoth 35a und Jeruschalmi l. citatis.

kann kurz mit den bekannten Worten Lessings gesagt werden: ‚Das Neue ist nicht wahr, das Wahre ist nicht neu.‘

Zu nennen sind noch folgende zwei Schriften: **60** Waldberg, דרכי השינויים und S. R. Edelmann, המסלות. Beide verfolgen denselben Zweck: zu beweisen, daß im Talmud und den Midraschim keine Abweichungen vom Massorahtext vorkommen. Waldberg, scharfsinnig und gelehrt, spitzfindig und rechthaberisch, glaubt (im 10. Kapitel seines Buches) bewiesen zu haben, daß von den abweichenden Zitaten, die R. Akiba Eger anführt — andere kennt er nicht oder will er nicht kennen — höchstens 3 oder 4 als Varianten gelten können. Folglich, schließt nun Waldberg, haben die Rabbinen höchstens 3 oder 4 vom Massorahtext abweichende Lesarten gehabt. Im Sinne und im Dienste dieser Logik baut er das einfache, durchsichtige Prinzip der Buchstabenänderung zu einem so unnatürlichen, künstlich verschlungenen System aus, daß man staunen muß, wie ein Mann von der Gesinnung Waldbergs, der die Rabbinen so hochschätzt, ihnen eine Behandlung des Schriftwortes zumuten kann, die zahlenkünstlerische Spielerei und nicht Deutung genannt werden muß. Die Buchstaben werden nach Ähnlichkeit der Form oder der Aussprache, nach ihrer Stellung in irgend einem Alphabet oder nach einem andern, schon an sich nicht ganz einfachen Prinzip geändert, ihr oder ihrer Stellvertreter Zahlenwert wird reduziert oder erhöht, dann ergibt sich, nachdem noch eine Verschiebung oder Umstellung der Buchstaben vorgenommen wird, ein der Deutung entsprechendes Wort. Zu einem derartig komplizierten Mechanismus hat Waldberg den einfachen Vorgang der Buchstabenänderung entwickelt. Und nicht bloß ausnahmsweise mancher Agadist, in vereinzelten, seltenen Fällen soll solcher und ähnlicher Transaktionen und Kombinationen sich bedient haben! Eine der verhältnismäßig einfachsten ‚Erklärungen‘ als Beispiel. Lev. r. cap. 26 § 7 sagt R. Ebo (איבו): שני אנשים נהגו בדרך ארץ, אברהם ושאול, באברהם מהו אומר, ויקח את שני נעריו עמו (Gen. 22, 3) ומי היו ישמעאל ואליעזר, בשאול מהו אומר, וילך הוא ושני אנשים עמו (I S. 28, 8), ומי היו אבנר ועמשא.[1] Die Voraussetzung, daß die Begleiter Abrahams Ismaël und

[1] Vgl. auch Tanḥuma Absch. אמור § 2 (ed. Buber § 4).

Elieser gewesen, ist in den tatsächlichen Verhältnissen begründet und auch im Texte durch das Suffix יָו — seine angedeutet. Ebenso natürlich ist es, bei den Begleitern Sauls an Abner und Amasa zu denken, nur muß man dabei annehmen, daß der Agadist I S. 28, 8 אנשיו — seine Männer gelesen hat, wie das Zitat in den Parallelstellen[1] auch in der Tat lautet. Um diese einfache, natürliche Erklärung zu verhüten, erklärt Waldberg: In den Worten שני נעריו sind je zwei Buchstaben von Ismaël (ש und י) und Elieser (ע und ר) enthalten, ebenso in אנשים א und נ von Abner, ש und ם von Amasa. Daraus hat R. Ebo seine Angabe geschöpft! Als notwendige Konsequenz seiner ‚Erklärung‘ hätte Waldberg auf Grund von Num. 22, 22 שני נעריו noch hinzufügen müssen, daß Ismaël und Elieser auch die Begleiter Bileams gewesen. — So sehen die einfachen Erklärungen Waldbergs aus.

Die zweite Schrift, Edelmanns המסלות, habe ich nicht benützen können, ich kenne sie nur aus einer Anführung bei Hermann Deutsch im Magazin 1885 S. 92. Nach Deutsch enthält dieses Werk ‚nichts Wesentliches für unseren Gegenstand und verteidigt die sinnlose Behauptung, die Anführungen der Rabbinen wichen überhaupt von dem mass. Texte nie ab‘.

B. Zitierart.

1. Auf ungenaues zitieren wird schon im Talmud selbst aufmerksam gemacht. Berachoth 55[b]: לקיים מה שנאמר כל החלומות הולכין אחר הפה. אטו כל החלומות הולכין אחר הפה קרא הוא, אין וכדרבי אלעזר דאמר ר׳ אלעזר מניין שכל החלומות הולכין אחר הפה, שנאמר ויהי כאשר פתר לנו כן היה (Gen. 41, 13). Baba Kamma 81[b]: עליו הכתוב אומר מהיות טוב אל תקרי רע, ומי כתיב מהיות טוב אל תקרי רע, אין כתיב כהאי גוונא אל תמנע טוב מבעליו (Prov. 3, 27).

2. Über eine mit dem Bibeltext im Widerspruch stehende Angabe des Talmuds wird schon R. Jehudai Gaon gefragt. Responsen der Gaonim ed. Lyck 1864 N. 45 Ende: תוב שמ״ק [שאילו מן קמיה] הא דאמר רב יהודה אמר רב (Sotah 10[a]) אמר שמשון לפני

[1] Gen. r. cap. 55 Ende in allen alten Ausgaben und in Midrasch Sam. cap. 24 § 2.

הקב"ה רבש"ע [ריבונו של עולם] זכור לי כ"ב שנה, והוא כתיב והוא שפט את ישראל עשרים שנה (Idc. 16, 31), ולא פשט. ובסדר עולם (cap. 12) נמי עשרים תנא. Dieselbe Frage wurde auch später an R. Hai Gaon gerichtet. In Horowitz' בית נכות ההלכות II S. 46 N. 18: וששאלתם הא דאמרי רבנן אמר שמשון לפני הקב"ה זכור לי כ"ב שנה ששמשתי את ישראל, והכתוב אומר והוא שפט את ישראל עשרים שנה, מה טיבן של שתי שנים הללו. כך ראינו ששאלה זו אמרו שנשאל עליה מר רב יהודאי גאון ז"ל ולא השיב, ושמא לא חפץ לומר דבר שלא שמע מרבותיו.

3. R. Hai Gaon verdanken wir auch die erste bekannte Bemerkung über die Zitierweise der Talmudisten im allgemeinen, in einem auch in anderer Hinsicht interessanten Responsum. Resp. der Gaonim ed. Lyck N. 27: וששאלתם הא דאמור רבנן בב"ק (Baba Kamma 92^{b}) דבר זה משולש בכתובים כל עוף למינו ישכון ובן אדם לדומה לו, ואינו בכתובים. הכין הוא אלא דברי בן סירא הם[1] וכתובים היו אבל לא בכתבי הקדש ועוד רגילים רז"ל שאומרים טעם המקרא שלא בלשון הכתוב כדאמרינן (ibid. 81^{b}) מהיות טוב אל תקרי רע ומקשינן ומי כתיב כהאי גוונא ומהדרינן כי הא דכתיב אל תמנע טוב מבעליו, והכא נמי כתיב הולך את חכמים יחכם ורעה כסילים ירוע (Prov. 13, 20).[2]

4. Von den späteren Rabbinen sprechen namentlich die Tossafisten an mehreren Stellen über die Art der Talmudlehrer, die Bibelstellen anzuführen. Die von ihnen aufgestellten Regeln, die allgemein anerkannt werden, sind folgende:

a) Abkürzung, דרך הש"ם לקצר המקראות (Sabbath 128^{a} s. v. ונתן).

b) Abkürzung und Verbindung zweier Stellen, דרך הש"ם לקצר המקראות ולערבן יחד.[3]

c) Der Deutlichkeit wegen wird eine Stelle aus anderem Zusammenhang angeführt.[4] Aber nicht alle Abweichungen vom Massorahtext können mit Hilfe dieser Regeln erklärt werden, weshalb Tossafoth oft mit allgemeinen Phrasen wie: שאין דרך הש"ם לדקדק במקראות,

---

[1] Sirach 13, 16 mit geringer Abweichung, aber wörtlich in V. (19). Der hebräische Text lautet bei Strack: מין כל בשר אצלו ואל מינו יחובר אדם. Vgl. jedoch Peters S. 75 und 353.

[2] Ausführlicher und teils anders in Resp. der Gaonim ed. Cassel, Berlin 1847, N. 78.

[3] Megillah 3^{a} v. וילן, Erubin 2^{a} v. דכתיב. Vgl. auch ibid. 63^{b} v. וילך.

[4] Erubin 15^{b}, 81^{a}, Megillah 20^{a}, Synhed. 30^{a}, 34^{b}, besonders Pesaḥim 109^{a} v. שנאמר, ferner Zeb. 117^{a}, Kerithoth 15^{a}.

d) (Verschreibung) טעות סופר הוא, שבוש הוא u. ä.,[1] von denen die letzteren oft auch zutreffen, sich zu helfen suchen. Eine weitere Regel haben Naḥmanides[2] und seine Nachfolger[3] aufgestellt:

e) Ergänzung, שדרך חז״ל לקצר במקראות ולהוסיף עליהם. Das ist alles, was aus der rabbinischen Literatur über die Zitierart des Talmud zu gewinnen ist. Alles, was noch später über dieses Thema geschrieben wurde, bewegt sich in den Grenzen dieser Regeln.

4. Die vom Massorahtext abweichenden Zitate können noch auf folgende Ursachen zurückgeführt werden, ohne daß man an eine andere Vorlage denken müßte:

f) Zitieren aus dem Gedächtnisse. Allzuvielen Gebrauch darf man aber von dieser Erklärung nicht machen und nur mit Vorsicht darf ein ungenaues Zitat auf das Auswendigzitieren zurückgeführt werden. Denn daß die Talmudisten immer oder auch nur oft aus dem Gedächtnis zitiert hätten, ist mit Rücksicht auf den allgemein gültigen Grundsatz: דברים שבכתב אי אתה רשאי לאמרן בעל פה[4] unwahrscheinlich. Es ist daher nicht richtig, wenn Strack (S. 60) mit Berufung auf Surenhusius sagt: ‚et primum quidem semper memineris, Rabbinos veteres in colloquiis et disputationibus saepissime nullo libro manu scripto usos fuisse sed e memoria tantum verba Biblica laudasse'. Die von Strack angeführten Belege genügen durchaus nicht, das ‚saepissime' zu begründen. Daß man aber nicht selten das nicht ganz mühelose, zeitraubende Auf- und Zusammenrollen der Bücher sich erspart hat, kann nicht bestritten werden.

g) Umschreibung in eine bequemere Form zum Zwecke des Parallelismus und der Antithese, Umformung zur Sentenz. Euphemistische Änderung.

h) Wiedergabe des Inhaltes.[5]

---

[1] Vgl. Berachoth 61a v. אלא.

[2] In seinen Scholien zu Baba Bathra 123b.

[3] So R. Jom Tob ben Abraham aus Sevilla in seinen Scholien z. B. Bathra l. c.

[4] Gittin 60b, Temurah 14b.

[5] Zitieren der Schriftstellen nach dem Sinne nimmt Hieronymus auch bei Paulus an. Zu Gal. 3, 13: ex quo mihi videtur aut veteres Hebraeo-

Die Abweichungen vom Massorahtexte sind also nicht in erster Reihe auf eine verschiedene Vorlage zurückzuführen. Ihr Ursprung ist ein gar mannigfacher. Nicht wenige der allgemein als Varianten geltenden Abweichungen finden leicht in einem der hier hervorgehobenen Momente ihre natürliche Erklärung. — Kann aber ein abweichendes Zitat nach genauer Prüfung auf keine einfache leicht erkennbare Ursache zurückgeführt werden, widerstrebt es aller natürlichen Erklärung — dann kann es beanspruchen, als Variante genommen zu werden. Hyperkritik ist nicht besser als Kritiklosigkeit und im Grunde genommen dasselbe.

Für die hier erwähnten allgemeinen Gesichtspunkte einige Beispiele. Manch andere sind schon in der älteren Literatur und bei Strack zu finden, jedoch bloß für einige der auch von ihnen hervorgehobenen Punkte.

ad a) Abkürzung. 1. das klassische Beispiel ist die Stelle ונתן הכסף וקם לו.[1] Raschi in Kidduschin und Tossafoth in Sabbath verweisen auf Lev. 27, 19 ויסף חמשית כסף-ערכך עליו וקם לו (ungenau bei Strack S. 65 III). Sifra z. St. und Jerusch. Kidduschin I, 6 Ende zitieren genau, auch im Babli Kidd. 29^a hat R. Nissim im Kommentar zu Alfassi die Bibelstelle ganz gehabt. 2. Kidduschin 21^a: בכל גאולה תתנו = Lev. 25, 24: ובכל ארץ אחזתכם גאולה תתנו לארץ. 3. Zebaḥim 119^b: ויהי כנוח הארון.[2] So in allen Handschriften und Ausgaben; Raschi bemerkt: חפשתיו ולא מצאתיו und verweist auf II Chr. 6, 41, aber Tossafoth haben schon erkannt, daß hier vielmehr Josua 3, 13 gemeint ist, vgl. auch die Note Berlins. Toseftha Sotah VIII, 2 und Babli ibid. 33^b zitieren genau.

ad b) Abkürzung und Verbindung zweier Stellen. 1. Synhedrin 103^a: כאשר עשה אחאב מלך ישראל (ms. Fl.: ויעש הרע (בעיני ה'), aus II R. 21, 2 und 3 zusammengezogen. 2. Ez. 48, 1—7 lautet Toseftha Maʿasser Scheni V, 29 (ed. Zuckerm. 97 [8, 9]):

---

rum libros aliter habuisse, quam nunc habent, aut Apostolum sensum scripturarum posuisse, non verba . . .

[1] Toseftha Erachin IV, 4. Babli Berachoth 47^b, Sabbath 128^a, Erubin 31^b, Pesaḥim 35^b, Kidduschin 5^a, 11^b, 29^a, 54^b, Bechoroth 11^a, 50^b, Erachin 33^a.

[2] Vgl. ibid. die St.: ויחלק להם יהושע (?) = Josua 18, 10 + Kürzung von ibid. 6, 8

מפאת קדים ועד פאת ים דן אחד ראובן אחד ונפתלי אחד. Ähnlich Sifre Deut. § 75 (ed. Friedmann 90[a]), vgl. auch ibid. § 315 (135[a]).

ad c) Geborgte Stellen. 1. Kidduschin 3[b] wird in bezug auf die Mischnah ibid. I, 1 האשה נקנית בכסף die Ansicht, daß das ,Verlobungsgeld' oder, wenn man will, der Kaufpreis dem Vater gehört, damit begründet: (Num. 30, 17) אמר קרא בנעוריה בית אביה כל שבח נעורים לאביה. Num. 30 ist aber nicht von irgend welchem ,Erwerben', sondern bloß vom Aufheben der Gelöbnisse die Rede, was der Talmud selbst einwendet: ההיא בהפרת נדרים הוא דכתיב. 2. Tosefta Erachin V, 9: אמר ר' יוסי בר' חנינא כמה קשות אבקות של שביעית, כיצד אדם עושה מלאכה בפירות שביעית . . . התחיל מוכר שדי אחוזתו שנאמר כי ימוך אחיך ומכר מאחזתו (Lev. 25, 25) לא באת לידו עד שמכר את ביתו, שנאמר ואיש כי ימכר בית מושב עיר חומה (ibid. 29) לא באת לידו עד שמכר את בתו שנ' ואיש כי ימכור את בתו לאמה (Ex. 21, 7) לא באת לידו עד שלוה ברבית שנ' כי ימוך אחיך . . . (Lev. 25, 25 f.). Dasselbe ausführlicher in einer Baraitha Kidduschin 20[a], wo die Gemara bemerkt: ואף על גב דבתו לא כתיבא בהאי ענינא הא קא משמע לן, ניזבין איניש ברתיה ולא נוזיף בריביתא . . .

ad d) Kopisten- oder Druckfehler. Dafür Belege zu bringen ist überflüssig; nur ein äußerst lehrreiches Beispiel soll hier angeführt werden. Ein Rätsel, das schon ältere Rabbinen vergeblich zu lösen versucht, ist die Stelle Erubin 65[a]: אמר רב חייא בר אשי אמר רב כל שאין דעתו מיושבת עליו אל יתפלל משום שנ' בצר אל יורה. Raschi bemerkt: בדקתי אחר מקרא זה ואינו בכל הכתובים ושמא בספר בן סירא הוא; Raschis berühmter Enkel, R. Tamm, will die fragliche Stelle in Job 36, 19 היערוך שועך לא בצר finden; der einem Schüler Sa'adias zugeschriebene Kommentar zur Chronik bemerkt zu II, 15, 4 וישב בצר: מכאן אמרו חכמים בצר אל יורה כי מתוך הצרה אין אדם יכול לכוון שמעותיו ותפילתו לו על ה'. In Wirklichkeit aber ist weder eine Bibelstelle, noch ein Ben-Sira-Vers gemeint, denn שנאמר ist eine, zwar alte, Verschreibung aus דאמר מר, mit welchem Ausdruck Aussprüche der Amoraim[1] angeführt werden. דאמר מר haben gelesen: Halachoth Gedoloth,[2] Maḥsor Vitry (S. 76) und R. Abraham ben Isack Ab-Beth-Dinn aus Narbonne. Letzterer im Sefer ha-Eschkol S. 24: דאמר רב כל שאין דעתו מיושבת

[1] Vgl. jedoch die St. aus dem S. ha-Eschkol, nach der unter מר an uns. St. der Tannaite R. Elieser zu verstehen sei, was aber nicht sicher ist.

[2] Ed. Wien 3[b], ed. Berlin S. 39. In letzterer ed. auch מֵצַר für בצר.

עליו אל יתפלל דאמר מר בצר אל יורה... להכי אמר כל... דאמר מר אל יורה וההוא מר ר' אליעזר הוא (Jerusch. Berachoth IV, 1).

Daß ein zweites derartiges Rätsel, die Verlängerung der Richtertätigkeit Simsons von 20 auf 22 Jahre in Babli Sotah 10ᵃ,[1] durch einen graphischen Vorgang entstanden ist, habe ich im letzten Hefte der MGWJ 1905 wahrscheinlich gemacht.

ad e) Ergänzung ist schwer, sichere Beispiele anzuführen. Naḥmanides selbst führt Taanith 29ᵇ an, wo aus Jer. 29, 11 לתת לכם אחרית ותקוה בגולה zitiert wird. Sicher ist das nicht, wie die Regel überhaupt durch keine einzige sichere Stelle belegt werden kann.

ad f) Zitieren aus dem Gedächtnis. I S. 1, 17 ואלהי ישראל יתן את שלתך zitiert Pesiktha r. 186ᵇ: יתן ה' את שלתך, ebenso Qimḥi im Stichwort zur St. und V. 23: כי מה שאמר עלי יתן ה' את שאלתך; genau wie Qimḥi an **beiden** Stellen der Karäer Aron ben Josef ha-Rofe (Aron I) in seinem Kommentar Mibḥar Jescharim.[2] Noch mehr, auch die **Konkordanz** (ed. Buxtorf) hat v. שלתך: יתן ה' את שלתך, ש"א א' י"ז, v. יתן den Massorahtext; auch Qimḥi hat sicher unseren Text. Diese Merkwürdigkeit erklärt sich aber aus der Geläufigkeit von יתן ה'.

Über das Auswendigzitieren und die dadurch entstehenden Fehler hat Josef Ibn-Kaspi[3] (כספי) eine sehr interessante Betrachtung: דע כי כל אדם שלם הוא פעם שכל בכח בהכרח ואין ללעוג עליו אם בספרו שגיאה מה, די ורב אם הוא מעט קט. והנה אבן עזרא אמר בפרשת נח ומלת היקום לא מצאנוה כי אם בפרשה הזאת (Gen. 7, 4. 32) והיא עוד בפרשת עקב (Deut. 11, 7). יש מן החסידים השוטים מבני תורתנו שחושבים להציל אבן עזרא בדברי תעתעים, ואני אומר כי שכח זה, כי לא היתה כל המקרא בפועל בשכלו אז. כן אומר על המורה, מה תמה יש אם כתב בכאן (Moreh I 19, Dalalāt 43ᵇ) מלא העומר לאחד ואין זה פסוק, אבל אחד ממנו אומר ,מלא העומר ממנו' ... ואחד אומר ,שני העומר לאחד' (Ex. 16, 22. 32) האם הכרח שיזכור ז"ל תמיד כל הפרטים האלה שאין בהם טעות. וכן יאמר בפרק הבא אחר זה (Dalalāt 48ᵇ) ותרם התיבה מעל הארץ (Gen. 7, 7) ואין בתורה כתוב התיבה, כי ותרם רומז עליה. ואם יחשוב שום יודע מה ענין חיבור ספר כי המחבר בהביאו בספרו פסוקים ומאמרים למאות ולאלפים שלא יגרע או יוסיף או ישנה מה שאינו עושה רושם טעות במובן. האם כל רגע ורגע שירצה לזכור פסוק מה בעת טרדתו וחמימתו יקח המקרא ויטרח במצוא המקום.

---

[1] Vgl. oben S. 21 N. 2.

[2] מבחר ישרים ed. Firkowitz, Goslow (Eupatoria) 1834.

[3] A'mude Kesef (עמודי כסף) ed. Verbluner S. 34.

ad g) Umschreibung. 1. und 2. die oben S. 21 N. 1 angeführten Stellen. 3. Synhedrin 93b: דבשאול כתיב ובכל אשר יפנה ירשיע (I S. 14, 47) ובדוד כתיב בכל אשר יפנה יצליח. Die gesperrten Worte, die in der Bibel nicht vorkommen, sind nichts anderes als eine Umschreibung von I S. 18, 14 ויהי דוד לכל דרכיו משכיל, zum Zwecke der schärferen Antithese. Über die Umformung zur Sentenz wird in der Einleitung in einem besondern Kapitel, Gnomik, ausführlich gehandelt, vorläufig sei auf Dukes, Rabbinische Blumenlese S. 17, verwiesen. Beispiele euphemistischer Umschreibung sind folgende. 4. R. Papa bar Samuel hat sich von einem alten Sklaven, der sein Haar gefärbt hatte, täuschen lassen und ihn in seine Dienste genommen, während Raba (רבא) der Täuschung entging. R. Papa wendete auf sich den Vers Prov. 9, 8 an: צדיק מצרה נחלץ ויבא אחר תחתיו, der Ausdruck רשע wird in das harmlose אחר umschrieben.[1] 5. Ps. 52, 7 wird Synhedrin 106b[2] mit den Suffixen der dritten Person angeführt. Der Talmud nennt diese Art von Umschreibung: כינוי. Schebuoth 36a: יתיב ההוא מרבנן קמיה דרב כהנא וקאמר גם אל יתצך לנצח יחתך ויסחך מאהל ושרשך מארץ חיים סלה (Ps. 52, 7) אמר ליה כנה, wozu Raschi: ואמור יתצהו. Es ist also nicht bloß Willkür, sondern ein Verstoß gegen eine ausdrückliche Forderung der Rabbinen, wenn die Stelle in Synhedrin in den späteren Ausgaben nach dem Bibeltext geändert wurde. Hier wird der alte Text durch den Talmud selbst bezeugt.

ad h) Wiedergabe des Inhaltes ist ja eigentlich Umschreibung, vgl. oben S. 22 N. 3. Hier noch ein Beispiel. Zebaḥim 120a wird als Beweis, daß es gestattet ist, zur Nachtzeit zu schlachten, I S. 14, 34 angeführt: שנאמר ... וישחטו בלילה[3].

Mit diesen allgemeinen Erklärungsprinzipien kommt man aber nicht immer aus. Bei manchen Abweichungen, bei denen die Annahme einer verschiedenen Vorlage fast ausgeschlossen ist, ist die Ursache ihres Entstehens nicht auf den ersten Blick zu erkennen; da muß man schon etwas tiefer graben. Für solche Fälle lassen sich keine allgemeinen Regeln

---

[1] Baba Mezia 60b. Falsch ist die Meinung Hermann Deutsch' im Magazin 1885 S. 86, daß אחר von Späteren herrührt. R. Papa hat unmöglich sich רשע genannt.

[2] In den Handschriften und alten Ausgaben und En-Jakob.

[3] So in den alten Ausgaben und Jalkut I S. z. St.

aufstellen; da erheischt jeder Fall seine besondere Behandlung und ausführliche Begründung. Kompliziertere Erklärungen müssen aber einleuchtend und genügend begründet sein. Vgl. weiter unten zu I S. 12, 19. Zu Erklärungen à la Waldberg darf man sich nicht versteigen. Gibt es aber für ein abweichendes Zitat keine wahrscheinliche Erklärung, so darf es mit Sicherheit als Variante angesehen werden.[1] Oft halten sich ‚Erklärung' und die Annahme einer verschiedenen Vorlage in bezug auf Möglichkeit und Wahrscheinlichkeit das Gleichgewicht; in solchen Fällen kommt nicht selten die Entscheidung, die aus der Stelle selbst nicht gefunden werden kann, von anderer Seite, freilich nicht immer von derselben Gewichtigkeit und derselben Beweiskraft.

Demnach unterscheide ich fünf Arten von Varianten: 1. Sichere, die sich aus dem Inhalte der Stelle ergeben; ihre Zahl ist eine verhältnismäßig geringe. 2. Höchstwahrscheinliche, solche, die von den alten Versionen gestützt werden. 3. Wahrscheinliche, solche, die auch in Codices vorkommen. 4. Mögliche +, solche, bei denen alle Texte einer Quelle übereinstimmen. 5. Mögliche, wo bloß die meisten Texte einer Quelle gleich lauten. Solche Abweichungen hingegen, die von verschiedenen, von einander unabhängigen Quellen bezeugt sind, sind fast mit derselben Sicherheit für echte Varianten zu halten wie die, welche sich aus dem Inhalte ergeben. In die ‚Probe' sind nur solche Abweichungen aufgenommen worden, die wenigstens dem geringsten Grade dieser Klassifikation entsprechen.

Des Ebenmaßes wegen sollen hier auch aus den für die eigentliche Textgeschichte ja allein wichtigen Ursachen der Abweichungen: wirkliche Varianten, einige gar nicht oder nur wenig gekannte Beispiele zu verschiedenen Büchern ihren Platz finden.

1. Deut. 11, 4 ברדפם אחריכם. Aus der Erklärung Ḥiskunis[2] zur St. ergibt sich, daß er אחריהם gelesen, vgl. Fried-

---

[1] Unter den älteren Rabbinen waren es die Tossafisten, die ohne Befangenheit an einigen Stellen konstatierten, daß הש"ס חולק על המסורה, der Talmud der Massorah widerspricht, vgl. Sabbath 55[b] v. מעבירם und Niddah 33[a] v. והנשא.

[2] חזקוני, Pentateuchkomm. des R. Ḥiskija bar Manoaḥ (XIII. Sec.), ed. pr. Ven. 1524, dann oft gedruckt.

mann, Einleitung in den Seder Eliah S. 133[1]. Dieselbe Lesart finden wir auch bei einem andern mittelalterlichen Rabbinen:[1] ברדפם אחריהם ויאבדם, רמז כל הרודפים שיעמדו אחריהם של מצרים כגון סיסרא וסנחריב והמן והאומות, הם הרודפים את ישראל, אותם יאבד הקב״ה. וזהו ברדפם אחריהם ויאבדם ה׳: סוף קרי ביה סוף, על פניהם לבסוף יפרע הקב״ה, ועל פניהן של האומות ברודפם. וזהו ברדפם אחריהם.

2. Jes. 11, 2 רוח עצה וגבורה. R. Jehuda b. Barsilai bringt in seinem Kommentar zum Sefer-Jezirah S. 178 aus dem Komm. Sa'adias zu diesem Buche folgende Stelle: ובזה הרוח הנוצר אשר בו חיי העולמים היה הקול הברוי אשר נשמע למשה רבינו . . . והוא הנקרא רוח אלהים חיים ועליו נאמר כל שבע שבחות האמורות על רוח ה׳ הנותן חכמה לחכימין כדכתיב ונחה עליו רוח ה׳ (Jes. 11, 2) וגו׳ ובו הגבורה והכח בא לכל הגבורים כדכתיב ותהי על יפתח רוח ה׳ (Idc. 11, 29). Ähnlich der ältere R. Jakob b. Nissim in seinem handschriftlichen Jezirahkomm.:[2] וממנו (מן הרוח . . .) יבוא מדע החכמים . . . שנאמר ונחה עליו רוח ה׳, ומחמתו יבוא כח הגבורה והיכולת שנאמר ותהי על יפתח רוח אלהים, ועוד נאמר ורוח לבשה את גדעון (Idc. 6, 34). Während nun Sa'adia für חכמה (מדע) einen Beleg aus Jes. 11, 2 bringt, bringt er für גבורה, das ja in demselben Vers vorkommt, Beweise aus Idc. Das beweist, daß Sa'adia Jes. 11, 2 unmöglich וגבורה gehabt. Und dieser Beweis ist so stark, daß er selbst durch die Tatsache nicht erschüttert wird, daß wir in Sa'adias Bibelübersetzung zu St. in Jes. ואלגברוה für וגבורה lesen,[3] woran mich Herr Prof. Bacher erinnert. ואלגברוה kann gegen zwei so wichtige Zeugen nicht ursprünglich sein.[4] Was aber Sa'adia für וגבורה gelesen, können wir aus einer andern Stelle in b. Barsilais Komm. erkennen. S. 2: ואומר כי ה׳ יתן חכמה מפיו דעת ותבונה (Prov. 2, 6), וזה שמקדים לכאן דעה לתבונה ובשאר מקומות תבונה לדעת כדכתיב לקמן ה׳ בחכמה יסד ארץ כונן שמים בתבונה (Prov. 3, 19) . . . וכתיב בבצלאל בחכמה בתבונה ובדעת (Ex. 35, 21) . . . וכתיב במלך המשיח רוח חכמה ובינה רוח עצה ותבונה רוח דעת ויראת אלהים, ולכך הקדים במקום אחר דעת לתבונה. . . . Da gibt es kein Entrinnen. R. Jehuda

---

[1] לקוטים מספר הגימטריאות von R. Elasar ben Moses Ha-Darschan (XIII. Sec.), ms. München 221[10], Abschrift im Besitze Epsteins S. 222[a].

[2] Mitgeteilt in Kaufmanns Anmerkungen zu b. B. Komm. S. 341.

[3] Ed. Derenbourg S. 18.

[4] Vgl. weiter unten S. 32 N. 8 und Anm. 6 einen ähnlichen Widerspruch.

b. Barsilai hat Jes. 11, 2 nicht וגבורה, sondern ותבונה gelesen. Wahrscheinlich hat auch Sa'adia, dem vielleicht diese Ausführung selbst gehört, ותבונה gelesen. Die letztere Ausführung b. Barsilais macht es wahrscheinlich, daß die Lesart ותבונה auch folgender Agada zugrunde liegt. Pirke de R. Elieser cap. 3 Ende heißt es: ואלו הן (המאמרות שבהן נברא העולם) בחכמה ובתבונה ובדעת, שנאמר ה' בחכמה יסד ארץ כונן שמים בתבונה, בדעתו תהומות נבקעו (Prov. 3, 19, 20), ובשלשתן נעשה המשכן, שנאמר ואמלא אותו רוח אלהים בחכמה בתבונה ובדעת (Ex. 31, 3), ובשלשתן נעשה בית המקדש שנאמר בן אשה אלמנה . . . וימלא את החכמה ואת התבונה ואת הדעת (I R. 7, 14), ובשלשתן עתיד להיבנות, שנאמר בחכמה יבנה בית ובתבונה יתכונן ובדעת חדרים ימלאו (Prov. 24, 3, 4,), ובשלשתן עתיד ליתן שלש מתנות טובות לישראל. שנאמר כי ה' יתן חכמה מפיו דעת ותבונה (Prov. 2, 6), ושלשתן כפולות נתנו למלך המשיח שנאמר ונחה עליו רוח ה' רוח חכמה ובינה,[1] . . . Schon der Parallelismus fordert in der letzten Stelle ebenfalls die Trias חכמה תבונה דעת; man könnte nur gezwungen erklären, daß בינה = תבונה ist; durch die bezeugte Lesart תבונה gewinnt die einfachere Annahme an Wahrscheinlichkeit.

Jes. 56, 5 אתן לו. In Jellineks Beth ha-Midrasch VI S. 64 liest die sogen. פסיקתא חדתא zweimal להם. Diese Lesart wird durch folgende interessante Angabe eines Lehrers aus dem XI. Sec. bezeugt: מעידני על כל ספרי מלכותנו שכתוב בהם אתן לו וקרי להם . . .[2] Also alle französischen Codices, die im XI. Sec. kursiert haben, lasen als קרי: להם.

4. Jer. 25, 1 בשנה הרביעית ליהויקים und 46, 2. Seder Olam r. cap. 24 (ed. Ratner S. 108) beginnt die Aufzählung der Ereignisse während der Regierung Jojakims wie folgt: בראשית ממלכת יהויקים בן יאשיהו מלך יהודה אמר ירמיה לכל יהודה וירושלים כה אמר ה' צבאות אלהי ישראל שובו נא איש מדרכו הרע ומרוע מעלליכם (Jer. 25, 5) שהוכיחן פעמים רבות ולא שמעו וחזר ונתנבא עליהם כה אמר ה' אם לא תשמעו ונתתי את הבית הזה כשילה (26, 4. 6) . . . בראשית ממלכת יהויקים בן יאשיהו מלך יהודה . . . . כה אמר ה' עשה לך מוסרות (27, 1. 2). So lautet der Text in den Handschriften, Ausgaben

[1] In Martini Pugio Fidei ed. Leipzig S. 504 kurz: ר' אליעזר אומר בשלש מדות ברא הקב"ה את עולמו . . . שנאמר . . . ושלשתן נתנו למלך המשיח . . . (aus Bereschith rabbathi des R. Moses ha-Darschan aus Narbonne).

[2] Commentaries of the Later Prophets by R. Eleazar of Beauganci I Jesaia, by John W. Nutt Oxford 1879.

und den Jalkutausgaben, ein graphischer Fehler ist daher so gut wie ausgeschlossen. Dann wird ja ausdrücklich gesagt, daß 26, 4, 6 die Fortsetzung von 25, 5 ist (וחזר); 26, 1 beginnt aber: בראשית ממלכות יהויקים, folglich kann 25, 5 nicht aus dem vierten Jahre Jehojakims stammen. Seder Olam r. hat also Jer. 25, 1 unmöglich בשנה הרביעית ליהויקים haben können, ebensowenig die Angabe היא השנה הראשנית לנבוכדראצר. Damit stimmt auch, daß weiter in cap. 25 (S. 110) für die Angabe, daß das erste Jahr Nebukadnezars dem vierten Jehojakims entspricht, in den meisten Handschriften und edd. kein Beleg aus unserer St. gebracht wird. Zwar entsteht jetzt die Frage, woher denn Seder Olam diese Gleichsetzung hat, wenn er sie Jer. 25, 1, der einzigen Stelle, wo sie vorkommt, nicht gelesen. Nun kann ich allerdings diese Frage nicht positiv beantworten, ich will aber auf eine andere Merkwürdigkeit aufmerksam machen, die vielleicht diese Frage beantworten und die frühere Behauptung bestätigen kann. Cap. 24 (S. נ״ה) wird in ms. Oxford und den alten Jalkutedd. Jer. 46, 2 wie folgt zitiert: בשנה הרביעית ליהויקים מלך יהודה היא השנה הראשונה לנבוכדנצר מלך בבל... Nach diesen Texten hat also Seder Olam seine Gleichung, I Nebukadnezar = IV Jehojakim, in 46, 2 gehabt. Jer. 25, 1 hat nach Seder Olam r. so gelautet: הדבר ... בשנה הראשנה ליהויקים בן יאשיהו מלך יהודה, während היא השנה הראשנית לנבוכדרצר מלך בבל in 46, 2 seinen Platz hatte. Wichtig ist, daß diese Angabe auch in LXX (aber an beiden St.) fehlt.

5 Jer. 30, 4. ואלה הדברים אשר דבר ה׳. Sifre Deut. § 1: אלה הדברים אשר דבר משה וגו׳ וכי לא נתנבא משה אלא זה בלבד והלא הוא כתב את כל התורה כולה, שנאמר ויכתוב משה את (כל) התורה הזאת (Deut. 31, 9) ומה תלמוד לומר אלה הדברים, שהיו דברי תוכחות, כיוצא בו אתה אומר דברי עמוס ... (Amos 1, 1) וכי לא נתנבא עמוס אלא אלו בלבד ... ומה תלמוד לומר דברי עמוס, שהיו דברי תוכחות ... כיוצא בו אתה אומר ואלה הדברים אשר דבר ירמיה על ישראל ועל יהודה (Jer. 30, 4) וכי לא נתנבא ירמיה אלא אלו בלבד, והלא ב׳ ספרים כתב ירמיה שנאמר עד הנה דברי ירמיהו (51, 64), ומה תלמוד לומר אלה הדברים אלא מלמד שהיו דברי תוכחות, שנאמר קול חרדה שמענו ... מדוע ראיתי כל גבר ... וממנה יושע (30, 5—7) Es folgt dann dieselbe Frage und Antwort in bezug auf II S. 23, 1 und Eccl. 1, 1. Es ist sonnenklar, daß Sifre Jer. 30, 4 nicht אשר דבר ה׳, sondern אשר דבר ירמיה gelesen, wenn auch Midrasch

ha-gadol[1] z. St. das Zitat ה' hat. LXX = MT. Die verschiedenen Lesarten beruhen vielleicht auf verschiedenem Auflösen von "י.[2]

6. Ps. 24, 4 נפשו — K're נפשי. R. Jehuda ha-Levi (XII. Sec. Anf.), Kusari II, 27 (ed. Hirschfeld S. 181): קאל אלחבר פמא תקול (Thr. 4, 18) פי חרף יוגד פי אלמצאחף יכאלף אלקיאס מתל צדו צעדינו אתרי אן ירד̈ צרו ואשר לא נשא לשוא נפשי וירד̈ נפשו. Ibn-Tibbon: אמר החבר ומה תאמר באות שתמצא בספרים בחלוף ההקשה כמו צדו צעדינו התְּראה שהוא צרו ואשר לא נשא לשוא נפשי ישיבוהו נפשו. Also das K'thib נפשי und das K're (oder eigene Deutung) נפשו.

7. Job 5, 23 אבְני השדה. Eine Tanḥuma-Handschrift teilt folgenden Midrasch mit:[3] ואית מדרש, עם אבני השדה בריתך, אדמי כתיב, ומהו אדמי . . . אמר לו כתיב כי אם אדני (l. אבני) השדה בריתך אדמי כתיב, במקומינו מין ירק הוא זה יוצא מן האדמה כשאר עשב והוא כדמות אדם ונשרש בארץ, ווהו כי אם אדמי השדה בריתך וחית השדה השלמה לך, שאין רשות לחיה להזיק אותו אדם.[4] Vgl. auch Mischnah Kilajim VII, 5.

8. Neh. 11, 17 יְהוּדָה. Sa'adia bei ben Barsilai, Jezirahkommentar S. 34: וכן כתוב ומתניה בן מיכה בן זבדי ראש התחלה יהודה לתפלה, שפירושו אשר שם אנשי יהודה להתפלל ולמדם דרך התפלה. Dazu b. Barsilai S. 35: וזה שכתב נמי לעיל ר' סעדיה זכרונו לברכה והביא ראיה מזה הפסוק שכתוב בעזרא[5] ומתניה בן מיכה וגו' יהודה לתפלה שפירשו אשר שם אנשי תורה (l. יהודה) להתפלל, נראה לנו מתוך פירושו שהוא קורא זה הפסוק יהודה לתפלה שהוא שם אדם כמו יהודה בן ישראל ואנו רואים לכל הקורים שקוראים היום פסוק בדורנו קורין יהודה לתפלה מלשון הודאה וכן מנוקד בספרים שבמקומינו יהודה מלשון הודאה.[6]

9. I R. 4, 2 על הים. Folgende Quellen haben על שפת הים: Toseftha Synhed. V, 5 (ms. Erfurt). Babli Baba Mezia 28[a]

[1] מדרש הגדול, ms. im Besitze des Herrn A. Epstein.

[2] Daß יהוה schon in alter Zeit zuweilen bloß durch ' ausgedrückt wurde, steht außer Zweifel. Vgl. u. a. Hitzig zu Jer. 3, 19 und 6, 11 und Buhl, Kanon und Text S. 256. Auf diese Weise möchte ich auch מִצְוֹתָי der LXX I S. 13, 13 erklären, מצותי = מצות י(הוה).

[3] In Bubers Einleitung S. ס"ג.

[4] Alraune, = דודאים Gen. 30, 14, wo Ibn-Esra bemerkt: והם על צורת בן אדם כי יש להם דמות ראש וידים.

[5] Bei den Rabbinen sind Esra und Nehemia ein Buch. Vgl. Synhed. 93[b]: מכדי כל מילי דעזרא נחמיה בן חכליה אמרינהו ונחמיה בן חכליה מאי טעמא לא איקרי ספרא על שמיה אמר רב ירמיה בר אבא מפני שהחזיק טובה לעצמו . . .

[6] In Sa'adias Kommentar zu Esra und Nehemia, ed. Mathews Oxford 1882, ist zu Neh. 11, 17 keine Erklärung vorhanden.

in 4 Handschriften, Kaphtor wa-Pheraḥ cap. 11 (ed. Berlin 43[a]), edd. Konst. und Ven. Baba Mezia 86[a] in allen Handschriften und Ausgaben, En Jakob ed. pr., Midrasch ha-gadol kol. 270 und in dem von Gaster herausgegebenen ספר מעשיות S. 135. Sebaḥim 61[a] in Handschriften und Ausgaben. Pesiktha de R. Kahane 18[b]. Pesiktha rabbathi 40[b], 41[b], 42[a], Midrasch Sam. cap. 32 § 2 in den Ausgaben und Jalkut II S. Ende. Num. r. cap. 2 Ende in mss. Paris N. 150 und Epstein. Jalkut Cant. § 992 zu 6, 11. Kether Thora[1] des Karäers Aron ben Elia aus Nikomedien, II 88[a].

10. I R. 22, 19 עמד – עמדים. Mechiltha יתרו nach Sechel tob II S. 330. Traktat Derech Erez cap. 5. Jeruschalmi Synhedrin I. 1 (18[a] 57) in allen Ausgaben, in R. Jehuda ben Barsilais Jezirahkommentar S. 123 und Jephe Mareh N. 1. Tanḥuma Absch. שמות § 18 in allen alten und einigen jüngeren Ausgaben; Absch. משפטים § 15 in allen Ausgaben; Absch. קדושים § 6 in den edd. und Jalkut ha-Machiri Ps. 17 § 16. Tanḥuma ed. Buber Absch. ויירא § 21; Absch. שמות § 14; Absch. משפטים § 6. Midrasch Ps. 1, 1 in einigen mss. der edd. Buber.[2] Gen. rabbah cap. 65 § 17 in den Ausgaben und Jalkut Ez. § 340. Ruth rabbah פתיחתא § 1 in edd., in Jehuda ben Barsilais Jezirahkom. S. 119 und Jalkut ha-Machiri Ps. 50 § 24. Cant. rabbah zu 1, 9 in edd. und Jalkut ha-Machiri Jes. S. 50 und 146. Bereschith rabbathi[3] S. 224. Seder Elia suta cap. 24 Ende (ed. Friedmann[4] S. 45). Jalkut Gen. § 115, Job. § 908 Ende. Buch der Frommen N. 605 aus מגילת סתרים des R. Nissim Gaon. R. Ḥananel ben Ḥuschiel im Kommentar zu Berachoth 6[a]. R. Jehuda ben Barsilai im Jezirahkommentar S. 32, 38, 123. Midrasch Sechel tob I, S. 26. Sohar I 32[b]; II 170[a]. Midrasch ha-gadol kol. 483 aus unbekannter Quelle. Kether Thora zu Num. 38, 1.

11. Haggai 2, 8 נאם – אמר. Mischnah Aboth VI, 9. Traktat Derech Erez suta cap. 4. Kidduschin 82[b] in den alten Ausg., Barsilais Jezirahkomm. S. 8, Menorath ha-Maor N. 306. und En-Jakob ed. pr. Abodah sarah 2[b] in ms. München und den

---

[1] כתר תורה Pentateuchkommentar (verf. 1362), Eupatoria 1866.
[2] In den edd. fehlt das Zitat, vgl. jedoch Bubers Note.
[3] Abschrift des ms. Prag im Besitze Epsteins.
[4] Pseudo-Seder Eliahu zuta (נספחים), Jahresbericht des Wiener Seminars 1903/1904.

ältesten edd. Synhed. 103^b in allen mss., den alten Ausgaben, Midrasch ha-gadol ms. zu Deut. 4, 24, En-Jakob und Jalkut II R. § 249. Ex. r. cap. 31 § 15 nach Jalkut ha-Machiri Ps. 19, 10. Ex. r. cap. 33 § 4. Pesiktha r. 119^a. Tanḥuma בשלח § 11 nach Jalkut-ha M. Ps. 24 § 34. Eine Tanḥumahandschrift bei Buber, Einleitung S. 136. Mid. אל יתהלל in Jellineks Beth ha-Midrasch VI S. 108. Jalkut z. St. § 568. Baḥja b. Ascher, Kommentar ed. Riva 1559 S. 120^a, 164^b.

12. Zach. 4, 10. משוטטים – משוטטות. Mechiltha בא 1^b. Synhedrin 38^a in den alten edd., im Komm. יד רמה des R. Meir ha-Levi und En-Jakob. Gen. r. cap. 87 § 5 nach Mid. Sechel tob zu Gen. 39, 9. Tanḥuma וארא § 9, תצוה § 4, נשא § 5. Tanḥ. ed. Buber תולדות § 20, וארא § 8 in zwei mss. und Jalkut Ex. § 180, Job § 928, Absch. נשא in 3 mss. Seder Eliah r. cap. 1 S. 5, cap. 30 S. 152. Num. r. cap. 9 § 9 in edd. und ms. Epstein; cap. 15 § 5 in ms. Epstein und Jalkut ha-M. Ps. 18 § 59. Lekaḥ tob zu Gen. 39, 15. Dalalāt I, 44 in allen arabischen mss. (Munk S. 163) und in der Ibn-Tibbonschen Übersetzung. Dalalāt I 46 (51^b). Jalkut ha-Machiri Ps. 26 § 8. Pseudo-Naḥmanides-, Kommentar zu Cant. S. 22^b. Jakob Antoli in Malmad ha-Talmidim 64^b. Menorath ha-Maor N. 292.

In bezug auf die Orthographie ist folgendes hervorzuheben:

1. Die Matres Lectionis werden immer geschrieben, auch bei Defectiva. Wenn nun die Mischnah Schekalim III, 2 für נְקִיִּם Num. 32, 22 נקיים schreibt,[1] so ist es nicht, wie Fromann u. a. bis Strack (S. 95) meinen, eine Variante. ִי ist Lesemutter zu קִ. י ist aber auch Lesemutter für ..e, folglich ist Ta'anith IV, 2 אליהם für אלהם Num. 28, 5 ebenfalls keine Variante (Strack ibid). Bei den älteren Grammatikern findet man diesen Vorgang ausdrücklich erwähnt. Ḥajuġ schreibt:[2] אבל נרעו אלה הנחים הנסתרים מן המכתב ומשם למדנו את חקם לכתוב את השם או המלה פעמים חסרים ופעמים מלאים. Ibn-Ġnaḥ, Einleitung zum ספר השרשים S. 8: ודע כי

[1] So auch Toseftha Peah IV, 5; Schekalim II, 1; Joma II, 5, 6. Joma 38^a; Pesaḥim 13^a; Jerusch. Schekalim III, 2 (2 mal), V, 1 und oft in anderen Quellen.

[2] Two Treatises S. 8, arabisch in The Weak and geminative verbs in hebrew, ed. Jastrow, Leyden 1897, S. 10.

פעמים אתכון לכתוב קצת המלות החסרות מלאות מיראה שיטעה בקריאתם מי שאין זכרונו חזק בבירור המלות... Vgl. auch das Folgende.

2. ו ist zuweilen Lesemutter für Kamez, namentlich für Kamez ḥatuf. So schreibt z. B. eine Handschrift vom Mischneh-Thora aus dem Jahre 1260:[1] קודשים, גורנות, קורבנות für קָדשים, גָרנות, קָרבנות und dgl. Im Jesaiaskommentar des R. Elasar aus Beauganci kommt vor: יעזור, לכרות, בעוברו, לעובדו,[2] wo diese Worter mit Kamez vokalisiert sind. Buch der Frommen N. 882: ויכתוב אותיות מלאים כגון כשרוצה לכתוב[3] וטהר לבנו לעובדך באמת, יכתוב ליבנו מלא, לעובדך מלא, ושבת קודשך, אוהבי שמך וכיוצא בו. Kolbo ed. Ven. 1547 fol. 10ª: כי אתה סולחן לישראל ומוחלן לשבטי[4] ישורון.[5] Übrigens hat ו auch im Bibeltext Kamez ausgedrückt. Die Punktatoren haben dann dafür das Kamezzeichen ָ gesetzt; aber das ursprüngliche Kamez-ו hat sich noch an mehr als 30 Stellen erhalten, nämlich als וי״ו כתיבן ולא קריין nach Kamez, vgl. Levita in Massoreth ha-Massoreth[6] Absch. I, Ord. 1.

Über die Zitierweise der alten Rabbinen und die Berechtigung ihrer Lesarten gegenüber dem Massorahtext ist noch zu vergleichen: Resp. der Gaonen ed. Berlin 1848 N. 78; R. Abraham ben Isaak Ab-Beth-Dinn aus Narbonne in Sefer ha-Eschkol S. 62[7]. R. Tamm in Sefer ha-Jaschar. N. 290. Resp. des R. S. ben Adereth II N. 848. Misraḥi[8] Absch. נשא.

---

[1] S. Weiß in Beth Talmud I, 1881.

[2] Vgl. S. 6[10], 26[2], zu 44, 14, 51, 7.

[3] Die St. in der Amidah zum Sabbath, Benedictio ואתה קדוש Ende.

[4] In der Amidah zum Versöhnungstag, Bened. 3.

[5] Vgl. auch Rapaport in der Einleitung zu Responsen der Gaonen ed. Cassel 3ᵇ. Seine Behauptung trifft nicht ganz zu, vgl. die gen. Mischneh-Thora-Handschrift u. a. Vgl. noch Güdemann, Geschichte des Erziehungswesens und der Kultur der Juden in Frankreich und Deutschland I S. 194[2], II S. 284. ו zur Andeutung des Kamez-ḥatuf kommt auch häufig in den Ben Sira-Hss. vor, vgl. Peters, Der jüngst wiederaufgefundene hebräische Text des Buches Ecclesiasticus, Freiburg i. B. 1902, Prolegomena S. 11, 17, 18.

[6] מסורת המסורת, Basel 1539. Levita sagt, daß es 31 solcher ו gibt und daß sie דוקא אחר קמץ או חטף קמץ vorkommen. Hieher gehört auch die Erscheinung, daß manche Wörter bald mit ו, bald mit Kamez chatuf geschrieben werden. Vgl. dazu u. a. R. S. ben Meir (RSBM) zu Cant. 7, 2. ed. Jellinek, Leipzig 1855, S. 58.

[7] ואזלינן בתר המסורה שבספרים המדויקים אפילו אם סותרים דרשות התלמוד והמדרשים.

[8] מזרחי, Superkommentar zu Pentateuch-Raschi.

Resp. R. David Ibn-Zimra (רדב"ז), IV N. 101.[1] Res. R. Juda Minz N. 8.[2] Schene Luḥoth ha-Berith (של"ה) II 134ᵃ. Norzi an mehreren Stellen (besonders zu Neh. 4, 16 und I Chr. 5, 23). Lonsano, Or Thora zu חיי שרה und נשא. Resp. חכם צבי N. 33. Jakob Emden in Mitpaḥath Sefarim ed. pr. 7ᵃ § 9. Moses Ḥabib in תוספות יום הכיפורים zu Joma 86ᵃ. R. Meir Eisenstadt, Resp. פנים מאירות II N. 102. Jad Maleachi N. 283. Salomon Geiger, מלאכת מחשבת Brief 13. Hirschfeld, halach. Exegese S. 141. Lowe, Fragment of Talmud Babli Pesaḥim S. 33[1]. Strack, Prolegomena S. 60—66. Derenbourg in ZATW VII S. 91.

Die Frage nach dem Wert und der Berechtigung der talmudischen Varianten jedoch, die, wie wir gesehen, von den Rabbinen verworfen werden, und auf die Rosenfeld seinerseits die Autorität der Massorah überträgt, diese Frage geht mich hier nichts an. Es ist nicht meine Aufgabe, die Vortrefflichkeit der einen vor der anderen Lesart zu prüfen, sondern zu untersuchen, ob überhaupt die Rabbinen andere Lesarten gehabt; meine Arbeit will keine textkritische, sondern eine textgeschichtliche sein. Textgeschichte aber verträgt sich, wie wir gesehen, selbst mit dem orthodoxesten Standpunkte dem MT gegenüber. Dies meine Erwiderung auf die gewiß nicht ausbleibenden Angriffe nicht wissenschaftlicher Natur.

II. Wichtigere Abweichungen zu Sam. I.[3]

Kap. I.

1. איש אחד. אחד⟩ in Pesiktha r. 181. LXX: ἄνθρωπος ἦν. Al. und Codd. bei Field haben εἷς. Nach dem Zeugnis des Origenes

---

[1] אפילו במלא וחסר לא נגיה שום ספר על פי המדרש.

[2] אלמא תופסין בעלי המסרת עיקר וכותבין כקבלתם ומניחין תלמוד שלנו ותלמוד ירושלמי.

[3] Abweichende Lesarten, die mir bloß aus Targum, und solche, die schon aus den Vorarbeiten bekannt sind, habe ich in diesen Auszug nicht aufgenommen. Wenn ich vielleicht unbewußt das eine oder das andere Mal mit Norzi zusammentreffen sollte, so habe ich jedenfalls neues Material dazu gebracht. Plena und defectiwa und Vokalisation sind ebenfalls nicht berücksichtigt.

haben die korrekten Codd.: unus. ‹אחד› beim Ar. und in Cod. de Rossi 2.

2. אחת - האחת. Mid. Sam. I § 7 = LXX. P Ar und vielen Codd.

4. ובנותיה - ולבנותיה. Pes. r. 182[a] = Al. und Codd. bei Field und 5 Codd. bei de Rossi.

7. בבית - בית. Pes. r. 182[a]. Mid. Sam. I § 8. Massorah marg. z. St. und Qimḥi z. St. und zu 18, 30. Konkor. v. בית, daher בבית in v. עלתה fehlerhaft. בית lesen 34 Codd. und die Complutensis.

10. על ה׳ - אל ה׳. Berachoth 31[b]: ואמר ר׳ אלעזר חנה הטיחה דברים כלפי מעלה שנאמר ותתפלל אל ה׳ אל תיקרי אל אלא על ה׳. Diesen Text hat Raschi gehabt. Für diesen Text gegen Raschi, der ihn verwirft, spricht schon die Tatsache, daß derselbe R. Elasar ibid. 32[a] auch Num. 11, 2 in diesem Sinne und mit derselben Wendung: אל תיקרי אל ה׳ אלא על ה׳ deutet. Derselbe R. Elasar bringt aber auch ibid. 30[b] in anderem Zusammenhang aus uns. Stelle אל ה׳. Dort wird diese Lesart bezeugt von: R. Amram Gaon in סדר רב עמרם S. 7, Raschi in ספר הסדרים ms., Beth-Nathan, 2 mss. und En-Jakob. In edd. fehlt das Zitat. R. Elasar (III. Sec.) hat daher sicher in uns. St. אל gelesen, wie LXX, Tr, P, V, Ar und 25 Codd. Mass. marg. Ps. 2, 2 und II Chr. 13, 18 fordert uns. Text.

12. לפני ה׳ - אל ה׳. Jerusch. Berachoth IV, 1 (7[b]) in ed. pr., Jephe-Mareh N. 6 und bei Abudraham (ed. Warschau 10[a]). Mid. Sam. II § 9. R. Josef Qimḥi in Sefer Ha Sikkaron S. 60. אל lesen 42 Codd.

16. וכעסי - וכעשי. Ibn-Saruk, Maḥbereth 108[b]: ויש כעם הנכתב בשין כי מרוב שיחי וכעשי . . . Ibn-Ġnaḥ ספר השרשים r. כעם. Vgl. Qimḥi r. כעם und Norzi z. St.

Kap. II.

1. קרני בה׳ - באלהי. Thr. rabbathi zu 2, 7 nach Jalkut ha-Machiri Ps. 22 § 15 und Jalkut z. St. aus Mid. Sam. IV § 3.[1] Auch באלהים in Pes. r. 181[a] geht wahrscheinlich auf באלהי zurück, das für eine Abkürzung von באלהים gehalten und so

[1] In edd. und Jalkut ha-Machiri Ps. 150 § 19 cor.

aufgelöst wurde.[1] באלהי lesen LXX, V, 30 Codd. und die ältesten edd. Cod. de Rossi 271 liest כה' באלהי.

8. מאשפות — ומאשפות. Jelamdenu in Jalkut Num. § 767. Seder Eliah z. cap. 4 (ed. Friedm. S. 181). = LXX, V, P, Ar und Codd.

13. את העם — מאת העם. Massorah bei Ginsburg I 135 N. 1414: מ.את העם, ב' סבירין מן ..., ibid. II 328 kol. 2 v. מ: סבירין מן כתיבין מאת, משפט הכהנים. Die zweite St. ist Deut. 18, 3. מאת lesen LXX, Tr, P, V, Ar und Codd. bei de Rossi (9), Ginsburg und Baer.

15. ולא־יקח — ולא אקח. Ibn-Esra zu Ex. 12, 9 in edd. und einer Handschrift des Wiener Rabbinerseminars. LXX: λάβω, P: לא נסב אנא.

16. החלב — את החלב. Sche'elthoth (שאילתות) des R. Aḥai Gaon Absch. וישב (ed. Wilna 45[b]) in edd. und ms. Epstein (sehr alt) aus Joma 9[b]. Agadath Bereschith cap. 41 § 1.[2] Naḥmanides und Jakob ben Ascher zu Ex. 25, 31.

22. כל אשר ⟨כל.⟩ in Joma 9[b] nach Jalkut z. St. und Menorath ha-Maor N. 306, Baḥja b. Ascher 39[b] aus Tanḥuma (חיי שרה § 2), Agadath Bereschith cap. 41 § 4, Jalkut im Stichwort. = LXX und 2 Codd.

24. שמע מעברים — שומע אשר אתם מעברים. Sabbath 55[b] in allen alten edd. = P: דמבטלין אתון = Itala, V. Jedoch scheint der Inhalt der Talmudst. gegen diese Lesart zu sprechen.

---

[1] Eine andere Pesikthastelle setzt wahrscheinlich MT voraus. 166[a]: ומה טעם מתפללים (בראש השנה) תשע ברכות אלא ט' כנגד ט' הזכרות שכתובים בפרשת חנה. Nun bedeutet zwar הזכרה den Gottesnamen überhaupt, hier aber kann nur 'ה gemeint sein, da im Gebete Ḥannas 10 Gottesnamen vorkommen, 9 mal 'ה und einmal כאלהינו. Wenn nun die Pesiktha (aus Berachoth 29[a], Jerusch. ibid. IV, 3 und Ta'anith II, 2) nur von 9 הזכרות spricht und daher 9 mal 'ה im Ḥannalied gehabt, so hat sie 'ה auch in uns. St. gelesen. Dies Argument verliert aber an Gewichtigkeit durch die Möglichkeit, daß Pes. r. an einer Stelle des Liedes 'ה gelesen, wo wir es nicht haben, wie in der Tat Mid. Sam. V § 12 in V. 6 ה' מוריד liest. Übrigens kann bei einem Sammelwerke nicht von einer Stelle auf eine andere geschlossen werden.

[2] Nach ראשית חכמה cap. גידול בנים, in edd. fehlt das Zitat.

27. איש האלהים – איש אלהים. Sifre Deut. § 342.[1] Baraitha der 32 Normen des R. Elieser.[2] Aboth d. R. N. II Rezension cap. 37. Seder Olam r. cap. 20 (ed. Ratner S. 84).[3] Tanḥuma צו § 8 in edd. und Jalkut Ex. § 172. Ex. r. III § 21. Jalkut im Stichw. Qimḥi, Gersonides und Abarbanel z. St. Konkor. v. איש und v. ויבוא. Soncin 1486 und Brescia 1494.

27. ⟨אליו⟩ in Ex. r. III und in LXX; eine hexaplarische Note bei Klostermann, Analecta S. 63, liest πρὸς αὐτόν.

27. בבית – לבית. Sifre Num. § 84. = V und Ar.

30. כה אמר – נאם (I). Seder Eliah r. cap. 11 (S. 57). LXX: τάδε εἶπεν (Klostermann hat τάδε übersehen), P: הכנא אמר.

35. אשר בלבבי ובנפשי – כאשר בלבבי ובנפשי. R. Isaak Aramah in עקידת יצחק Pforte 61 (ed. Presburg 45b): אשר כלבבי ובנפשי וגו' כי העברת החוטאים מלפניו יתברך והחליפם בטובים וישרים אשר כלבו ובנפשו, ענין טוב הוא... Diese Lesart ergibt sich also auch aus dem Inhalt. = Tr und V. In einem hebräisch-französischen Glossaire aus dem XIII Sec.[4] heißt es: é kome ma volonté ובנפשי (ובנפשי also fehlerhaft). אשר haben 2, כלבבי 6, ובנפשי einige Codd.

Kap. III.

2. היום – ביום ההוא. Mid. Sam. VIII § 8. = V: in die quadam.

3. האלהים – ארון אלהים. Jakob Antoli in Malmad ha-Talmidim 35b (2 mal). Der Karäer Aron ben Josef ha-Rofe in Mibḥar Jescharim z. St. Albo in Ikkarim III cap. 10. = LXX.

9. כי – אם. Sabbath 113b in edd., En-Jakob und Jalkut z. St. § 98. Tanḥuma ed. pr. Konst. 1522 Absch. צו (§ 8).

10. דבר. P: מלל מריא, V: Loquere Domine, nach Wellhausen haben auch Lucian und Ar 'ה. Da aber wegen V. 7

---

[1] Nach Lekaḥ tob zu Deut. 33, 1, Jalkut Deuter. § 951 und I S. § 91. Fehlt in edd.

[2] Nach Sefer ha-Kerithot (הכריתות) des R. Simson aus Chinon, Halichoth Olam des R. Josua Levita, Midrasch ha-gadol S. XX, Eschkol ha-Kofer des Karäers Hadassi AB 156 (58d). Fehlt in edd. (dem Traktat Berachoth beigedruckt) N. 4.

[3] Nach Raschi Erubin 18b und Megillah 14a.

[4] Glossaire hébreu-français au XIIIe siècle, Lambert et Brandin, Paris 1905.

in uns. St. ein Gottesname nicht stehen konnte und aus diesem Grunde auch die Annahme eines Zusatzes seitens der Vertenten ausgeschlossen scheint, so vermute ich, daß die letzteren ein ursprüngliches אֲדֹנִי wie אֲדֹנָי gelesen. In der Tat hat Hadassi im Eschkol AB 53 (28[a]): דבר אדני, was אֲדֹנָי zu sprechen ist, da אֲדֹנָי nicht ausgeschrieben wird.

16. אל – את שמואל. Mid. Sam. X § 2. Massorah bei Ginsburg I 601 kol. 2. Konkor. bei Norzi. 45 Codd. de Rossi, Codd. bei Norzi und Baer. LXX hat zwar πρὸς, aber einen ganz verschiedenen Text.

Kap. IV.

4. ויקחו – וישאו. Baraitha über die Anfertigung der Stiftshütte (ברייתא דמלאכת המשכן) in Jellineks Beth ha-Midrasch III S. 148, Lekaḥ tob zu Ex. 37, 1, Midrasch Agada II S. 188 und ms. Epstein.

4. לפני ארון – עם ארון. Massorah bei Ginsburg[1] II 447 N. 151: לפני ארון ברית האלהים ד׳ וסימונהון . . . וישלח העם שלה׳ בתרא דפסו׳ [דפסוק]. Gemeint ist wohl, daß die Verbindung לפני ארון ברית + ה׳ oder אלהים 4 mal vorkommt: hier (האלהים), I R. 3, 15 (ה׳), I Chr. 16, 6 (האלהים) und I Chr. 16, 37 (ה׳). Nur so ist die Angabe zu verstehen. Andere Verbindungen von ארון ברית kommen 21 mal vor. Die Lesart לפני ist also gesichert.

17. מפני – לפני. Mischnah Sotah VIII, 6 in palästinischer Rezension;[2] die babylonische Mischnah[3] liest לפני. מפני lesen noch: Sifre Deut. § 198. Deut. r. V § 11 in edd. und ms. Epstein. R. Jakob Berab in מנות הלוי des R. Salomo Alkabez (אלקבץ) 225[a]. = LXX, P, Tr (Bomberg 1518), Ar und vielen Codd. bei Norzi, de Rossi und Ginsburg.

18. בהזכירו – כהזכירו. Tanḥuma שמיני § 2 (ed. Buber § 3). Mid. Sam. XI § 3. Baḥja ben Ascher, Komm. 161[d] und Kad

---

[1] The Massorah compiled from manuscripts, alphabetically and lexically arranged, I—III 1880—85. Vgl. die Rezensionen in The Guardian 1886, S. 1049 und ZDMG XL S. 743 ff.

[2] In Jerusch. ed. pr., Lowes מתניתא דבני מערבא, Jalkut Deut. § 923 und Mid. ha-gadol ms. Epstein zu Deut. 20, 9.

[3] In ed. pr. Neapel 1492, Ven. 1548, Riva 1559 etc. und in den Talmudeditionen.

ha-Kemaḥ v. שמחה. Massorah magna zu II R. 20, 11 (Zitat). Massorah aus Tschufutkale bei Ginsburg III 261 kol. 1 (Zitat). Qimḥi Wb. r. זכר (ed. Ven.). En-Jakob ed. pr. Zebaḥim 188ᵇ. 11 Codd.

20. וכעת - ובעת. Midrasch ha-gadol S. 537 aus Gen. r. LXXXII § 8 (fehlt in edd.) Michlol 35ᶜ. = Sym. P, V und Codd. ב ist auch durch LXX bezeugt.

Kap. V.

4. כפות רגליו—כפות ידיו. So Baḥja b. Ascher im Komm. 93ᵈ. Gewiß graphischer- oder Gedächtnisfehler. Merkwürdig aber, daß eine Anzahl Codd. bei Field τὰ ἴχνη τῶν ποδῶν haben.

Kap. VI.

3. משלחים. + אתם haben Seder Eliah r. cap. 11 (S. 58) und Massorah fin. l. אל v. ארון אלהי ישראל. = LXX, Tr Bomberg 1518 (〉 bei Lag.), P und einigen Codd. V und Ar unentschieden.

3. ארון ברית ה' אלהי ישראל – ארון אלהי ישראל. Seder Eliah r. cap. 11 (S. 58). = wörtlich LXX (Θεοῦ Κυρίου = Κυρίου Θεοῦ des Al.). P hat: דמריא.

8. כל כלי – כלי הזהב. En-Jakob Joma 52ᵇ. ברייתא דמלאכת המשכן cap. 6.[1] Num. r. cap. 4 in ms. Paris N. 150 und ms. Epstein. In den Talmudausgaben und in Pugio Fidei S. 382 lautet das Zitat: וכל כלי (et omnia vasa), in Jalkut Ex. § 383 und Baḥja b. Ascher Comm. 104ᶜ: וכל הזהב.[2] כל כלי lesen einige Codd.

19. שבעים איש חמשים אלף איש. Tanḥ. ed. pr. ויקהל § 7: כיון שנכנסה הרוח ונתגלה הארון הרג בהן ע' אלף איש, שנאמר ויך באנשי בית שמש כי ראו בארון ה' ע' אלף איש. In den spätern edd.[3] ist das Zitat nach MT korrigiert worden, es blieb aber noch: הרג בהן ע' אלף איש. In Num. r. ms. Epstein V § 9: שבעים אלף איש.

---

[1] In edd.; in Beth ha-Midrasch III S. 148 cor.

[2] Aber Horajoth 12ᵃ, Kerithoth 5ᵇ cor.

[3] Mantua 1563, Verona 1595 und Prag 1612; in den noch jüngeren edd. wurde die ganze St. nach MT geändert.

19. חמשים – וחמשים. Sotah 35[b] in den alten edd., Agadoth ha-Talmud und En-Jakob. Jerusch. Synhed. II, 4 (20[b] 63) in edd. und Jephe-Mareh N. 6. Num. r. V § 9 (3 mal).[1] Stichw. im Jalkut z. St. § 103. = LXX und 12 Codd. Tr und V sind exegetisch, P u. Ar ziehen die Zahl zusammen.

Kap. VII.

1. בנבעה .+ אשר haben Seder Olam r. ms. Epstein cap. 13, LXX, P u. 58 Codd., darunter auch cod. Erfurt.

9. טלה חלב אחד. Abodah sarah 24[b]: אמר רב אדא בר אהבה מנין לעולה נקיבה שהיא כשירה בבמת יחיד, שנאמר ויקח שמואל טלה חלב אחד ויעלהו עולה. ויעלהו זכר משמע, אמר רב נחמן בר יצחק ויעלה כתיב . . . Weder R. Adda, der טלה חלב weiblich faßt, noch sein Gegner R. Naḥman, der aus ויעלהו beweisen will, daß es ein männliches טלה war, hat אחד gelesen. Vgl. Reifmann in Beth Talmud I S. 383. Auch Raschi und Qimḥi scheinen אחד nicht gelesen zu haben. Zur gen. Talmudstelle hat Raschi: טלה חלב, רחל ומניקה בנה, im Komm. z. St.: ויעלהו עולה, ויעלה כתיב נקיבה היתה, מכאן . . . Ähnlich Qimḥi: ויעלה כתיב שהיתה נקיבה . . . In der Tat fehlt אחד in Aboth d. R. Nathan cap. 4 in edd. und ms. Epstein und in Jalkut ha-Machiri Ps. 50 § 15 aus Num. r. (XIV § 1 Ende). Damit stimmt auch, daß Aboth de R. N. in edd. und beiden mss. der ed. Schechter das K'thib ויעלה haben, während die Rabbinen immer das K're zitieren, wenn sie es gekannt. Vielleicht hängt das K're und K'thib selbst von + oder — אחד ab.

9. ויזעק – ויצעק. Pesiktha de R. Kahane 156[a]. Pes. r. 33[a]. Mid. Ps. ed. Buber 60, 1 (S. 306) und Jalkut ha-Machiri Ps. z. St. § 2. Tanḥuma ed. pr. האזינו (§ 4). Ex. r. ed. pr. XXXVIII (§ 4). Raschi Ta'anith 15[a] v. ממעי in allen alten edd. R. Jehuda b. Barsilai, Jezirahkomm. S. 135. Baḥja ben Ascher, Kad-ha-Kemaḥ v. תשובה. Menorath ha-Maor N. 104.

10. למלחמה – להלחם. R. Josef Kara (in Ha-Schaḥar III 689). Warsch. graphischer oder Gedächtnisfehler. Aber auch P hat: להלחם = למתכתשו.

---

[1] In edd. und ms. Paris 149[30] (Kopie im Besitze Epsteins).

Kap. VIII.

1. כי–כאשר. Sabbath 56^a, Ta'anith 5^b, Megilla 10^b,[1] Makkoth 11^a (in ms. München, fehlt in edd.). Agadath Schir ha-Schirim ed. Schechter S. 15. Jalkut I S. § 105 (2 mal). Predigten des R. Nissim N. 11. Index der Bibelstellen in Agadoth ha-Talmud. Konkor. v. זקן und im Verzeichnis der Kapitelanfänge. 6 Codd.

1. על ישראל–לישראל. Sabbath 56^a in ms. München[2]. Tr und P haben ebenfalls על. Daß es nicht Übersetzungsmanier ist, beweist ihre Übersetzung Deut. 16, 18 und Idc. 2, 18, wo לך und להם durch ליך und להון gegeben wird. Vgl. Tr und P zu II S. 7, 11 על עמי.

5. ועתה–עתה. Pesiktha r. 157^b. Jalkut I S. § 105 aus Synhed. 20^b. Jalkut im Stichw. = LXX u. Tr Lagarde.

7. כי גם אתי–כי־אתי. Mid. Sam. XII § 4: אמר ר' שמעון בר יוחאי אותי מאסו, גם אותי מאסו כי גם אותי מאסו, אמר לו בשלשה דברים עתידין הן למאוס, במלכות שמים ובמלכות בית דוד ובבנין בית המקדש... R. Simon b. Joḥai wendet hier die dritte der 32 Normen der agadischen Auslegung, ריבוי אחר ריבוי, an und findet so in den zwei im Texte entbehrlichen Wörtchen כי und גם eine Anspielung auf noch zwei andere Ereignisse, daher בשלשה דברים. Es ergibt sich also auch aus dem Inhalte, daß R. S. b. Joḥai nach כי : גם gehabt. Jalkut hat daher mit Unrecht die Stelle nach MT geändert. Ein anderes Wörtchen nach כי haben Naḥmanides zu Gen. 49, 10 und R. Nissim, Predigten N. 11, nämlich אם, das aus גם entstanden sein kann.

11. לו⟩ in Maḥsor Vitry S. 558, in LXX und V.

12. לחרש–ולחרש. Maimonides in Mischneh-Thora, Melachim IV, 3. Parḥon r. נור. Tr in edd., Lagarde und Ibn-Ġnaḥ, Wb. S. 420 und S. ha-Schoraschim r. נור. Ibn-Ġnaḥ in einem ms.

19. ימלך–יהיה. Ibn-Ġnaḥ r. כי. R. Isaak Aramah in עקידת יצחק Pforte 95 (58^a). Einige Codd.

---

[1] In edd., mss., Agadoth ha-Talmud, Jal. ha-Machiri Ps. 99 § 13, En-Jakob und Mid. ha-gadol S. 608, Predigten des R. Josua Ibn-Schoeib קרח Ende.

[2] Nach Rabbinowicz z. St. auch Jal. I S. § 105. Ich habe das Zitat im Jal. nicht gefunden.

22. אל העם – אל אנשי ישראל. Esther r. IV Ende in edd., ms. Epstein und Jal. Esther § 1052. Mid. Sam. XIII § 6.

Kap. IX.

2. בבני – מבני. Jehuda b. Barsilai, Jezirahkomm. S. 40 (vgl. Halberstamms Note). = LXX u. Ar.

11. ויאמר – ויאמרו. Mid. Ps. 7, 1 in edd. und Jalkut ha-Machiri Ps. 7 § 6. = Tr Lagarde und P.

12. אותם⟩ in Mid. Ps. l. c., in Tr, P, und V.

12. ותאמרנה. + לו hat Mid. Ps. l. c. LXX und V haben להם, weil sie V. 11 ויאמרו lesen, Mid. Ps. hat dort ויאמר. So bestätigen sich beide Zitate gegenseitig.

13. את הזבח – הזבח. Jal. I S. § 105 aus Mechiltha (cor. in edd., 19^b). Raschi Aboda sarah 25^a v. ויירם. Maḥsor Vitry S. 142. R. David b. Levi in ספר המכתם zu Megillah 23^a. Hadassi, Eschkol ha-Kofer AB 1 l. צ (11^a). לקוטים מספר הגימטריאות ms. 271^b (vgl. oben S. 5 Anm. 2). Trg. in S. ha-Michtham und M. Vitry: יפרום ית נכסתא.[1] LXX: τὴν θυσίαν.

13. ואחרי – אחרי. Berachoth 48^b nach Raschi v. כי. Jerusch. ibid. VII, 1 (11^a 16) und Megillah IV, 1 (75^a 3) in allen alten edd. Mid. Sam. XIII § 9. Hadassi l. c. Nachmanides und Jakob b. Ascher zu Lev. 23, 2. = LXX, P, V, 35 Codd. und Sonzin 1486, 88.

13. כי כהיום – כי אתו כהיום. Berachoth 48^b in mss. München, Oxford und Beth Nathan. = LXX, P und V.

24. ואת העליה – והעליה. Ibn-Ġnaḥ. r. טבח. Raschi Abodah sarah 25^a v. ויירם. Index im Agadoth ha-Talmud.

27. ה' – אלהים. Massorah bei Ginsburg II 454 N. 219 zählt 200 Verse, deren erster und letzter Buchstabe ה ist, zu diesen wird auch unser V. gerechnet; ... ר' פסוקים רישן וסופן ה' ... המה יורדים בקצה העיר. Folglich hat diese Massorah in unserer Stelle nicht אלהים, sondern ה' gelesen. So liest auch V: Domini.

---

[1] Der Targumtext ist hier unsicher. M. Vitry: יפרום ית נכסתא; S. ha-Michtham: יפרום ית דבחא; Aruch v. פרם: יפרום נכסתא, Raschi, Lag. und edd.: פרים מזונא; Qimḥi: פרים על מזונא; Kolbo ed. Ven. 9^a: יפרום על דיבחא. על scheint את auszudrücken, da r. פרם mit על verbunden wird.

Kap. X.

1. הלוא כי־משחך יהוה על נחלתו לנגיד. Mid. Ps. 18, 2 (S. 138): כיון שראה דוד עצמו מצומצם ביד שאול (I S. 23, 26) אמר על חנם משח אותי שמואל ואמר לי משחך ה׳ למלך, היכן היא משיחתו, היכן היא הבטחתו, הדא הוא דכתיב . . .[1] Der Midrasch borgt offenbar für die Salbung Davids die Worte Samuels aus unserer Stelle. Nun ist es ja möglich, daß Mid. Ps. uns. Stelle kürzt und durch das geläufigere למלך umschreibt. Erschwert wird aber diese Annahme durch die Tatsache, daß auch R. Elieser b. Tobiah (XI. Sec. 2. Hälfte) in Lekaḥ tob zu Gen. 27, 26 aus uns. St. zitiert: משחך ה׳ למלך (ms. Florenz: ראה) הלוא. Ein Rabbine des XI. Sec. hätte sich keine willkürliche Änderung des Bibeltextes erlaubt, besonders da uns. St., aus der bloß eine Parallele zu וישקה gebracht wird, nur nebenbei mitangeführt wird. Das zitieren e memoria ist aus demselben Grunde ebenfalls unwahrscheinlich, noch unwahrscheinlicher bei dem Wortlaute, den die Stelle des Lekaḥ tob bei R. Menaḥ. b. Salomo in Midrasch Sechel tob (verf. 1139) zu Gen. 27, 26 hat: ראה משחך ה׳ למלך על ישראל. Absichtliche Änderung oder Zufälligkeit ist hier so gut wie ausgeschlossen, besonders da wir es mit Exegeten zu tun haben. Mid. Ps. und R. Elieser b. Tobia haben gewiß so wie sie zitieren auch in ihrem Texte gehabt. Spuren dieses Textes finden sich in LXX und Itala: הלוא משחך ה׳ לנגיד על[2] עמו על ישראל. Fast wörtlich wie Lekaḥ tob liest aber Josephus. Archäologie ed. Niese VI, 54: . . . ἴσθι, φησὶ, βασιλεὺς ὑπὸ τοῦ θεοῦ κεχειροτονημένος ἐπί τε Παλαιστίνους καὶ τὴν ὑπὲρ Ἑβραίων ἄμυναν, = . . . ראה משחך ה׳ למלך על.

3. ומצאת — ומצאוך. Jalkut ha-Machiri Jes. S. 161 aus Tanḥuma. = LXX und P: καὶ εὑρήσεις, הא משכח אנת.

7. האתת. + כל haben Qimḥi r. אות, V und einige Codd.

9. שָׁם לב אחר — לב אחר. Buch der Frommen (viel. a. älterer Quelle)[3] ed. Berlin S. 219 N. 878: ויהפוך לו אלהים שם לב אחר,

---

[1] Der Text ist gesichert durch die alten edd., die Handschriften (8) der ed. Buber, ms. Epstein, Jalkut I S. § 133 und Jalkut ha-Machiri Ps. 18 § 12.

[2] Interessant, daß Ibn-Ġnaḥ, S. ha-Schoraschim r. לו ebenfalls על עמו hat. Im Original S. 352: נחלתו.

[3] Das Buch der Frommen ist kein einheitliches Werk, vgl. darüber Güdemann, Gesch. des Erziehungswesens und der Kultur der Juden in Frankreich und Deutschland S. 281—291.

שם ולא לפני שמואל, ähnlich auch S. 330 N. 1342. שם wird also urgiert.

16. אל אבנר – אל־דודו. Megillah 13[b] in 6 mss., Jalkut ms. z. St., En-Jakob ed. pr. (Salonichi 1516) und Agadoth ha-Talmud.

Kap. XI.

2. לכם. + ברית haben Jalkut I S. § 114 aus Mid. Sam. XIV § 7, Tr de Rossi 737, P, V, Ar und 3 Codd. Kennicott.

Kap. XII.

3. ואת – את מי רצותי. Nedarim 38[a] in den alten edd. und in den Predigten des R. Josua Ibn Schoeib קרח Anf. Ibn Saruk in Maḥbereth 165[b] und bei Dunasch in Criticae Voc. Rec. 35[a]. Dunasch ibid. R. Tamm in seinen Entscheidungen ibid. Ḥajuġ in Two Treatises S. 117 und ed. Dukes S. 172.[1] Ibn-Ġnaḥ Wb. S. 686[2]. Raschi zu Jer. 22, 17. Ibn-Esra zu Amos 4, 1. Josef Qimḥi in Sefer ha-Galuj S. 25 N. 53 und S. 131 r. עק. Parḥon Wb. r. רוץ. Qimḥi r. רוץ und zu Jer. 22, 17. Josef Kaspi bei Abarbanel zu Gen. 1, 1. R. Salomo aus Urbino im Ohel Moëd r. שבר. Konkor. v. רצותי. = LXX, Tr, P, Ar und mehr als 100 Codd.

5. היום – היום הזה. Sifre Deut. § 2. Tr Lag. LXX: σήμερον (= היום) ἐν ταύτῃ τῇ ἡμέρᾳ (= היום הזה).

7. עתה – ועתה. Erachin 17[a] in edd. und Ag. ha-Talmud. P: התיצבו עתה = קומו השא. Umstellung, die bei ועתה nicht möglich wäre.

17. בעיני ה'. + אלהיכם hat Mischnah Ta'anith I, 7 in ed. pr. und Pesaro, sonst fehlt die Stelle.

19. Tanḥuma חקת § 19: ומנין שאם סרח אדם לחבירו ואומר לו חטאתי שאם אינו מוחל לו שנקרא חוטא, שנאמר גם אנכי חלילה לי מחטוא לה' מחדול להתפלל בעדכם (V. 23), אימתי כשבאו ואמרו לו חטאנו, שנאמר ויאמר העם אל שמואל חטאנו כי עברנו וגו' והשיב חלילה לי מחטוא. In ed. Buber § 46 kürzer: ויאמרו העם אל שמואל חטאנו;

---

[1] Im arabischen Original ed. Jastrow S. 264: את, aber Ibn-Ġiḳatilia und Ibn-Esra haben in ihren Vorlagen ואת gehabt.

[2] S. 553 und im S. ha-Schoraschim r. עשק und רצץ: את.

Num. r. XIX § 13 am vollständigsten: ויאמר העם אל שמואל חטאנו כי עברנו את פי ה׳ ואת דבריך.[1] Die Erklärung dieses merkwürdigen Zitates ist folgende. Der Agadist hat unmittelbar vorher aus Num. 21, 7 deduziert, daß der Beleidigte dem reuigen, seine Schuld bekennenden Beleidiger verzeihen muß. Tut er es aber nicht, setzt er nun fort, so wird er nach I S. 12, 23 ein Sünder genannt. Das Bekennen der Schuld ist in den Worten: כי יספנו על כל חטאתינו רעה לשאל לנו מלך (I) enthalten. Mit Rücksicht auf 8, 7 sind aber diese Worte inhaltlich = Num. 21, 7 חטאנו כי דברנו ביהוה ובך (II) = I S. 15, 24: חטאתי כי עברתי את פי ה׳ ואת דבריך (III), = den Worten des Königs, dessen Vorhandensein ja die Versündigung des Volkes ausgemacht. Daher legt der Agadist sinnreich dem seine Schuld bekennenden Volke die inhaltlich gleichen Worte seines Königs in den Mund und er umschreibt, um auch eine formale Parallele zu (II) zu haben, (I) in (III): ויאמר שאול (העם) חטאתי(נו) כי עברתי(נו) את פי ה׳ ואת דבריך.

Kap. XIII.

9. ויעל שאול העולה והשלמים – ויעל העלה. Mid. Ps. 7, 1 (S. לו). Das kann ja kurze Inhaltswiedergabe und Umschreibung uns. Verses sein. Aber P hat einen ähnlichen Text: דבֿחא שלמא לעלתא. Da השלמים לעולה keinen Sinn gibt, so ist לעלתא gewiß Verschreibung aus ועלתא, also ויעל השלמים והעולה.

13. כי + לא שמרת. haben Naḥmanides zu Deut. 13, 5 Baḥja b. Ascher, Komm. 258[c], LXX, P und einige Codd.

19. גבול – ארץ ישראל. Ibn Ġnaḥ und Qimḥi r. חרש, Tr: תחום ארעא דישראל = גבול, nicht, wie de Rossi meint, גבול ארץ, da Tr גבול (ישראל) fast durchwegs durch תחום ארעא ausdrückt.

20. איש⟩ bei Ibn-Ġnaḥ Wb. S. 352 (S. 252 cor.), Ibn-Kureisch רסאלה ed. Barges S. 105, Qimḥi zu Gen. 4, 22, Naḥmanides zu Gen. 25, 3.

Kap. XIV.

3. בן – אחי. Sabbath 55[b] in allen alten edd., Ag. ha-Talmud und En-Jakob.

---

[1] Interessant ist die Bemerkung Baḥja b. Aschers z. St. in Num.: ואם אינו מוחל לו נקרא חוטא . . . והזכיר שם הכתוב בענין שמואל שאמרו לו ישראל חטאנו.

9, 10. Midrasch ha-gadol S. 358 bringt aus unbekannter Quelle[1] folgende Stelle: תנו רבנן איזה הוא ניחוש, זה העושה סמנין לעצמו אם יהיה כך אעשה דבר פלוני, ואם לא יהיה כך וכך לא אעשה, אם יהיה כך וכך אני מצליח, ואם לא יהיה כך וכך איני מצליח, כאליעזר עבד אברהם... (Gen. 24, 13 f.) וכן יהונתן בן שאול אומר, אם כה יאמרו עלו עלינו ועלינו כי נתנם ה׳ בידינו ואם כה יאמרו דמו עד הגיענו אליכם ועמדנו וזה לנו האות. Es braucht kaum gesagt zu werden, daß Zufälligkeit hier ausgeschlossen ist. Die Stelle ist allzu sprachgerecht, um ein gewöhnliches Hysteronproteron zu sein. Weder ein Schreiber, noch das Gedächtnis können für dieses Zitat verantwortlich gemacht werden. Hier ist entweder der Bibeltext nach der Fragestellung, die nach dem Beispiele Eliesers mit dem für das beabsichtigte Unternehmen günstigen Omen beginnt, abgeändert, oder die Fragestellung nach einem gegebenen Bibeltexte geordnet. Beides gleich schwer anzunehmen, jedoch das erstere wahrscheinlicher, da die Reihenfolge unseres Textes auch von den alten Vertenten bestätigt wird. Zu beachten ist aber, daß V. 9 תחתינו ולא נעלה אליהם auch in LXX fehlt.

18. ארון האלהים – האפוד (את). In ברייתא דמלאכת המשכן cap. 6: ר׳ יהודה בן לקיש אומר, שני ארונות היו, אחד שהיה יושב במחנה, ואחד שהיה יוצא עמהן במלחמה . . . שנאמר וארון ברית ה׳ נוסע לפניהם (Num. 10, 33) . . . וכן הוא אומר בשאול, ויאמר שאול אל אחיה הגישה האפוד, וכן הוא אומר באוריה, הארון וישראל ויהודה . . . (II S. 11, 11).[2] Der eigentliche Beleg ist natürlich die Fortsetzung: כי היה ארון האלהים. Das ist doch deutlich genug. Aber aus Jerusch. Schekalim V, 1 und VIII, 3 geht hervor, daß R. Juda ben Lakisch unseren Text gehabt. Dort wird zu der als Baraitha (תני) angeführten Ansicht R. Juda b. Lakisch', daß es zwei Laden gegeben, bemerkt: ורבנן אמרי ארון אחד היה ופעם אחת יצא בימי עלי ונשבה, קרייה מסייע להון לרבנן, אוי לנו מי יצילנו מיד האלהים האדירים האלה (I S. 4, 8) מלה דלא חמון מן יומיהון. קרייה מסייע לרבי יודה בן לקיש ויאמר שאול לאחיה הגישה ארון האלהים והלא ארון בקרית יערים היה, מה עבדון ליה

---

[1] Schechters Hinweis auf Ḥullin 95[b] ist ungenau.

[2] Der Text ist durch die Übereinstimmung aller alten Zeugen gesichert: Sefer והזהיר I S. 180; Lekaḥ tob zu Ex. 37, 1; ms. Paris (s. die Note zu S. והזהיר); ms. Epstein und die Handschrift, nach der der Abdruck in Beth ha-Midrasch III erfolgte. Die St., in edd. weggelassen, befindet sich im B. ha-M. S. 148. In der weiteren Ausführung ist die Baraitha der Stiftshütte = A.

רבנן, הגישה אלי הציץ... Die Gegner R. Judas erklären, daß in unserer Stelle unter ארון האלהים nicht die Lade, sondern eine Lade zu verstehen ist, eine Lade zur Aufbewahrung des Orakels.[1] Nach dieser Ausführung ist die Lesart הגישה האפוד sowohl bei R. Juda ben Lakisch, als auch bei seinen Gegnern ausgeschlossen. So ist man wohl nach unserem Jeruschalmitext zu schließen berechtigt. Aus folgenden Tatsachen ergibt sich jedoch mit Notwendigkeit, daß auch Jerusch. הגישה האפוד gelesen. 1. Sowohl die Toseftha Sotah VII, 18, als auch die Baraitha in Jerusch. bringen bloß Num. 10, 33 oder 14, 44 als Belege für die Ansicht R. Judas. Dadurch ist der tannaitische Ursprung der weiteren Belege in A mindestens sehr zweifelhaft. 2. bringt Jerusch. auch II S. 11, 11 als Stütze für die Ansicht R. Judas; es ist nun höchst sonderbar, daß Jerusch. beide schon von R. Juda selbst in A angeführten Bibelstellen aus eigenem Hinzutun als Beweise bringt, ohne zu ahnen, daß das R. Juda selbst schon besorgt hat. 3. ist es unbegreiflich, wie die Gegner R. Judas, um ihre Ansicht zu verteidigen, es gewagt haben, ohne jeden Anhaltspunkt im Bibelworte selbst, die heilige Lade zu degradieren und dem Texte dabei Gewalt anzutun. 1 und 2 führen unausweichbar zu dem Schlusse, daß der Redaktor von A zu dem ursprünglichen Text der Baraitha, wie er in Toseftha und Jerusch. erhalten ist, die weiteren Belege aus der Auseinandersetzung des Jerusch. hinzugefügt hat.[2] Folglich hat der Redaktor von A in seinem Jeruschalmitext הגישה האפוד gelesen. Der Beweis für R. Juda war, wie man in A hinzudenken muß, aus כי היה ארון האלהים geführt worden, was die רבנן mit dem Hinweise auf הגישה האפוד (nicht הגישה אלי הציץ) dahin zu deuten sich berechtigt glaubten, daß darunter bloß eine Lade zur Aufbewahrung eben dieses Ephods zu verstehen sei, was der Text selbst durch כי geradezu zu fordern scheint. Der ursprüngliche Jeruschalmitext hätte demnach so gelautet: קרייה מסייע לר׳ יודה הגישה האפוד כי היה ארון האלהים, מאי עבדון ליה רבנן, הגישה האפוד.

[1] Vgl. Jephe Mareh z. St., Abarbanel zu Num. 10, 33; Deut. 10, 1 und z. St.

[2] Nach Meïri, בית הבחירה Einl. 14[a] und Isaak de Lates, Scha'are Zion ed. Buber S. 25, soll A aus saburäischer Zeit (VI. Jahrh. Ende) stammen.

Daraus ergibt sich nun, daß Seder Olam r. cap. 13 (S. 56), der die Ansicht der רבנן im Jeruschalmi teilt,[1] ja vielleicht selbst die Quelle des Jerusch. und mit den רבנן identisch ist, ebenfalls in uns. St. הגישה האפוד gelesen und ארון האלהים so wie die רבנן erklärt haben muß.[2] Vgl. dazu auch Ratner z. St. und Einl. S. 102. Auf קריב אפודא Trs in V. 19 hat schon Wellhausen aufmerksam gemacht. Nachdem wir diese Lesart in alten rabbinischen Quellen gefunden, können wir ruhig behaupten, daß קריב אפודא aus uns. St. in V. 19 geraten ist. Auch Mid. Ps. 27, 1 (S. קיב) und Pesiktha r. 30^b, die in uns. St. eine Befragung des Orakels als bekannt voraussetzen,[3] scheinen האפוד gelesen zu haben.

Nach mindestens einem halben Jahrtausend begegnen wir der Lesart האפוד wieder — bei Ibn-Esra. Zu Ex. 28, 6 hat Ibn-Esra folgende Ausführung: יש שאלות קשות בדבר האפוד והחשן, כי משה לא עשה רק אפוד אחד, והנה כתוב אפוד ירד בידו (23, 6), ואיננו אפוד משה[4] כי אין כתוב האפוד הידוע כמו הגישה האפוד (?) ... ולא היו שואלים רק בחשן המשפט שהיו עליו האורים והתומים, ואין טענה מן הגישה האפוד, כי החשן דבק עמו, והאורים עם החשן. והנה ראינו שענה השם את דוד על פי אפוד אביתר[4] (23, 9 f., 30, 7) והנה שאול בלכתו למלחמה שאל באורים (28, 6) הם הם שהיו בחשן המשפט עם האפוד והארון. Also das Ephod, welches Ebjathar bei seiner Flucht aus Nob mitgenommen und das David zu befragen pflegte, war nicht das von Moses verfertigte, mit dem Orakel verbundene. Dieses ist nur gemeint in der Stelle הגישה האפוד. Es ist daher sonnenklar, daß Ibn-Esra dabei nicht die Worte Davids in 23, 9 und 30, 7 meinen kann. Aber die Bemerkung, daß Saul das Orakel befragt hat, welches עם האפוד והארון war, zeigt deutlich genug, wo wir die St. הגישה האפוד zu suchen haben, bei einem Kriegszug Sauls, wo der Lade Erwähnung ge-

---

[1] ואף על פי שהיה ארון ה' בקרית יערים, בנוב היו מקריבים כל י"ג שנה

[2] Interessant ist folgendes Zusammentreffen: R. Juda ben Lakisch und R. Jose, der angebliche Verfasser des Seder Olam, r., waren Schüler R. Akibas; Die Redaktion von A und Seder Olam soll in gleicher Zeit stattgefunden haben, vgl. oben S. 49 Anm. 2.

[3] שאול הלך ושאל באורים ותומים, כיון שראה שבאו עליו פלשתים אמר לכהן אסוף ידך ...: Ausführlicher in der Pesiktha.

[4] Nach Berachoth 4^a, Synhedrin 16^a, Joma $73^{a,b}$ hat David die Urim we-Thumim befragt. Vgl. auch Sotah 48^b.

schieht — und das ist ja nur in unserer St. der Fall. Aber alle Interpretation wird überflüssig durch folgende Stelle aus Ibn-Esras kürzerem Kommentar[1] zu derselben St.: ... ואפוד אביתר לא היה אפוד משה והעד שאמר אפוד ירד בידו, ולא אמר האפוד כאשר אמר שאול הנישה האפוד כי שם כתוב שהארון היה שם... ואם הדבר תלוי רק בחשן לבדו למה אמר הגישה האפוד ...[2]. Und es gibt auch noch einen dritten Zeugen dafür, daß Ibn-Esra הגישה האפוד gelesen: Ḥiskuni. Zu Ex. 28, 6 hat er folgende, ganz gewiß Ibn-Esra entnommene Stelle: האפוד משמע אחד, ומה שכתוב אפוד ירד בידו... תשובה לדבר אפוד בלא זהב, וישראל לא היו שואלין רק בחשן שהיו בו אורים ותומים. ומה שכתוב הגישה את האפוד, שם היה החשן דבוק עמו. Entweder zeugt Ḥiskuni für Ibn-Esra, oder für sich, daß er in uns. St. האפוד für unser ארון האלהים gelesen. LXX: προςάγαγε τὸ ἐφούδ, hexaplarische Note bei Klostermann, Analecta S. 67: ἔνδυμα ἱερατικόν; Josephus, Archäologie V, 115: . . . λαβόντα τὴν ἀρχιερατικὴν στολήν; Itala: adfer effud.[3]

18 ובני ישראל. + במלחמה. Lekaḥ tob zu Ex. 37, 1 aus ברייתא דמלאכת המשכן cap. 6. Hexapla (Aq., Sym., s. Field): ἐν τῇ παρεμβολῇ. Das Wort ist, besonders nach Hex., die עם בני für ובני liest, nicht notwendig, daher eine Ergänzung nicht wahrscheinlich. Auch die Lesart עם בני kommt bei den Rabbinen vor, s. Schorr, He-Ḥaluz III S. 101.

41. שאול ויהונתן – יונתן ושאול. Tanḥuma וישב in den edd. bis Prag 1612 (die St. fehlt in den folg. edd.). Pirke de R. Elieser cap. 38. Baḥja b. Ascher, Kad ha-Kemaḥ v. שבועה und Komm. 112c. Tr: שאול ויונתן.

---

[1] פירוש הקצר להראב"ע zu Ex., ed. Reggio Prag 1840.

[2] In der Ibn-Esra-Handschrift des Wiener Seminars steht diese St. auch im großen Komm. Der Wortlaut ist ganz gleich.

[3] Wellhausen, Bleek-Wellhausen Einleitung 6 S. 598 f., schreibt: ‚Für ארון אלהים ist האפוד zu lesen. Die Lade beruht auf dogmatischer Korrektur. Denn das Ephod ist hier nicht das אפוד בד, sondern die אפדה Jes. 30, 22, Richt. 8, 27, 18, 14 ff. Hos. 3, 4, das metallüberzogene Götzenbild, das den Späteren anstößig war, das aber früher beim Jahvehdienst nicht fehlen durfte.‘ Durch die Tatsache nun, daß die Lesart הגישה האפוד im II., IV, VI. und noch im XII. Jahrhundert in hebr. Codd. stand, ist dieser Behauptung Wellhausens die Basis entzogen. Das wird doch wohl niemand behaupten wollen, daß noch nach dem XII. Sec. ‚dogmatische Korrekturen‘ vorgenommen wurden.

45. את התשועה—הישועה. Berachoth 55^b in ms. Florenz, Maḥsor Vitry S. 49, Jalkut Deut. § 933 und I S. § 118, Sefer ha-Mussar des R. Juda Ibn-כלץ cap. 4. התשועה hat auch Tanḥuma ed. pr. וישב (§ 2).

47. המלוכה. + את haben: Pes. de R. Kahane 45^b in ed. und Jal. Ex. § 363. Gen. r. XCIX § 3. Num. r. XI § 3 in edd., ms. Paris 150 und ms. Epstein. Mid. Sam. XVII § 4. Bereschith rabbathi[1] des R. Moses ha-Darschan aus Narbonne. Raschi ms. Epstein zu Gen. 37, 35. Qimḥi und Parḥon r. לכד. Abarbanel, פרשה 2, פרשה 7 und z. St.

Kap. XV.

2. צבאות⟩ in Toseftha Megillah IV, 2 in edd. und mss., Pes. r. 181^b, Midrasch Sechel tob I S. 323 aus Megillah 7^a, Abarbanel z. St. aus Mid. Sam. XVIII § 1.

3. ועד—עד אשה. Pes. r. 55^b (bis) in edd. und Jal. Idc. § 50 (bis) und Prov. § 932. Mid. ha-g. S. 752 aus Joma 22^b. Raschi zu Deut. 25, 19. Ibn-Esra zu Num. 24, 20 und Deut. 25, 19. Baḥja b. Ascher, Kommentar 268^c. Jakob b. Ascher zu Num. 24, 24. Gersonides z. St. עקידת יצחק Pforte 34 (II 5^b). Abarbanel zu Deut. 25, 17, in der Einl. zu cap. 14 und z. St. = LXX, Tr, P, Koncor. v. מאיש, v. משה und v. והמתה und mehr als 100 Codd.

11. ויצעק—ויזעק. Raschi Ta'anith 17^a v. צעקה. Sohar (ed. Wilna) II 20^a: אמר ר׳ ברכיה בשעה שאמר הקדוש ברוך הוא לשמואל נחמתי . . . מה כתיב ויצעק אל ה׳ . . . , הניח הכל ולקח צעקה, משום דהיא קריבה לקודשא בריך הוא . . .

20. אשר שמעתי. + יען haben Seder Eliah r. 31 (S. 159) und LXX.

22. הֶחָפֵץ ה׳ — החֵפֶץ לה׳. Mid. Ps. ed. Buber 40 § 4 (fehlt in den alten edd.). Ziuni zu Ex. 28, 21. = Tr u. V. Eine Anzahl Codd. bei Field bieten: οὐ θέλει (ὁ) κύριος, Sym: μὴ θέλει, P: לא צבא מריא. = לא חָפֵץ ה׳, oder Umschreibung von הֶחָפֵץ.

23. וימאסך. + ה. Mid. Ps. 15, 4. Abarbanel, Einl. zu cap. 14. = LXX, Tr in der lateinischen Übersetzung (de Rossi), V. und 12 Codd.

---

[1] Angeführt vom Korrektor der ed. Salonichi zu Gen. r. XCIX. So auch in ms. Prag (Abschrift im Besitze Epsteins S. 276).

25. ‹את› Ochlah we-Ochlah N. 47. Koncor. v. חטאתי und v. שא.

Kap. XVI.

1. על – אל שאול. Pes. d. R. K. 156[a]. Tan. האזינו § 4. שיטה חדשה zum Segen Jakobs.[1] Deut. r. ms. האזינו (fehlt in edd.). = LXX, Tr Lag, P, V, Ar.

1. ואשלחך – אשלחך. Sifre Deut. § 17. Jal. z. St. aus Mid. Sam. XIX § 2. Sechel tob zu Gen. 24, 51. Qimḥi zu Ps. 89, 20.

7. כאשר – אשר. עקידת יצחק Pforte 77. = LXX, Tr, P, V und Ar.

7. והאלהים – וה׳. Buch der Frommen ed. Berlin N. 43. = LXX.

18. מלחמה – חיל. Ruth r. IV § 4 in den alten edd. (bis). Tr in alten edd. Damit stimmt, daß wir auch der Lesart ואיש חיל begegnen, bei R. Josua Ibn-Schoeib, Predigten נשא Anfang.

18. נגן. + בכנור Ruth r. l. c. und VII § 1. Jal. ha-Machiri Jes. S. 73.

21. כליו – כלים. Jebamoth 76[b] in den alten edd., En-Jakob und bei Raschi zu I S. 17, 55. = LXX: τὰ σκεύη αὐτοῦ.

23. רוח אלהים. + רעה haben: R. Samuel b. Ḥofni Gaon in trium sectionum libri Genesis versio Arabica S. 126, LXX, Tr, P und V.

Kap. VII.

3. וחמשת. Mid. Sam. XX § 2: אמר ר׳ חנינה ששים קינטרין היה לבוש גלית, ר׳ אבא בר כהנא אמר מאה ועשרים, ולא פליגין ילמדו סתומין קינטרא. מן המפורשין, מה המפורשין ששים אף הסתומין ששים . . . ist entweder nach Raschi Bechoroth 50[a 2]: ק׳ סלעים בכל שקל, oder überhaupt ein Vielfaches von Hundert, vgl. die Lexica. Jedenfalls entsprechen den 5000 Schekalim uns. St., in קנטרים (Centaren) umgerechnet, 50 oder ein Vielfaches von 50 dieser Münze.[3] Wenn aber R. Chanina und R. Abba b. Kahana von 60 und 120 sprechen, so haben sie in uns. St. ששת אלפים שקלים gelesen.

---

[1] In Gen. r. ed. Wilna 1878, S. 376. Viell. von R. M. ha-Darschan.

[2] Auch dort ist es R. Chanina, der von קינטרין spricht.

[3] Zunz' Vermutung über קינטרא, z. Gesch. 538, ist angesichts uns. St. in Mid. Sam. nicht zu halten.

12. היה—הוה. Sotah 11^b nach Jalkut I Chr. § 1074 und Pugio Fidei ed. Leipzig S. 715: David fuerit filius (fehlt in edd.).[1] Sifre Num. § 78. Mid. פנים אחרים ed. Buber S. 39^b. תניא N. 95 aus unbekannter Quelle. עקידת יצחק Pforte 15. = P.[2]

25. לאשה + לו. Gen. r. LX § 3 in edd. und Mid. Agada I S. 57. פרקא דרבינו הקדוש ed. Schönblum 32^a. Lev. r. ms. Epstein XXXVII Ende.

28. לו. + ויאמר. Pesaḥim 66^b nach Sefer והזהיר I S. 79 und Menorath ha-Maor N. 323. = P.

34. לאבי—לאביו. Lev. r. XXVI Ende in den alten edd. = P u. Codd.

43. בשם אלהיו—באלהיו. Lev. r. ms. XVII.

44. הארץ—השדה. Mid. Sam. XXI § 3: כיון שראה דוד שנתקלקלו דבריו (של גלית) אמר הדין דידי, אית בעיר דאכיל בשר דאת אמר ולבהמת הארץ... ונתתי את... ולחית הארץ (V. 46) ולבהמת הארץ אין כתיב כאן אלא ולחית הארץ. Ähnlich Qimḥi: ובדרש כיון שראה דוד דבריו מקולקלין שאמר ולבהמת הארץ... Auch wäre ולבהמת השדה nicht so sehr sinnlos. LXX, Tr und V. lesen הארץ.

46. יסגרך ה׳ היום בידי—היום הזה יסגרך ה׳ בידי. Jal. I S. § 127 u. Jal. ha-Machiri Ps. 27, 5 aus Lev. r. XXVII § 2. LXX: Σήμερον, καὶ ἀποκλείσει σε κύριος σήμερον εἰς τὴν χεῖρά μου. Dadurch entfällt Wellhausens Annahme. Das erste σήμερον ist wegen καὶ an dieser St. verdächtig, es ist Korrektur aus V. 45, wo es paßt. Al. liest: καὶ . . . ἐν τῃ χειρι μου σήμερον. הזה⟩ auch in Lev. r. ms. Epstein.

46. בישראל—לישראל. Mid. Ps. 36, 1 in edd., ed. Buber, ms. Epstein und Jal. ha-Machiri Ps. z. St. = LXX, Tr edd. P und V, Koncor. v. אלהים und Codd.

Kap. XVIII.

10 רעה. Abraham ben David (X. Sec.) in Pinskers ליקוטי קדמוניות S. קל״ד: ותצלח רוח אלהים אל שאול רצונו רוח רעה. Er hat also רעה im Text nicht gelesen.

14. בכל—לכל. Sabbath 56^a in edd., mss., Jal. II S. § 148 (auch ms.), Ag. ha-Talmud, En Jakob und Nizaḥon ed. Altdorf N. 169. Megillah 10^b in ed. Ven. 1521, Raschi z. St. und Ag.

---

[1] Ibid. 42^b in den alten edd. und En Jakob ed. pr. und Ven.: הוא

[2] Über die and. Vert. z. St. vgl. Nestle, Originalien und Materialien S. 14.

ha-Tal. Mid. Ps. 32, 1; 52, 5; 53, 1 (⟩ in ed. B.). Esther r. פתיחתא I Ende. Tanḥ. שמיני § 9. Lev. r. XI § 7. Num. r. X § 11 in edd., ms. Paris 150 und ms. Epstein. מעשיות in Beth ha-Midrasch V S. 148. Der Karäer Menaḥem ניצני in Pinskers Likute Kadmonijoth נספחים S. 47. Jal. ha-Machiri Ps. 18, 61 aus unbekannter Quelle. R. Eljakim (XI Sec.) in seinem Komm. zu Joma (ms., Rabbinowicz zu Joma 72[b]). Jal. ha-M. Ps. 41, 2 aus Tanḥ. (s. ed. B. ויגש § 1). Maḥsor Vitry S. 116. Qimḥi zu Jer. 10, 22; 20, 11; 23, 5; Ps. 111, 6.[1] Ibn-Esra zu Deut. 29, 8. Jal. Deut. § 855 aus Mid. אספה. Nizaḥon N. 182. R. Salomo aus Urbino, Ohel Moëd r. צלה. עקידת יצחק Pforte 92 (bis). Schem tob b. Schem tob, Predigten ed. Ven. 1547, 16[c], 32[c]. = LXX, Tr Bomberg 1518, P, V, Ar und Codd. So auch Mas. bei Ginsburg II 331 N. 82.

16. אהב – אהבים. Mid. Ps. 41, 4 in ed. Ven. 1546, Jalkut Ps. § 741 und Jal. ha-Machiri Ps. 41 § 10. Ibid. 59, 1 in allen edd., ms. Epstein, Jal. ha-M. z. St. und Jal. Ps. § 777. Ex. r. XXXI § 2 in alten edd. Jal. Num. § 776 aus Sifre zuta. Komm. des R. Jesaiah zu I S. 22, 15. = LXX, Tr, P und Ar.

25. כי. + אם. Hadassi in Eschkol ha-Kofer 11[c], 12[b], 12[c] (bis), 140[c]. Aron ben Eliah, Gann-Eden 150[c]. Qimḥi zu V. 23. עקידת יצחק Pforte 92. = LXX, Tr. Massorah bei G. I 82 N. 742, II 35 N. 41 und 327 N. 62 wird diese Lesart als מטעין und סבירין gebracht.

Kap. XIX.

10. ויפטר. + דוד. Midrasch bei Qimḥi zu 20, 3. = LXX und V.

13. ותקח מיכל – ומיכל בת שאול לקחה. Mid. Ps. 59, 1 in den alten edd., in allen 8 mss. der ed. Buber, in ms. Epstein und Jal. ha-Machiri Ps. 59, 1.

17. אמיתך. + בחרב. Mid. Ps. 59, 1: אמרה לו (מיכל לשאול) אתה השיאתני ללסטים שלך, ועמד אלי עם החרב להרגני . . . הדא הוא דכתיב ויאמר אלי למה אמיתך בחרב. Mid. Sam. XXII § 4: שלף חרבו עלי ואמר לי אם אין אתה משלחני הריני ממיתך.

18. הוא – דוד. Sebaḥim 54[b] in edd., Aruch v. נוותי, Kaftor wa-Feraḥ cap. 6 (ed. Edelmann 17[b]), Jal. ha-Machiri Ps. 69, 5, Jal. Deut. § 910, Jos. § 24, I S. § 129. LXX: Δαυείδ.

---

[1] Aber Michlol 15[d], Wb. r. שכל und Komm. z. St.: לכל, mit der Bemerkung: לכל כמו בכל.

18 בנוית. + ברמה. Sebaḥim ibid.: וילך דוד ושמואל וישבו בנויות ברמה, וכי מה ענין נויות אצל רמה אלא שהיו יושבין ברמה ועוסקין בניו של עולם...[1] LXX: ἐν Αυὰθ ἐν Ῥαμά, P: ביונת דברמתא.

21 ויסף. + עוד. Ibn-Ġ'naḥ Wb. r. יסף in Original und Übersetzung.

Kap. XXII.

3. יצא — ישב. Tanḥuma ed. Buber וירא § 25, auch in Raschi zu II S. 10, 2 und Jal. II S. § 147. Num. r. XIV § 3 in ms. Epstein. P: נתב, V: maneat.

3. אתכם — עמך. Raschi l. c. aus Tan. l. c. LXX: παρὰ σοί.

10. בה' — באלהים. Mid. Ps. 7, 1 (S. 70): אמר לו דואג (לשאול) וחרב גלית... ושאול לו באלהים. Das kann ja Verwechslung mit oder Verschreibung aus V. 13 sein, aber auch LXX und P lesen באלהים. ושאול kann Korrektur nach V. 13 sein.

16. המלך — שאול. Tan. ed. Buber מצורע § 4 in einigen mss. LXX: ὁ βασιλεὺς Σαούλ.

17 המלך (I). + שאול. Gen. r. XXXII § 1 in allen alten edd.

17. והמיתו כהני — ופגעו בכהני. Ibn-Ġ'naḥ, Wb. 561.

17. ולא אבו עבדי המלך — ולא שמעו איש מהם. Mid. Ps. ed. Buber 52, 5 S. קמ"ג: מיד ויאמר המלך לרצים הנצבים עליו, ולא שמעו לו... שנאמר ולא שמעו איש מהם, כיון שראה שלא שמעו לו אמר לדואג...

18. בכהנים (I) — בכהני ה'. Jerusch. Synhed. X, 2 (29ª) in edd. und Jefe Mareh N. 20. Midrasch Agada II S. 35 aus Tan. מצורע § 2.

18. ⟨הוא⟩ Jerusch. l. c., Gen. r. XXXII Ende, Mid. hagadol S. 752 aus Joma 22ᵇ, in LXX und V.

18. בכהנים (II)- בכהני ה'. Gen. r. l. c. LXX: τοὺς ἱερεῖς κυρίου.

18. ⟨וחמשה⟩ bei Ibn-Esra zu Ex. 28, 6 und im kurzen Komm. und Ḥiskuni ibid.

Kap. XXIII.

2. בפלשתים (II) — את פלשתים. Erubin 45ª (bis) in ms. München und alten edd. LXX liest so in erster St. P. לפלשתיא.

---

[1] Der Text ist durch die in vorhergehender St. angeführten Zeugen gesichert, dazu kommt: Erwiderungen der Schüler Menaḥems in Criticae Voc. Resp. S. 66.

9. ויאמר. + דוד. Jezirahkomm. des R. Jehuda b. Barsilai S. 183. = LXX.

14. במדבר⟩ bei Ibn-Ġ'naḥ, Wb. S. 389 und in einem Zitat einer Massorah bei G. II 137 N. 212.

23. ודעו וראו - וראו ודעו. Jerusch. Peah VII, 2 (20ª 46). P: ודעו וחזו.

25. לבקש את דוד ויגדו לו - לבקש ויגדו לדוד. Ibn-Ġ'naḥ, Wb. S. 388. לבקש את דוד hat auch P.

26. ויהי הוא - ויהי דוד. Jal. II S. § 157 und Ps. § 874 aus Mid. Ps. 18, 2. Jal. z. St. in Stichw.

Kap. XXIV.

4. על הדרך. + אשר. Jerusch. Sukkah V, 4 (55ᶜ 11). = LXX, Tr, P, V, Ar.

21. עתה ידעתי - ועתה הנה ידעתי. Mid. Ps. 57, 1 in den alten edd., ms. Epstein und Jal. I S. § 134 (⟩ in ed. Buber). Midrasch über defectiva und plena ed. Wertheimer S. 3.

23. וישבע שאול לדוד - וישבע דוד לשאול. Mid. Ps. 58, 1 in allen alten edd., allen 8 mss. der ed. Buber, ms. Epstein und Jal. I S. § 134. Mid. Ps. hat וַיִּשָּׁבַע שאול לדוד gelesen.

23. אל - על המצודה. Ochla we-Ochlah N. 2 l. ז. Ibn-Ġ'naḥ Wb. S. 389 (5 mal). Massorah bei G. I 63 N. 524 k (= Ochlah). = LXX, Tr edd. P und Ar.

Kap. XXV.

1. וימת שמואל und 28, 3 ושמואל מת. Baba Bathra 15ª fragt die Gemara gegen die Angabe der bekannten Baraitha, daß Samuel das seinen Namen führende Buch geschrieben: ‚hat denn Samuel sein Buch geschrieben, es heißt ja: und Samuel starb? (28, 3) ושמואל כתב ספרו, והכתיב ושמואל מת'. Warum wird nicht unsere St. angeführt? der Einwand wäre ja gewichtiger? Daraus kann man mit großer Wahrscheinlichkeit schließen, daß der Talmud wirklich ושמואל מת in uns St. gelesen. Dieser Schluß wird durch folgende Stellen bestätigt: Toseftha Sotah XI, 5: משמת (שמואל) מהו אומר וימת שמואל ויאספו

[1] So in edd., den beiden mss. der ed. Zuckerm. und Jal. I S. § 134, in Lekaḥ tob zu Deut. 31, 14: וכתיב וימת שמואל ופלשתים נאספו.

. . . (25, 1; 28, 1) פלשת׳ את מחניהם לצבא להלחם עם ישראל.[1] Ibid. in edd. und ms. Wien: כתוב א׳ אומר ושמואל מת, וכתיב וימת שמואל וגו׳ . . . Jal. I S. § 134 aus Mid. Sam. XXIII § 8: (V. 2) כתיב ושמואל מת וסמיך ליה ואיש במעון. Koheleth r. zu 7, 1: . . . (28, 3) וימת שמואל ויספדו לו כל ישראל ויקברהו ברמה ובעירו. Ein solches Zusammentreffen von einander unabhängiger Quellen in verschiedenem Zusammenhang schließt jede Zufälligkeit aus. Die Rabbinen in Tosefta, Talmud, Koh. r. und Mid. Sam. haben unabhängig von einander in uns. St. ושמואל מת, 28, 3 וימת שמואל gelesen.

3. טובת שכל – טובת מראה. Jal. I S. § 135 aus Mid. Ps. 58, 1 (⟨⟩ in edd.), Ps. § 769: טוכת מראה מאד. = LXX: τῷ εἴδει σφόδρα, P: שפיר הוא חזוה.

9. ככל – כל. Raschi z. St. Pseudo-Ascheri zum Pentateuch in Hadar Zekenim[2] 34^{b}. Der Karäer Ahron ben Eliah (Ahron II) in Ez-Ḥajim (Eupatoria 1839) cap. 61 58^{a}. = LXX, P und V.

11 מימי. LXX: τὸν οἶνόν μου = ייני. Diese Lesart scheint R. Ebo in Mid. Sam. XXIII § 10 zu kennen: ולקחתי את לחמי ואת מימי וגו׳ אמר ר׳ אייבו כל מקום שנאמר מים יין הוא, אלא שכינו הכתובים שלא להזכיר יין . . .

13. את חרבו (I). את⟩ Synhed. 36^{a} in mss., alten edd. und Jal. Ex. § 352, I S. § 134. Jerusch. ibid. IV, 6 (22^{b} 40). Mid. Sam. XXIII § 10. Jal. z. St. im Stichw. Koncor. v. איש, v. חגרו und v. חרבו.

18. ותמהר–ותקם. Tanḥuma תולדות § 6 in alten edd. und bei Baḥja b. Ascher Komm. 42^{a}.

20. והיה היא–והיא. Pesaḥim 3^{b} in edd., ms. München und Jal. Gen. § 55. Megillah 14^{a} in den alten edd., 3 mss. und Jal. z. St., Jal. ms. עקב. P: והי יתבא הות kann = Talmud od. = MT sein.

24. כי אני. אני⟩ bei Ibn-Esra zu Ex. 4, 10 und in נורא תהלות des R. Josua Ibn-Schoeib 11^{a} (bis). = LXX und V.

25. את לבו–אל לבו. Mid. Ps. 53, 1 in alten edd., ed. Buber, ms. Epstein, Jal. z. St. und Ps. § 769. Ochlah we-Ochlah l. ז N. 19. נורא תהלות 11^{a} (bis). Koncor. v. אדני.

---

[1] So in edd., den beiden mss. der ed. Zuckerm. und Jal. I S. § 134, in Lekaḥ tob zu Deut. 31, 14: וכתיב וימת שמואל ופלשתים נאספו.

[2] הדר זקנים Livorno 1840. Daß der Komm. הרא״ש nicht das Werk Ascher b. Jeḥiels ist, habe ich in REJ LI S. 59 ff. nachgewiesen.

26. אדני (I)⟩. Rikmah S. 174, Profiat Duran in Ma'asse Efod S. 154.

29. בכף–בתוך כף. Sifre Num. § 40, § 139. Aboth d. R. Nathan cap. 12 in edd. und ed. Schechter. R. Hillel aus Verona in Tagmule ha-Nefesch 24[a] aus Sabbath 152[d].

29. ונפש–ואת נפש. Hadassi in Eschkol ha-Kofer AB 78, 96 (38[a], 41[b]). עקידת יצחק Pforte 70 und 101. = LXX: καὶ ψυχήν.

30. ויצוך–וְצִוְּךָ. Massorah bei G. II 512 N. 98: וִיצַוך תרתין בקריה כוליה, וסימנהון יתן לך ה׳ שכל ובינה ויצוך (I Chr. 22, 11), ויצוך לנגיד על ישראל.

31. והיה כי (כאשר) ייטיב – והיטב. Megillah 14[b] in den alten edd.[1] und Agadath Esther in Bubers ספרא דאגדתא 25[a]. Baba Kamma 92[b] in ms. Rom, in 3 mss. und Raschi (כאשר). Tr: וכד יוטיב, V: et cum beneficeret.

31. לך ואת–ואת לך. Jal. ha-Machiri Ps. 53, 1 aus Mid. Ps. ibid. (bis), ebenso ms. Epstein. = LXX, P, V, Ar.

31. ולמכשול עון–ולמכשול לב. Jerusch. Synhed. II, 1 (20[b] 32) in edd. und Jefe-Mareh N. 4: ולמכשול עון אתה עומד להיכשל באשת איש, vgl. J. Mareh: והיינו דקאמר ולמכשול עון. Vgl. auch Mid. Sam. XXIII § 12.

44. אשת דוד⟩. Lev. r. XXIII § 10 in allen alten edd., Jal. Lev. § 586, Idc § 44, ms. Epstein, Jal. ha-Machiri Ps. 81, 23, Mid. ha-gadol S. 585 und Predigten des R. Josua Ibn-Schoeib וישב Ende. Jal. I S. § 128 aus Synhed. 21[b].

Kap. XXVI.

1. וילך–וירד. Mid. Ps. 7, 1 in edd., ed. Buber und Jal. ha-Machiri Ps. 7 § 9. Ibid. 58, 1 in edd., ed. B., ms. Epstein, Jal. I S. § 136 und Jal. ha-M. Ps. z. St.

8. היום אלהים – אלהים היום. Ibn Ġ'naḥ, Wb. S. 475 in einem ms. LXX: σήμερον κύριος, P: יומנא אלהך.

8. ה׳–אלהים. Mid. Ps. 7, 1 in ed. Buber und Jal. ha-M. Ps. z. St. (ה׳ אלהים, ersteres Korrektur). = LXX: κύριος.

10. ויאמר דוד + אל אבישי. Lev. r. XXIII Ende in edd., ms. Epstein und Jal. Lev. § 586.

---

[1] ms. Halberstamm und En Jakob ed. pr. = M T.

10. דוד⟩. Sifre Deut. § 129 in den alten edd. (die St.⟩ ed. Fr.). Lev. r. ms. Ep. l. c. Num. r. ms. Ep. XV § 12.

12. מבין – מקיץ. Traktat Kallah ms. Epstein cap. 4: ואנשי חסד נאספים (Jes. 57, 1), זה שמואל ודורו הזקנים שנאספו עמו, ואין מבין (ibid.) זה שאול ואבנר שנאמר ואין מבין כי כלם ישנים... Die Variante ist durch die Parallele gesichert.

16. ואיה – ואת. Raschi Synhed. 49[a] v. שהם. = Tr Lag. u. V.

19. אדם – האדם. Sifre Deut. § 87 in edd., Mid. ha-gadol ms. zu Deut. 11, 16 und Jal. Deut. § 865. Mid. ha-g. ms. zu Lev. 25, 38 aus Kethuboth 106[a]. = LXX.

19. אשר – כי גרשוני. Mid. ha-gadol l. citatis. = V: qui.

Kap. XXVII.

2. אשר. אשר עמו⟩ in einer Massorah bei G. I 50 N. 428: (II S. 19, 18), אכיש, (Gen. 32, 7, 28) איש עמו ד' וסימנהון... = LXX (Al: οἱ), V.

7. ארבעה חדשים – ימים וארבעה חדשים. Seder Olam r. cap. 13 (31[a]): שמואל מת לפני מיתתו של שאול ארבעה חדשים שנאמר ויהי מספר הימים אשר ישב דוד... ארבעה חדשים... Seder Olam hat also ימים nicht gelesen, vgl. Ratner z. St. Sicher ist es indes nicht. S. Olam kann ימים = Tage gefaßt und vernachlässigt haben, wie Tr bei Qimḥi,[1] auch lautet in einigen mss. das Zitat wie M T. Aber auch LXX (Al: ימים ארבעה חדשים[2]) und V. lesen ארבעה חדשים.

10. אן – אל. R. Sam. Masnuth, Ma'jan Gannim ed. Buber S. 6. = Tr: לאן, P. איכא.

Kap. XXVIII.

1. עם ישראל – בישראל. Toseftha Sotah XI, 5 in allen edd. LXX: μετὰ Ἰσραήλ.

3. בעירו ברמה – ברמה ובעירו. Aboth d. R. Nathan ms. München in נוה שלום ed. Taussik S. 42: וכן הוא אומר ויקברוהו בעירו ברמה, וכי אין אנו יודעין שעירו היתה הרמה, אלא שהיו מספידין לו בכל מקום כדרך שמספידין לו ברמה. Vgl. hingegen Toseftha Sotah XI, 5: ברמה בעירו,

---

[1] Vgl. auch Nasir 5[a], Raschi und Qimḥi z. St. und Michlol r. יום.

[2] So auch Seder Olam ed. Mantua 1514.

וכי אין אנו יודעין שהרמה עירו. LXX: ἐν Αρμαθάιμ ἐν πόλει αὐτοῦ = ברמה בעירו = Tosefta. Vgl. auch Tr und P.

7. לו עבדיו – עבדיו אליו. Lev. r. XXVI § 7 in allen alten edd. = P.

8. ויאמר. + אליה. Mid. Sam. XXIV § 3. = LXX (αὐτῇ = לה), P und V.

12. האשה (II) 〉 in Tanḥuma ed. Buber אמור § 4, in P und V.

12. לאמר〉 in Tan. l. c. auch in alten edd. § 2. Lev. r. ms. XXVI § 7, in LXX, P und V.

13. ראיתי אלהים – אלהים ראיתי. Mid. Ps. 13, 8. Josef Bechor Schor zu Gen. 1, 26. Pa'aneaḥ Rasa ed. Amst. 13[b] und in ms. Ep. עקידת יצחק Pforte 65. Midrasch Agada II S. 51 (bis: אלהים עולים)- = Ar.

14. עלה〉 in Gen. r. XCV § 1. Lev. r. XXVI § 7 in Mid. ha-gadol ms. zu Lev. 20, 27 und Jal. I S. § 139. Hadassi in Eschkol ha-Kofer 38[b], 38[c] und 67[c].

15. ויאמר שאול. + אל שמואל. Tanḥuma אמור § 4 in ed. Buber, Jal. z. St. Midrasch Agada II S. 51 und Baḥja b. Ascher Kommentar 259[c].

16. ויאמר שמואל. + אל שאול. Berachoth 12[b] in den alten edd. und Jal. z. St. (fehlt in mss. und Menorath ha-Maor N. 281). = P.

17. לך – לו. Tanḥuma אמור § 2 in den alten edd., Ziuni zu Lev. 20, 6. Tan. ed. Buber אמור § 4. = LXX, V.

18. אשר – כאשר. Lev. r. XXVI § 7 in allen alten edd. Predigten des R. Josua Ibn-Schoeib תצוה (יען אשר). = LXX, P, V, Ar.

22. לקול – בקול. Massorah bei G. I 639 N. 714 zählt uns. St. zu den 19 שמיעה לקול.

Kap. XXX.

2. כל אשר בה – את הנשים אשר בה. Pesiktha r. 31[a]. LXX: את הנשים ואת כל אשר בה, καὶ πάντα τά ἐν αὐτῇ.

8. הארדוף – ארדוף. Joma 73[a] in edd., Jal. ms. תצוה, ms. Oxford, Novellen des R. Jesaiah aus Trani, En-Jakob, Agadoth ha-Talmud, Lekaḥ tob zu Num. 27, 20, Jal. Num. § 776, Idc § 76, Qimḥi zu Idc 20, 28. Ibid. 73[b] in edd. und mss. Mid. Ps. 18, 38 in ed. Buber, ms. Ep. und Jal. II S. 162. Ibid. 79, 7

in edd. ms. Ep. und Jal. ha-Machiri Ps. z. St. Pes. r. 31[a]. Jal. Deut. § 845 aus Midrasch אספה. = LXX.

11. ויקחו אתו – ויביאו אותו. Joma 83[b] in ms. München, Komm. des R. Eljakim ms. (ויביאוהו). LXX: ויביאו אתו ויקחו אתו, Tr: ויביאו אותו, P: ואיתיוהי = ויביאוהו od. ויביאו אתו. = V: et adduxerunt eum.

12. אליו. + ויחי. Jal. Koh. § 975 aus Koh. r. zu 7, 11. = V.

14. נגב (I). + על. Ibn-Ġ'naḥ, Wb. S. 333. Raschi zu Ex. 25, 16 = LXX, Tr, Ar.

16. והנה – והנם. Raschi zu Num. 11, 31; I S. 4, 2; Jes. 16, 8. Ibn-Esra zu Num. 11, 31. Qimḥi zu Jes. 16, 8. LXX, P u. V = והנם od. והנה המה.

17. נער⟩. Gen. r. LXXVIII Ende in Raschi zu Gen. 33, 16 und Jal. Gen. § 133, Jal. I S. § 141 und P.

20. ההוא⟩. Jerusch. Synhed. II, 4 (20[b] 70), in LXX und V.

21. את העם – אל העם. Gen. r. XCIII § 6 in Sechel tob I S. 298 und Mid. ha-gadol S. 662. = Tr bei Qimḥi, V, Ar.

22. עמי – עמנו. Gen. r. XLIII Ende in ed. pr. = LXX, P, V und Ar.

23. את אשר – אחרי אשר. Jal. Gen. § 76 aus Gen. r. l. c. = LXX, Ar.

24. במלחמה – למלחמה. Gen. r. l. c. in Raschi zu Gen. 14, 24, Lekaḥ tob ibid. und Abarbanel ibid. Rikmah S. 29. Buch der Frommen ed. Berlin N. 1341. = LXX, Ar.

25. וישמה. + דויד. Gen. r. l. c. in edd., Lekaḥ tob und Abarbanel l. c. u. Jal. I S. § 141. = P.

25. ולמשפט – ומשפט. Gen. r. l. c. = LXX, Sym. (bei Field). Tr: חק משפט.

25. לישראל – בישראל. Gen. r. l. c. = V: in Israel.

25. לישראל⟩ bei R. Samuel b. Ḥofni Gaon in trium sectionum libri Genesis versio Arabica S. 116. = P.

Sitzungsberichte
der
Kais. Akademie der Wissenschaften in Wien
Philosophisch-Historische Klasse.
160. Band, 7. Abhandlung.

Das Schriftwort
in der
rabbinischen Literatur.

Von
Dr. V. Aptowitzer.

II. Heft.

Vorgelegt in der Sitzung am 1. April 1908.

FIRST PUBLISHED 1908

VII.

Das Schriftwort in der rabbinischen Literatur.

Von

Dr. V. Aptowitzer.

II. Heft.

(Vorgelegt in der Sitzung vom 1. April 1908.)

Vorwort.

Über Zweck und Methode meiner Arbeit ‚Das Schriftwort in der rabbinischen Literatur' habe ich in den Prolegomena[1] Rechenschaft gegeben und um den Fachgelehrten Gelegenheit zu bieten, ihre Ansichten über die von mir gewählte Methode zu äußern, ein geordnetes Exzerpt aus der Bearbeitung eines biblischen Buches, wichtigere Abweichungen zu Samuel I, mitgeteilt. Da nun die berufenen Fachmänner an meiner Methode nichts auszusetzen gefunden, vielmehr den Wunsch nach Veröffentlichung weiterer Teile meiner Arbeit geäußert haben, lasse ich zunächst die Vervollständigung der Variantensammlung zu Samuel I folgen.

Kap. I.

1. צפים – צופים. Massorah bei Ginsburg II, 516, N. 178: צפים ב׳ חסר וסימנך צופים (l. צפים) מהר אפרים ושמו, והקימתי עליכם צפים ... Nach Mass. magna v. צפ Anf. und Mass. marg. zu Num. 23, 14; Jer. 6, 17 ist das Wort in unserer St. plene, Num. 23, 14 defektiv geschrieben.

3. Sabbath 55[b]: ושם שני בני עלי (עם ארון ברית האלהים) חפני ... In Handschriften, alten edd., Jalkut und En-Jakob fehlen die eingeklammerten Worte, die in die ed. Justinian aus IV, 4 eingedrungen sind. So Rabbinowicz zur St.

[1] Sitzungsberichte der kaiserlichen Akademie, philosophisch-historische Klasse, Band 153. Abhandlung VI (1906).

6. הרעמה – הרעמה. Der Karäer Aron ben Josef Ha-Rofe in Mibḥar Jescharim zur St.: והה"א ראויה במפיק, ובא כמו עשינו לה כונים (Jer. 44, 19) להעציבה. Das ה von להעציבה ist in den Texten und nach der Mass. rafe. Auch Qimḥi im Michlol (ed. Ven.) 2c, 19c hat הרעמה ohne Mappeq, das Wort wird aber Michlol 9c unter den מילין דלא מפקין ה' nicht gezählt.

8. ירע לבבך. Trg.: ולמה באיש ליך ליבך. Das ist weder Spracheigentümlichkeit, noch Übersetzungsmanier, da Deut. 15, 10 ולא ירע לבבך von den Targumim und P durch ולא יבאש (נבאש) לבכון wiedergegeben wird, P auch hier: ביש לבכי hat. Trg. hat wahrscheinlich ירע לך לבבך gelesen. Möglich aber, daß ליך bloß Überrest eines irrtümlicherweise dittographierten ליבך ist.

9. אכלָה. Über die St. Kethuboth 65a vgl. Norzi. Zu den ‚מעיינים', die die St. so verstehen, daß die Talmudisten אכלה gelesen, gehört auch der berühmte R. Meïr Schiff.[1] Diese Auffassung wird auch durch die LA. des Jalkut zur St. gestützt: אלא מעתה אכלה ולא אכלת, was nur zu verstehen ist, wenn man אכלה spricht. Aber der Satz: מכדי בגוה קא עסיק ואתי, מאי טעמא שני läßt keinen Zweifel zu, daß die Talmudisten אכלָה gesprochen, wie LXX, Trg., P und V. Im Jal. muß אכלת in אכל geändert werden. Drei mass. Verzeichnisse bei Ginsburg, I 1 N. 6, 2 N. 11, 5 Kol. 1 v. אכ, haben אכלה.

9. מזוזת – מזוזות. Tanḥuma שמיני § 2 (ed. Buber, § 3) bei Baḥja ben Ascher Komm. (ed. Riva) 161d, Agadath Bereschith, Kap. 41, § 3, Qimḥi zur St.[2] = LXX, P und V. Trg. hat eine Dublette: על מזוזי בסטר סיפא, die erste Übersetzung = על מזוזות, die zweite = M T. Qimḥi im Komm. und Wb. r. זוז kennt nur die letztere.

11. וזכרתני – וזכרתָני. Ochlah N. 1, lit. ז, entsprechend Gen. 40, 14.

11. ונתתה – ונתת. Berachoth 31b in edd., ms. München, Jal. zur St. und bei Hadassi in Eschkol ha-Kofer 133d, 134a. Tan. שלח § 4. Mid. Sam. II, § 7 (bis). Num. r. XVI, § 4 in edd. und ms. Epstein. R. Josua Ibn Schoeib in נורא תהלות 226b.

11. ומורה. Nazir IX, 5 faßt R. Jose מורה = מורא (φόβος): אין

---

[1] חדושי הלכות מה"רם ש"יף in der großen Wilnaer Talmudausgabe.

[2] Aber Wb. r. זוז: מזוזת.

מורה אלא של בשר דם, Trg.: ומרות אנש.[1] Sie haben entweder מורא gelesen oder מורה = מורא gedeutet, vgl. Jerusch. Nazir Ende und Mid. Sam. II, § 8. Aq. übersetzt φόβος, aber so auch Idc. 13, 5.

17. את שלתך. את fehlt in Pes. r. 186ᵇ, bei David ben Abraham in Pinskers Likute Kadmonijoth S. קלו und in manchen Jalkutedd.[2] Esther § 1056.

17. שלתך - שאלתך. Berachoth 31ᵇ.[3] Mid. פנים אחרים zu Esther in Bubers ספרי דאגדתא 35ᵇ. Ibn-G'naḥ Wb. S. 42. Lekaḥ tob Num. 27, 20. Eine Stelle aus der Erfurter Raschihandschrift in Berliners P'letath Soferim S. 14 (dreimal). Mid. Sam. II § 12: ... שאלתך, שלתך כתיב Auch die angeführten Quellen können שאלתך als Q're gehabt haben. Kodd. bei de Rossi und Ginsburg haben שאלתך teils im Text, teils als Q're.

20. לתקפות - לִתקוּפַת. Das hebräisch-französische Glossaire: as environement לתקופת; so auch Halachoth Gedoloth ed. Berlin, S. 38.[4] LXX: τῷ καιρῷ.

23. דברו - דְּבָרָיו. Trg., Bomberg 1518 und Lagarde: פתגמוהי. I R. 2, 4; 8, 20; 12, 15: פתגמיה. Daher nicht Übersetzungsmanier.

24. שלו - שלה. Zebaḥim 118ᵃ in mss. und edd., Jal. zur St. § 79 und Jal. ha-Machiri Ps. 78 § 68. Mid. Ps. 78, 18 (ed. Buber S. 356). Mid. Sam. III § 5. Maimonides, Mischnahkomm. zu Zeb. XIV, 6. Stichw. im Jal. Baḥja b. Ascher, Komm. 252ᶜ. Der Karäer Aron b. Josef ha-Rofe in Sefer ha-Mibḥar[5] I, 35ᵇ und Mibḥar Jescharim zur St. Bartenorah, Mischnahkomm. zu Zeb. l. c.

28. וגם - גַּם. Aboth de R. Nathan in Tausiks נוה שלום S. 42, Jal. zur St. aus Mid. Sam. III § 6, סביר bei Ginsburg.

---

[1] Vgl. Frankel, Zu dem Targum der Propheten S. 4, Schorr, he-Ḥaluz I, S. 104 und Philippsohn zur St.

[2] Vgl. Jalkut Rëubeni v. צעקה § 1.

[3] Vgl. die Zeugen bei Rabbinowicz, dazu kommt noch: Scheeltloth ms. Epstein שמות, Alfasi z. St. und Menorath ha-Maor ed. pr. Kon. 1514 (ed. Amst. Nr. 103).

[4] Auch Rosch ha-Schanah 11ᵃ, Jebamoth 42ᵃ, Niddah 38ᵇ in den alten edd. u. Jal. Gen. § 82 u. z. St. ist לתקופת geschrieben, es heißt aber: מיעוט תקופות שתים. Daraus kann man sehen, wie man sich hüten muß, aus der Orthographie der talmudischen Quellen auf ihren Bibeltext in bezug auf plena und defectiva zu schließen. Vgl. Prolegomena S. 34 f.

[5] ספר המבחר, verf. 1294, gedr. Eupatoria 1835.

28. וישתחו. Gen. r. LVI, § 2: אף חנה לא נפקדה אלא בזכות השתחויה, וישתחוו[1] שם לה'. Da in וישתחו Ḥannah nicht angedeutet ist, müßte aus dieser Stelle geschlossen werden, daß der Midrasch, indem er unsere Stelle auf Ḥannah bezieht, וישתחוו gelesen hat, wie P, V und Ar.[2] Aber der Inhalt der Midraschstelle erfordert als Beleg V. 19 וישתחוו לפני ה', welche Stelle auch ursprünglich zitiert gewesen sein muß.

Kap. II.

1. עלץ. Trg.: תקיף, LXX: Ἐστερεώθη, P: עשן. Über P vgl. Wellhausen, Text d. BB Samuelis, zur St. An אמץ ist gewiß nicht zu denken, wohl aber an ערץ, wie Jes. 47, 12: — מאים תכלין למתקף אולי תערוצי,[3] oder an עלז, das von Trg. oft durch r. תקף ausgedrückt wird.[4]

4. חתים — חתה. Trg. in Mid. Sam. V, § 10: איתברת. Auch die anderen Vertenten haben den Sing.

8. מאשפות — ומאשפות. Seder Eliah zuta Kap. 4 (ed. Friedm., S. 181), Jal. Num. § 767 aus Jelamdenu. = LXX, P, V, Ar und Kodd.

8. להושיב — להושיבי. Jal. zur St. aus Jelamdenu (bis), Mibḥar Jescharim z. St., Kodd. bei de Rossi. Vgl. Ps. 113, 8.

9. וילך אלקנה. Berachoth 61ᵃ, Erubin 18ᵇ: וילך אלקנה אחרי אשתו.[5] Dieses Zitat ist oft angeführt und besprochen worden.[6] Ich wenigstens halte die Erklärung des R. S. Edles,[7] dem sich auch Hirsch-

---

1 Ed. Ven. 1566, Mid. Sam. III, § 7, Jal. Gen. § 100 und I S. § 80: וישתחו.

2 In LXX fehlt unsere St., Codd. bei Field: καὶ προσεκύνησεν. 6 Codd. de Rossi haben וישתחוו.

3 Vgl. noch Trg. zu Jes. 8, 12, 13.

4 Vgl. darüber Reifmann, דרכי המתרגמים הארמים בביאוריהם (Petersburg 1891) S. 14.

5 So auch ed. Pesaro, Tossafoth Ber. v. אלא מעתה, Mid. hagadol S. 371, auch Raschi Erubin scheint so im Talmudtext gelesen zu haben, vgl. auch Proleg. S. 17, Anm. 1. Über andere Texte dieser Talmudstelle vgl. Rabbinowicz.

6 Vgl. außer den Komm. des R. S. Lurja und R. Sam. Edles z. St. in Berachoth, noch R. Jesaiah Berlins Note zu Erubin, Jad Maleachi N. 283, Asulai in פתח עינים (in En-Jakob ed. Wilna 1877), Keneseth ha-gedolah IV, S. 172, Hirschfeld, Halachische Exegese S. 141, Anm. 1, משפחת סופרים, Strack, Prolegomena S. 63, Note 123 und Baer z. St.

7 Nach bekannter Auffassung der Rabbinen ist ביתו = אשתו, על bedeutet zuweilen soviel wie אחרי, daher על ביתו = אחרי אשתו.

feld anschließt, für wahrscheinlich.[1] Ich will aber, was noch nicht geschehen, auf P aufmerksam machen: אל ביתו הוא וחנה אשתו (לביתה הו וחנא אנתתה).

17. עד מאד – מאד. Sche'eltoth וישב (ed. Wilna 45ᵇ) aus Joma 9ᵇ, Jal. Deut. § 1052 aus Sifre (ed. Friedm. § 116).

17. לפני – את פני. Sifra Absch. צו Kap. 16. So in edd., in mss.[2] fehlt das Zitat.

22. כל אשר. Vgl. Prolegomena. Hinzu kommt noch: Sche'eltoth ms. Epstein וישב und Pentateuchtossafoth in Hadar Zekenim 9ᵃ.

22. יעשו – יעשון. Die in Proleg. und hier zur vorhergehenden St. angeführten Quellen.

22. יְשַׁכְּבֻן. Über die Jeruschalmistelle Sotah I, 4 (16ᵈ, 75), Kethuboth XIII, 1 (35ᶜ, 76) vgl. Norzi und Responsen מים רבים III, N. 54, 55. Die Komm. Jefe-Mareh und Korban ha-Edah, Schorr, he-Ḥaluz I, S. 104 und Rahmer in der Grätz-Jubelschrift S. 322 nehmen an, daß Jerusch. wirklich die unmögliche LA. יְשַׁכִּיבוּן gehabt![3] Die einzig richtige Erklärung dieser Jeruschalmistelle hat Waldberg, דרכי השינויים 26ᵃ, N. 10 und 42ᵇ, N. 225.[4] — Auf der agadischen Deutung unserer St. beruht gewiß auch ודמשכבין, das Bar-Hebraeus bei Field hat.

24. מעבירם – מעברים. Sabbath 56ᵇ: מעבירם כתיב. Vgl. Norzi, Asulai in פתח עינים und die gekünstelte Erklärung Waldbergs 25ᵇ, N. 1. Jal. zur St. aus Mid. Sam. VII, § 5 in anderem Zusammenhange: מעבירם כתיב. Mid. חסירות ויתירות in Berliners P'letath Soferim S. 41, N. 6: מעבירם דבני עלי חסר.[5] מעבירם haben Soncin 1486 und Brescia 1494.

---

[1] Vgl. Raschi und Naḥmanides zu Ex. 35, 22.

[2] Ms. מדרש חכמים im Besitze Epsteins, ms. des Breslauer Rabbinerseminars (Mitteilung des Herrn M. Friedmann).

[3] Vgl. auch Bardowicz, Studien zur Orthographie des Althebräischen (Frankf. a. M. 1894), S. 68.

[4] Die Stelle in Agadath Bereschith, auf welche Waldberg verweist, enthält in den Ausgaben einen unverständlichen Passus, der den Komm. עץ יוסף und Buber zu einer unberechtigten, unmöglichen Korrektur veranlaßte. Den richtigen Text hat Reschith Ḥochmah Kap. גידול בנים. Bubers Hinweis auf Sabbath 56ᵇ beruht auf einem Mißverständnis, da dort gerade unser Text betont wird.

[5] In ed. Wertheimer (in בתי מדרשות I): מעברים עם ה׳ חסר י׳ קמא.

26. ונדל – וגדול. Aboth de R. N. II Ende, ed. Schechter S. 12, Mid. Sam. VII, § 8. Mid. ha-gadol S. 407: חמשה שכתוב בהן הולך וגדול יצחק אבינו ושמואל הרמתי דוד ויהושפט ומרדכי, Mass. bei Ginsburg I, 312, N. 224 a: הלוך וגדול ג׳ דסמיכין וסימניהון יצחק שמואל יהושפט. Vielleicht aber meinen diese Angaben bloß den Begriff הולך וגדול — crescere, was eine andere Angabe, Ginsburg l. c., N. 224 b, ausdrücklich sagt: ה׳ כתיב בהון הליכה וגדולה ישידם (יצחק, שמואל, יהושפט, דוד, מרדכי). Nach dieser Auffassung bleibt es aber unerklärt, warum N. 224 a bloß drei Personen nennt.

27. אל בית – לבית. Sifre Num. § 161 nach Lekaḥ tob zu Num. 35, 34 und Jal. Num. § 788 Ende. Sifre Deut. § 342 nach Lekaḥ tob Deut. 33, 1. Megillah 29[a] in edd., Men. ha-Maor N. 117, 139 und bei Pseudo-Naḥmanides zu Cant. 1, 5. Jerusch. Ta'anith I, 1 (64[a], 16). Tan. שמות § 27 nach L. tob Ex. 4. 24, Jal. Ex. § 172 und in zwei mss. der ed. Buber (§ 24). Baraitha, der 32 Normen des R. Elieser,[1] N. 4. Ex. r. III, § 21. Num. r. VII, § 10 in edd. und ms. Epstein. Raschi ms. Epstein zu Ex. 4, 6. Ibn-Esra, צחות 18[b] und Safah berurah 44[b]. Der Karäer Aron ben Eliah Nikomediensis in Kether Thorah II, 13[b]. Index der Bibelstellen in Agadoth ha-Talmud. Ken. 94, 253.

28. ובחור – ואבחור. Jalkut Ex. § 172 a. Tan. (ed. Buber שמות § 24). = LXX, Trg., P, V, Ar.

28. לי לכהן – לכהן לי. Tan. צו in edd. und Jal. Ps. § 788, Jal. Eccl. § 989 Ende a. Thr. raḅbathi.[2]

28. לעלות. Trg.: לאסקא muß Licht, wie Norzi meint, auf להעלות zurückgehen, es kann auch die Übersetzung des Qal sein, vgl. Driver, Notes etc. zur St. LXX und P übersetzen das Qal.[3]

29. להבריאכם. Trg.: לאכלותהון = להבריאם, was in unsere St. vorzüglich paßt. Es kann aber einfach Verschreibung aus לאכלותכון sein, oder Umschreibung, aus Rücksicht auf Eli.[4]

---

[1] In den Proleg. S. 39, Anm. 2 gen. Quellen, mit Ausnahme von Eschkol ha-Kofer.

[2] Wenn man diese Abweichungen als wirkliche LA. gelten läßt, so muß man mit LXX לְכַּהֵן sprechen, vgl. Ex. 29, 1, 44; 30, 30; Ez. 44, 13. לְכַּהֵן לי ist besser als ἐμοὶ ἱερατεύειν = לי לְכַּהֵן.

[3] Folgende gut bezeugte aber kuriose LA. habe ich in den Text nicht aufgenommen: 28 אִשֵׁי übersetzt das hebräisch-französische Glossaire durch: mes foées, also אִשַׁי. Nicht gut möglich ist die LA. in V. 29 ולהבריאכם — *i* a fére diner vus (i vor Vokalen = é = ét).

[4] Trg. sucht auch sonst Eli zu schonen. 10, 27 z. B. wird בני בליעל durch

31. וְרֹעֲךָ. Vgl. משפחת סופרים, wo aus Trg die ‚Variante' וַרְעֲךָ = וַרְעֲךָ gebracht wird. Aber Lagarde, Bomberg 1518 und selbst Warschau 1862 haben דַּרְעָךְ. Schon das folgende דרע בית אבוך hätte Rosenfeld belehren können, daß ורעך bloß Druckfehler ist. LXX lesen zwar וְזַרְעֲךָ, aber auch: זֶרַע בית אביך.

32. ולא - לא. Synhedrin 14[a] in edd., Ag. ha-Talmud und En-Jakob. Stichw. im Jal. zur St.

Kap. III.

7. דבר ה׳. Pugio fidei S. 349 zitiert aus Qimḥis Wb. r. טרם wie folgt: ושמואל טרם ידע את ה׳ וטרם יגלה אליו דבר אלהים, קודם שידע שמואל את ה׳ וקודם שיגלה אליו דבר אלהים. Die Übersetzung ist zwar nicht ganz entsprechend, aber sie beweist doch, daß in der St. einmal אלהים vorkommt: Samuel טרם cognosceret Deum et טרם revelaretur ei verbum Domini . . . Die Übersetzung entspricht der LXX.

14. ולכן - לכן. Rosch ha-Schanah 18[a].[1] Jebamoth 105[a] in edd. (auch Ven. 1521), En-Jakob und Jal. Deut. § 938. Pesiktha de R. K. 52[a] in ed. und Jal. Deut. § 828, Ps. § 816. Pes. rabbathi 76[a] und 176[b] in edd. und Jal. Ps. § 651. Tanḥuma וארא § 2 in edd. und Mid. Sechel tob zu Ex. 6, 6; שופטים § 1 in edd. und Lekaḥ tob zu Ruth (ed. Bamberger), S. 17. Mid. Ps. 15, 4 nach Jal. Ps. § 664 und Jal. ha-Machiri Ps. 15, § 42; 17, § 19. Seder Eliah r. Kap. 18, S. 108. Ex. r. VI, § 5. Lev. r. XXIII, § 2 in edd. und ms. Epstein. Deut. r. ms. Epst. III Anf. Jalkut Num. 744 a. Jelamdenu, Deut. § 940 a. Mid. פטירת משה, II Chr., § 1085 a. unbekanntem Mid. Raschi ms. Epst. zu Num. 20, 12. Jal. im Stichw. zur St. Qimḥi zu Ez. 16, 8. Naḥmanides zu Gen. 21, 23. Baḥja ben Ascher, Komm. 278[c], 280[d]. לקוטים מספר הגימטריאות ms. München 221[10] (Abschrift Epstein 12[a]). Index der Bibelstellen in Ag. ha-Talmud. = P, V und Field cod. 243; auch לא כן der LXX am Ende von V. 13 spricht für לכן.

בני רישעא übersetzt, II, 12 hingegen durch גברין רשיעיא. Auch 25, 17 בן בליעל übersetzt Trg. גבר רשיעא, aus Rücksicht auf Kaleb, dessen Nachkomme Nabal war.

[1] Textzeugen: Edd., Ibn-Giath in שערי שמחה (ed. Bamberger) I, S. 45, Ascheri zur St., Jal. Deut. § 938, I S., § 99, Jer. § 266, Qimḥi zu Jer. 2, 22, Agadoth ha-Talmud, Sefer ha-Mussar des R. Juda Ibn-כלץ (Kon. 1531) Kap. 10.

14. ובמנחה – ומנחה. Jerusch. Synhed I, 2 (18[c], 48), R. ha-Schanah II, 5 (58[b], 16) und Jefeh-Mareh § 3: אם יתכפר עון בית עלי בזבח ומנחה, בזבח ומנחה אין מתכפר לו אבל מתכפר לו בתפלה. Ähnlich Babli R. ha-Schanah 18[a], Jebamoth 105[a], wo dieselbe Ausführung auch in bezug auf תשובה.[1] ומנחה haben noch: R. Moses aus England in Sefer ha-Schoham S. 90 r. מסר (bis), Gersonides und Abarbanel zur St., R. Josua Ibn Schoeib, Predigten an zwei Stellen (s. die Anm.), fünf Kodd. und Soncin 1486.

19. ארצה. Trg. Lagarde: מכל פתגמוהי חד. Wenn חד echt ist, so hat vielleicht Trg. ein 'א in אחד aufgelöst.

20. וידע – וידעו. Mid. Ps. 18, 6 in den alten edd., ms. Epstein, Jal. I S., § 133 und Jal. ha-Machiri Ps. 18, § 12. LXX: καὶ ἔγνωσαν.

21. כדבר. Trg. in drei Kodd. de Rossi und Bomberg 1518: כפתגמא. = V und 21 Kodd.

Kap. IV.

1. לכל. In Juḥasin ed. Kon. 1516, fol. 139[a] berichtet R. S. Schulam: מצאתי בקונטרס שנעלה ארון האלהים הרמ״בם ז״ל שנת תתק״סה ובכו אותו היהודים ובירושלים . . . והמפטיר קרא ויהי דבר שמואל אל כל ישראל . . . .

1. העֶזר – העֵזר. Massorah aus Jemen bei G. III, 72, Kol. 2: (7, 12) העֵזר, העין בצירי וכן חבירו.

5. כבוא. Massorah bei G. I, 168, N. 87: כבא ו׳ חסר בקרי׳ [בקריה] וסימניהון . . . כבא ארון ברית ה׳.

7. אתמול – מתמול. Tossafoth Erubin 63[b] v. כל זמן, Pentateuchtossafoth in Da'ath Zekenim (Livorno 1783) zu Deut. 10, 1. Pentateuchtoss. in Hadar Zekenim 65[c], Pseudo-Ascheri ibid. 66[b].

---

[1] Textzeugen: Die alten edd., R. J. Giath in שערי שמחה I, S. 45, Mid. גדול וגדולה in Jellineks Beth ha-Mid. III, S. 124, Qimḥi zu Jer. 2, 22 und zu Ez. 18, 8, Jal. z. St., Sohar (ed. Wilna). III, 80[b], Ascheri z. St. in R. ha-Sch., Baḥja b. Ascher in Kad ha-Kemaḥ v. תורה, Ag. ha-Talmud, En-Jakob (an beiden St.), Sefer ha-Mussar Kap. 10, En-Jakob im Komm. zu Synhed. 14[a], Predigten des R. Josua Ibn Schoeib (Kon. 1512) ויקהל Anf., לשמיני עצרת Ende. Einige der Zeugen haben zwar das Zitat ובמנחה, in der Ausführung aber ומנחה, so auch die jüngeren edd.; das Zitat ist nach MT korrigiert worden. Das gilt auch von Mechiltha יתרו 69[a]. Isak Aboab der Jüngere in נהר פישון 75[a]: דכתיב אם יכופר(!) עון בית עלי בזבח ומנחה ופירשו רבותינו זכרם לברכה בזבח ומנחה לא יכופר(!) . . .

8. המכים – אשר הכו. Sifre Num. § 88.[1] P: דמחו, V: qui percusserunt.

12. בנימן – מבנימן. Lev. r. ms. Epstein XXXII,[2] Mid. Ps. ms. Epst. 7, 1, Prophiat Durau in Ma'asse Ephod S. 159. Trg. und V übersetzen ebenfalls מבנימן, kann aber auch Übersetzungsmanier sein.

12. מהמערכה – מן המערכה. Mid. Ps. 7, 1 in den alten edd. und ms. Epstein, Jal. I S. § 102 aus Mid. Sam. XI, § 1.

13. והנה עלי – ועלי. Aboth de R. Nathan, II. Rezension, Kap. 7 S. י״א.[3] P: ועלי, V: Heli sedebat.

13. ותזעק – ותהום. Trg. Bomberg: ואישתגישת (Lagarde: ואיתרגישת), wie oben V. 5 ותהום הארץ – ואישתגישת ארעא. Radix זעק (צעק) übersetzt Trg. nie mit שגש (רגש), womit nur die r. המה und שאה wiedergegeben werden, so V. 14: הצעקה – צוחתא, ההמון – שגושיא. Vgl. ferner Trg. zu I S. 7, 10; I R. 1, 41; Jer. 51, 55 u. a.

18. אחרנית – אחרנת. Massorah aus Tschufutkale bei G. III 223, Kol. 1: חסר כתיב.

18. בעד – על. En-Jakob Zebaḥim 118b[4] = Trg., P, Ar.

19. ללת – ללדת. Gen. r. LXXXII, § 8 nach Jal. Gen. § 136, I S., § 103 und Mid. ha-gadol S. 537 (fehlt in edd.), Stichw. im Jal.

19. עליה צריה – צריה עליה. Jal. Gen. § 126 a. Bechoroth 45a, Mid. Sam. XI, § 3, Mid. zum Dekalog in Jellineks Beth ha-Midrasch I, 79.

20. וכעת – ובעת. Zu Prolegomena ist zu ergänzen: R. Jakob Berab in מנות הלוי Ven. 1585, fol. 225a (bis).

20. ולא שתה לבה. Trg.: ולא שויאת על לבה. Da Trg. absolutes שִׂים לֵב, d. h. wenn der Gegenstand der Aufmerksamkeit nicht durch לְ angegeben wird,[5] durchwegs durch einfaches שוי לבא wiedergibt,[6] so ist es höchst wahrscheinlich, daß Trg. in unserer St. על לבה gelesen, und daher auch שמה על לבה, da

---

[1] So in edd.; Jal. Num. § 734 und Mid. Agada II, S. 99 kor.

[2] In edd. fehlt die ganze Stelle.

[3] I. Rezension, ed. Schlechter, S. 24 = MT.

[4] Auch ed. pr. Salonichi 1511, in edd. und Ag. ha-Talmud fehlt das Zitat.

[5] Wie z. B. Deut. 32, 46; II S. 18, 3; Ez. 40, 4; Job. 1, 8; 2, 3.

[6] Vgl. Jes. 41, 22; Ez. 44, 5; Hag. 2, 15, 18; Ps. 62, 11; Prov. 24, 32.

absolutes שית על לב nicht vorkommt. על לבה haben R. Jakob Berab in מנות הלוי 225ª,[1] P[2] und sechs Kodd.

21. אי כבוד – איכבוד. Parḥon. Wb. r. אי, Ibn-Esra im kürzeren Komm. zu Ex. 2, 10 = Trg., P und Ar.[3] Vgl. zu 14, 3.[4]

22. האלהים – אלהים. Ibn-G'naḥ, Wb. S. 68, R. Jakob Berab in מנות הלוי 225ª.

Kap. V.

4. ממחרת. Fehlt in Jal. zur St. § 103 aus Mid. Sam. XI, § 5[5] und in Vat.: τὸ πρωί. Al., Trg., P, V, Ar. = MT.

4. אל – על. Ibn-Ġ'naḥ, Wb. S. 595, Parḥon, Wb. r. פתן, Stichw. im Jal., Gersonides zur St. Die Versionen, die על ausdrücken, beweisen nichts, da sie sinngemäß übersetzen und diese Übersetzung bei ihnen Manier ist.

6. אל – על. Sifre Num. § 88,[6] Mid. Sam. X, § 4 und XI, § 6, En-Jakob im Komm. zu Zebaḥim 118ᵇ. Die Versionen beweisen natürlich auch hier nichts, besonders da על von ותכבד begünstigt wird. Das mag auch von den rabb. Quellen gelten. על hat Bomberg 1518 marg.

6. האשדודים. Trg.: אינש אשדוד = אשדוד (אנשי, איש).[7] LXX: Ἄζωτον.

8. ויסֵבו – ויסַבו. Massorah aus Jemen bei G. III, 72, Kol. 2: וַיַּסֵּבוּ, מסיר עליה ג׳ פתחין.

8. אלהי ישראל – אלהים. Ḥajuġ in The Weak and geminative verbs in hebrew S. 255. Jastrow bemerkt: So mss.[8]

---

[1] Viermal, einmal in אל verschrieben.

[2] Aber auch an einigen der genannten Stellen.

[3] V: Ichabod und hexaplarische Note in Klostermanns Analekta, S. 64: Εἰχαβώθ beweisen nichts, da es Manier ist.

[4] Zu Kap. IV, 19 oder 21 gehört noch folgendes. Hebräisch-französisches Glossaire: *é de ke mort*-ואל מת. V. 21 haben 7 Codd. und Soncin 1486, 1488: ואל מות, Codd. bei Ginsburg sogar ואל מֵת, was wohl Verschreibung aus מֹת ist. ואל מות hat auch Raschi ed. Berliner zu Gen. 37, 35 (aber z. St. sicher MT), Gersonides im Stichw.

[5] Edd.: וישכימו בבקר וגו׳, lassen daher nichts erkennen.

[6] In edd., Jal. Num. § 734 und bei Qimḥi z. St. Über Trg. vgl. Norzi.

[7] אינש setzt nicht notwendig איש oder אנשי voraus, da es eine häufige Ergänzung Trg.s ist.

[8] Die Übersetzung Ibn-Ġiḳatilias in Two Treatises, S. 113 hat MT.

11. מהומת־מות – מהומת ה׳. לקוטים מספר הגימטריאות ms. München 221[10]: והמתי את כל העם (Ex. 23, 27) וה״מתי רמז בתגין שעל ה׳ של והמתי על ה׳ סרני פלשתים שהוכו על אודות הארון וכתיב מהומת ד׳[1] וזהו והמתי. דבר אחר והמתי וזאת תהיה המגפה (Zach. 14, 12) וכתיב תהיה מהומת ד׳ רבה בהם, וזהו והמתי. . . . Der Sinn ist der: Die Krönchen auf dem ה von והמתי deuten an, והמתי sei von המם abzuleiten und ה = יהוה zu fassen, wodurch in dem Worte ein Hinweis auf zwei andere Ereignisse, bei denen מהומת ה׳ vorkommt, erkannt werden kann. Dieser Sinn ergibt sich unzweideutig aus der Beziehung auf Zach. 14, 12. Daneben freilich deutet das ‚gekrönte‘ ה auch die Fünfzahl der Philisteerfürsten an. מהומת ה׳ in unseren V. wird also auch vom Inhalt der St. vorausgesetzt.

Kap. VI.

1. ארון ה׳ – ארון ברית ה׳. Seder Eliah r. ed. Ven. 1598, Kap. 11,[2] R. Jakob d’Illescas in Imre No’am וירא aus Mid. Sam. XXII, § 1.

3. ונודע לכם. Trg.: ויתרוח לכון = וְרֻוַּח לכם. Eine plausible Erklärung für diese auffallende Abweichung finde ich nicht,[3] es bleibt nur die Annahme einer wirklichen LA.

6. ולמה – למה. Mid. Sam. XII, § 2,[4] Seder Eliah r. ed. Ven., Kap. 11, R. Moses aus England in Sefer ha-Schoham S. 86 r. כבד. V: Quare.

6. התעַלֵּל – התעולל. Baḥja ben Ascher Komm. 89[d], hebräisch-französisches Glossaire[5] zur St.

7. אַחַת – אֶחָת. Massorah bei Qimḥi, Michlol 65[d] und Et. Sofer[6] S. 25 verlangt nach jedem אתנח וסוף פסוק וזקף die Vokalisierung אֶחָת, mit Ausnahme von ו׳ פתחין זקפין, Ex. 32, 12; Josua 6, 15; I S. 26, 8; II S. 6, 19; I R. 3, 26; Zach. 5, 6. Nach

---

[1] ד׳ = ה׳ = יהוה, vgl. Prolegomena, S. 10, Anm. 2.

[2] Ed. Friedmann, S. 58 = M T.

[3] Die Vermutung, daß ויתרוח Verschreibung sei aus ויתחור, das im rabbinischen Sprachgebrauche auch ‚klar werden‘ bedeutet, also = ונודע ist, scheint mir äußerst gewagt. Trg. gebraucht nie das Wort in dieser Bedeutung.

[4] In einem ms. bei Buber, Anm. 12, Jal. I S. § 103 (bis) und Prov. § 959.

[5] So auch 29, 4 והתעוללו. Mass. bei G. III, 27, Nr. 641 ff.: התעַלֵּל ומגה בצרי; muß wohl heißen ומגה בחולם, oder: התעֹלל ומגה בצרי.

[6] עט סופר ed. M’kitze Nirdamim, Lyck 1864.

dieser Mass. liest man in unserer St. entweder אֶחָת oder אַחַת ohne Zakef.

7. אשר לא עלה עליהם על. Trg.: דלא נגדא בניר. Deut. 21, 3 לא משכה בעל übersetzen beide Targumim לא נגידת בניר, Num. 19, 2 לא עלה עליה על Onkelos: לא סליק עלה נירא, Jon. nach der Halachah: לא סליק עלה דכר, an beiden Stellen also eine wörtliche Übersetzung. Es ist nun unerklärlich, warum Trg. in unserer St. לא משכו בעל übersetzt, außer daß es auch so gelesen.

12. ותשרנה – וישרנה. Aboda zarah 24[b] in ms. München (bis), Midrasch zum Dekalog von R. Moses ha-Darschan aus Narbonne.[1]

12. ונעה – ונעו. Ibn-Ġ'naḥ Wb. S. 142, Parḥon Wb. r. נעה, R. Josef Qimḥi in Sefer ha-Galuj, S. 79, r. נע aus Menaḥems Maḥbereth,[2] hebräisch-französisches Glossaire, R. Sam. Masnuth in Ma'ajan Gannim[3] S. 23. ונעה haben acht Kodd.

14. עצי העגלה. In einer Stelle Moëd katon 25[a] nach der Erklärung des den Namen Raschis führenden[4] Kommentars — und diese Erklärung ist die einzig richtige — wird vorausgesetzt, daß der Wagen, auf dem die Philisteer die Lade geführt, noch zur Zeit Davids existiert hat.[5] Nach dieser Voraussetzung ist העגלה in unserer St. nicht möglich, was schon von Tossafoth[6] und den spätern Kommentatoren hervorgehoben wird. Ausführlich besprechen diese Stelle: R. Hirsch Ḥajes in seinen Glossen[7] zur St., Geiger, Jüdische Zeitschrift 1866, S. 167.

---

[1] In Epsteins ר' משה הדרשן מנרבונה, Wien 1891, S. 46.

[2] מחברת ed. Filippowski, S. 57, Kol. 1 = MT.

[3] מעין גנים, Komm. zu Job, ed. Buber, Berlin 1889.

[4] Daß der in den Ausgaben gedruckte Komm. zu Moëd katon nicht Raschi gehört, hat zuerst Reifmann in MGWJ 1854, S. 230 erkannt, die spätere Literatur darüber s. bei Epstein in der Festschrift zum 80. Geburtstage Steinschneiders, S. 118, Anmerkung 1. Mag nun dieser Komm. Gerschom Meor ha-Golah selbst oder seinen Schülern gehören, jedenfalls ist er älter als Raschi, wird er ja schon vom Aruch (verf. 1101) angeführt.

[5] כי נח נפשיה דרב הונא . . . לא הוה נפיק פוריא מבבא . . . סבור לאשנויי מפוריא לפוריא אמר להו רב חסדא הכי גמירנא מינה חכם כבודו במטה ראשונה דאמר רב יהודה אמר רב מנין לחכם שכבודו במטה ראשונה שנאמר וירכיבו את ארון האלהים אל עגלה הדשה (II Sam. 6, 3). Dazu Kommentar: אותה עגלה ששיגרוהו פלשתים בה ובאותה עגלה הביאו דוד מבית אבינדב לעיר דוד.

[6] In En-Jakob edd. pr. und Ven; fehlt in den Talmudedd.

[7] הגהות (חידושי) רצ"ח in den Talmudausgaben Schmid, Wien 1849 und Wilna 1880 –1886.

Jakob Safir in ha-Lebanon (הלבנון) 1865, S. 298 vermutet richtig, daß Rab (רב, III. Sec.) in unserer St. הָעוֹלָה gelesen, welche LA. er in einem Jemenensischen Kodex gefunden. In ha-Karmel I, S. 283 wird diese LA. auch aus einem andern Kodex (?) mitgeteilt. העֹלה hat Kod. Ken. 1.

18. ועד כפר – עד. R. Juda Ibn Kureisch, Risalāt ed. Barges S. 24. = Sym. und V. עד hat Kod. Ken. 150.

19. ויך. Sotah 35[a] in den alten edd.: ויך באנשי בית שמש, משום דראו ויך אלהים. Das Zitat kann nach MT korrigiert sein. P ומחא מריא.

19. בארון – ארון (את). Trg. ארונא, bei Qimḥi und Marginalnote bei Lagarde: ית ארונא. Es ist nicht Übersetzungsmanier, da Trg. ראה בְּ immer wörtlich übersetzt, vgl. Jdc. 16, 27; II R. 10, 16; Jes. 33, 15; 66, 5, 24; Jer. 29, 32; Ez. 21, 26; Ob. 12 (bis); Michah 7, 9; Hab. 1, 5.

Kap. VII.

2. מיום שבת – כשבת. Zebaḥim 118[b] in En-Jakob und Jal. Jos. § 23.

2. הארון – ארון האלהים. J. Jos. § 23. Wenn hier nicht einfach ein graphischer Fehler vorliegt, so ist auf V: arca Domini und Kennicott 96: ארון ה' zu verweisen.

3. והעשתרות. Baer bringt aus Mass. (auch ms.) והעשתָּרֹת mit der Note: לית חסר בנביאים. Die defektive Schreibung wird von Trg. bestätigt, das וְעַשְׁתַּרְתָּא = וְהָעַשְׁתֹּרֹת hat, wie in V. 4. Nach dieser Mass. muß nun das Wort in

4. והעשתָּרֹת plene geschrieben werden: והעשתָּרות.

10. ביום ההוא. Fehlt in Raschi ms. Epstein zu Ex. 14, 24 aus der Baraitha der 32 Normen des R. Elieser, ebenso in Raschi zu I S. 5, 11 und Ps. 29, 5, ferner in ספר התגין des R. Elasar Rokeaḥ, ms. Epstein 5[b].

12. הָעָזֶר – העזר. Vgl. zu 4, 1 zu demselben Stichworte.

14. ואת גבולן – ועד גבולן. Mass. a. Jemen bei G. II, 72, Kol. 2 aus codex Hierosolymitanus und ספרי תיגאן; Kod. Ken. 70.

16. והלך – והיה. Traktat Kallah in Coronells חמשה קונטריסים 12[b],[1] Raschi Berachoth 10[b] v. כי שם ביתו.

[1] In Menorath ha-Maor N. 212 = MT

16. את כל – ואת כל. Menorath ha-Maor, N. 212 aus Traktat Kallah.[1] = P: ולכלהון אתרֿותא.

Kap. VIII.

5. וקנת – וקנת ושבת. Ibn-Ġ'naḥ Wb., S. 201, Predigten des R. Nissim ed. Ven., N. 11.

7. בקול – בקול דברי. R. Isak Aramah in עקידת יצחק Pforte 95 (zweimal).

7. העם – העם הזה. Jal. I S. § 106 aus Mid. Sam. XIII, § 4, עקידת יצחק Pforte 95, 58[b].

9. משפט + את. Der Karäer Aron ben Josef ha-Rofe in ספר המבחר II 39[b], V 14[b]. LXX: τὸ δικαίωμα.

11. זה – וזה. Ibn-Kureisch in Risalāt l. כ, S. 24, Mass. magna zur St. (Zitat).

12. ולחרש – לחרש. Vgl. Proleg., zu ergänzen ist Qimḥi Wb. ed. Ven. r. חרש.

14. ואת (I) – את. Raschi zu II S. 9, 9. Qimḥi zu I R. 21, 10. Sohar II, 192[b]. Aron ben Josef ha-Rofe in Mibḥar Jescharim zu II S. 9, 7.

Kap. IX.

1. איש + אחד haben Trg. Lagarde, P. und 7 Kodd.

1. אביאל – אביחיל. Mid. פנים אחרים zu Esther in Bubers ספרי דאגדתא 31[b] und Jal. Esther § 1053.

2. היה fehlt in Mid. Ps. 7, § 18 (ed. Buber 36[a]) und LXX: καὶ τούτῳ υἱός.

2. איש fehlt in Mid. ha-gadol, S. 699 aus unbekannter Quelle (ואין בישראל) und LXX.

2. ומעלה – ולמעלה. Jebamoth 76[b] in Agadoth ha-Talmud, Jal. ha-Machiri Ps. 16, § 23 aus Tanḥuma (אמור § 6), Num. r. ms. Paris 150, IX.

6. אלהים – האלהים. Sifre Deut. § 342 in edd. und Jal. Deut. § 959 und I S. § 99, Qimḥi zu V. 8. = LXX.

6. נלכה – נֵלְכָה. Ben Ascher in קונטרס המסורת S. 63,[2] Manuel du lecteur S. 68.[3] Daraus folgt auch, daß שׁ in שָׁם Dagesch haben muß, vgl. Norzi.

---

[1] In חמשה קונטריסים 12[b] = M T.

[2] כל לשון הליכה (Gen. 18, 21) נלכה שם אלכה לי אל הגדולים (Jer. 8, 5) השוא יפתח וירידה דסמיכין לאות דגש כמות ארדה נא ואראה.

[3] השוא שתחת הלמד נפתח כמו עתה נֵלְכָה שם . . .

7. כי הלחם – גם הלחם (אף). Trg.:[1] אף אנחנא זוודין עטרו[2] ממננא.

11. במעלה – בשער. Pirke de R. Elieser ms. Epstein, Kap. 36. In edd. fehlt die Stelle.

12. זבח היום – זבח גדול. Tanḥuma קרח § 7 in allen alten edd.

13. כבאכם – כבואכם. Berachoth 48ᵇ in En-Jakob, Jal. I S. § 105 und Menorath ha-Maor N. 121. Jal. l. c. aus Mechiltha (ed. Friedm. 19ᵈ). Jal. ha-Machiri Ps. 7, § 6 aus Mid. Ps. (fehlt in edd.). 10 Kodd.

13. כי הוא – והוא. Novellen des R. Nissim[3] zu Megillah 23ᵇ: תרגום והוא יברך הזבח והוא יפרום על דבחא.[4]

17. בעמי – מעמי. Trg.: דין יעדי מרוותא מן עמי. Es faßt יעצר im Sinne von abwehren, zurückhalten, während die anderen Vertenten יעצר = dominare fassen und בעמי lesen.

18. וַיִּגַּשׁ – וַיִּפְגֹּשׁ. Trg.: וערע. So auch 30, 21 ויגש דוד – וערע דוד.[5]

18. את שמואל – אל שמואל. Sifre Deut. § 17,[6] עקידת יצחק Pforte 95. = LXX, P, V, Ar. Auch Qimḥi hat sicher אל gelesen. Während er 30, 21 die St. ויגש דוד את העם ausführlich bespricht, hat er zu unserer St. keine Bemerkung; Wb. r. את: ויבוא את במקום אל והראה את הכהן (Lev. 13, 49) את מי הגדת מלין (Job 26, 4) ויגש דוד את העם. Unsere St. gehört also nicht zu ‚את für אל'. אל haben 4 Kodd.

18. ויאמר + שאול. Sifre Deut. § 17.

19. את שאול – אל שאול. Sifre Deut. § 17. P: וענא ואמר לשאול.[7] אל haben 4 Kodd.

26. כעלות – בעלות. Mass. magna zu Idc. 12, 9 (Zitat), 16. Kodd. Mass. bei G. II 57, N. 495 und 77, Kol. 1: בעלות כתיב, כעלות ק', Kodd. de Rossi 604 und 737: כעלות ק'.

27. עמד – פה עמד. Trg.: הכא קים. = Kod. de Rossi pr. manu.

Kap. X.

1. ויצק + שמן hat R. Elieser ben Tobiah in Lekaḥ tob zu Ruth S. 18. Vgl. Gen. 28, 18; II R. 9, 6.

---

[1] In edd., Lag., Qimḥi und Ibn-Ġ'naḥ, Wb. r. עטר, S. 518.

[2] Bomberg 1518 und Qimḥi: מיננא, aus ממננא verschrieben.

[3] חידושי מסכת מגילה מכ"י לר' ניסים ז"ל, ed. Hirschensohn, Jerusalem 1884.

[4] Diese Stelle ist zu Proleg., S. 44, Anm. zu ergänzen.

[5] 30, 21 hat Qimḥi auch: וקריב דוד, daher auch: לות.

[6] Jalkut Deut. § 803 = M T.

[7] Nach dem Sprachgebrauche Ps. kann לשאול auch auf את שאול zurückgehen, aber ויאמר את ist unmöglich.

1. הלוא – ראה. Lekaḥ tob und Sechel tob zu Gen. 27, 26. = Josephus, Archäologie ed. Niese VI, 54; eine Margilnote zweier Fieldschen Kodd.: ὅρα ὅτι. Nach Field bloß scholium grammaticum.

2. עם – על. Tosefta Sotah XI, 18 (bis) in ms. Erfurt[1] und Jal. I S. § 109 (bis). = Trg. und P.

2. בצלצח – בְצֶלְצַח. Massorah aus Jemen bei G. III, 72, Kol. 2.

2. והנה – הנה. Tosefta Berachoth IV, 18 in ms. Erfurt[1] und Jal. I S. § 108. In ms. Wien und edd. fehlt das Wort.

5. אל גבעת. אל fehlt noch Mass. aus Jemen bei G. III, 72, Kol. 2, in Konkor. v. תבוא und v. גבעת und in ca. 100 Kodd. Vgl. Norzi, Baer und Ginsburg z. St.

5. נְצִבֵי – נְצִבֵי. Mass. aus Jemen l. c.: אשר שם נְצִבֵי, הנון בחירק והצדי שוא ובית צירי . . .

5. נצבי – נציב. Trg.: איסטרטיג. = LXX (Νασὶβ), Sym., hexaplarische Note, P und V.

6. והתנבית – והתנבאת. R. Jehuda b. Barsilai im Jezirahkomm. S. 182, עקידת יצחק Einleitung (ed. Konst. 3[d], ed. Preßburg 6[a]). In zwei massoretischen Verzeichnissen bei G. I 10, N. 14 b und 14 d wird das Wort nicht unter den Wörtern gezählt, in denen א fehlt. Das tun aber Mass. ibid. N. 14 und Mass. marg. zur Stelle und zu Esra 5, 1. והתנבאת haben einige Kodd.

9. והיה – ויהי. Jal. ha-Machiri Jes. S. 167 aus Tanḥuma,[2] Buch der Frommen ed. Berlin, S. 330, N. 1342.[3] = LXX, Trg., P, V, Ar., 2 Kodd.

9. שכמו fehlt in Trg.: כד אתפני למיזל = כהפנתו ללכת. Da die Verbindung פנות שכם nicht mehr vorkommt, ist eine Kontrolle des Trg. nicht möglich.

11. היה – אשר היה. Trg.: דהוה (Lag.: הוה). = LXX und P.

12. ומי – מי. Tosefta Baba mezia III, 25 in ms. Erfurt.[4] = P. und Ken. 150.

16. לנו – לי. Menorath ha-Maor N. 335 aus Megillah 13[b] = LXX.

---

[1] In ms. Wien und edd. fehlt das Zitat, bei Qimḥi einmal על und einmal עם.

[2] In edd. fehlt die Stelle.

[3] S. 219, N. 877 = MT.

[4] In edd. und ms. Wien: ומי.

16. הַגֵר – הָגֵר. R. Josef Qimḥi in Sefer ha-Sikkaron S. 49.

16. ואת דבר – ועל דבר. Jal. Gen. § 125 und I S. § 110 aus Megillah 13[b], Jal. im Stichw. = Trg. Auch V: de sermone scheint ועל auszudrücken.

19. לו – לא. עקידת יצחק Pforte 95 (bis), Mass. bei G. III 147 Kol. 2. = V: Nequaquam, LXX u. P: לא כי. לא lesen Konkor. v. מלך[1] u. 35 Kodd., 2 Kodd.: לא ק׳, Kod. Moguntinus bei Baer: לא ס״א לא. Trg.,[2] Ar u. 5 Kodd. lesen: לו לא.

22. וישאלו עוד בה׳. + לאמר haben Jal. I S. § 108 a. Tosefta Berachoth IV, 18 u. P: ואמר.

22. עוד fehlt in En-Jakob ed. pr. Zebaḥim 118[b]. LXX: הבא האיש הלום.[3]

22. איש ם. Nach Mass. a. Jemem bei G. III 72 Kol. 2 ist hier keine Piska vorhanden. = vielen Kodizes.

24. אשר – כי. Jal. I S. § 95 a. Mid. Sam. VIII § 2, Num. r. ms. Paris 150 Kap. III.

24. ה׳ בו – בו ה׳. Jal. ha-Machiri Ps. 78 § 94 a. Koheleth r. III § 19, Num. r. III § 2 in mss. Epstein u. Paris 149[30] u. Jal. ha-Machiri Ps. 65 § 9 = Trg. (Lag.: ביה ה׳).

24. העם. + הזה hat Tanḥuma ויקרא § 3 in den alten edd.

25. ויכתב בספר. Jal. Ps. § 853 a. Pesiktha:[4] שמרו עדותיו וחק נתן למו (Ps. 99, 7) שמענו במשה שנכתבה תורה לשמו זכרו תורת משה עבדי (Mal. 3, 22) ובשמואל[5] [scil. שמענו] נכתב לו ספר תורה דכתיב ויכתוב לו ספר וינח וגו׳. In edd., ms. Oxford[6] und Mid. ha-g. lautet das Zitat = MT, der Inhalt kann auch mit MT übereinstimmen, es ist daher aus dieser St. kein sicherer Schluß zu ziehen.

26. החיל. Trg.: העם = קצת מן עמא, da קצת מן gewiß bloße Ergänzung ist.

---

[1] V. ותאמרו = MT.

[2] Vgl. Michaelis bei de Rossi; Geiger, Urschrift S. 256; Schorr, he-Ḥaluz III S. 101 und Rosenfeld; vgl. dagegen Qimhi z. St. und de Rossi.

[3] Was die Modernen gegen עוד geltend machen, hat schon ein Exeget des XI. Jahrhunderts, Josef Kara, hervorgehoben; vgl. Parschandatha S. 28.

[4] Pesikta d. R. Kahana 38[b], Pes. r. 64[a].

[5] Mid. ha-gadol ms. Epstein zu Lev. 10: ובשמואל נכתב לו ספר בשמו.

[6] S. Beth-Talmud V S. 205.

Kap. XI.

2. אלהם – להם. Mid. Sam. XIV § 7 in edd. u. Jal. I S. § 114.

7. ואחר – ואחרי. Qimḥi z. St., Konkor. v. ואחרי, viele Kodd., vgl. auch Norzi.

11. עמון – בני עמון. Trg., LXX, P u. 4 Kodd.

12. ימלך – לא ימלך. Trg., LXX, P u. 3 Kodd.

13. ביום – היום. Raschi Joma 22[b] v. וכתיב, Menorath ha-Maor des R. Israel Alnaqua.[1]

Kap. XII.

2. עד – ועד. Qimḥi zu Idc. 17, 6, der Karäer Eliah Baschjazi in אדרת אליהו 183[d]. = LXX, Trg. u. P und einige Kodd.

3. וחמור – ואת חמור. Tanḥuma ed. Buber קרח § 19.

3. ואת מי עשקתי – את. Nedarim 38[a],[2] Ibn-Saruk bei Dunasch in Criticae Voc. Rec. 35[a],[3] Dunasch ibid., R. Tamm in seinen Entscheidungen ibid. Ibn-Ġ'naḥ Wb. S. 686.[4] Ibn-Esra zu Amos 4, 1. Raschi u. Qimḥi zu Jer. 22, 17. R. Josef Qimḥi in Sefer ha-Galuj S. 35 N. 53, S. 131 v. עק, 151 v. רץ. Parḥon Wb. r. עשק u. r. רוץ. Qimḥi Wb. r. עשק.[5] Ibn-Kaspi bei Abarbanel zu Gen. 1. 1. את haben einige Kodd. — Massorah zu Jes. 28, 9 verlangt יאת, was auch alle alten Verss. haben.

5. אליהם fehlt in Sifre Deut. § 2 nach Jal. Deut. § 880; Makkoth 23[b];[6] Gen. r. LXXXV § 13 in allen alten edd.;[7] Ken. 109.

5. ויאמר עד – ויאמרו. Sifre Deut. § 2[8]. = LXX, Trg. Lagarde, P, V, Ar u. 9 Kodd. u. 9 pr. manu. Unsere St. gehört zu den 12 סבירין ויאמרו, vgl. Mass. z. St. u. bei G. I 91 N. 844 u. Qimḥis Et Sofer[9] S. 2.

---

[1] Zitiert in Reschith Ḥochmah Pforte הענוה Kap. 7.

[2] In den alten edd. und Predigten des R. Josua Ibn-Schoeib קרח Anf., sonst fehlt das Zitat.

[3] In Maḥbereth S. 165[b] fehlt die St.

[4] S. 553 u. Sefer השרשים r. עשק u. r. רצץ: ואת.

[5] r. רוץ: ואת.

[6] In edd., Agadoth ha-Talmud u. En-Jakob; ms. München u. Jal. I S. § 122 = M T.

[7] Dieselbe St. in Koheleth r. X § 19 = M T.

[8] Makkoth 23[b], Gen. r. LXXXV § 12, Koh. r. X § 16, Mid. Sam. XIV § 9 wird ויאמר bezeugt, vgl. Norzi.

[9] עט סופר ed. M'kitze Nirdamim, Lyck 1864.

8. מצרים – מצרימה. R. Jakob Antoli in Malmad ha-Talmidim 146[b], Mass. finalis l. אב v. אבתיכם (Zitat); Mass. bei G. II 325 N. 41: סבירין מצרימה. מצרימה hat Ken. 196.

10. את הבעלים ואת העשתרות. Trg. Lagarde: לבעליא ולעשתרתא = לבעלים ולעשתרות. Daß es nicht Übersetzungsmanier ist, beweist die Ubersetzung von Idc. 2, 11; 3, 7; 10, 6. 10.

14. והיתם. Trg. Lag.: ותתנהון = וִנְהִיתֶם (?), vielleicht bloß Verschreibung aus ותהוון. De Rossi bringt aus Trg. die LA. וִהְיִתם.

14. וגם – גם. Predigten des R. Joël Ibn-Schoeib 120[c],[1] Kod. Ken. 70.

17. הלוא – הנה. Predigten des R. Nissim N. 11 (bis).

19. אלהיך – אלהינו. Kommentar des R. Josef Kara zu Jer. S. 15[a], Kod. Ken. 2.

19. ואל – ולא. R. Josef Kara l. c., einige Kodd.

23. הטובה והישרה – טובה וישרה. Trg.: תקנא וכשרא, wie 24, 20; die Übersetzung von M T müßte lauten דתקנא ודכשרא, wie I R. 8, 36. Diese LA. paßt gut zu בְּדרך – בְּאורח, LXX liest M T, aber בַּדרך.

24. באמת – בתמים ובאמת. Buch der Frommen, alte Ausgabe[2] N. 753. Vgl. Idc. 9, 19.

Kap. XIII.

2. במכמש – במכמש. Vgl. Norzi. Trg. Lag. schreibt durchwegs מכמס, cod. Hierosolymitanus bei Baer: במגה בסבלת.[3]

8. אשר שמואל – אשר אמר (לו) שמואל. Trg.: (Qimḥi u. Lag.: ליה) לזימנא דאמר. = LXX: ὡς εἶπεν. Vielleicht bloß notwendige Ergänzung. אשר אמר haben 9 Kodd., Kod. Frankfurt bei Baer: כן הוא, והרבה שוגים במלה זו וכותבים אמר וסופם יהיה מר.[4]

13. לא שמרת – ולא. Seder Olam r. ms. Epstein Kap. 13. Jakob b. Ascher, Komm. zu Gen. 49, 10. Konkor. v. שמרת. = Trg. in den alten edd., V und 19 Kodd.

---

[1] עולת שבת, verf. um 1457 (בה"יר), gedr. Ven. 1577.

[2] In ed. Berlin kommt diese St. nicht vor.

[3] So auch Note bei G. I 608 Kol. 1, III 27 N. 641 ff. Vgl. auch Menaḥoth IX, 1 u. Rabbinowicz z. St., Neubauer, Géographie du Talmud u. Schwarz, תבואות הארץ s. v. מכמס.

[4] Perles, Analekten zur Textkritik S. 47, hat die hübsche Vermutung, daß der ursprüngliche Text אשר שם שמואל gelautet; שם wurde dann irrtümlich als Kustos angesehen und weggelassen. In der Tat haben vier Kodizes אשר שם.

13. כי לא – לא שמרת. Zu Proleg. ist zu ergänzen: Seder Olam r. ed. Mantua 1514 Kap. 13, Raschi ms. Epstein zu Deut. 17, 20.

13. על – אל ישראל. Seder Olam r. ms. Epstein Kap. 13. Naḥmanides u. Jakob ben Ascher zu Gen. 49, 10. Gersonides z. St. Abarbanel zu Ex. 30, 22 und z. St. Die alten Verss. drücken zwar על aus, beweisen aber nichts, da es Übersetzungsmanier ist. על haben einige Kodd.

14. בקש ה' לו. לו fehlt in Mid. Ps. 1, 1,[1] den alten Tossafoth zu Joma 22[b] v. שאול, Mid. Ps. 119, 3[2] u. עקידת יצחק Pforte 42, Kod. Ken. 30.

15. כל העם – העם. Ibn Ġ'naḥ Wb. S. 580.

18. גיא – גי. Parḥon Wb. r. צבע, der Karäer Aron ben Josef in Mibḥar Jescharim z. St., Massorah bei G. II 394 Kol. 1 (Zitat: גא).

20. איש. Vgl. Proleg. איש fehlt noch bei Ibn-Esra zu Gen. 4, 22 in der Hs. des Wiener Rabbinerseminars und bei Qimḥi Wb. r. לטש.

20. את – ואת אֱתו. Aruch v. קנקן[2], R. Josef Qimḥi in Sefer ha-Galuj S. 73 r. את und Sefer ha-Sikkaron S. 17.

22. המלחמה – מלחמת.[3] Jal. I S. § 117 Ende a. Lev. r. XXV § 8.

22. לא נמצא – ולא נמצא. Num. r. X § 1.[4] = Trg. bei Qimḥi und in den alten edd., P, V u. Ar. LXX = MT. לא haben Kodd. Ken. 30, 150.

22. ויונתן – ואת יונתן. Num. r. l. c. V: cum Saule et Jonatha.

23. מַצָּב – מצב. Michlol ed. Ven. 59[a]: ובא קמץ בסמיכות כמו מַתָּן אדם ירחיב לו (Prov. 18, 16) מַצָּב פלשתים. R. Moses Punktator:[5] וי"ג דבוקים ונקמצים על פי המסורת . . . מַצָּב. Mass. bei G. II 312 N. 616: י"ג מילין סמיכין וקמצין וסימנהון . . . מַצָּב פלשתים.

---

[1] Nach Jal. ha-Machiri Ps. 1 § 11 u. R. Josua Ibn-Schoeib in נורא תהלות 3[a]; edd. = MT, so auch weiter 29 § 4.

[2] Mid. Ps. von Kap. 119—150 gehört nicht zum alten Midrasch, vgl. Bubers Einleitung S. 8 f.

[3] In Mid. Sam. XVII § 2, Cant. r. ed. Ven. V § 14, Lev. r. XXV § 5 in edd. Ven. u. Salonichi, Num. r. ms. Epstein X § 1: מלחמה, was leicht bloß Verschreibung sein kann.

[4] In ed. pr. u. mss. Paris N. 150 u. Epstein.

[5] S. Frensdorff, Fragmente aus Punctations- und Accentenlehre der hebräischen Sprache S. 10.

Kap. XIV.

3. אי כבוד - איכבוד. Vgl. zu 4, 21. Dazu kommt: Jalkut I S. § 77 a. Sabbath 55[b], Kodd. bei Norzi und Baer.

3. בשלה - בשלו. Vgl. Norzi zu Gen. 49, 10 und Baer z. St. Mass. bei G. II 617 N. 361: שלה, ה׳ כתיב ו׳ בקריה בלישן וסימניהון ואחיה....

4. ושם (I) - שם. Ibn-Esra zu Ex. 18, 4. = LXX, Trg. de Rossi 737, P, V, Ar. und 29 Kodd.

4. סֶנֶה - סֵנֶה. Vgl. Norzi und Baer. Dazu kommt: Rikmah S. 57, Qimḥi in Et-Sofer S. 26, Manuel du Lecteur S. 40,[1] G. I 601 Kol. 2, III 27 N. 64 dd, 73 Kol. 1. LXX: Σεννά (Σεννάς) entspricht besser סֵנֶה, da Zere gewöhnlich = η ist.[2]

5. מצוק. Trg.: מסתכיא = מצוף.[3] Schon Qimḥi bemerkt, daß Trg. r. צוף übersetzt. Dagegen meint Ḥajuǵ in Two Treatises S. 53: ות״י מסתכי כלומר שהיה נוטה גבהו מצפון. Trg. erklärt also.[4]

10. יאמרו. + אלינו hat Mid. ha-gadol S. 358[5] aus unbekannter Quelle.[6] LXX: πρὸς ἡμᾶς, P: לן.

10. עָלֵינוּ - אלינו. Raschi Ḥullin 95[b] v. וכינתן.[7] = LXX, P, V, Ar, Konkor. v. יאמרו[8] und 25 Kodd. Ein Kod. de Rossi hat die Marginalnote: ס״א אלינו.

11. החרים - החוחים. Parḥon Wb. r. חוח. Wahrscheinlich Verwechslung mit 13, 6.

12. אֵלֵינוּ - עָלֵינוּ. Trg.: עלנא. Übersetzungsmanier, vgl. 7, 7 אל ישראל - על.

12. דבר - דבר ס דבר. Vgl. Norzi und Baer. Dazu kommt Mass. bei G. II 449 N. 185, wo unser Vers einer der 17 Verse ist, die in der Mitte eine Piska haben. Diese haben 7 Kodd. Ken.

---

1 ... וטזה הבנין פֶעל דגש טלעיל, ושם האחד סֶנֶה

2 S. Field, Einleitung S. LXXIII, vgl. jedoch z. B. Jos. 7, 24 עֵמֶק עכור — Εμεκαχώρ, אֵפוֹד — ἐφούδ (I S. 2, 18; 14, 4) u. a.

3 Vgl. Schorr, he-Ḥaluz III S. 101.

4 Vgl. noch Idc. 7, 1 מגבעת המורה — מגבעתא דמסתכייא u. dazu Two Treatises S. 81 r. ירה.

5 In einem ms., s. Schechters Note S. 800.

6 Vgl. Proleg. S. 48 Anm. 1.

7 So auch R. Josef Karo im Kesef Mischneh zu Mischneh Thorah, עכ״ום XI, 4.

8 v. עלו = M T.

14. כחצי – כבחצי. R. Jesaiah im Komm. z. St.:[1] כשיעור חצי תלם.[2] Trg.: כבית פלגות. P: איך פסולא drückt bloß כ aus; LXX, Itala, V und Ar bloß בּ.[3]

15. המצָב – המצַב. Vgl. zu 13, 23 מצב. Mass. a. Jemen bei G. III 73 Kol. 1: הַמַּצָּב והמשחית הצדי בקמץ.

15. ותהי לחרדת אלהים. Der Karäer Aron b. Eliah a. Nikomedien im Pentateuchkomm. Kether Thora bemerkt zu Lev. 4, 3: לאשמת נכון הדמיון שדמוהו חכמים לחרדת אלהים, הטעם מפני. Der Autor dieser Erklärung hat also in unserer St. ותהי nicht gelesen.

18. אל אחיה – לאחיה. Boraitha דמלאכת המשכן Kap. 6 in edd. ms. Epstein und Beth ha-Midrasch III S. 148.[4]

19. ידך. + את haben Mid. Ps. 27, 2 in den alten edd. u. LXX.

19. ידיך – ידך. Pesiktha r. 30[b]. Jal. II S. § 142 a. Mid. Ps. 27, 2. Qimḥi Wb. r. אסף, Aron ben Eliah in Kether Thorah IV, 15[a].[5] = LXX und 49 Kodd.

23. עד – את בית און. Trg.:[6] עד. = V und einigen Kodd.

24. אל העם – את העם. Halachoth Gedoloth ed. Berlin S. 483. LXX: τῷ λαῷ[7] = לָעם oder auch אל העם, da πρὸς hier nicht gut möglich ist.

24. עד נקמתי – ונקמתי. Trg.: עד דאיתפרע. = P, V, Ar und Kodd. bei Ginsburg.

26. מֵשיב – משיג. R. Aron a. Lunel in Orḥoth Ḥajim II S. 510. Trg.: דמתיב, LXX: ἐπιστρέφων.[8]

27. ויהונתן – ויונתן. Schebuoth 36[a].[9] Baḥja b. Ascher, Kad ha-Kemaḥ v. שבועה und Komm. 112[a] a. Tanḥuma וישב § 2. Baḥja b. Ascher, Kad. ha-K. l. c. und Komm. 112[a]. Predigten des R. Josua Ibn-Schoeib מטות Ende.

---

[1] In der rabb. Bibel Warschau 1866.

[2] Raschi u. Qimḥi dagegen: בתוך שיעור u. בכדי מקום.

[3] Vgl. Wellhausen, Text der BB. Samuelis u. Klostermann z. St.

[4] Sefer והזהיר I S. 180 u. Lekaḥ tob zu Ex. 37, 1 = M T.

[5] ׳ als Lesemutter für (ֵ) ist nicht sicher nachweisbar, in Fällen, wie hier, wo durch die scriptio plena die Wortbedeutung modifiziert wird, auch nicht wahrscheinlich, jedoch auch nicht ausgeschlossen.

[6] Bei Qimḥi, Lag. u. in edd., Bomberg 1518: עד ית, wo ית Korrektur ist.

[7] Idc. 7, 2: אלית — με ἠράσω, I R. 8, 31, II Chr. 6, 22: להאלתו — ἀράσασθαι (ἀρᾶσθαι) αὐτὸν, also ἀράομαι mit Akkusativ.

[8] Vgl. Klostermann u. Driver. Notes z. St.

[9] In edd. u. mss., Halachoth Gedoloth ed. Berlin S. 483, Alfasi z. St., Ascheri zu Moëd katon III, N̦. 5, Menorath ha-Maor N. 43.

27. עיניו – שתי עיניו. Pirke de R. Elieser Kap. 38 in edd. und ms. Epstein, Baḥja b. Ascher in Kad ha-K. und Komm. l. c.

28. העם (II). + מאד hat Qimḥi in Michlol ed. Ven. 36ª.

29. נא. Fehlt in Joma 38ᵇ [1] und LXX (δή).

30. היום. Fehlt bei Hadassi in Eschkol ha-Kofer 70ᶜ u. in V.

30. היום העם – העם היום. Ibn Ġ'naḥ Wb. r. לו und Sefer השרשים r. אף.[2]

30. העם. + הזה zitiert Ibn-Saruk im Maḥbereth S. 29ª.

33. לה'. Fehlt in Num. r. ms. Epstein X § 1, bei Baschjazi in Adereth Eliahu 115ᵇ, 115ᶜ (bis), 115ᵈ und in Predigten des R. Josua Ibn-Schoeib אחרי Ende. = Kod. Ken. 30.

33. גלו – ויאמר גלו. Jal. I S. z. St. a. Zebaḥim 120ª. LXX: καὶ εἶπε Σαοὺλ, Ἐκ Γεθθαὶμ κυλίσατε.

33. היום. Fehlt bei den Karäeren Aron ben Josef ha-Rofe in Sefer ha-Mibḥar V 10ª, Aron b. Eliah a. Nikomedien in Gann Eden 87ª (viermal) und Baschjazi in Adereth Eliahu 115ᵇ, 115ᶜ. LXX: κυλίσατε μοι λίθον. = Kod. Ken. 96.

36. כל הטוב – ככל. Mass. bei G. II 43 N. 289: ככל הטוב ג' נרדה אחרי פלשתים, (Idc. 10, 15; I S. 11, 10) דסמי׳וכן וסימניהון.

44. לי + כה יעשה. Pirke de R. Elieser Kap. 38.[3] Tanḥuma וישב § 2.[4] Naḥmanides zu Lev. 27, 29. Komm. des R. Jesaiah zu V. 47. Baḥja b. Ascher Komm. 189ᶜ. Aron b. Josef in Mibḥar Jescharim z. St. Aron b. Eliah, Gann Eden 174ᶜ. Eliah Baschjazi, Adereth Eliahu 213ᶜ. = LXX, Trg., P, V und mehr als 100 Kodd. — Mass. zu I R. 2, 23 zählt ohne unserer St. 11 לי אלהים. S. auch Kod. F. bei Baer.

44. יוסיף – יוסִף. Mass. bei G. I 726 N. 418 zählt mit unserer St. 5 יוסִף, so lesen auch Kodd. bei Baer.[5]

44. יונתן – יהונתן. Pirke de R. Elieser Kap. 38 in edd. und ms. Epstein. Naḥmanides in Kolbo ed. Ven. 157ᵇ. B. b. Ascher Komm. 112ᶜ, 189ᶜ. Jakob b. Ascher zu Lev. 27, 29. R. Aron a. Lunel in Orḥoth Ḥajim II S. 509. Baschjazi, Adereth Eliahu 213ᶜ.

---

[1] In mss., den alten edd. u. Sche'elthoth des R. Aḥai. ms. Epstein Ende.

[2] Das Zitat fehlt in Wb. r. אף, השרשים r. לו = M T.

[3] In edd. u. ms. Epstein.

[4] In ed. pr. Kons. 1522 u. bei Baḥja b. Ascher Kad ha-Kemaḥ v. שבועה u. Komm. 112ᶜ.

[5] Baers Bemerkung: ‚praecipiente Massorah' stimmt nicht ganz, da Mass. fin. lit. י' v. יוסיף unsere Stelle zu den 14 יוסיף zählt.

45. ויאמר – ויאמרו. Berachoth 55^{b},[1] Stichw. in Jalkut z. St.

45. היונתן – הידהונתן. Trg. in Orḥoth Ḥajim II S. 511. Berachoth 55^{b}.[2] Stichw. in Jal. עקידת יצחק Pforte 30.

45. יונתן – יהונתן. Berachoth 55^{b}.[3] Tanḥuma וישב § 2 bei B. b. Ascher Komm. 112^{c}. Pirke de R. Elieser Kap. 38.[4] Mid. Sam. XVII § 3.[5] Qimḥi zu V. 43. Naḥmanides zu Lev. 27, 29 (bis) und in Kolbo ed. Ven. 157^{d}. Baḥja b. Ascher Komm. 112^{a}, 189^{c}. Jakob b. Ascher zu Lev. 27, 29. Orḥoth Ḥajim II S. 510 (bis). Aron b. Eliah a. Nikomedien, Kether Thorah II 62^{b}, Gann Eden 173^{b} (dreimal). עקידת יצחק Pforte 71 Ende, Jakob ben Jehudah aus London in ספר עץ חיים in Stein.-Jubelschrift S. 204.

47. ובכל – בכל. Jal. Ex. § 363 a. Pesiktha de R. Kahane.[6] Num. r. XI § 3. Raschi Synhed. 93^{b} v. דבדידיה a. Erubin 53^{a}. Auch LXX hat nicht καὶ.

47. ובכל – אל כל. Seder Olam r. ms. Epstein Kap. 13, Erubin 53^{a} in edd. und ms. München.[7] Auch die alten Verss. übersetzen אל, vielleicht aber bloß deshalb, weil es von יפנה gefordert wird.

48. שסהו – שסהם. Trg.: בזיהון. Vielleicht bloß sinngemäß, wie LXX, P und V שָׁסָיו, vgl. Driver. Notes z. St.

49. מִיכָל – מִיכַל. Vgl. Baer. Mass. bei G. II 301 N. 560, III 321 N. 16: ... מיכל, אלין סוף פסוק פתח.

Kap. XV.

1. שמע – תִּשְׁמַע. Gen. r. XLV § 3 in alten edd.[8]

1. לקול – בקול. In Mass. bei G. II 639 N. 714 gehört unsere St. nicht zu den 19 Verbindungen der r. שמע mit לקול.[9]

---

[1] Nach Maḥsor Vitry S. 49, Jal. Deut. § 933 u. I S. § 118; ms. München, edd., Jal. ha-Machiri Ps. 30 § 13 u. Mid. ha-gadol S. 558 = M T.

[2] In M. Vitry, Jal., Jal. ha-M. l. c. u. bei R. Juda Ibn-Chalz in Sefer ha-Mussar Kap. 4; Halachoth Gedoloth ed. Berlin S. 74, Mid. ha-g. l. c. u. edd. = M T.

[3] In ms. Florenz, Maḥsor Vitry S. 49, Jal. I S. § 118 u. Jal. ha-Machiri Ps. 30 § 13.

[4] In Jal. Deut. § 933 u. I S. § 117 u. ms. Epstein.

[5] Bei Qimḥi z. St., Jal. I S. § 118 u. Rokeaḥ N. 209.

[6] In ed. Buber 45^{b} einmal בכל, einmal ובכל.

[7] Jal. ha-Machiri Ps. 119 § 36: ולכל· = P.

[8] Jal. Gen. § 79 = M T.

[9] כל שמיעה בקול בר מן י״ט לקול.

Mass. ed. zu Ps. 58, 6 zählt nur 17 solcher Verbindungen, darunter auch unsere St.[1]

3. עתה – ועתה. R. Nissim ben Jakob in Clavis Talmudica[2] 36[a] a. Joma 22[b],[3] Pesiktha r. 181[b], Predigten des R. Joël Ibn-Schoeib 88[c]. = LXX, Trg. Bomberg 1518, V und 27 Kodd.

3. והכיתה – והכית. Joma 22[b].[4] Koheleth r. VII § 33. Esther r. פתיחתא. Pes. r. 181[b]. Mid. Ps. 7, 18. Mid. Sam. XVIII § 2. Seder Eliah r. Kap. 31 S. 159. Pirke de R. Elieser Kap. 44 in edd. und ms. E. Michlol 2[c]. עקידת יצחק Pf. 42 (bis). Predigten des R. Joël Ibn-Schoeib 88[c]. Abarbanel, Einleitung zu Kap. 14 und z. St. Mass. fin. l. עד und z. St. (Zitat). Mass. bei G. II 373 N. 93 (Zit.). — Mass. zu II R. 9, 7 und Jer. 5, 3 verlangt והכיתה.[5]

3. והחרמתם – והחרמְתָ. R. Elasar b. Jehuda a. Worms in שערי בינה.[6] עקידת יצחק Pf. 42. = LXX, Trg., P und V.[7] והחרמת haben Kodd. Ken. 56, 89.

3. עד אשה – ועד. Vgl. Proleg. Zu ergänzen ist: Raschi ms. E. zu Koheleth 2, 3. R. Elasar a. Worms l. c. Die Karäer Aron b. Eliah in Kether Thorah V 29[a], Aron b. Josef in Sefer ha-Mibhar IV 25[a] und V 22[b]. ע' יצחק Pf. 42 (bis). מנות הלוי 196[b]. — In Mass. fin. l. ע v. עד ist unser V. einer von den drei, in denen einmal עד und dreimal ועד vorkommt.

3. ועד חמור – עד. R. Josef Kara in Geigers Nite Na'amanim 3[a]. = LXX. עד lesen Kodd. Ken. 2, 107.

4. ועשרת. Pesiktha r. 43[a]: כיון ששמואל אמר לשאול שילכו למחות שמו של אגג עברו על הדבר והיו ישראל מאתים ועשרים אלף שנאמר ויפקדם בטלאים מאתים אלף רגלי ועשר' (?) אלפים איש יהודה. Vielleicht liegt hier bloß ein graphischer Fehler vor.[8] LXX hat nicht die Zahlen M Ts.[9]

---

[1] Die diesbezüglichen mass. Angaben sind übrigens sehr schwankend, vgl. Jakob ben Ḥajim zu Mass. fin. l. קו v. שמיעה לקול.

[2] מפתח למנעולי התלמוד (Clavis Talmudica), ed. Goldenthal.

[3] Fehlt in edd.

[4] In edd., Jal. I S. § 120 u. Mid. ha-gadol S. 752. Clavis T. l. c. = M T.

[5] מלא בה' בתרא.

[6] Angeführt in מנות הלוי des R. S. Alkabez, ed. Ven. 1585 fol. 127[a].

[7] Viell. ursprünglich והחרמְתָּה wie in V. 18, und dann ה in ם verschrieben oder umgekehrt.

[8] ועשר' in ועשרים aufgelöst oder י"ר in כ"ר verschrieben.

[9] Vat. u. Josephus, Archäol. VI. 134 (Niese): 400.000 + 30.000, Lucian bloß: 400.000, Al.: 10.000 + 10.000.

4. את איש יהודה. את fehlt in Pesiktha r. l. c. = Al. V und Ar.

5. שלמה – עד עיר עמלק. R. Nissim ben Jakob in Clavis Talmudica 36ᵃ a. Joma 22ᵇ. Das Einfachste ist ja eine Verschreibung anzunehmen. Ich will aber auf eine auffallende Erscheinung, aus der ich selbst keine weiteren Schlüsse ziehen mag, bloß hinweisen, vielleicht tun es andere. Trg. übersetzt nämlich durchwegs קיני durch שלְמָאָה.[1] Saul kommt aber עד עיר עמלק und fordert die Kenniten zur Auswanderung auf, folglich war עיר עמלק der Wohnsitz der Kenniten oder nach Trg. Salmaiten (a. שלמה). In den rabbinischen Quellen wird bald קניזי,[2] bald קדמוני[3] durch שלמיא wiedergegeben. Aber Jerusch. Kidduschin I, 9 (61ᵈ 12): שכייה נבטייה (l. שלמאי) שמלאי, also קיני = שלמאי.[4] In dem hebräisch-persischen Wb. des Salomo ben Samuel a. Urgendsch heißt es:[5] שַׁלְמאה, קיני שעשה שלום בין ישראל לאל.[6]

6. לכו סרו רדו. Trg.: איתפרש סור איזיל = רד סור לך[7] = LXX: Ἄπελθε καὶ ἔκλινον.

6. העמלקי – עמלקי. Cant. r. II § 16. = LXX.

6. עשית – עשיתה. Berachoth 63ᵇ. Tanḥuma יתרו § 5. Cant. r. II § 16. Lev. r. XXXIV § 8.[8] Ibn-Esra zu Ex. 18, 1. Qimḥi z. St. Mid. ha-gadol ms. Epstein zu Deut. 10, 19. Baḥja b. Ascher

---

[1] Auch שלמאה, so Onkelos, Pseudo-Jon. u. das Fragmententargum, vgl. Trg. zu Gen. 15, 19; Num. 24, 21, 22; Idc. 1, 16; 4, 11, 17; 5, 24; I S. 15, 6 27, 10; 30, 29; I Chr. 2, 55 (ed. Rahmer, Thorn 1866).

[2] Jerusch. Schebiith VI, 1 (36ᵇ 53), Kidduschin I, 8 (61ᵈ 12), Gen. r. XLIV Ende.

[3] Baba Bathra 56ᵃ.

[4] Vgl. über die Simloï Neubauer, La Géographie du Talmud S. 429 und Anm. 5.

[5] S. Bacher, Ein hebräisch-persisches Wörterbuch aus dem vierzehnten Jahrhundert, Budapest 1900, hebr. Teil, S. 18.

[6] Diese sonderbare Deutung beruht gewiß auf der Agada in Mechiltha יתרו 57ᵃ, Sifre Num. § 78: ולמה נקרא שמו רעואל שריעה לאל, wo S. b. S. שריעה = er hat Freunde gemacht verstanden. Vgl. andere Erklärungen in M. Friedmanns Kommentar zu Richter (hebr., Wien 1891) S. 4, und Responsen שבט מנשה von M. Großberg, S. 86.

[7] Pluralisierung des Sing. ist Manier aller Targume, mit Ausnahme von Onkelos, aber nicht Sing. für Plur. Vgl. Tosefta Megillah IV, 41: כתב הכתב ליחיד מכנין אותו לרבים, לרבים אין מכנין אותו ליחיד. So mss., ed. u. Halachoth Gedoloth ed. Berlin S. 226; Alfasi Megillah Ende: הכתוב ליחיד אין מכנין אותו לרבים. Die Targume bestätigen die alte Lesart.

[8] Nach Jal. Gen. § 82 und Sefer ha-Mussar Kap. 4; fehlt in edd.

Komm. 106[d]. Aron ben Josef in Mibḥar Jescharim z. St. und Sefer ha-Mibḥar II 29[b]. Aron ben Eliah in Kether Thora II 48[a], IV 38[b]. Duran in Ma'asseh Efod S. 161. — Mass. fin. l. עש verlangt עשיתה.

8. אֲנָג – אֲגַג. Michlol 51[b]: ובמסורת כל אגג דסמיך למם פתח אֲגַג מעדנות (V. 32) אֲגַג מלך עמלק (V. 8, 20, 32) מֵאֲגַג מלכו (Num. 24, 7).

9. שאול והעם – העם ושאול. Mid. Koheleth zuta ed. Buber S. 114. Gut wegen V. 15.

9. והמשנים – המשנים. Abodah zarah 24[b]. = Trg. Bomberg 1518. Trg., LXX und P. übersetzen (ו)השְּׁמֵנִים, ob sie auch so gelesen, ist nicht sicher. השמנים hat Kod. de Rossi 595, Ginsburg: ס"א והשמנים.

9. ועל הכרים – והכרים. Abodah zarah 24[b], Parḥon Wb. r. שנה. Trg.: ופטימיא, P: ודמפטמֿא, Ar: walḥirafi. = Kodd. Ken. 30, 150.

12. לקראת שאול. Mechiltha בא 11[b]: וישכם שמואל בבקר.[1] P: וקדם שמואיל בצפרא לאורעה דשאול. In der Mechiltha schließt das Zitat mit בבקר, der folgende Text daher nicht zu erkennen, vielleicht genau wie P.

12. לקראת שאול – לקרא לשאול. Mechiltha ed. pr. Kons. 1522 בשלח (ed. Friedm. 31[b]).[2] Wahrscheinlich Verschreibung.[3]

12. והנה – הנה. R. Josef Qimḥi in Sefer ha-Sikkaron S. 48.

14. ויאמר שמואל. + אל שאול. Mid. Ps. 100. = Kod. Ken. 107.

15. והבקר. + המשנים והכרים ועל כל הצאן. Abodah zarah 24[b]. Aus V. 9 herübergenommen, הצאן Verschreibung für הטוב. In mss. und Jal. I S. § 122 fehlt dieses plus. Ken. 151: והבקר והמשנים.

15. למען זבח – לעשות זבחים. Pirke de R. Elieser Kap. 48. Vgl. I R. 12, 27; II R. 10, 24.

15. ואת היותר – והיותר. Ma'ajan Gannim ed. Buber S. 128.

18. וישלָחך – וישלַחך. Massorah a. Jemen bei G. III 73 Kol. 1: בכל (!) ס"ת [ספרי תיגאן] ומסיר עליה ל' [לית] פתח, וכן בירוש' [למי']. Diese auffallende Vokalisation habe ich sonst nirgends erwähnt gefunden.

18. כלותך + כלותם. Trg.: עד דתשיצי. = LXX, P und Kod. Kennicott 182.

---

[1] Nach Jal. Jos. § 13, I S. § 121 u. Jes. § 299; Ex. § 206 = M T.

[2] Nicht dieselbe St. wie בא 11[b], kann einem andern Autor gehören.

[3] Bei den Typen der ed. Kons. sind ל und ת sehr ähnlich.

20. יען אשר – אשר (I). Seder Eliah r. Kap. 31 S. 159. LXX: Διὰ τὸ ἀκοῦσαι με.

22. החפץ לה'. Zu Proleg. ist zu ergänzen: Ibn-Ġ'naḥ Wb. S. 241 in einem ms.: החפץ ה'.

22. משמע – כשמע. Predigten des R. Joël Ibn-Schoeib 88[d]: יראה כי שאול היה חושב שאחר שיעשה זה למען זבוח, בזה יותר טוב משמוע בקול ה' ובאופן החמרי, כאומרו אין צריך לומר שאינו יותר טוב אבל גם אינם בשיווי כי השמיעה היתה יותר טובה מהזבח וזה שאמר החפץ וגו' משמוע וגו' הנה שמוע מזבח טוב. משמע haben Kodd. Ken. 89, 380.

22. והקשב – להקשיב. Pesiktha r. 184[a]. LXX: καὶ ἡ ἐπακρόασις scheint וְהַקְשֵׁב auszudrücken, wie ἀκοὴ שמוע wiedergibt; für ולהקשיב paßt καὶ τὸ ἐπακούειν. In der Tat bieten Kodd. bei Field: τὸ προσέχειν.

23. יען כי – יען מאסת. Mid. Ps. 15, 4. Gersonides zu 16, 4; vgl. auch die folgende St. — LXX: ὅτι. כי hat Kod. Ken. 191.

23. יען מאסת את דבר ה'. Mid. Ps. 57 § 3:[1] אמר ר' תחליפא דמן קיסרי, בשעה שעבר שאול על גזירתו של הקדוש ברוך הוא בעמלק ובא שמואל והוכיחו, שנאמר יען[2] אשר עברת את פי ה' . . . Wahrscheinlich durch V. 24 veranlaßt.

27. ויאחז – ויחזק. Mid. Ps. ed. Buber l. c. Die alten edd. und Jal. ha-Machiri Ps. 57 § 5 = M T.

28. שמואל אליו – אליו שמואל. Seder Olam r. ed. Neubauer[3] Kap. 13. In edd. und ed. Ratner 29[a] fehlt die St.

28. ויתנה – ונתנה. Tanḥuma אמור § 2 in allen alten edd. LXX: καὶ δώσει αὐτὴν.

29. להתנחם – להנחם. Sa'adja zu Koheleth 1, 10;[4] Ken. 182.

32. אכן סר מר המות. Trg.: אכן שׂר מר המות = בבעו ריבוני מריר מותא.[5] Trg. hat entweder שר gelesen oder סר wie שר gedeutet, wie Jer. 6, 28: כל רברביהון מרדין – כלם סרי סוררים.[6] Auch die Agadah liest

---

[1] Die St. ist nicht dieselbe wie in 15, 4.

[2] Jal. ha-Machiri 57 § 5: יען אשר מאסת . . . יען כי עברת את פי ה' hat noch R. Salomo Alkabez in מנות הלוי 64[a].

[3] Anecdota Oxoniensa II S. 44.

[4] פירוש רס"ג לקהלת, Fränkel, Siget 1903.

[5] Falsch bei Eichhorn, Einleitung II S. 71 u. a., daß סר in Trg. fehlt.

[6] Vgl. Qimḥi z. St. in Jer. und Waldberg, דרכי השינויים 54[a] N. 444.

סר und deutet שר.[1] Aron ben Josef in Mibḥar Jescharim z. St.: ובעל המסורת אמר ג׳, כתוב ס׳ ומתפרש כשין . . .

35. ולא יסף עוד – ולא יסף. En-Jakob ed. pr. Zebaḥim 118[b] im Kommentar. LXX: καὶ οὐ προσέθετο ἔτι.

Kap. XVI.

1. מאסתיהו – מאסתיו. Mid. Ps. 15, 4 (ed. Buber S. נט).

1. מהיות מלך – ממלך. Mid. Ps. ms. Epstein l. c.

1. לך – ולך. Jalkut z. St. aus Mid. Sam. XIX § 2; Jal. ha-Machiri Ps. 118, 8 aus unbekannter Quelle.

1. ולך בוא – ולך אשלחך. Tanḥuma ed. Buber מקץ § 6.

1. בית ישי הלחמי – ישי בית הלחמי. Jal. ha-Machiri Ps. 118, 28.

2. וישמע – ושמע. Mid. Sam. II § 8 aus Mischnah Nazir IX, 5.

3. לזבח – בזבח. Qimḥi zu V. 2. LXX: εἰς τὴν θυσίαν, P: לדבחא, V: ad victimam, Ar: ʾil-ad̲d̲abiḥati.

4. ויאמרו – ויאמר. Jal. z. St. aus Mid. Sam. XIX § 4, Duran in Ma'asse Efod S. 167. = LXX, Trg., P, V, Ar. Massorah: סבירין ויאמרו.[2] So lesen viele Kodd.

4. השלם – שלום. Sebirin.[3] = LXX, V, Kennicott 173.

6. כבואם – בבואם. Sifre Deut. § 17 nach Jal. Deut. § 803, Jal. z. St. aus Tanḥuma (fehlt in edd.). Ken. 150.

7. אליו – אל שמואל. Mid. ha-gadol S. 735 aus Pessachim 66[b].

7. גובה – גְבֹה. Sifre Deut. § 17 nach Jal. Deut. § 803; Pesaḥim 66[b];[4] Ikkarim IV, Kap. 43; עקידת יצחק Pforte 25.

8. ויעברהו. In einem unvollständigen massoretischen Verzeichnis von Wörtern, die mit וי beginnen und auf הו endigen,[5] heißt es: ויעברהו ל׳[ית] ואבנר בן נר, d. h. also, daß ויעברהו nur II Sam. 2, 8 vorkommt. Der Verfasser dieses Verzeichnisses hat in unserer St. entweder ויעברֹו oder ויעבֵר אותו gelesen, vielleicht auch וַיַּעֲבֹר. So liest LXX: καὶ παρῆλθεν, II Sam. 2, 8 dagegen: καὶ ἀνεβίβασεν αὐτὸν.

---

[1] Pesiktha de R. Kahane 26[a], Pes. r. 52[b], 55[b]. Threni r. III § 43. Threni r. ed. Buber S. ע׳. Tanḥuma כי תצא § 9 (ed. Buber § 10). Mid. Sam. XVIII § 6: והוא (אגג) אומר אכן ס ר מר המות, כך ממיתין את ה ש ר י ם מיתות חמורות (מרות).

[2] Qimḥi in Et Sofer S. 2; G. II, S. 325 N. 41, 328 Kol. 1.

[3] G. l. citatis.

[4] Nach Jal. I S. § 129, Menorath ha-Maor N. 323.

[5] G. I 326 Kol. 2: א״ב ויו [יוד] בריש׳ דילוג הו בסוף.

8. 9. גם לא בזה בחר ה' – גם בזה לא בחר ה'. Pesaḥim 66[b]: Bei allen (scil. Söhnen Issais) steht: nicht diesen hat Gott gewählt ... בכלהו כתיב לא בזה בחר ה'. So in edd., ms. München und En-Jakob.[1] Pseudo-Raschi[2] zu II Chr. 11, 18.[3] LXX liest in V. 8: Οὐδὲ τοῦτον ἐξελέξατο = לא זה בחר, V. 9 = MT, ebenso V: nec hunc elegit, etiam hunc non elegit. P liest in V. 9: אף לא בהנא צבא = der Lesart des Talmuds.

8. 9. לא בחר ה' בזה – גם בזה לא בחר ה'. Jal. I S. § 124 aus Tanḥuma.[4] P. לא בחר בזה = לא צבא בהנא.

12. עם יפה עינים. Trg. hier und 17, 42: עינוהי יאין, drückt also עם nicht aus; V: et pulcher aspectu kann auf ויפה, aber auch auf עם יפה zurückgehen.

12. תואר – ראי. R. Josef Bechor Schor in seinem Kommentar zu Gen. 49, 12. V: facie.

12. ה' אליו – ה'. Jal. ha-Machiri Ps. 40, 18 aus Ruth rabbah V. LXX: πρὸς Σαμουήλ.

12. קום נא – קום. Jal. ha-Machiri l. c. Raschi zu II Chr. 11, 18.

13. את דוד – אתו. Tr: ית דוד.

14. ורוח אלהים – ורוח ה'. Seder Olam r. ms. Epstein Kap. 13. P: ורוחא דאלהא.

14. רעה. Fehlt in Seder Olam l. c.

16. נגן – מנגן. Juda ben Barsilai, Jezirahkommentar S. 183. LXX: ψάλλειν, V: psallere. Ken. 30: נגן.

18. מן הנערים – מהנערים. Mid. ha-gadol ms. zu Deut. 14, 2 aus Synhed. 93[b] (bis), Jal. zur St. (einmal = M T).

18. הנה. Fehlt in Lekaḥ tob Ruth S. 36, Mid. ha-gadol zu Deut. 15, 7.

18. ואיש – וגבור. R. Josua Ibn Schoeib, Predigten נשא Anfang. LXX: καὶ ὁ ἀνὴρ συνετὸς.

18. גבור – וגבור. Lekaḥ tob Ruth S. 19 aus Synhed. 93[b] (bis), Tanḥuma משפטים § 8, Mid. Sam. XVIII § 8, Num. r. XIII § 11 in edd. und ms. Epstein. = Ken. 1, 93.

---

[1] Ms. München[2], Jal. I S. § 126, Ag. ha-Tal. und Men. ha-Maor N. 323 = M T.

[2] Vgl. Aptowitzer in R. E. J. 1908 S. 84 ff.

[3] Die Stelle geht auf eine Agada zurück, vgl. Sifre Deut. § 17, Mid. Sam. XIV § 3, Agadath Bereschith Kap. 69. Die St. findet sich nur in ed. Ven. 1518, in den spätern edd. fehlt das Zitat.

[4] In den Ausgaben kommt die St. nicht vor.

18. ואיש — איש. Ba'al Ha-Turim zu Num. 7, 13 aus Synhed. 93[b], Num. r. XIII § 11, שיטה חדשה zum Segen Jakobs in Gen. r. ed. Wilna S. 376.

19. שאול. Fehlt in Mibḥar Jescharim des Karäers Aron ben Josef Harofe, zu I S. 17, 55 und in Al.

Kap. XVII.

1. ויאספו פלשתים את מחניהם. Mid. Sam. XX, 1: ויקבצו פלשתים את מחניהם לצבא. Gewiß Verwechslung mit 28, 1.

3. אל ההר — על. LXX, Tr, P, V, Ar. Vielleicht bloß Übersetzungsmanier. על hat Kod. Ken. 150.

4. מַנָּת — מִנַּת. Massorah bei G. III 321 N. 12: פתחה[1] באס״ף.

4. איש הבנים — הפלשתי איש הבנים. Deut. r. ms. Epstein אלה הדברים Ende.

4. ממחנות — ממערכות. Jeruschalmi Jebamoth IV, 2 (5[c] 75). Die Deutung des Wortes macht es aber wahrscheinlich, daß unser Vers irrtümlich angeführt ist für V. 23, wo das Q're ממערכות lautet. Allerdings liest auch LXX: ἐκ τῆς παρατάξεως = ממערֶכֶת. Vgl. zu 23. ממערכות liest Ken. 650.

5. וכובע — וכובַע. Ḥajuġ in Sefer Ha-Nikud (הנקוד) ed. Dukes S. 190 und bei Qimḥi, Michlol 155[b], Et Sofer S. 19: ור׳ יהודה כתב כובַע וקובַע קמוצין. So auch Ibn Ġ'naḥ, Rikmah S. 104.[2]

5. השִׁריון — השרְיָן. Qimḥi, Wb. r. שרה: וילבש צדקה כשרְיָן (Jes. 59,17) בין הדבקים ובין השרְיָן (I R. 22, 34) ומשקל השרְיָן ובחולם ושריון קשקשים.

6. ומצחַת — ומצחות. Kommentar des R. Jesaiah zur St.: כעין טבלאות של נחשת. = LXX, Tr, P, V, Ar.

8. ויקרא אל — על. Tr bei Qimḥi und in edd.: על סררי. Auch εἰς der LXX und adversum scheinen על auszudrücken.

8. איש — איש אחד. Sotah 42[b] nach Jal. I S. § 126, Jal. im Stichworte.

9. אֹתִי — אותי. Mid. Ps. ed. Buber 34, 1 und Jal. ha-Machiri ibid.[3]

---

[1] = באתנחתא סוף פסוק.

[2] In Sefer הנקוד ed. Nutt (Two treatises S. 126) heißt es: אכן נמצאו שלשה על משקל אוצר והאות השלישי מאותיות הגרון ולא באו על משקל אוצר וחביריו והם תותח וקובע וצופע (וכובע ?) ואין להם רביעי. Hier wird also gesagt, daß כובע, obwohl der dritte Radikal ein Gutturale ist, im st. constr. כובַע lautet.

[3] Ms. Epstein und Jal. I S. § 171 אתי, was jedoch auch אִתִּי gesprochen werden kann.

9. והכתיו – והכיתיו. So die Massorah, vgl. Norzi. Die Unsicherheit Norzis wird behoben durch die ausdrückliche Angabe bei G. II, 280 N. 233:[1]

11. האלה. Fehlt in Esther r. V Ende in ms. Epstein und den alten Ausgaben. So auch in P und Kod. Ken. 60.

12. אפרתי – האפרתי. Gen. r. XCI § 1 in ed. Ven. 1566 und אור השכל, Ven. 1567.

12. הזה. Fehlt in Gen. r. l. c. in den alten edd.; in Ex. r. I, 21 in den alten edd.; Lev. r. II, 2; Esther r. IV Ende in edd. Konst. und Sal. Ob ‚de quo supra dictum est' der V. erklärender Zusatz ist, oder erklärende Umschreibung von הזה, ist schwer zu entscheiden; jedenfalls ist הזה nicht übersetzt.

12. זקן. Fehlt in Jal. I S. § 126 in den Zitaten aus Berachoth 58ᵃ und Jebamoth 76ᵇ, ferner in Jal. I S. § 78 aus Mid. Sam. II, 7. Auch in Ken. 228.

13. במלחמה – למלחמה. Trg. לקרבא, Al: εἰς τὸν πόλεμον, V: ad bellum. So 7 Kodd. Ken.

16. השכם – והשכם, Tr in edd.: ומקדים; Tr Lag. מקדים = M T.

17. הקליא. Trg. Lag.: מכילתא דקימחא = איפת הקמח. Edd. דקליא = M T.

20. והחיל היוצא – והחיל יצאו. Tr.: ומשירית עבדי קרבא נפקו.

22. לשלום – בשלום. Trg.: בשלמא. Das ist nicht Übersetzungsmanier, denn Idc. 18, 15; I S. 10, 4; 17, 18; 25, 5; 30, 21; II S. 8, 10; 11, 7; Jer. 15, 5 wird לשלום durch לשלמא wiedergegeben. P hat durchwegs בשלמא.

23. ממערות – Q're ממערכות. Mid. Sam. XX § 4: אמר רבי יצחק אותה הלילה שפרשה ערפה[2] מחמותה נתערבו בה גויות של מאה בני אדם, הדא הוא דכתיב והוא מדבר עמם והנה איש הבינים וגו' ממערכות פלשתים ממערכות ממאה ערלות פלשתים. Es wird nun erklärt, daß diese Witzelei über die Unsittlichkeit der Mutter Goliaths an das Kethib ממערות, das in מאה ערלות zerlegt gedacht wurde, geknüpft ist. Manche Texte haben auch ממערות כתיב und נתערו בה. Es spricht aber vieles dafür, daß die Wurzel ערב, mischen, vermischen gedeutet wird, wie נתערבו בה, das alle[3] Texte haben, deutlich zeigt.

---

[1] והכיתיו ג' א' מלא וב' חסר' אם יוכל להלחם אתי, ויצאתי אחריו (I S. 17, 35) קדמ' מלא ...

[2] Die Agada identifiziert הרפה, II S. 21, 16—22, mit ערפה, der Schwiegertochter Na'amis und אלחנן, II S. 21, 19, mit David. Vgl. Sotah 42ᵇ, Synhed. 95ᵃ und Targum zu II S. 21, 19.

[3] Sämtliche Midraschausgaben hier und in Ruth r. II Ende, Jał. I S. § 126

In Ruth r. II Ende lesen die alten Ausgaben:[1] א״ר יצחק ... נתערבו בה ערות (גוים) של מאה בני אדם הדא הוא דכתיב והוא מדבר עמם ממערכות פלשתים ממערבות כתיב כמאה ערלות פלשתים שנתערבו בה כל הלילה. Es wird also ausdrücklich als Kethib ממערבות angegeben; es muß daher auch in Mid. Sam. für das zweite ממערכות, das in diesem Zusammenhang keinen Sinn hat, ממערבות, zuzudenken כתיב, gelesen werden.[2] ממערות כתיב ist Korrektur nach MT. Babli Sotah 42^b und Jeruschalmi Jebamoth IV, 2 (5^c 75) haben in unseren Texten MT.[3]

23. ממערות – Q're ממערכות. Sohar III 206^a (ed. Wilna): והיינו דכתיב ממערכות פלשתים אל תיקרי ממערכות אלא ממערות. Das setzt also allem Anschein nach das Kethib ממערכות voraus, wie Norzi und משפחת סופרים annehmen.[4] Das ist aber nicht notwendig und in Rücksicht darauf, daß Sohar nichts anderes als die früher erwähnte Agada wiedergibt, auch nicht wahrscheinlich.[5] דכתיב bedeutet, wie immer, den Text wie er gelesen wird; gemeint ist: deute nicht das Q're, sondern das Kethib. ממערכות haben 12 Kodd. Ken.

23. ממערות. Trg. bei Qimḥi zur St.: ממשריית קרבא = ממחנות, wie V. 4. = V: de castris. Al und P (ממעֲרֶכֶת = מן סדרא) = Q're.

23. פלשתים – הפלשתים. Tossafoth Sotah 42^b v. מאה aus Mid. Sam. XX § 4. = Al: τῶν ἀλλοφύλων.

25. אשר יכנו – אשר יכה (את) הפלשתי. Lev. r. ms. Epstein XXXVII Ende (את), Mid. Agada I S. 57 aus Gen. r. LX, 3.

26. כי חרף – אשר חרף. Num. r. ms. VII. = P: דמחסד.

28. ועל – על. Tanḥuma שמות § 7,[6] Ex. r. II, 3.

28. מעט – את מעט. Jal. z. St. aus Pesaḥim 66^b. = Al: τὰ μικρά.

---

und Ruth § 601, Tossafoth Sotah 42^b v. מאה. נתערו בה kommt in manchen Texten nur am Schlusse vor.

[1] Darunter ed. pr. Pesaro 1519, Ven. 1566.

[2] Die Deutung ist dann: מאה ערבות, hundert Vermischungen.

[3] Die ursprüngliche LA ist gewiß das allein passende ממערכות gewesen; daraus ist wegen der graphischen Ähnlichkeit zwischen כ und ב: ממערבות und daraus wegen der phonetischen Ähnlichkeit von ב und konsonantischem ו: ממערות geworden.

[4] Norzi faßt irrtümlicherweise auch die angeführten Stellen aus Jerusch. und Mid. Sam. in diesem Sinne auf.

[5] Für Norzi und משפחת סופרים fällt freilich dieses Moment weg, da bei ihnen der Sohar als das Werk R. Simon ben Joḥais gilt.

[6] In edd. und Jal. ha-Machiri Ps. 77, 23.

29. הלוא דבר הוא (אשר) אמרתי – הלוא דבר הוא. Trg. bei Qimḥi und in edd.: הלא פתגם הוא דאמרית (ed. Ven. 1518 אמרית). Trg. Lag. = MT.

32. לב המלך – לב אדם. Jal. ha-Machiri Ps. 111, 2 aus Koheleth r. I, 38. Diese LA. paßt vorzüglich, vgl. LXX: τοῦ κυρίου μου.

33. עם הפלשתי – אל הפלשתי. Trg. in edd. (Lag.: לות). Auch V scheint עם zu lesen.[1] עם hat Ken. 174.

33. הלז – הזה. Lev. r. ed. pr. XXVI Ende.

33. עמו. Fehlt in Lev. r. l. c.

34. וגם הדוב – ואת הדוב. Tanḥuma ed. pr. אמור § 4. Trg.: ואף דובא.[2]

34. והדוב – ואת הדוב. Lev. r. XXVI Ende, Mid. Ps. 145, 1. = LXX, P, V.

34. את הארי – הארי. Kommentar des R. Moses bar Schescheth zu Jerem. 33, 24; Kether Thora I, 8 b; Ma'asse Efod S. 146.

35. והצלתיו – והצלתי. Lev. r. XXVI Ende, עקידת יצחק Pforte 15. = P und Ar und Kodd.

36. גם הארי – גם את הארי. Komm. des R. Jesaiah z. St.

36. גם את הדוב – גם הדוב. Sifra zu Lev. 3, 6: הרי הוא אומר גם את הארי גם את הדוב הכה עבדך, אין לי אלא ארי ודוב, מנין לרבות אריה עם הדוב ודוב עם האריה? תלמוד לומר גם את הארי גם את הדוב הכה עבדך.[3] Der Sinn ist, daß die Partikel גם את jedesmal etwas einschließen, was im Text nicht ausdrücklich gesagt wird. Der eigentliche ריבוי liegt im את, das in der Bedeutung ‚mit' gefaßt wird. So erklären R. Abraham ben David aus Posquiéres[4] und Aron Ibn Ḥajim.[5] Elieser ben Tobiah im Lekaḥ tob z. St. gibt den Inhalt der Sifrastelle wie folgt wieder: גם את הארי גם את הדוב, לרבות ארי עם הדוב ודוב עם הארי. Eine Schwierigkeit bietet folgende Stelle in den 32 Normen

---

[1] ‚Non vales resistere Philistaeo isti' ist keine Übersetzung, sondern eine Umschreibung des hebr. לא תוכל ללכת . . .; unser Text gibt aber zu einer Umschreibung keine Veranlassung, anders das schwierige ללכת עם, das durch ‚resistere' umschrieben werden mußte.

[2] Lag, edd. und Qimḥi.

[3] Diesen Text haben: Jal. Lev. § 459, Abraham ben David in seinem Sifrakommentar z. St. (in ed. Weiß), Ahron ibn Ḥajim im קרבן אהרן (Ven. 1609).

[4] אשמעינן מהכא דגם את ריבויא.

[5] דאמר בדוד גם את הארי גם את הדוב והיה לו לומר ארי ודוב . . . מנין לרבות שעם הארי היה הדוב ועם הדוב היה ארי, תלמוד לומר גם את הארי שירצה גם אותו שהיה עם הארי, הוא הדוב, וגם אותו שהיה עם הדוב, שהוא הארי . . . In der weiteren Ausführung wird noch 3 mal גם את הדוב betont.

des R. Elieser: מריבוי אחר ריבוי כיצד גם את הארי גם את הדוב, אלו נאמר ארי ודוב הכה עבדך הייתי אומר לא הרג אלא שני חיות רעות, וכשהוא אומר גם את הארי גם את הדוב לרבות חמש חיות רעות ארי ושני גוריו דוב וגורו.[1] Es werden also außer den zwei im Text genannten Tieren noch drei andere angedeutet gefunden, was bloß drei ריבוים,[2] גם את גם unseres Textes, voraussetzt, während in dem zitierten Text vier Partikel, also vier Einschließungen, vorkommen. Zweierlei ist möglich. Entweder wird das zweite גם, weil nicht gut entbehrlich, nicht als Einschließung betrachtet; oder — und das scheint richtiger zu sein — der ursprüngliche Wortlaut des Zitates war, der Deutung entsprechend, mit MT übereinstimmend und wurde später von einem Leser oder Kopisten nach seinem Bibelexemplar, in dem גם את הדוב stand, korrigiert. גם את הדוב lesen: Mechiltha 56[a],[3] Mechiltha des R. Simon ben Johai S. 84, Baba Mezia 106[a], Tanḥuma אמור § 4,[4] Tanḥ. ed. Buber אמור § 6, Lev. r. ed. pr. XXVI Ende, Jal. z. St. im Stichwort, Pentateuchtossafoth I zu Gen. 49, 8,[5] Pentateuchtossafoth II in Hadar Zekenim 23[a], Ikkarim IV, 50, עקידת יצחק Pforte 15, Predigten des R. Juda Ibn Schoeib,[6] Jal. z. St. aus Mid. Sam. XX § 5.[7] In Raschis Kommentar lautet zwar das Stichwort wie MT, aber die Deutung: הרי אלו ריבוין ארי ושני גוריו דוב ושני ילדיו setzt vier Einschließungen (ריבוים), also vier Partikel voraus, d. h. גם את הדוב. So lesen noch: Konkordanz v. הארי, v. הדוב, Kodizes und LXX.

36. גם הדוב – ואת הדוב. Mid. Sam. XX, 5: גם את הארי ואת הדוב הכה עבדך תני בשם ר׳ נתן ארבע אריות ושלש דובין הכה דוד באותו היום, הדא

---

[1] So der Wortlaut bei Qimḥi z. St., im Sefer הכריתות des R. Simson aus Chinon, Halichoth Olam des R. Josua Levita und Mid. ha-gadol S. XIX, mit geringer Abweichung auch in den Ausgaben.

[2] In dem Text der Ausgaben heißt es ausdrücklich: מרבוי אחר ריבוי כיצד גם את הארי גם את הדוב הכה עבדך הרי הוא אומר גם את גם הרי שלשה ריבוין מלמד שהיו שם חמשה ... Hier ist schon der Widerspruch zwischen Zitat und Deutung empfunden und das zweite את einmal weggelassen worden. Vgl. jedoch Qimḥi.

[3] In edd., אגדת אסתר in Bubers ספרי דאגדתא 22[b], Raschi zu Esther 5, 11, Jal. Ex. § 260 und I S. § 127.

[4] Nach Jal. ha-Machiri Ps. 16, 23.

[5] In דעת זקנים, Livorno 1743, 27[a].

[6] Angeführt in מנות הלוי des R. Salomo Alkabez, 74[a].

[7] Vgl. jedoch die folgende Stelle.

הוא דכתיב ארי, הארי, את הארי, גם את הארי, דוב, הדוב, ואת הדוב. Der Sinn ist klar: wesentlich im Zusammenhang sind bloß die Wörter ארי und דוב, alles übrige, Partikel und Artikel, wird als Einschließendes betrachtet; bei ארי sind גם, את und der Artikel, bei דוב bloß ואת und der Artikel überflüssig, daher: vier Löwen und drei Bären.[1] Lekaḥ tob zu Lev. 3, 16: ענין אחר גם את הארי ואת [הדוב] שני ריבוין, לרבות ארי ושני גוריו ודוב ושני גוריו . . . Gemeint ist: bei ארי und דוב stehen je zwei Einschließungen, גם und את bei ארי, bei דוב: ואת, das für sich als zwei ריבוים gilt.[2] ואת הדוב lesen: Esther r. ms. Kap. VI, Tanḥuma ed. pr. אמור § 4; Raschi ms. zu Esther 2, 11 und Sechel tob I, S. 324 aus Mechiltha 56ᵃ; R. Josef Qimḥi in Sefer Ha-Galuj S. 135 r. עלם; Ascheri zu Baba Mezia III N. 7. Vielleicht so auch Al: καὶ τὴν ἄρκον. = 2 Kodd. Ken.

36. וגם הדוב – גם הדוב. Sifra zu Lev. 3, 6 in den edd.; מנות הלוי 75ᵃ aus Mechiltha 56ᵃ; Raschi z. St. וגם lesen 3 Kodd. Ken. P. וגם (את) הדוב = ואף דובא.

38. כובע – קובע. Mid. Agada II S. 53, עקידת יצחק Pforte 15, Kodizes bei Qimḥi z. St. = 25 Kodd. Ken.

38. קוֹבָע – קוֹבַע. Vgl. zu V. 5.

40. (ו)בילקוטו – ובילקוט. Tr, P (בילקוטו = בתרמלה). Im Komm. des R. Jesaiah z. St. hat auch Tr. בתרמילה.[3]

42. עם. Wird von Trg. und V nicht übersetzt, vgl. zu 16, 12.

43. הכלב. Trg.: הכלב נבזה אנכי = הכלבא שטי אנא.

44. הפלשתי. Fehlt in Lev. r. XXI in ed. pr. und Jal. I S. § 126. = V.

44. לדוד – אל דוד. Lev. r. l. c.

44. עלי – אלי. Trg. Lag. und in einigen Ausgaben: איתא עלי.

45. ואתה – אתה. Sotah 42ᵇ in edd. und Jalkut I S. § 126.

45. בחנית – ובחנית. Mechiltha des R. Simon ben Joḥai S. 46.

45. וחנית – ובחנית. Tanḥuma בשלח § 9 in den alten edd.

45. ובכידון. Fehlt in Mechiltha 28ᵃ in edd., Lekaḥ tob zu Ex. 15, 4 und Sechel tob ibid.

---

[1] Buber findet in der Bibelstelle nicht das Wort ארי! er hat also die Stelle mißverstanden; somit entfällt auch sein Versuch, Raschi zu korrigieren.

[2] Vielleicht ist in diesem Sinne auch die oben im Text angeführte Raschistelle zu verstehen, da Raschi וגם zitiert.

[3] LXX, Aq., Sym.: בילקוט.

45. ואנכי – ואני. Mechiltha 28^a, 38^a;[1] Sotah 42^b;[2] Tanḥuma בשלח § 9;[3] Raschi ms. zu Ex. 15, 4; Baḥja ben Ascher, Komment. 226^a.

46. כל הארץ – כל ממלכות הארץ. Mid. Ps. 36, 1 in den meisten Texten.[4] Vielleicht bloß Reminiszenz aus II R. 19, 19. Diese Verbindung ist auch sonst geläufig. ממלכות הארץ kommt 11 mal vor; einmal הממלכות הארץ, dreimal ממלכות הארצות.

48. המערכה. Trg. Lag. drückt das Wort (לסדרא) nicht aus. = Kodd. bei Field.

49. את הפלשתי – הפלשתי. Qimḥi Ps. 79, 6; 121, 2.

49. ותטבע – ויטבע. Massorah bei G. I 616 Nr. 13: ו י ט ב ע ב׳ ו י ט ב ע האבן במצחו (Jer. 37, 6) וסימנהון ויטבע ירמיה בטיט.

49. אל מצחו – על. Tr, LXX, Ken. 174.

51. אל הפלשתי – על. Tr, P; LXX: ἐπ' αὐτόν = עליו.

51. הפלשתים – פלשתים. Agadath Esther 28^b; Lekaḥ tob zu Num. 22, 7; Tossafoth Rosch ha-Schanah 3^a v. אלא.

52. את הפלשתים – אחרי. Trg. Bomberg 1518: בתר.[5] = LXX.

53. וישסו – וישבו. Ibn Ġ'naḥ, Wb. S. 237.

55. אמר – ויאמר. Jebamoth 76^b in ed. pr. Ven. 1512, En-Jakob und Jal. I S. § 127.

55. הנער – העלם. Josef Qimḥi in Sefer Ha-Galuj S. 135 r. עלם. Stichwort im Jal. z. St. Al: νεάνισκος, dagegen V. 58: παιδάριον.

55. אבנר (I). Fehlt in Sefer Ha-Galuj l. c., in Agadoth ha-Talmud Jebamoth 76^b, in P und Ken. 1; 145.

55. המלך – אדני המלך. Mid. ha-gadol ms. Epstein zu Deut. 23, 4 aus Jebamoth 76^b. = Ken. 89.

57. וכשוב – ובשוב. עקידת יצחק Pforte 15 und viele Kodd.

Kap. XVIII.

1. ויאהבו – Q're ויאהבהו. Das Q're kennt nicht: Mid. Ps. ed. Buber Kap. 59, der Gaon Samuel ben Ḥofni[6] und die meisten Kodd.

---

[1] In edd., Lekach tob und Sechel tob zu Ex. 15, 4.

[2] In den alten edd., En-Jakob ed. pr. und Jal. I S. § 126.

[3] Nach Jal. ha-Machiri Jes. S. 122.

[4] In den alten edd., einigen Handschriften der ed. Buber und Jal. ha-Machiri Ps. 36, 1.

[5] Lag. und edd.: ית.

[6] In trium sectionum libri Genesis versia Arabica S. 79.

1. ויאהב יהונתן את דוד (לדויד) — ויאהבו יהונתן. Mid. Ps. ms. Kap. 59 (את דוד) und in den alten edd. (לדוד); Cant. r. zu 8, 6: שנאמר ויאהבהו יהונתן לדוד . . .

3. ויכרתו — ויכרת. Qimḥi zu I S. 20, 14. = P, V.

4. וַיִּפְשֹׁט — ויתפשט. Trg., P, Ar.

6. ותצאן — ותצאנה. Lekaḥ tob zu Ex. 15, 1 in zwei ms. und Jal. Ex. § 242 aus Mechiltha 34[b].

6. כל הנשים — הנשים. Mechiltha l. c. in edd. und Lekaḥ tob l. c. = Kod. Ken. 85.

6. הנשים + המשחקות. Mech. l. c. in edd. Friedmann meint, es seien hier VV. 6 und 7 zusammengezogen. Dies kann aber bloß in bezug auf unseren Mechilthatext zutreffen, nicht auch in bezug auf den Text in Mechiltha des R. Simon ben Joḥai S. 57, wo VV. 6 und 7 vollständig zitiert werden und trotzdem in V. 6 הנשים המשחקות gelesen wird.

6. ישראל — יהודה. Mechiltha d. R. S. ben Joḥai l. c.

6. במחלות — והמחלות. Jal. Ex. § 242 aus Mechiltha 34[b]. Trg. in edd. und bei Qimḥi z. St.: בחנגיא, P: ברביעא, Ar: בשיר ובמחלות. ובמחלות bietet Ken. 614.

6. והמחללות — והמחלות. Qimḥi zu Ps. 87, 7: חוללין הם הנשים כמו מן המחוללות אשר גזלו (Idc. 21, 23) ותצאנה הנשים לשיר והמחוללות. Qimḥi hat also in unserer St. והמחוללות gelesen; das beweisen die Parallelen, das beweist die Erklärung. Andererseits ergibt sich aus seiner Erklärung z. St., wo מחלות als Instrument aufgefaßt wird, daß er in unserer St. MT gelesen hat. Dieser Widerspruch kann nur durch die Annahme erklärt werden, daß Qimḥi verschiedene Kodd. benützt hat. LXX R: αἱ χορεύουσαι = המחוללות, LXX Al: καὶ χορεύουσαι = ומחללות, V: chorosque ducentes = והמחללות.

7. ותאמרנה — ותאמרן. Mechiltha 34[b];[1] Mechil. d. R. Simon ben Joḥai S. 57; Mid. Ps. ms. zu 36, 1; Agadath Esther 28[b].

8. לדוד נתנו — נתנו לדוד. Raschi ms. Epstein zu Job 1, 22. LXX: τῷ Δαυεὶδ ἔδωκαν.[2]

8. הרבבות — רבבות. Raschi l. c. in ms. und alten edd. = LXX, P.

9. מיום — מהיום. Ibn Ġ'naḥ, Rikmah S. 118.

---

[1] Nach Lekaḥ tob zu Ex. 15, 1 und Sechel tob ibid.

[2] Al: ἔδωκαν τῷ Δαυεὶδ = MT.

10. על – אל. Trg.,[1] Al, P.

12. מפני – מלפני. עקידת יצחק Pforte 92, 6 Kodd. Ken.

12. ויהי ה' עם דוד – כי היה ה' עמו. Mid. ha-gadol S. 357 aus unbekannter Quelle.

15. כי – אשר. Mid. Ps. 32, 1 in edd. und ed. Buber; Ibn Ġ'naḥ, Wb. S. 720.

16. ויהודה. Fehlt in Jal. Num. § 776 aus Sifre zuta.

16. לדוד – את דוד. Jal. Ps. § 741 aus Mid. Ps. 41, 4.

17. את בתי – הנה בתי. עקידת יצחק Pforte 92 (bis).

18. חַיַּי – חיי. Trg.: חַיַּי, Al: ἡ ζωὴ τῆς συγγενείας.

19. מירב – את מירב. Jal. I S. § 128 aus Synhed. 19[b], Komm. des R. Jesaiah z. St.

19. לעזריאל – לעדריאל. Massorah bei G. 147 Kol. 2 verlangt hier und II S. 21, 8 לעזריאל. So lesen mehrere Kodd.

20. לדוד – את דוד. Trg. edd. לדוד (Lag.: ית דוד). לדוד bieten Ken. 150, 96 pr. m.; Ken. 2 pr. m.: אל דוד.

22. בלאט – בלט. Ḥajuġ in כתאב אלאקעאל[2] S. 102.[3] Ibn Ġ'naḥ, Wb. S. 342 (dreimal):[4] ומן השרש הזה (לאט) דברו אל דוד בלאט, ותבא אליו בלאט (Idc. 4, 21) אלא שאלף לאט את פניו (II Sam. 19, 5) רפתה בשני השמות האלה, והכשיר ר' יהודה (scil. חיוג) דברי מי שמשים למד דברו אל דוד בלאט נוספת ומדמהו אל ויהלך אט . . . ואין סברת ר' יהודה בזה נכונה . . . Es ist also klar, daß sowohl Ḥajuġ, als Ibn Ġ'naḥ בלאט gelesen.[5] So auch Qimḥi z. St. und zahlreiche Kodd.

23. הנקלה – הנקלה הוא. Ibn Esra im Sefer Zaḥoth 65[b]. = P und Ar.

23. התחתן – להתחתן. Eschkol Ha-Kofer 12[c] (bis). Trg.: לאיתחתנא. = mehreren Kodd.

27. שאול + למלך. Ba'al Ha-Turim zu Gen. 26, 15.

28. אהבתהו – אהבתו. Mid. Ps. 59 in den alten edd., Gersonides z. St.

---

[1] 16, 23 und 19, 9: לות; Lag 19, 9: על.

[2] The weak and geminative verbs in hebrew, ed. Jastrow, Leyden 1897.

[3] Ibn Ġikatilia schreibt zwar in seiner Übersetzung (Two Treatises) S. 47 בלט, aber aus der Ausführung: ולשון אחר נאמר באלף שלם לאט את פניו, . . . וכבר נחה אלף זאת דברו אל דוד בלט scheint die LA בלאט zu folgen.

[4] In der hebr. Übersetzung r. לאט, zweimal בלט und einmal בלאט.

[5] Wenn nun Ibn Ġ'naḥ unsere Stelle in r. לוט anführt und בלט schreibt, so muß man annehmen, er habe beide LA. gekannt und berücksichtigt.

29. ויאסף – ויֹסף. Massorah bei G. III 353 N. 22: ויסף י״ב בסיפרא (scil. שמואל) וסימנהון . . . שאול לרוא. = zahlreichen Kodd.

29. ויאסף – ויוסף. עקידת יצחק Pforte 92. = zahlreichen Kodd. Ken.; Kodizes bei Norzi haben ויוסף als Q're.

30. פלשתים – הפלשתים. Raschi z. St. = Al und vielen Kodd. bei Field.

Kap. XIX.

3. אדבר בך. Trg.: אמלל עליך פתגמין תקנין = אדבר בך טוב, wie in V. 4. Vielleicht bloß Parallelisierung mit der genannten St.

3. ליד. Trg.: לות, bei Qimḥi לקדם. Beide drücken אל aus.

4. טוב (II). Trg.: תקנין = טובים. Vielleicht bloß sinngemäß, entsprechend מעשיו. Das gilt auch in bezug auf LXX, P, V.

7. לדוד – אל דוד. Massorah bei G. I 174 N. 169 (Zitat).

8. ותוסף + עוד. Tossafoth Kidduschin 42[b] v. הכא.

9. אל – על. Trg. Lag., LXX, P, Ar.

13. אל המטה – על. Mid. Sam. XXII § 4. = LXX, Trg., V und Ken. 174.

14. חלה הוא – הוא חלה. Predigten des R. Josua Ibn Schoeib, וירא. = Ar.

15. במטה אלי – אלי במטה. נורא תהלות 137[b]. = P: לותי בערסא, = V, Ar.

16. אל – על. Trg., LXX, V.

18. הוא – דוד. Vgl. Proleg. Hinzu kommt: Halachoth Gedoloth ed. Warschau 249[a], ed. Berlin S. 614 und Kod. Ken. 650.

18. בניות + ברמה. Vgl. Proleg.

18. בנוית – Q're בניות. Zebaḥim 54[b]: וישבו בנויות ברמה, וכי מה ענין נויות אצל רמה, אלא שהיו יושבין ברמה ועוסקין בנויו של עולם. D. h. sie haben sich mit der Frage nach dem Ort des zu errichtenden Tempels beschäftigt, wie weiter ausgeführt wird; der Talmud faßt also נויות = נָוֶה, Wohnstätte; das setzt die Lesart בְּנָיֹת voraus. So auch Raschi z. St. Jal. Deut. § 910 liest in der zitierten Talmudstelle בנוות, נוות, was mit vielen Kodd. übereinstimmt. נָיֹת wird auch durch (N)Ἀυάθ, Ναυΐωθ ausgedrückt.

20. וירא – ויראו. Trg.,[1] LXX, P, V, Ar, Kod. Ken. 182.

21. ויסף + עוד. Ibn Ġ'naḥ, Wb. r. יסף, ebenso im Sefer Ha-Schoraschim.

---

[1] In edd., Lag. וחזא.

22. בשכו – בשֶׁכו. Massorah aus Jemen bei G. III 72 Kol. 2. = LXX: Σεφεί, Σεφί. Dem (..) entspricht in der Regel η.

24. בגדיו + את. Massorah bei G. III 363 N. 1, Komm. des R. Jesaiah z. St. = LXX.

24. בנביאים – בנביאם. Massorah bei G. II 272 N. 67.

Kap. XX.

1. מנוית – מנוות. Soferim VII, 4 wird dieses Wort zu den כותבין וו״ין וקוראין יודי״ן gezählt.[1] מנוות bieten viele Kodd. Aruch v. נוותי liest in Sabbath 121^b נוותי und erklärt es: פירוש שם מקום כדכתיב ניות ברמה. Vgl. auch zu 19, 18 v. בנוית.

1. ויבא. Fehlt in Jal. Gen. § 130 aus Gen. r. LXXIV, 10 und in Kod. Ken. 90.

1. ויאמר etc. In Pesikta de R. Kahane 116^b lautet unser V.: ויבא ויעמוד לפני יהונתן מה פשעי ומה חטאתי ומה עוני . . .[2] Wenn dies wirklich auf einen alten Text zurückgeht, muß man nach יהונתן ergänzen: ויאמר. LXX: καὶ ἔρχεται ἐνώπιον Ἰωναθὰν καὶ εἶπεν = ויבא לפני יהונתן ויאמר. מה עשתי fehlt in Ken. 96; ומה עוני lesen LXX, P, Ar und mehrere Kodizes. Es gibt also für die Lesart der Pesikta manchen Anhaltspunkt.

1. יהונתן – יונתן. Gen. r. LXXIV, 10 in allen alten edd.

3. כפשע. Qimḥi zitiert einen Midrasch: בפסיעה אחת שנפטרתי מפניו נצלתי . . . Das setzt die Lesart בפשע voraus. Diese Lesart kommt vor in Kodd. Ken. 84 und 153 (בפסע).

3. כפשע. Ob בפסיעה אחת in dem angeführten Midrasch, כפיסעא חדא Trgs[3] und ‚uno tantum gradu‘ der V. bloß Erklärungen sind, oder auf einen Text כפשע אחת zurückgehen, ist schwer zu entscheiden.

4. תאמר – תְּאַוֶּה. Trg.: רעוא, LXX: ἐπιθυμεῖ.[4]

---

[1] Vgl. J. Müller z. St. Anm. 148; vgl. ferner Maḥsor Vitry S. 698; Frensdorff, Massorah S. 307; Pinsker, Einleitung in das assyrische Punktationssystem S. 123. Massorah bei G. II 54 N. 480 kennt das Q're u. Kethib unseres Textes, daher zählt sie 19, 18 und unsere St. zu den 62 Wörtern דכתיבין מוקדם מאוחר, d. h. daß ein Buchstabe, der vor einem andern steht, nach diesem zu stehen hat. In Gen. r. LXXIV, 10: מנויות, vgl. 19, 18.

[2] Jal. I S. § 129 gekürzt: מה פשעי לפני.

[3] Edd., Lag und Qimḥi.

[4] Die Verbindung תאוה נפשך kommt 5 mal vor, תאמר נפשך nur in unserer St.

5. מחר חדש — חדש מחר. Baḥja ben Ascher im Komm. 92[d], Abarbanel zu Ex. 12, 2. Vgl. V. 18.

5. ישב. Fehlt bei Baḥja und Abarbanel l. citatis und in einem Kod. bei Field (καθίσας).

5. עד עת הערב — עד הערב. Trg.:[1] עד עידן רמשא. So nur noch I S. 30, 17; dagegen Josua 7, 6; 10, 26; I S. 14, 24; II S. 1, 12 hat Trg. für עד הערב bloß עד רמשא.

6. ללכת — לרוץ. Trg., P. למיזל, דנאזל.

6. זבח היום — זבח הימים. Trg.: זבח היום = שירו נכסת קודשיא יומא דין, wie I S. 9, 12; זבח הימים I S. 1, 21 und II S. 19 übersetzt Trg. mit דיבחא דמועדיא.

8. אם — ואם. Mid. ha-gadol S. 492 aus Gen. r. LXXIV, 10.[2] = Ken. 249.

8. עם — על עבדך. Sebirin, s. Norzi. = LXX, Trg., Ar, Kodd.

10. אם — מה. Trg.: דילמא. LXX und P für או מה: ἐάν und אם = דלמא.

10. מה — מֶה. Qimḥi in Michlol ed. Ven. 18[b].

12. חי ה׳ — ה׳. Der Karäer Aron ben Elia in Gan Eden 174[c]. = Ken. 560, 224 marg. Vgl. über unsere St. Wellhausen, Text der BB. Samuelis.

12. ולא מעתה — ולא אז. Trg.: ולא מכען. אז übersetzt Trg. durch בכן.

13. אלהים — כה יעשה ה׳. Massorah bei G. I 725 N. 417 (Zitat). = LXX (האלהים).

13. אבי — אל אבי. R. Josef Kara im Komm. zu Jer. ed. Schlossberg, zu 15, 1. Auch V und Ar drücken אל nicht aus; LXX hat nicht אל אבי und liest אֵיטַב.

13. את הרעה. את fehlt in Rikmah S. 171.

13. את אבי — עם אבי. עקידת יצחק Pforte 23.

14. עוּדֶנִי — עוֹדֶנִי. Michlol ed. Ven. 42[c].

14. עמי — עמדי. עקידת יצחק Pforte 23, Kod. Ken. 226.

15. את חסדך. את fehlt in עקידת יצחק l. c. und in LXX.

16. ברית + יהונתן. Trg., V und Ken. 246 marg.

16. עם בית דוד. Trg. Bomberg 1518 עם דוד[3] = עם (את) דוד. את דוד hat Ken. 246 marg.

---

[1] In edd., bei Qimḥi z. St. und Wb. r. שלש.

[2] Die Stelle fehlt in den Ausgaben.

[3] Lag. und edd. עם בית דוד.

17. ויוסף – ויסף. Massorah bei G. III 353 N. 22. S. zu 18, 29 v. ויאסף.

19. תרד ושלשת. Trg.: ובתלתות יומייא תתבעי = תִּפָּקֵד (הימים) ובשלשֶׁת. Genau so liest oder interpretiert P: ובתלת שׁעִין מתבעא אנת טב; P übersetzt nämlich השלישית in V. 12 durch לתלת שׁעִין. תִּפָּקֵד drückt auch LXX aus: ἐπισκέψῃ. Al bei Field: τρεῖς ἡμέρας ἀναμενεῖς.

20. החצים צדה אורה – חצים אורה בקשת. Trg.: גירין בקשתא אשדי. חצים = P, Theodoret bei Field und Ar; צדה fehlt in LXX und P. r. ירה wird von Trg. immer durch bloßes שדא oder יקשית[1] übersetzt, daher ist בקשתא in unserer St. nicht Übersetzungsmanier.

25. על מושבו – אל. Massorah bei G. III 292 N. 93: כל לשון מוֹשָׁב מושבו מושבי על בר מן חד וישב חמלך אל מושבו כפעם[2]. אל bietet Kod. Ken. 244.

25. מושָׁבו – מושָׁבוֹ. Qimḥi in Et Sofer S. 21: ויש מסורה אומרת כי אין פתח (scil. im St. abs.) כי אם מוצק נחשת (I R. 7, 16) ,על מושבו, (Genesis 10, 30) ויהי מושבם.

25. אל מושב – על. Nach der zu על מושבו angeführten Massorah. = LXX, Trg., Ar.

26. בלתי. Trg.: ולא דכי = ובלתי. Vielleicht aber bloß Erklärung, um בלתי טהור auf David zu beziehen.

26. טהור הוא. הוא fehlt in Mid. Ps. 32, 1[3] und in LXX. Pesaḥim 3ª wird הוא vorausgesetzt.[4]

27. ממחרת – ממחֳרַת. Parḥon, Wb. r. מחר: אבל ויהי ממחרת החודש השני אינו סמוך. Trg.: ביומא דבתרוהי.

27. אל יהונתן – ליהונתן. Baḥja ben Ascher, Kommentar 92ᵈ.

29. משפחה – לכל המשפחה. Trg.: לכל זרעיתא, wie in V. 6. Vielleicht bloß Parallelisierung.

30. בנו + ביהונתן. Jal. z. St. aus Erachin 16ᵇ. Viele Kodd.

30. לבן ישי – בבן. Jal. Ps. § 627 aus Mid. Ps. 4, 3. = P und einigen Kodd.

31. ועתה – עתה. Ibn Ġ'naḥ, Wb. S. 47. = P: השא.

---

[1] So nur II R. 19, 32; Jes. 37, 33.

[2] Ebenso Massorah aus Tschufutkale, ibid. 45.

[3] In drei mss. der ed. Buber.

[4] Es wird gesagt: Die Schrift hat 16 Buchstaben mehr als nötig geschrieben, um den wenig schönen Ausdruck טמא zu vermeiden, d. h. für טמא steht בלתי טהור הוא כי לא טהור; ohne הוא wären es bloß 13 Buchstaben mehr.

34. מעם – מעל. Baḥja ben Ascher, Komm. 92[d]; Abarbanel z. St.; Konkor. v. ויקם.[1]

34. אל דוד – על. Trg., P, V, Ar.

36. הנער – והנער. Ibn G'naḥ, Wb. S. 673. = LXX, Trg.,[2] V, Ar und vielen Kodizes.

40. הביא – הביאם. Trg. Vielleicht bloß sinngemäß.

41. את רעהו (I). – אל. Qimḥi, Wb. r. נשק.[3] = LXX.

41. לאפיו – לפניו. Baḥja ben Ascher, Kad ha-Kemaḥ 54[b].

Kap. XXI.

3. שלֵחך – שלַחך. Massorah aus Jemen bei G. III 72 Kol. 2: הלמד בפתח.

4. מה יש – היש. Josef Kara in Geigers Parschandatha S. 30. = LXX und Kod. Ken. 227.

4. מה יש – מה יש פה. Trg.: מא אית כא. = Ken. 614.

4. תחת ידך – בידך. Stichwort im Jal. z. St.

5. קדש – הקדש. Mibḥar Jescharim z. St. Kod. bei Field: ὁ ἄρτος ὁ ἅγιος = לחם(ה) הקדש.

5. אם – אך אם. Trg.: ברם אם. Hat Trg. wirklich so in seinem Text gelesen, so ist es wahrscheinlich, daß er nicht

5. אך מאשה, sondern mit LXX מאשה gehabt; לחוד wäre in diesem Falle nicht ursprünglich.

6. כתמל – כתמול. Massorah bei G. II 708 N. 156 zählt unsere St. zu den 7 כתמול, die plene geschrieben sind.[4] So haben das Wort mehrere Kodd. Vgl. auch Norzi.

6. כתמל – מתמול. Jelamdenu in Jal. z. St., R. Josef Kara in Geigers Parschandatha S. 30, Juda Hadassi in Eschkol Ha-Kofer AB 306 (113[d]). = P, V und einigen Kodd.; Kod. Ken. 70: מאתמול.

6. ויהיו – ויהי. Jelamdenu l. c., Ḥiskuni zu Gen. 27, 19. Trg.: והוה.

6. ואף – אף. Menaḥoth 95[b] in den alten edd., Raschi und Tossafoth z. St. und Tossafoth ibid. 51[a]. = Kod. Ken. 650.

---

[1] V. השלחן: מעם.

[2] Lag: עולימא = MT.

[3] In r. אלה wird zwar unsere St. nicht unter den אל במקום את gezählt, es werden aber auch noch andere Stellen nicht mitgezählt.

[4] כתמול ז' מל' וסימנ' כי אם אשה עצרה.

7. קדש – לחם קדש. R. Sam. Masnuth in Ma'ajan Gannim S. 21 aus Midrasch Job. V: sanctificatum panem. LXX: τοὺς ἄρτους τῆς προθέσεως.

7. לחם (I) – לחם חול. Hadassi in Eschkol Ha-Kofer 113[d], Josef Kara.[1] = Trg.: לחם חולין.

7. ביום – כיום. Menaḥoth 96[b] nach Jal. Ex. § 369, Lev. § 656.

8. ביום ההוא. Fehlt in Agadath Bereschith ms. Kap. 3,[2] in Ibn Ġ'naḥs Wb. r. עצר[3] und in Kod. Ken. 242.

8. נעצר ביום ההוא – ביום ההוא נעצר. Mid. ha-gadol ms. aus Synhed. 93[b].

9. גם – וגם כלי. R. Josua Ibn Schoeib, נורא תהלות 123[a]. = Kod. Ken. 96.

10. הנה – והנה. Gen. r. ed. pr. LXXVIII Ende.

10. בזה – בָזה. Massorah aus Jemen bei G. III 72 Kol. 2: הבית בקמץ.

11. ביום ההוא. Fehlt in Mid. Ps. 34, 1 in ms. Epstein, den alten edd. und ed. Buber, in Jal. ha-Machiri Ps. ibid. und in Jal. z. St.

12. הארץ – כל הארץ. נורא תהלות 77[b] aus Mid. Ps. 34, 1; 131[a].

14. השער – הבית. נורא תהלות 77[b].

14. אל זקנו – על. Mid. Ps. 34, 1;[4] Ibn Ġ'naḥ, Wb. S. 678; Raschi zu Job. 6, 6; Ibn Esra zu Lev. 15, 3; Kalonymos ben Kalonymos, Prüfstein S. 84;[5] נורא תהלות 76[b], 78[b] (bis); Konkor. v. רירו;[6] LXX, Trg., P, V, Ar und einige Kodd.

Kap. XXII.

2. ויהיו – ויהי. Massorah bei G. I 105 N. 1060. = Kod. Ken. 198.

2. וכל איש אשר לו נשא – וכל אשר לו נשא. Massorah bei G. II 290 N. 420, Zusätze zum Komm. Ibn Esras.[7] LXX: καὶ πᾶς ὑπόχρεως. A. bei Field: καὶ πᾶς ἐπαιτῶν.

---

[1] In Geigers Parschandatha S. 30.

[2] Vgl. Buber Anm. 1.

[3] In einem arabischen ms. und im Sefer Ha-Schoraschim.

[4] Bei Raschi zu Prov. 13, 13.

[5] אבן בוחן ed. Lemberg. Kalonymos b. Kal. lebte in der zweiten Hälfte des 13. Jahrhunderts.

[6] V. ויורד: אל.

[7] In קבץ על יד ed. M'kize Nirdamim, I, S. 85.

3, 4. Tanḥuma ed. Buber וירא § 25: כשברח דוד משאול הלך דוד וכל בית אביו אצל מואב אמר להם קבלו בית אבא, שנאמר וינחם את פני מלך מואב ויאמר ישב נא אבי ואמי וקבלו אותם . . .[1] Vielleicht bloß zusammenfassende Wiedergabe des Inhalts der beiden Verse.

3. דוד. Fehlt in Num. r. XIV, 3 in ms. Epstein und Jal. ha-Machiri Ps. 60, 15.

3. אדָע – אדַע. Michlol 6[d]: ויש זקפין קמוצין כמו עד אשר אדע.

3. האלהים – אלהים. Num. r. ms. Paris 150, XIV, 3. LXX: ὁ θεός.

4. וַיְנַחֵם – וַיַּנְחֵם. Trg.: ואשרינון, vgl. Qimḥi z. St. P: ושבק אנון, V: et reliquit.

4. אל – את. Num. r. ms. Epstein XIV, 3. = P: לות.

5. אל – לא תשב. Juda ben Barsilai, Jezirahkomm. S. 183.

6. והאנשים – ואנשים. Trg., LXX, Ar.

6. הָאֶשֶׁל – הָאֵשֶׁל. Qimḥi, Wb. r. אשל: בשש נקודות. So manche Kodd., vgl. Norzi.

7. גם + לכלכם ישים. עקידת יצחק Pforte 60, נורא תהלות 122[b], Konkor. v. ישים.

8. כלכם עלי – עלי כלכם. Ibn Ġ'naḥ, Wb. S. 277. = Kodd. Ken. 85, 96.

8. ברית + בכרת בני. Abraham Bedaresi in חותם תכנית 252[a]. = LXX, Trg., V.

9. הנה ראיתי – ראיתי. Mid. Ps. ed. Buber 7, 1.

9. לבן – את בן. Jal. ha-Machiri Ps. 59, 4 aus Tanḥuma נח § 17.

10. וחרב – ואת חרב. Mid. Ps. 7, 1 in allen edd. und Jal. ha-Machiri Ps. 7, 1; 31, 20.

13. לו לחם. לו fehlt in Jal. I S. § 131 aus Mid. Ps. 52, 5.

13. עלי – לקום אלי. Trg., LXX, P, Ar, mehrere Kodizes.

14. אל המלך – את המלך. Mid. Ps. 52, 5.[2] = LXX und Kod. Ken. 90.

14. ויאמר. Fehlt in Mid. Ps. l. c. und in Kod. Ken. 84.

14. חתן – וחתן. Jal. I S. § 131 aus Mid. Ps. l. c.

14. וסר אל. Trg.: ושר עַל = ורב על.[3] LXX: καὶ ἄρχων.

15. היום הזה – היום. Mid. Ps. 52, 5 in ed. Buber und Jal. ha-Machiri Ps. z. St.

---

[1] So auch Jal. II Sam. § 147 und Raschi II S. 10, 2. Der Inhalt dieser Agada mit MT gleichem Zitat in Num. r. XIV, 3; was aber nichts beweist.

[2] In ed. Buber und Jal. I S. § 131.

[3] Vgl. jedoch zu 15, 32 v. סר und Trg. zu Hosea 4, 18 סר - שלטוניהון

15. החלתי. Trg.: דשריתי = אשר החלתי.

15. לשְׁאֻל – לשאול. Massorah bei G. I 608 Kol. 1: ואשכחית במוגה לשְׁאול נקוד.

15. בכל בית – ועל. Mid. Ps. 52, 5 in ed. Buber und Jal. ha-Machiri Ps. z. St. LXX und P: ועל כל, Ar: ולכל.

15. בכל – ובכל. Mid. Ps. l. c. in ms. Epstein und Kodd.

15. בכל זאת + דבר. נורא תהלות 123[b]. = V und Ar. Die letztern haben das folgende דבר nicht.

17. כהני + את. Jerusch. Synhed. X, 2 (29[a] 20) in edd. und Jefeh Mareh N. 20; Raschi Synhed. 49[a] v. שהם. = LXX.

17. הנצבים – והנצבים. Mid. Ps. 52, 5 wird gesagt, daß die נצבים in unserer St. Abner und Amassa gewesen.[1] Da Abner und Amassa Feldherrn und keine רצים waren, so geht die Voraussetzung der Agada auf die Lesart והנצבים zurück.[2] והנצבים zitiert Jerusch. Synhed. X, 2 (29[a] 20); Trg. bei Qimḥi zu I R. 2, 32: ודקיימין.[3]

17. אבו. Massorah bei G. II 58 Kol. 1 und 74 N. 523: א'ב'י כתיב א'ב'ו קרי.

17. עבדי המלך – עבדי שאול המלך. Gen. r. XXXII Anf. in allen alten edd. = Kod. Ken. 651.

17. את ידם – ידם. Raschi Synhed. 49[a] v. שהם; Qimḥi zu I R. 2, 32; Jedajah Ha-Penini in seinen Erklärungen zu Mid. Ps.[4] ed. Buber S. 35.

17. לפגע. Fehlt in Jerusch. Synhed. X, 2 (29[a] 20), Gen. r. XXXII Anf., in V und Kod. Ken. 174.

17. לפגע – ולפגע. Raschi Synhed. 49[a] v. שהם. = P.

23. משמרת. Trg.: נטיר, wie I S. 9, 24 und II S. 23, 5: שָׁמוּר. = LXX.

Kap. XXIII.

1. והמה – והנם. R. Eleasar ben Moses Ha-Darschan in לקוטים מספר הגימטריאות ms.[5] Trg.: והא אינון[6] = והנם, והנה המה.

---

[1] הנצבים עליו זה אבנר ועמשא שלא הניחו לנגוע בכהנים.

[2] Vgl. Raschi und Qimḥi z. St. und Qimḥi zu I R. 2, 32.

[3] Bei Lag. und in edd. = MT.

[4] באורים על מדרש תהלים . . ., Krakau 1891.

[5] Ms. München 227[10], Abschrift im Besitze des Herrn A. Epstein, S. 271[b].

[6] In edd.; Lag.: ואינון = MT.

3. ואף – אף. Jal. Gen. § 150 und I S. § 132 aus Gen. r. XCII Ende. = Kod. Ken. 1.

3. ואף – ואיך. Stichwort im Jal. z. St. LXX, P.

4. ויוסף – ויסף. Massorah bei G. I 727 N. 428.[1]

6. בברח – כברח. Sohar ed. Wilna, II 230[b], Konkor. v. כברח,[2] manche Kodd.

6. ירד. Trg.: אחית = הוריד, vgl. Qimḥi z. St.

8. אל דוד – על. Trg. = Kod. Ken. 30.

12. היסגירו – היסגירוני. Jerusch. Joma VII, 3; Jal. Deut. § 777 aus Joma 73[a]. P und V lesen ebenfalls היסגירוני und lassen daher das folgende אותי weg.

13. יתהלכו – התהלכו. Mibḥar Jescharim z. St. = LXX, Ar und einigen Kodd. Vgl. Field.

14. וישב (II) + דוד. Ibn Ġ'naḥ, Wb. S. 389.

17. ואתה – ידעתי כי אתה. עקידת יצחק Pforte 8 und 23.

18. וישב – ויבא. Aruch v. $חרש_3$.

19. זפים – הזפים. Mid. Ps. 17, 1;[3] 54, 1.[4] = LXX und Ar.

20. ולנו הסגירו – ואנ(חנ)ו נסגירו. Trg.: ואנחנא נמסריניה, P.: וחנן נשלמיוהי.

21. ברכים – ברוכים. Massorah bei G: I 194 N. 486: ברכים ג׳ ב׳ מלא וחד חסר וסמניהון ויאמר שאול ברכים, וישלח דוד (II S. 2, 5) חסר (Ps. 115, 15) עשה שמים וארץ.[5]

22. כי אמרו = ארי אמרין לי דערים ונפיק הוא .כי אמר אלי ערום יערים הוא (א)לי כי ערום ויצא הוא. Vielleicht bloß Exegese. אמרו hat auch P; auch die Lesart כי ערום kommt vor: in Sefer Ha-Schoham des R. Moses aus England, S. 24, 38.

23. אל נכון – על. David ben Abraham in Pinskers Likute Kadmonioth S. 142 Anm. 4. = Sym., Ar.

23. ודעו וראו – וראו ודעו. Jerusch. Peah VII, 2 (20[a] 46). = Al, P und Kodizes.

---

[1] Vgl. zu 18, 29 v. ויאסף.

[2] Daher ist בברח in v. ויהי fehlerhaft.

[3] Nach Jal. Ps. § 670 und Jal. ha-Machiri Ps. 17, 1.

[4] Nach Jal. Ps. § 770.

[5] Massorah ed. z. St. ב׳ חסר וא׳ מלא, wobei ausdrücklich gesagt wird, daß Ps. 115, 15 plene geschrieben ist. Eine andere Massorah bei G., I 418 N. 128, zählt ברכים unter den 48 Wörtern, die nur einmal ohne ו geschrieben sind; das stimmt mit der im Text angeführten Massorah: ב׳ מלא, es ist aber ungewiß in welcher Stelle das Wort defektiv ist, ob hier oder in II S. 2, 5.

25. לבקש + את דוד. Ibn Ġ'naḥ, Wb. S. 388 und Kodd.
25. מדבר מעון – במדבר. Trg., V. Ar und Kodizes.
26. ויהי דוד – ודוד. Raschi ms. Epstein zu Ex. 12, 11.
26. אל דוד – את דוד. Menaḥem Ibn Saruk in Maḥbereth 11[b] v. כתר;[1] Sohar II 84[a]; Jal. z. St. aus Mid. Ps. 18, 2;[2] Benjamin ben Moses aus Rom.[3]
26. אל דוד – על. Trg., LXX, P.
28. מִרדף – מֵרדף. Jemenesische Massorah bei G. III, 72, Kol. 2. Vgl. Qimḥi und Norzi z. St.
28. קראו – קרא. Mid. Ps. ms. Epstein 18, 2; Jal. Ps. § 888; Kod. de Rossi 20.

Kap. XXIV.

1. וישב + דוד. Ibn Ġ'nah, Wb. S. 389 und Sefer Ha-Schoraschim S. 271.
3. היעלים – הסלעים. Trg.: כיפיא. Vgl. Qimḥi z. St.
4. על הדרך – אל. Jal. z. St. aus Berachoth 62[b], mehrere Kodizes.
4. את רגליו – רגליו. Jebamoth 103[d] in den alten edd., auch in ed. pr. Trg.:[4] למעבד צורכיה.[5]
5. את כנף. את fehlt in Jal. Ps. § 637 aus Mid. Ps. 7, 2.
5. כנף המעיל אשר לשאול. Trg. Lag.: כנף מעילא דשאול = כנף־מעיל־שאול.
6. לב – לבב. Qimḥi z. St. im Stichwort.
7. בו – במלך. Trg. Lag.: במלכא.
8. וישסע – ויסע. פירקא דרבינו הקדוש.[6]
8. אל שאול – על. Trg. edd. (Lag. לות), P.
10. לאמר – האמרים. Trg. edd. (Lag.: למימר), P, V.
10. את דברי – אל. נורא תהלות 79[a].
11. היום הזה – היום. Trg.: יומא דין.
11. ואמר. Trg.: ואמרו אוחרנין = ויאמרו. Wahrscheinlich bloß Erklärung, wofür der Zusatz אוחרנין spricht. Diese Erklärung hat auch P: ואמרו גבׄרא דעמי.

---

[1] 132[b] v. עטר = MT.
[2] Fehlt in edd.
[3] In קבץ על יד 1899.
[4] In edd., Lag., bei Qimḥi und R. Jesaiah z. St.
[5] Idc. 3, 24: ית צורכיה.
[6] In Schönblums שלשה ספרים 29[a].

11. ותחם – ואחם. Targumkodizes bei Qimḥi z. St. = LXX, P, Ar.[1]

11. ותחם. Trg. bei Qimḥi: וחסת נפשי = ותחם נפשי. Vielleicht bloß notwendige Ergänzung, vgl. Raschi und Qimḥi z. St.

11. באדוני – בו. Mid. Ps. 56, 1 in ed. pr., ms. Epstein und Jal. ha-Machiri Ps. 56 § 21.[2]

12. ואבי – אבי. Pesiktha de R. Kahane ms. Oxford;[3] Mid. Ps. 7, 2[4] (3 mal); 56, 1;[5] Jal. I S. § 133 aus Tanḥuma חקת § 4; Kod. bei Field.

12. ואתה – מדוע אתה. Pseudo-Raschi zu Gen. r. LXVI.

12. את נפשי – על. Trg.: על.

14. רֶשַׁע – רִשְׁעָם. Trg.: חובתהון.

15. אחרי (II) – ואחרי. Midrasch über Defektiva- und Plena-Schreibung. In Wertheimers בתי מדרשות, III S. 2. = P und Kod. Ken. 154.

15. רדף[6] – רודף. Der genannte Midrasch über Defektiva und Plena: אחר מי אתה רודף מלא שכל הנרדף השעה דוחקתו.[7]

16. מידך – מִמֶּךָּ. Trg.: ממך.

19. את אשר (II) – ואת. Trg.: וית (Lag.: ית).

20. את איבו – איבו. Mibḥar Jescharim z. St.

20. טובה (I) – הטובה. Trg.: טבתא.

20. היום הזה – היום: Trg.: יומא דין. = σήμερον.

23. על המצודה – אל. Vgl. Proleg. Massorah bei G. I 60 Kol. 2: כל לשון עליה אל בר מן חד וירגז המלך ויעל על עלית השער (II S. 19, 1), fordert also in unserer St.: אל. So lesen viele Kodizes.

Kap. XXV.

1. וימת שמואל. Vgl. Proleg. Zu dem Nachweis, daß die Rabbinen in unserer St. ושמואל מת gelesen, ist folgendes hinzuzufügen. Raschi Temurah 15[a] v. עשר שנים: ושאול לא מת קודם לשאול אלא ד׳

[1] Berachoth 62[b] und Jerusch. Sukkah V, 4 (55[c] 11) bestätigen ausdrücklich unseren Text.

[2] Die Stelle fehlt in ed. Buber.

[3] Beth Talmud, V. S. 200.

[4] In ed. Buber, ms. Epstein und Jal. I S. § 133.

[5] In ms. Epstein, Jal. I S. § 134 und Jal. ha-Machiri Ps. z. St.

[6] So die meisten Ausgaben, auch ed. Baer.

[7] Massorah zu Threni 1. 6 zählt nur Josua 8, 20 und Threni 1, 6 als plena; Raschi zu Thr. 1, 6: כל רדף שבמקרא חסר וזה מלא.

חדשים שכך מפורש בספר שמואל ושמואל מת וגו' וכתיב בתריה ויאמר דוד עתה אספה יום אחד ביד שאול וגו' (27, 1) וברח לו אל אכיש עד שמת שאול וכתיב ויהי מספר הימים אשר ישב דוד בשדה פלשתים ימים וד' חדשים (27, 7). Genau so Tossafoth ibid. v. ושלשים. Also steht vor der Flucht Davids zu Achisch ושמואל מת. Zu der Stelle aus Baba Bathra 15ª ist auf Ibn Esra zu Jes. 40, 1 zu verweisen, wo in der Tat gesagt wird, daß vom Anfang des Kap. 25 bis Schluß des Buches einem andern Propheten angehört.

1. לו – עליו. Trg.: עלוהי (Lag.: ליה).

1. לו – אותו. Menorath ha-Maor Nr. 212 aus Traktat Kallah.

3. כלבו – Q're כָּלִבִּ. Jerusch. Synhed. II, 3 (20ᵇ 11): הא נבל אתא מן דכלובי (כְּלוּבָי I Chr. 2, 9) ... הדה הוא דכתיב ואיש במעון ומעשהו בכרמל ... והוא כלובי דאתא מן כלובי. Jerusch. hat also in unserer St. כְּלוּבָי gelesen.[1] Mid. Sam. XXIII, 8: והוא כלבי דאתא משבטו של כלב ist Korrektur nach MT oder geht auf Trg. מדבית כלב zurück, was aber nicht notwendig MT voraussetzt, da כָּלֵב identisch ist mit כְּלוּבָי und nur geläufiger als dieses.

7. הרעים – הנערים. Kommentare zu Esther, Ruth und Threni, ed. Jellinek, zu Ruth 2, 15.

7. לא הכלמנום – ולא. Kommentare ... l. c. = LXX, Trg., P und Kodizes.

8. שאל + נא. נורא תהלות des R. Josua Ibn Schoeib, 23ᵇ (bis).

8. בנו – באנו. In einem massoretischen Verzeichnis von 51 Wörtern, in denen ein א fehlt,[2] wird unsere St. nicht gezählt; ebenso in einem andern derartigen Verzeichnisse.[3] באנו haben viele Kodd.

10. את עבדי – אל. Mid. Sam. XXIII, 10;[4] Seder Elia zuta Kap. 1[5] (ed. Friedmann S. 170). P: ואמר לעבדוהי דדויד = ויאמר אל עבדי דוד.[6]

11. אי מזה – מאין. Komm. des R. Simon ben Zemaḥ Duran zu Pirke Aboth, zu II, 6 (מגן אבות 27ᵇ).

12. וַיַּהַפְכוּ – וַיֶּהָפְכוּ. Trg.: ואיתחזרו, Kodd. bei Norzi.

13. את חרבו (I). את fehlt in: Synhed. 36ª;[7] Jerusch. ibid.

---

[1] Vgl. auch משפחת סופרים. [2] Bei G. I 10 N. 14 c.

[3] Ibid. 14 d. Massorah ed. fordert MT, vgl. Norzi.

[4] Nach Jal. I S. § 134.

[5] In Jal. Gen. § 82.

[6] לעבדוהי allein würde nichts beweisen, da P את immer durch ܠ ausdrückt.

[7] In mss., allen alten edd., Jal. Ex. § 352 und I S. § 134.

IV, 6; Mid. Sam. XXIII, 10; Jal. z. St. im Stichw. Konkor. v. איש, v. חגרו und v. חרבו.

13. את חרבו (II). את fehlt in: Synhed. l. c. in mss. und edd., Tossafoth Sabbath 56^a v. לדונו, Megillah 14^b v. מורד.

13. את חרבו (III). את fehlt in Raschi Synhed. l. c. v. ויחגור und Tossafoth Megillah l. c.

17. אל אדנינו – על. Trg., P, Ar, einige Kodizes.

18. ושנים – ושלשת. Tanḥuma תולדות § 6 in den alten edd.

22. אם אשאיר מכל אשר לו – אם אשאיר לנבל. Raschi Megillah 24^a: אם אשאיר לנבל עד אור הבקר . . . Es ist naheliegend an eine Verwechslung mit V. 34 zu denken, aber genau so wie Raschi zitieren noch zwei andere Autoren, aus verschiedenen Zeiten und Ländern, nämlich der Karäer Aron ben Eliah aus Nikomedien, Gan Eden 175^b, und der Spanier R. Josua Ibn Schoeib in נורא תהלות 11^a. Eine Spur dieses Textes findet sich auch in LXX: ἐκ πάντων τῶν τοῦ Ναβὰλ = מכל אשר לנבל.

22. עד אור הבקר – עד הבקר. Massorah bei G. III 148 Kol. 1 (Zitat); Mass. aus Jemen, ibid. 72 Kol. 2: בתיגאן ובירוש׳ לא גרים תיבת אור. Konkor. v. אור wird unsere St. nicht angeführt.[1] Das Wort fehlt in LXX, P, V und einer großen Anzahl Kodizes.

24. אני. Fehlt bei Ibn Esra zu Ex. 4, 10 und in נורא תהלות 11^a (bis). = LXX, V und einigen Kodd.

25. אל נא – אל. Mid. Ps. 53, 1 in den alten edd., ed. Buber und Jal. z. St.

25. ישים – ישֵׁם. Jemenesische Mass. bei G. III 72 Kol. 2: כן הוא בספרי תיגאן ובצירי השין.

25. את לבו – אל לבו. Mid. Ps. l. c.,[2] Ochlah we-Ochlah lit. ז N. 19, נורא תהלות 11^b (bis), Konkor. v. אדני, einige Kodizes.

25. אל איש – על. Trg., LXX, P, V, Ar.

25. איש הבליעל. איש fehlt in Mid. Ps. 53, 1;[3] ibid. in einem anderen Zusammenhang.

25. על נבל – אל. Mid. Ps. l. c. in den alten edd. und ms. Epstein.[4] = Trg. und einigen Kodd.

25. נבל שמו – נבל הוא. Isak Aboab der jüngere[5] in נהר פישון[6]

---

[1] V. הבקר fehlt uns. St.

[2] In den s. v. אל נא genannten Texten und in ms. Epstein.

[3] In ed. pr. Ven. und Jal. ha-Machiri Ps. z. St.; fehlt in ed. Buber.

[4] Fehlt in ed. Buber.

[5] In Spanien, st. 1491 od. 1492. [6] Konst 1538, unpaginiert.

38^{b}. Al: αὐτός ἐστιν Ναβὰλ = הוא נבל, V: quoniam secundum nomen suum stultus est, et stultitia est cum eo = כי כשמו כן הוא נבל ונבלה עמו.

26. אדני. Fehlt Rikmah S. 174, Ma'asse Efod S. 154 und Kod. Ken. 70.

27. עתה – ועתה. נורא תהלות 11^{a}. = P: השא.

28. נאמן לו – נאמן. Pugio Fidei ed. Leipzig S. 518 aus Sotah 11^{a}; so auch in der Übersetzung: domum fidelem ei.

28. מלחמות ה' אלהים הוא נלחם – מלחמות ה' אדֹני נלחם. Mid. Ps. 1, 1 in allen edd. Diese auffallende Lesart geht auf denselben Text zurück, den die LXX gehabt, wiewohl der Inhalt beider Lesarten ein so sehr verschiedener ist. LXX liest: ὅτι πόλεμον κυρίου μου ὁ κύριος πολεμεῖ; da aber ὁ κύριος = הָאָדוֹן, keinen Sinn gibt, so muß man dafür ὁ Κύριος lesen, also: כי מלחמת אדֹני יהוה נלחם. Nun wird aber אדֹנָי יהוה bekanntlich אדֹנָי אלהים gelesen, daher die Lesart des Mid. Ps.: אדֹנָי יהוה = ה' אלהים, da die Rabbinen auch אדֹנָי durch 'ה andeuten.[1] LXX und Mid. Ps. setzen also denselben Konsonantentext voraus, nur hat einer dieser beiden Textzeugen אדני falsch vokalisiert.

28. רעה – ורעה. Ibn Ġ'naḥ, Rikmah S. 2.

28. נמצאה – תמצא. Trg.: אשתכחת, vgl. Qimḥi. P: אשתכחת.

31. לא – ולא תהיה. Megilla 14^{b},[2] Synhed. 111^{b}, Mid. Ps. 53, 1 in den alten edd. (bis).[3]

31. ולשפּוֹך – ולשפָּך. Massorah bei G. I 420 Nr. 139 zählt unser Wort unter den Wörtern, welche mit Kamez ḥatuf vokalisiert sind und ein überflüssiges ואו haben.[4] Vgl. auch Norzi.

31. לשפך – ולשפך. נורא תהלות 11^{a}, Mass. bei Norzi (Zitat). = LXX, P, V, einigen Kodd.

31. דם נקי – דם חנם. נורא תהלות l. c., Massorah bei G. l. c. und bei Norzi (Zitat), Kod. Ken. 300. LXX und Trg.: נקי חנם. Sym.: דם נקי.

32. לאביגָל – לאביגַל. Massorah bei G. I 21 N. 64 (Zitat) und II 96 N. 14 (Zitat).

32. היום – היום הזה. Trg.: יומא דין. = Al und Kod. Ken. 30.

---

[1] Vgl. Proleg. S. 10 ff.

[2] In edd., mss. und Jal. I S. § 134.

[3] In ed. Buber und Jal. l. c. einmal לא, einmal ולא.

[4] אילין תיבותא יתירין ואו וחטפין קמצין וסי' ... ולשפוך דם נקי דאביגיל.

33. וברוך – ברוך. Megillah 14b,[1] Mid. Ps. 53, 1.[2] P: בריך.

33. ברוכה את וברוך טעמך – וברוך טעמך וברוכה את. Seder Olam r. ed. Neubauer Kap. 5;[3] Qimḥi in Wb. ms. Jena r. טעם; Eschkol ha-Kofer AB 367 (142c);[4] נורא תהלות 11a. Theodoret bei Field zitiert aus LXX als Anfang der Stelle: εὐλογημένη σὺ = ברוכה את.

33. היום הזה – היום. Megillah 14b in drei mss., Jal. ms. I S. 25 und Absch. עקב;[5] Seder Olam r. ms. Epstein Kap. 21; Raschi zu Ps. 119, 101; Qimḥi zu Gen. 23, 6: Midresche ha-Torah[6] S. 5, LXX, Ar und Kodd. Ken. 150, 174.

33. היום הזה. Fehlt in Megillah 14b in edd. und Agadath Esther 25a; Predigten des R. Josua Ibn Schoeib פנחס; Kod. Ken. 650.

33. והושע – והשע. Massorah bei G. I 746 N. 716. Vgl. auch Norzi.

33. ידי לי – לי ידי. Mid. Ps. 18, 7 in mss. der ed. Buber.

34. לולי – לולא. Massorah bei G. I 31 N. 193a (Zitat); Qimḥi in Wb. r. לול: ויש כתובין באלף . . . כי לולא. Vgl. auch Norzi.

34. ותבאת – ותבאתה. Ibn Ġ'naḥ, Rikmah S. 42: וכבר הוסיפו עוד הה"א על ותבאת לקראתי. = Kod. Ken. 607.

34. הבקר – בקר. Mass. bei G. III 148 Kol. 1.

35. מידה – ממנה. Trg. ed. (Lag. = MT).

35. כי + שמעתי. Trg.: דקבלית, P: דשמעת.

36. אביניל – אבגיל. Massorah bei G. I 250 N. 65; 608 N. 207; II 132 Kol. 2; 622 N. 406.

36. ונדל – או גדל: Trg. Lag. או רב (edd. ורב). = LXX. V, Ar und einigen Kodd.

38. כעשרת – בעשרת. Mid. Ps. 26, 9;[7] Tanḥuma תולדות § 6;[8]

---

[1] In edd., Agadath Esther 25a, Jal. Idc. § 42 und IS. § 134.

[2] In alten edd., ed. Buber, ms. Epstein, Jal. IS. § 134 und Jal. ha-Machiri Ps. 53, 1.

[3] Anecdota Oxoniensa II S. 33.

[4] ברוכה את לה' וברוך טעמך:

[5] Vgl. Dikduke Soferim z. St.; in 4 andern mss., En Jakob und Agadoth ha-Talmud = MT.

[6] מדרשי התורה, von En Salomo Astruc aus Barcelona (14. Jahrh.), ed. M'kize Nirdamim (Eppenstein) Berlin 1899.

[7] In den alten edd. (bis) und Jal. Ps. § 705.

[8] Alte edd. (ed. pr. = MT) und Baḥja b. Ascher in Komm. 42b.

Mid. Sam. XXV, 2;[1] Predigten des R. Josua Ibn Schoeib עקב und האזינו; Mahril[2] 37[b]; Kodd. Ken. 84, 153.

38. ימים – הימים. Rosch ha-Schanah 18[a] in 3 mss. und Agadoth ha-Talmud (bis); der Karäer Nissi ben Noah in Pinskers Likute Kadmonijoth, נספחים S. 11. = LXX, P, Ar.

39. ריב – את ריב. נורא תהלות 11[a].

44. מיכל – את מיכל. Mid. Ps. 119, 72.

44. מְרֻגָּלִים – מגלים. Tosefta Sotah XI, 15 in ms. Erfurt.

Kap. XXVI.

1. אשר על – על פני. Trg., P, V, Ar, viele Kodd.

2. איש. Fehlt in Qimḥis Wb. ms. Jena r. בחר.

5. יושב – שכֵב. Aruch v. כדור.

5. במעגלה – במעגל. Ibn Ġ'naḥ, Wb. S. 502.

7. אל העם. Fehlt in Mid. Ps. 58, 1 in den alten edd., ms. Epstein und Jal. ha-Machiri Ps. z. St.

7. ושאול – והנה שאול. Mid. Ps. l. c.; Qimḥi, Wb. r. ענל.

8. היום. Fehlt in Mid. Ps. 7, 1;[3] ibid. 58, 1.[4]

9. אל אבישי. Fehlt in Mid. Ps. 58, 1 in den alten edd. und ms. Epstein, ferner in Jal. Lev. § 586 aus Lev. r. XXIII Anf.

10. חי ה'. Mid. Ps. 58, 1: ויאמר דוד חי ה' כי אם ה' יגפנו, ולמה שני פעמים ה', אלא אמר לו חי ה' אם תהרגנו אל תהרגהו ואם תהרגהו חי ה' אני אהרגך (למה זכר שני פעמים ה', אמר חי ה' שלא תהרגנו ואם תהרגנו חי ה' (Qimḥi z. St.: שאהרוג אותך. Die Agada setzt also ein zweifaches Schwören Davids voraus, jedesmal mit der Schwurformel חי ה'. Dies kann die Agada entweder im Text angedeutet finden, nämlich, wie in unserem Midraschtext, in der Erwähnung von ה' im Satze כי אם ה' יגפנו, wo genügt hätte כי אם יגפנו, oder auch deutlich im Text angegeben: durch die Wiederholung von חי ה', also: חי ה' חי ה'. Beide Annahmen sind gleich möglich, jedoch spricht für die letztere eine andere Agada, in welcher ausdrücklich von zweimal חי ה' in unserer St. gesprochen wird, und zwar in einem Zusammenhang, in dem es auf

---

[1] In edd. und Jal. Ps. § 765.

[2] ספר מהריל, Amst. 1725. Der Verfasser, R. Jakob Möln Halevi, in Deutschland in der II. Hälfte des 15. Jahrhunderts.

[3] In edd., ed. Buber und Jal. ha-Machiri Ps. z. St.

[4] In den genannten Texten und ms. Epstein.

ein mehrfaches Schwören gar nicht ankommt, und daher eine Andeutung für ein solches auch nicht gesucht worden wäre. Tanḥuma בהעלותך § 10 (ed. Buber § 19) und Num. r. XV, 12 heißt es: ... ולא בועז לבד אלא כל הצדיקים משביעים ליצרן, שכן אתה מוצא בדוד כשנפל שאול בידו מה כתיב שם ויאמר דוד חי ה׳ כי אם ה׳ יגפנו או יומו יבא ומת או במלחמה ירד וגו׳ למה נשבע שתי פעמים? אמר רבי שמואל בר נחמן היה יצרו בא ואמר לו אלו נפלת אתה בידו לא היה מרחם עליך והיה הורגך ומן התורה מותר להורגו שהרי רודף הוא לפיכך קפץ ונשבע שתי פעמים חי ה׳. Der Agadist, der nachweisen will, daß die Gerechten sich durch einen Schwur gegen die Einflüsterungen des bösen Triebes schützen, hätte doch seinen Zweck vollständig erreicht, auch wenn er David nur einmal hätte schwören lassen; zum hervorheben des zweimaligen Schwörens ist nicht die geringste Veranlassung vorhanden. Wenn nun der Agadist dies trotzdem tut, so ist es sehr wahrscheinlich, daß er dazu durch den Bibeltext חי ה׳ חי ה׳ veranlaßt wurde.[1] Absolut sicher ist dies freilich nicht; denn es ist immerhin möglich, daß dem Agadisten die Voraussetzung, David habe zweimal geschworen, vielleicht ebenfalls aus dem ה׳ in כי אם ה׳ יגפנו geläufig war. Dagegen ist darauf hinzuweisen, daß Tanḥuma ed. Buber כי אם יגפנו zitiert, ohne ה׳.

10. כי אם. אם fehlt in Mid. Ps. 7, 1;[2] ibid. 58, 1; Pesiktha r. 44ª; Kusari IV, 20.[3]

10. וָמֵת – וִיָמוּת. Josef Albo, Ikkarim IV, 21 (bis).

12. תרדמת ה׳ – אלהים. Mid. Ps. 58, 1.

12. ואין ראה – אין. Gen. r. XVII in edd. und Jal. Gen. § 23, I S. § 139; Jal. z. St. im Stichwort.

14. דוד. Fehlt in Mid. Ps. ed. Ven. 58, 1.

14. אל המלך – על. Trg.: בריש מלכא, geht gewiß auf על in der Bedeutung ‚bei‘ zurück, vgl. Qimḥi z. St.

15. אל אדניך – על. Trg. = Kod. Ken. 253. LXX: את = Ken., und nicht, wie Klostermann meint, על.

---

[1] Die Erklärung des Kommentars מתנות כהונה, daß der Agadist das zweite Schwören in חלילה לי in V. 11 ausgedrückt findet, ist natürlich nicht haltbar. 1. wird חלילה לי niemals als Schwurformel aufgefaßt, 2. heißt es ja ausdrücklich שתי פעמים חי ה׳. Einhorn (פירוש מה"רזו in ed. Wilna) wundert sich daher mit Recht darüber, daß die Agada von zweimal Schwören spricht, ohne daß dies im Text begründet wäre.

[2] In den alten edd. und ms. Epstein.

[3] Ed. Hirschfeld S. 383; im arabischen Original = MT.

15. המלך (I) + אל. עקידת יצחק Pforte 103. LXX: את המלך.

16. לא טוב. Eine Massorah bei G. II 124 N. 80 zählt 40 nur je einmal vorkommende Verbindungen von לא mit einem Verbum oder Adjektiv und darunter auch לא טבת (?) דצפחת המים. Das ist nicht einfach Verschreibung von לא טוב, da diese Verbindung außer in unserer St. noch 4 mal[1] vorkommt. לא טבת könnte verschrieben sein aus לא טובה in I S. 2, 24, welcher Ausdruck in der Tat ein Hapaxlegomenon ist; dagegen spricht aber die ausdrückliche Angabe: דצפחת המים, also unsere St. Ich weiß nun nicht, wie diese Mass. zu erklären ist. In bezug auf unseren Text gibt sie keinen Sinn.[2]

16. ראו נא איפוא – ועתה ראה אי. Raschi Synhed. 49ª v. שהם.

18. ואין – ומה בידי. Trg. Lag.: ולית (edd. ומה).

19. שמע – ישמע. Sifre Deut. § 87, Konkor. v. שמע.[3] V: audi.

19. נא. Fehlt in Mid. Ps. 56, 1 und in LXX (δη).

19. המלך. Fehlt in Mid. Ps. 119, 47 und Kod. Ken. 70.

19. את דברי עבדו. Fehlt in Sifre Deut. § 87.

19. עבדך – עבדו. Mid. Ps. 119, 4. = V: servi tui.

19. הַסיתך – הֱסיתך. Mass. bei G. I 602 Kol. 1; Mass. aus Jemen, ibid. III Kol. 2.

19. אדם – האדם. Sifre Deut. § 43,[4] Mid. ha-gadol ms. zu Lev. 25, 38 aus Kethuboth 106ᵇ. = LXX.

19. אשר – כי גרשוני. Mid. ha-gadol l. c. und zu Deut. 11, 6 aus Sifre Deut. § 47.[5] = V: qui.

19. לך עבד אלהים אחרים. Trg.: איזיל דור[6] ביני עממיא פלחי טעותא, = לך דור עבד . . . Naheliegend ist die Vermutung, daß דור Verschreibung ist aus דּוּר — wohne!, das mit Rücksicht auf die Agada vorzüglich paßt. Unser Targumtext ist aber durch zu

---

[1] Gen. 2, 18; IR. 19, 5; Ez. 18. 18; Neh. 5, 9.

[2] Auch wenn man unter צפחת המים IR. 19, 6 verstehen wollte, bliebe die fragliche Mass. unverständlich, da IR. 19, 5 לא טבת ebensowenig möglich ist, wie in uns. St. Übrigens steht ja dort לא טוב, also kein Hapaxlegomenon, und in V. 6 bloß צפחת מים.

[3] Daher ist ישמע in V. אדני fehlerhaft.

[4] In edd., Mid. ha-gadol zu Deut. 11, 16 und Jal. Deut. § 865.

[5] Korrigiert in כי.

[6] Die Paraphrase beruht auf der Agada Kethuboth 106ᵇ, nach der derjenige, welcher außerhalb Palästinas wohnt, gleichsam fremden Göttern dient: כל הדר בחוצה לארץ כאילו עובד עבודת אלילים. Das wird aus uns. Stelle bewiesen. Vgl. auch Onk. und Jon. zu Deut. 4, 28.

viele Zeugen gesichert, als daß ein Kopistenfehler leicht annehmbar wäre.[1]

20. יפל – יִשָּׁפֵךְ. Trg.: יתשד. Vielleicht bloß sinngemäß nach dem Sprachgebrauch. Dasselbe gilt von V: effundatur.

20. כאשר ירדף הקרא. Marginalnote zu Trg. bei Lag. S. XVIII: כמא דרדיף בר ניצצא ית קוראה, = כאשר ירדף הנץ את הקורא.[2] Vielleicht bloß Erklärung.

20. ירדף – יִרְדֹּף. Trg.: דמתרדיף. Vgl. Qimḥi. = Ar.

21. כי לא ארע – ולא. Ḥajuġ, אותיות הנוח ed. Dukes S. 88. Die Verbindung לא mit ארע kommt nur das eine Mal in unserer St. vor; Jer. 26, 5: ולא ארע. Unsere St. hätte also in dem Verzeichnis der Hapaxlegomena mit לא in G. II 124 N. 80 gezählt werden müssen. Da dies nicht der Fall ist, so ist es wahrscheinlich, daß der Verfasser jenes massoretischen Verzeichnisses in unserer St. ולא gelesen. Mass. bei G. II 138 N. 240: ... ולא ארע לך ב׳ וסימנ׳.[3]

21. אָרַע – אֵרַע. Ḥajuġ l. c.

23. ביר – בידי. Trg., V und Kodd. LXX und P: בִּידֵי.

Kap. XXVII.

1. אל לבו – בלבו. Trg., LXX, P, V, Ar.

1. עתה – פן. Trgedd.: דילמא (Lag.: כען).

1. ממני. Fehlt in R. Sam. Masnuths Ma'ajan Gannim S. 26, in LXX, P und V.

2. איש אשר עמו – איש עמו. Vgl. Proleg. אשר fehlt in Kod. Ken. 150.

6. צקלג – ציקלג. Massorah bei G. I 602 Kol. 1; III 27 N. 641 dd; III 72 Kol. 2; Kodd. bei Norzi.

6. לכן – על כן. Sebirin, s. Norzi. Trg. Lag.: על כן. So einige Kodizes.

7. ימים + שבעת. Randglosse in einem ms. von Ibn Ġ'naḥs Wb. S. 285.

7. ימים. Vgl. Proleg. ימים fehlt in Kod. Ken. 90.

---

[1] Edd., Lag., Raschi und Qimḥi.

[2] Klostermann meint, daß dieses Targum כנשר ירדף gelesen. Das ist falsch, da בר ניצצא das hebr. נץ ist; vgl. Trg. Jon. zu Lev. 11, 17; Deut. 14, 17; Job 39, 26; neuhebräisch בן נץ, vgl. Gittin 31b, Baba Bathra 25a. Für כנשר ירדף würde das Targum sagen כנישרא דרדיף.

[3] Randmassorah: לית וחד ולא ארע.

7. וארבעה – ארבעה. Vgl. Proleg. ארבעה lesen einige Kodd. Ken.

8. אל הגשורי – על. Trg., LXX, P.

8. והגרזי – ועל הגרזי. Trg.: ועל[1] גיזראי, = P. הגרזי bietet Kod. Ken. 168.

8. ישבות – ישבֵי. Trg. Lag.: יתבי, P: דהלין הוו יתבֿא ארעא.

8. בואך – מן בואך. Trg. bei Raschi: מן מעלנא. = LXX, Ar.

10. אל – אן. Vgl. Proleg. אן bieten einige Kodd. de Rossi.

10. אל – אַל. Massorah bei G. III 27 N. 641 ff.

11. ואיש – איש. Buch der Frommen N. 817. = V.

11. עלינו – אלינו. Trg. Lag.: לנא (edd. עלנא).

11. עשה – יעשה. Naḥmanides zu Ex. 15, 25 in edd. und ms. Epstein.

Kap. XXVIII.

1. ויקבצו – וַיִּקָּבְצוּ. Trg. Lag.: ואיתכנישו (edd. וכנשו). = LXX.

1. ויקבצו – ויאספו. Toseftha Sotah IX, 5 in den alten edd. und ed. Zuckerm.

1. בישראל – עם ישראל. Vgl. Proleg. עם ישראל bietet Ken. 89.

1. בישראל. In einem massoretischen Verzeichnis einiger Wortverbindungen, in welchen jedes Wort mit ל beginnt, kommt auch der Satz להלחם לישראל vor. Wahrscheinlich ist unsere St. gemeint, in der in irgendeinem Text aus לישראל בישראל geworden.

2. יעשה – עשה. Trg.: עבד.

3. ושמואל מת – וימת שמואל. Vgl. Proleg. zu 25, 1.

3. ויספדו לו – אותו. Dunasch in Criticae Voc. Rec. 10ª, Kod. Ken. 70. = LXX, V.

3. ישראל + בני. Dunasch l. c.

3. ובעירו – בעירו. Vgl. Proleg. בעירו lesen auch V, Ar und einige Kodd.

3. הסיר – הכרית. Mid. ha-gadol ms. zu Lev. 20, 27 aus Lev. r. XXVI, 1: כך שאול בשעה שמלך הכרית את האובות ואת הידענים מן הארץ שנאמר ושאול הכרית את האובות ואת הידענים מן הארץ.

3. ואת הידענים – והידענים. Trg.: וזכורו; Mass. bei G. I 608 Kol. 1: האבות והידענים.

3. מהארץ – מן הארץ. Mid. Sam. XXIV, 1; Lev. r. XXVI, 7;[2]

---

[1] So das Q're: והגזרי.

[2] In edd., Mid. ha-gadol zu Lev. 20, 27 und עקידת יצחק Pforte 65.

Pirke de R. Elieser Kap. 33.[1] Trg.: מן ארעא. מן הארץ lesen viele Kodizes.

4. ויקבצו – ויאספו. Tosefta Sotah XI in ed. Zuckerm. und Jal. I S. § 134. Lekaḥ tob Deut. 31, 14 ופלשתים נאספו, vgl. I Chr. 11, 13.

5. וַיַּרְא – וַיִּירא. Massorah bei G. I 602 Kol. 1, III 27 N. 641 dd. Vgl. auch Norzi.

6. גם בחלמות – וגם. Bei G. I 210 N. 165 fehlt unsere St. in dem Verzeichnis der Stellen, in denen nach Ethnaḥ גם steht. P: ואף בחלמא.

6. גם באורים. Mid. Sam. XXIV, 6: ויאמר שאול צר לי מאד ופלשתים וגו׳ (V. 15) מפני מה לא שאל באורים ותומים? אמר ר׳ יצחק בר חייא לב יודע מרת נפשו (Prov. 14, 10) אילו שאל באורים ותומים לא היו אומרים לו לא אתה שאול הוא שהחרבת את נוב עיר הכהנים?. Also hat Saul die Urim-we-Tumim nicht befragt, und zwar deshalb, weil man, d. h. die Priester, ihm gesagt hätte: du bist ja Saul, der die Priesterstadt Nob zerstört hat, d. h. die Priester hätten ihm keine Antwort gegeben. Demnach hätte R. Isak bar Chija in unserer St. גם באורים nicht gelesen, was mit V. 15 übereinstimmen würde. In Tanḥuma אמור § 2 (ed. Buber § 4) und Lev. r. XXVI, 7 lautet aber der Text dieser Agada so, daß es sich um die Frage handelt, warum Saul gegenüber Samuel die Urim nicht erwähnt hat: ולמה לא אמר לו באורים ותומים und dem entsprechend lautet auch die Erklärung: weil Samuel ihm die Zerstörung Nobs vorgehalten hätte. Welcher Agadatext der ursprüngliche ist, ist schwer zu entscheiden. Für den Tanḥumatext spricht Berachoth 12.b[2]

7. לעבדיו – אל עבדיו. Tanḥuma אמור § 2;[3] Tan. ed. Buber אמור § 4; Lev. r. XXVI, 7;[4] einige Kodizes.

7. בקשו לי – בקשו נא. Lev. r. l. c. in ms. Epstein. בקשו נא לי hat Kod. Ken. 187.

7. אשת (I, II). Fehlt in Lev. r. l. c.

---

[1] In edd. und ms. Epstein.

[2] ואילו באורים ותומים לא קאמר ליה. Das שאל. im Midrasch Sam. konnte leicht aus קא״ל, der gewöhnlichen Abkürzung von קאמר ליה, verschrieben worden sein.

[3] In ed. pr., Jal. I S. § 139, Baḥja ben Ascher im Komm. 180b und Mid. Agada II S. 51.

[4] Nach Mid. hagadol ms. zu Lev. 20, 27 und עקידת יצחק Pf. 65.

7. אֵשֶׁת - אִשָּׁה. Tanḥuma ed. Buber § 4 (bis); Jal. I S. § 139 aus Tan. (bis); Mid. ha-g. ms. zu Lev. 20, 27 aus Lev. r. l. c.

8. אנשים - אנשיו. Vgl. Proleg. S. 20 f. Das Suffix 3. pl. hat Kod. Ken. 2: עבדיו.

8. לי (I). Fehlt in Mid. Ps. XXIV, 3 und in Kod. Ken. 224.

9. אליו - אל שאול. Tanḥuma ed. Buber אמור § 4.

9. אליו - אדוני. Lev. r. ms. Epstein XXVI, 7.

9. הנה. Fehlt in Lev. r. l. c. und in Kod. Ken. 187.

9. אתה ידעת - נא ידעתי. Lev. r. l. c. in ed. pr. und den andern alten edd. = Ken. 150. LXX drückt נא (δή) aus.

9. את אשר - אשר. Tanḥ. ed. Buber אמור § 4.

9. הידעני - הידענים. Tan. ed. Buber l. c.; Tan. l. c. § 2. = LXX, P, V und einer Anzahl Kodizes.

10. בה'. Fehlt in Lev. r. ms. Epstein XXVI, 7 und in LXX.

10. לאמר. Fehlt in Lev. r. l. c.

11. האשה. Fehlt in Mid. Sam. XXIV, 3.

12. ותזעק - ותצעק. Baḥja ben Ascher. Komm. 259[c].

12. אל שאול. Fehlt in Tanḥuma אמור § 2, Tan. ed. Buber § 4.

12. לאמר. Vgl. Proleg. לאמר fehlt in Kod. Ken. 150, 201.

13. המלך. Fehlt in Lev. r. XXVI, 4 in allen alten edd.

13. כי מה - מה. Lev. r. l. c. in ms. Epstein. Auch LXX und P drücken כי nicht aus; V: quid.

14. מה תארו - ומה. Mid. ha-gadol ms. zu Lev. 20, 27 aus Lev. r. l. c.

14. המלך + ויאמר לה. Tanḥuma אמור § 2 in allen alten edd.

14. עלה. Vgl. Proleg. עלה fehlt in Kod. Ken. 96.

14. ויקד - ויפול. Tanḥuma l. c. Origenes bei Field: καὶ ἔπεσεν.

15. להעלות - לעלות. Threni rabbathi ed. Buber S. 134; Lev. r. XXVI, 7 in den alten edd.; Jal. z. St. aus Chagigah 4[a]. = Kod. Ken. 84, 614.[1]

15. ואלהים - והאלהים. Menorath ha-Maor N. 281 aus Berachoth 12[b]. = LXX. Kod. Ken. 187: האלהים.

15. ואלהים - וה'. Berachoth 12[b] in edd. und Jal. z. St.[2] = Kod. Ken. 168.

15. ביד הנביאים - בנביאים. Berachoth 12[b] in Raschi z. St.; Tanḥuma אמור § 2 in den alten edd. = Ar und Kod. Ken. 262.

[1] לעלות ist einigemale gleichbedeutend mit להעלות, so z. B. IS. 2, 28; vgl. Driver, Notes, zu der gen. St.

[2] וה' kann auch Abkürzung sein von והאלהים, es ist aber nicht wahrscheinlich.

16. ולמה – למה. Berachoth 12[b] nach Jal. z. St.; Lev. r. ms. Epstein XXVI, 7; Mid. Agada II S. 51 aus Tan. אמור § 2. = LXX, P, V und einigen Kodd.

17. לו – לך. Vgl. Proleg. לך lesen einige Kodizes.

17. בידי – בי. Lev. r. ms. XXVII.

17. בידי – בידי היום. Lev. r. l. c. in allen alten edd. — Eine unmögliche Lesart.

17. ה׳ (II). Fehlt in Lev. r. l. c. in ms. Epstein und Mid. ha-gadol ms. zu Lev. 20, 27. = P. und V.

17. מידך – מעליך. Mid. ha-g. l. c. aus Lev. r. l. c.; einige Kodizes.

17. מידך – ממך. Jal. z. St. aus Tanḥuma אמור § 2.

18. בקול ה׳ – בקול ה׳ אלהיך. Lev. r. XXVI, 7 in den alten edd.

19. ויתן ה׳ – ויתן. Mid. Agada II S. 51 aus Tanḥuma אמור § 2; Hadassi in Eschkol Ha-Kofer AB 89 (38[c]).

19. גם את – את. Mid. ha-gadol ms. zu Lev. 20, 27 aus Lev. r. XXVI, 7. גם fehlt auch in LXX.

19. ומחר – מחר. Berachoth 12[b] in edd. und bei Baḥja ben Ascher in Kad Ha-Kemaḥ v. ראש השנה;[1] Erubin 53[b]; Lev. r. XXVI, 7 in edd.; Deut. r. ms. Epstein אלה הדברים Ende; Mid. Sam. X, 2[2] und XXIII, 4 (bis); Tanḥuma אמור § 2;[3] R. Sam. ben Ḥofni Gaon bei Qimḥi zum Schluß unseres Kapitels; Baḥja im Komm. 259[c]; עקידת יצחק Pf. 30. מחר haben Origenes (bis) und Kod. Ken. 89, 224.

19. ומחר – למחר. Mid. Sam. XXIV, 6; Lev. r. ms. Epstein XXVI, 7.

19. גם את (II). Trg. Lag.: לחוד ית = אך (רק) את (ed. אף = MT). אך, das in unsere St. nicht paßt, ist vielleicht aus אף entstanden.

20. ארצה מלא קומתו – מלא קומתו ארצה. Lev. r. XXVI, 7 in ms. Epstein.

20. ויירא – ויירא שאול. Tanḥuma אמור § 2 in den alten edd.; ed. pr. = MT.

20. מאד. Fehlt in Lev. r. l. c.

20. מדברי – מפני. Lev. r. l. c. in den alten edd.

---

[1] In 2 mss., Jal. z. St. und Menorath ha-Maor N. 281 = MT.

[2] Nach Jal. IS. § 100.

[3] In Pugio fidei ed. Leipzig S. 611.

20. גם כה – וגם. Lev. r. l. c. = LXX, P, V, zwei Kodd. Ken.
22. בקול – לקול. Vgl. Proleg. לקול hat Ken. 225.
23. אל המטה – על. Trg., LXX, P, V, Ar.
24. ותלש – ותלוש. Josef Qimḥi in Sefer Ha-Sikkaron S. 51: ותלוש, ותלש קרי.

Kap. XXIX.

1. בָּעַיִן – בַּעַיִן. Jemenesische Massorah bei G. III 72 Kol. 2: בַּעַיִן, הבית בפתח.

3. נָפְלוֹ – נָפְלוֹ. Qimḥi, Wb. r. נפל: מיום נָפְלוֹ עד היום הזה בקמץ חטף.

3. נפלו + אלי. Trg.: מיומא דאיתפרש לותי. Vielleicht bloß Erklärung, aber auch LXX hat: πρὸς μὲ; Sym.: προσέφυγέν μοι.

4. לנו לשטן – לשטן. Trg. drückt לנו nicht aus. LXX: καὶ μὴ γινέσθω ἐπίβουλος τῆς παρεμβολῆς, = ולא יהיה שָׂטָן המלחמה.

4. ולא ירד – לא. Ibn Ġ'naḥ, Wb. S. 296.

7. בשלום – לשלום. Trg. Lag. und Bomberg 1518: לשלום. = LXX. לשלום scheint auch Babli Berachoth 64[a], Moëd Katon 29[a] zu lesen. Dort wird nämlich gesagt: Beim Abschied soll man dem Scheidenden nicht zurufen לך בשלום, sondern לך לשלום; Moses, dem Jethro zugerufen hat לך לשלום, hatte Erfolg, während Absalom, dem David zugerufen hat לך בשלום, ein unglückliches Ende gefunden hat.[1] Dagegen hätte aus unserer St. eingewendet werden können, daß der Scheidegruß לך בשלום für den Scheidenden nicht gerade verhängnisvoll werden muß; dieser Einwand wird nicht gemacht, folglich haben die Rabbinen in unserer St. לשלום gelesen. Sicher ist dies allerdings nicht, da es sich in unserer St. nicht um einen eigentlichen Abschied handelt.[2]

8. וּמֶה – ומה. Massorah bei G. I 600 Kol. 1.

9. לא יעלה – לא תעלה. Ibn Ġ'naḥ, Wb. S. 296.

---

[1] הנפטר מחבירו אל יאמר לו לך בשלום אלא לך לשלום, שהרי יתרו שאמר לו למשה לך לשלום (Ex. 4, 18) עלה והצליח, דוד שאמר לו לאבשלום לך בשלום (II S. 15, 9) הלך ונתלה.

[2] Tanḥuma שופטים § 19 ist nicht mehr von Abschied die Rede, sondern davon, daß der Ausdruck בשלום immer, bei jeder Gelegenheit, bei welcher er angewendet wird, nicht glückbringend ist: וקראת אליה לשלום (Deut. 20,10) בשלום אין כתיב כאן, שיהיו יוצאין לשלום ונכנסין בשלום, שאבנר (II S. 3, 21—23) ואבשלום שכתוב בהם בשלום לא חזרו, ומשה שאמר ליה יתרו לך לשלום הלך וחזר. Hier wäre eine Auseinandersetzung mit uns. St. unerläßlich, wenn Tanḥuma בשלום gelesen hätte.

Kap. XXX.

1. צִקְלַג – צִקְלָג. Massorah bei G. I 608 Kol. 1; III 27 N. 641 ff.

1. ועמלקי – ועמלקים. Lev. r. XXI, 1 in edd. und Jal. ha-Machiri Ps. 27 § 5. = Kod. Ken. 89. Abudraham ed. Warschau 110[b]: והעמלקים.

1. ועמלקי – ועמלק. Lev. r. l. c. in ms. Epstein; Ibn Ġ'naḥ, Wb. r. פשט;[1] Kod. Ken. 201. = LXX: καὶ Ἀμαλὴκ.

1. אל נגב – על. Trg., LXX, P, Ken. 225.

1. נגב – הנגב. Lev. r. XXI, 1 in edd. und Jal. Ps. § 706. = LXX, Ar.

1. ואל – ועל. Trg., LXX, P, Kod. Ken. 225.

1. ויכו את צקלג. Fehlt in Trg. edd.,[2] P und Ken. 90.

2. לא המיתו – ולא. Trg. edd. = V und Kodizes.

4. אין בהם – לא היה. Trg., LXX, P.

5. נִשְׁבּוּ – שָׁבוּ. Lev. r. XXI, 1 in ms. Epstein und Jal. Ps. § 706 (ואת שתי נשי דוד שבו).

5. היזרעלית – היזרעאלית. Lev. r. l. c. Massorah bei G. I 10 N. 14[c] zählt nicht unsere St. zu den 51 Wörtern, in denen ein א fehlt.[3]

6. בה' אלהיו – באלהיו. עקידת יצחק Pforte 61.

8. ארדף – הארדף. Vgl. Proleg. הארדף lesen Kodd. Ken. 30, 168.

8. לאמר. Fehlt in Pesiktha r. 31[a].

8. ויאמר לו – ויאמר ה' לו. Joma 73[b]. V: Dixitque ei Dominus = ויאמר לו ה' oder auch ויאמר ה' לו.

8. ויאמר לו. לו fehlt in Jerusch. Joma VI, 3 (44[c] 27) in edd. und Jefeh Mareh.

10. את נחל הבשור – את הנחל. Sohar IV 166[b].

11. ויקחו – ויביאו. Vgl. Proleg. Kod. Ken. 174 hat ויקחו ויביאו.

12. צמקים – צמוקין. Joma 83[b], Jerusch. ibid. VI, 3 (44[c] 27).

12. רוחו – נפשו. Sohar I 175[a].

12. אליו + ויחי. Vgl. Proleg. Ebenso liest Mid. zuta Koheleth ed. Buber S. 112.

13. שלשה + ימים. Trg., Kodd. bei Field, P, Ar, zwei Kodd. de Rossi.

---

[1] Im arab. Original = MT.

[2] Lag.: ומחו ית צקלג.

[3] נ"א מלין בק'[ריאה] דחסר א', darunter auch היזרעלית in II S. 2, 2.

16. פני כל הארץ – פני האדמה. Ibn Esra zu Num. 11, 31. כל fehlt in Kod. Ken. 225.

16. יהודה – ישראל. Ibn Ġ'naḥ, Wb. S. 333 in einem ms.

17. ועד הערב – עד. Lekaḥ tob zu Ex. 16, 35; Ibn Ġ'naḥ, Wb. S. 371 in einem ms.; Trg. bei Ibn Ġ'naḥ, Sefer Ha-Schoraschim r. מחר.[1] = LXX, V, Ar.

17. למחרתם – למחרתו. Pesiktha d' R. Kahana 175ᵇ (bis);[2] Mid. Ps. 79, 1 in den alten edd. = LXX, Trg., V.

17. נמלט – נותר. Gen. r. LXXVIII Ende in den alten edd. und Jal. Gen. § 133.

17. נער. Vgl. Proleg. נער fehlt in Kod. Ken. 252.

19. נעדַר – נעדָר. Massorah bei G. II 377 N. 151.

20. את העם – אל העם. Vgl. Proleg. אל העם haben einige Kodd.

22. עם דוד – את דוד. Gen. r. ed. pr. XLIII Ende. = Kodd. Ken. 246, 614.

22. לא נתן – ולא. Trg. Lag. ולא (edd. לא). ולא haben Ken. 2, 154, 174.

23. תעשו – תעשון. Gen. r. XLIII Ende in allen alten edd. und Jal. Gen. § 76.

24. הורד (Q're: הירד) – היוצאים. Lekaḥ tob zu Gen. 14, 24 aus Gen. r. l. c.

24. הישב – היושבים. Lekaḥ tob l. c. Trg.: דאשתארו.

25. וישמה + דוד. Vgl. Proleg. So auch Kod. Ken. 651.

25. לישראל – בישראל. Vgl. Proleg. בישראל lesen mehrere Kodizes Ken. und de Rossi.

26. ויבא . . . Mid. Ps. 15 Ende in den alten edd. und ms. Epstein: וישלח דוד אל צקלג [וגו'] הנה לכם ברכה.

26. לרעהו – לרעיו. Trg.: לרחמוהי.[3] = LXX, P, V.

27. ברמות – בְּרָמוֹת. Massorah bei G. I 602 Kol. 1: בְּרָמוֹת ס"א ברמות.

31. התהלך – הלַךְ. Trg.: הליך. Vielleicht bloß sinngemäß.

Kap. XXXI.

1. אל שאול – על. Trg., LXX, P, mehrere Kodizes.

3. מהמורים – מן המורים. Ḥajug ed. Jastrow S. 99;[4] Massorah bei G. I 489 N. 251.

---

[1] Im arab. Original = MT.

[2] Vgl. jedoch Pesiktha r. 31ᵃ und Friedmann z. St.

[3] Vgl. jedoch zu 14, 48 v. שסהו.

[4] In der Übersetzung Ibn Ġikatilias, Two Treatises S. 46, = MT.

4. והתעַללו – והתעוללו. R. Josef Kara in Geigers Parschandatha S. 29; Glossaire hebreu-français z. St.;[1] Ken. 1, 150.

4. ויקח שאול את החרב – ויקח החרב. Sotah 10[a] bei Pseudo-Naḥmanides zu Cant. ed. pr. Altona 14[a], in Jal. ha-Machiri Ps. 25 § 13 und in חופת אליהו רבה[2] Pforte חמשה. שאול fehlt in Kod. Ken. 182.

6. ושלשת – ושלשה. Tanḥuma ויחי § 14 in den alten edd.

6. גם כל – וגם. Qimḥi z. St. Trg. Lag. und Bomberg 1518: ואף. = Al, P und zahlreichen Kodizes.

8. את החללים. את fehlt in Trg. Lag. und edd.

10. גויתו – גלגלתו. Parḥon, Wb. r. גלל. Gewiß Verwechslung mit I Chr. 10, 10.

10. שן – שאן. Kaftor wa-Pheraḥ ed. Edelmann 21[a]; Parḥon, Wb. r. גלל und r. תקע; Qimḥi, Wb. r. תקע; mehrere Kodizes.

11. אליו – עליו. Trg. und Kodd. bei Field.

12. איש חיל – אנשי חיל. Pirke d' R. Elieser Kap. 38 in ms. Epstein und Menorath ha-Maor N. 216. = V und Kod. Ken. 187.

12. ויקחו – וישאו. Massorah bei G. I 605 Kol. 1 aus Kodex הללי, V und einige Kodd.

12. שן – שאן. Kaftor wa-Pheraḥ 21[a] und einige Kodizes.

Addenda.

I, 1. להשתחות ולזבוח לה' – להשתחות למלך ה'. Sa'adia im Komm. zu Sefer Jezirah, ed. Lambert S. 19. ולזבוח (καὶ θύειν) fehlt in Al.

I, 10. על ה' – אל. Vgl. Proleg. Auch Machsor Vitry S. 14 liest in Berachoth 30[b]: אל ה'.

II, 13. כבשל – בבשל. Zusätze zu Ibn Esras Pentateuchkomm. in קבץ על יד, I S. 87. V: dum coquerentur. בבשל hat Ken. 178.

II, 15. לאיש. Ein massoretisches Verzeichnis bei G. I 51 N. 440 zählt 32 לאיש ohne unsere St. Der Verfasser dieses Verzeichnisses hat also in unserer St. nicht לאיש, sondern אל איש gelesen.

---

[1] Vgl. zu 6, 6 v. התעלל.

[2] In ראשית חכמה Ende.

II, 22. יִשְׁכַּבְ֫ן. In vier massoretischen Verzeichnissen von nur einmal vorkommenden Wörtern, die mit יוד beginnen,[1] kommt ישכבן nicht vor, ebensowenig in vier Verzeichnissen von Wörtern, die mit יוד beginnen und auf ון oder ן endigen.[2] Die Verfasser dieser Verzeichnisse haben daher in unserer St. יִשְׁכָּבוּ gelesen. ו und ן können ja so leicht miteinander verwechselt werden. Mit dieser Lesart hängt die folgende Variante zusammen.

II, 22. יִשְׁכַּבְ֫ן – ישכבון. Jemenesische Mass. bei G. III 72 Kol. 2: ישכבון מלא ויו בספרי תיגאן ובירושלמי. Sabbath 55[b], wo das Wort wie יִשְׁכְּבֻן gedeutet wird, bestätigt die defektive Schreibung.

II, 24. אנכי – אני. Halachoth Gedoloth ed. Berlin S. 306[3] aus Kidduschin 81[a].

II, 24. עם ה׳ + את. Sabbath 55[a] in ms. München. = Kodd. bei Field (τὸν λαὸν) und Kod. Ken. 89.

II, 25. אם יחטא – כי. Mechiltha zu Ex. 21, 22.

II, 26. והנער – ויהי הנער. Jal. ha-Machiri Ps. 16 § 1 aus Aboth d' R. Nathan Kap. 2 Ende.

II, 26. וגם עם אנשים – גם. Buch der Frommen N. 485 und N. 526 (bis). = Kodd. Ken. 145, 180.

II, 27. אליו – לו. Lekaḥ tob zu Deut. 33, 1 aus Sifre Deut. § 342;[4] Kod. Ken. 224.

II, 27. הנגלה – נגלה. Trg: אתגלאה, LXX: Ἀποκαλυφθεὶς, P: מתגליו. Eine ähnliche Stelle ist Job 20, 4 הזאת ידעת מני עד, auch dort ist הזאת keine eigentliche Frage, und doch hat das Trg. dort: הדא, ebenso P, LXX: μὴ ταῦτα. Es ist daher sehr wahrscheinlich, daß die alten Vertenten in unserer St. נגלה gelesen. V übersetzt hier fragend und Job 20, 4: זאת ידעתי.

II, 28. להיות לי לכהן – לי לכהן. Mid. Zuta Koheleth ed. Buber S. 128.

II, 30. כל הימים – עד עולם. So zitiert eine Mass. bei G. I 579 Kol. 2. Vielleicht bloß Verwechslung mit VV. 32, 35.

II, 33. ולאדיב – להדאיב. Buch der Frommen N. 607 und ed. Berlin S. 35 N. 33.

II, 33. את נפשך. את fehlt in Raschi Baba Bathra 79[a] v. שתראיב und in Trg. bei Qimḥi z. St.

---

[1] G. I 667 NN. 4, 5, 6, 7.

[2] Ibid. NN. 9 b, 9 c, 9 d, 9 e.

[3] Ed. Warschau 126[b] fehlt das Zitat.

[4] Fehlt in edd., Jal. Deut. § 951 und IS. § 91.

II, 33. כל – וכל. Synhed. 14a;[1] Parḥon, Wb. r. אנש.

II, 34. אל בניך – אל שני בניך. Massorah bei G. I 59 N. 522b[2] in einem Verzeichnis von Verbindungen mit אל[3] führt auch אל בניך an. Da diese Worte in keinen andern Zusammenhang passen, so kann nur unsere St. gemeint sein.

II, 36. נא. Fehlt in Midrasch Sam. VIII 5. Auch LXX drückt נא (δή) nicht aus.

II, 36. מן + הכהנות. Jal. ha-Machiri Ps. 51 § 21 aus Sotah 5a.

III, 1. היה יקר. היה fehlt in Mid. Agada zu Lev. 1, 2 aus Lev. r. II, 1; Aruch v. זקף; Kod. Ken. 174.

III, 2. בימים ההם – ביום ההוא. Trg. edd.: ביומיא האינון (Lag.: ביומא ההוא = MT), P: ביומתא הנון.[4]

III, 2. ולא יכול – לא יוכל. Mid. ha-gadol. S. 414 aus Agadath Bereschith Kap. 41 § 3.[5] Vielleicht bloß Verwechslung mit 4, 15; jedoch ist ולא auch durch LXX, P, V und einige Kodd. bezeugt.

III, 5. בני + לא קראתי. Tanḥuma צו § 13, Kodd. Ken. 30, 70 margin.

III, 12. על – אל עלי. Mid. Sam. X, 1. = LXX, Trg.,[6] P, V, Ar.

III, 16. אל – את שמואל. Vgl. Proleg. Mass. bei G. III 27 N. 641 hh: נ״א אל שמואל.

III, 18. את הדברים האלה – את כל הדברים. Jal. z. St. aus Makkoth 13a. האלה haben 4 Kodd. Ken.

IV, 3. וַיֵּלֵךְ – ויבוא בקרבנו. Trg. Lag.: ויהך, P: תאזל. Vgl. Ex. 34, 9 ילך נא אדני בקרבנו. LXX: ויצא ist gewiß aus ויבא oder umgekehrt entstanden.

IV, 7. ויאמרו – כי אמרו. Trg. Bomberg: ואמרו (Lag. ארי אמרו). = LXX.

IV, 7. בא ארון אלהים – בא אלהים. אתא ארונא[7] דה׳. Euphemismus oder Parallelisierung mit V. 6. ארון אלהים hat Kod. Ken. 30.

---

[1] In edd., En-Jakob und Jal. z. St.

[2] So auch Mass. ed. 6b Kol. 4 (ed. Warschau 1862).

[3] אלין מילין בכל קריאה אל ולית חד מנהון ואל ... אל בניך ...

[4] Nach Wellhausen, Text der BB. Sam., bloß eine ‚richtig deutende Übersetzung‘. Viel. auch Parallelisierung mit V. 1.

[5] In edd. und Reschith Choḥmah Kap. גידול בנים fehlt die Stelle.

[6] IS. 24, 8 לקום אל שאול hat Bomberg 1518: לות, Lag.: על.

[7] Prophetentargum deutet אלהים immer durch ה׳ an, vgl. darüber Aptowitzer in R. É. J. LIV (1907) S. 58.

IV, 10. וינגף – ויננפו. Trg.: ואתברו.

IV, 10. ויפל – ויפלו. Trg. Lag.: ואתקטילו. = LXX (Al), P, V und Kod. de Rossi 211.

IV, 13. יך דרך (Qre יד). Trg.: על כיבש אורח תרעא = על יד דרך השער, wie II S. 15, 2. Gewiß Übersetzungsmanier; V. 18 und II S. 18 יד השער übersetzt Trg. gleichfalls mit על כיבש אורח תרעא. Indes hat LXX einen ähnlichen Text: על יד השער מצפה הדרך.

IV, 13. בעיר – לעיר. Trg. Bomberg: לקרתא (Lag.: בקרתא). = LXX.

IV, 15. תשעים + שנה. Mass. bei G. II 339 Kol. 2 (Zitat).

IV, 16. הבא – בא. Trg.: אתית (Lag.: אתיתי), P: אתית, Ar: ana ǵitu.

IV, 18. האלהים – ה׳. Tanḥuma ed. Buber שמיני § 3.

IV, 20. הנצבות + הנשים. Trg. und LXX. Vielleicht bloß sinngemäße Ergänzung.

V, 1. ארון האלהים – הארון. Jal. I S. § 103 aus Mid. Sam. XI, 4.

V, 8. ארון אלהי ישראל – ארון ברית ה׳. Seder Eliah r. Kap. 11 in ed. pr. Ven. 1598 (ed. Friedmann S. 58 fehlt das Zitat). ה׳ אל׳ יש׳ hat Ken. 150.

V, 10. וישלחו את ארון האלהים – וישיבו את ארון ה׳. Seder Eliah r. l. c.

V, 10. ויזעקו – ויצעקו. Seder Eliah r. l. c.

V, 10. להמיתני ואת עמי – להמיתנו ואת עמנו. Trg.: לקטלותנא וית עמנא. Es scheint nicht Übersetzungsmanier, da im unmittelbar folgenden V. אותי ואת עמי durch יתי וית עמי ausgedrückt wird. LXX, P, V, Ar haben beidemal den Plural. להמיתנו haben Ken. 99, 150.

VI, 2. לארון – בארון. Trg. Lag.: בארונא.

VI, 3. אל תשלחו – תשיבו. Raschi zu Jes. 53, 10.

VI, 4. לכלם – לכלכם. Trg.,[1] LXX, P, V, Ar und viele Kodd.

VI, 7. לא עלה עליהם על – לא משכו בעל. Trg.: דלא נגדא בניר, wie Deut. 21, 3 לא משכה בעל – לא נגידת בניר. In Num. 19, 2 לא עלה עליה על übersetzen die Targumim wörtlich.[2] Auch in unserer St. ist kein Grund zur Umschreibung vorhanden.

VI, 8. אל העגלה. Trg. בעגלתא muß nicht בעגלה ausdrücken, da auch אל העגלה in V. 11 und II S. 6, 3 so übersetzt wird. P. hier, V. 11 und II Chr. 13, 7 בעגלתא, II S. 6, 3 על עגלתא.

---

[1] Ed. Leiria 1494: לכלהון = MT.

[2] Onk.: לא סליק עלה נירא, Jon. nach der Halacha: לא סליק עלה דכר.

VI, 8. אשם. Fehlt in Jal. Ex. § 367 und Baḥja b. Ascher, Komm. 104[c] aus Baba Bathra 14[a].[1]

VI, 11. על – אל העגלה. Massorah ed. zu Josua 10, 27 (Zitat). = LXX, V, Ar. Trg. und P: בעגלתא, vgl. zu V. 8 s. v. אל העגלה.

VI, 15. על – אל האבן. Trg., LXX, P, V, Ar und Kodd.

VI, 18. אֶבֶן – אָבֵל. Trg., LXX, Ar und einige Kodd.

VI, 19. שבעים איש חמשים אלף איש. Vgl. Proleg. שבעים אלף איש zitiert Thr. rabbathi ed. Buber S. נד. איש fehlt in Kod. Ken. 475, חמשים אלף איש fehlt in Ken. 84, 210, 418.

VII, 2. ויהי – ויהיו. Zebāḥim 118[b] nach Jal. Jos. § 23, Seder Olam r. Kap. 13 nach Jal. I S. § 139, Kod. Ken. 23.

VII, 2. כל בית. כל fehlt in Lekaḥ tob zu Gen. 6, 12 und Kod. Ken. 84.

VII, 3. בית ישראל. בית fehlt in Mid. Ps. 119, 145.

VII, 3. אלהיכם + אל ה׳. Mid. Ps. l. c. Vgl. Deut. 4, 30; 30, 2, 10; Hos. 14, 2.

VII, 9. שמואל (I) fehlt bei Ibn Kureisch, Risalāt lit. ט S. 21.

VII, 9. כליל fehlt in Trg. Bomberg 1518. Lag.: גמיר.

VII, 9. ויצעק – ויזעק. Vgl. Proleg. ויצעק hat Kod. Ken. 198.

VII, 9. בעד ישראל. Fehlt in Pesikta d' R. Kahana 156[a] und Tanḥuma ed. pr. האזינו (§ 4).

VII, 10. הפלשתים – פלשתים. Gersonides zu I S. 2, 10. = LXX.

VII, 10. ויתנגפו לפני בני ישראל – וינגפו לפני ישראל. Lekaḥ tob zu Deut. 28, 7.

VII, 13. ויכנעו הפלשתים ולא יספו עוד. Pirke d' R. Elieser Kap. 36 wird in bezug auf Davids Siege über die Philister bemerkt: וכתיב ויכנעו פלשתים ולא יכלו פלשתים עוד ... In der Geschichte der davidischen Regierung, II Sam. und I Chr., kommt weder diese, noch eine ähnliche Stelle vor; es ist daher zweifellos, daß der Agadist den inhaltlich passenden Satz aus unserer Stelle borgt.[2]

VII. In D. Hoffmanns לקוטי בתר לקוטי S. 14: אמר ר׳ ישמעאל כל זמן שישראל נשמעין לדיניהם הקדוש ברוך הוא עושה להן דין בשונאיהן שנאמר ושפט את ישראל את כל המקומות האלה ומה כתיב אחריו ותהי יד ה׳ בפלשתים כל ימי שמואל. Demnach hätte R. Ismael in seinem Texte am Schlusse unseres Kapitels eine Stelle gelesen, die in

---

[1] Edd. und mss. = M.T.

[2] Vgl. Proleg. S. 25 ad c.

unseren Texten in V. 13 steht. Vielleicht muß es aber für אחריו heißen אצלו, dabei.

VIII, 1. כי – כאשר. Vgl. Proleg. כי liest der sehr alte Midrasch Megillah in Semitic Studies S. 173.

VIII, 2. ויהי שם בנו הבכור יואל. Ruth r. zu 2, 1: והכתיב ובני שמואל שם הבכור יואל. Wahrscheinlich Vermengung mit I Chr. 6, 13; vielleicht auch ist zu lesen: בבני שמואל, d. h. es steht in der Stelle von den Söhnen Samuels.[1] Das Zitat lautet demnach bloß שם הבכור יואל, welche Lesart auch anderswoher bestätigt wird. בנו fehlt nämlich in Jal. ha-Machiri Ps. 80 § 2 aus Mid. Ps. ibid. und in Kodd. Ken. 71, 176.

VIII, 3. ובניו לא הלכו – ולא הלכו בניו. Sabbath 56[a] in allen Ausgaben.[2] Vgl. V. 5 ובניך לא הלכו.

VIII, 3. בניו. Fehlt in Agadath Schir Ha-Schirim ed. Schechter S. 15 und in Kod. Ken. 96.

VIII, 3. וילכו – ויטו. Mid. Agada II S. 17 aus Tanḥuma צו § 10. Sym.: ἀλλὰ μετέκλινον ἀκολουθοῦντες geht gewiß auf ויטו וילכו zurück.

VIII, 5. ועתה – עתה. Vgl. Proleg. ועתה lesen 7 Kodd. Ken.

VIII, 7. לקול – בקול. Josef Kara, Hoseakommentar zu 13, 1.

VIII, 7. יאמר – יאמרו. Josef Kara l. c.

VIII, 12. לשום (?) – ולשום. Massorah bei G. I 329 Kol. 1 zählt ולשום unter den Hapaxlegomenis; dieses Wort kommt aber auch II Sam. 7, 23 vor. An einer dieser Stellen hat die Massorah nicht ולשום gelesen, sondern לשום; vielleicht auch ולשים.

VIII, 12. לעשות – ולעשות. Trg. bei Qimḥi: אומניא.

VIII. 12. לו + ולעשות. Maḥsor Vitry S. 558.

VIII, 16. ועשה למלאכתו. Trg.: למהוי עבדין עיברתיה = לעשות מלאכתו. Vielleicht bloß Parallelisierung mit V. 12.

VIII, 19. כי אם. אם fehlt in Midr'sche Ha-Torah S. 195 und in Kodd. Ken. 30, 71.

VIII, 19. ימלך – יהיה. Vgl. Proleg. ימלך auch in Midr'sche Ha-Torah l. c.

VIII, 20. בראשנו – לפנינו. Raschi Synhed. 20[b] v. עמי הארץ; Baḥja b. Ascher, Komm. 258[a].

---

1 Vgl. Num. r. X, 5: איתיבין מבני שמואל, d. h. man machte einen Einwand aus der Stelle von den Söhnen Samuels. Der späte Num. r. korrigiert aber oft seine Quelle, weshalb sein Zeugnis kein vollgültiges ist.

2 Parallelstellen und Sekundärquellen = MT.

VIII, 20. את מלחמתנו. את fchlt in Predigten des R. Nissim N. 11; Baḥja, Komm. 129[b].

IX, 2. מבני fehlt in Mid. ha-gadol S. 699 aus unbekannter Quelle (ואין בישראל) und in Kod. Ken. 130.

IX, 2. האנשים – העם. Midrasch Agada II S. 53 aus Tanḥuma אמור § 6. Vielleicht ist die sehr schwierige Lesart der LXX: הארץ aus falscher Auflösung von הא', = האנשים, entstanden.

IX, 3. מן הנערים – מהנערים. Trg. Lag.: מן עולימיא (Bomberg 1518: מעולימיא).

IX, 3. ולך – לך. Trg. Lag.: ואיזיל (Bomberg = MT). = LXX (ולכו).

IX, 4. ויעבר – ויעברו. Trg. Bomberg: ועבר (Lag. = MT). Vielleicht bloß Parallelisierung, wie umgekehrt LXX und V durchweg den Plural haben. ויעבר haben 3 Kodd. Ken. und der spanische Kod. de Rossi 518.

IX, 5. לארץ – בארץ. Trg., Al, P, V. Viell. bloß sinngemäß.

IX, 6. הנה נא. נא fehlt in Sifre Deut. § 342 in edd. und Jal. Deut. § 959 und bei Josef Kara in Geigers Nite Na'amanim 3[a].

IX, 7. האלהים + לאיש. Trg.: לנביא דה',[1] = Kod. Ken. 182.

IX, 7. מכלינו. Trg. Bomberg, edd. und bei Qimḥi: מיננא, = ממנו (מאתנו). Gewiß Verschreibung aus מִמננא, das Lag. hat.

IX, 8. ונִתְּנ(ה) – ונתתי. Trg.: וניתן (Lag.: ואתין), P: נתל, V: demus. LXX: ותִתֵּן ist vielleicht aus ונִתֵּן entstanden, oder umgekehrt; καὶ δώσεις ist aber auch = וְנָתַתָּ.

IX, 11. ויאמר – ויאמרו. Vgl. Proleg. ויאמר hat Kod. Ken. 1.

IX, 13. אל + העיר. Mechiltha 19[b]. Kod. Ken. 70: לעיר.

IX, 13. יאכלו – יאכל. Mechiltha l. c.

IX, 13. את + הזבח. Vgl. Proleg. Orḥoth Ḥajim, תפלה N. 74: כי הוא יברך את הזבח דמתרגמינן הוא יפרוס על דבחא.

IX, 16. לך – אליך. Midrasch פנים אחרים in Bubers ספרי דאגדתא 36[b], Ken. 93.

IX, 16. צעקתם – צעקתו. Trg., LXX, P, V.

IX, 18. איזה – אי זה. Sifre Deut. § 17; Raschi zu II Chr. 11, 8; Qimḥi zu V. 19; einige Kodizes.

IX, 21. שבט – שבטי. Trg., LXX, P, V.

IX, 22. ויבאם – ויביאם. Massorah bei G. I 608 Kol. 1, III 27 N. 641 ff.

---

[1] So edd. und Lag ; bei Raschi (לגברא) und Qimḥi (לנביא) = MT.

IX, 27. דבר – דברי. Naḥmanides zu Gen. 25, 31.

IX, 27. אלהים – ה'. Vgl. Proleg. ה' hat Ken. 71, ה' אלהים Ken. 70, 254.

X, 1. Vgl. Proleg. על נחלתו fehlt in Kod. Ken. 195.

X, 2. לבקש + אותן. Trg. Bomberg 1518: (l. יתן) למיבעי יתך. Vielleicht bloß Ergänzung.

X, 2. אביך. Fehlt in Toseftha Berachoth IV, 18 in edd. und mss.

X, 2. דברי – דבר. Toseftha l. c. in edd. = LXX, hexaplarische Note, Trg., P und 2 Kodd. Ken. V: intermissis pater tuus asinis, drückt דברי nicht aus,[1] was mit Tosefta l. c. in ms. Wien übereinstimmt.

X, 3. האלהים – אלהים. Ibn Ġ'naḥ, Wb. S. 368.

X, 16. הגד + כי. Josef Qimḥi in Sefer Ha-Sikkaron S. 49.

X, 21. Für die Proleg. S. 3 hervorgehobene Tatsache, daß selbst ganz bedeutende Abweichungen der LXX von MT in hebräischen Kodizes aus verhältnismäßig sehr später Zeit ihre Parallele hatten, ist interessant, daß LXX und Kod. Ken. 451 in unserem Verse nach המטרי den Zusatz haben: ויקרב(ו) (את) משפחת המטרי לגברים.

X, 22. עוד הלם – הלם עוד. Toseftha Berachoth IV, 18 nach Jal. I S. § 108. Kodd. bei Field: ἐνταῦθα ἔτι.

X, 22. הלם fehlt in Tanḥuma ed. Buber ויקרא § 4.

X, 22. אל הכלים – בין הכלים. Aboth d'R. Nathan ed. Schechter S. 140. Trg., LXX, P, Ar: בין הכלים. 30, 4 על הכלים übersetzen diese Vertenten MT. Der Sprachgebrauch fordert נחבא בְּ, vgl. Gen. 3, 8; Jos. 10, 17; I S. 13, 6; 14, 22; II S. 17, 9; I R. 18, 4, 13; II R. 7, 12; Jes. 42, 22; 49, 2; Amos 9, 3; II Chr. 22, 9.

X, 24. הראיתם. Über das Dagesch im ר vgl. Norzi und Baer. Nach zwei andern massoretischen Verzeichnissen bei R. Moses Punktator[2] hat das ר von הראיתם in unserer St. kein Dagesch.

X, 24. הראיתם. Trg. Lag.: הא חזיתון = הנה ראיתם. V: certe videtis; P, Ar: ראיתם. Vielleicht bloß sinngemäß.

X, 24. בחר בו ה' – בו בחר ה'. Jal. I S. § 95 aus Mid. Sam.

---

[1] Es hätte etwa heißen müssen: sublatā curā de asinis.

[2] Fragmente aus der Punktations- und Akzentenlehre der hebr. Sprache, ed. Frensdorff, Hannover 1847, S. 23.

VIII, 2; Num. r. III, 2 in edd. Auch V: quem elegit Dominus entspricht besser dem hebr. אשר בו בחר ה׳.

XI, 12. את + האנשים. Raschi Joma 22[b] v. וכתיב ויעל.[1]

XII, 3. ואת - את מי רצותי. Vgl. Proleg. ואת hat Hadassi in Eschkol ha-Kofer 42[b].

XII, 5. בכם. Fehlt in Makkoth 23[b 1] und Kod. Ken. 60.

XII, 5. הזה. Vgl. Proleg. הזה fehlt in Kodd. Ken. 50, 93, 95.

XII, 6. אשר – ואשר. Jerusch. Rosch Ha-Schanah II, 5 (58[b] 5). = LXX und Ken. 76, 244.

XII, 7. צדקות. In drei massoretischen Verzeichnissen von Wörtern, die nur je einmal ohne ו geschrieben sind,[2] fehlt das Wort צִדְקֹת, welches Idc. 5, 11 defektiv, in unserer St. und Michah 6, 5 plene geschrieben ist. Die Verfasser der genannten Verzeichnisse haben also entweder in unserer St. oder in Michah 6, 5 oder auch in beiden Stellen צדקת def. gehabt.

XII, 13. ואשר – אשר (II). Michlol ed. Rittenberg 7[a]. = Kodd. bei Field, Trg. Lag., P, V und vielen Kodizes.

XII, 16. הזה. Fehlt bei R. Josef Qimḥi in Sefer Ha-Galuj S. 111.

XII, 21. כי אחרי. כי fehlt in Trg., LXX, P, V und Ken. 30, 109. Das P'sik । nach כי zeigt ebenfalls, daß das Wort angefochten wurde.[3]

XIII, 11. באתה – באת. Ḥajuġ, Sefer הנקוד ed. Dukes S. 198; Komm. des R. Jesaiah zur St.

XIII, 13. שמעת – שמרת. Seder Olam r. ed. Mantua 1514 Kap. 13, Kod. Ken. 187.

XIII, 13. צוך ה׳ – צוך. Trg. Lag., LXX.

XIII, 14. ויצוהו – ויצוהו. R. Samuel Ha-Nagid bei Qimḥi, Michlol ed. Rittenberg S. 49[b]: יוד ראשונה דגושה, wozu Qimḥi: ואני לא מצאתי כן בספרים מדויקים.

XIII, 19. גבול – ארץ. Vgl. Proleg. גבול haben einige Kodd.

XIII, 21. הפצירפים – הפצירה פים. Fastenrolle ed. Mantua 1514 Kap. 1; Kodd. Ken. 112, 150; Ken. 180: הפציהפים ist gewiß bloß Verschreibung aus הפצירפים.

XIII, 21. פים – פים. Jemenensische Massorah bei G. III 72 Kol. 2: פים, הפא רפי.

[1] In edd., Agadoth ha-Talmud und En Jakob.

[2] G. I 418 NN. 428, 429, 430: ט״ח דמיחדין חסירין ויו.

[3] Vgl. Büchler, Untersuchungen zur Entstehung der hebr. Akzente S. 80 ff.

XIII, 22. מלחמת – מלחמה. Mid. Sam. XVII, 2; Cant. r. ed. Ven. V, 14; Lev. r. edd. Ven. und Sal. XXV, 8.

XIII. 22. יונתן – יהונתן. Num. r. X, 1 in ed Ven. und Sal.; Qimḥi zu V. 19.

XIII, 22. וליונתן – וליהונתן. Num. r. l. c., Qimḥi zur St. aus Mid. Sam. XVII, 2.

XIV, 1. מצב – מַצָּב. S. zu XIII, 23 s. v.

XIV, 10. לנו – לי. Abraham Bedaresi (בדרשי) in Ḥotham Tochnith 142[a].

XIV, 14. צמד + בקר. Trg.: פדנא דתורין,[1] = 3 Kodd.

XIV, 18. ובני – עם בני. Vgl. Proleg. עם בני hat Ken. 150.

XIV, 19. וילך – הלך. Trg., LXX, P.

XIV, 24. האיש – העם. Sifre Deut. § 4. Wahrscheinlich bloß graphischer Fehler, vielleicht auch durch das vorhergehende העם veranlaßt.

XIV, 29. את הארץ. את fehlt in Ibn Ġ'naḥs Wb. r. עכר.

XIV, 29. דבש – הדבש. Jal. zur St. aus Joma 83[b].[2] = LXX.

XIV, 30. היום. Fehlt in Hadassis Eschkol Ha-Kofer S. 70[c], in V und 2. Kodd.

XIV, 34. שיהו – שֵׂיו. Jal. zur St. aus Zebaḥim 120[a]; Cant. r. V, 14; Gersonides zu V. 35. S. auch Qimḥi.

XIV, 34. אל הדם – על. Eschkol Ha-Kofer 64[b], Konkor. v. לאכול, Trg. und Kodd.

XIV, 34. כל העם. Fehlt in Eschkol Ha-Kofer l. c. und 87[d].

XIV, 34. כל העם. כל fehlt in Raschi zu Zebaḥim 120[a].

XIV, 34. איש שורו (II) + ואיש שֵׂיו. Jal. zur St. aus Zebaḥim 120[a], Eschkol Ha-Kofer 87[a]. = Kod. Ken. 30 (שיהו).

XIV, 34. בידו הלילָה וישחטו שם – וישחטו בלילה. Jal. l. c.[3] Vielleicht bloß Wiedergabe des Inhaltes,[4] aber auch Hadassi l. c. zitiert בלילה וישחטו שם und liest בידו nicht.

XIV, 45. היונתן – היהונתן. Vgl. s. v. היהונתן liest in Berachoth 55[b] Jakob ben Jehuda Ḥasan aus London[5] in Sefer עץ חיים.[6]

---

1 Aber so auch IR. 19, 19 צמדים, wo בקר nicht paßt; daher דתורין auch in uns. St. Erklärung.

2 Edd., mss. und Halachoth Ged. S. 156 = MT.

3 So auch die alten Ausgaben.

4 Vgl. Proleg. S. 27, ad h.

5 II. Hälfte des 13. Jahrh., s. Adler in Steinschneider-Jubelschrift S. 241

6 Op. cit, S. 204.

XIV, 45. הישועה – את התשועה. התשועה lesen Jakob ben Jehudah aus London und 3 Kodd.

XIV, 45. הגדולה הזאת. Fehlt in Berachoth 55[b] in ms. Florenz und in P. הגדולה fehlt in Trg. bei Ahron Ha-Kohen aus Lunel;[1] הזאת fehlt bei Jakob ben Jehudah aus London und in Kod. Ken. 90.

XIV, 45. משערת – משערות. Berachoth 55[b] nach Jal. I S. § 118 und Mid. ha-gadol S. 558.[2]

XIV, 45. אלהים – ה'. Mid. ha-gadol l. c. und Kod. Ken. 93. Ken. 240: ה' אלהים.

XIV, 47. סביב בכל איביו – בכל איביו מסביב. Gen. r. XCIX, 3. Vgl. Deut. 12, 10; 25, 19; Josua 23, 1.

XV, 3. את עמלק. Pirke d'R. Elieser Kap. 44:[3] וכשמלך שאול אמר לו שמואל כה אמר ה' צבאות עתה לך את עמלק עד משתין בקיר. Gewiß aus dem Gedächtnis zitiert und Reminiszenz an andere, ähnliche Stellen.[4] Vielleicht auch Wiedergabe des Inhaltes, da der Ausdruck משתין בקיר immer dort gebraucht wird, wo es sich um vollständige Vernichtung handelt.

XV, 6. סרו – קומו. Massorah bei G. II 546 N. 7 (Zitat).

XV, 6. סרו – פרו. Massorah aus Jemen bei G. III 73 Kol. 1: פרו, הסמך דגש בספרי תיגאן. Vgl. auch Baer.

XV, 6. רדו – רדו. Massorah l. c., Kod. Heidenheim bei Baer.

XV, 9. והעם. Fehlt in Tanḥuma מצורע § 1, Maḥsor Vitry S. 215 und Kodd. Ken. 70, 109.

XV, 11. ויזעק – ויצעק. Vgl. Proleg. ויצעק haben Ken. 125, 174.

XV, 12. בבקר לקראת שאול hat Kod. Ken. 18, וישכם שמואל בבקר zitiert auch Mechiltha des R. Simon ben Joḥai ed. Hoffmann S. 52.

XV, 22. בעלות וזבחים – בעולה ומנחה. Mid. Ps. ed. Buber 40 § 4;[5] Ziuni zu Ex. 28, 21: בעולה. Vgl. Levit. 23, 27; Jer. 14, 12; 17, 26.

XVI, 15. הנה נא. נא fehlt in Juda ben Barsilais Kommentar zum Sefer Jezirah S. 183 und in Kodd. Ken. 1, 30, 70.

XVI, 15. רעה fehlt in Ḥotham Tochnith 182[b].

XVI, 18. נגן – לנגן. עקידת יצחק Pforte 15, Kod. Ken. 198.

---

[1] Orḥoth Ḥajim II S. 511.

[2] משערת in andern Sekundärquellen und in edd. entscheidet nicht, da es משערֹת gelesen werden kann.

[3] So auch ed. pr. Konst. 1514.

[4] Vgl. IS. 25, 22, 34; IR. 14, 10; 16, 13; 21, 21; IIR. 9, 8.

[5] Fehlt in edd.

XVI, 23. Vgl. Proleg. + רעה haben 8 Kodd. Ken.

XVII, 20. דוד + ויבא. R. Sam. Masnuth in Ma'ajan Gannim S. 50.

XVII, 36. מערכות fehlt in Num. r. ed. pr. V.

XVII, 37. הזה. Fehlt in Jal. ha-Machiri Ps. 16 § 23 aus Tanḥuma אמור § 4.

XVII, 37. אתך – עמך. Ibn Ġ'naḥ, Wb. r. אך.[1]

XVII, 47. העם – הקהל. עקידת יצחק ed. pr. Sal. 1522 3[d] (ed. Preßburg 6[a]).

XVII, 53. בני fehlt in Mid. Ps. ms. 118.

XVIII, 11. אכהו בקיר – אכה בדוד ובקיר. Hebräisch-persisches Wb. aus dem 14. Jahrh. ed. Bacher S. 104.

XVIII, 17. שאול (I) fehlt in Mid. Sam. XXII, 4.

XIX, 7. לשאול – אל שאול. Massorah bei G. I 606 N. 653, 608 Kol. 1, viele Kodizes.

XXI, 14. הבית – השער. Jedajah Ha-Penini paraphrasiert in Beḥinath Olam, Kap. 13, 17: להתוות על דלתי בתי נדיבים. Da Jedajah bestrebt ist, soweit sein Zweck es erlaubt, den biblischen Wortlaut beizubehalten, so hat er sehr wahrscheinlich in unserer St. הבית gelesen.

XXII, 19. בחרב – לפי חרב. Mid. Ps. ed. Buber 52 § 5.

XXIII, 3. נרד – נלך. Der Ibn Esra zugeschriebene Proverbienkomm., S. 6[a]; Kod. Ken. 101.

XXIII, 9. הכהן. Fehlt in ben Barsilais Jezirahkomm. S. 183 und in 4 Kodd. Ken.

XXIII, 17. אתה – ואתה. Predigten des R. Josua Ibn Schoeib תצוה.

XXIII, 22. כי + ערם. Sefer Ha-Schoham S. 24, 38.

XXIII, 26. על – אל דוד. Aboth d' R. N. II. Rez. S. 22[a]: היה עוטר על דוד ועל אנשיו לתפשם. Jedaiah Ha-Penini paraphrasiert: עוטרים עלי ועל אנשי[2] und: העוטרים על חמודותי לתפשם.[3]

XXIV, 4. אשר + על הדרך. Vgl. Proleg. אשר hat Kod. Ken. 650.

XXIV, 6. כנף המעיל – כָּנָף. Konkor. v. כנף המעיל, P, V, Ar und einige Kodd. LXX: כנף מעילו.

XXIV, 15. רודף – רדף. Massorah bei G. I 494 N. 337: כל רודף חסר ויו בר מן ב׳, אחרי מי אתה רודף, בלא כח לפני רודף.

---

[1] Im arabischen Original S. 46 = MT.

[2] Beḥinath Olam Kap. 16, 10. [3] Ibid. Kap. 25, 32.

XXV. 34. אותך – לך. Trg.: מלאבאשא ליך. Num. 16, 15, die einzige Stelle, wo noch r. רוע mit את vorkommt, übersetzen die Targumim wörtlich, Onk.: ית חד, Jon.: לחד.

XXV, 36. שכ֗ר – שכור. Massorah bei G. II 622 N. 406: שכור ד׳ וסמנהון ותבא אבגיל אל נבל.

XXVII, 1. אל לבו. Fehlt in Raschi und Tossafoth Temurah 15[a] und in Kod. Ken. 70.

XXXI, 12. וישרפו אתם. Trg.: וקלו עליהון כמא דקלן על מלכיא. Das scheint auf die Lesart וישרפו להם zurückzugehen; vgl. Jer. 34, 5; II Chr. 16, 14; 21, 19. In der Tat ist וישרפו אתם ungemein schwierig, da die Bibel das Verbrennen als Leichenbestattung nicht kennt. Das Verbrennen der Leiche galt vielmehr als schwere Beschimpfung und wurde als Strafverschärfung angewendet.[1] Die Übersetzung Trg.s ist daher keine ‚widersinnige', wie Kirchheim[2] meint. —

Ein Zitat offenbar aus unserem Buche, das aber in unseren Texten nicht vorkommt ist folgende Stelle. Tanḥuma ed. Buber ויצא § 20 führt als Beweis, daß die Söhne Benjamins שבטים genannt werden I S. 9, 21 an und sagt dann: וכתוב אחר אומר וישלח שאול בכל שבטי בנימין לאמר. Buber korrigiert: (Idc. 20, 12) וישלחו שבטי ישראל אנשים. Daß diese Korrektur nicht berechtigt ist, beweist Bereschith Rabbathi ms. Prag,[3] wo es heißt: וכתוב אחר אומר וישלח שאול בכל שבטי בנימין, וישלחו שבטי ישראל אנשים (Idc. 20, 12) בכל שבטי בנימין. Also beide Stellen nebeneinander. In Hadar Zekenim 13[a] führen Pentateuchtossafoth die Tanḥumastelle ohne die Belege aus der Bibel an und bemerken: ואם תאמר היכן מצינו שנקראו בניו (של׳ בנימין (scil. שבטים? שנאמר בספר שמואל בכמה מקומות (!) שבטי בנימן. In unseren Texten kommt der Ausdruck שבטי בנימן in Samuel I nur ein einziges Mal vor, 9, 21. Ich vermute eine Stelle, wo vielleicht שבטי בנימן stehen konnte, die ist 11, 7: וישלח (שאול בכל שבטי בנימן ו)בכל גבול ישראל.

---

1 Vgl. darüber Büchler in Monatsschrift 1906 S. 542 ff. — Gegen die ibid. S. 555 Anm. 1 und S. 558 ausgesprochene Vermutung, daß die Differenz zwischen Pharisäern und Sadduzäern in bezug auf die Todesstrafe des Verbrennens mit dem Auferstehungsglauben und dem Negieren desselben seitens der Sadduzäer zusammenhängt, ist auf Sa'adia, Emunoth we-Deoth Kap. 7 zu verweisen. Vgl. auch Jakob Schor zu Sefer Ha-Ittim S. 233 und dagegen Jakob Ḥagis in Responsen הלכות קטנות N. 138.

2 Ein Kommentar zur Chronik aus dem 10. Jahrhundert, S. 51 Anm. 3.

3 Abschrift im Besitze des Herrn A. Epstein, 13[a].

DAS SCHRIFTWORT

IN DER RABBINISCHEN LITERATUR.

VON

V. APTOWITZER.

III. UND IV. HEFT.

FIRST PUBLISHED 1911

Vorwort.

Die ersten zwei Hefte meiner Arbeit „Das Schriftwort in der rabbinischen Literatur", Prolegomena und Samuel I, sind in den Sitzungsberichten der phil.-historischen Klasse der kaiserlichen Akademie der Wissenschaften in Wien, Bd. 153 (1906) und Bd. 160 (1908) erschienen. Jetzt lasse ich weitere zwei Hefte, Samuel II und Josua folgen.

Über Zweck und Methode meiner Arbeit habe ich in den Prolegomena ausführlich Rechenschaft gegeben. Da aber die vorliegenden Hefte als Programmschrift auch auf solche Leser rechnen dürfen, denen die Prolegomena nicht bekannt geworden sind, muß ich hier folgende einleitende Bemerkungen wiederholen.

1. Die Frage, ob überhaupt etwas oder wieviel aus der talmudischen Literatur für die Textkritik der alttestamentlichen Schriften gewonnen werden kann, ist in den letzten Jahrhunderten vielfach erörtert und verschieden beantwortet worden.

Gegenwärtig geht die Ansicht der meisten Gelehrten dahin, daß die talmudisch-rabbinische Literatur eine nicht unbedeutende textkritische Hilfsquelle abgeben könnte.

Aber das, was bis jetzt auf diesem Gebiete geleistet wurde, läßt den texkritischen Wert dieser Literatur nicht erkennen, weil diese Frage zum Gegenstand einer gründlichen, auf das ganze Gebiet dieser Literatur sich erstreckenden Untersuchung bis jetzt nicht gemacht worden ist.

Diese Erkenntnis veranlaßte mich, die Untersuchung von neuem aufzunehmen. Während eines mehrjährigen fleißigen Studiums habe ich alle in der gesamtem rabbinischen Literatur abweichend vom Massorahtext zitierten Bibelstellen, mit Ausnahme solcher, die auf den ersten Blick als Schreib- oder Druckfehler zu erkennen sind, gesammelt und auf ihren Wert für die Textkritik geprüft.

Gewöhnlich kommen nur die beiden Talmude und die ältesten Midraschim für die Textkritik in Betracht. Ich habe aber bei den späteren Rabbinnen eine so große Fülle echter Varianten gefunden, daß ich mich veranlaßt sah, meine Untersuchung auch auf ihre Schriften auszudehnen. Freilich nur bis zu der Zeit, da noch Kodizes im Gebrauche waren, also bis Anfang des XVI. Jahrhunderts, wo die Handschriften von den gedruckten Bibeln fast ganz verdrängt wurden.

2. Nicht alle vom Massorahtext abweichende Zitate können als abweichende Lesarten angesehen werden. Ich unterscheide fünf Arten von Varianten: 1. Sichere, die sich aus dem Inhalte der Stelle ergeben; ihre Zahl ist eine verhältnismäßig geringe. 2. Höchstwahrscheinliche, solche, die von den alten Versionen gestützt werden. 3. Warscheinliche, solche, die auch in Kodizes vorkommen. 4. Mögliche, solche, bei denen alle Texte einer Quelle übereinstimmen. 5. Mögliche, wo bloß die meisten Texte einer Quelle gleich lauten. Solche Abweichungen hingegen, die von verschiedenen, von einander unabhängigen Quellen bezeugt sind, sind fast mit derselben Sicherheit für echte Varianten zu halten wie die, welche sich aus dem Inhalte ergeben.

Es gibt freilich auch noch eine 6. Klasse: Unmögliche. Von diesen teile ich in den vorliegenden Heften einige mit (z. B. גד für נתן in II Sam. Kap. 7), um zu zeigen, welche Unmöglichkeiten dem Kopisten oder dem Gedächtnis noch immer möglich sind.

3. Die Frage nach dem Wert und der Berechtigung der talmudischen Varianten geht mich hier nichts an. Es ist nicht meine Aufgabe, die Vortrefflichkeit der einen vor der anderen Lesart zu prüfen, sondern zu untersuchen, ob überhaupt die Rabbinnen andere Lesarten gehabt; meine Arbeit will keine textkritische, sondern eine textgeschichtliche sein.

Die Sammlung ist hier nicht vollständig. Ein Teil meiner Aufzeichnungen konnte deshalb nicht verwertet werden, weil ich die Werke, denen sie entnommen wurden, während der Ausarbeitung dieser Hefte nicht benützen und daher die Angaben nicht verifizieren konnte. Andere für meine Untersuchung in Betracht kommende Quellen waren mir überhaupt nicht zugänglich. Von erschöpfender Vollständigkeit kann bei derartigen Sammelarbeiten auch nicht die Rede sein, da immer neue Quellen bekannt und zugänglich gemacht werden. Ein größerer Nachtrag zu Josua mußte aus Rücksicht auf den Raum wegbleiben

Wien, Januar 1911.

V. Aptowitzer.

HEFT III.

SAMUEL II.

Kap. I.

1. העמלק – העמלקי. Gen. r. LXII 9. Kodd. und alte Ausgaben. Über LXX vgl. Wellhausen.[1]

1. העמלק – עמלק. Gen. r. LXX 9 nach Jal. Gen. § 110 und Jos. § 1. Konkor. v. מהכות.

1. ימים שנים – ימים רבים. Sifre Deut. § 203 nach Jal. Deut. § 929: כי תצור אל עיר [ימים רבים] (Deut. 20, 19) מגיד שתובע שלום שנים שלשה ימים עד שלא נלחם בה, וכן הוא אומר וישב דוד בצקלג ימים רבים; ימים שנים, רבים שלשה. Ebenso Midr. ha-gadol Ms.[2] Der Inhalt der Stelle ist nicht entscheidend, wiewohl die Lesart ימים רבים besser paßt und die mit MT übereinstimmende Lesart der Sifreausgaben schwer zu erklären ist.[3]

6. נקריתי – נקראתי. Ibn Ġanaḥ, Wb. 646.[4] Rikmah 94. Parḥon, Wb. r. קרא. Michlol ed. Rittenberg 123[a].[5] Ibn Esra Ex. 3, 18; 5, 3; Deut. 22, 6. Viele Kodd.

6. נשען – נשעָן. Mass. aus Jemen bei G. III 74[a]: נשעָן, העין בפתח. Konkor. v. נשעָן. LXX: ἐπεστήρικτο, V: incumbebat drücken das Verbum fin. aus.

9. עמד נא – עמוד. Jal. Lev. § 558 aus Tanḥ. ed. Buber מצורע § 4. Auch P, V, Ar drücken נא nicht aus.

9. עמד נא עלי – שלוף חרבך. Tanḥ. ed. Buber מצורע § 4 in zwei mss. Mass. aus Tschufutkale bei G. III 342 § 3 (Zitat). Vgl. Jdc. 9, 54.

10. ואעמד – ואֶעמד. Mass. aus Jemen bei G. III 74[a]: העין בשוא פשוט.

11. ויחזק – ויאחז. Moëd Katon 21[b]: על כל המתים כולן קורע טפח... אמר ר׳ אבהו מאי קרא? ויחזק דוד בבגדיו ויקרעם, ואין אחיזה[6] פחות מטפח. Der Ter-

---

[1] Vgl. auch: Das Schriftwort, Heft II zu I Sam. 15, 6.

[2] Vgl D. Hoffmanns ליקוטי מכילתא in Hildesheimer-Jubelschrift, hebr. Teil, S. 22. [Vgl. jetzt Midrasch Tannaim ed. Hoffmann S. 122.]

[3] Friedmanns und Hoffmanns Erklärung ist nicht einleuchtend.

[4] Sefer Haschoraschim 455.

[5] Wb. r. קרא bezeugt MT.

[6] So in allen Texten, auch Hal. Gedoloth, ed. Warschau 95[b], ed. Berlin 210, Maḥsor Vitry 240, Pardes 50[c] (ed. Kon.), 109[a] (ed. Warschau), Or Zarua II 168[a], Nr. 418, Schibbole Ha-Leket ed. Buber S. 338.

1*

minus אחיזה, aus unserer Stelle abgeleitet, setzt die Lesart ויאחז voraus. Das Zitat ist nach MT korrigiert. Im Jeruschalmi Moëd Katon 83[c] 1 heißt es in demselben Zusammenhang: אין חזקה פחות מטפח. Jer. liest MT, Babli: ויאחז.[1]

11. בבגדיו — את בגדיו. Moëd Katon 22[b] in ms. München. Al: τα ιματια.

11. ויקרעם — ויקרעם לשנים קרעים. Moëd Katon 22[b],[2] 26[a]. Vgl. II Reg. 2, 12.

11. אתו — עמו. Jal. zur Stelle aus Moëd Katon 26[a].

12. ויספדו ויבכו — ויבכו ויספדו. Jal. zur Stelle aus Moëd Katon 26[a].

13. ויאמר (I) — ויען. Pesiktha ed. Buber 28[b].

13. המגיד לו — המגיד. Tanḥuma כי תבא § 11 in allen Edd. auch in editio princeps.

13. אי מזה — מי. Mechiltha ed. Hoffmann S. 84. Pesiktha rabbathi 51[a].

13. אי מזה אתה — אי מזה תבוא. Trg Lag: אי מדין את אתי. = Kod. Ken. 70.

15. וימת — וימתהו. Trg Edd. und Lagarde: וקטליה.

16. אליו — לו. Jal. zur Stelle aus Tanḥuma כי תצא § 11. Mechiltha ed. Hoffmann 84.

16. דוד fehlt in Jal. Ex. § 267 und zur Stelle aus Mechiltha 56[b]. = Kod. Ken. 182.

16. על ראשך — בראשך. Pesiktha ed. Buber 29[a]. Trg, P, Ar: בראשך ist Übersetzungsmanier.

16. כי פיך — פיך. Mechiltha ed. Hoffmann S. 84.

17. יהונתן — יונתן. Trg Lagarde.

18. בני — את בני. Ma'ajan Gannim ed. Buber S. 93. Gersonides zur Stelle (bis) und Schluß von Kap. I תועלת 54. Zeror Ha-Mor ed. Warschau 125[a]. Kod. Ken. 1. Konkor. v. ללמד.[3] LXX: τοὺς υἱοὺς.

18. בני — לבני. Jer. Sotah I 8 (17[c] 5)[4] zweimal. Abodah Zarah 24[a] in ms. München und Sechel Tob Gen. 49, 8. 2 Kodd.

18. הנה — הנה היא. Jal. zur Stelle aus Abodah Zarah 25[a]. Kod. de Rossi 20 in marg. Trg: הא היא.[5] Vgl. auch das folgende Stichwort.

---

[1] R. Salomo ben Ha-Jathom, Kommentar zu Mašqin ed. Mekize Nirdamim (Chajes), S. 110 bemerkt: כאן פירש תלמוד כי אחיזה וחזקה לשון אחד וכן במשה שלח ידך (Ex. 4, 4) ואחוז בזנבו וישלח ידו ויחזק בו.

[2] Ms. München, Hal. Gedoloth Berlin 210, Maḥsor Vitry 240: Sche'eltoth ויחי, ed. Wilna 58[a]: ויקרעם לשנים (bis).

[3] V. ויאמר, v. בני und v. קשת = MT.

[4] In Edd. und Jefeh Mareh N. 18.

[5] Edd., Lag und Walton.

18. הלוא היא – הנה. Abodah Zarah 25^a.[1] Jer. Sotah I 8 (17^c 5).[2] Raschi zu unserer Stelle.[3] Lekaḥ Tob Gen. 49, 18. Baḥja ben Ascher, Komm. 73^d. Kodd. Ken. 89, 650.

18. בספר – על ספר. Lekaḥ Tob Deut. 33, 7.

19. הציבי – הַצְּבִי. Trg: איתעתדתין.[4] LXX: *στήλωσον*. Aq. und LXX-Kodd. und It. fassen הצבי ebenfalls verbal, aber = aram. יְצַב, considerare.[5]

20. הפלשתים – פלשתים. Jerusch. Nedarim III 13 (37^c 69).

21. גלבע – בגלבע. Marginalnote bei Lag: טורי גלבע; so auch Trg edd. = LXX L, P, V, Ar.

21. אֶל טל ואֶל מטר – אַל טל ואַל מטר. Massoretische Note bei G. I 600^a, III 27 N. 641 *gg*: בספר אחד מצאתיו בסגול.

21. משוח כְּבשמן – בלי משיח בשמן. Trg: משיח כדבמישחא. כדבמישחא vielleicht = כאשר בשמן, vielleicht auch בשמן und כיד Erklärung.[6] Dafür spricht P: דמשיח הוא במשחא. Ar = P. Jedenfalls hat Trg בלי nicht gelesen.

22. נסוג – נשוג. Komm. des R. Jesaiah zur Stelle. Kodd. und alte Edd.

23. והנעימים – והנעִמִם. Massoretische Note bei G. II 282 N. 278: והנעימים כתיב.[7]

24. על שאול – אל שאול. Nedarim IX 11: וכשמת רבי ישמעאל היו בנות ישראל נושאות קינה ואומרות בנות ישראל על רבי ישמעאל בכינה, וכן הוא אומר בשאול בנות ישראל על שאול בכינה.[8] Tosefta Nedarim V 6.[9] Babli ibiḍ. 66^b[10] Jerusch. ibid. 41^c unten (bis)[11] Ex. r. XXX 12 in editio princeps. Midr. Sam. XXV 1. LXX, Trg, P, V, Ar, einige Kodd.

24. המלבישכן – המלבִשכם. Nedarim IX 11.[12] Nedarim 66^b.[13] Ibn Ġanaḥ, Wb. S. 506.[14] Parḥon, Wb. 10^c.[15] Qimḥi, Wb. r. עדן (bis). Komm. des R. Jesaiah zur Stelle. Mehrere Kodd.

---

1 Ms. München, Raschi und En Jakob zur Stelle, Jal. Deut. § 954.

2 In Edd. und Jefeh Mareh N. 18.

3 Entweder aus Abodah Zarah l. c. oder als eigene Lesart.

4 Schon Qimḥi bemerkt, daß Trg r. יצב übersetzt.

5 Vgl. Field I 549, Note 19.

6 Klostermann meint: כשמן!

7 Dagegen Norzi zu Ps. 16, 6 aus einer handschriftl. Massora: והנעימם כתיב.

8 So die alten Mischnaedd., Babli 66^a in Edd. und Komm. des R. Ascher und ms. München, Jerusch. 41^b 30, מתניתא דבני מערבא.

9 בנות ישראל על רבי ישמעאל בכינה, die Bibelstelle wird nicht zitiert.

10 על רבי ישמעאל.

11 In Edd. und bei Qimḥi zu unserer Stelle.

12 In Lowes מתניתא דבני מערבא; sonst fehlt das Zitat.

13 Edd. und ms. München.

14 Sefer Haschoraschim 387; in beiden einmal = MT, aber bei Qimḥi r. עדן: המלבישכן.

15 r. עדן: המלבישכם.

24. עדנים — עדי. Toseftha Nedarim V 6 in alten Edd. und ms. Wien.[1] LXX: κόσμου ὑμῶν = עֶדְיְכֶן.

24. המעלה — ומעלה. Trg Edd. und Lag: ומסיק. P: ומסק הוא. Ar = Trg und P.

24. המעלה — גם המעלה. Toseftha Nedarim V 6 in alten Edd. und ms. Wien.[1]

26. נפלאתה — נפלאה. Ḥoschen Mischpat des Simon ben Josef Duran.[2]

Kap. II.

1. ערי — מערי. Sohar I 79ᵇ, ed. Wilna.

1. אליו fehlt in Sohar I 79ᵇ.

1. דוד fehlt in Sohar I 79ᵇ.

8. איש בשת — אישבשת. Trg Lag. Midr. Ps. ed. Buber S. 88.[3] Raschi Synhed. 20ᵃ v. ששהא (fünfmal). Tossafoth ibid. v. שתי שנים (achtmal).[4] So LXX, P (אשבשול), V, Ar.

9. אל — על. LXX, Trg, P, V, Ar, Kod. Ken. 174.

9. ואל (I) — ועל. LXX, Trg, P, V, Ar, Ken. 174.

9. ואל (II) — ועל. Jal. ha-Machiri Ps. 60 § 15 aus Num. r. XIV 3. = LXX, Trg, P, V, Ar, Ken. 174.

10. בן שאול fehlt in Seder Olam r. Kap. 13, ed. Ratner S. 45.

13. בְּרֵכַת — בְּרֵכוֹת. Glossaire hebreu-français: rivyers — ברכות.

14. אל יואב fehlt in Pesiktha ms. Oxford.[5]

14. נא fehlt in Jal. I Sam. § 133 aus Tanḥuma ed. Buber § 8, in P, V, Ar.

14. וישחקו — ויצחקו. Toseftha Sotah VI 6. Tanḥuma שמות § 27,[6] כי תשא § 20 in den alten Edd. Gen. r. LIII 14 in editio princeps. Naḥmanides Gen. 33, 11. Kod. Ken. 614. — Die Massora verlangt וישחקו.[7]

15. ויעברו — ויעמדו. Toseftha Sotah VI 6 in mss.

15. לבנימן — מבנימן. Trg Edd.: מדבית בנימן (Lag: לבנימן). P, V, Ar.

15. ולאיש בשת — ומאיש בשת. Trg Edd. ומדאיש (Lag = ולאיש). P, V (מאיש).

15. ולאיש בשת — ולאישבשת. Trg Lag. Vgl. zu V. 8 v. איש בשת.

---

[1] Fehlt in ed. Zuckermandel.

[2] Zunz-Jubelschrift S. 173. Der Verfasser Ende des 13. Jahrhunderts.

[3] So auch in Tossafoth Synhed. 20ᵃ v. ששהא.

[4] In allen alten Edd. s. Rabbinowicz.

[5] Beth Talmud V S. 200.

[6] In Edd. und Jal. ha-Machiri Ps. 133 § 3.

[7] Massora zu Jdc. 16, 25; Mass. fin. v. צח N. 3: כל לישן שחוק כתיב שי"ן בר (Jdc. 16, 25; Ez. 23, 32) מן ב' כתיב צ'.

15. ואיש בשת — ולאיש בשת. Tosefta Sotah VI 6 in mss.[1]

15. ועשאל — ועשהאל. Midr. zuta ed. Buber S. 123.[2] Tanḥuma ואתחנן § 2 in den alten Edd. Midr. ha-gadol S. 66 aus Pirke d' Rabbi Elieser Kap. 53.[3] Gersonides zur Stelle (dreimal). Ohne Zitat schreiben עשאל: Synhed. 49ᵃ (viermal).[4] Jal. Jer. § 285 aus Koheleth r. zu 9, 11. Qimḥi zu II Sam. 2, 23. Gersonides am Schluß von Kap. 21 תועלת 12 und 18 (viermal).

18. הצבאים — הצבים. Tanḥuma ואתחנן § 2. Midr. ha-gadol S. 698 aus Koheleth r. zu 9, 11. Kodd. Ken. 1, 174, 253.

19. עשאל — עשהאל. Trg Lagarde. Vgl. zu V. 15 v. ועשהאל.

20. עשאל — עשהאל. Trg. Lagarde.

21. מן הנערים — מהנערים. Qimḥi im Komm. zur Stelle. LXX: הנערים.

21. עשאל — עשהאל. Trg Lagarde.

22. לעשאל — לעשהאל. Trg Lagarde.

23. אבנר fehlt in Tanḥuma ואתחנן § 2.

23. באחורי — בַּאֲחֲרֵי. Midr. ha-gadol S. 66 aus Pirke d' Rabbi Elieser Kap. 53, ibid. S. 698 aus Koheleth r. zu 9, 11. Trg: באחורי.

23. מאחרי — באחרי. Ibn Ġanaḥ, Sefer Haschoraschim S. 22.[5] Glossaire hebreu-français: d e dâréyres do dark — מאחרי החנית. 2 Kodd.

23. באחרי החנית fehlt in Jal. Koh. § 989 aus Midr. zuta.[6]

25. ויקבצו — ויתקבצו. Midr. über defectiva und plena.[7]

26. ידעת — ידעתה. Ibn Ġanaḥ, Wb. S. 106.

27. מעל — מאחרי. Ibn Ġanaḥ, Wb. S. 30 in einem ms.[8] Josef Qimḥi, Sefer Ha-Sikkaron S. 155. Kod. Ken. 182.

28. רָדְפוּ — ירדפו. Trg Edd. (Lag: ירדפין), LXX, P, V, Ar.

30. ששה — תשעה. Midr. ha-gadol S. XXIII aus Baraitha der 32 Normen des R. Elieser.

30. ועשאל — ועשהאל. Sifre Deut. § 52.[9] Ibn Ġanaḥ, Sefer Haschoraschim S. 408.[10] Raschi zur Stelle (bis). Jal. zur Stelle im Stichwort. Qimḥi zur Stelle. Berechja Punktator in Sefer החיבור ed. Gollancz S. 107 und Sefer מצרף S. 135. Trg Lag.

---

1 In edd. fehlt das Zitat.

2 So auch Jal. Koheleth § 989 (bis).

3 Ein ms. und Ausführung = MT.

4 Edd. und Jal. I Reg. § 172 (zweimal).

5 Wb. S. 35 = MT.

6 In ed. Buber S. 123 fehlt das Zitat.

7 Ed. Wertheimer, Botte Midraschoth III S. 43.

8 Sefer Haschoraschim S. 19 = MT.

9 In Edd. Raschi zu Jos. 2, 1 und Jal. Deut. § 875. Midr. Tannaim ed. Hoffmann S. 45 = MT.

10 Wb. 580 fehlt das Zitat.

Kap. III.

2. בנים fehlt in Jal. zur Stelle aus Synhed. 21ª und im Stichwort.

2. אמנון בכורו – בכורו אמנון. Tanḥuma תולדות § 6 in editio princeps und ed. Sal.

2. לאחי נועם – לאחינעם. Tanḥuma תולדות § 6 in editio princeps und ed. Prag.

2. היזרעאלית – היזרעלית. Mass. bei G. I 718 N. 276 *b*. Kodd. und Edd. bei G. Kodd. bei Baer: היזרעאלת. So auch Mass. mss.[1]

3. לאבוגל – לאביגל. Soferim ed. J. Müller VII 4: לאבוגל כתיב.[2]

3. בת תלמי מלך גשור fehlt in Synhed. 21ª,[3] wo VV. 3 bis 6 ungekürzt zitiert werden. Kod. Ken. 650.

7. באת – באתה. Akedath Jizḥak Pf. 25, ed. Preßburg 197ª.

8. עם – אל. Trg Edd. Nicht Übersetzungsmanier, da II Sam. 22, 51 und I Reg. 2, 7 (לְ) wörtlich übersetzt wird. V: על.

8. ועם – אל. Trg Lag. LXX, P, V und viele Kodd. (ואל) drücken ו aus.

8. ועם – ואל. Trg Edd. und Lag.

8. (ו)מעתה תפ׳ – ותפקוד. Trg: ומכען (Lag: מכען).

9. ה׳ – אלהים. Akedath Jizḥak Pf. 25, editio princeps I 123ᵈ.

9. לו (I) fehlt in Akedath Jizḥak l. c., in Kod. Ken. 4 und Ar.

9. אם לא כאשר – כי כאשר. Akedath Jizḥak l. c. P: אלא, V: nisi, Ar: אלא.

9. כן – כי כן. Akedath Jizḥak l. c. = P, V, Ar.

10. להקים – ולהקים (?). In einem massoretischen Verzeichnis der mit ול beginnenden Hapaxlegomena[4] fehlt unsere Stelle.[5]

12. הנה – והנה. Massoretische Note bei G. III 27 N. 641 *dd* aus Kod. יפה, viele Kodd. Ken.

14. מיכל – את מיכל. Baḥja ben Ascher, Komm. 61ª.

15. אישה – איש. Trg: בעלה.[6] = LXX, P, V, Ar.

16. אחריה fehlt in Synhed. 19ᵇ [7] und V: plorans usque.

18. עבדי דוד – דוד עבדי. Jal. ha-Machiri Ps. 18 § 6 aus Midr. Ps. 18 § 4. Profiat Duran, Ma'asse Efod S. 81. Kod. Ken. 23. LXX: *δούλου μου Δαυείδ*,[8] V: servi mei David.

---

1 ויולדו היזרעאלת כתיב. Mass. par. in einer alten Handschrift: לית חסר יו״ד. Vgl. Frensdorff, Massora Magna, S. 290, Note 3.

2 In Edd. und Maḥsor Vitry 698 fehlt die Stelle.

3 So edd., ms. München und Jal. II Sam. § 141. Zwei andere mss., Ag. ha-Tal. und Lekaḥ Tob Deut. 17, 17 = MT.

4 Bei G. I 330, Kol. 1: ...קי״ח מלין דמיהדין ול.

5 Vgl. ausführlich zu 14, 20 v. לדעת.

6 Edd., Lag, Walton (marito suo), Raschi und Qimḥi zur Stelle.

7 In Edd. und ms. München; andere Textzeugen = MT.

8 Al: *Δαυειδ του δουλου μου*, = P und Ar, = MT.

18. הושיע – אושיע. Jal. ha-Machiri Ps. 18 § 6 aus Midr. Ps. 18 § 4. Sebirin,[1] zahlreiche Kodd. und alte Edd., LXX, Trg,[2] P, V, Ar.

18. את עמי ישראל – אתכם. Midr. Ps. ed. Buber 18 § 4.

20. חברון fehlt in Esther r. ed. pr. Pesaro zu 1, 4 und in Ar.

20. ואתו – ועמו. Esther r. ed. Pesaro zu 1, 4.

22. מהגדוד – מן הגדוד. Trg Edd. und Lag: מן משריתא.

25. כל אשר – אשר. Marginalnote zu Trg Lag,[3] Kod. Ken. 70. Ar.[4]

27. תוך השער – השער. Synhed. 49ᵃ.[5]

27. החמש – אל החמש. Synhed. 49ᵃ. = LXX, Trg, P, V, Ar, mehrere Kodd.

27. החמש – על החמש. Tanḥuma ואתחנן § 6 in den alten Edd.[6] Al. und einige Kodd. Auch Kodd. bei Field: ἐπὶ.

27. עשהאל – עשאל. Raschi, Qimḥi,[7] Gersonides zur Stelle. Trg Lag.

29. יואב – יואב ובניו. Tanḥuma ed. Buber תולדות § 7.

29. ואֶל – ועל. Predigten des R. Schem Tob ben Schem Tob, Ven. 1547 S. 14ᵇ. = LXX, Trg, P, V, Ar, einige Kodd.

29. ואֶל – אֶל. Synhed. 48ᵇ.[8] Synhed. 19ᵇ.[9] Erachin 16ᵃ.[10] Tanḥuma מסעי § 12.[11] Jal. zur Stelle im Stichwort. Predigten des R. Schem Tob ben Schem Tob l. c.

29. ואל – ולא. Sohar IV 206ᵃ. Sche'eltoth מצורע, ed. Wilna 37ᵇ: לא.

29. יכרת – יִכָּרֵת ה׳. Ascheri Sabbat II N. 21 Ende aus Erachin 16ᵃ.

29. ומצורע – מצורע. Jal. II Sam. § 142 aus Tanḥuma מסעי § 12.

29. ומחזיק – מחזיק. Jal. l. c. aus Tanḥuma l. c. Schem Tob ben Schem Tob, Predigten 14ᵇ.

29. ונופל בחרב וחסר לחם – וחסר לחם ונופל בחרב. Jal. zur Stelle aus Tanḥuma מסעי §. 12.

30. עשהאל -- עשאל. Qimḥi zur Stelle. Trg Lagarde.

31. והמלך דוד – והמלך. Mischnah Synhed. 20ᵃ in den alten Edd.[12]

---

[1] Der Karäer Aaron ben Josef in Mibḥar Jescharim zur Stelle: ובעל המסורת אמר כי זה כביר אושיע.

[2] Edd., Lag, Qimḥi, Walton (liberabo).

[3] Lagarde, XVIII, Zeile 8.

[4] Daher auch P. da Ar auf P zurückgeht.

[5] In drei mss., ed. Soncin und Jal. II Sam. § 142.

[6] Jüngere Edd.: אל החומש, gewiß Korrektur nach 2, 23; 4, 6; 20, 10.

[7] Viermal; einmal: עשהאל.

[8] Nach Jal. II Reg. § 172 und Jal. ha-Machiri Ps. 25 § 15.

[9] In allen mss. und Edd.

[10] Nach Jal. Gen. § 69, Jal. ha-Machiri Ps. 101 § 7, Ascheri Sabbat II N. 21 Ende.

[11] Edd. und Jal. II Sam. § 142 (bis).

[12] Mss., Mischnahedd. (II, 3), Jerusch. = MT. So auch die Baraitha 20ᵃ in Edd. und Jal. II Sam. § 142.

31. אחרי – אחר. Mischna Synhed. 20^{a}, Baraitha ibid.

32. אל – על. Qimḥi, Wb. ed. Neapel 1490 r. בכה. = LXX, Trg, P, V, Ar, 4 Kodd. Ken.

33. אל – על. Synhed. 20^{a} in ms. München. Midr. über plena und defectiva.[1] Jehuda Hadassi, Eschkol Ha-Kofer 100^{c}. LXX, Trg, P, Ar, 5 Kodd.

33. אל – אֵת. Mass. aus Jemen bei G. III 74^{a}. Ken. 4, 262.

35. ויבא – ויקֻם. Jal. zur Stelle aus Synhed. 20^{a}.

35. כל העם – העם. Tosefta Synhed. III, 2 in ms. Erfurt.

35. להברות – להכרות. Synhed. 20^{a}: דרש רבא מאי דכתיב ויבוא כל העם להברות את דוד, כתיב להכרות וקרינן להברות, מתחילה להכרותו ולבסוף להברותו[2]. Menaḥem, Maḥbereth 109^{b}: להכרות כתיב, קרי להברות. Dazu Josef Qimḥi in Sefer Ha-Galuj S. 108 v. כר: ומה היה לו לחבר עמהם להברות את דוד אשר לא יקרא כי אם בבית אף כי בכף הוא כתוב ופרשו בו רבותינו[3] בתחלה להברותו ולבסוף להכרותו[3] וטעו בו המפרשים לפרש להכרותו מלשון כריתה ולא יתכן... Ḥajuġ, אותיות הנוח ed. Dukes S. 118: להכרות להברות את דוד נכתב.[4] Menaḥem ben Salomo, Prüfstein:[5] להכרות את דוד כותבין להכרות וקוראין להברות והענין אחד... כי יש אם למקרא ויש אם למסורת, למקרא להברות כמו ואברה מידה (II Sam. 13, 6), למסורת כמו כרה גדולה (II Reg. 6, 26). Marginalnote in Kod. R. 2 bei Baer: להברות, דין חד מן י״א מלין דכתיבן כ״ף במצע״א וקרי בי״ת. להכרות als Kethib haben einige Kodd.

35. להברות – לברות. Jal. ms. zur Stelle aus Synhed. 20^{a}: כתיב לברות וקרינן להברות, בתחילה לברות[6] ולבסוף להברות. Da unser Talmudtext

---

[1] Berliners P'letath Soferim S. 17 N. 49.

[2] So alle Edd. und mss. Vgl. auch weiter unten. — Das Kethib להכרות wird als Hifil von כרת gefaßt. Anfangs wollte das Volk David ausrotten, weil es glaubte, David habe den Tod Abners veranlaßt. Nachdem es sich von der Grundlosigkeit dieses Verdachtes überzeugt hatte, reichte es ihm Speise.

[3] So auch Qimḥi, Wb. r. כרה: ופירוש מה שאמרו רבותינו זכרונם לברכה בתחלה להברותו ולבסוף להכרותו, בתחילה הפצירו בו שיאכל מעט וזה להברותו... ולבסוף להכרותו שיאכילוהו הרבה כאשר יחל לאכול מעט... Diese Erklärung gehört Josef Qimḥi, David Qimḥi im Komm. zur Stelle: רבותינו ז״ל אמרו כתיב להכרות בכ״ף וקרינן להברות בבי״ת, בתחילה להכרותו ולבסוף להברותו. וכן כתב ר׳ מנחם בן סרוק כי הכתוב להברות, וכן כתב ר׳ יהודה חיוג וכן כתב אדוני אבי ז״ל. ואנחנו לא מצאנוהו בשום ספר מדויק אשר ראינו....

[4] So muß man nach dem Zeugnis Ibn Ġanaḥs und Qimḥis lesen. In ed. Dukes falsch: להכרות נכתב להברות. Ibn Ġanaḥ, Wb. S. 112: וקאל אבו זכריא׳ אן להברות את דוד יכתב להכרות את דוד באלכאף... ומא ראינא נחן הדא ולא שאהדנאה פי מסורת... אלא אני ראית מסלה טריפה פי פרק כהן גדול דרש רבא... כתיב להכרות וקרינן להברות, בתחילה להכרותו ולבסוף להברותו. Wb. S. 331: וקאל (אבו זכריא׳ scil.) פי דלך אלכתאב אן להברות את דוד יכתב באלכאף ויקרא באלבא... Vgl. Sefer Haschoraschim 77, 78; Qimḥi, Wb. r. כרה und Komm. zur Stelle.

[5] Proben, mitgeteilt von Bacher in Ha-Goren IV; die Stelle ibid. S. 42.

[6] Nach Rabbinowicz von r. ברא, Ez. 23, 47 וברא אותהן.

von so vielen wichtigen Zeugen bestätigt wird, muß die Lesart des Jal. als Verschreibung, bestenfalls als Korrektur nach seinem Bibeltext erklärt werden.

36. בעיני – ובעיני. Trg Lagarde.

37. ביום ההוא fehlt in Synhed: 20ᵃ [1] und in Kod. Ken. 650.

37. מהמלך – מאת המלך. Synhed. 20ᵃ in ms. München. Ken. 99: המלך.

38. היום – ביום. Jerusch. Sotah 17ᵇ 32.[2]

38. בישראל – מישראל. Jerusch. l. c. Die Lesart מישראל wird auch vom Inhalt der Stelle bestätigt: Keiner in Israel ist Abner gleichgekommen;[3] was die Deutung „גדול מישראל — größer als Israel" voraussetzt.[4] מישראל lesen P, Ar und 6 Kodd.

39. ואנכי – אנכי. Baba Bathra 4ᵃ.[5] Synhed. 105ᵃ.[6]

39. לעשה – לעשי. Trg Edd. und Lag: לעבדי.

Kap. IV.

2. אנשים fehlt bei Ibn Esra zu Gen. 23, 2 und Naḥmanides Gen. 36, 12.

2. בן שאול – עם בן שאול. Trg Edd. und P und Ar.

2. ושם השני – והשני. עקידת יצחק Pf. 23.

4. בחפזה – בחפזם. Sechel Tob II S. 79.

5. כחם – בחם. Trg: במיחם, LXX: *ἐν τῷ καύματι.*

5. את משכב – משכב. R. Berechja Punktator in Sefer החיבור 110. = Kod. bei Field.

6. וְהִנֵּה – וְהֵנָּה. Trg Lag: והא,[7] LXX: *καὶ ιδοὺ,* P: והא. וְהִנֵּה lesen mehrere Kodd. und alte Edd. — Mass. verlangt וְהֵנָּה.[8]

---

1 In Edd., ms. München und Jal. II Sam. § 142.

2 Edd. und Jefeh Mareh N. 14.

3 כתיב וכאבשלום לא היה איש יפה בכל ישראל (II Sam. 14, 25), יכול בכל תלמוד לומר מכף רגלו ועד קדקדו. כתיב ולו היה בן ושמו שאול בחור וטוב ואין איש מבני ישראל טוב ממנו (I Sam. 9, 2), יכול בכל תלמוד לומר משכמו ומעלה גבוה מכל העם. אבל באבנר מהו אומר הלא תדעו כי שר וגדול נפל ביום הזה מישראל. D. h. ohne Angabe eines besonderen Vorzuges; Abner war daher in jeder Beziehung der hervorragendste in Israel.

4 Vgl. Jefeh Mareh: משמע ליה מישראל שהוא גדול מכל ישראל.

5 Edd., ms. München und Jal. Gen. § 148. Drei mss. Jal. Deut. § 913 und Sechel Tob Gen. 41, 43 = MT.

6 Nach Jal. Num. § 765 und zur Stelle.

7 Randnote und Edd.: ואינון.

8 Vgl. Mass. zur Stelle; zu Ex. 30, 17; Mass. fin. v. הן N. 5; G. I 315 N. 287 und Norzi zur Stelle.

6. אל החומש – על החומש. Tanḥum Jeruschalmi, Kommentar zu Josua S. 2.[1]

8. ומזרעו – ומבניו. Trg Lag: ומבנוהי.

12. ויצי דוד – ויצו. עקידת יצחק Pf. 23 editio princeps I 109[c].

Kap. V.

1. אתמול – תמול. Jal. Num. § 776 aus Sifre zuta.[2]

2. את ישראל[3] (II) – ישראל. Gen. r. LIX 8.[4] P: עמי ישראל.

3. חברונה – בחברון. Trg Edd., Ar.

3. המלך (II) fehlt im Komm. des R. Jesaiah zur Stelle. = Ar.

3. וימשחו – וימשחו שם. Trg Lag. Kodd. Ken. 89, 210, 224.

4. דוד – היה. Lekaḥ Tob Gen. 47, 29. Al: ἦν Δαυείδ = היה דוד.[5] Ar: היה במלכו, wie Lekaḥ Tob.

4. ארבעים – וארבעים. Seder Olam r. ms. Epstein Kap. 13. Lekaḥ Tob Gen. 47, 29. LXX,[6] Trg Lag, P, V, Ar, mehrere Kodd. und alte Edd.[7] — Massora verlangt ארבעים.[8]

5. על יהודה fehlt in Jal. I Chr. § 1082 aus Synhed. 107[b], ibid. § 1083 aus Jerusch. Rosch Ha-Schanah 56[b] 39.

5. על כל ישראל שלשים ושלש שנים -- שלשים ושלש שנה על כל ישראל ויהודה. Menorath ha-Maor N. 301 aus Synhed. 107[b].

5. שלשים ושלש – שלש ושלשים. Trg Lag: תלת ותלתין.

6. יושב – יושבי. Trg Edd. יתבי,[9] P, Ar.

6. ויאמר – ויאמרו. Pirke d'Rabbi Elieser Kap. 36, Trg Edd., P, Ar, Kod. Ken. 89.

7. את מצדת – מצדת. Jal. Job § 908 aus Pesiktha,[10] Jal. II Sam. § 145 aus Midr. Sam. XXVI 5.

8. ביום ההוא fehlt in Raschi Gen. 4, 15.

---

[1] Ed. Haarbrücker, Wissenschaftliche Blätter aus der Veitel Heine Efraimschen Stiftung II.

[2] I Chr. 11, 2: תמול; Sifre zuta zitiert aber unseren V.

[3] So auch I Chr. 11, 2.

[4] In Edd., Jal. Gen. § 103 und Ps. § 690.

[5] Andere LXX-Kodd.: Δαυείδ ἦν = דוד היה.

[6] Manche Kodd.: τεσσεράκοντα.

[7] Mass. bei G. I 408 N. 76: מטעין וארבעים. Vgl. ibid. 608[a] und III 27 N. 641 *f*.

[8] Vgl. Mass. fin. v. ו N. 11, Ochlah we-Ochlah ed. Frensdorff N. 30 S. 45[a] und Norzi zur Stelle.

[9] Trg schreibt zwar oft יתבי für יושב, wie überhaupt Plur. für Sing., in unserer Stelle aber, wo היבוסי durch יבוסאה und nicht wie häufig durch יבוסאי wiedergegeben wird, kann יתבי nur wörtliche Übersetzung von יושבי sein.

[10] Pes. r. 190[b]; in Edd. fehlt das Zitat

8. יבוסי – היבוסי. Midr'sche Ha-Thora des En Salomo Astruc S. 17.[1]

8. ויגע בצנור + יהיה לראש. Trg Lag: וישרי למיכבש קרתא יתמני לרישא. Vgl. I Chr. 11, 6.

8. שְׂנֻאֵי – שונאי. Pirke d' Rabbi Elieser Kap. 36 in den alten Edd.[2] LXX: *τοὺς μισοῦντας*, P, V, Kod. Ken. 168.

10. הלוך[3] – הולך. Midr. ha-gadol S. 407 aus unbekannter Quelle. Gersonides, Schluß von 21 תועלת 22. Mass. bei G. I 312 N. 224ª.[4]

10. אלהי fehlt bei Gersonides, Schluß von Kap. 21 תועלת 22[5] und in Vat.[6]

10. צבאות – ישראל. Mass. bei G. III 148ª zählt unter den Verschiedenheiten zwischen Samuel und Chronik: Samuel: ויי אלהי ישראל, Chronik: ויי אלהי צבאות. Kod. Ken. 93: אלהי ישראל. Versionen bestätigen MT.

12. על ישראל fehlt bei Naḥmanides zu Num. 24, 14 in zehn mss. und ed. Lissabon.[7]

12. נשא – נשא למעלה. Ibn Ġanaḥ, Kitab Al-Moustalḥik.[8]

12. ממלכתו – מלכותו. Ibn Ġanaḥ, Wb. S. 457.[9] Naḥmanides Num. 24, 14 in zwei mss. Kod. Ken. 225. Vgl. I Chr. 14, 2.

13. דוד עוד – עוד דוד. Midr. Ps. 7 § 2 in Edd. und zwei mss. der ed. Buber. Synhed. 21ª.[10] P: תוב דויד.

13. דוד עוד. עוד fehlt in Synhed. 21ª in mss.

13. דוד עוד – לו. Synhed. 21ª in ms. München.

13. פלגשים ונשים – נשים ופלגשים. Synhed. 21ª in mss.[11] Midr. Ps. 7 § 2.[12] LXX: *γυναῖκας καὶ παλλακὰς*,[13] Ar und Kod. Ken. 30.

---

1 S. 58. יבוסי.

2 Der Inhalt der Stelle: שהוה דוד שונא לשמוע עבודת אלילים entspricht, wenn auch nicht ausschließlich, besser MT.

3 So auch I Chr. 11, 9.

4 Vgl. zu I Sam. 2, 26 v. וגדל (Heft II, S. 6).

5 Vgl. I Chr. 11, 9.

6 Al: *ὁ θεὸς*.

7 Die Angaben, betreffend Handschriften des Naḥmanides-Kommentars, verdanke ich Herrn Dr. Arthur Schwarz, der eine Neuausgabe dieses Kommentars vorbereitet.

8 Derenbourg, Opuscules S. 157. Wb. 457, Sefer Haschoraschim 321 = MT.

9 Sefer Haschoraschim 321 = MT.

10 In Resp. David Ibn Simra, ed. Livorno 1652, IV N. 225.

11 In Edd. lautet zwar das Zitat wie MT, aber in der Ausführung נשים vor פלגשים: מאי נשים ומאי פלגשים? ... נשים בכתובה ובקידושין, פלגשים.... Naḥmanides Gen. 25, 6 aus Raschi ibid.: כדאמרינן בנשים ופלגשים דדוד.

12 In Edd., fünf mss. der ed. Buber und Jal. ha-Machiri Ps. 7 § 3.

13 Al: *παλλακὰς καὶ γυναῖκας*.

13. מירושלם – בירושלם. Synhed. 21a.[1] Midr. Ps. 7 § 2 in einem ms. Ar und Kod. Ken. 182.

16. ואלישמע – ואלישוע. Mass. bei G. III 148b zählt unter den Verschiedenheiten zwischen Samuel und Chronik: Samuel: ואלישוע ואליפלט, Chronik: ואלישמע ואליפלט. In unseren Texten ist gerade das Gegenteil der Fall. Vielleicht ist diese Angabe bloß Verschreibung oder Versetzung der Stellen.

17. את דוד – דוד. Raschi Ps. 2, 7. LXX: κέχρισται Δαυείδ = נמשח דוד.

17. אל – על. Mass. bei G. I 63b.[3] 3 Kodd. Ken.

19. אל פלשתים – על פלשתים. Trg, P.

20. פרץ – כי פרץ. Trg in einigen alten Edd.: ארי תבר.

21. ויעזבו שם – ויעזבו פלשתים. Jal. I Reg. § 207 aus Abodah Zarah 44a.

21. ואנשיו – הוא ואנשיו. Trg. Ken. 85, 93 und einige alte Edd.

22. ויספו – ויסיפו. Mass. bei G. I 728 N. 444a.[4] Viele Kodd. und alte Edd.

22. ויספו עוד – ויספו. Pesiktha r. 30b. = Ar.

22. לעלות fehlt in Midr. Ps. 27 § 2[5] und Pesiktha r. 30b.

22. וינטשו – וַיַּחֲנוּ. Pesiktha r. 30b. P: ושרו.

23. וישאל – וישאל עוד. Midr. Ps. 27 § 2.[6]

23. בה' – באלהים. Midr. Ps. 27 § 2.[7]

23. ויאמר – ויאמר לו. Pesiktha r. 30b. = P und Ar.

23. אל אחריהם – מעליהם. Midr. Ps. l. c. LXX: ἀπ' αὐτῶν.

23. אל אחריהם – מאחריהם. Pesiktha r. 30b.[8] Ibn Esra, Zaḥoth 60a. Josef Ibn Kaspi, Proverbienkommentar ed. Last, S. 42. Akedath Jizḥak Pf. 42, editio princeps I 206c. 5 Kodd. P, Ar.

---

[1] Mss., edd., Kessef Mischneh zu Mischneh Torah, מלכים IV 2 und Resp. David Ibn Zimra IV N. 225.

[2] In Edd. und Pugio fidei ed. Leipzig S. 527.

[3] א"ב מן חד חד, חד אל וחד על ולית דכותהון . . אל המצודה, וישבע דוד לשאול; על המצודה וישמעו פלשתים כי משחו, Mass. fin. v. אל N. 24, Ochlah we-Ochlah ed. Frensdorff N. 2. Weder Frensdorff l. c. 3a f. und Massora Magna S. 213, noch Baer in MGWJ 1865, S. 273 bemerken etwas über die Abweichung dieser Angabe von unseren Texten.

[4] ויסיפו ד' כתיב כן בקריה . . . פלשתים דשמואל ודדברי הימים . . . Vgl. auch Norzi, Baer und Ginsburg. Vgl. auch Frensdorff, Massora Magna S. 86 und Note 1.

[5] Edd. und עקידת יצחק Pf. 42, editio princeps I 206c.

[6] In Edd. und Akedath Jizḥak l. c. Jal. ha-Machiri Ps. 27 § 1 = MT.

[7] Edd., Jal. ha-Machiri Ps. 27 § 1, Akedath Jizḥak Pf. 42, editio princeps 206c.

[8] אמר לו הקדוש ברוך הוא אל תעלה אלא מאחריהם, ohne Zitat.

23. בכאים – הבכאים. Pesiktha r. 30^{b}. Auch die griechischen Übersetzungen drücken ה aus.[1]

24. בשמעך, Q're כשמעך. Das Q're kennen nicht: Pesiktha r. 30^{b}. Midr. Ps. 7 § 2. Jesaiaskommentar des R. Elasar aus Beaugency zu 9, 17. LXX: ἐν τῷ ἀκοῦσαι σε.

24. את קול – קול. R. Elasar aus Worms, Kommentar zu den Prophetenabschnitten ed. Warschau S. 7^{b}.

24. קול fehlt in Tanḥuma שופטים § 17 in den alten Edd.

24. צעדה – הצעדה. Midr. Ps. 27 § 2.[2] Ps. r. 30^{b}. Tanḥuma שופטים § 17 in den alten Edd. Josef Kara in Geigers Nite Na'amanim 3^{b}. Ibn Esra zu Ex. 10, 10. Jezirahkommentar des R. Juda ben Barsillai S. 135, 136 (bis). Jesaiaskommentar des R. Elasar aus Beaugency zu 9, 17. Kommentar des R. Jesaiah zur Stelle (bis). Glossaire hebreu-français zur Stelle. Viele Kodd.[3]

24. צעדה – צעקה. Trg: צוחתא.[4]

24. בראשי – מראשי. R. Elasar aus Worms, Kommentar zu den Prophetenabschnitten 7^{b}. מ wird von LXX bezeugt.

24. בְּרָאשֵׁי – בראש. Trg Lag,[5] P, V, Ar, Bar Hebraeus bei Field.

25. כן כאשר – כאשר. Midr. Ps. 27 § 2.[6] Pesiktha r. 30^{b}. כן fehlt in LXX und Kod. de Rossi 545 prima manu.

25. צוהו – צוה. Pesiktha r. 30^{b}. Midr. Ps. 27 § 2.[7]

25. ה' – אלהים. Midr. Ps. 27 § 2.[8] Pesiktha r. 30^{b}.

25. פלשתים – הפלשתים. Midr. Ps. l. c.[9] LXX: τοὺς ἀλλοφύλους.

25. עד – ועד. Trg Lag. Viele Kodd. und alte Edd.

Kap. VI.

1. ויסף עוד דוד. Trg im Kommentar des R. Jesaiah zur Stelle: ויסף עוד דוד לאסוף = ואוסיף עוד דוד למכנש. Raschi zur Stelle: ויסף עוד דוד לאסוף.

1. בָּחוּר – בְּחוּרֵי. Trg: בחורי (Lag: בחירי), P: גדורא, V: electos, Ar: iuvenes.

---

1 Vgl. Field S. 554 und Klostermann zur Stelle.
2 Edd., Jal. ha-Machiri Ps. 27 § 1 und Akedath Jizḥak Pf. 42.
3 Note in Kod. R. 2 bei Baer: הצעדה קרי, ט"ו מיליא חסרין ה' בריש תיב' וקרין.
4 Edd., Lag, Walton, Qimḥi zur Stelle.
5 בריש, wahrscheinlich fehlerhaft für ברישי in Edd., Walton und bei Qimḥi.
6 Edd. Jal. ha-Machiri Ps. 27 § 1 und Akedath Jizḥak Pf. 42.
7 Nach Akedath Jizḥak Pf. 42, editio princeps 206^{c}.
8 In Edd. und עקידת יצחק l. c.
9 Edd., Jal. ha-Machiri Ps. 27 § 1 und Akedath Jizḥak l. c.

1. בישראל – ישראל. Kommentar des R. Jesaiah zur Stelle. Trg, P, Ar, 3 Kodd. und einer prima manu.

2. שֵׁם שֵׁם – שֵׁם. LXX, Trg, V, Ar, Kod. Ken. 174

3. וירכבו – וירכיבו. Mass. bei G. II 577 Nr. 349: וירכיבו ב׳ וסימניהון (II Sam. 6, 3; 1 Chr. 13, 7) את ארון האלהים ועזא ואחיו (l. וירכיבו) וירכבו. Da וירכבו sechsmal vorkommt, so kann nur gemeint sein: וירכיבו plene zweimal. So auch nach Mass. ed., die ohne unsere Stelle zwei defektive Formen der √רכב im Hifil kennt.[1]

3. ארון האלהים – ארון ברית האלהים. Jerusch. Synhed. XI 2 (29^{a} 37).[2] Kod. Ken. 95. Ar: ארון ברית ה׳.

3. וירכבו את ארון האלהים – ויביאו את ארון ה׳ ויתנו אותו. Tanḥuma פנחס § 8. Als Zitat e memoria sehr merkwürdig.

3. אל עגלה – על עגלה. Moëd Katon 24^{a}.[3] Jal. zur Stelle aus Sifre Num. § 46. Num. r. XIII Ende; XXI 6. Kodd. Ken. 70, 225, 276, 650, 651. LXX, V, Ar.

3. עגלה – העגלה. Sifre Num. § 46. Tanḥuma פנחס § 8. Auch die Voraussetzung Rabs, Moëd Katon 24^{a}, daß der Wagen in unserer Stelle derselbe ist wie in I Sam. 6, 7 ff.,[4] scheint auf der Lesart העגלה zu beruhen.

3. חדשה (II) – החדשה. Num. r. ms. Epstein IV 21. Al: *τὴν καινὴν*.

4. אשר בגבעה. Trg Lag: דבגבעתא אתן. Was אתן bedeutet weiß ich nicht.

5. בית ישראל – ישראל. Num. r. ms. Epstein IV 2. = V.

5. ובכנרות – בכנרות. Num. r. ms. Epstein IV 21. 6 Kodd.

5. ובצֶלצלים – ובצַלצלים. Massoretische Note bei G. I 608^{a}, III 27 N. 641 *ff* aus Kod. מגה: הצ׳ בפתח ובצַלצלים.

6. עזה – עוזא. Sotah 35^{a}.[5] Num. r. ms. Epstein IV 21. R. Elasar aus Worms, Kommentar zu den Haftaroth 7^{b}. Mass. bei G. I 612 N. 669 (Zitat); ibid. III 74^{a} in Mass. aus Jemen (Zitat). Trg Lag: עוזא. — Die Massora fordert עזה.[6]

---

[1] Massora fin. v. רך N. 3: רכיבה ב׳ חסרים בלישן. Vgl. darüber Frensdorff, Massora Magna, S. 183, Note 3.

[2] In Edd. und Jefeh Mareh N. 20.

[3] Ms. München, editio princeps im Text und in Raschi, in Naḥmanides' תורת האדם; vgl. Rabbinowicz. R. Nissim zu Alfassi M. Katon N. 1227.

[4] Vgl. Heft II S. 12 zu I Sam. 6, 14.

[5] In Jal. Jos. § 14, Jal. zur Stelle und Jezirahkommentar des Juda ben Barsillai S. 233.

[6] Vgl. Massora II Reg. 21, 18; Mass. fin. v. עז N. 5: im Buche Samuel ist 6, 3 ועזא ואחיו mit א. Vgl. auch Frensdorff, Massora Magna S. 311, Note 2.

6. וישלח עזא – וישלח עוזא ידו. Jal. Jos. § 14 aus Sotah 35^a. Trg Edd. und Lag: ידיה. Trg Jemen[1] und Haftarothkodizes:[1] את ידו. = LXX, P, V, Ar.

6. אל ארון – את ארון. Massoretische Note bei G. I 612 N. 669, III 27 N. 641 *hh*: בנוסחא קשיטא את ארון. את lesen zahlreiche Kodd.

6. שמטו – שמטוהו. Trg: מרגוהי.[2] LXX: περιέσπασεν αὐτόν. V: quoniam calcitrabant boves et declinaverunt eam ist Verbindung von MT mit LXX.

7. ה' – אלהים. Jal. Jos. § 14 aus Sotah 35^a. Ar: אלרב אללה = ה' אלהים.[3]

7. בעזה – בעזא. Sotah 35^a.[4] Mechiltha 52^a.[5] Sifre Num. § 46.[6] Tanḥuma בשלח § 20 in den älteren Edd. Ibn Esra Num. 1, 53. Baḥja ben Ascher, Kommentar 191^d. Trg Lag.

7. האלהים fehlt: Sifre Num. § 46. Sotah 35^a.[7] Parḥon, Wb. r. שלה. V: et percussit eum super temeritate.

8. ויחר לדוד – ויחר אַף לדוד. Sifre Num. § 46. Wenn diese Lesart nicht einfach Verschreibung ist, so ist vielleicht אַף = auch zu fassen.[8]

8. לדוד – לדוד מאד. Akedath Jizḥak Pf. 59, editio princeps 113^c. Kod. Ken. 201.

8. אשר – כי. Akedath Jizḥak l. c. Kodd. Ken. 107, 109.

8. בעזה – בעזא. Sifre Num. § 46.[9] Sotah 35^a. Num. r. ms. Epstein IV 21. Num. r. XIII Ende. Ibid. XXI 6. Tanḥuma פנחס § 8. Lekaḥ Tob zu Ex. 17, 5; 19, 22. Ibn Ġanaḥ, Wb. 588. Qimḥi, Wb. r. פרץ. Der Karäer Aron ben Eliah, Kether Thora II 58^a. Akedath Jizḥak Pf. 59, editio princeps 113^c. Trg Lag.

8. למקום ההוא – שמו. Akedath Jizḥak l. c. Diese unmögliche Lesart ist gewiß eine Verkürzung von שם המקום ההוא. So lesen V, Ar und Ken. 96, 174.

8. עזה – עזא. Trg Lagarde. P schreibt durchwegs עוזא. Für עזא spricht I Chr. 13, 7—11.

---

1 Mass. aus Jemen bei G. III 74^a: ויבאו עד גרן נכון וישלח עזא אל ארון הכי גרסינן. ולא גרסינן את ידו, וטעות נפל בקצת קיבוץ ההפטריות והוסיפו את ידו... לשון התרגום דמתרגם ית ידיה מה שלא נזכר בפסוק אפשר דהוא תוספת או אפשר דהתרגום היה גורס [את] ידו בפסוק והקדמונים מעתיקי התרגום בהפטריות השנה לא רצו לשנות גירסתו איך שהיה.

2 Edd., Lag, Raschi zur Stelle, Qimḥi zur Stelle und Wb. r. שמט: שמטו... ודעת התרגום כי הוא יוצא שאמר מרגוהי תוריא. Pseudo-Raschi zu I Chr. 13, 9.

3 Vielleicht aus האלהים (= ה' אלהים) verschrieben.

4 In Edd. und Jal. zur Stelle und ms. München.

5 Jal. Ex. § **262**, Sechel Tob II 320.

6 In Edd. und Lekaḥ Tob zu Num. 7, 9.

7 Edd., ms. München, Jal. zur Stelle und Ps. § 876.

8 Sotah 35^a: אַף הכא לא כתיב.

9 In Edd. und Jal. zur Stelle.

8. היום הזה – היום. Num. r. ms. Epstein IV 21. P: ליומנא, Ar: אליום. Al: σήμερον ἡμέρας scheint aus zwei Übersetzungen entstanden, von denen die eine, σήμερον, היום entspricht und die andere gewiß ἡμέρας ταύτης, = MT = LXX, gelautet hat.

9. וירא – ויירא. Akedath Jizḥak Pf. 59, editio princeps 113c. Zahlreiche Kodd. und alte Edd.

10. על עיר – אל עיר. Trg: לקרתא. = LXX, P, V, Ar und vielen Kodd.[1]

11. בית (I) – בבית. Mechiltha 52b. Trg: בבית.[2] V: in domo.[2]

11. בית (I) – עם בית. Cant. r. editio princeps Pesaro zu 2, 5. Kod. Ken. 650 עם עבד אדום בביתו.

11. ויברך ה' – ויברך אלהים. Berachoth 63b in ms. Paris.

11. את עבד – את בית עבד. Berachoth 63b.[3] Mechiltha 52b.[4] Seder Olam r. Kap. 13.[5] Num. r. ms. Epstein IV 21 (bis). Jal. zur Stelle im Stichwort. Sohar I 189a. Mehrere Kodd. und alte Edd. LXX: ὅλον τὸν οἶκον = כל בית.

11. עבד אדום – עבד אדום הגתי. Berachoth 63a in Edd. Sohar I 189a. Einige Kodd. P: לעובד אדום גתיא.

11. כל ביתו – ביתו. Mechiltha 52b.[4] Berachoth 63b in ms. Paris. Kod. Ken. 109. Kod. 247 bei Field: καὶ τὸν οἶκον αὐτοῦ.

11. ואת כל ביתו + בעבור ארון האלהים. Mechiltha 52b.[6] Berachoth 63b.[7] Sohar I 189a. P und Ar: בעבור ארון ה'.

12. למלך דוד – לדוד. Sifre Deut. § 38.

12. עיר דוד fehlt in Num. r. ms. Epstein IV 21. דוד fehlt in Kod. Ken. 129.

13. שור – צאן. Num. r. ms. Epstein IV 21. Sym.: βοῦν καὶ πρόβατον = שור וצאן.

14. ודוד – ויהי דוד. R. Samuel ben Meïr zu Gen. 49, 24. Sym.: Δαυὶδ δὲ ἦν.

14. מכרכר – מפזז ומכרכר. R. Samuel ben Meïr zu Gen. 49, 24. Glossaire hebreu-français zur Stelle.[8]

15. ובקול – וקול. Akedath Jizḥak Pf. 59, editio princeps 113d.

---

1 Die Massora verlangt על עיר. Vgl. Massora zur Stelle, Amos 4, 7. Mass. fin. v. עי' N. 39 und Mass. par. zur Stelle.

2 Vielleicht aber bloß notwendige Erklärung.

3 In ms. Paris und Jal. II Sam. § 143.

4 In Sefer והזהיר I S. 42; Lekaḥ Tob Ex. 17, 5; Jal. Ex. § 262 und II Sam. § 142.

5 In ms. Epstein und Jal. I Sam. § 139.

6 Nach Sechel Tob II 320.

7 In Edd. und Jal. II Sam. § 143.

8 Lambert in Harkavy-Festschrift 1908, S. 383.

16. לפני ה' – לפני ארון האלהים. Synhed. 21[a] in einem ms.[1] Kod. Ken. 30: לפני ארון ה'.

17. בתוך – אשר בתוך. Num. r. ms. Epstein IV 22.

19. למאיש – מאיש. Trg Edd.: מיגבר. Einige Kodd. LXX: *ἀπὸ ἀνδρὸς*, P: מן גברא.

19. ואשפָר – ואשפַר. Mass. bei G. III 27 N. 641 *dd*.

20. וישב – ויסב. Jer. Synhed. II 4 (20[b] 57).[2]

20. לקראת דוד – לקראתו. Jer. Sukkah 55[c] 7.[3] Ar: פאסתקבלתה.

20. היום (II) fehlt in Akedath Jizḥak Pf. 59 und V.

21. נגיד – לנגיד. R. Josua Ibn Schoeib, נורא תהלות 28[a]; mehrere Kodd. LXX: *εἰς ἡγούμενον*.

21. על ישראל – ועל ישראל. נורא תהלות 28[a], 5 Kodd.

21. לפני ה' – לפניו. Akedath Jizḥak Pf. 59, editio princeps 114[a].

23. ולמיכל – ומיכל. Midr. Sam. XI 3. Gen. r. LXXXII 4.[4] Lekaḥ Tob Gen. 35, 15. Gersonides zu I Sam. 21, 8.

23. לָהּ fehlt in Jal. Gen. § 136 aus Gen. r. LXXXII 4. Ibn Esra, Zaḥoth S. 21. Kodd. Ken. 125, 150. LXX, V, Ar.

23. ילד – ולד. Madinḥae und mehrere Kodd.[5]

Kap. VII.

1. המלך – המלך דוד. Synhed. 20[b].[6] Naḥmanides Num. 16, 21. Al: *Δαυὶδ ὁ βασιλεὺς*, Ar: דאוד אלמלך = דוד המלך. Kod. Ken. 187 bloß: דוד.

1. וה' הניח – והניח ה'. Midr. Ps. 62 § 4.[7] Ar: ואראחה אלרב = והניח ה'.

2. המלך – דוד. Sifre Deut. § 67 in Edd.[8] Pesiktha r. 23[b].

2. נתן. Tanḥuma תרומה § 9: שכן הקדוש ברוך הוא אמר לגד הנביא שיאמר לדוד לך ואמרת אל עבדי אל דוד... Der Text wird von allen Edd. und Sefer והזהיר II 78[b] bezeugt.

2. הנביא fehlt in Sifre Deut. § 67[8] und Pesiktha r. 23[b].

2. ראה נא אנכי – הנה אנכי. Midr. Ps. 118 § 8.[9] Pesiktha r. 23[b].

---

[1] In den anderen mss. fehlt das Zitat.

[2] Sukkah 55[c] 2 = MT.

[3] Synhed. 20[b] 57 fehlt das Zitat.

[4] In Jal. I Sam. § 103, Midr. ha-gadol 537.

[5] Vgl. Norzi, Ginsburg und Baer.

[6] In Edd., mss. München und Florenz, Jal. Ex. § 268. Ms. Karlsruhe und Agadoth ha-Talmud = MT.

[7] Jal. ha-Machiri Ps. 62 § 10 = MT.

[8] Lekaḥ Tob Deut. 12, 9 = MT.

[9] In Edd., Jal. ha-Machiri Ps. 89 § 42 und 118 § 6.

2. ראה נא fehlt in Sifre Deut. § 67 und Naḥmanides Num. 16, 21.[1]

2. ראה נא – ראה. Lekaḥ Tob zu Deut. 19, 12. Naḥmanides Num. 16, 21 in ed. Lissabon. Baḥja ben Ascher, Kommentar 258^{a}. Jal. Ex. § 268 aus Synhed. auch P drückt נא nicht aus.

2. אנכי – אשר אנכי (כי). Trg: דאנא, P: דאנא, V: quod ego.

2. ארזים – הארזים. Mass. marg. zu II Sam. 19, 9.

2. וארון – וארון ברית. Midr. Ps. 62 § 4.[2] Naḥmanides Num. 16, 21 in ed. Lissabon.

2. האלהים – אלהים. Synhed. 20^{b}.[3] Pesiktha r. 23^{b}. Naḥmanides Num. 16, 21 in einem ms.

2. האלהים – ה'. Midr. Ps. 62 § 4.[2] Ar: ה'.

2. ישב (II) – יושב. Mass. bei G. I 743 N. 669: יושב ה' מלא בספר שמואל... בבית ארזים ב' בו. Also יושב in unserem Verse beidemal plene.[4]

2. בתוך היריעה - בבית היריעה. Naḥmanides zu Num. 16, 21 in ed. Lissabon.

2. בתוך היריעה – באהל בתוך היריעה. Trg: במשכנא בנו יריעתא. LXX: *ἐν μέσῳ τῆς σκηνῆς* = בתוך האהל.

3. נתן – נתן הנביא. Akedath Jizḥak Pf. 25, editio princeps 115^{a}.

3. עשה – לך עשה. Ibn Esra Ex. 4, 19. Berechja Punktator in Sefer החיבור S. 108, Sefer מצרף S. 137 (bis). Einige Kodd. P, Ar.

3. כי ה' – וה'. Ibn Esra l. c. Berechja Punktator l. c.

4. אל נתן – עם נתן. Trg Lag.

4. נתן – נתן הנביא. Midr. Ps. 62 § 4. = P, Ar und 5 Kodd.

5. אל עבדי fehlt in Sefer והזהיר I 156 aus Tanḥuma תרומה § 9.

5. עבדי אל דוד – עבדי דוד. Midr. Sam. XXVI § 1. LXX, P, V, Ar und viele Kodd. und die ältesten Edd. Mass. zu I Reg. 11, 32 betont, daß im ganzen Samuelbuch, mit Ausnahme von II Sam. 3, 18, עבדי דוד steht.[5]

---

[1] In Edd. und sechs mss. In einem ms. ist ראה von späterer Hand hineinkorrigiert.

[2] Edd., Jal. ha-Machiri Ps. 62 § 10.

[3] Nach Jal. Ex. § 268.

[4] Mass. marg. zu II Sam. 19, 9 gibt an: יושב ה' מלא בסיפרא, führt aber nur sieben Stellen an; es muß zu בבית ארזים ergänzt werden: ב' בו. Frensdorff, Massora Magna S. 93, Note 3, meint, es müsse I Sam. 14, 2 ergänzt werden, was aber nach Mass. ms. sich als unrichtig erweist.

[5] עבדי דוד ה'... וכל שמואל דכוותיה בר מן אחד דוד עבדי. Vgl. Baer. Vgl. auch Mass. fin. v. דו N. 15. Heidenheim beweist aus dieser Massora, daß 7, 8 לעבדי דוד zu lesen ist für unser לעבדי לדוד. Dort lesen לעבדי דוד einige Kodd., Soncin 1486, LXX, P und V. Vielleicht ist das richtige, die Bemerkung וכל שמואל דכותיה, die auf eine Stelle kaum paßt, auf 7, 5 und 8 zu beziehen, so daß in beiden Stellen עבדי דוד zu lesen ist.

5. לדוד – אל דוד. Seder Eliah r. Kap. 18, ed. Friedmann 89^{a}.

5. תבנה – תבנה לי. Midr. Ps. 62 § 4.[1] Pesiktha r. 23^{b}.[2] Kod. Ken. 130.

5. הבית – בית. Pesiktha r. 6^{b}, 23^{b}.

6. למן יום – למיום. Midr. Schir Ha-Schirim ed. Grünhut 15^{b}.

6. אשר העלֵיתי – העלֹתי. Naḥmanides Num. 16, 21. = Trg, P, V, Ar. LXX העלֵיתי ohne אשר.

6. מארץ מצרים – ממצרים. Naḥmanides Num. 16, 21. P: מן ארעא דמצרין, V: de terra Aegypti, Ar: מן ארץֹ מצר. Kodd. Ken. 174, 191 prima manu: מארץ מצרים.

6. עד – ועד. Naḥmanides Num. 16, 21. LXX: *ἕως*, P: עדמא, V: usque, Ar: אלי.

7. ישראל – בני ישראל. Mass. aus Tschufutkale bei G. III 291 N. 90. LXX: *ἐν παντὶ Ἰσραὴλ*.

7. ישראל – את ישראל. Qimḥi zur Stelle. Akedath Jizḥak Pf. 50, editio princeps 261^{a}. LXX: *τὸν λαόν μου Ἰσραὴλ*, P, V, Ar und viele Kodd. Ken. und de Rossi.

8. דוד – לדוד. Massora.[3] LXX, P, V, Kodd. Ed. Soncin 1486.

8. עמי ישראל – עמי על ישראל. Akedath Jizḥak Pf. 50, editio princeps 262^{b}. Viele Kodd. Ken. und de Rossi. P: עמי איסראיל, V: populum meum Israel, Ar: ישראל עמי.

9. ואברית – ואכרתה. Midr. Sam. XXVI 3. Midr. Agada ed. Buber I S. 110.

9. את – את כל. Midr. Agada I S. 110.

9. גדול fehlt bei Qimḥi zu Ps. 2, 8 und Kod. Ken. 176 und in LXX.

10. ישראל – לישראל. Berachoth 7^{b}.[4] Tanḥuma תרומה § 9.[5] Midr. Sam. XXVI 3 (bis).[6] Sche'eltoth תולדות, ed. Wilna 29^{a}. Midr. לעולם in Jellineks Beth ha-Midrasch III 112. Qimḥi zur Stelle. Gersonides, Schluß von Kap. 21 תועלת 36. Akedath Jizḥak Pf. 50, editio princeps 262^{b}. Predigten des R. Josua Ibn Schoeib ויקהל. Viele Kodd. und alte Edd.[7] P, V.

---

[1] Nach Jal. ha-Machiri Ps. 62 § 10.

[2] 6^{b} = MT: תבנה לי.

[3] Vgl. oben zu V. 5 v. עַבדי אל דוד und Frensdorff, Massora Magna, S. 133, Note 2.

[4] Alle alte Edd., mss. München und Paris.

[5] In Sefer והזהיר I 156, Edd. und Jal. ha-Machiri Ps. 8 § 5.

[6] Edd. und Jal. zur Stelle.

[7] Vgl. Norzi und Baer.

10. יסיפו – יוסיפו. Mass. bei G. I 728 N. 441[c]: בני עולה דשמואל יוסיפו כתיב[1]. Ibid. N. 442: יוסיפו ג׳ מלאים וסימנהון ולא יוסיפו בני עולה לענותו . . .[2]

12. כי – והיה כי. Jerusch. Berachoth 4[b] 53,[3] Schekalim 47[b] 56,[4] Rosch ha-Schanah 56[b] 44. Moëd Katon 83[d] 4. LXX: *καὶ ἔσται ἐὰν*.

12. את אבותיך – עם אבותיך. Deut. r. V 3. Zahlreiche Kodd. und die ältesten Edd.

13. בית – הבית. Jal. Ruth § 603 aus Ruth r. zu 2, 13.

16. ונאמן - ונאמן יהיה. Akedath Jizḥak Pf. 50, editio princeps 165[c]. V: Et fidelis erit, P: ונהוא מהימן. Bar Hebraeus bei Field: ונהוא מהימן.

16. עד עולם – לעולם. Jal. Gen. § 150 aus Midr. zum Segen Jakobs.[5]

16. לפניך fehlt in Midr. Ps. 108 § 2[6] und in Ar.

16. כסאך – וכסאך. Midr. Ps. 108 § 2.[6] Ken. 150, 174, 294. P: וכורסיך, V: et thronus tuus. LXX: *καὶ ὁ θρόνος αὐτοῦ* = וכסאו. Kodd. bei Field: וכסאך.

17. וככל – ובכל. Lev. r. editio princeps I 4.[7] Kod. Ken. 174.

18. המלך דוד – דוד. Sabbat 113[b].[8] Sotah 41[b].[9] Midr. Ps. 108 § 2.[10]

18. וישב – וישב שם. Raschi zur Stelle. Ar: וגלם הנאך.[11]

18. אדני יהוה – יהוה אלהים. Mass. bei G. I 100 N. 970 zählt zwölf אנכי unmittelbar vor יהוה und darunter מי אנכי [יהוה] אלהים דשמואל.[12] Diese Massora hat also in unserer Stelle יהוה אלהים gelesen, wie I Chr. 17, 16. Kod. Ken. 99: יהוה אדני.

18. אדני ה׳ fehlt in Sabbat 113[b].[13] Midr. Ps. 1 § 1 in den alten Edd.[14] Midr. Ps. 108 § 2.[15] Raschi Joma 25[a] v. אלא. Midr. Agada ed.

---

[1] Folgen noch sieben andere יוסיפו plene.

[2] Dagegen Mass. ed. I Reg. 20, 10: יסיפו, ebenso Mass. ms. bei Frensdorff, Massora Magna, S. 86.

[3] Edd.; Jefeh Mareh II N. 3; Jal. Chr. § 1083; Jal. ha-Machiri Prov. 21, 3. So auch Genizahms. in Ginzbergs Yerushalmi Fragments S. 6.

[4] Jeruschalmiedd., mss. und Edd. des Babli 5[a].

[5] Beth ha-Midrasch II, Gen. r. ed. Wilna.

[6] In Edd. und Jal. Ps. § 867.

[7] Jal. ha-Machiri Ps. 89 § 32 = MT.

[8] In ed. Soncin und Jal. Ruth § 604.

[9] Nach Jal. Deut. § 940. Edd. und ms. München = MT.

[10] Jal. ha-Machiri Ps. 10 § 31.

[11] Aus dieser Lesart erklärt sich der Zusatz Ars: ויבא המלך דוד + אל בית ה׳, wegen שָׁם notwendige Erklärung.

[12] אנכי יהוה י״ב דסמיכין וסי׳ . . . . מי אנכי [יהוה] אלהים דשמואל. Vgl. Massora ed. zu Ex. 20, 2 und Frensdorff, Massora Magna, S. 333, Note 6.

[13] Nach Jal. Ruth § 604.

[14] Ed. Buber = MT; Jal. ha-Machiri 1 § 10: מי אנכי וגו׳ ומי ביתי.

[15] Edd., ed. Buber, Jal. ha-Machiri Ps. 10 § 11 und 108 § 1 (bis), Jal. Ps. § 867.

Buber II 186. Glossaire hebreu-français zur Stelle.[1] Josua Ibn Schoeib נורא תהלות 47a.

19. עוד fehlt in נורא תהלות 47a, in P und Ar und LXX-Kodd.

19. עוד זאת fehlt in Midr. Ps. 1 § 2[2] und in LXX. זאת fehlt in Kod. Ken. 150.

19. אדני ה׳ – אדני. נורא תהלות 47a. LXX: *κύριέ μου.*

19. גם אל – אל. נורא תהלות 47a. Kodd. Ken. 187, 254. LXX, P und Ar drücken גם nicht aus.

19. אל בית – על בית. LXX, Trg, P, V, Ar.

19. וזאת – זאת. Sifre Num. § 119.[3] Sifre Deut. § 339.[4] Seder Olam r. Kap. 30.[5] LXX: *οὗτος*, P, V, Ar.

20. ומה – מה. Raschi zur Stelle.

20. דוד עוד – עוד דוד. R. Jesaiah, Kommentar zur Stelle. Einige Kodd. und Edd. V: adhuc David.

22. ככל – בכל. Massoretische Note bei G. I 608a, III 27 N. 641 *dd* aus Kodex מגה, vgl. ibid. N. 641 *hh*. Nach ibid. 369 N. 60 ist בכל die Lesart der Madinḥae. בכל lesen mehrere Kodd.[6] LXX: *ἐν πᾶσιν*, V: in omnibus.

23. ומי – מי. Seder Eliah r. Kap. 23, ed. Friedmann S. 124.

23. כישראל – ישראל. Synhed. 38b. Lekaḥ Tob zu Gen. 1, 26. Komm. des R. Jesaiah zur Stelle. Mehrere Kodd. de Rossi, LXX, P, V.

23. הלכו – הלכו לו. Synhed. 38b.

23. לפדות – לעשות. Midr. Sam. XXIII 3.

23. ולשום – לשום. Midr. Sam. XXIII 3. Massora bei G I 329a zählt ולשום unter den Hapaxlegomenis; dieses Wort kommt aber auch I Sam. 8, 12 vor. An einer dieser Stellen hat die erwähnte Massora nicht ולשום gelesen; vielleicht לשום, vielleicht auch ולשים oder לשים. לשום lesen Kodd. Ken. 150, 187. LXX: *του θέσθαι.* Sym.: *ἵνα τάξῃ ἑαυτῷ.*

23. לכם – להם. Trg Lag: להון. Kod. Ken. 182. V: eis. P: לו.

23. פדית לך – פדית. Mechiltha 16a.[2] Ex. r. XLII 2. Koheleth r. zu 7, 1.

23. גוים – גוי. Mechiltha 16a.[7] Sifre Num. § 84. Ex. r. XXIV 1 in den alten Edd. Ex. r. XLII 2. Jerusch. Sukkah 54c 23.[8] Koheleth r.

---

1 Harkavy-Festschrift S. 384.

2 In Jal. ha-Machiri Ps. 1 § 10.

3 Nach Jal. Num. § 756.

4 In Edd. und Jal. Deut. § 949.

5 In ms. Epstein und Jal. Jer. § 260.

6 Vgl. auch Norzi: בספרים מוגים בכל בבי״ת. Vgl. jedoch Baer.

7 In Edd. und Jal. II Sam. § 146.

8 In Jefeh Mareh IV N. 1 und Predigten des Josua Ibn Schoeib ליום ראשון של סוכות.

zu 7, 1. Josef Qimḥi in Sefer Ha-Sikkaron S. 153.[1] Kod. Ken. 300. P: עמא, Ar: אלשעב.

27. גלית – גליתה. Akedath Jizḥah Pf. 59. Menorath ha-Maor N. 107.

27. את לבו. Massora bei G. III 150ᵃ zählt את לבו nicht unter den חלופי הקריאה zwischen Samuel und Chronik und zitiert aus unserer Stelle:[2] על כן מצא עבדך להתפלל. Diese Massora hat also in unserer Stelle את לבו nicht gelesen, wie I Chr. 17, 25.

27. לפניך – אליך. Massora bei G. III 150ᵃ (Zitat).[2] Kod. Ken. 13.

27. את כל התפלה – את התפלה. Akedath Jizḥak Pf. 59. Kodd. Ken. 93, 226.

28. יהוה – אדני יהוה. Massora bei G. III 150ᵃ.[3]

28. יהוה אלהים – אדני יהוה. Massora bei G. II 472 N. 126 (Zitat). 8 Kodd. Ken. Ken. 229: אדני אלהים.

28. ודבריך אמת – ודבריך יהיו אמת. Trg: ופתגמך אינון קשוט.[4]

29. ועתה ה׳ – ועתה. Massora bei G. III 150ᵃ (Zitat).

29. לברך – וברך. Jal. I Sam. § 107 aus Midr. Sam. XVI 2.

29. ברכת – דברת. Menorath ha-Maor N. 107 aus einem Midrasch.

29. ומברכוֹתֶיך – ומברכָתְךָ. Tanḥuma ed. Buber נשא § 15. Menorath ha-Maor N. 107 aus Midrasch.

29. את בית עבדך – בית עבדך. Tanḥuma ed. Buber נשא § 15. Kodd. bei Ginsburg.

Kap. VIII.

1. אחר – אחרי. Qimḥi, Kommentar zu II Sam. 7, 1.

1. בפלשתים – את פלשתים. Jal. zur Stelle aus Midr. Sam. XXVII 3.

1. הפלשתים – פלשתים. Midr. Sam. XXVII 3.[5] Qimḥi zu II Sam. 7, 1. LXX: *τοὺς ἀλλοφύλους*.

1. ויקח – ויקח דוד. Pirke d' Rabbi Elieser Kap. 36.[6] Jal. zur Stelle im Stichwort. Midr. ha-gadol 410 aus unbekannter Quelle.

1. הָאמה – האַמה. Kodex הללי.[7]

---

[1] In der Erklärung: הורשת מפניהם גוים ואלהיו kann auch גוי kollektivîsch gefaßt sein.

[2] שמואל על כן מצא עבדך להתפלל לפניך את התפלה הזאת.

[3] Unter den חלופי הקריאה: שמואל: ועתה יי אתה הוא האלהים, דברי הימים: ועתה יי אתה הוא. Demnach besteht die Verschiedenheit im Fehlen von האלהים in Chr.

[4] Vielleicht bloß Umschreibung aus dogmatischen Gründen. Trg hält es nicht für passend, zu wünschen, Gottes Worte mögen wahr werden. Daher: deine Worte sind wahr.

[5] In Edd.; ms. bei Buber = MT.

[6] Jal. II Sam. § 146, Midr. Agada ed. Buber I 66.

[7] G. I 605ᵃ, III 27 N. 641 *dd* und zur Stelle.

2. השכב — וישכב. Der Karäer Aron ben Eliah aus Nikomedien, Kether Thora IV 38[a]. P: ואשכב, Ar: وأضجع.

2. וימדד — וימדד אותם. Jal. ha-Machiri Ps. 60 § 15 aus Num. r. XIV 1.

2. לעבדים fehlt in Akedath Jizḥak Pf. 82, editio princeps II 58[c].

3. ויך דוד — ויך. R. Josua Ibn Schoeib, נורא תהלות 139[b]. Kod. Ken. 187.

3. הדדעזר — הדרעזר. Pirke d' Rabbi Elieser Kap. 36.[1] Der Karäer Aron ben Josef, Mibḥar Jescharim zur Stelle. R. Josua Ibn Schoeib, נורא תהלות 139[b]. Massora bei G. III 150[b]. Zahlreiche Kodd. und alte Edd.[2] LXX, P, V, Ar.[3] Vgl. auch die folgende Stelle, wo für הדר noch andere Zeugen geführt werden.

3. הדדעזר — הדר עזר. Pirke d' Rabbi Elieser Kap. 36 in den alten Edd. Kodd. bei Ginsburg. Mass. marg. zur Stelle. Ἀδραάζαρ spricht wegen der Betonung für הדר עזר.[4]

3. הדדעזר — הדר עזר. Trg Lag.[5] Kodd. bei Ginsburg.

3. בן רחב fehlt in Pirke d' Rabbi Elieser Kap. 36 und in R. Josua Ibn Schoeib, נורא תהלות 139[b].

3. צובה[6] — ארם. Pirke d' R. Elieser Kap. 36: (scil. ליעקב) אמר לו לבן אם ישראל יורשין את הארץ שלא יבאו בארץ ארם לרעה... וכשמלך דוד רצה לבוא בארץ ארם ולא היה יכול עד ששבר את המצבה[7] ... ואחר כך כבש את ארץ ארם שנאמר ויך דוד את הדר עזר מלך ארם.

3. בלכתו — כלכתו. Trg: כד אזל.[8] P: כד אזל.

4. וילכד — ויאסר (?). Trg: ואסר.[9] So Edd. und Qimḥi. Lag: ואחד.

4. וילכד — ויכה. Massora bei G. III 150[b] (Zitat). P: וחרב, Ar: وقتّل.

4. כל הרכב - הרכב. Raschi zur Stelle. Kod Ken. 178. Ar.

5. להדדעזר — להדרעזר. Der Karäer Aron ben Josef, Mibḥar Jescharim zur Stelle. R. Josua Ibn Schoeib, נורא תהלות 139[b].[10] Zahlreiche Kodd. und alte Edd.[11] LXX, P, V, Ar.[12]

---

1 In einigen Edd. und ms. Epstein.

2 Vgl. auch Norzi, Baer und Ginsburg.

3 Ἀδραάζαρ, הדרעזר, Adarezer entspricht auch הדר עזר.

4 Manche Kodd.: ἀδραάζάρ.

5 Polyglottentargum = MT, aber die lat. Übersetzung: Hhdad-Ghezer.

6 So auch I Chr. 18, 3.

7 Das Bündnisdenkmal, von dem früher die Rede ist: כרות עמי ברית שבועה שאין ישראל יורשין את ארץ ארם, והציב לו מצבת אבנים והביא את בניו עמו בברית...

8 בלכתו = במיזליה.

9 R. לכד übersetzt Trg durch אחד oder כבש.

10 In der Ausführung mehreremal: הדרעזר.

11 Andere Kodd. להדר עזר, vgl. Ginsburg.

12 Vgl. zu V. 3 v. הדדעזר und Anmerkungen.

5. להדד עזר – להדרעזר. Trg Lagarde.

6. ויהיו – ותהי. Massora bei G. III 150b (Zitat).

6. לעבדים לדוד – לדוד לעבדים[1]. Qimḥi, Kommentar zu Ps. 2, 8. Kod. Ken. 187. Ar: עבדים לדוד.

7. על עבדי – אל עבדי. Trg, LXX, P und einige Kodd. Ken. Ar und Ken. 30 marg.: עם.

7. הדרעזר – הדדעזר. Der Karäer Aron ben Josef, Mibḥar Jescharim zur Stelle. LXX,[2] P, V, Ar.

7. הדד עזר – הדדעזר. Trg Lagarde.

8. ומבארות – ומברתי. Trg Lagarde. Kodd. Ken. 150, 187, 198, 201: ומבארתי. Kod. Ken. 174: ומבר ארותי. V: Beroth drückt ְ nicht aus.

8—12. הדרעזר – הדדעזר. Der Karäer Aron ben Josef, Mibḥar Jescharim zur Stelle. Kodd. LXX, P, V, Ar.

8—12. הדד עזר – הדדעזר. Trg Lagarde.[3]

12. ומעמון – ומבני עמון. Trg Lagarde.[4]

13. חיל – שם. Trg: וכנש דוד משרין.[5]

13. לו שם – שם. Josua Ibn Schoeib, נורא תהלות 139b. V: Fecit quoque sibi David nomen = ויעש לו דוד שם.

14. וישם דוד – וישם. Midr. Agada ed. Buber II 146.[6] Der Karäer Aron ben Eliah aus Nikomedien, Kether Thora I 75b.[7] P: ואקים דויד, Ar: וצי̈ר דאוד.

14. נציבים באדום – באדום נצבים. Midr. Agada II 146.[6] P und Ar: נציבים בכל אדום.

14. בכל אדום שם נצבים fehlt in Trg Lagarde, P und Ar.[8] שם נצבים fehlt in LXX,[9] בכל אדום fehlt in V. בכל אדום שם נצבים fehlt in Kod. Ken. 176.

14. ותהי – ויהי. Jal. ha-Machiri Ps. 18 § 61 aus einem unbekannten ספר אגדה. Sechel Tob Gen. 25, 23. V: et facta est universa Idumaea serviens.[10]

14. אדום – כל אדום. Jal. ha-Machiri Ps. l. c. Sechel Tob l. c. Qimḥi zu Ps. 2, 8.

---

1 I Chr. 18, 6 לדוד עבדים.

2 חדר עזר, andere Kodd. הדרעזר. Vgl. oben S. 25, Anm. 3.

3 V. 12 הדר עזר auch in Mass. marg. zu V. 3.

4 Vgl. Lagardes Einleitung S. XIX, Zeile 7.

5 I Sam. 14, 18 וכנש משרין – ויעש חיל.

6 והיה אדום ירשה (Num 24, 18), ואותו בימי דוד היה שנאמר וישם דוד נציבים באדום.

7 IV 38a = MT.

8 P und Ar: וישם דוד נצבים בכל אדום.

9 Al: ἔθηκεν ἐστηλωμένους.

10 Die anderen Vertenten fassen אדום = Idumäer; sie lesen ויהי oder ויהיו.

14. עבדים לדוד – עבדים לדוד נושאי מנחה. Tanḥuma דברים § 3.[1] Lekaḥ Tob zu Gen. 25, 23 und 27, 29.

14. ויושע[2] – וישע. Massora marg. zur Stelle.[3]

16. בן צרויה fehlt Synhed. 49a[4] .und in Raschi zu unserer Stelle.

16. מזכיר – המזכיר. Kommentar des R. Jesaiah zur Stelle. Aq.: ὁ ἀναμιμνήσκων.

18. והכרתי והפלתי – על הכרתי ועל הפלתי. Raschi und R. Jesaiah zur Stelle. Kod. de Rossi 679 prima manu. Trg: על קשתיא ועל קלעיא.[5] P: על חדּא ועל פלחא, V und Ar: על הכרתי[6] והפלתי. LXX = MT.[7]

Kap. IX.

1. הכי יש – הכי יש פה. Trg: האית כא.

3. האפס – היש. Trg: האית.[8] P: אית.

4. המלך – המלך דוד. Sabbat 56a in ms. München.

4. איפה – איפוא. Sabbat 56a in Edd.[9]

4. איפה. Trg Lagarde: לאן (?).[10] Wahrscheinlich Verschreibung aus ואן = ואיפה.[10]

4. ציבא אל המלך fehlt Sabbat 56a in ms. München. אל המלך fehlt in Kod. Ken. 93.

4. בלו דבר – בלא דבר. Sabbat 56a.[11] Kommentar des R. Jesaiah zur Stelle. Kodd. Ken. 99, 150, 253. Trg Lag: בלא דבר. LXX: Λαδαβάρ entspricht besser לא דבר.

5. המלך דוד – המלך. Sabbat 56a in Edd.[12] דוד fehlt in P.[13]

5. מבית מכיר – מעם מכיר. Sabbat 56a in ms. München.

---

1 In Edd. und Jal. ha-Machiri Ps. 60 § 1.

2 So auch I Chr. 18, 3.

3 (Job 5, 15) לאל דשמואל, וישע ה׳ את דוד (I Sam. 23, 5) וישע ג׳ הסרים בקריאה וסימניהון. Vielleicht aber gehört diese Angabe zu V. 6, wo וישע wirklich defektiv ist.

4 In Edd. und En Jakob editio princeps.

5 In Edd., Lag und Qimḥi und Kommentar des R. Jesaiah zur Stelle. Raschi zur Stelle.

6 Super Cerethi et Pelethi entspricht auch על הכרתי ועל הפלתי.

7 Kod. 243 marg.: ἐπὶ τῶν Χερηθαιων καὶ τῶν Φεληθαίων.

8 Edd., Lag und Qimḥi zur Stelle: ותמהתי למה תרגמו יונתן האית.

9 Ms. München und Jal. II Sam. § 151 = MT.

10 איפה = היכא, nur Jdc. 9, 38 (Lag, auch Jdc. 8, 18) אן.

11 Ms. Oxford, Edd., ed. Soncin, Agadoth ha Talmud. Raschi zur Stelle und Akedath Jizḥak Pf. 62, editio princeps I 326d. Nach Raschi deutet die Agada בלא דבר = ohne Gelehrsamkeit. בלא דבר auch Jal. II Sam. § 151.

12 Mss. München und Oxford = MT.

13 Ar und Kod. Ken. 86 bloß דוד.

5. מלו דבר – מלא דבר. Sabbat 56a.[1] Trg Lag: מלוא ד׳. Einige Kodd. Ken. LXX. Vgl. zu V. 4 v. בלו דבר.

7. והשיבתי – והשבתי. Massoretische Note[2] aus Kodd.: חסר דחסר. Viele Edd. Konkor. v. והשבתי.

8. אל הכלב – על. LXX, Trg, V.

10. חמשה עשר – ששה עשר. Jerusch. Jebamoth 4a 10. Kod. Ken. 650.

11. יְצַוֶּה – צִוָּה. Trg: די פקיד. = LXX, P, V, Ar.

12. ולמפיבשת – ולמפי בשת. Massora aus Tschufutkale bei G. III 275 N. 31.

12. מיכא – מיכה. Trg Lagarde. Die Namensform מיכא nur noch I Chr. 9, 15; sonst מיכה, mit Ausnahme von Nehemia, wo מיכא in unseren Texten dreimal vorkommt.[3]

12. למפיבשת – למפי בשת. Massora aus Tschufutkale.[4]

Kap. X.

1. וימת מלך בני עמון – וימת נחש. Massora bei G. II 230 N. 475 (Zitat).[5]

1. וימלך חנון בנו – וימלך בנו. Massora bei G. II 230 N. 475 gibt an, daß die Verbindung וימלך בנו nur zweimal vorkommt,[6] und zwar in der (zweimal vorkommenden) Stelle ויהי אחרי כן וימת נחש וימלך בנו תחתיו, d. h. unsere Stelle und I Chr. 19, 1. Da die Verbindung בנו (N. N.) וימלך 39mal vorkommt, so kann diese Massora nur so verstanden werden, daß וימלך mit unmittelbar folgendem בנו nur zweimal vorkommt, in unserer Stelle und I Chr. 19, 1. חנון fehlt in Ar.

2. אל אביו – על אביו. Trg Lag: על (Edd.: לות).[7] P, V.

4. את חצי – חצי. Agadath Bereschith XXVI 1. Jal. Ps. § 730 aus Tanḥuma לך לך § 7. In LXX-Kod. 98 bei Field: ἥμισυ ohne τὸ.

4. את חצי זקנם – ראשם ואת חצי זקנם. Tanḥ. editio princeps לך לך § 7.

4. את מדויהם – מדויהם. Tanḥuma l. c.

---

[1] In Edd. ms. München, Jal. II Sam. § 151 und Akedath Jizḥak Pf. 62, editio princeps I 326d. Nach Raschi wird מלא = מָלֵא = voll mit Gelehrsamkeit gedeutet. — 2 mss., Agadoth ha-Talmud, ed. Soncin = MT. Gewiß Korrektur.

[2] G. I 602a, III 27 N. 641 *dd.*

[3] Vgl. über die Schreibung מיכא in Nehemia Frensdorff, Massora Magna, S. 301, Note 2.

[4] Bei G. III 275 N. 31.

[5] Vgl. den Wortlaut in der folgenden Stelle, aus dem nicht sicher zu entnehmen ist, ob auch unsere Stelle gemeint ist.

[6] וימלך בנו ב׳ וסימנן ויהי אחרי כן . . .

[7] So auch Polyglottentargum, aber die lateinische Übersetzung: s u p e r.

6. צובה – צובא. Trg. Lagarde. Kodd.[1]

7. צבא – הצבא. Massora[2] zählt unter den חלופי הקריאה zwischen Samuel und Chronik: שמואל – כל צָבָא, דברי הימים – כל הצָבָא.[3] Trg und P: חילא דגבריא, V: exercitum bellatorum = צְבָא הגברים. LXX-Kodd. bei Field: *τὴν δύναμιν τῶν δυνατῶν.*

8. צובה – צובא. Trg Lagarde. Kodd.[1]

9. המלחמה – פני המלחמה. Trg, P, V, Ar, Kodd. Ken. 96, 168, 174, 176, 224, 242, de Rossi 380.

9. ויקח – ויבחר. Der Karäer Aron ben Eliah, Kether Thora II 37^{b}.

9. בני ישראל – בישראל. Qimḥi, Wb. ms. Jena r. בחר. LXX L: *υἱῶν Ἰσραήλ.* Ar: בני ישראל.

11. ממנו – ממני. Massoretische Note bei G. I 602^{a} aus Kodd.

11. והיית – והיתה. Ibn Ġanaḥ, Wb. 218.[4] En Salomo Astruc, Midr'sche Ha-Thora S. 65. Kodd. (והייתה).[5]

12. בעינו – בעיניו. Massoretische Note bei G. II 58^{b}: כתיב בעינו, קרי בעיניו.

13. וכל העם – והעם. Gen. r. XCIII 6.[6] Tanḥuma ed. Buber ויגש § 8.

13. אתו – עמו. Gen. r. XCIII 6.[7] Tanḥuma ms. ויגש § 8.[8] Kodd. Ken. 93, 227. LXX: *καὶ ὁ λαὸς αὐτοῦ μετ' αὐτοῦ.*[9] Wenn *μετ' αὐτοῦ*, das in Al. fehlt, echt und nicht bloß eine zweite Übersetzung von עִמּוֹ ist. so ist וְעַמּוֹ אִתּוֹ wahrscheinlicher, als וְעַמּוֹ עִמּוֹ.

13. במחנה ארם – בארם. Jal. ha-Machiri Ps. 37 § 19 aus Tanḥuma לך לך § 7.

14. וינסו גם הם – וינסו. Trg Lag: וערקו אף אינון. P: וערקו אף הנון, V: f u g e r a n t e t i p s i, Ar: הם איצׂא.

14. לפני – מפני. Massora bei G. III 151^{a} (Zitat).

14. מעם – מעל. Massora bei G. III 151^{a} (Zitat).

16. הדד עזר – הדרעזר. Trg Lagarde. Kodd. und alte Edd.: הדדעזר.[10]

---

[1] Vgl. G. III 27 N. 641 *ee*, G. und Baer zur Stelle.

[2] Bei G. III 150^{b}.

[3] Bei Baer: כל צבא, כל הצבא = MT. Für צָבָא bei G. dann wohl צְבָא.

[4] Sefer Haschoraschim 148 f e h l t das Zitat.

[5] Bei G. I 602^{a}, III 27 N. 641 *dd.*

[6] In Jal. Jos. § 21 und Sechel Tob I 298. — Edd. und Lekaḥ Tob zu Gen. 44, 18 = MT.

[7] Editio princeps; Lekaḥ Tob Gen. 44, 18; Midr. Agada ed. Buber I 102; Jal. Gen. § 150, Jos. § 21; Sechel Tob I 298. — Jal. Gen. § 83: עִמּוֹ; Korrektur oder Verschreibung.

[8] Siehe Bubers Einleitung 66^{a}.

[9] אשר fehlt in Kodd. Ken. 70, 128. :והָעָם עִמּוֹ.

[10] Vgl. auch Norzi: כולם שבפרשה בשני דלתי"ן בספרים כתבי יד.

16. וישובך שר צבא הדרעזר. So auch I Chr. 19, 16 (ושופך). Sobak war also der Feldherr der Syrer, die auch in diesem Stadium des Kampfes die Hauptbeteiligten waren, während die Ammoniter, gegen die ursprünglich der Kampf gerichtet war, nach der ersten Niederlage in den Hintergrund traten, oder überhaupt an der Schlacht nicht mehr teilnahmen. In der ersten Schlacht, an der auch die Ammoniter teilgenommen haben, scheint Sobak noch nicht die Führerrolle gehabt zu haben; jedenfalls wird seiner nicht Erwähnung getan. Es ist also bei diesem Sachverhalt klar, daß der in unserem Kapitel und I Chr. 19 geschilderte Krieg logischerweise entweder, mit Rücksicht auf die Urheber des casus belli, als Krieg der Ammoniter bezeichnet werden kann — dann kommt Sobak nicht in Betracht, oder, wenn der Feldherr hervorgehoben werden soll, als Krieg der Syrer mit Sobak als Anführer. Es ist daher höchst merkwürdig, daß in der Mischnah Sotah VIII 1 unseres Krieges mit den Worten Erwähnung geschieht: „Die Kinder Ammon vertraueten auf die Kriegstüchtigkeit[1] Sobaks, und was war das Ende? er fiel durch das Schwert und sie fielen mit ihm; ebenso wie die Philister auf die Riesenstärke[1] Goliaths ihre Hoffnung gesetzt haben und dann bitter enttäuscht wurden".[2]

Für diese auffallende Angabe der Mischnah gibt es nur eine Erklärung: die nämlich, daß Sobak der Feldherr der Ammoniter gewesen, der in beiden Schlachten, zuerst die Ammoniter und dann die Syrer geführt hat. Da die Ammoniter die Veranlasser und ihr Feldherr der Leiter des ganzen Krieges waren, ist es einigermaßen begreiflich, daß die Mischnah nur die בני עמון und nicht ארם, oder auch dieses, erwähnt. Demnach hätte die Mischnah in unserer Stelle und I Chr. 19, 16 nicht וישובך (ושופך) שר צבא הדרעזר gelesen, sondern וש׳ שר צבא (מלך) בני עמון. In der Tat zitiert Jalkut zur Stelle aus Sotah 42b:[3] וישובך שר צבא מלך בני עמון.

17. ויערכו מלחמה – ויערכו ארם. Massora bei G. III 151a (Zitat).[4]

18. שובך[5] שר הַצָּבָא – שובך שר צבאו. So muß nach der im vorhergehenden, V. 16, erörterten Mischnah gelesen werden, da צבאו sich

[1] Wörtlich: kamen mit dem Sieg.

[2] פלשתים באו בניצחונו של גלית מה היה סופו? לסוף נפל בחרב ונפלו עמו. בני עמון באו בניצחונו של שובך מה היה סופו? לסוף נפל בחרב ונפלו עמו. אבל אתם אי אתם כן כי ה׳ אלהיכם עמכם להלחם לכם וגו׳.

[3] In Edd. fehlt das Zitat. Vielleicht auch gehört וישובך שר צבא מלך בני עמון noch nicht zum Zitat, sondern es ist Stichwort, zu dem das Zitat angeführt wird. Dies ist im gewissen Sinne von sicherer Beweiskraft.

[4] Bei Baer zur Stelle = MT.

[5] So I Chr. 19, 18.

auf „Aram" bezieht, während nach der Mischnah שובך der ammonitische Feldherr war. P: רבחיל, V: principem militiae.

18. לפני – מפני. Trg Lagarde: לקדמות. Kod. Ken. 172.

19. הדד־עזר – הדרעזר. Trg Lagarde. Kodd.: הדדעזר.

19. את בני ישראל – את ישראל. Ibn Ġanaḥ, Wb. S. 48.[1]

Kap. XI.

2. ערב – הערב. Synhed. 107ª.[2] Jal. zur Stelle im Stichwort. LXX: *πρὸς ἑσπέραν*[3] = לערב.

2. נָג – נַג. Qimḥi:[4] על נָג המלך קמץ בסמוך.

2. (ה)גג המלך – גג בית המלך. Synhed. 107ª.[5] בית המלך fehlt in Kod. Ken. 70.

2. על הגג – מעל הגג. Trg:[6] על אגרא. Ar: פוק, V: ex adverso super drückt מעל und על aus.

3. וישלח המלך – וישלח דוד. Synhed. 107ª.[7] V: misit ergo rex.

3. לדרוש – וידרש. Synhed. 107ª.[8]

3. באשה – לאשה. Trg Lagarde: באיתתא.

3. בתשבע – בת שבע. Nach Raschi Synhed. 22ª v. קינחה hat I Reg. 1, 15 dreizehn Worte, und da Raschi den genannten V. = MT anführt, so ergibt sich die Zahl dreizehn nur dann, wenn בתשבע geschrieben wird. Al: *Βηϑσβεέ*[9] spricht für בתשבע. Lat. Targumübersetzung Bathsebagh = בתשבע.[10]

4. מלאכים לאשה – מלאכים. Synhed. 107ª.[11]

4. ויבא אליה – ותבא אליו. Akedath Jizḥak Pf. 63, editio princeps 339ᵇ. LXX: *καὶ εισῆλϑεν πρὸς αὐτῆν.*

6. אוריה החתי – אוריה. Trg:[12] אוריה חתאה. Kodd. de Rossi 679, 20 prima manu. LXX: *Οὐρείαν τον Χετταῖον,* P: לאוריא חיתיא, V: Uriam Hethaeum, Ar: אוריא אלגאתאני.

---

[1] So auch Sefer Haschoraschim S. 31.

[2] Nach Jal. zur Stelle.

[3] Alia exempl.: *ἐν τῷ καιρῷ τῆς δείλης* = MT.

[4] Michlol 106 und Et Sofer; vgl. auch Baer.

[5] In Raschi zur Stelle im Talmud und Jal. zu unserer Stelle (הגג).

[6] In Edd., Lag und lateinische Übersetzung.

[7] In mss. ed. Soncin und En Jakob.

[8] Mss. München und Karlsruhe, ed. Soncin, Agadoth ha-Talmud, En Jakob. — In Jal. ha-Machiri Ps. 17 § 1 fehlt וידרש, = Kod. Ken. 614.

[9] Vat.: *Βηρσαβεέ*.

[10] Baer bemerkt: „In repudii libellis (גט) et alliis actis iudicialibus usus est nomen una voce scribendi." Das ist nicht sicher. Vgl. נחלת שבעה II. Rezension, Amsterdam 1681, 35ᵈ.

[11] Nach Jal. zur Stelle. In Jal. ha-Machiri Ps. 17 § 1 fehlt מלאכים.

[12] In Edd. und der lateinischen Übersetzung: Hhittaeum. Lag = MT.

7. וישאל דוד – וישאל לו דוד. Trg: ושאל ליה דוד.[1]

7. ולשְׁלום העם – לשְׁלום העם. Massora bei G. I 330ª zählt unter den Hapaxlegomena: ולשלום,[2] folglich hat diese Massora in unserer Stelle nur einmal ולשלום gehabt. Sie las gewiß לשלום העם.[3] — Massora verlangt ולשלום.[4]

8. רד – לך. Predigten des R. Josua Ibn Schoeib שופטים. Kod. Ken. 224. V: vade.[5]

10. מדוע – ומדוע. R. Berechja Punktator, Sefer מצרף S. 130. 13 Kodd. und einer prima manu. Lateinische Targumübersetzung: et ut quid hoc.

10. אל ביתך – לביתך. R. Berechja Punktator, Sefer מצרף S. 130.

11. וישראל – ישראל. Kommentar des R. Jesaiah zur Stelle.

11. וישראל ויהודה – ויהודה וישראל. Tossafoth Erubin 63ᵇ v. כל. Ar: ויהודה וישראל.

11. ועבדי – וכל עבדי. Lekaḥ Tob Ex. 37, 1. Kod. Ken. 650.

11. וחֵי נפשך – וחַיֵּי נפשך. R. Berechja Punktator, Sefer מצרף S. 130. LXX:[6] *καὶ μὰ τῆν ζωὴν τῆς ψυχῆς σου*. Trg: וחַיֵּי נפשך,[7] P: חיי נפשך, V: et per salutem animae tuae, Ar: וחיאה נפסך.

16. בשמור – כשמור. Trg: כד צר.[8] 7 Kodd. Ken. und de Rossi, ed. Soncin.

20. אל העיר – אל החומה.[9] Ibn Ġanaḥ, Wb. 406.[10] V: ad murum, Ar: אל חומת העיר.[11]

20. ירו – ירו עליכם. Trg: דירמון עליכון.[12] Ar: ירמונכם.

21. אשה – אשה אחת. Massora bei G. II 444 N. 100 (Zitat).

24. אל עבדיך – בעבדיך. Trg: בעבדך.[13]

---

1 In Edd. und lateinische Übersetzung: et rogavit eum David. Lag = MT.

2 Kommt nur in unserer Stelle zweimal vor.

3 לש׳ ולש׳ לש׳ ist nicht gut denkbar; לש׳ לש׳ ולשלום ist regelmäßig.

4 Es wird ולשלום im Verzeichnis der Wörter angeführt, die zweimal in einem Verse vorkommen, siehe Ochlah we-Ochlah, ed. Frensdorff N. 58, S. 61, Mass. fin. v. ב N. 13. Mass. marg. zu unserer Stelle zählt mit unserer Stelle drei ולשְׁלום. Vgl. über diese Angabe Frensdorff, Massora Magna, S. 197, Note 1.

5 VV. 9, 10 ירד, ירדת: descendit, descendisti.

6 Comp. und andere Kodd. bei Field.

7 Edd., Lag, lateinische Übersetzung: et per vitam animae tuae.

8 Edd., Lag, Walton und Qimḥi zur Stelle.

9 מדוע נגשתם אל החומה; vielleicht ist V. 21 gemeint und מדוע für למה.

10 Sefer Haschoraschim 285.

11 Eines dieser Worte ist gewiß erklärender Zusatz; auch מעל החומה in unserem Vers פוק סור אלמדינה; vielleicht ist auch in unserer Stelle אלמדינה Zusatz.

12 Edd., Lag und lateinische Übersetzung: super vos.

13 Edd. und Lagarde.

24. אל עבדיך – על עבדיך. Lateinische Targumübersetzung: super servos tuos. Konkor. v. המורים.[1] LXX-Kodd. bei Field: *ἐπὶ τοὺς δούλους σου.*

24. את הדבר – הדבר. Trg:[2] פתגמא ohne ית. 7 Kodd.

25. אל העיר – על העיר. Trg:[3] על קרתא. Kod. Ken. 1. P: על מדיתה.

Kap. XII.

3. כבת – לבת. Megillah 13ª: ותהי לו לבת, אל תקרי לבת אלא לבית.[4] Baba Bathra 15ª.[5] Midrasch Megillah ed. Gaster.[6] Raschi Baba Bathra 15ª. Predigten des R. Josua Ibn Schoeib כי תצא. 7 Kodd. und zwei prima manu.

4. לעשות – ולעשות. R. Josua Ibn Schoeib, נורא תהלות 120ª.

4. לו – אליו. Sukkah 52ᵇ.[7] Gen. r. editio princeps XXII 11. R. Josua Ibn Schoeib, נורא תהלות 120ª. Kod. Ken. 168. LXX: *πρὸς αὐτόν.*

6. ועל אשר – ואשר. Akedath Jizḥak Pf. 23, Pf. 46 (bis).

8. ואם – אם. Synhed. 21ª.

9. בעינָו – בעֵינַי. Massora bei G. II 386 N. 308.[8] Ibid. 367 N. 315 in einem Verzeichnis der defektiven עֵינָו fehlt unsere Stelle. Der Verfasser dieses Verzeichnisses hat entweder בעֵינַי oder בעיניו plene gelesen. בעֵינַי bieten mehrere Kodd. Andere Kodd. haben בעֵינַי als Q're,[9] wieder andere: קרי בעֵינָיו. V: in conspectu meo = בעֵינַי.

9. בעינו – בעֵינֵי ה׳. Trg Lagarde: קדם ה׳, P: קדם מריא.[10] בעֵינֵי ה׳ lesen Ken. 224, de Rossi 440 prima manu.

9. לך – להיות לך. Jehuda Hadassi, Eschkol Ha-Kofer 20ª (bis).

11. מביתך – מתוך ביתך. Jal. Ps. § 624 aus Berachoth 7ᵇ. Berechja Punktator, Sefer החיבור S. 28.

---

[1] V. עבדיך = MT.

[2] Lagarde. Edd. = MT.

[3] Edd., Lag und lateinische Übersetzung: super urbem.

[4] So ms. Halberstamm, Jal. ms. zur Stelle und Jal. Esther § 1053. Ms. München: ותהי לו לבת, לבת סלקא דעתך? In Edd. ist das Zitat nach MT korrigiert, aber in der Ausführung: לבת. Drei mss., En Jakob und Agadoth ha-Talmud = MT.

[5] In ms. Rom und Agadoth ha-Talmud, sonst fehlt das Zitat.

[6] Semitic Studies S. 175.

[7] In Jalkut zur Stelle.

[8] בעֵינַי כ"ה וסימנהון . . . מדוע בזית . . .

[9] Als Kethib בעֵינָו oder בעֵינַו. Letzteres entspricht der Massora; vgl. Norzi, und Baer. — Ginsburg zitiert als Q're בעֵינָי (?).

[10] Dem entspricht Ar: אמאם אלרב; vielleicht auch לפני ה׳, wie ähnlich Theod.: *ἐνώπιον αὐτοῦ* = לפניו.

11. עם נשיך – את נשיך. Jal. II Sam. § 150 aus Midrasch. Kodd. Ken. 182, 225, einer prima manu.

11. לעיני השמש – לעיני כל נגד השמש. Machsor Vitry 523.[1] Zitat e memoria (?).

12. בסתר – בסתר עם אשת אוריה. Machsor Vitry 523. Zitat e memoria (?).

13. אל נתן fehlt in Midr. Ps. 51 § 1 in edd.

13. אל נתן – אל נתן הנביא. Midr. Ps. 51 § 1.[2] Jehuda Hadassi in Eschkol Ha-Kofer 20^{d}. Ar: אל נתן הנביא.

13. אל דוד – לדוד. Midr. Ps. 4 § 2 in Pugio fidei ed. Leipzig S. 700.

13. חטאתך – את חטאתך. Berachoth 56^{b}.[3] Jehuda Hadassi, Eschkol Ha-Kofer 20^{d}. LXX: *τὸ ἁμάρτημά σου.*

15. לא תמות – ולא תמות. Sifre Deut. § 26.[4] Berachoth 56^{b}.[3] Gen. r. XXXII 1.[5] Midr. Ps. 3 § 6.[6] Midr. Ps. 4 § 2.[7] Pesiktha r. 39^{a}. Midr. Agada ed. Buber I S. 8, ibid. S. 176. Jal. zur Stelle im Stichwort. Einige Kodd.

14. גם – לכן גם. R. Josua Ibn Schoeib, נורא תהלות 121^{a}.

17. ברה – ברא. Ibn Saruk, Maḥbereth 8^{b}.[8] Ibn Ġanaḥ, Wb. S. 112 (bis).[9] Sefer Haschoraschim 77.[10] Ibn Esra zu Gen. 1, 1.[11] Kommentar des R. Jesaiah zur Stelle.[12] Parḥon, Wb. r. ברא. Glossaire hebreu-français zur Stelle. Massora zählt ohne unsere Stelle fünf ברה.[13] Massora bei G. I 192 N. 453^{b}: ברא ג' כתיבן א' וסימנהון ולא ברא אתם לחם . . . G. III 3 N. 453:[14] כל לשון אברויי כתיב ה"י בר מן אחד כתיב אלף ולא ברא אתם לחם. — ברא bieten zahlreiche Kodd. Ken.

---

[1] Zitiert auch V. 12, also keine Vermengung oder Abkürzung.

[2] In Jal. ha-Machiri Ps. 51 § 1.

[3] In Jal. Gen. § 152.

[4] Nach Jal. Deut. § 810.

[5] In Jal. Ps. § 631.

[6] Alte Edd., 8 mss. der ed. Buber, Jal. Ps. § 624.

[7] In Edd. und Jalkut zu unserer Stelle.

[8] שיש במלין מלים שויים ושנוים בפתרון . . . ברא אלהים (Gen. 1, 1), לא ברא אתם לחם

[9] ואלאלף פי ולא ברא אתם לחם מכתובה פי מוצע הא.

[10] והאלף במלת ולא ברא כתובה במקום הא.

[11] וזה דקדוק המלה (scil. ברא) לשני טעמים, זה האחד והשני לא ברא אתם לחם וזה השני אלף תחת הא. Vgl. Reifmann in Beth Talmud II S. 50 N. 14.

[12] ולא ברא אתם לחם כמו ואברה מידה (II Sam. 13, 6) ונתחלף הה"א באלף. Vgl. Reifmann l. c.

[13] Vgl. Massora zu Jdc. 7, 24; Cant. 6, 8. Es wird auch bemerkt: וכל לשון אכילה דכותיה בר מן אחד, d. h. in der Bedeutung „essen" wird √ברה mit ה geschrieben, mit Ausnahme einer Stelle.

[14] = Kod. F bei Baer zur Stelle.

18. הנה בהיות. הנה fehlt in Trg,[1] P, Ar. LXX-Kodd. bei Field lesen für הנה בהיות: כי בעוד (ὅτι ἔτι).

20. מהארץ – מן הארץ. Trg Edd.: מן ארעא. Qimḥi zur Stelle.[2]

20. מהארץ fehlt im Kommentar des R. Hai Gaon zu Tohoroth S. 10.

21. עשיתה – עשית. Akedath Jizḥak Pf. 27.

21. בעבור – בעוד. Trg: עד,[3] P: כד, Ar: חית. LXX-Kodd. bei Field: ἔτι.

24. וינחם דוד. דוד fehlt in Sche'eltoth ויחי, ed Wilna 56[b].

24. את בת – אל בת. Jal. zur Stelle im Stichwort.

24. אשתו fehlt in des Karäers Eliah Baschjazzi Adereth Eliahu 171[a].

24. אשתו. Qimḥi zur Stelle: ומצאתי ספר אחד כתיב אשו קרי אשתו וחפשתי בספרים מדויקים ולא מצאתי כן.

24. ויקרא, Q're ותקרא. Das Q're kennt nicht Aboth d'Rabbi Nathan I. Rez. Kap. 14.

25. ביד נתן – נתן. Menaḥoth 53[a].[4] P: לנתן = את נתן oder auch נתן (objektivisch), Ar: וישלח אליו נתן, wo אליו vielleicht erklärender Zusatz ist.

25. את שמו – שמו. Sifre Deut. § 352.[5] Menaḥoth 53[a].[6] Midr. Ps. 84 § 1.[7] חופת אליהו.[8] Jehuda Hadassi in Eschkol Ha-Kofer 141[c].

25. שמו – שם שלמה. פירקא דרבינו הקדוש ed. Schönblum 17[b].

25. ידידיה – ידיד יה. Massora aus Jemen bei G. III 74[a]: ידיד יה תרי מילי וההא דגש. ידיד יה ist die Lesart der Madinḥae.[9] Soferim V 10[10] verlangt die anonyme Ansicht der Mehrheit: ידיד יה, R. Jose: ידידיה. Pesaḥim 117[a] fordert der Palästinenser R. Joḥanan ידידיה, während der Babylonier Rab: ידיד יה נחלק לשנים.[11] Sym.: *Ἀγαπτὸν κυρίου*,

---

1 Edd. und lateinische Übersetzung. Lag = MT.

2 Stichwort: מהארץ, ist aber für Qimḥi nicht maßgebend. Vgl. Prolegomena S. 15.

3 Edd., Lag, Walton und Qimḥi zur Stelle.

4 In Jal. ha-Machiri Ps. 16 § 4.

5 Lekaḥ Tob zu Deut. 33, 12 und Jal. Deut. § 955. — Edd und Jal. ha-Machiri Jes. S. 38 = MT.

6 Edd., ms. München und Jal. zu unserer Stelle. — Ms. Kairo, En Jakob, Jal. Ex. § 166 und Jal. ha-Machiri Ps. 16 § 4 = MT. So auch Synhed. 69[a] in anderem Zusammenhang.

7 Jal. ha-Machiri Ps. 60 § 10; ibid. 84 § 1; ibid. 108 Ende; Jal. ha-Machiri Prov. 27, 8.

8 In Ch. M. Horowitz' כבוד חופה S. 48.

9 Vgl. G. I 593 N. 624; ibid. II 58[b]; Baer zur Stelle und S. 119; Norzi und G. zur Stelle.

10 Jerusch. Megillah 72[a] 1 f. fehlt ידידיה.

11 Vgl. Norzi zur Stelle. Vgl. Terumath ha-Deschen N. 188 und Naḥlath Schibah v. ידידיה und v. כדרלעומר.

V: Amabilis Domino. Auch Theod.: Ἰεδιδία spricht wegen der Betonung für ידיד יה.

25. בעבור ה׳ – בעבור כי ה׳ אהבו[1]. Synhed. 69[b].[2] V: eo quod diligeret eum Dominus, Ar: לאַן אַלרַבּ קד אחבּהֹ = בעבור כי אֲהֵבוֹ ה׳.[3] P: כי ה׳ אֲהֵבוֹ (אֹהֲבוֹ) = מטל דמריא ידידה.

25. בעבור ה׳ – בעבור ה׳ וה׳ אהבו. Seder Olam r. ms. Epstein Kap. 14. Vielleicht bloß Vermengung mit V. 24.

27. עיר המים – עיר המלוכה. Trg:[4] קרית מלכותא. Kodd. Ken. 597, 154 prima manu. P: למדיתא דמלכותא, V: urbem regiam, Ar: מדינהֹ אַלמלךּ.

30. את עטרת – עטרת. Jal. zur Stelle aus Midr. Sam. XXVII 4.

30. מַלְכָּם – מִלְכֹּם. Abodah Zarah 44[a] wird עטרת מלכם als die Krone des Götzens der Ammoniter aufgefaßt.[5] Also: מִלְכֹּם. Raschi zur Stelle.[6] Sohar I 110[b].[7] Kod. Ken. 30: מִלְכוֹם. Kod. R. 2 bei Baer: מֱלְכָּם. Massora parva bemerkt: ב׳ מטעין, d. h. vielleicht, daß sie das Wort hier und I Chr. 20, 2 als מִלְכֹּם fassen.[8] LXX: Μελχὸλ[9] τοῦ βασιλέως αὐτῶν, Doppelübersetzung = מִלְכֹּם und מַלְכָּם.[10]

30. ומשקלה – משקלה. Jal. ha-Machiri Ps. 18 § 61 aus einem unbekannten ספר אגדה. V: pondo = מִשקל oder auch משקלה.

30. ואבן – ובה אבן. Trg:[11] ובה אבן. P: ואית הוי בה, V: habens Gemmas, Ar: וכאן פיה גואהר. Vielleicht bloß Exegese.

31. וישם – וַיָּשַׂר. Der Karäer Aron ben Josef in Mibḥar Jescharim zur Stelle. LXX-Kodd.: καὶ διέπρισεν,[12] Trg: ומסר,[13] V: serravit.

---

[1] = אֲהֵבוֹ oder אֹהֲבוֹ, vgl. V und P.

[2] In allen älteren Edd. seit ed. Ven. 1521. Mss., ed. Soncin und En Jakob = MT.

[3] Ar vielleicht auch = בעבור ה׳ כי אֲהֵבוֹ, V vielleicht auch בעבר כי ה׳ אֲהֵבוֹ.

[4] Edd., Lag und lateinische Übersetzung: urbem regiam.

[5] In bezug auf unsere Stelle wird gefragt: Wie durfte David die Krone des מלכם sich aufs Haupt setzen, sie gehörte doch zu den Dingen, von welchen man keinen Nutzen haben darf? ויקח דוד את עטרת מלכם . . . ומי שרי? והא איסורי הנאה נינהו? Dazu Raschi: עטרת מלכם, בבני עמון קאי ועכ״ום שלהם מלכם שמה. והאי עטרת מלכם בעכ״ום קאמר. Qimḥi zu unserer Stelle: ורבותינו זכרונם לברכה פירשו עטרת מלכם כמו מלכום שקוץ בני עמון ועטרת אותו שיקוץ היתה.

[6] עטרת מלכם תועבת בני עמון מלכם שמו.

[7] מן עמון איתעטר דוד מלכא בהאי עטרה . . . והאי הות מן מלכום דרגא דבני עמון דכתיב ויקח את עטרת מלכם, מלכם דרגא דבני עמון הוא.

[8] So Baer. Nach Norzi besteht der Irrtum darin, daß man מַלְכָּה erwartet. Das scheint das richtige. מַלְכָּה lesen de Rossi 99 prima manu und alte Edd.

[9] Al. om. Μελχὸλ.

[10] Vgl. über unsere Stelle Geiger, Urschrift S. 306.

[11] Edd., Lag und lateinische Übersetzung: et in illo lapis.

[12] Edd.: καὶ ἔθηκεν = MT.

[13] Edd., Lag, Raschi zur Stelle, Qimḥi zur Stelle und Wb. r. שום, lateinische Übersetzung: serravit illos.

31. וישם + אותם. Trg: ומסר יתהון,[1] P: אינון.

31. ובמגזרות – ובמגזרֹת. Massoretische Note bei G. I 600[a], III 27 N. 641 *dd*.

Kap. XIII.

3. שמעה – שמעא. Trg Edd.[2] Vgl. I Chr. 2, 13: שמעא.

3. שמעה – שמעיה. Aboth d' Rabbi Nathan I. Rez. Kap. 9, ed. Schechter S. 42. Jal. zur Stelle im Stichwort. Synhed. 21[a] in ms. Karlsruhe שמעי.

3. ויונדב – והיה יונדב. Synhed. 21[a] in Edd.[3] Ar: והיה יונדב.

3. ויונדב fehlt Synhed. 21[a] in ms. München und in V.

4. ויאמר לו. לו fehlt Synhed. 21[a].[4] Kod. Ken. 187.

4. מדוע אתה – מדוע. Parḥon, Wb. r. דלל, Kod. Ken. 187.

4. ככה fehlt in Jal. ha-Machiri Ps. 41 § 1 aus Nedarim 40[a]. ככה fehlt auch in Ar, der aber einen ganz anderen Text hat oder deutet.[5]

4. הלוא תגיד – הלא אתה תגיד. Synhed. 21[a] in ms. München.

4. תגיד. Massorah bei G. I 218[c] wird תגיד, das in unserer Stelle und Esther 2, 10 vorkommt, unter den Hapaxlegomena gezählt. An einer dieser Stellen hat diese Massora nicht תגיד gelesen. In unserer Stelle würde תגידה passen.

4. אמנון fehlt Synhed. 21[a] in ms. München und in Ar.

4. אבשלום אחי – אחי אבשלום. Synhed. 21[a] in ms. München. V: fratris mei Absalom.

5. יהונדב – יונדב. Synhed. 21[a].[6] Massoretische Note in Kod. R. 2 bei Baer.[7]

5. משכבך – מטתך. Jal. zur Stelle aus Synhed. 21[a]. P: ערסך. V: lectum tuum, Ar: סרירךְ.

5. ועשתה – ותעש. Synhed. 21[a] in ms. Florenz.

5. לעיני – לפני. Synhed. 21[a] in ms. Florenz. Kod. Ken. 249.

5. את הבריה – הבריה. Synhed. 21[a] in ms. Florenz. LXX: *βρῶμα*, alia exempl.: *δεῖπνον*.

5. הבִּרְיָה – הבִּרִיאָה. Glossaire hebreu-français zur Stelle. Kod. Ken. 112.

---

[1] Vgl. Anm. 13 auf S. 36.

[2] Lag und lateinische Übersetzung: Simghah = MT.

[3] In zwei mss. Jal. ms., Agadoth ha-Talmud = MT.

[4] In Edd. — Zwei mss. = MT.

[5] מדוע אראה אותך בא בבקר בכל יום אל שער אהותך = מא לי אראךְ תבכר כל יום אלי באב אחתךְ

[6] Ms. München und Jal. zur Stelle.

[7] ואית קריות דפליג׳ יונדב. Baers Bemerkung: fortasse apud orientales wird durch das Vorkommen dieser Lesart im Babli bestätigt.

5. למען אשר אראה ואכלתי מידה — למען אשר אברה מידה. Synhed. 21^{a} in ms. Karlsruhe. אראה fehlt in V und Ar, daher wohl: למען אשר[1] אוכַל מידה und Ar auch למען אשר[2] אברה.

9. את המשרת — המשרת. Synhed. 21^{a} in ms. München.

9. ותצק — ותציקה. Jal. zur Stelle aus Synhed. 21^{a}.

11. לאכול — וימאן לאכול. Trg Lag: ולא אבה למיכל.

13. דבר נא — דבר עלי. Tossafoth Kidduschin 22^{a} v. שלא.

13. אל המלך — על המלך. Synhed. 21^{a}.[3]

15. מאהבה — מהאהבה. Synhed. 21^{a} in 2 mss.[4]

16. אַל — על. LXX,[5] Trg,[6] mehrere Kodd. Ken und de Rossi, alte Edd.[7]

16. מאחֶרֶת — מאחֵרוֹת. Kommentar des R. Jesaiah zur Stelle. Kod. Ken. 96.

16. מאחרת — מְאַחֲרֵי. Trg Lag: מבתר.[8] Kod. Ken. 201: מֵאַחַר. P: מכיל, Ar: מן בעד.

16. עמי — לי. Ibn Saruk, Maḥbereth 24^{b} (bis).

18. תלבשן — תלבשנה. Ibn Ġanaḥ, Wb. S. 335.[9] Raschi Ex. 28, 4. Parḥon, Wb. r. כתן. Tossafoth Kidduschin 22^{a} v. אלא, Synhed. 21^{a} v. דאי. Baḥja ben Ascher, Kommentar 131^{c}. Kodd. Andere Kodd.: תלבשנה קרי.[10]

18. הבתולות fehlt in Tossafoth Kidduschin 22^{a} v. שלא und Synhed. 21^{a} v. דאי.

18. מעלים — מעלין. Baḥja ben Ascher, Kommentar 131^{c}.

19. אֵפֶר — אֵפֶר. Sifre Num. § 11 findet in unserer Stelle einen Anhaltspunkt für die Pflicht der jüdischen Frau, ihr Kopfhaar zu bedecken. Denn Thamar nahm אפר auf ihr Haupt.[11] Sifre

---

[1] V übersetzt r. ברה bald durch comedere, bald durch cibum capere, cibum dare und ähnliche, daher entspricht: ut comedam in unserer Stelle למ' אשר אוכל vielleicht eher als למ' אשר אברה.

[2] Ar hier und V. 6 ואברה: =אכל, ו=אכל.

[3] In den alten Edd. seit Ven. 1521. — Mss. und ed. Soncin = MT.

[4] In ms. München fehlt das Zitat.

[5] Compl. und andere Kodd. = MT.

[6] Edd., Lag, Qimḥi zur Stelle und Wb. r. אל, lateinische Übersetzung.

[7] Vgl. zu unserer Stelle Grätz, Monatsschrift 1881, S. 232, Note 6. Grätz zitiert auch aus P: על עיסק (?).

[8] Edd. und lateinische Übersetzung מאוחרנתא = MT.

[9] Sefer Haschoraschim S. 233 = MT; ebenso S. 268 v. מעל, wo im Wb. das Zitat fehlt.

[10] Vgl. Norzi, Baer und Ginsburg.

[11] לימד על בנות ישראל שהן מכסות ראשיהן ואף על פי שאין ראיה לדבר זכר לדבר שנאמר ותקח תמר אפר על ראשה. Vgl. Friedmann zu der Stelle.

versteht also unter אפר in unserer Stelle eine Kopfbedeckung, also אֲפֵר, wie I Reg. 20, 38, 41.

19. ואת כתנת – וכתנת. Synhed. 27a.[1] LXX: *καὶ τὸν χιτῶνα.*

20. לה – אליה. Massora marg. zur Stelle (Zitat).

21. כל – את כל. Madinḥae,[2] LXX: *πάντας* ohne *τοὺς*.

22. לאמנון – עם אמנון. Gersonides, Schluß von Kap. 21 תועלת 36. P, V, Ar.

22. מטוב (ו)עד רע – למרע ועד טוב. Gen. r. LXXXIV 8.[3] Midr. Ps. 28 § 4.[4] Vgl. Gen. 31, 24, 29. P: לא טבתא ולא בישתא, Ar: פלם יקל לאֿמנון חירֿא ולא שרֿא.

22. למַרַע – למָרָע. Massora aus Kodd.[5]

22. עד – ועד. Baḥja ben Ascher, Kommentar 58b. LXX: *ἕως*, lateinische Targumübersetzung bloß usque.[6]

23. מקץ שנתים – לשנתים. Seder Olam r. Kap. 14.[7] LXX-Kodd.: *μετὰ δύο ἔτη*, wie Gen. 41, 1.

23. בהר אפרים – עם אפרים. Seder Olam r. ms. Epstein Kap. 14.

23. אבשלום fehlt in Seder Olam r. ms. Epstein Kap. 14.

26. וְלא – וַלא – וָלא. Massora bei G. I 600a aus Kodd.

26. אתנו fehlt in Ma'asse Efod S. 76 aus Rikmah.[8]

26. ילֶך – ילֵך (II). Massora bei G. 726 N. 362.[9]

31. דוד – המלך. Moëd Katon 21a.[10] Vgl. folgende Stelle.

31. המלך דוד – המלך. Moëd Katon 21a in Jal. zur Stelle. Jal. im Stichwort.

31. ויחזק בבגדיו ויקרעם – ויקרע את בגדיו. Moëd Katon 21a.[11] Jal. zur Stelle im Stichwort. Vgl. II Sam. 1, 11.

32. ועל – כי על. Raschi zur Stelle.

---

1 In Edd. und Jal. zur Stelle. — Ms. München = MT.

2 Vgl. G. I 593 N. 624, II 58b und zur Stelle und Baer S. 119.

3 Alle alte Edd. und Jal. Gen. § 151 (ועד).

4 Edd., ed. Buber und Lekaḥ Tob Gen. 37, 4.

5 Vgl. G. I 602a, III 27 N. 641 *dd.* — Mass. ed. verlangt למַרַע, vgl. Massora zu Lev. 27, 33; Mass. fin. v. רע N. 1 und Norzi zur Stelle.

6 Es wird aber nicht consequent ועד durch et usque wiedergegeben Vgl. z. B. I Sam. 13, 3.

7 In den alten Jalkuteditionen II Sam. § 149. — Edd. und ed. Ratner, S. 62 = MT.

8 S. 22 in ed. = MT.

9 ויאמר אבשלום ולא, (Jdc. 7, 4) ילֵך עמך ב׳.

10 In ms. München und bei R. Samuel Masnuth, Ma'ajan Gannim ed. Buber S. 7.

11 Ms. München und Jal. zur Stelle.

32. שומה, Q're שִׁימה – שימה, Q're שומה, oder שִׁ.ימה Kethib und Q're. Massora und Kodd. Andere auch שומה Kethib und Q're.[1] Trg. Edd.: כְּמְנָא = שִׁימה = אוֹרֵב, מַאְרָב, Lag und Qimḥi: כמינא = שומה.

33. אל לבו. – על לבו. Trg:[2] על. Kod. Ken. 658. Massora aus Tschufutkale bei G. III 208^{b}. Madinḥae.[3]

33. כי אם אמנון. אם, nach Massora כתיב ולא קרי, fehlt in Al, P und V. — Nedarim 37^{a} und Soferim VI 9[4] wird אם in unserer Stelle nicht unter den scripta et non legenda gezählt. Also entweder אם auch im Q're, wofür die Vokalisierung des Wortes in einigen Kodd. und alten Edd. spricht, oder אם fehlt auch im Kethib, wie in mehreren Kodd. und alten Edd. LXX R: ὅτι ἀλλ' ἢ übersetzt כי und כי אם, wobei es schwer zu entscheiden, welche Übersetzung die ursprüngliche ist.[5] Trg: אלהין = כי אם.

37. עמיחור, Q're עמיהוד. Trg kennt das Q're nicht: עמיחור.[6] LXX, P, V, Ar lesen das Q're.

38. ברח וילך גשור – ברח גשורה. Synhed. 69^{b} in den alten Edd.

38. וילך – וילך וישב. Seder Olam r. Kap. 14 in den alten Jalkuteditionen II Sam. § 149.[7]

38. גשור – גשורה. Synhed. 69^{b}.[8] Seder Olam r. Kap. 14.[9] Mehrere Kodd.

38. שלש – שלוש. Massoretische Note bei G. III 27 N. 641 *ff* aus Kod. מנה.

39. וַתְּכַל. Massora bei G. II 45 N. 320 *B* wird ותכל, das in unserer Stelle und Gen. 24, 19 vorkommt, unter den Hapaxlegomena der r. כלה gezählt.[10] Diese Massora hat also entweder hier oder Gen. 24, 19 nicht וַתְּכַל gelesen. In unserer Stelle vielleicht וַיְכַל, wie P und V.

---

[1] Die Überlieferung ist sehr schwankend. G. I 594 N. 624: למערבאי שימה, למדנחאי שומה כתיב שימה קרי; ibid. 602^{a}: נוסח אחר שימה וקרי שומה, so auch G. III 27 N. 641 *dd*, II 58^{b}. Vgl. Norzi, Baer S. 119 und Ginsburg.

[2] Edd., Lag und lateinische Übersetzung: super.

[3] Vgl. G. I 593 N. 624; ibid. II 58^{b}, 75^{a}; Baer S. 119 und G. zur Stelle.

[4] In ms. München. — Edd., mss. und Maḥsor Vitry S. 696 = Massora.

[5] Klostermann hält ohne genügenden Grund ὅτι für späteren Zusatz.

[6] Edd. und lateinische Übersetzung: Ghamihhur. Lag: עמיהוד.

[7] In Edd. und ed. Ratner, S. 62, fehlt das Zitat.

[8] Alte und einige jüngere Edd., ms. Florenz und Jal. II Sam. § 148. — Ms. München = MT.

[9] In ms. Epstein und alten Jalkutedd. II Sam. § 149.

[10] Gegen Mass. ed. Vgl. Mass. Gen. 24, 19; Mass. fin. v. א N. 22; Ochlah we-Ochlah N. 58 ed. Frensdorff S. 63^{a}.

39. ותֵּכֶל נפש דוד – וַתְּכַל דוד. Trg: וחמידת נפשא דדוד.[1] Vielleicht bloß Erklärung. Vgl. Raschi, Qimḥi und R. Jesaiah zur Stelle. Einige LXX-Kodd. lesen: ותֵּכֶל רוח, *καὶ ἐκόπασεν τὸ πνεῦμα.*

39. המלך fehlt in Sefer Kerithoth des R. Simon aus Chinon aus Baraitha der 32 Normen des R. Elieser N. 9.[2]

Kap. XIV.

1. בן צריה fehlt in Ma'asse Efod 199.

1. בלב – לב. Trg Lag: בלבא.[3]

1. (ב)לב המלך לצאת – לב המלך. Trg: (ב)לבא דמלכא למפק. Vielleicht bloß Exegese, nach 13, 39.

1. אל אב' – על אבשלום. Ma'asse Efod S. 199. Kod. Ken. 113. P: לאבשלום, V: ad Absalom.

2. יואב fehlt bei Josef Qimḥi in Sefer Ha-Galuj S. 161 (dreimal) und in V.

2. נא (II) fehlt in Moëd Katon 15b in Ascheri zur Stelle.[4] Jehudah Hadassi, Eschkol Ha-Kofer 101d. Eliah Baschjazzi, Adereth Eliahu 171a. Ma'asse Efod 194. Kodd. Ken. 96, 201, LXX, V (aber beidemal).

3. יואב fehlt bei Qimḥi, Kommentar zur Stelle.

4. ותָּבֹא (I) ותאמר. Trg Lag: ואתת.[5] Zahlreiche Kodd. Kod. Ken. 538 hat die massoretische Note, daß sämtliche Kodd. ותבא lesen. LXX: *καὶ εἰσῆλθεν* oder *παρεγένετο,* P, V, Ar: ותָּבֹא.

4. התקעית fehlt bei Josef Qimḥi in Sefer Ha-Galuj S. 161.

4. פניה – אפיה. Naḥmanides zu Lev. 21, 1.

6. שניהם fehlt in Sefer Ha-Galuj S. 161.

6. ביניהם מציל – מציל ביניהם. Sefer Ha-Galuj S. 161. V: qui eos prohibere posset.

6. ויפו – ויפו. Massora aus Jemen bei G. III 74b: ובדקתי בשני תיגאן מדוקדקים אחרים ומצאתים מנוקדים בשורק, Trg: ומחו.

7. משפחתי – המשפחה. Trg: זרעיתי.[6]

7. אל ש' – על שפחתך. Madinḥae,[7] Kodd. Ken. 23, 251. LXX: *πρὸς.* V: adversum.

---

[1] Edd., Lag, Raschi, Qimḥi, R. Jesaiah und lateinische Übersetzung: et desideravit anima David.

[2] Midr. ha-gadol S. XX = MT, Halichoth Olam fehlt das Zitat.

[3] Edd. und lateinische Übersetzung לבא (cor).

[4] In Edd. und mss. fehlt das Zitat.

[5] Edd. und lateinische Übersetzung ואמרת et dixit. Qimḥi zur Stelle = Lag.

[6] Edd. und lateinische Übersetzung: prosapia mea. — Lag = MT.

[7] Vgl. G. I 593 N. 624; ibid. II 58b; G. zur Stelle und Baer S. 119.

9. המלך (II) fehlt in Raschi zur Stelle.

11. מהרבית, Q're מהרבַּת – מהרבּוֹת. Raschi und R. Jesaiah zur Stelle. Michlol ed. Ven. 1545, 40d.[1] Kodd. Ken. 1, 4, 154.

11. ויאמר – ויאמר המלך. R. Josef Qimḥi, Sefer Ha-Galuj S. 162. Kod. Ken. 187. P: אמר מלכא, Ar: קאל להא אלמלך.

13. חשבתה – חשבת. Ibn Ġanaḥ, Wb. S. 253.[2] Kommentar des R. Jesaiah zur Stelle.

13. הדבר – כדבר. Trg Lag: כפיתגמא.[3]

14. כי מות נָמות וכמים – כי מוֹת כמים (הִנֵה)[4] כי מֵת יָמוּת.[5] Trg: ארי מִיתָא דמָאֵת (הא) כמיא:[4] Wenn jemand stirbt, ist er gleich dem Wasser, das zur Erde gegossen wird.[6] כמים liest Kod. Ken. 150. Theod.: כי מֵת בנך *ὅτι τέθνηκεν ὁ υἱός σου.*

14. ממנו – ממנִי. Juda Ibn Bala'm, Kommentar zu Jer. 51, 34.[7]

15. אדנִי fehlt im Kommentar des R. Jesaiah zur Stelle und in Ar.

15. המלך (III) fehlt bei Josef Qimḥi, Sefer Ha-Galuj S. 161, in P und Ar.

17. יהיה – יְהִי. Kommentar des R. Jesaiah zur Stelle. Kodd. Ken. 30, 150, 174, 224.

17. הטוב – את הטוב. Akedath Jizḥak Pf. 7.

17. הטוב והרע – טוב ורע. Trg: טב וביש.[8] P: טב וביש.

17. והרע – ואת הרע. Akedath Jizḥak Pf. 10.[9]

18. אל האשה – לאשה. Ma'asse Efod S. 204.

18. דבר fehlt in Eliah Baschjazzis Addereth Eliahu S. 209a.

18. אנכי – אני. Adereth Eliahu 209a.

---

[1] המקור מצאנוהו בשלשה משקלים הרבה ארבה . . מֵהַרְבֹּת גאל הדם, ובחירק הה"א (Lev. 14, 43) אחרי הִקצות את הבית. Einen Hifilinfinitiv הַרְבַּת kennt also Qimḥi nicht. Daher ist Wb. r. מַהַרְבַת רבה Verschreibung oder Korrektur oder aus einem anderen Bibelexemplar zitiert.

[2] Sefer Haschoraschim 173.

[3] Edd. und lateinische Übersetzung = MT.

[4] Trg Lag הא, ebenso die lateinische Übersetzung: ecce. — Edd.: וכמיא, so auch Qimḥi.

[5] Vgl. Num. 6, 9: וכי ימות מת.

[6] Lateinische Übersetzung falsch: quia mors qua morior — denn der Tod, den ich sterbe; es sei denn, daß der Übersetzer gelesen hat: מותא דמאת אנא.

[7] פירוש על ספר ירמיה לרבי יהודה בן בלעם ed. Israelsohn S. 35 (= Harkavy-Festschrift S. 307).

[8] דטב ודביש = הטוב והרע.

[9] Kein direktes Zitat, sondern Anwendung der biblischen Phrase.

19. אש — יֵשׁ, יֵשׁ. Raschi 13, 9. Sebirin.[1] Kodd. Ken. 288, 418, 475, 204 prima manu. Ken. 314: אִשׁ יֵשׁ. LXX: ἔστιν, Trg: אית.[2]

20. האלהים — אלהים. Tanḥuma דברים § 2.

20. לדעת — לד' ולהקים. Massora bei G. I 330[a] zählt unter 118 Wörtern, die mit ול beginnen und nur je einmal vorkommen, auch וּלְהָקִים in dem Verse, der mit לבעבור סבב beginnt, das ist unsere Stelle. Diese Angabe ist doppelt auffallend, erstens kommt ולהקים II Sam. 3, 10 vor, zweitens ist in unserer Stelle für ולהקים kein Platz vorhanden. Wenn לבעבור סבב nicht einfach Verschreibung ist aus להעביר, dem Anfangswort von 3, 10, so wäre für unsere Stelle לדעת ולהקים את כל אשר בארץ oder לדעת את כל א' בא' ולהקים gut denkbar, da es nahe liegt, zu denken, daß nicht bloß die Weisheit des Königs, sondern auch dessen Macht, seinen Befehlen Gehorsam zu verschaffen, hervorgehoben wird.

21. עשיתי, Q're עָשִׂיתָ. In einem massoretischen Verzeichnis von Wörtern, die am Ende ein nicht zu lesendes י haben,[3] fehlt עשיתי in unserer Stelle. Der Verfasser dieses Verzeichnisses hat also in unserer Stelle עשית auch im Kethib gehabt, oder עשיתי auch im Q're, wie LXX, P, Trg, V, Ar und viele Kodd. — Andere Kodd.: Kethib עָשִׂיתָ, Q're עשיתי.

22. אל — על. Ma'asse Efod S. 205. Kodd. Ken. 4, 70, 150, 614. Nach Massora aus Tschufutkale ist על die Lesart der Suraner (סוראי).[4] = LXX, Trg, P, V.

22. פניו — אפיו. Ma'asse Efod S. 205.

25. בכל ישראל — בכל גבול ישראל. Sotah 10[b].[5] Juda ben Barsillai, Kommentar zu Sefer Jezirah S. 40.

25. להלל — להללו. Ma'asse Efod S. 203.

26. את ראשו. את fehlt bei Juda ben Barsillai, Jezirahkommentar S. 30 aus Sotah 10[b].

26. ראשו — שְׂעַר ראשו. Toseftha Sotah III 6.[6] Sotah 10[b].[7] Kod. Ken. 173.

---

[1] Vgl. Massora marg. und Norzi zur Stelle; G. 325 N. 41 (יֵשׁ) und III 1 N. 432[a] (יֵשׁ).

[2] Edd., Lag, Walton und Qimḥi zur Stelle.

[3] G. I 681 N. 27: מ"ג מלין כתבין יוד בסוף תיבותא ולא קריין. Vgl. auch Norzi.

[4] Kod. Petersburg 96 bei Strack in Semitic Studies S. 568. Vgl. auch Ginsburg.

[5] Bei Juda ben Barsillai, Jezirahkommentar S. 30 und Pseudo-Naḥmanides zu Cant. 14[a], editio princeps Altona.

[6] In ms. Erfurt. — Edd. und ms. Wien = MT.

[7] Juda ben Barsillais Jezirahkommentar S. 30 und ms. München.

26. היה – ויהי. Toseftha Sotah III 6.[1] Nazir 4b.[2] Qimḥi zur Stelle. LXX: *καὶ ἐγένετο*. Trg: ויהי, P, V, Ar: ויהי oder היה.

26. אשר – כי. Jal. II Sam. § 149 aus Nazir 4b. LXX-Kodd.: *ὅταν* und *ὅτι*.

26. שקלים – שקל. Toseftha Sotah III 6 in ms. Erfurt. Vielleicht bloß = שקל' = שקלים.

30. ראו – ראו נא. Ibn Ġanaḥ, Wb. S. 275.[3] Qimḥi, Wb. r. יד.

30. אל ידי – על ידי. Raschi zu Ex. 2, 5. P: על גבי.

30. והוציתה, והציתוה – והציתום. Sotah 11a in den alten Edd.[4]

30. את החלקה – את החלקה אשר ליואב. Sotah 10b.[5] Kod. Ken. 182. P: לחקלא דיואב, Ar: חקל יוֹאב.[6]

30. את החלקה – את חלקָתו. Trg: ית אחסנתיה.[7]

32. ואשלחה – ואשלחך. Massora bei G. III 16a (bis, Zitat).

32. ואם – אם. Massora bei G. I 83 N. 748c.[8] Massoretische Note bei G. I 602a aus Kodd. Kodd. Ken. 94, 150, 195, 201, 224, 225. LXX: *εἰ δέ*. P: אן.

Kap. XV.

3. דבריך – דברך. Madinḥae.[9] Entweder דְּבָרֶךָ[10] oder דְּבָרְךָ.[11]

4. ועלי – ואלי. Josef Ibn Kaspi, שרשות כסף S. 32. Trg: וקדמי,[12] P: ולותי, V: ad me.

4. יהיה fehlt bei dem Karäer Benjamin Al-Nahawendi, משאת בנימן ed. Firkowicz 1a. Josef Ibn Kaspi, שרשות כסף ed. Last S. 32. Ma'asse Efod S. 206.

5. את ידו – ידו. Ma'asse Efod S. 206. Trg Lag hat את (ית) nicht.[13]

5. לו – בו. Ma'asse Efod S. 206. Zahlreiche Kodd. und die ältesten Edd. LXX: *ἐπελαμβάνετο αὐτοῦ*, Trg: ביה.[14]

---

1 In Jal. II Sam. § 149.
2 In Edd. und Jal. II Sam. § 149.
3 In einem arabischen ms. und zwei mss. des Sefer Haschoraschim S. 189.
4 Jal. II Sam. § 151 = MT.
5 Ms. München und Jal. II Sam. § 151.
6 Entspricht auch dem hebräischen חלקַת יואב.
7 Edd. und lateinische Übersetzung: haereditatem eius. — Lag: אחסנתא.
8 י"ב זוגין חד אם וחד ואם, אם יש ועתה אראה.
9 Vgl. G. I 593 N. 624 und Baer S. 119. Vgl. Mass. parva I Reg. 3, 12.
10 So Baer, entsprechend Mass. parva zu I Reg. 3, 12.
11 So Ginsburg zur Stelle, ohne Grund.
12 Edd., Lag und lateinische Übersetzung: ante me.
13 Vgl. Lagarde, Einleitung S. XIX, Zeile 15.
14 P und Ar: בידו.

6. ויגנוב – וַיְגַנֵּב. Toseftha Baba Kama VII 8.[1] Mechiltha 40[a].[2] Mechiltha 89[b]. Sotah I 8.[3] Jerusch. Sotah 17[b] 59.[4] Aboth d'Rabbi Nathan II. Rez. Kap. 15. Der Karäer Benjamin Al-Nahawendi, Massath Benjamin 1[a]. Raschi Sotah 9[b]. Vgl. Gen. 31, 20, 26.

7. אל אביו – אל המלך. Num. r. IX 26 in den alten Edd. aus Nazir 4[b]. LXX: *πρὸς τὸν πατέρα αὐτοῦ.*

7. אל דוד – אל המלך. Num. r. l. c. aus Jerusch. Sotah I 9 (17[b] 50). V: regem David.

7. אֵלֲכָה – אֵלְכָה. Massora bei G. I 607 N. 609.[5]

7. נא fehlt in Seder Olam r. ms. Epstein Kap. 14 und in V.

7. ואשלמה – ואשלם. Toseftha Sotah III 15.[6] Synhed. 69[b] in Edd. Raschi Sotah 9[b]. Raschi Temurah 14[b] v. אשר und v. להביא. Tossafoth Temurah 14[b] v. אלא (bis). Jal. zur Stelle im Stichwort.

7. נדרי – את נדרי. Tossafoth Zebaḥim 117[b] aus Toseftha Sotah III 15. Synhed. 69[b].[7]

7. לה' fehlt in Tossafoth Zebaḥim 117[b] aus Toseftha Sotah III 15. Kod. Ken. 187. לה' fehlt in Ar.

8. בשובי מגשור – בשבתי בגשור. Seder Olam r. ms. Epstein Kap. 14.

8. ישיב, Q're שוב – ישוב. Ibn Esra Ex. 33, 20.[8] Kod. Ken. 30. LXX: *ἐπιστρέφων ἐπιστρέφῃ* muß nicht auf הָשֵׁב[9] zurückgehen. שׁוּב in der Bedeutung „zurückbringen" ist regelmäßig,[10] während הָשֵׁב nur einmal (Gen. 24, 5) „zurückbringen" von Personen, und immer „zurückerstatten",[11] von Sachen, bedeutet. LXX daher wahrscheinlich שוב und nicht הָשֵׁב.[12]

---

1 Edd., mss., Jal. ha-Machiri Ps. 78 § 37.

2 Sechel Tob I S. 204. — Edd. ויגנב kann auch וַיְגַנֵּב gesprochen werden.

3 Mischnahedd., Babli 9[b] in den alten Edd., Menorath Ha-Maor N. 3. — In Jeruschalmiedd. fehlt das Zitat; ed. Lowe: ויגנב = MT oder וַיִּגְנֹב.

4 Nach Num. r. IX 29 in den alten Edd. — Edd. und Jefeh Mareh N. 15: ויגנב.

5 Vgl. zu I Sam. 9, 6, Heft II S. 14, Anm. 2, 3.

6 In ms. Erfurt. — Ms. Wien, Edd. und Tossafoth Zebaḥim 117[b] = MT.

7 Ms. Florenz. — Andere mss. und Edd. = MT.

8 Auch Ibn Ġanaḥ, Wb. S. 62 zitiert שוב, aber ein arabisches ms. und Sefer Haschoraschim S. 42 schreiben ישוב, das auch vom Inhalt der Stelle gefordert wird. Vgl. auch Qimḥi zur Stelle.

9 Thenius, Wellhausen, Klostermann u. a.

10 Vgl. Jes. 52, 8; Jer. 31, 23; Hosea 6, 11; Zeph. 3, 20; Ps. 14, 7; 53, 7; 126, 1.

11 Ex. 23, 4; Deut. 22, 1; 24, 13; I Sam. 6, 3.

12 Klostermann beruft sich für הָשֵׁב auch auf Trg und V. Mit Unrecht, da Trg שׁוּב = אתבא oder הָשֵׁב hat und V bloß: reduxerit, drückt also den Infinitiv überhaupt nicht aus.

8. ישיב, Q're ישוב. Massora bei G. I 679 N. 24ª zählt ישוב in unserer Stelle nicht unter den Wörtern, die in der Mitte ein י haben und mit ו gelesen werden. Wahrscheinlich ישוב auch im Kethib.

9. בשלם – לשלם. Trg Lagarde: לשלם.[1] LXX: εἰς εἰρήνην.

10. שבטי – גבול. Ma'asse Efod S. 206.

10. את קול – קול. R. Moses aus England, Sefer Ha-Schoham S. 100.

11. ואת – את. Menorath Ha-Maor N. 3 aus Sotah 9ᵇ. Raschi Sotah 9ᵇ.

11. כל דבר – דבר. Massoretische Note bei G. I 608ª, ibid. III 27 N. 641 *ff.* P: מדם ohne כל.

12. מגלה – מגילו. Josef Kara in Geigers Nite Na'amanim 3ª. Trg Lag: מגלו.[2]

14. לכל – אל. Midr. Ps. 3 § 3.[3] Midrasch zu Esther.[4] V bloß: servis suis.

14. עבדיו – העם. Midrasch Esther l. c. Kod. Ken. 227. — Jal. II Sam. § 151 aus Midr. Ps. 3 § 3: אל עבדיו ואל העם.[5]

15. ככל – כל. Midr. Ps. 3 § 3.[6] Kod. Ken. 249. P: כלמדם, V bloß: omnia.

15. יבחר – יאמר. Trg: דיימר.[7] V: praeceperit.

15. עבדיך – עבדיו. Jal. II Sam. § 151 aus Midr. Ps. 3 § 3.

16. ברגליו – אשר ברגליו. Trg: די עימיה.[8]

17. המלך – דוד. Massora aus Tschufutkale bei G. III 356 § 16.

17. העם – ביתו. Midr. Sam. VIII § 2.[9] Num. r. III 2.[10] Kodd. Ken. 10, 198. Trg: אנש ביתיה.[11] = ביתו.

17. ברגליו – אשר ברגליו. Trg Lagarde: דעמיה.[12] Kod. Ken. 250.

---

[1] Edd. und lateinische Übersetzung: in pace = MT.

[2] Massora parva zur Stelle bemerkt: לית, וכתיב ה'. Die letztere Bemerkung scheint die Lesart מגילו zu bekämpfen, da die Massora parva solche Bemerkungen nicht oft hat.

[3] Edd., ed. Buber und Jal. ha-Machiri Ps. 3 § 5, Jal. II Sam. § 151.

[4] Buber ספרי דאגדתא 39ᵇ, Beth ha-Midrasch I S. 20.

[5] Wahrscheinlich Vereinigung beider Lesarten, אל עבדיו und אל העם.

[6] Edd., alle acht mss. der ed. Buber, Jal. II Sam. § 151, Jal. ha-Machiri Ps. 3 § 5.

[7] Edd. und lateinische Übersetzung: dicet. — Lag: דיתרעי = MT.

[8] Edd. und Lat.: qui cum illo. Lag und Qimḥi zur Stelle. = MT.

[9] Nach Jal. I Sam. § 95. — Edd. = MT.

[10] Jal. ha-Machiri Ps. 65 § 7. — Jal. ha-Machiri Jes. S. 121 = MT.

[11] Edd. und Übersetzung: homo domus eius. — Lag = MT.

[12] Edd. Qimḥi zur Stelle und Lat. = MT.

17. ויעמדו – ויעמוד. Jal. I Sam. § 95 aus Midr. Sam. VIII 2. Gersonides zur Stelle. V: stetit, Ar: וקאם.

18. ידו – ידיו. Trg: ידוהי.

18. על פני – לפני. Trg: קדם. P: קדם. Auch V: praecedebant regem drückt לפני aus.

19. וגם – ואִם. Trg Lag. Edd. und lateinische Übersetzung: וגם אם[1] et etiam si.

19. למקומך – למקום. Manuel du Lecteur ed. Derenbourg S. 131.

20. על אשר – אל אשר. Trg: לאתר.

21. כִי אִם. אִם, nach der Massora zu den vier אם כתיבן ולא קריין gehörend, wird Nedarim 37^{a}[2] nicht unter den scripta et non legenda gezählt. Also אם entweder auch im Q're oder fehlt auch im Kethib, wie in 3 Kodd. und in einem prima manu. כי אם übersetzen Trg, P und Ar. LXX und V drücken bloß כי aus.

21. אם לחיים – ואם לחיים. Trg:[3] ואם. LXX beidemal ואם, Al: *ἐὰν . . . καὶ ἐὰν* = Trg.

23. את המדבר – המדבר. Trg: אורח מדברא. Zahlreiche Kodd. und alte Edd. P: אורחא דמדברא, Ar: טריק אלבריה.

24. אביתר – אביתר הכהן. Joma 73^{b}.[5] Rikmah S. 179. Jal. zur Stelle im Stichwort.

24. לעבור – לעבר. Massora bei G. II 371 N. 54^{a} zählt ohne unsere Stelle vier לעבור plene.

27. אל צדוק – לצדוק. Massora bei G. III 151^{a} (Zitat). LXX: *τῷ Σαδώκ*.

27. הכהן fehlt in Massora bei G. II 560 N. 57. Ibid. III 151^{a}. Kod. Ken. 176.

27. הֲרוֹאֶה – הָרוֹאֶה. Trg: חזויא את.[5] V: o videns.

---

[1] Trg übersetzt: Und wenn du wandern willst, so gehe an deinen Ort. אִם ist daher gesichert, ואף vielleicht bloß Erweiterung. וגם אם auch Qimḥi zur Stelle: ואף אם.

[2] So auch Soferim VI 9 in einem ms. Andere mss. und Maḥsor Vitry 696 Massora.

[3] Edd. und Polyglotte; Lag = MT.

[4] In den alten Edd. Ms. München = MT, andere mss. om.

[5] Lag und Qimḥi. Edd. חָזָיָא und חזויא. Auch חָזָיָא = הָרָאֶה; הֲרוֹאֶה = חָזֵי. Daher lateinische Übersetzung falsch: vides tu? Qimḥi: כלומר נביא את. — Die Übersetzung Trgs und Vs beruht auf der talmudischen Tradition, daß gelegentlich dieser Flucht Davids Ebjathar seines Priesteramtes enthoben und an seiner Stelle Zadok eingesetzt wurde, aus dem Grunde, weil Ebjathar bei der Befragung der Urim we-Thumim keinen Erfolg hatte, während Zadok dabei erfolgreich war. Joma 73^{b}: כל כהן שאינו מדבר ברוח הקודש ושכינה שורה עליו אין שואלין בו שהרי שאל צדוק ועלתה לו, אביתר ולא עלתה לו. Vgl. noch Sotah 48^{b}; Seder Olam r.

28. בעברות, Q're בערבות. Massora bei G. I 151[c] zählt בעברות, das hier, 17, 16 und Ps. 7, 7 vorkommt, unter den Hapaxlegomena. Der Verfasser dieses Verzeichnisses, der auch die bloßen Kethib zählt, hat also an zwei von den drei Stellen nicht בעברות gelesen. Wahrscheinlich in unserer Stelle und 17, 16 בערבות auch im Kethib, wie Kodd. Ken. 253, 93 und 150 prima manu.

30. עלה (I) – הולך. Jal. Ps. § 824 aus Midr. Ps. 79 § 1.

30. במעלה – במעלות. Jal. ha-Machiri Prov. 21[b] aus Midr. Ps. 79 § 3.

30. במעלה – בהר. Jal. I Sam. § 95 aus Midr. Sam. VIII 2. Trg: במעלה הר הזיתים = במסקנא דטור זיתיא.[1]

30. עלה (II) – הולך. Jal. Ps. § 824 aus Midr. Ps. 79 § 1. P: בכה (בכא סלק ומהלך) עלה והולך.

30. והוא הולך – והולך. Joma 77[a].[2]

30. הולך – הלך. Massora bei G. I 312 N. 228 zählt ohne unsere Stelle drei הולך plene im Samuelbuche. Ibid. N. 230 werden ohne unsere Stelle zehn הולך gezählt.[3] Kodd. und alte Edd. bei Norzi.

31. את עצת – עצת. Midr. Ps. 55 § 1.[4] Ibn Saruk, Maḥbereth 126[a]. R. Samuel Masnuth, Ma'ajan Gannim S. 20.

32. ויהי דוד – ודוד. Midr. Ps. 51 § 1. P: ודוד מטא.

32. עד הראש – על הראש. Midr. Ps. l. c.

32. עד הראש – נגד הראש. Massora magna zur Stelle (Zitat).

32. לקראתו חושי הארכי – לקראתו (בא) חושי הארכי. Midr. Ps. 3 § 3 (בא), ibid. 51 § 1.

34. והפרתה – והפרת. R. Josua Ibn Schoeib, נורא תהלות 128[b].

36. הנה – והנה. Trg: והא.[5] P: והא. Zahlreiche Kodd. Ken. und de Rossi.

36. ושלחתם – וְשִׁלַחתם. Massora aus Jemen bei G. III 74[a]: ושלחתם. כן הוא בספרי תיגאן ובירושלמי הויו בשוא והשין בחירק.

Kap. 14, ed. Ratner S. 60; Raschi und Qimḥi zu II Sam. 15, 24 und Raschi zu Sotah und Berachoth 4[a] v. ואביתר. Vgl. auch die zutreffende Ausführung Klostermanns, der hier mit der jüdischen Tradition zusammentrifft.

[1] דטורא ist aber wahrscheinlich bloß erklärender Zusatz.

[2] Alte Edd. und mss. = MT.

[3] Vgl. auch Norzi und Baer.

[4] In Jal. Ps. § 771.

[5] Lag und lateinische Übersetzung: et ecce. Edd., auch Polyglotte = MT.

Kap. XVI.

1. ומאה קיץ – וקיץ. Glossaire hebreu-français zur Stelle: é fie – וקיץ.

2. ציבא – צִבא. Massoretische Note bei G. III 58^b: צבא תנינא קרי ציבא. Nach G. II 91^a ist צִבא die Lesart der Ma'arbae, ציבא die der Madinḥae.[1]

2. ולהלחם, Q're. והלחם – הלחם. Raschi Gen. 8, 22. = V.

2. הנערים – לנערים. Raschi Schebuoth 72^b v. קיץ.[2] LXX: *τοῖς παιδαρίοις*. V: pueris tuis = לנעריך.

3. ויאמר – ויאמר לו. Sabbat 56^a in ms. München. P: ואמר לה. Ar: קאל לה.

3. המלך – המלך אל ציבא. Sabbat 56^a in Edd.[3]

3. ואיה – איה. Sabbat 56^a in Edd.[3] Kod. Ken. 150. P: איכא, V: ubi, Ar: אין.

3. הנה – הנה הוא. Sabbat 56^a in Edd.[3]

4. לצבא – אל צבא. Sabbat 56^a.[4]

4. לצבא fehlt Sabbat 56^a in Edd.

4. בעיניך – בעיני. Sabbat 56^a in Edd.[5] Kod. Ken. 650.

4. אדוני המלך – המלך. Sabbat 56^a in Edd.[5] Kod. Ken. 650. P.

5. המלך דוד – דוד המלך. Trg: דוד מלכא.[6] Ar: דאוּד אַלמלך.

5. איש יוצא – יצא איש. Midr. פנים אחרים zu Esther.[7] P: ונפק מן תמן גברא, V: egrediebatur inde vir, Ar: פחרג מן הנאך רגל = והנה יָצָא משם איש.

5. בית שאול – בנימין. Midr. פנים אחרים zu Esther.[8]

5. יָצוֹא fehlt in Midr. פנים אחרים zu Esther[8] und in P und Ar.

6. וַיְסַקֵּל – וַיִּסְקוֹל. Midr. פנים אחרים zu Esther in Beth ha-Midrasch I 20. R. Samuel ben Meïr zu Gen. 42, 12.

7. וכה – כה. Jehuda Hadassi, Eschkol Ha-Kofer 129^a.

8. השיב – והשיב. Midr. פנים אחרים zu Esther in Beth ha-Midrasch I 20.[9]

8. עליך ה' – ה' עליך. Midr. פנים אחרים zu Esther l. c. Massora bei G. I 258 N. 13*e* (Zitat). Akedath Jizḥak Pf. 62, editio princeps

---

1 Massora parva zu 16, 4 לצְבא bemerkt: לית חסר, d. h. צְבא def. kommt nur in dieser Stelle vor, also in unserer Stelle ציבא plene.

2 Gen. 8, 22 und Baba Mezia 106^a v. קציר = MT.

3 Mss. und Sekundärquellen bei Rabbinowicz = MT.

4 Mss. München und Oxford, Jal. ms. zur Stelle.

5 Mss. München und Oxford = MT; fehlt in Jal. ms. und Agadoth ha-Talmud.

6 So Edd.; Lag und lateinische Übersetzung: מלכא דוד rex David. Lag prima manu fehlt דוד = Kod. Ken. 154.

7 In Buber ספרי דאגדתא 39^b.

8 ספרי דאגדתא 39^b, Beth ha-Midrasch I S. 20.

9 ספרי דאגדתא 40^a = MT.

I 326ᵃ. R. Josua Ibn Schoeib, נורא תהלות 6ᵇ. Kodd. Ken. 96, 150. Lateinische Targumübersetzung: Dominus super se = ה׳ עליך.[1] Al.: *Κύριος ἐπὶ σὲ* = ה׳ עליך. Vgl. die folgende Stelle.

8. ה׳ עליך — ה׳ אלהיך עליך. Midrasch zu Esther in Beth ha-Midrasch I 20.

8. כל — את כל. Midr. zu Esther.[2] Vgl. die folgende Stelle.

8. כל דמי — את דמי. Akedath Jizḥak Pf. 62, editio princeps I 326ᵃ.

8. בית שאול — שאול. Midr. zu Esther in Beth ha-Midrasch I 20. Akedath Jizḥak Pf. 62, I 326ᵃ.

8. בית שאול — בית שאיל ארוניך. Midr. פנים אחרים zu Esther in Bubers ספרי דאגדתא 40ᵃ.

8. תחתיו — אחריו. Akedath Jizḥak Pf. 62, editio princeps I 326ᵃ. P: בתרה, Ar: מן בעדה.

8. דמים — מות. Midr. zu Esther in Beth ha-Midrasch I 20.

8. אתה — אתה לי. Ibn Esra Ex. 4, 26.

9. הזה fehlt in Midr. פנים אחרים zu Esther in ספרי דאגדתא 40ᵃ, in Ken. 70, 94, 614.

9. המלך (II) — המלך דוד. Midrasch zu Esther in Beth ha-Midrasch I, 20.[3]

10. צרויה — צריה. Massora magna zu II Sam. 14, 1[4] zählt unter den drei צריה defektiv die Stelle מה לי ולכם בני צריה. Also entweder hier oder 19, 23 צריה.[5] In unserer Stelle lesen צריה viele Kodd. und alte Edd.

12. בעוני, Q're בעֵיני — בעָנְיִי. Ibn Saruk, Maḥbereth 18ᵃ (dreimal). Dazu Josef Qimḥi, Sefer Ha-Galuj S. 131: וחבר (מנחם) עם עד מתי מאנת לענות מפני (Ex. 10, 3) אולי יראה ה׳ בעיני כי חשב שהוא ענינו כמו בעניי ואינו כן, פתרונו ככתובו אולי יראה ה׳ בדמעת עיני. בעָנְיִי bieten Ken. 150, 224. LXX: *ἐν τῇ ταπεινώσει μου,* P: בשועבדי, V: Afflictionem meam, Ar: אֲלי חֹצועי.[6]

12. קללתו — קללתי. Massora zählt קללתי nicht unter den scripta יוד et legenda ואו am Ende.[7] Zahlreiche Kodd.[8] und alte Edd. schreiben קללתו. — Massora vielleicht auch קללתי im Q're, wie P: צוחיתי.

---

1 Lag und Edd.: עלך ה׳.

2 Beth ha-Midrasch I 20, ספרי דאגדתא 40ᵃ.

3 ספרי דאגדתא 40ᵃ = MT.

4 Vgl. auch Norzi zur Stelle und G. II 517 N. 203.

5 In unseren Texten an beiden Stellen plene.

6 Vgl. noch zu unserem Wort Qimḥi zur Stelle und Wb. r. עין, Norzi zur Stelle und Blau, Massoretische Untersuchungen S. 52. Vgl. noch Geiger, Urschrift S. 324 f.

7 Vgl. Norzi, Ginsburg I 681 N. 30 und Baer zur Stelle.

8 Pugio fidei (wo immer nach dem Kethib zitiert wird) S. 278: קללתו.

13. בדרך. Massora verlangt nach בדרך Piska. Dagegen Massora aus Jemen[1] und zahlreiche Kodd. keine Piska.

13. ושמעי בן גרא – ושמעי. Jal. ha-Machiri Ps. 3 § 5 aus Midr. Ps. 3 § 3.

13. בצֶלע – בצלע. Kod. מנה bei G. III 132^{b}. Kodd. bei Baer.

13. בצלעי – בצלע. Bereschith rabbathi.[2] LXX: *εἰς πλευρὰς*.

13. לעומתו (I) – לעומתם. R. Samuel ben Meïr zu Ex. 8, 22. Ar: חיאלהם (ex adverso eorum).

17. אשר את רעך – את רעך. Trg Edd. und lateinische Übersetzung: דעם quae cum.[3] את רעך ist regelmäßig und bedarf keines erklärenden Zusatzes; daher geht דעם, wenn es echt ist, auf אשר את zurück.

21. בוא – בא. Massora zählt fünf בא defektiv ohne unsere Stelle.[4] בוא haben die meisten Kodd. und Edd.

21. בא נא – בא. Agadath Esther ed. Buber 29^{a}.

23. היה יעֵץ – יְעַץ. Midr. Ps. 55 § 1.[5] P: דמלך הוא.

23. באלהים – בדבר האלהים. Midr. Ps. 3 § 4.[6] Midr. Ps. 55 § 1.[7] V: Deum.

23. אלהים – האלהים. Erwiederungen der Schüler Menaḥems S. 64. Akedath Jizḥak Pf. 29.

Kap. XVII.

1. לאבשלום – אל אבשלום. Midr. Ps. 55 § 1.

1. ואקומה fehlt in Jal. ha-Machiri Ps. 55 § 2 aus Midr. Ps. 55 § 5.

2. אליו – עליו. Cant. r. zu 3, 7. Pesiktha ed. Buber 45^{b}.[8] Kod. Ken. 158.

2. ידיו – ידים. Pesiktha r. 69^{a}. Trg: וידוהי מרשלן,[9] P: אידוהי.

2. וגַם – וְגָם. Gersonides zur Stelle. Ma'asse Efod S. 208.[10] Kodd. Ken. 174, 85 und 99 prima manu.[11]

2. עם – וְגָם. Josef Qimḥi bei Qimḥi, Wb. r. מסם.

3. בשוב – כשׁוב. Raschi zur Stelle. Qimḥi zur Stelle (bis).

---

1 G III 74^{b}: ובתי.ג.אן אין כאן פיסקא.

2 Ms. Prag, Abschrift Epstein S. 288.

3 Lagarde = MT.

4 Vgl. G. I 168 N. 80*b*, N: 81.

5 נורא תהלות 128^{a} bloß היה, יעץ gewiß weggelassen.

6 In Jal. ha-Machiri Ps. 3 § 10.

7 So Edd. — Jal. ha-Machiri Ps. 55 § 5 = MT.

8 Edd. und Jal. Gen. § 363.

9 Edd., Lag und Lat.: manus illius remissae.

10 וההרדתי אותו וגם כל העם אשר אתו . . . ושיוכל לההרידו והעם.

11 Vielleicht auch 70, 128, 155.

3. כשוב — ישוב. Trg: יתובון כולהון.[1]

3. כל (II) וכל. Trg Lag: וכל. LXX: *καὶ παντὶ*. P: וכלה. וכל haben Kodd. Ken. 93, 150, 154, 201, 224, 246.

4. ובעיני כל זקני ישראל. Synhed. 102^b:[2] בעיני אבשלום (ובעיני)[3] והזקנים.

4. זקני — כל זקני. Raschi zur Stelle. Kodd. Ken. 154, 168, 173.

4. זקני fehlt in Midr. Ps. 55 § 5.[4] Kodd. Ken. 224, 262.

9. באחד — באחת. Massoretische Note:[5] כתיב באחת, קרי באחד. Zahlreiche Kodd. Alte Edd.[6]

9. כנפל — בנפל. R. Josua Ibn Schoeib, נורא תהלות 128^b. Kod. Ken. 153. LXX: *ἐν τῷ ἐπιπεσεῖν*.

10. כל ישראל — ישראל. Josef Qimḥi bei Qimḥi, Wb. r. מסם.

12. אליו — עליו. Trg: עלוהי. P: עלוהי, V: super eum.

12. ובכל — ומכל. Ma'asse Efod 209. P: מנה ומן כלנש. Ar: ממי מעה.

13. אל העיר — על העיר. Trg: על קרתא, Kod. Ken. 187.

13. ההיא fehlt in des Karäers Aron ben Josef Mibḥar Jescharim zur Stelle.[7]

13. אתו — אֹתָה. Trg: יתה. Kod. Ken. 154. LXX, P, V, Ar.

13. עד הנחל — אל הנחל. Ibn Ġanaḥ, Wb. S. 478.[8] Glossaire hebreu-français.[9] Trg: לנחלא, V: in, Ar: אֲלי אלּואדי.

13. נמצא — יִמָּצֵא. Ibn Ġanaḥ, Sefer Haschoraschim S. 437.[10]

13. נמצא — יִשָּׁאֵר.[11] Trg: נִשְׁאַר. LXX: *καταλειφθῇ*, P: נשבקון, Ar: ידע.

13. גם fehlt in Trg,[12] Kod. Ken. 4, LXX L.

14. צוה — אמר. Akedath Jizḥak Pf. 8.

14. את עצת — עצת. Akedath Jizḥak Pf. 8.

14. אל — על. LXX, Trg. P, V, Ar. Mehrere Kodd. und Edd.

15. ובזאת (III) fehlt in Trg[13] und Kod. Ken. 30.

---

[1] Edd., Lag und lateinische Übersetzung. Qimḥi: כד יתובון = MT.

[2] Edd., mss. München und Florenz, Jal. I Reg. § 209.

[3] So ms. Florenz: ובעיני הזקנים.

[4] Edd. und Jal. ha-Machiri Ps. 55 § 5.

[5] G. II 59^a, 62^a; Norzi zur Stelle meint, diese Bemerkung bezöge sich auf V. 12.

[6] Qimḥi zur Stelle: באחת, Wb. v. קום: באחד (בלשון זכר) = MT. Vgl. jedoch Norzi.

[7] In Kod. Ken. 134 fehlt אל העיר ההיא.

[8] Sefer Haschoraschim 336 = MT.

[9] à la vâlée — אל הנחל.

[10] Wb. S. 619 fehlt das Zitat.

[11] Oder auch יִוָּתֵר.

[12] Edd., Lag. Lateinische Übersetzung: etiam = גם. — Für צרור haben Edd.: אבנָהָא; lies mit Lag, Ibn Ġanaḥ, Wb. 619 und Sefer Haschoraschim 437 und Lat. אבנא lapidem.

[13] Edd. und Lat.: et sic consului. Lag. = MT: וכדין וכדין. — Edd.: גם אני = אף אנא; lies mit Lag und Lat. אנא.

16. תלן – תלן. Manuel du Lecteur S. 54.[1] Ma'asse Efod 83 aus Ibn Ġanaḥ.[2] Duran bemerkt, daß alle korrekte Kodd. תלן haben.

16. בעברות, Q're בערבות – בערבות Kethib. Massora aus Jemen bei G. III 74ᵇ. Die meisten Kodd. und viele Edd. Vielleicht auch so Massora bei G. I 151ᶜ, die בעברות unter den Hapaxlegomena zählt,[3] und vielleicht auch Qimḥi zur Stelle.[4] Vielleicht aber בעברות auch im Q're, wie manche Kodd. und vielleicht auch Ibn Ġanaḥ, Rikmah S. 51.[5]

19. את המסך – המסך. Sotah 42ᵇ.[6] Jal. Esther § 1053 aus Midr.[7]

19. פני – פי. Sotah 42ᵇ.[6] Agadath Esther ed. Buber.[8] Midr. Sam. XXXII 4. Mehrere Kodd. im Text, viele in marg. Sebirin.[9] LXX-Kodd.: *ἐπὶ τοῦ στόματος*. Trg: פומא,[10] V: os.

20. מיכל – את מיכל. Qimḥi, Wb. r. יכל. R. Jesaiah zur Stelle. Mehrere Kodd.[11]

21. ועברו – עברו. R. Samuel ben Meïr Gen. 32, 23. Kod. Ken. 70.

21. מהרה fehlt bei R. Samuel ben Meïr Gen. 32, 23 und in P.

23. החמור – חמורו. Baba Bathra 147ᵃ.[12] Synhed. 69ᵇ.[13] Jerusch. Synhed. 29ᵇ 73.[14] Kod. de Rossi 545 prima manu. LXX: *τὴν ὄνον αὐτοῦ*, lateinische Targumübersetzung: asinum suum, P: חמרה, V: asinum suum, Ar: דאבתה.[15]

23. ויקם fehlt in Baba Bathra 147ᵃ.[16] Synhed. 69ᵇ.[16] Seder Eliahu rabba Kap. 31, ed. Friedmann S. 157.

23. אל ביתו – על ביתו. Tanḥuma מצורע § 1.[17]

---

1 ויבא הפתח במקום הסגול . . . כמו אל תלן הלילה.

2 Rikmah S. 51 fehlt diese Stelle.

3 Vgl. oben zu 15, 28 v. בעברות.

4 Vgl. Norzi, vgl. auch Baer und Ginsburg zur Stelle.

5 וכבר שמו הפתח במקום הסגול . . . בעברות המדבר. Vielleicht ist 15, 28 gemeint.

6 Edd. und Jal. I Sam. § 125. Jal. Ruth § 600 = MT, so auch ms. München.

7 אגדת אסתר in Bubers ספרי דאגדתא 4ᵇ = MT.

8 ספרי דאגדתא 4ᵇ, Jal. Esther § 1053.

9 Massora zu Num. 33, 8; Massora parva zur Stelle. Vgl. Norzi, G. II 325 N. 41 und zur Stelle. Vgl. Qimḥi zur Stelle.

10 Edd., Lag, Qimḥi und Lat.: os.

11 Vielleicht auch Trg bei R. Jesaiah zur Stelle: ית ירדנא.

12 Alte Edd. und ms. München.

13 Ms. München und Jal. ha-Machiri Ps. 55 § 26. Andere mss. und Edd. = MT.

14 Edd. und Jefeh Mareh XI N. 21.

15 Vgl. Gen. 23, 3; I Reg. 2, 40. Vgl. auch Num. 22, 21.

16 So Edd. Ms. München = MT.

17 In den alten Edd. Editio princeps fehlt das Zitat.

23. אל ביתו – לביתו. Baba Bathra 147[a] in Edd. und mss. Jal. ha-Machiri Ps. 3 § 22 aus Midr. Ps. 3 § 7.

23. אל ביתו – אל בניו. Tanḥuma ed. Buber ויצא § 6.[1]

23. אל עירו – ואל עירו. Synhed. 69[b].[2] Makkoth 11[a]. Zahlreiche Kodd. und Edd., Trg,[3] P, V, Ar. Qimḥi zur Stelle: ויש ספרים ואל עירו ובספר מוגה אל עירו. Vgl. auch Norzi.

23. אל עירו fehlt Baba Bathra 147[a] in ms. München.[4]

24. מחנימה – מחנים. R. Samuel ben Meïr Gen. 32, 23.

24. ואבשלם – ואבשלום. Massora bei G. I 23 N. 91 zählt ohne unsere Stelle 13 אבשלם defektiv.[5] Mehrere Kodd. und alte Edd.

24. עמו – אשר עמו. Trg Lag: דעמיה.

25. על הצבא – שר הצבא. Sabbat 53[b].[6]

25. ושמו fehlt in Baba Bathra 17[a].[7]

25. יתרא – יֶתֶר. R. Hillel aus Verona, Tagmule Ha-Nefesch S. 50[b]. LXX: Ἰοθόρ.[8]

25. אבגל – אביגיל. Sabbat 55[b].[9] Baba Bathra 17[a].[10] LXX: Ἀβειγαίαν, V: Abigail.

26. ואבשלום – ואבשלם. Massora bei G. I 23 N. 91.[11]

27. מְלֹא – מלו. Massora bei G. I 14[b] zählt מלא, das noch II Reg. 12, 21 vorkommt unter den Hapaxlegomena. Wahrscheinlich hat diese Massora in unserer Stelle מלו gelesen. Massora aus Jemen bei G. III 74[b]: מלו דבר בויו לבד. Trg Lag: מלו.

27. מלא – מלוא. Trg Edd. Gegen diese Lesart scheint die Bemerkung der Massora aus Jemen (בויו לבד) gerichtet zu sein.

28. וקלִי – וקלוי. R. Sa'adia Gaon und Ibn Esra. Zu Lev. 13, 15[12] bemerkt Ibn Esra: כי הפרש יש בין (scil. של הגאון ר' סעדיה) וראיתי לפי דעתו

---

[1] Zwei mss. = MT.

[2] In Edd. und mss.

[3] Edd., Lag und Lat.: et ad urbem suam.

[4] Seder Eliahu rabba Kap. 31, S. 157 fehlt אל ביתו אל עירו.

[5] Massora edita zu II Sam. 17, 14 zählt 14 אבשלם defektiv mit unserer Stelle. Ob diese Angabe falsch ist, wie Frensdorff, Massora Magna S. 262, Note 2 und Baer meinen, ist gar nicht sicher, da nach Ginsburg zur Stelle die meisten Kodd. in unserer Stelle אבשלם haben, mit der Note: חסר.

[6] So Edd. Ms. Oxford = MT; fehlt in ms. München.

[7] Nach Midr. ha-gadol S. 103 und 736.

[8] Vgl. I Reg. 2, 5; I Chr. 2, 17.

[9] Nach Jal. II Sam. § 151.

[10] Sechel Tob II S. 25. Midr. ha-gadol S. 103.

[11] Wird in Massora edita zu II Sam. 17, 14 nicht unter den 14 אבשלם gezählt.

[12] Ed. Friedländer S. 70.

קלוי ובין קלי בעבור שאמר שמצא בדברי ברזילי קלי וקלוי. Da Ibn Esra nicht bemerkt, er habe diese Lesart nicht gefunden, so ist es wahrscheinlich, daß auch er in unserer Stelle einmal וקלוי gelesen.[1] Wahrscheinlich an zweiter Stelle.

29. אתו – עמו. Jal. ha-Machiri Ps. 3 § 5 aus Midr. Ps. 3 § 5.

Kap. XVIII.

2. הגתי. Nach Massora פסקא באמצע פסוק. Massora bei G. II 450 N. 184 zählt unseren Vers nicht unter den Versen, die in der Mitte eine פיסקא haben. Zahlreiche Kodd. haben keinen freien Raum.

3. אלינו (I) – עלינו. LXX, Trg, P.

3. אלינו (I) fehlt bei Qimḥi, Wb. r. נוס. Kommentar = MT.

3. אלינו (II) – עלינו. LXX, Trg.

3. כמנו – כמונו. Massora magna zur Stelle.[2] Edd.

3. עשרה – כעשרה. Trg Lag: כעסרא.[3]

3. תהיה – אתה תהיה. Tanḥuma ms. Oxford.[4]

3. לעזיר, Q're לעזור[5] – לעזור Kethib. In einem massoretischen Verzeichnis der in der Mitte scripta יוד et legenda ואו[6] fehlt לעזיר in unserer Stelle. לעזור im Kethib haben mehrere Kodd.

4. אל יד – על יד. Trg. Kodd. Ken. 150, 168, 174. P.

5. לאט לי לנער לאבשלום. Trg: אסתמרו לי בעולימא באבשלום = שמרו לי בנער באבשלום. Wahrscheinlich bloß Deutung nach Vers 12.[7] Ar: אחתפּטוא באבישאלום אלפתי; wie Vers 12.

5. לאבשלום – אבשלום. Parḥon, Kommentar zu Jes.[8] Kod. Ken. 4, P.

9. עבדי דוד – עבדי יואב. Massora magna zur Stelle (Zitat).

9. הפרד – הפרדה. Pseudo-Naḥmanides zu Cant. 14[a] aus Sotah 10[b].

9. ויחוק – ויאחז. Sotah 10[b] in den alten Edd.[9]

9. ויתן – וִיִּתָּל. Trg: ואיתלי. LXX: ἐκρεμάσθη, ανεκρεμάσθη, P: ואתתלי, V: et illo suspenso, Ar: וצאר מֻעַלַּקָא.

12. וְלֹא, Q're ולו – לו. Pirke d' Rabbi Elieser Kap. 53. Ibn Saruk, Maḥbereth 19[a]. P, V, Ar.

---

1 V übersetzt קלי I mit polenta, wie Lev. 23, 14; I Sam. 17. 17; 25, 18; Ruth 2, 24; dagegen קלי II mit frixus cicer.

2 כמנו ד', ג' חסר ואחד מלא.... אלפים מלא

3 Edd. Qimḥi und Lat. = MT.

4 Bubers Einleitung 73[a].

5 Vgl. Qimḥi zur Stelle, Norzi, Baer und Ginsburg.

6 G. I 679 N. 24[a].

7 Trg liest auch V. 12 שמרו לי.

8 Monatsschrift 1862 S. 432.

9 Pseudo-Naḥmanides zu Cant 14[a] = MT.

12. אל בן – בבן. Trg: בבן. Regelmäßig ist שלח יד בְּ.

12. שמרו מי – שמרו לי. Trg. Kodd. Ken. 431, 614. LXX, P, V.

13. תתיצב – תעמוד. Berechjah Punktator, Sefer החיבור S. 110. Josef Ibn Kaspi, Komm. zu Threni 3, 35. Idem, שרשות כסף ed. Last S. 24.

14. אחילה – אחוּלה, Q're אחִילה. Massora,[1] Kodd.

14. ויקח – ויקח יואב. Sotah I 8.[2] Kod. Ken. 250. LXX: *καὶ ἔλαβεν Ἰωάβ*. P: ונסב יואב, Ar: ואחֹד יוֹאב.

14. עודנו – ועודנו. Trg: ועד כען, P: ועדכיל.

15. נערים – אנשים. Sotah I 8.[3] Kod. Ken. 251.

15. ויכו את אבשלום – ויכוהו. Synhed. 103b.[4] V: et percutientes interfecerunt eum = ויכוהו וימיתוהו, also genau wie der Talmud.

16. מִרדף – מֵרדף. Massora,[5] Kodd. bei Norzi, alte Edd. Michlol 38b: ואם פ"א הפעל גרונית תנקד מ"ם השירות בקמץ קטן וכן על הרי"ש שלא תקבל דגש, מרדף אחר ישראל[6] . . . .

18. ויקרֵא – ויִקְרָא. Trg:[7] וקרא. LXX: *καὶ ἐκάλεσεν*.

18. יד אבשלום – מצבת אבשלום. Rikmah S. 130.[8]

20. בשרה – בשורה. Massora magna zur Stelle.[9]

20. על בן. Massora: על כֵּן בן, wo כֵּן legendum et non scriptum ist. Nedarim 37b fehlt כן im Verzeichnisse der קריין ולא כתיבן; also entweder כֵּן auch im Kethib, wie mehrere Kodd.,[10] oder כֵּן fehlt auch in Q're, was ebenfalls mit zahlreichen Kodd. übereinstimmt. Auch Trg, P, V und Ar drücken כֵּן nicht aus.

20. על בן – על כֵּן המלך. Soferim VI 8 wird כֵּן unter den non scripta et legenda gezählt.[11] Zahlreiche Kodd. de Rossi bieten: על כֵּן המלך.[12]

---

1 G. II 74 N. 523 im Verzeichnisse der קרי וכתיב. Massor. Note bei G. II 59a.

2 Menorath ha-Maor N. 3 und Babli Sotah 9b in ms. München.

3 In Babli 9b, Jal. II Sam. § 151. — Mischnahedd., Jeruschalmiedd., ed. Lowe, Baḥja b. Ascher in Komm. 205a. Menorath ha-Maor N. 3 = MT. So auch ms. München.

4 In der Ausführung; Zitat = MT.

5 G. III 74 Kol. 2: מֵרדף.

6 Dagegen wird Michlol 48b Chirek gefordert, und Kommentar zur Stelle: מרדף המ"ם בחירק. Vgl. auch Norzi zur Stelle und Baer zu I Sam. 23, 28.

7 Edd., Lag, lateinische Übersetzung: et vocavit.

8 Es werden bloß die zwei Worte מצבת אבשלם zitiert, die nur in unserer Stelle Platz haben.

9 Andere Massora verlangt בשרה. Vgl. Norzi und Baer zu V. 22.

10 So auch Soferim VI 8. Vgl. die folgende Stelle.

11 כי על כן המלך, כי על כן בן המלך . . . So Edd. und die mss. der ed. J. Müller: ein ms. und Maḥsor Vitry S. 696 = MT.

12 Dadurch wird die Vermutung Blaus, Massoretische Untersuchungen S. 53, Note 2, bestätigt. Für sie spricht auch die Angabe in Soferim, die Blau aber nicht berücksichtigt.

20. בן (כן) על כי – כי אם כי בן. Trg: אילהין דבר מלכא. Trg übersetzt und erklärt: Du bist heute nicht der geeignete Bote, da es heute nichts anderes zu melden gibt, als daß der Sohn des Königs tot ist. So deutet auch P unseren Text, ähnlich auch Ar.

21. לכושי – אל הכושי. Pirke d'Rabbi Elieser Kap. 53.

21. כושי – הכושי. Naḥmanides zu Gen. 37, 7. Daß כוש nicht Eigenname ist, beweist לַכושי in unserem Verse und הכושי in VV. 22, 23, 30—32. Daher also auch in unserer Stelle הכושי erforderlich ist.[1]

22. ולכה – ולך. Raschi zur Stelle.

22. בשרה – בשורה. Massora magna zu V. 20. Kodd. und alte Edd.[2]

24. אל גג – על גג. Qimḥi, Kommentar zu 19, 1. Trg, P.

24. אל החומה – על החומה. Trg, V.

27. זה – הוא. Gersonides, Schluß von Kap. 21 תועלת 61. P: גברא הו טבא. V: bonus est.

27. ואֶל בשורה טובה יָבוֹא – וגם ב' ט' יָבִיא (ואַף). Trg: ואף בסורא טבא יַיְתֵי.[3] P: ובסרתא הי טבתא אתא. LXX: *καίγε εἰς* = גם אל. V: portans venit drückt יבוא und יבִיא aus.

28. לאפיו – על אפיו. Trg: על אפוהי. LXX: *ἐπὶ πρόσωπον αὐτοῦ.* P: על אפוהי.

28. את ידם – ידם. Ibn Ġanah, Wb. S. 458.[4] Vgl. II Sam. 20, 21.

29. המלך (I) fehlt in Pesiktha ed. Buber 196ª.

29. שלום – השלום. Pesiktha ed. Buber 196ª.[5] Sebirin.[6] Einige Kodd. Trg Lag: השלם.

29. לאבשלום – אבשלום. Pesiktha ed Buber 196ª. Al: אבשלום. P und Ar: הנער אבשלום.

29. ההמון – את ההמון. Pesiktha ed. Buber 196ª.

29. לשלֹח את עבד המלך. Trg Lag: דשלח עבדא דמלכא. Edd.: בתר דשלח geht wohl auf בִּשְׁלֹחַ oder כִּשְׁלֹחַ zurück.[7] LXX L: *ἐν τῷ αποστεῖλαι* = בִּשְׁלֹחַ. V: cum mitteret = כשלח (בשלח).

---

[1] Vgl. Wellhausen und Klostermann. Schon Qimḥi deutet כושי als gentile.

[2] Vgl. Norzi und Baer. Norzi beruft sich für בשורה auf Massora magna zu II Reg. 7, 9. Das ist ein Irrtum, da dort ausdrücklich gesagt wird, daß in unserer Stelle בשרה stehen muß. ג' חסר בקריאה . . . ולכה אין בשרה.

[3] Edd., Lag und lateinische Übersetzung: et etiam muncium bonum afferet.

[4] Sefer Haschoraschim S. 322: את ידם.

[5] In ed. und Jal. Deut § 950.

[6] Vgl. Norzi und G. II 235 N. 41, Ginsburg zur Stelle.

[7] Ich vermute als ursprünglichen Targumtext כִּשְׁלַחַ = כַּד שְׁלַח; כד ist in Lag ausgefallen und in Edd. in בתר verschrieben worden. In Edd. ist auch ית hineinkorrigiert worden, wie das folgende וית für ית in Lag. Über *τὸν παῖδα* in LXX L vgl. Klostermann, der es mit Recht für späteren Zusatz hält. Gegen die

29. ואת עבדך – את עבדיך. Trg Lag. Kodd. Ken. 23, 30, 85, 150, 198; de Rossi 13, 701, zwei prima manu. V: את עבדך. Die ganze Stelle in V: (בשלח) כשלח יואב עבדך המלך את עבדך, Trg: (בשלח) כשלח י׳ עבד המ׳ את עבדך, LXX L: בשלה יואב את עבדך.

30. התיצב – והתיצב. Pesiktha ed. Buber 196ᵃ in Jal. Deut. § 950. LXX-Kodd. bei Field: *καὶ παράστηθι*, latein. Targumübersetzung: et consiste, V: et sta.

30. כה – פה. LXX, Trg,[1] P, V.

32. אל הכושי – לכושי. Pesiktha ed. Buber 196ᵃ.[2]

32. לאבשלום – אבשלום. Pesiktha l. c. Naḥmanides zu Gen. 37, 2 P: אבשלום הנער,[3] so auch Ar.

Kap. XIX.

1. על עלית – אל עלית. Sotah 10ᵇ. Kod. Ken. 176. LXX: *εἰς τὸ ὑπερῷον*, P: לקיטונא, Ar: אֱלי.

1. השער – השערים. Pirke d'Rabbi Elieser Kap. 53.

1. אבשלום (II) fehlt in Sotah 10ᵇ.

1. מותי – מְתִי. Kod. מנה.[4]

1. מותי אני תחתיך. Trg hat den Zusatz: ואתה חי היום = ואת קים יומא דין. Wahrscheinlich bloß Erweiterung durch hervorheben des in מי יתן מותי אני תחתיך enthaltenen eigentlichen Wunsches, daß Absalom noch am Leben wäre. Diese überflüssige Erklärung ist aber ohne Anhaltspunkt im Texte kaum denkbar. Es scheint mir daher, daß Trg gelesen hat: מי יתן מותי תחתיך אני תחתיך, weshalb es אני תחתיך durch den eigentlichen Wunsch umschreibt. So hat auch LXX gelesen: *τίς δῴη τον θάνατόν μου ἀντὶ σοῦ; ἐγὼ ἀντὶ σοῦ* = מי יתן מותי תחתיך אני תחתיך.[5]

3. ביום ההוא fehlt in Tanḥuma ed. Buber שמיני § 1.

3. לכל העם – בכל העם. Tanḥuma ed. Buber שמיני § 1.

3. לכל העם – על ישראל. Tanḥuma שמיני § 1. Tanḥuma ed. Buber שמיני § 1 in einem ms.

Echtheit spricht das folgende את עבדך *τὸν δοῦλόν σου*. Trg bezieht עבד המלך auf Joab, so auch V: Joab servus tuus, o rex.

[1] הכא in Edd. und Lat.: hic. Lag = MT (כדין).

[2] In ed., Jal. II Sam. § 151 und Deut. § 950.

[3] Wohl nach V. 29 richtiger: הנער אבשלם = טליא אבישלם.

[4] G. I 608ᵃ, III 27 N. 641 *ff.*

[5] Dadurch würde die auch an sich unwahrscheinliche Erklärung Klostermanns entfallen. Ein Hebraist würde אני, besonders wenn תחתיך folgt, nicht durch *ἐγὼ ἀντὶ σοῦ* ausdrücken.

3. כי שמע – כי אמר. Tanḥuma und Tanḥuma ed. Buber l. c.

3. נעצב – כי נעצב. Gen. r. XI 1.[1] Gen. r. XXVII Ende.[2] Gen. r. XXXII 10.[3] Tanḥuma שמיני § 1.[4] Kod. Ken. 614. LXX: ὅτι λυπεῖται, P: דכרית.

3. על בנו – אל בנו. Gen. r. XXVII Ende. Tanḥuma שמיני §. 1.[5]

5. את פניו – פניו. Kommentar des R. Jesaiah zur Stelle.

7. כי ידעתי – כי אני יד׳. Trg: ארי אנא.[6]

8. כי אינך – כי אם אינך. Trg,[7] LXX, P, V. מטעין.[8] Kodd. bei G. אם אינך ohne כי.

8. עד – ועד. Trg Lag: ועד. Zahlreiche Kodd. und alte Edd. P: ועדמא. Ar: ואֲלי.

8. עתה – היום הזה. Trg Lag: ועד יומא הדין. Ar: אֱליום. = היום.

9. איש fehlt in Trg Lag.[9] Kod. Ken. 154.[10] V.

14. ולעמשא – לעמשא. Parḥon, Wb. r. אמר.

14. תהיה – אשִׁימְךָ. Trg Lag: אימנוך. Ar: אצּירֹךְ.

14. כל הימים תחת יואב – תחת יואב כל הימים. Kodd.[11]

15. ויט את לבב – ויֵט לבב. Trg: ואיתפני ליבא.[12] Einige Edd. Vgl. Norzi.

16. יהודה – ישראל. Josef Qimḥi, Sefer Ha-Sikkaron S. 57. Kod. Ken. 1.

16. המלך (II) – המלך דוד. Massora bei G. II 352 N. 380 (Zitat).

17. אשר מבחורים – מבחורים. Qimḥi, Kommentar zu 3, 16. LXX, V drücken אשר nicht aus.

18. הירדן – את הירדן. Gen. r. LXXXIV 3.[13] Raschi zur Stelle. R. Jesaiah, Kommentar zur Stelle. Glossaire hebreu-français zur Stelle.[14] Mehrere Kodd. Aus את scheint ἐπὶ in manchen LXX-Kodd.

---

1 In den alten Edd., Jal. Gen. § 17.

2 Jal. Gen. § 47.

3 Jal. Gen. § 56, Jal. ha-Machiri Ps. 42 § 14.

4 Edd., ed. Buber, Midrasch Agada II S. 19, Jal. Lev. § 520 und Koheleth § 988.

5 Midrasch Agada II S. 19, Jal. Lev. § 520.

6 Edd. und lateinische Übersetzung: quia ego novi. Lag fehlt אנא.

7 Lag: ארי אם, Lat.: quod nisi. Edd. = MT (ארי ליתך).

8 Vgl Massora zu Gen. 24, 4, Norzi und Baer zur Stelle.

9 Lagarde, Einleitung S. XIX, Zeile 25.

10 Kod. Reuchlin in marg.: איש פלג׳. Vgl. Lag l. c.

11 G. I 608ª, III 27 N. 641*dd*. So auch Kod. מגה, vgl. Ginsburg zur Stelle.

12 Edd., Lag, Lat.: et inclinatum est cor, Qimḥi: ויונתן שתרגם ואיתפני דומה שהיה קורא אותו ויט בצירי היו״ד. Vgl. auch Norzi.

13 Jal. Gen. § 145, Sechel Tob Gen. 39, 2.

14 Harkavy-Festschrift 1908, S. 385.

entstanden.[1] LXX τὸν beweist nichts, da τὸ auch dem bloßen Artikel entspricht.[2]

20. יצא — גלה. Trg: דגלא. Durch die superlinearen Punkte deutet die Massora an, daß יצא zu tilgen ist.[3] Da aber ein Wort von der Bedeutung יָצָא in unserer Stelle nicht fehlen darf, so kann die vorgeschriebene Tilgung von יצא nur in der Bevorzugung einer anderen Lesart ihren Grund haben.[4] Indes ist aus דגלא nicht mit Sicherheit auf die Lesart גלה zu schließen, da Trg auch לכת in V. 25 durch דיגלא ausdrückt. Oder hat Trg auch V. 25 גְלֹת gelesen?

20. אל לבו — על לבו. Trg: על, P: על.

21. יָדַע — יודע. Midr. zu Esther in Beth ha-Midrasch I S. 20.[5] P: ידע אנא und V: agnosco entsprechen besser יודע.

21. והנה — הנה. Pesiktha r. 142a. Bereschith rabbathi S. 282.[6] Midr. Esther.[7]

21. היום fehlt in Midr. Ps. 3 § 3 nach Jal. II Sam. § 151.

22. זאת — כן. Midr. פנים אחרים zu Esther in Bubers ספרי דאגדתא 40a

23. צרויה — צריה. Massora[8] gibt an, daß in der Stelle מה לי ולכם בני צריה das Wort צריה defektiv geschrieben wird, d. h. hier oder 16, 10.[9]

23. יומת — לא ימות. Jal. Esther § 853 aus Midr. zu Esther.[10] LXX: οὐ θανατωθήσεται, לא יומת = לא ימות.[11]

23. בישראל — מישראל. Jal. Esther § 853 aus Midr. zu Esther.[10] LXX: ἐξ Ἰσραήλ, Ar: מבני ישראל. Kod. Ken. 614: מישראל.

23. היום אני — אני היום. Der Karäer Aron ben Josef, Mibḥar Jescharim zur Stelle.

25. בן שאול — בן יהונתן. Jal. zur Stelle aus Sabbat 56a. LXX L: υἱὸς Ἰωναθὰν υἱοῦ Σαοὺλ,[12] P: בר יונתן בר שאול, Ar: אבן יונאתאן בן שאול = בן יהונתן בן שאול.

---

[1] Vgl. Klostermann. ἐπὶ entspricht dem hebräischen על nicht אל.

[2] Gegen Klostermann.

[3] Vgl. Blau, Massoretische Untersuchungen S. 8; Aptowitzer, Prolegomena S. 4 f.

[4] Vgl. Geiger, Urschrift S. 257. Die Erklärung Blaus, op. cit. S. 35, ist nicht einleuchtend, wenn auch möglich.

[5] In Bubers ספרי דאגדתא 40a fehlt das Zitat.

[6] Ms. Prag. Abschrift im Besitze Epsteins.

[7] Beth ha-Midrasch I 21, ספרי דאגדתא 40a; einmal = MT.

[8] Massora ed. zu II Sam. 14, 1; G. II 517 N. 203. Vgl. auch Norzi zu 16, 10 und zur Stelle. Vgl. oben zu 16, 10.

[9] Norzi verlangt hier צרויה plene.

[10] ספרי דאגדתא 40a und Beth ha-Midrasch I 21 = MT.

[11] Vgl. I Sam. 11, 13 לא יומת, wo Kod. Ken. 93 לא ימות hat.

[12] LXX R: υἱὸς υἱου Σαοὺλ ist Ἰωναθὰν ausgefallen. Vgl. Klostermann.

25. לקראת – לפני. Sabbat 56^{a}.[1] Kodd. Ken. 128, 650.

25. לקראת – אל. Sabbat 56^{a} in Edd. Soncin, Ven. 1520, Ven. 1530.

25. המלך – דוד המלך. Sifre Deut. § 211.[2]

25. ולא (I) – לא. Sifre Deut. § 211.[3] Sabbat 56^{a}. Jebamoth 48^{a}.[4] Jebamoth 103^{a}.[5] אבל רבתי ms. Epstein Kap. VI Ende. R. Moses aus England, Sefer Ha-Schoham S. 22. R. Jesaiah, Kommentar zur Stelle. Kodd. Ken. 150, 158. Trg: לא,[6] V: illotis pedibus.

25. רגליו – את רגליו. Tossafoth Jebamoth 48^{a} v. לא aus Jebamoth 103^{a}. Gersonides zur Stelle. LXX: *τους πόδας*.

25. ולא (II) – לא. Midrasch Agada ed. Buber I S. 14.

25. עד – ועד. Trg Lagarde:[7] ועד, P: ועדמא.

26. לקראת – אל. Sabbat 56^{a} in den ältesten Edd.

27. ויאמר – ויאמֶר. Massora[8] zählt ohne unsere Stelle sechs ויאמֶר im Samuelbuche.

27. ויאמר – ויאמר לו. Sabbat 56^{a} in allen alten Edd. LXX und P: ויאמר אליו מפיבשת.[9]

27. את המלך – אל המלך. Sabbat 56^{a}.[10] Zahlreiche Kodd., alte Edd.[11]

28. כמלאך – חכם כמלאך. Trg: חכים כמלאכא.[12] II Sam. 14, 17 übersetzt Trg wörtlich; חכים in unserer Stelle geht daher gewiß auf חכם im Texte zurück.[13]

30. את השדה – השדה. Qimḥi zur Stelle aus Sabbat 56^{a}. R. Moses aus England, Sefer Ha-Schoham S. 77.

32. הירדן – את הירדן. Trg edd.:[14] ית ירדנא. Zahlreiche Kodd.

33—40. ברזילי. Gen. r. LVIII 12: „Fünfmal wird Barsillai der Gileadite genannt, entsprechend den fünf Büchern der Thora, um dich zu lehren, daß, wer den Frommen mit Lebensmitteln unterstützt, dies ihm so angerechnet wird, wie wenn er

---

1 So Edd. Mss., Agadoth ha-Talmud und Jal. ms. = MT.

2 So Edd. Lekaḥ Tob Deut. 21, 12 = MT.

3 Edd.; Lekaḥ Tob Deut. 21, 12; Naḥmanides zu Deut. 21, 11.

4 Edd., Raschi und Tossafoth zur Stelle v. לא, Jal. Deut. § 925.

5 In Edd. und Raschi zur Stelle und ms. München.

6 Lag und Kommentar des R. Jesaiah zur Stelle.

7 Prima manu: עד und korrigiert ועד. Siehe Lagarde, Einleitung S. XIX, Zeile 26.

8 G. I 89 N. 840.

9 P: ואמר לה entspricht אליו und לו.

10 Alle alte Edd. und ms. Oxford.

11 Vgl. auch Baer zur Stelle und G. I 608^{a}, III **27** N. 641 *hh*.

12 Edd., Lag und lateinische Übersetzung: sapiens ut angelus.

13 Vgl. II Sam. 14, 20 חכם כחכמת מלאך האלהים.

14 Trg Lag fehlt ית ירדנא. Vgl. Lagarde, Einleitung S. XIX, Zeile 26.

die fünf Bücher der Thora erfüllt hätte: חמשה פעמים כתיב[1] (בני) ברזילי[2] הגלעדי כנגד ה׳ ספרי תורה, ללמדך שכל מי שהוא מאכיל פרנסה לצדיק כאילו הוא מקיים חמשה ספרי תורה. Gemeint ist wohl, daß in einem und demselben Zusammenhang fünfmal ברזילי (הגלעדי) erwähnt wird, das ist in unserem Kapitel, da ברזילי in Wirklichkeit siebenmal vorkommt.[3] Wenn הגלעדי in dieser Midraschstelle echt ist, so hätte der Autor dieses Ausspruches in VV. 33, 34, 35, 40 ברזילי הגלעדי gelesen. Vers 33 liest V: Galaadites.

33. זקן מאד – זקֵן. Agadath Bereschith XLI § 2 betont, daß nur von Eli gesagt wird, er war „sehr" alt: (I Sam. 2, 22) ועלי זקן מאד אתה מוצא בכל מי שכתוב זקנה אין שם מאד אלא כאן, ועלי זקן מאד.[4] Der Autor dieses Ausspruches hat also hier und I Reg. 1, 15 מאד nicht gelesen.

33. כלכל – כלכֵּל. Massora bei G. II 116^b (Zitat). Edd.

36. אם אשמע – ואם אשמע. Jal. zur Stelle aus Sabbat 152^a. Tanḥuma editio princeps מקץ § 6. Zahlreiche Kodd. und die ältesten edd. Trg Lag: ואם.

36. עוד fehlt in Massora bei G. II 246 N. 791 (Zitat) und in Ar.

36. אל אדוני – על אדוני. LXX, Trg.[5]

36. אל אדוני – לאדוני. Tanḥuma editio princeps מקץ § 6.

41. ויעבירו, Q're העבירו – העבִרו. Massora bei G. II 372 N. 68. Kodd.[6]

43. המלך אלי – אלי המלך. Trg. לי מלכא.[7] LXX: *πρός μὲ ὁ βασιλεύς*, P: לן למ׳, V: mihi proprior est rex.

---

[1] בני, wofür in unserem Zusammenhange kein Platz vorhanden, ist aus dem unmittelbar vorher besprochenen בני חת eingedrungen; oder, nach Bacher, Agada der paläst. Amoräer III S. 257, Anm. 6, aus בר׳ = ברזילי entstanden, da es ursprünglich gewiß geheißen hat: ה׳ פעמים כתיב ברזילי ברזילי wie in Midr. Sam. XXVII 6.

[2] So Jal. I Reg. § 170 und Midr. ha-gadol S. 352. In Edd. fehlt הגלעדי.

[3] II Sam. 17, 27; 19, 32—35, 40; I Reg. 2, 7. ברזילי הגלעדי nur II Sam. 17, 27; 19, 32; II Reg. 2, 7.

[4] Vgl. Buber zur Stelle und משפחת סופרים zu I Sam. 2, 22. Daß nicht etwa gemeint ist, vor Eli steht nicht זקן מאד, ergibt sich außer aus der Betonung בכל מי שכתוב זקנה auch aus der Begründung des מאד bei Eli, der doch bloß 89 Jahre alt war: weil Elis Söhne gegen Gott „sehr" gesündigt, daher ist Eli „sehr" alt geworden (d. h. früh gealtert und gebrechlich). ועלי זקן מאד, והוא בן תשעים ושמונה שנה היה . . . כך עשו בני עלי הכעיסו להקדוש ברוך הוא יותר מדאי שנאמר ותהי חטאת הנערים גדולה מאד (I Sam. 2, 17), אמר הקדוש ברוך הוא אף עלי יזקין מאד שנאמר ועלי זקן מאד. Da Barsillai nur 80 und David nur 70 Jahre alt wurde, so wäre nach unserem Agadisten das מאד in unserer Stelle und I Reg. 1, 15 noch auffallender.

[5] Edd., Lag und lateinische Übersetzung: super.

[6] Vgl. auch Norzi und Baer.

[7] Edd. und Lat: mihi rex. Lag: מלכא לי = MT.

43. האכל — האכול. Sa'adia, Iggaron ed. Harkavy.[1]

43. האכלנו — האכול אכלנו. Salomo ben Samuel aus Urgendsch in seinem hebräisch-persischen Wörterbuche.[2]

43. ואם — אם. Qimḥi zur Stelle. Kodd. Ken. 144, 187, 168 prima manu.

43. מַשְׂאֵת — נִשֵּׂאת. Trg: מתנא, LXX: δόμα,[3] P: מוהבתא. V: munera, Ar: נֹאיֿזֹה.

43. נָשָׂא — נִשָּׂא. Trg: מני, LXX: ἔδωκεν,[7] Ar: נֹאזאנא. Gen. 43, 34: וַיִּשָּׂא מַשְׂאֹת.

44. הֱקִילֹתַנִי — הֱקִילֹתַנִי. Michlol 146. Kodd. edd.

44. לי ראשון — ראשון לי. Der Karäer Aron ben Josef, Mibḥar Jescharim zur Stelle.

Kap. XX.

1. ושמו שבע בן בכרי. Ein anonymer agadischer Ausspruch[4] konstatiert folgende Tatsache: Bei den Gottlosen heißt es in der Schrift „N. N. sein Name", bei den Frommen hingegen „sein Name N. N." Dafür werden mehrere Schriftstellen als Belege angeführt, darunter auch Vers 21 unseres Kapitels שבע בן בכרי שמו.[5] Nun heißt es aber von eben demselben Scheba ben Bichri in unserer Stelle „und sein Name war Scheba ben Bichri." Daß dies dem Agadisten entgangen wäre, ist undenkbar. Es ist daher sicher anzunehmen, daß er auch Vers 1 unseres Kapitels (ו)שבע בן בכרי שמו gelesen hat. Mit noch größerer Sicherheit ist diese Lesart bei denjenigen Agadisten vorauszusetzen, die gegen den erwähnten Ausspruch aus einigen Schriftstellen nachzuweisen suchen, daß auch bei Gottlosen der Eigenname vor „sein Name" steht,[6] dafür aber nicht unsere Stelle anführen, aus der ja, da es sich um eine und dieselbe Person handelt, der Einwand

---

[1] השריד והפליט S. 64.

[2] Bacher, Ein hebräisch-deutsches Wörterbuch aus dem 14. Jahrhundert, deutscher Teil, S. 104.

[3] LXX hat neben מַשְׂאֵת נָשָׂא auch MT.

[4] Ruth rabbah zu 2, 1; Esther r. zu 2, 5; Midr. Sam. I 6; Num. r. X 5. — Ruth r. gehört zu den älteren Midraschim.

[5] הרשעים קודמים לשמם, נבל שמו (I Sam. 25, 25), גלית שמו (I Sam. 17, 4), שבע בן בכרי שמו (II Sam. 20, 21), אבל הצדיקים שמם קודמין ושמו אלקנה (I Sam. 1, 1), ושמו ישי (I Sam. 17, 12), ושמו בועז (Ruth 2, 1), ושמו מרדכי (Esther 2, 5), דומין לבוראן ושמי ה' לא נודעתי להם (Ex. 6, 3).

[6] מתיבין לה והכתיב ולרבקה אח ושמו לבן (Gen. 24, 29) . . . התיבון ובני שמואל הבכור ושני ואביה (I Chr. 6, 13) [l. שם הבכור יואל (I Sam. 8, 2)].

viel kräftiger wäre. Es ergibt sich also, daß die Lesart (ו)שבע בן בכרי שמו in unserer Stelle allgemein bekannt, MT dagegen zu einer gewissen Zeit in Palästina unbekannt war.

1. בשופר – בשפר. Massora bei G. II 615 NN. 288, 289. Massora ms. bei Heidenheim[1] gibt an, daß in Sam. II von 15, 10 bis Ende des Buches שפר defektiv geschrieben wird.[2]

1. נחלה לנו – נחלה. Sohar III 69[b]. Baḥja ben Ascher, Komm. 65[a]. Massora magna zur Stelle. (?)[3] Kodd. Ken. 70, 182, 252, 201 nach der Korr. de Rossi 2, 579, 663, 788. לנו fehlt in V, P und Ar.[4]

3. המלך – דוד. Der Karäer Benjamin Al-Nahawendi, משאת בנימן ed. Firkowicz 6[b].

3. בית – בבית. Jehuda Hadassi, Eschkol Ha-Kofer 141[a].

3. בית – בְּיַד. Benjamin Al-Nahawendi, משאת בנימן 6[b].

3. ותהיינה – ותהיין. Tosefthа Synhed. IV 2.[5] Mechiltha 96[a].[6]

3. צררות – צרֻרֹת. In zwei massoretischen Verzeichnissen von Wörtern, die nur je einmal ohne ואו geschrieben werden,[7] fehlt צררת, das Ex. 12, 34 und in unserer Stelle vorkommt und in ersterer Stelle defektiv geschrieben ist. Die Verfasser dieser Verzeichnisse haben entweder Ex. 12, 34 צררות oder in unserer Stelle צרֻרֹת gelesen, wie mehrere Kodd.[8] Konkor. v. צרֻרֹת.

3. צררות – צרורת. Massora bei G. II 518 N. 215.

3. אלמנות חיות עד יום מתו – עד יום מתן אל' חיות. Midrasch Agada I 159 aus Mechiltha 96[a].

4. אל עמשא – לעמשא. Synhed. 49[a].[9]

---

[1] Vgl. Frensdorff, Massora Magna, S. 204, Note 2.

[2] ומן וישלח אבשלום מרגלים עד סוף סיפרא וכל אורייתא דכותיה חסרים . . .

[3] סימן שמואל אין לנו חלק בדוד ולא נחלה בבן ישי. מלכים ודברי הימים מה לנו חלק בדוד ולא נחלה בבן ישי. Da hier die Verschiedenheiten zwischen unserer Stelle in Samuel einerseits und der ähnlichen Stelle I Reg. und II Chr. andererseits angegeben werden, so muß das Zitat einmal ולא נחלה לנו lauten, ob aber hier oder I Reg. 12, 16 und II Chr. 10, 16 לנו verlangt wird, ist nicht zu erkennen. Kod. Ken. 202 liest I Reg. 12, 16 נחלה לנו. In unseren Texten und in den חלופי הקריאה, in edd. und bei G. I 524 P. 503, steht in unserer Stelle לנו.

[4] So auch I Reg. 12, 16 und II Chr. 10, 16. Vielleicht ist so auch die Massora magna zu verstehen, daß in bezug auf לנו keine Differenz vorhanden ist, und ולא נחלה בבן ישי nur mitzitiert wurde.

[5] Alte edd. und Jal. zur Stelle.

[6] Edd.; Jal. Ex. § 349; Lekaḥ Tob Ex. 22, 23; Midrasch Agadah ed. Buber I 159.

[7] G. I 418 N. 128, G. I 119 N. 131.

[8] Massora marg. zu Ex. 12, 34: ודין חסר דחסר, verlangt also in unserer Stelle צררות oder צרורת. So auch Ochlah we-Ochlah N. 58 S. 64[b], Massora fin. v. א N. 22. Massora par. zu unserer Stelle bemerkt: ב' א' מלא וא' חסר.

[9] Edd. und ein ms. Andere Textzeugen = MT.

4. הזעק – הצעק. Erwiederungen der Schüler Menaḥems.[1] הצעק folgt auch aus der Ausführung.

4. לי – אלי. Parḥon, Wb. r. זעק.

5. יהודה – איש יהודה. Synhed. 49^{a} in einem ms. Kodd. Ken. 85, 96.

5. וייחֶר, Q're ויוחֶר – ויוחֵר. Qimḥi in Michlol.[2]

5. וייחר – ויחר. Synhed. 79^{a}. Einige Kodd. Vgl. auch das folgende.

5. וייחר, Q're ויוחר. Massora bei G. I 679 N. 24^{a} wird וייחר nicht unter den in der Mitte scripta יוד et legenda ואו gezählt. Also entweder ויחר oder ויוחר im Kethib ohne Q're. ויוחר im Kethib bieten mehrere Kodd.

5. יעדו – צוהו. Synhed. 49^{a} in ms. München.

6. אתה – ואתה. Trg Lag: ואת. Kod. Ken. 251. LXX: ועתה אתה, Al: ועתה.

6. והציל עיננו – והציק לנו. Trg: ויעיק לנא.[3]

7. ויצאו (I) – ויבאו. Kommentar des R. Jesaiah zur Stelle.

8. מִדּוֹ – מִדֵּי. Massoretische Note bei G. II 59^{a}: מִדֵּי כתיב, קרי מִדּוֹ. Kod. Ken. 102 מִדֵּי ohne Q're.[4] V: vestitus erat tunica stricta ad mensuram habitus sui liest מִדֵּי und faßt es = מִדַּת und muß daher tunica stricta ergänzen.

8. מדו. Trg: מזרז לבושוהי[5] drückt eine Verbalform aus.[6] Wegen der graphischen Ähnlichkeit mit מדו ist an צָמֻד, צָמוּד zu denken.

8. ותפל – ויפל. (?) Trg: ופסע.

9. ותחז – ותאחז. In einem massoretischen Verzeichnis von Wörtern, in denen ein אלף fehlt,[7] wird ותחז in unserer Stelle nicht mitgezählt. Zahlreiche Kodd. schreiben ותאחז.

9. ותחֶז – ותחֵז. Qimḥi in Michlol.[8]

12. עליו (II) – אליו. Manuel du Lecteur S. 22. Kod. Ken. 174.

13. כאשר – אשר. Ibn Esra, Kommentar zu Jesaiah ed. Friedländer zu 27, 8.

14. אף אחריו – אף הם אחריו. Trg: אף אינון בתרוהי.

15. בית המע' – ובית המע'. Trg Lag und lateinische Übersetzung. Einige Kodd. P, V.

---

[1] Criticae Voc. Resp. S. 91 N. 37.

[2] Ed. Ven. 1545 29^{c}, ed. Rittenberg 84^{b}.

[3] Edd., Lag, Qimḥi und lateinische Übersetzung: affligat nos.

[4] Wenn Gersonides zu מדו לבושו auf Dan. 12, 2 אדמַת עפר als Parallele verweist, so hat er vielleicht מִדֵּי לבושו gelesen.

[5] Edd., Lag und Qimḥi. Die lateinische Übersetzung: accinctus lumbari vestimentorum suorum übersetzt בִּזְרָזָא = אֵזוֹר.

[6] חָגַר, חָמַשׁ, חָלַץ, צָמַד. — מצמדת in unserem Verse: מזרזא – אָזוּר.

[7] G. I 9 N. 14^{b}.

[8] Ed. Ven. 1545 24^{c}, ed. Rittenberg 84^{b}.

15. בית מעכה – בית המעכה. Baḥja ben Ascher, Kommentar 65[a]. LXX, Tr edd., P, V.

15. בחַיל – בחֵל. Trg: ואקפה משרין. Vgl. Qimḥi.

15. משחיתים – משחיתִם. Massora.[1] Kodd.

17. האשה, fehlt in Gen. r. XCIV 8 in allen alten edd., in P und V.

18. תדברו – ידברו. Tanḥuma ed. Buber וירא § 12. Vielleicht ist diese Lesart auch aus der Paraphrase Trgs zu erkennen: אדבר כען.

19. ואתה – אתה. Trg,[2] V. Auch LXX: σὺ δέ drückt ואתה aus.

19. ולמה – למה. Tanḥuma ed. Buber וירא § 12. R. Samuel Masnuth, Maajan Gannim ed. Buber S. 8. Al: καὶ ἵνα τί.

20. ויאמר יואב – ויען יואב ויאמר. Tanḥuma וירא § 12.[3]

20. חלילה – חלילה חלילה. Tanḥuma וירא § 12.[5] Zahlreiche Kodd. LXX-Kodd. bei Field: μή μοι γένοιτο drücken nur einmal חלילה aus. P: חסלי, Ar: חאשא אלّה.

21. הנה – כי. Midrasch zuta ed. Buber S. 126.

21. אשר נשא – נשא. Parḥon, Wb. r. נשא.

21. דוד – בדוד. Parḥon, Wb. r. נשא. Kodd. Ken. 4, 70, 168, de Rossi 13, 575. LXX, P, V.

21. האשה אל יואב fehlt in Gen. r. XCIV 8 in allen alten edd. האשה fehlt in Kod. Ken. 174, אל יואב in Kod. Ken. 4.

22. העם – כל העם. Koheleth r. zu 9, 18. Tanḥuma ed. Buber וירא § 12. Mehrere Kodd. und edd.

22. ויקחו – ויכרתו. Koheleth r. zu 9, 18. P: ונכבוהי.[4]

22. לאהֲלו – לאהליו, Q're לאהלָיו. Massoretische Note bei G. II 59[a].[5] Nach G. II 89[b] ist לאהלו das Kethib der Ma'arbae, לאהליו das der Madinḥae. P: למשכנה, lateinische Targumübersetzung: in civitatem suam = לקרויה = לאהלו.[6]

23. על – אל. Trg,[7] P, V, Ar. LXX-Kodd. bei Field: ἐπὶ. Kod. Ken. 246: על.

23. צְבָא ישראל – הצבא ישראל. Trg:[7] חילא דישראל. P, Ar.

---

[1] G. II 618 N. 354: משחיתים ח׳, ד׳ מנהון מלא דמלא וסימנהון משחיתים להפיל החומה. Vgl. auch Norzi zu Jer. 6, 28, Massora zu Gen. 19, 13 und Massora ms. bei Frensdorff, Massora Magna, S. 193, Note 1.

[2] Lateinische Übersetzung: et tu. In edd. und Lag דאת paßt nicht in den Zusammenhang; es muß beißen ואת.

[3] Ed. Buber und Jal. II Sam. § 152.

[4] Latein. Übersetzung: egit ut amputarint (פסקוהי) übersetzt nach MT.

[5] כתיב לאהֲלו קרי לאהלָיו. Vgl. Ginsburg zur Stelle.

[6] Edd. und Lag: לקרוהי = לאהליו.

[7] Edd., Lag und lateinische Übersetzung: super.

23. ובניה – ובניהו. Berachoth 4a.[1] Gersonides zur Stelle. Ma'asse Efod S. 75 (bis).

23. והפלתי – ועל הפלתי. Ma'asse Efod S. 75 (bis). Al: *καὶ Φελϑϑεί*, V: et Phelethaeos. Ar: והפלתי.

24. ואדֹרָם – ואדֹנִרָם. Ma'asse Efod S. 75. Kod. Ken. 150. LXX: *καὶ Ἀδωνειρὰμ*, P und Ar: ואדונירם.[2]

25. ושיא, Q're ושוא – ושיא ohne Q're. Trg.[3] V: Siva kennt schon das Q're.

25. ושיא, Q're ושוא – וישישא. Trg Lag. LXX-Kodd.: *Σουσά*.[4]

26. וגם fehlt Erubin 63a.[5] Raschi Synhed. 36a v. עִירא.

26. היאירי – הַתְּקֹעִי. Trg: דמתקוע.[6] Vgl. 23, 26.

Kap. XXI.

1. אחרי – אחר. Jerusch. Kidduschin 65b 65.[7] Seder Olam r. ms. Epstein Kap. 14. Josef Qimḥi, Sefer Ha-Galuj S. 110. En Jakob Jebamoth 78a.

1. ויבקש דוד את פני ה' – וישאל דוד בה'. Mechiltha ed. Hoffmann S. 110. Raschi Berachoth 12b v. והוקענום. V: et consuluit David oraculum Domini = וישאל דוד בה' (את פני ה').[8] Ob aber diese Übersetzung auf einen Bibeltext zurückgeht oder bloß auf die traditionelle Deutung, daß hier die Befragung der Urim we-Thumim gemeint ist,[9] ist schwer zu erkennen. Vielleicht drücken Mechiltha und Raschi auch bloß diese Deutung aus.

---

[1] Edd. und mss. und viele andere Textzeugen, vgl. Rabbinowicz.

[2] אדנרם ist aus אדורם (plene) entstanden (ו = נ) oder umgekehrt. Übrigens ist אדרם und אדנירם ein und derselbe Name; denn אדנירם I Reg. 4, 6 heißt ibid. 13, 18 אדֹרָם und II Chr. 10, 18 הדֹרָם. Wellhausen irrt daher, wenn er meint, daß אדרם kein israelitischer Eigenname ist.

[3] Edd. und Lat.; Sia.

[4] So Compl. Der rezipierte LXX-Text: *Ἰησοῦς*, *Ἰσοῦς*.

[5] Edd. und ms. München. Andere mss. und Sekundärquellen = MT.

[6] Lag, Raschi, Qimḥi und R. Jesaiah zur Stelle. Edd. und lateinische Übersetzung: יאיראה דמתקוע ist יאיראה Korr. nach MT.

[7] Edd. und Jefeh Mareh IV N. 4.

[8] וישאל ist sicher, da V בקש את ה' niemals durch consulere, sondern durch quaero, precare und ähnlich ausdrückt. Fraglich ist nur, ob „oraculum Domini" בה' ausdrückt, da V שאל בה' immer durch consulere Dominum wiedergibt; daher vielleicht את פני ה'.

[9] Vgl. Jebamoth 78b: ויבקש דוד את פני ה' מאי היא? ששאל באורים ותומים. Vgl. Num. r. VIII 4 und Qimḥi zur Stelle.

1. על ש' – אל שאול. Jebamoth 78b.[1] Baba Kama 119a (bis) in allen mss.[2] Jerusch. Kidduschin 65b 13.[3] Jerusch. Synhed. 23d 13. Midr. Sam. XXVII 5. Tossafoth Erubin 63a v. מביא. Kodd. Ken. 154, 650. LXX, Trg.

1. ועל – ואל. Die zu אל שאול angeführten Quellen, mit Ausnahme von Jebamoth 78b. Kodd. Ken. 153, 154, 650. LXX, Trg.

1. אשר – על אשר. Baba Kama 119a.[4] Akedath Jizḥak Pf. 62, editio princeps I 326d.

1. הגבענים – את הגבענים. Jebamoth 78b (dreimal).[5] את fehlt in edd. Soncin. Brix.

2. דוד – המלך. Kommentar de8 R. Jesaiah zur Stelle. LXX: המלך דוד.

2. ויאמר אליהם fehlt in Jebamoth 79a.[6]

2. אֱליהם – אליהם. Kod. הללי.[7]

2. כי – כי אם. Sa'adia bei Qimḥi zu Vers 1. LXX: ὅτι ἀλλ' ἤ = כי אם + כי, LXX-Kodd. bei Field bloß: ὅτι.

2. לבית – לבני. Qimḥi zur Stelle.

3. אל הגבעונים fehlt in Midr. Sam. XXVIII 5.

3. אכפר לכם – אכפר. Raschi Berachoth 12b v. והוקענום. P: אחסיכון, V: quod erit vestrî piaculum, auch Ar drückt לכם aus.

4. בניו – ביתו. Bezah 32b.[8]

4. ואף לא – ואין לנו. Trg: ואף לא אנש.

6. אנשים fehlt bei Josef Qimḥi, Sefer Ha-Galuj S. 111.

6. והוקעְנום – והוקענום. Massora aus Jemen bei G. III 75a: העין בשוא לבד.

6. לה' fehlt bei R. Samuel ben Meïr, Kommentar zu Num. 25, 3.

7. מפי בשת – מפיבשת. Josef Qimḥi, Sefer Ha-Galuj S. 111. LXX: Μεμφιβόσθε = מפי בשת.

8. ילדה לו – ילדה (I). Jal. I Sam. § 128 aus Synhed. 19b.

8. אדמני – ארמני. Jebamoth 79a.[9] Synhed. 19b.[10] Jerusch. Kidduschin 65c 34.[11] Kodd. Ken. 70, 93, 150, 174, 176, 198, 201.

---

1 Nach Ascheri Moëd Katon III N. 94, wo das Zitat nach MT korrigiert.

2 So auch in einem Genizahfragment, Jewish Quarterly Review XVII 464.

3 So edd. In Jefeh Mareh IV N. 4 ist das Zitat nach MT korrigiert, aber die Ausführung: על.

4 Alte Edd. und Kaftor wa-Pheraḥ Kap. 12, ed. Edelmann 51a.

5 Edd. und En Jakob.

6 Jal. Gen. § 82, Deut. § 989, Josua § 19. Edd. und ms. München = MT.

7 G. III 27 N 647 ee. Vgl. Ginsburg zur Stelle.

8 Lekaḥ Tob Gen. 50, 17; Sechel Tob I 336.

9 Edd. ms. München und Tossafoth zur Stelle v. אדמני.

10 Edd. und Jal. I Sam. § 128.

11 In edd. und Jefeh Mareh IV N. 5.

8. בת שאול fehlt in Synhed. 19b[1] und Kod. Ken. 155.

8. לעדריאל – לעזריאל. Massora bei G. III 147b. Kodd. Ken. 96, 701. P: לעזראיל, Ar: לעזריאל. Auch *Σερεὶ* geht auf עזריאל zurück.[2]

8. בן ברזילי fehlt in Synhed. 19b.[3] Kod. Ken. 650.

9. ויתנם – ויתנם המלך. Jerusch. Synhed. 23d, 34.

9. שִׁבְעָתַים, Q're שִׁבְעְתָּם.[4] Jerusch. Kidduschin 63c 34: ויפלו שבעתם יחד חסר יוד, זה מפיבושת בן יהונתן בן שאול שהוא אדם גדול בתורה ונתן דוד עיניו בו להצילו מידם....... D. h. durch das Fehlen des יוד in שבעתם wird auf die Tatsache hingewiesen, daß nicht sämtliche Nachkommen Sauls ausgerottet wurden, da Mefiboscheth gerettet wurde. Daraus folgt, daß Jeruschalmi שִׁבְעָתַים spricht und als Kethib שִׁבְעָתַם hat, was die Deutung veranlaßt. Hätte Jeruschalmi das Kethib und Q're MTs gehabt, so hätte ihm umgekehrt das überflüssige יוד im שִׁבְעָתַים auffallen müssen, da das Q're שִׁבְעְתָּם regelmäßig ist.[5] Jerusch. Synhed. 23d 34: שבעתם כתיב חסר. Midr. Sam. XXVII, 6: שבעתם יחד חסר יוד. Num. r. VIII 4: שבעתם כתיב חסר יוד. Zahlreiche Kodd. haben שִׁבְעָתָם im Kethib.

9. יחד – ארצה. Josef Qimḥi, Sefer Ha-Sikkaron S. 29.

10. אל הצור – על הצור. Jerusch. Kidduschin 63c 45 (bis).[6] Jerusch. Synhed. 23c 70. Ibid. 23d 40 (bis). Kod. Ken. 174. Trg, V, P.

10. מתחלת קציר. Jerusch. Synhed. 23d 43: ויהיו תלויים מתחלת קציר עד נתך מים עליי.[7] Vielleicht bloß Inhaltsangabe der Verse 9 und 10.

10. מתחלת – בתחלת. Synhed. 35a in edd. Kod. Ken. 174. LXX: *ἐν ἀρχῇ*.

10. קציר – הקציר. Jerusch. Kidduschin 65c 49.[6]

10. נתך – נתן. Synhed. 35a in ms. Karlsruhe. Kod. Ken. 70.

10. מים עליהם – עליהם מים. Num. r. VIII 4 aus Jerusch.[8] LXX: *ἐπ' αὐτοὺς ὕδωρ*,[9] P: עליהון מיא, Ar: עליהם מטרא.

---

[1] So edd. Mss. und Sekundärquellen = MT.

[2] Vgl. zu I Sam 18, 19 (Heft II, S. 39).

[3] In edd. und Jal. I Sam. § 128.

[4] Wie אַרְבַּעְתָּן, שְׁלָשְׁתָּן. Nicht wie Klostermann falsch: שִׁבְעָתָן.

[5] Dadurch entfällt der Erklärungsversuch Norzis, daß gemeint ist: יוד fehle in der Aussprache חסר בקריאה. Wenn aber Norzi diesen Versuch deshalb aufgibt, weil in den anderen Quellen כתיב חסר steht, so beweist gerade dies nichts, da כתיב in der Regel den Text in seiner endgiltigen Form, d. i. im Q're bedeutet. — משפחת סופרים entnimmt aus Jerusch. שעל פי הז״ל אין בגלת שבעתם קרי וכתיב. Er hat auch hier mißverstanden.

[6] Edd. und Jefeh Mareh IV N. 5.

[7] Edd. und Qimḥi, Kommentar zu Vers 1. Kidduschin 65c 34 und Num. r. VIII 4 = MT: so auch Midr. Sam. XXVIII 6.

[8] Kidduschin 65c, Synhed. 23d.

[9] Al: *ὕδωρ ἐπ' αὐτούς*. Auch Num. r. einmal מים עליהם.

10. מים. Trg: מטרא, Ar: מטרא kann sowohl auf מָטָר im Text zurückgehen oder auch bloß naheliegende Umschreibung sein.

11. אשר – כל אשר. Kommentar des R. Jesaiah zur Stelle.

12. מרחב ב' ש' – מחומת. Trg:[1] משורא.[2] LXX-Kodd. bei Field: ἀπὸ τοῦ τείχους.

12. שן – שאן. Trg Lag. Kodd. Ken. 93, 187, 226.

14. עצמות שאול – שאול. Pirke d' Rabbi Elieser Kap. 17.[3]

14. ויהונתן – ואת יהונתן. Pirke d' Rabbi Elieser Kap. 17.[3] Einige Kodd. und LXX: ואת עצמות יהונתן.

14. בארץ בנימן – בגבעה בארץ בנימן. Estori Farḥi, Kaftor wa-Feraḥ Kap. VII, ed. Edelmann 27[a].

14. בצלע – בצלצה. Pesiktha ed. Buber 174[b].[4] P: בצלצח, Ar: בצלאצח.

14. ויעשו – ויעש. Pesiktha ed. Buber 174[b].[5]

14. ויעשו – ויעשו להם. Pirke d' Rabbi Elieser Kap. 17 in allen edd.

14. כל – בכל. Pesiktha ed. Buber 174[b].[4] Tanḥuma אחרי § 7. Pirke d' Rabbi Elieser Kap. 17.[6] Num. r. VIII 4.[7] Trg. Lag. Mehrere Kodd.

14. אלהים – ה'. Jal. ha-Machiri Ps. 138 § 5 aus Num. r. VII 4. Ibn Esra Ex. 20, 7. Vgl. das folgende.

14. אלהים – ה' אלהים. Sohar[8] zu Gen. 25, 21. Vielleicht verschrieben aus האלהים = LXX: ὁ θεός.

14. אלהים fehlt in Pesiktha ed. Buber 174[a].[4]

16—22. הרפה. Der Agada, der babylonischen sowohl, als der palästinischen,[9] ist es geläufig, daß הרפה in unserem Kapitel identisch ist mit ערפה, der Schwiegertochter Na'amis in Ruth 1, 4, 14. Worauf stützt sich diese Voraussetzung? Trotz aller agadischen

---

[1] Edd., Lag und lateinische Übersetzung: ex muris. Lagarde in marg.: מרחב בית ש', das beweist, daß dem Autor dieser Randnote keine andere Targumübersetzung bekannt war und er bloß nach MT korrigiert. Indes haben auch P und Ar für רחוב keine Übersetzung.

[2] Vgl. I Sam. 31, 10, 12: ויקחו . . . מחומת בית שן, ואת גויתו תקעו בחומת ב' ש'.

[3] So die alten edd. Jal. II Sam. § 154 = MT. Daß das Fehlen von עצמות nicht zufällig ist, beweist die Lesart את שאול ואת יהונתן: ואת יהונתן; eine Lesart את עצמות שאול ואת יהונתן ist kaum denkbar.

[4] So auch Jal. Lev. § 525.

[5] Vgl. zu ויעש Klostermann S. 237, Anm. *c*.

[6] In edd. und Jal. II Sam. § 154.

[7] Edd. und Jal. ha-Machiri Ps. 138 § 5.

[8] In Jalkut Rëubeni v. מצורע.

[9] Sotah 42[b]; Synhed. 98[a]; Ruth r. zu 1, 14; Ruth zuta ed. Buber S. 46; Tanḥuma ed. Buber ויגש § 8; Midr. Sam. XX § 4. Vgl. Aptowitzer in ZAW 1909, S. 251, N. 23.

Freiheit ist eine solche auffallende[1] Identifizierung nicht denkbar ohne Anhaltspunkt im Bibelwort. Als ein solcher Anhaltspunkt ist aber nur der Umstand denkbar, daß in einem und demselben Zusammenhang bald הרפה, bald ערפה geschrieben wird. Wenn nun Sotah 42b die Schreibung הרפה und ערפה hervorgehoben und die Frage aufgeworfen wird, welche Schreibung die ursprüngliche sei,[2] so kann כתיב הרפה וכתיב ערפה nur besagen, daß entweder in unserem Kapitel oder in Ruth 1 הרפה und ערפה nebeneinander vorkommen.[3] In der Tat hat Kod. Ken. 300 in Vers 16 unseres Kapitels ע.ר.פה für הרפה. Vielleicht ist dies auch die Lesart, auf welche die Agada zurückgeht.[4] Für diese Annahme spricht auch die Lesart in Sotah: כתיב ערפה וכתיב הרפה,[5] also ערפה an erster Stelle, d. i. in unserem Zusammenhange Vers 16.

Jalkut I Sam. § 125 und Qimḥi zu I Sam. 17, 22 lesen Sotah 42b כתיב הרפה וקרינן ערפה.[6] Demnach wäre bloß das Q're, einmal oder mehreremal, ערפה. Ein Q're ערפה ist aber kaum denkbar, während ein Kethib ערפה aus Verschreibung erklärt werden kann.[7] Es scheint daher die Lesart der Talmudausgaben und das Midrasch über plena und defectiva וכתיב ערפ׳ die ursprüngliche und וקרינן ערפה Korrektur zu sein, da ein Kethib ערפה nicht mehr bekannt war.

16. אשר fehlt in Midr. Ps. 18 § 30.

16. הרפה – ערפה. Kod. Ken. 300. Vgl. die Ausführung zu 16—22.

---

1 Die Urenkel der Ruth kämpfen gegen die Söhne der O'rpah. Nach Synhed. 98a hat sogar O'rpah selbst im Kampfe ihres Sohnes ישבי gegen David eine Rolle gespielt.

2 Daß die Abweichung in der Schreibung eine Anspielung auf einen Charakterzug dieser Frau beabsichtigt, wird als selbstverständlich vorausgesetzt, nur darüber herrscht eine Meinungsverschiedenheit zwischen Rab und Samuel (3. Jahrhundert), ob ערפה der Eigenname und הרפה die Charakterisierung ist, oder umgekehrt.

3 Raschi, der auf die Frage der Veranlassung zur Identifizierung von הרפה mit ערפה nicht eingeht, erklärt, nach seinem Bibeltext, הרפה steht in unserer Stelle, ערפה in Ruth 1.

4 Eine Verschreibung von הרפה in ערפה in unserem Kapitel, wo הרפה viermal vorkommt, ist wahrscheinlicher als הרפה für ערפה in Ruth 1, wo ערפה nur zweimal erwähnt wird.

5 Midrasch über defectiva und plena ed. Wertheimer S. 45 N. 142.

6 Norzi, der diese Lesart nur aus Qimḥi und Levita kennt, kann diesen Midrasch nicht finden; Jal. beweist aber, daß dle Stelle in Sotah gemeint ist.

7 Um so leichter, als הרפה für einen Eigennamen gehalten wurde. So übersetzt auch V gegen LXX: Arapha, nur in Vers 18: de stirpe Arapha de genere Gigantum wird auch die andere Auffassung ausgedrückt. LXX-Kodd. fassen הרפה = ὁ Ῥαφά.

16. קינו — קנו. Qimḥi, Wb. r. קן und r. שקל.[1] Zahlreiche Kodd.

16. משקל — שֶׁקֶל. Midr. Ps. 14 § 30. Trg:[2] סלעין, P: מתקלין, Ar: מתכאל. LXX: σίκλων.[3]

17. לו (II) fehlt in Gen. r. LIX 15 in allen alten edd. Midr. Ps. 18 § 30. Akedath Jizḥak Pf. 78. Kodd. Ken. 1, 70, 182, LXX, V, Ar.

17. עוד fehlt in Gen. r. l. c. und Midr. Ps. 7 § 2.[4] Kod. Ken. 651, P, Ar.

17. עוד אתנו fehlt in Midr. Ps. 18 § 30.

17. אתנו — עמנו. Midr. Ps. 7 § 2 nach Jal. ha-Machiri Ps. 7 § 3.

17. למלחמה — במלחמה. Akedath Jizḥak Pf. 78. Mehrere Kodd. und edd.

20. ואצבעות (I) — אצבעות. Tosefta Bechoroth V 6 in edd. und mss.

20. ואצבעות — ואצבעת. Massora.[5] Kodd. bei Norzi.

20. וארבע — וארבעה. Midr. Ps. 18 § 5. Jal. II Sam. § 156 aus Bechoroth 45ª (bis).[6]

20. מספר — במספר. Midr. Ps. 18 § 5. Kodd. Ken. 70, 150. Trg: במנין, P: במנינא.

22. את — ואת. Sotah 42ᵇ.[7] Ruth r. zu 1, 14.[8] Midr. Ps. 18 § 5.[9]

22. ארבעת — ארבעה. Tanḥuma ed. Buber ויגש § 8. Kod. Ken. 96.

22. ילדו — נולדו. Midr. ha-gadol S. 604 aus Midr. Ps. 18 § 5.[10]

Kap. XXII.

1. לה' fehlt in Mechiltha ed. Hoffmann S. 56.

1. מכף — מיד. Halachoth Gedoloth ed. Berlin S. 618.

1. ומכף — ומיד. Baraitha der 32 Normen des R. Elieser N. 25.[11] Einige Kodizes.[12]

2. ומצדתי — ומצדתי אתה. Ibn Saruk, Maḥbereth 127ª.

3. משעי. Massoretische Note bei G. II 59ª: כת׳ב משׁעי, קרי אֹשַׁע.

---

[1] Mit der Bemerkung: ויש אומרים משפטו ביוד.

[2] Edd. Lag. Qimḥi und lateinische Übersetzung: siclorum.

[3] Über ὁλκῇ vgl. Klostermann.

[4] In Jalkut ha-Machiri Ps. 7 § 3.

[5] G. I 415 NN. 14, 15.

[6] Zweimal = MT.

[7] In edd., ms. München und Jal. II Sam. § 156. Jal. Ruth § 600 = MT.

[8] Nach Jal. Ruth § 601.

[9] Jal. II Sam. § 165.

[10] I Chr. 20, 8: נולדו.

[11] In Jehuda Hadassis Eschkol Ha-Kofer 59ᵈ, 66ª.

[12] Ps. 18, 1: ומיד.

5. משברי – משׁברי. Hebräisch-persisches Wörterbuch ed. Bacher S. 105.

6. קדמֹני – קדמוני. Massora bei G. II 529 N. 51 schreibt in unserer Stelle plene, Ps. 18, 6 defektiv. In unseren Texten ist das umgekehrte der Fall.

8. מוסדות – ומוסדות. Ibn Ġanaḥ, Rikmah S. 132. Gersonides zur Stelle. LXX: *καὶ τὰ θεμέλια,* P: ושתֿאסא, Ar und 13 Kodd. Ken. und de Rossi.

8. השמים – הרים. Ibn Ġanaḥ, Rikmah S. 132. P: דטוֿרא, V: montium, Ar und zwei Kodd. de Rossi.

11. וירא – וידא. R. Abigdor Kohen Zedek,[1] Kommentar zu Cant.[2] S. 12. Trg: ודבר בתקף,[3] P: וטם.[4] Zahlreiche Kodd. Alte edd.

12. חשך. Midrasch über defectiva und plena:[5] חושך מלא.

12. סכות – סכו. Midr. über defectiva und plena. l. c. 13 Kodd.[6]

12. חַשרת – חֶשרת. Massoretische Note[7] aus Kodd.

14. מן שמים – משמים. R. Samuel ben Meïr zu Lev. 19, 16. R. Elasar aus Worms.[8]

14. שמים – השמים. Mechiltha ed. Hoffmann S. 47. Tanḥuma צו § 3.[9] Soferim VIII 1.[10]

14. קולו – קלו. Massora bei G. II 531 N. 105.

16. ים – מים. Soferim VIII 1.[10] P: דמ̈יא, Ar: אֿלמיאה. Kod. Ken. 173.

21. כצדקתי – בצדקתי. Soferim VIII 1.[11]

24. מעוני – מעון. Trg: מחובין, P: מן חטֿהא.

29. אתה נירי – אתה תאיר נירי. Der Karäer Aron ben Josef Ha-Rofe in Mibḥar Jescharim zur Stelle. Midrasch ha-gadol S. 606 aus Synhed. 98ª: שנאמר ואת עם[11] עני תושיע (II Sam. 22, 28) וכתיב כי אתה תאיר נירי ה'. Soferim VIII 8[12] wird unsere Stelle nicht unter den Verschiedenheiten zwischen unserem Kapitel und Ps. 18 gezählt, also entweder beidemal אתה נירי oder אתה תאיר נירי. LXX-Kodd. bei

---

1 Tossafist, Anfang des 13. Jahrhunderts.

2 Ed. Bamberger, Franfurt a. M. 1889.

3 So auch Ps. 18, 11; entspricht also וידא.

4 V: lapsus est drückt jedenfalls nicht וירא aus. Ob וידא ist fraglich, da V Deut. 28, 49; Ps. 18, 11 דאה durch volare ausdrückt.

5 Ed. Wertheimer S. 10, N. 35.

6 Ps. סכתו. LXX, P, V übersetzen hier: sein Zelt, = סכתו oder auch סכו.

7 G. I 600ª, III 27 N. 641 *gg*.

8 ספר תגין ms. Epstein 5ᵇ.

9 In Jal. II Sam. § 161.

10 In edd. und mss. Zwei mss. und Maḥsor Vitry S. 698 = MT.

11 Ps. 18, 28 כי אתה ע' ע'.

12 In edd. mss. und Maḥsor Vitry S. 699.

Field: σὺ φωτιεῖς λύχνον μου, P: אנת תנהר שרגי. תאיר lesen noch Ar und einige Kodd. Ken. und de Rossi.

31. אמרת – כל אמרת. Midr. Agada ed. Buber II S. 26.

31. ה' – אלוה. Midr. Agada l. c. Vgl. Prov. 30, 5.

33. חָיִל – חילי. Massoretische Note bei G. III 200ª.

41. ואיבי – איבי. Midr. ha-gadol S. 736 aus Gen. r. XCVIII 6. Jal. Gen. § 162 aus Midr. Ps. 18 § 32. = V.

42. יִשְׁעוּ – יְשַׁוְּעוּ. Deut. r. II 5.[1] Midr. Ps. 9 § 6.[2] Vielleicht ist Ps. 18, 4 gemeint, mit der Variante אל für על. LXX: βοήσονται,[3] P: נגעון. V: clamabunt. Ar und Kod. Ken. 596.

44. ותפלטני – תפלטני. Tanḥuma פקודי § 7 in den alten edd. Jal. zur Stelle im Stichwort. Baḥja ben Ascher, Kommentar 149ª. = LXX-Kodd. bei Field,[4] P, V, Ar.

44. עמי – עמים. Trg Lag: עממיא, LXX: λαῶν. Kodd. Ken. 150, de Rossi 21, 594, 701, multi marg. Sebirin, Ma'tin.

44. עמי – עָם. Trg:[5] עמא. = LXX-Kodd. (λαοῦ), P, Ar und fünf Kodd. de Rossi.

44. תשמרני – תְּשִׂימֵני. Soferim VIII 1.[6] LXX-Kodd. (ἔθου), Trg,[7] P, Ar und Kod. de Rossi 614.

46. ממסגרותם – ממסגרותיהם. Ibn Saruk, Maḥbereth 36ᵇ.[8] Dunasch in Crit. Voc. Resp. 62ᵇ (bis). Ibn Ġanaḥ, Wb. S. 192, 211, 474.[9] Parḥon, Wb. 9ᵇ und r. חגר. Raschi zur Stelle. R. Tam, Entscheidungen.[10] Josef Qimḥi, Sefer Ha-Galuj S. 38 (bis). Qimḥi, Wb. r. חגר.[11] Josef Ibn Kaspi, Scharschoth Kesef ed. Last S. 25. Mibḥar Jescharim zur Stelle. ממסגרתיהם lesen zahlreiche Kodd.

47. אלהי – אלוהי. Midrasch über defectiva und plena:[12] כל אלהי שבמקרא חסר ו' בר מן חד וירום אלוהי צור ישעי... Es ist also unsere Stelle gemeint.[13]

---

1 Jal. Deut. § 825, II Sam. § 763 (ישועו ... אל).

2 Jal. ha-Machiri Ps. 9 § 7, 18 § 79 (bis) (ישועו ... אל).

3 Alii: ἀνεβόησαν.

4 ἐξείλου με (ohne καί).

5 Edd. und lateinische Übersetzung.

6 In allen edd., mss. und Maḥsor Vitry 699.

7 תמניני, edd., Lag, Qimḥi und Lateiner.

8 In ed. und bei Dunasch in Crit. Voc. Rec. 62ᵇ.

9 Sefer Haschoraschim S. 130 einmal ממסגרותיהם, zweimal = MT; S. 143 = MT; S. 333 = Ps. 18, 46.

10 Crit. Voc. Resp. 62ᵇ.

11 Einmal = MT.

12 Ed. Wertheimer S. 3 N. 7, Peletath Soferim S. 37 N. 1.

13 Bei Norzi zu Ps. 18, 47 lautet das Zitat: אלוהי ישעי, also der Psalmvers; dort haben auch unsere Texte אלוהי plene. Vgl. auch Norzi zur Stelle aus Sohar.

48. ומריד – ומוריד. Massora bei G. II 332[a] zählt unter den Wörtern, die mit ומו beginnen ומוריד, das nur in unserer Stelle vorkommt.

Kap. XXIII.

1. ואלה – אלה. Cant. r. zu 1, 1 in den alten edd. Midr. Ps. 18 § 6.[1] Seder Eliahu rabba Kap. 2, ed. Friedmann S. 7 (siebenmal), ibid. S. 8 (bis). Jal. zur Stelle im Stichwort. Ar: הדא.

1. ונעים – נעים. Mechiltha 36[b].[2] Jal. Gen. § 62. Jal. zur Stelle im Stichwort. = P, V, Ar.

3. אלהי – ה' אלהי. Agadath Bereschith XXII 2. Kod. Ken. 253.

3. צדיק – אחד צדיק. Tanḥuma נשא § 28 in allen alten edd.

3. יראת – ביראת. Tanḥuma נשא § 28 in allen edd. Tanḥuma ed. Buber חיי שרה § 6. Ibid. נשא § 32 in allen neun mss. Ex. r. XV 20 in allen alten edd. Midr. Sam. XXIX 2. Agadath Bereschith XXII 1 (bis).[3] Jal. Num. § 729 aus Jelamdenu. Jal. zur Stelle aus Deut. r. X 3. Seder Eliahu rabba Kap. 2.[4] Seder Eliahu zuta Kap. 15.[5] Raschi zu Hosea 12, 1.[6] Sechel Tob II S. 324. En Salomo Astruc, Midr'sche Ha-Thora S. 133. Predigten des R. Josua Ibn Schoeib כי תשא (dreimal), ויקהל, צו (bis), אמור Anfang. Trg: בדחלתא, P: בדחלא, V: in timore. Mehrere Kodd. und alte edd.

3. אלהים – ה'. Der Karäer Aron ben Josef Ha-Rofe in Mibḥar Jescharim zur Stelle. LXX-Kodd.: φόβον κυρίου. Kod. Ken. 178: ה'.

4. ממטר – וממטר. Seder Eliahu rabba Kap. 2.[7] Der Karäer Aron ben Eliah, Kether Thora IV 42[a]. = LXX, P, V, Ar, mehreren Kodd. und alten edd.

5. חפץ – חפצי. Akedath Jizḥak Pf. 67, editio princeps 365[b].[8] Trg: בעותי, P: פוקדני.

7. יגע – כי יגע. Predigten des R. Josua Ibn Schoeib אמור. Die Versionen drücken כי aus, vielleicht bloß erklärend. Ken. 150, 309: אשר.

7. יְמַלֵּא – ימלא ידו. Jal. Deut. § 1 aus Sifre Deut. § 1.[9] Wenn ידו echt ist, so ist gewiß auch יְמַלֵּא zu lesen.

---

1 Jal. Ex. § 154. Jdc. § 60 = MT.

2 In edd. Jal. Ex. § 244 = MT.

3 In der Ausführung sechsmal: ביראתו.

4 In edd. und Jal. I Sam. § 165.

5 Jal. Deut. § 940. In edd. fehlt das Zitat.

6 Pugio fidei ed. Leipzig S. 487.

7 In edd. und Jal. II Sam. § 165.

8 Pf. 88 = MT, vielleicht ist bloß י ausgefallen

9 In edd. fehlt das Zitat.

8. אלה – ואלה. Tanḥuma ואלה הדברים § 3.[1] Seder Eliahu rabba Kap. 3, S. 14. Jal. zur Stelle aus Moëd Katon 16ª. Kommentar zu Esra und Nehemia ed. Berger S. 28.[2] Kodd. Ken. 93, 128, 150, 309. Ar: והדה.

8. הוא – והוא. Seder Eliahu rabba Kap. 3 S. 15. Kodd. Ken. 150, 253, 309.

8. עדינו[3] – עדיני. Moëd Katon 16ᵇ in den alten edd.

8. ישב בשבת תחכמני. Die agadische Tradition bezieht und deutet unseren Vers teils auf David,[4] teils auf Joab.[5] Die Beziehung auf David ist leicht erklärlich, indem ישב בשבת... als Apposition zu לדוד gefaßt wurde; wie kommt aber die Agada zu der Voraussetzung, daß in unserer Stelle Joab gemeint ist? Man wäre geneigt, mit משפחת סופרים an die Lesart יואב בשבת תחכמני zu denken. Diese Annahme ist aber nicht notwendig, weil die Voraussetzung, in unserem Vers sei Joab gemeint, auch in anderer Weise begründet werden kann. Die Agada findet es mit Recht auffallend, daß Joab im Verzeichnisse der Kriegshelden Davids vermißt wird. Dies ist in der Tat um so auffallender, als Abisai (V. 18) und Asael (V. 24) die Brüder und selbst die Waffenträger Joabs (V. 37) erwähnt werden. Da aber Joab, der hervorragendste Feldherr Davids, in diesem Heldenverzeichnis nicht fehlen darf,

---

1 Alte edd., Jal. ha-Machiri Ps. 60 § 1. So auch Tanḥuma ed. Buber.

2 Der Verfasser ein R. Sa'adia und nicht Benjamin ben Jehudah, aber auch nicht Sa'adia Gaon. Vgl. zuletzt Poznanski in Hakedem II 33, Anm. 1.

3 Schon bei den alten Vertenten herrscht Unsicherheit über diese Stelle. Field bemerkt: „Hic non praetereunda est Hieronymi versio singularis: ipse est quasi tenerrimus ligni vermiculus, quam Symmachi esse valde suspicamur" Diese merkwürdige Übersetzung beruht auf folgender agadischen Erklärung. Moëd Katon 16ᵇ: עדינו העצני כשהיה יושב ועוסק בתורה היה מעדן עצמו כתולעת ובשעה שיוצא למלחמה היה מקשה עצמו כעץ. Hieronymus hat, wie nicht selten, die jüdische Tradition umgedeutet oder mißdeutet.

4 Moëd Katon 16ᵇ, Targum zur Stelle, Seder Eliahu rabba Kap. 3 S. 15.

5 Jerusch. Makkoth 37ᵈ 49: יואב דכתיב ביה תחכמוני ראש השלישי. Vgl. Tanḥuma מסעי § 12 (ed. Buber § 9): את מוצא שהיה יואב חכם גדול וראש סנהדרין שנאמר יושב בשבת תחכמוני. Midr. Sam. 25 § 3: יואב תחכמוני ראש השלישי. Tanḥuma Buber וירא § 12 und Agadath Bereschith XX § 3 in bezug auf II Sam. 20, 17: האתה יואב אתה הוא חכם שהכת' מקלסו ישב בשבת תחכמוני... Vgl. Num. r. XXIII 13. Auch Gen. r. XCIV 13 scheint in unserer Stelle Joab vorauszusetzen. — Ta'anith IV 1 im Verzeichnis der Familien, welche Holz für die Opfer zu spenden pflegten: בני עדין בן יהודה und dazu in der Baraitha Ta'anith 28ª eine Kontroverse zwischen R. Jehuda und R. Jose, in welcher R. Jehuda עדין = דוד, R. Jose עדין = יואב בן צרויה erklärt. Dies geht gewiß, wie Raschi erklärt, auf die verschiedene Auffassung von עדינו העצני in unserer Stelle zurück. Vgl. noch Aptowitzer in ZAW 1909. S. 252, N. 25.

so sucht und findet ihn die Agada in unserem Verse, an der Stelle, die ihm seines Ranges wegen gebührt, an erster Stelle. Daß Joab in unserem Vers bloß Deutung und keine Lesart ist, wird in einigen Quellen ausdrücklich bemerkt: יושב בשבת תחכמוני הוא יואב.[1]

8. השלישי – השלישים. Moëd Katon 16^b.[2] Tanḥuma מסע׳ § 12 in den alten edd. Tanḥuma ed. Buber דברים § 3 in zwei mss. Predigten des R. Josua Ibn Schoeib נשא Anfang. Kod. Ken. 403.

9. אחחי – אחהי. Trg:[3] אחוהי.

9. ויעלו – ויבא. Ibn Ġanaḥ, Wb. S. 40:[4] ויבא איש ישראל ist vielleicht unsere Stelle gemeint.

11. שמה – שמא. Trg,[5] einige Kodd. Ken.

11. הררי. Trg: דמן[6] הדר טוראה ist offenbar eine Doppelübersetzung, die eine entspricht ההדרי,[7] die andere faßt ההררי = vom Berge. Das Artikel-ה wird auch von Lag bestätigt: דמן טורא. Vgl. V. 33.

11. ויאספו – ויקבצו. Ibn Ġanaḥ, Wb. S. 214, 221.[8] Parḥon, Wb. r. חיה.

11. שם fehlt in Ruth rabba editio princeps Pesaro V Anfang.

16. ולא אבה – ולא אבה דוד. Baba Kamma 61^a.[9] Ar: ולם יחבּ֮ דאוּ֯ד.
Kodd. Ken. 113, 228, 614 marg. de Rossi 319, 679 marg.

17. ה׳ fehlt in Massora bei G. II 422 N. 828 (Zitat). Ken. 575, de Rossi 671.

17. ה׳ – מה׳. Trg: מן קדם ה׳. LXX-Kodd.: *παρὰ Κυρίου*, P: מן קדם מריא. Zahlreiche Kodd. und alte edd.

17. מעשתי – מעשת. Trg: מלמעבד.[10] Kodd. Ken. 96, 174, 375. = LXX.

17. האנשים – האנשים האלה. Ma'asse Efod S. 69 aus Rikmah.[11] V: hominum istorum.

18. ולו שם. Soferim VI 6 wird unter den scripta לא et legenda לו gezählt: שם וחבירו,[12] so auch Massora bei G. II 59^a.

---

1 Pesiktha rabbathi 43^b, Tanḥuma ואלה הדברים § 3.

2 Edd., Juda ben Barsillais Jezirakommentar S. 99, Jal. II Sam. § 155.

3 Edd., Lag. Lateinische Übersetzung: Ahhohhi = אחחי.

4 Sefer Haschoraschim S. 26.

5 Edd., Lag und Qimḥi.

6 So alte edd. Qimḥi und lateinische Übersetzung: הרר.

7 Kod. Ken. 70: דרי, Ken. 174: הרדי.

8 Sefer Haschoraschim 145, 151.

9 Es wird unsere Stelle angeführt.

10 Lag: מלמעבדי.

11 In ed. S. 32 = MT.

12 So richtig in Maḥsor Vitry S. 696; in edd. verderbt: ודברו.

Damit kann entweder II Sam. 23, 18 + I Chr. 11, 20 oder II Sam. 23, 22 + I Chr. 11, 24 gemeint sein.[1] Wahrscheinlich ist unsere Stelle gemeint, da in der Entsprechung, I Chr. 11, 20, unsere Texte in der Tat לא Kethib לו Q're haben und einige Kodd. dasselbe auch in unserer Stelle bieten. Vier Kodd. haben hier לא ohne Q're.

19. הכי. Trg: הוה יקיר drückt entweder הכי nicht aus[2] oder היה.[3] Dasselbe gilt von Sym.: ὄντος ἐνδοξοτάτου und P: מיקר הוה.[4]

20. מקבצאל — מן קבצאל. Tanḥuma ברכה § 7 in editio princeps. Vgl. I Chr. 11, 22.

20. מקבצאל — מקבציאל. Berachoth 18a.[5]

20. והוא — הוא. Berachoth 18a.[6] Sohar I 6b (bis). P: הו.

21. והוא — הוא. Trg,[7] LXX, P.

21. מיד המצרי — מידו. R. Samuel ben Meïr zu Lev. 13, 13. Ar: מן יַדְהִ.

22. ולו — ולא Kethib, ולו Q're. Vgl. zu V. 18 v. ולו. ולא im Texte ohne Q're haben Kodd. Ken. 150, 154, 178.

23. נכבד — הכי נכבד. Sohar I 5b, 105b.

23. אל — על. LXX-Kodd., Trg, Aq., Sym. Kodd. Ken. 198, 228, 309 marg.

24. אלחנן — אלעזר. Ibn Ġanaḥ, Rikmah S. 160, Wb. S. 388.[8]

24. דודו — דדו. Massoretische Note bei G. I 272 N. 123. Kodd.

25. שמה — שמא. Trg Lag, zahlreiche Kodd.

26. חֶלֶץ — חֵלץ. Massora aus Jemen bei G. III 75a: החית בצירי בבל התיגאן.

29. חלב — חלד. Trg Lag, V, mehrere Kodd. und edd. Massoretische Note bei G. III 28 N. 641*hh*: חלד מחלוקת גדולה במקראות דאיתא בריבן חלב.[9]

---

[1] Sonst kommt ולו שם nicht vor.

[2] Wie LXX und V; vgl. V. 23.

[3] Vielleicht auch הִנּוֹ, wie I Chr. 11, 25. V. 23 Trg: יקיר, ohne הוה.

[4] Aq. wörtlich: ὅτι.

[5] In Menorath ha-Maor N. 10 und N. 259. N. 10 hat die Erklärung: פירוש שם מקום נזכר בנחלת בני יהודה קבציאל ועדר ויגור (Jos. 15, 21). Unsere Texte haben auch Jos. 15, 21: קַבְצְאֵל. Neh. 11, 25: יקבצאל.

[6] Midrasch ha-gadol S. 705; Menorath ha-Maor NN. 10, 259 (in der Ausführung. Zitat = MT).

[7] Lag. Edd. und lateinische Übersetzung = MT.

[8] Sefer Haschoraschim S. 271.

[9] Vgl. auch Baer zur Stelle. I Chr. 11, 30: חלד.

33. ההררי – החרודי. Trg Lag: דמן חרוד.[1] Kodd. Ken. 4, 30, 128: ההרודי; 155, 172: החררי. LXX: ὁ Ἀρωδείτης = ההרֹדי.[2]

33. שרר – סרר. Massora bei G. III 153[a].

34. אליעם – ואליעם. Synhed. 69[b].

37. צרויה – צריה. Massora magna zu II Sam. 14, 1.[3] Kodd. und edd.

39. כל – וכל. Midr. Sam. XXV 3.

39. כל – על. Tanḥuma מסעי 12: שהיה (אוריה) ראש הגיבורים שנאמר אוריה החתי על שלשים ושבעה.[4] Da Uriah als Oberster der Helden bezeichnet wird, so kann diese Voraussetzung nur auf der Lesart על beruhen.

39. ושבעה – וששה. Tanḥuma מסעי § 12 in den alten edd. Tanḥuma ed. Buber מסעי § 9. Kod. Ken. 150: וששה.

Kap. XXIV.

1. ויסף – ויסיף, ויוסיף. Massora aus Tschufutkale bei G. 354 N. 23 zählt ohne unsere Stelle zwölf ויסף im Buche Samuel. Unsere Massora fordert ויֹסף.[5]

1. ויסף – ויחל. Midr. Sam. XXX § 1.

2. מספר – מספר מפקד. Baḥja ben Ascher, Kommentar 135[a]. P: מנינהון וחושבנה, Ar: בעדדהם וחסאבהם, wie in V. 9.

3. ויוסף – ויוסֵף. Massora bei G. I 726 N. 426.

3. ויוסף – ויסף. Nach Massora bei G. I 726 NN. 420[a], 420[b], wo unsere Stelle nicht unter den יוסף plene gezählt wird.[6]

3. ויוסף – יוסף. Pesiktha r. 43[b].[7] P und V drücken יוסף aus.

3. אלהיך fehlt in Pesiktha r. 43[b].

3. אל העם – על העם. Midr. Sam. XXX 1. Pesiktha r. 43[b]. Michlol ed. Rittenberg 192[a]. Naḥmanides zu Num. 1, 3.[8] Trg, P.

---

1 Edd. und Lateiner: דמן הרר טוראה.

2 Andere Kodd.: ὁ Ἀρωρίτης = החררי.

3 Vgl. G. II 517 N. 203.

4 So alle edd.; so auch Num. r. XXIII 13, wo aber das Zitat nach MT korrigiert ist.

5 Massora zu Num. 22, 26 zählt ohne unsere Stelle sieben ויוסף plene. Vgl. auch Massora zu I Reg. 16, 33; Massora fin. v. יס N. 6 und Frensdorff, Massora Magna, S. 85, Note 3. (G. I 726 N. 427 muß es anstatt י׳ מלא heißen ז׳ מל׳, da nur sieben Stellen angeführt werden.) G. l. c. N. 428 zählt mit unserer Stelle 26 ויסף defektiv.

6 Massora ed. zu Gen. 30, 24; Num. 22, 19; Mass. fin. v. יס N. 8, 19, 14 und Frensdorff, Massora Magna, S. 85, Note 2 und 3.

7 In edd. und Jal. zur Stelle.

9 Ed. Lissabon und ein ms.

4. אל יואב – על יואב. Midr. Sam. XXX 2. Trg, P. Kodd. Ken. 70, 215, 250.

4. ועל שרי – וכל שרי. Naḥmanides editio princeps Lissabon zu Num. 22, 23.

4. את ישראל – ישראל. Naḥmanides zu Num. 22, 23 in einem ms. = LXX,[1] P, Ar.

5. הַגָּד – הַגַּד. Michlol ed. Rittenberg 183. Qimḥi, Wb. r. גדה.[2]

5. ואל יעזר – ואליעזר. Raschi und Qimḥi zur Stelle. LXX: *καὶ Ελιέζερ* (Al: *'Ελιάζηρ*), Trg,[3] P, Ar. Kodd. Ken. 89, 112, 114, 158, 242.

5. ואל יעזר – וביעזר. Trg Lag: וביעזר, V: et per Jazer.

6. הגלעדה – גלעדה. Gen. r. editio princeps XCIV 8. Al.: *εἰς Γαλάαδ*.[4]

6. תחתים – תחתית. Gen. r. editio princeps XCIV 8. Sym.: *τὴν κατωτέραν ὁδόν* drückt wahrscheinlich תחתית aus, ebenso V: in terram inferiorem.

6. חדשי – חורשי.[5] Gen. r. editio princeps XCIV 8. Kod. Ken. 224: חרשי.

6. דָנָה – דָנַה. Massora aus Jemen:[6] הנון פתח לא קמץ. Kodd. bei Norzi.

6. יען – יעק. Midr. Sam. XXX § 2 (bis), XXXII § 3 (bis).[7]

8. ויבאו מקצה תשעה חדשים ועשרים יום ירושלם – ויבאו ירושלם מקצה תשעה חדשים ועשרים יום. Seder Olam rabba ms. Epstein Kap. 14. Genau so Ar: ורגֿעוא אַלי אוֿרשלים . . . יומֿא.

9. ותהי – ויהי. Baraitha der 32 Normen des R. Elieser N. 15.[8]

9. ישראל – כל ישראל. Midr. Sam. XXX § 2 (bis). Chronikkomm. der Schüler Sa'adias S. 34.[9] Berechja Punktator, Sefer החיבור S. 18.[10]

10. אחרי כן סָפַר – אחרי סְפוֹר. Naḥmanides zu Num. 1, 3. LXX: *μετὰ τὸ ἀριθμῆσαι*.[11] V: postquam numeratus est. P: מן בתר דמנא = אחרי סָפַר.

---

[1] Al.: *τὸν 'Ισραήλ*.

[2] Die Lesart הַגָּד wird aus יש ספרים mitgeteilt. Vgl. auch Norzi zur Stelle.

[3] Edd. und Qimḥi zur Stelle. Latein. Übersetzung: et ad Jaghzer = MT.

[4] Vat.: *εἰς τὴν Γαλαάδ*.

[5] Entspricht auch חָרשי, vgl. Das Schriftwort I S. 35.

[6] G. III 75ᵃ.

[7] Die Quelle ist Gen. r. XCIV 8.

[8] Edd., Sefer Ha-Kerithoth und Halichoth Olam. Midr. ha-gadol S. XXII = MT.

[9] Ein Kommentar zur Chronik aus dem 10. Jahrhundert, Ed. Kirchheim. Frankfurt a. M. 1874.

[10] I Chr. 21, 5: ויהי כל ישראל.

[11] Wieso Klostermann in diesen Worten כִּי findet, weiß ich nicht. Vgl. auch Wellhausen. — LXX Luc.: *μετὰ ταῦτα ὅτι* = אחרי כֵן כִּי.

10. עשיתי — עשיתי זאת. Trg: דעבדית הדא.[1] V: in hoc facto.

11. אל גד — עם גד. Trg.[2]

11. חֹזֵה — חֹזֶה. Michlol 124^b. Massora aus Jemen bei G. III 75^a: הזיין בצירי.

12. אנכי — אני. Midr. Ps. 17 § 4.[3] Pesiktha r. 44^a. Raschi zur Stelle. Qimḥi zur Stelle. Akedath Jizḥak Pf. 55 editio princeps I 270^b, Pf. 70 377^d.

13. ויגד לו fehlt in Midr. Ps. XXXI § 1, in P, Ar, und zwei Kodd. Ken.

13. ואם (I) — אם. Trg, LXX, P, V: אם.[4] Einige Kodd.: אם.

13. צריך — אויבך. R. Josua Ibn Schoeib in נורא תהלות 67^b.

13. שלשת — שלשה. Akedath Jizḥak Pf. 70, I 377^d.

13. עתה — ועתה. Midr. Ps. 17 § 4.[5] Kodd. Ken. 70, 150. Akedath Jizḥak Pf. 70.[6]

13. דע — דע נא. Akedath Jizḥak Pf. 70, I 377^d.

14. נפלה — אפלה. Pesiktha r. 44^b.[7] LXX: ἐμπεσοῦμαι. V: incidam.

15. ויתן ה׳ דבר — ויפל דבר. Seder Eliahu rabba Kap. 7, ed. Friedmann S. 39: ויפל דבר ה׳, vielleicht וַיַּפֵּל ה׳ דבר. Jedenfalls ist ויפל von allen Texten bestätigt.

15. בישראל — בעם. Joma 22^b.[8] Kod. Ken. 550.

15. מהבקר — מן הבקר. Joma 22^b.[9] Sohar II 225^b.

16. ידו המלאך — המלאך את ידו. Jehudah Hadassi in Eschkol HaKofer 27^c. LXX: ὁ ἄγγελος (τοῦ θεοῦ) τὴν χεῖρα αὐτοῦ = (ה)מלאך (אלהים) את ידו, Ar: (ה)מלאך (המות) את ידו.[10]

16. ירושלם — אל ירושלם. Midr. Sam. XXXI § 4. Kod. Ken. 150.

16. ויאמר — ויאמר ה׳. Ibn Esra zu Ex. 23, 20. Sohar II 53^a. Kodd. Ken. 70, 93, 187.

16. בעם fehlt in Jal. ha-Machiri Ps. 17 § 7 aus Midr. Ps. 17 § 4.

---

1 Edd. und lateinische Übersetzung: feci hoc. Lag om. הדא.

2 Edd. Lag und Lateiner: cum

3 Edd., ed. Buber, Jal. ha-Machiri Ps. 17 § 7.

4 Aber so auch für ואם (II).

5 In Jal. ha-Machiri Ps. 17 § 7.

6 In editio princeps I 377^d in ואתה verschrieben. Oder ist ואתה ursprünglich?

7 Edd. und Jal. II Sam. zur Stelle. I Chr. 21, 13: אפלה.

8 So edd. Mss. = MT.

9 Edd. und ms. München. In anderen mss. fehlt das Zitat.

10 ומה״ד מלך אלמות ידה, אלמות ist gewiß bloß Erklärung.

16. רב – רב לך. Berachoth 62^{b} deutet R. Elasar רב „der Große", womit Abissai ben Zerujah gemeint ist, Gott sprach zum Würgengel: nimm dir den Größten unter ihnen: טול[1] לך רב שבהן. Das scheint die Lesart רב לך vorauszusetzen. In bezug auf diesen Ausspruch R. Elasars wird Midr. Ps. 17 § 4 bemerkt: הדא הוא דכתיב ויאמר למלאך המשחית בעם רב לך, רבה הוא משכונא גבך[2]: der Große ist als Pfand bei dir.

16. רב עתה fehlt in Jal. Deut. 845 aus Midrasch Esfa. רב fehlt in Kodd. Ken. 70, 93. Vgl. die folgende Stelle.

16. עתה fehlt in Jal. zur Stelle aus Pirke d'Rabbi Elieser Kap. 17 und in einigen LXX-Kodd. bei Field.

16. האורנה, Q're הארונה – ארונה. נורא תהלות 68^{a}. Kod. Ken. 150.

16 ff. האורנה. Trg[3] schreibt den Namen dieses Königs, mit Ausnahme von V. 24 (ארונה), durchwegs: ארוֹנָן (ארון).[3] P. und Ar: ארן.

17. ויאמר (II) – ויאמר דוד. Midr. Ps. 100 § 2.[5] Ar: ויאמר דוד אל המלאך ויאמר.

17. הנה – הלוא. Midr. Ps. 100 § 2.

17. הנה אנכי – אני הוא. Sifre Deut. § 344. V: ego sum qui peccavi. LXX: הנה אני הוא.[6]

17. ואנכי העויתי fehlt in Mechiltha בא 2^{a}.[7] Sifre Deut. § 344.[8] Fehlt in LXX.

17. תהי נא – תהי. Midr. Ps. 116 § 10. Josef Qimḥi in Sefer Ha-Galuj S. 44. Kod. de Rossi 20.

18. ויבא – ויצא. Midr. Ps. ed. Buber 17 § 4.

18. גד – גד החוה. Sifre Deut. § 62.[9] P: גד נביא, so auch Ar.

18. אל דוד ביום ההוא – ביום ההוא אל דוד. Sifre Deut. § 62.[10]

18. ביום ההוא fehlt in Midr. Sam. XXX § 4, Midr. Ps. 17 § 4.[11]

---

1 So ms. München. Edd.: טול לי רב. Das Zitat = MT.

2 Midr. Sam. XXXI 4: רב הוא משכונא דגבך.

3 Lag und Edd. Polyglotte und lateinische Übersetzung = MT.

4 In V. 16 in ארנון verschrieben (in edd.), was משפחת סופרים nicht erkannt hat. Der Beleg aus Kod. Ken. 225 beruht auf einem Irrtum, da dieser Kod. nur V. 18 ארנון hat. Rosenfelds Behauptung, daß Trg, mit Ausnahme von V. 16, ארונה hat, ist falsch.

5 Jal. ha-Machiri Ps. 100 § 1.

6 *Ἰδοὺ ἐγώ εἰμι ἠδίκησα* = הנה אני הוא חטאתי.

7 Jal. Ex. § 393, II Sam. § 165, Jonah § 1.

8 Jal. Deut. § 959. In edd. ואני העויתי.

9 Lekaḥ Tob Deut. 12, 5; Jal. Deut. § 971; Jal. ha-Machiri Ps. 132 § 3.

10 Edd. und Lekaḥ Tob Deut. 12, 5. Jal. Deut. § 979 om. אל דוד.

11 Edd. und Jal. ha-Machiri Ps. 17 § 7.

18. הקם — והקם. Sifre Deut. § 62.[1] Pesiktha r. 44^{b}, 179^{b}. Midr. Ps. 17 § 4.[2] Num. r. XIV.[3] נורא תהלות 68^{a}. Vier Kod. Ken. LXX, V, Ar.

18. לה׳ fehlt in Midr. Sam. XXX 4.

18. לה׳ מזבח — מזבח לה׳. Pesiktha r. 44^{b}. Midr. Ps. 17 § 4.[4] Hoffmanns לקוטי בתר לקוטי S. 19. Kod. Ken. 155. P: מדבחא למריא. V: altare Domino, Ar.

18. ארניה — ארינה. Ochlah we-Ochlah N. 80 unter den scripta ויו et legenda י. Daß ארינה nicht einfach Verschreibung ist aus ארניה, beweist die Tatsache, daß in N. 91, dem Verzeichnisse der Wörter, in denen zwei aufeinander folgende Buchstaben versetzt sind,[5] ארניה nicht erwähnt wird.[6] ארינה im Kethib fordert auch Massora finalis.[7] ארינה schreiben Kodd. Ken. 23, 30, 102, 182, 228.

19. כאשר — אשר. Pesiktha r. 179^{c}. Kod. Ken. 224. V: sermonem Gad quem.

20. אפיו — לאפיו. Trg Lag: לאפוהי. 9 Kodd.

22. אל דוד — אל המלך. Abodah Zarah 24^{b}.[8] Jal. zur Stelle aus Menahoth 22^{b}. Jal. zur Stelle im Stichwort. Kod. Ken. 89. Kod. Ken. 70 und 30 marg.: אל דוד המלך.

22. הטוב — את הטוב. Abodah Zarah 24^{b} in allen alten edd.

22. ראה הבקר — ואת הבקר. Abodah Zarah 24^{b} in allen alten edd.[9] Vgl. die folgende Stelle.

22. הבקר — את הבקר. Jal. ha-Machiri Ps. 60 § 15 aus Num. r. XIV.

23. המלך (I) fehlt in Trg bei Qimḥi,[10] LXX, P, V,[11] Ar und Ken. 4, 70, 96.

23. למלך. Trg: + די בעא מניה מלכא[12] = אשר שאל ממנו המלך.[13]

23. המלך (II) — המלך דוד. Abodah Zarah 24^{b} in ms. München. = P und Ar.

24. קנו — קנה. Baḥja ben Ascher, Komm. 39^{b}, zahlreiche Kodd.

---

1 Jal. Deut. § 979, Jal. ha-Machiri Ps. 132 § 3.

2 Jal. ha-Machiri Ps. 17 § 7.

3 Jal. ha-Machiri Ps. 16 § 15.

4 Jal. ha-Machiri Ps. 17 § 7.

5 מוקדם מאוחר.

6 Vgl. Wiener in Monatsschrift 1864 S. 75.

7 Vgl. auch Baer zur Stelle.

8 Alle alte edd. und Jal. I Sam. § 122.

9 Mss. und Jal. I Sam. § 122 = MT.

10 Lag, edd. und Lat.

11 Vor Sixtus' Abänderung. Vgl. Eichhorn, Einleitung II, S. 30.

12 Edd., Qimḥi aus מקצת נוסחאות, lateinische Übersetzung. Lag. om.

13 Gewiß Glosse zu הכל.

24. דוד fehlt in Sifre Num. § 42.

24. חלקת הגורן – הגורן. Sifre Num. § 42. Ar: ארץ̇ אל̃בידר.[1] Vgl. die folgende Stelle.

24. חלקת הגורן, חלקת השדה – הגורן. Baraitha der 32 Normen des R. Elieser N. 15: את חלקת השדה הגרן.[2] Wenn dieser Text nicht einfach Reminiszenz aus Gen. 33, 19 ist, so ist השדה oder הגרן Korrektur.

25. שם fehlt in Menorath ha-Maor N. 107. Fehlt in Al.

25. דוד שם – שם דוד. Midr. Sam. XXXII 2.

25. דוד fehlt in נורא תהלות 67b.

25. אלהים – ה'. Sohar I 175a.[3]

---

[1] P; גרן הגן oder אדרא דגנתא: הגורן אשר בגן

[2] So in Sefer ha-Kerithoth.

[3] Vgl. Asulai in ניצוצי אורות zur Stelle.

Nachtrag.

I, 21. שֵׁדֵי – וּשְׂדֵי. Trg: לא תהי בכון עללא כמסת דיעבדון מיניה חלתא,[1] es soll auf euch nicht so viel wachsen, wie nötig ist für Hebe. Dies entspricht einem Text (דֵי) כְּדֵי תרומות. Trg muß aber nicht כְּדֵי oder דֵי wirklich gelesen haben, es konnte auch אשר דַי = שֶׁדַי = שדי deuten.[2] Sicher ist nur, daß Trg: לָא תהי und nicht וְלָא, nicht וּשְׂדֵי, sondern שדי gelesen hat. שְׁדֵי liest Theod.[3] Kod. Ken. 1: שְׂדֵה.

I, 21. תרומֹת – תרומות. Kodd.[4] — Die Massora verlangt תרומות.[5]

I, 21. משוח – משיח. Kommentar des R. Jesaiah zur Stelle. Zahlreiche Kodd. und Edd. Soncin 1486, 1488. Andere Kodd. haben משוח als Q're.

I, 22. נסוג – נשוג. Nach der Massora wird „zurückweichen" נסיגה immer mit ס geschrieben, mit Ausnahme von Ps. 44, 19.[6] Folglich in unserer Stelle נסוג.[7]

---

[1] Edd., Lag, Walton, Raschi und Qimḥi zur Stelle.

[2] Vgl. die agadische Deutung: שֶׁאָמַר דַי = שַׁדַי. Ḥagigah 12ª, Gen. r. V 7, XLVI 2, Pirke d' Rabbi Elieser Kap. 3.

[3] *ὄρη θανάτου*, montes mortis: Vokativ. Vgl. Field.

[4] Bei Norzi zur Stelle und zu Prov. 29, 4.

[5] Massora ed. zur Stelle und zu Prov. 29, 4 gibt ausdrücklich an, daß das Wort in unserer Stelle plene geschrieben wird: ושדי מלא. Massora zu Num. 18, 19 hat in unserer Stelle und Prov. 29, 4 תרומות plene. Vgl. darüber Frensdorff, Massora Magna, S. 180, Note 3. Jedenfalls stimmen alle Angaben darin überein, daß in unserer Stelle תרומות geschrieben wird, Dies ist merkwürdigerweise Norzi entgangen, da er zu unserer Stelle und zu Prov. 29, 4 der defektiven Schreibung den Vorzug gibt. Auch Ginsburg, gewiß auf Grund von Norzi, hat in seinem Text תרומֹת. Konkor. v. תרומות stimmt mit Massora zu Num. 18, 19 überein.

[6] נסיגה בסמ"ך בר מן אחד כתיב שי"ן לא נשוג אחור לבנו. Massora zu Deut. 19, 14; Massora fin. v. סג N. 2.

[7] Norzi zu Ps. 44, 19 meint, daß in der angeführten Massora unsere Stelle anstatt Ps. 44, 19 zu lesen ist, So auch Frensdorff, Massora Magna, S. 121, Note 2 und S. 126, Note 2. Dafür spricht vielleicht auch die Tatsache, daß Massora parva zu unserer Stelle bemerkt: לית כתיב בשין, d. h. נשוג mit Sin kommt nur in unserer Stelle vor.

I, 24. המעלה – המעדה. Nedarim 66ᵇ in ms. München (המעד׳).

III, 7. ויאמר – ויאמר איש בושת. Qimḥi zur Stelle im Stichwort. 4 Kodd., Edd. 1486, 1488, 1494. LXX, P, V, Ar.

III, 8. אשר ליהודה – לִשְׁאָר יהודה. הראש כלב אנכי אשר ליהודה übersetzt Trg: Ich bin (bis jetzt) ein Oberhaupt, nun will ich ein einfacher Mann sein bei Judah הלא רישא[1] אנא מכען הויתי גבר הדיוט לשארא דבית יהודה. Diese Deutung stimmt mit dem Akzent überein,[2] גבר הדיוט ist euphemistische Umschreibung von כלב und דבית regelmäßige Ergänzung. Soweit geht Trg mit MT. Es weicht aber von ihm darin ab, daß es אשר nicht ausdrückt und לשארא hinzufügt, das weder für die Erklärung hier irgendwie notwendig ist, noch sonst in ähnlichem Zusammenhang als Ergänzung vorkommt. Es bleibt daher nichts anderes übrig, als die Vorlage dafür verantwortlich zu machen, d. h. für אשר ליהודה hat Trg לִשְׁאָר יהודה[3] gelesen. Von anderen Textzeugen wird nur das Fehlen von אשר bestätigt. Es fehlt in Kod. Ken. 240, LXX,[4] P und V.

III, 12. תחתיו – מתחתיו. Trg:[5] מאתריה.[6] תחתיו entspricht באתריה.

III, 12. למי ארץ – במי ארץ. Für למי ארץ bietet Trg: במן[7] מקיימנא דעבד ארעא. Unserem Texte würde im Sinne dieser Deutung במן[8] דיליה ארעא oder למן[9] דעבד ארעא entsprechen. Es scheint aber, daß diese für MT unnötige Paraphrase überhaupt erst durch במי veranlaßt wurde.

IV, 10. לְתִתִּי – לָתֵת. Trg: למיתן.[10]. V: cui oportebat[11] mercedem dare (ohne me).

---

[1] So Lag und Qimḥi zur Stelle, auch Raschi hat דכלבא nicht gehabt. Es paßt absolut nicht zu der Erklärung Trgs und ist Glosse nach MT. Der Glossator hat nicht gewußt, daß für כלב Trg גבר הדיוט bietet.

[2] Vgl. Raschi zur Stelle.

[3] Vgl. Jes. 10, 20 שְׁאָר ישראל; ibid. 21 שְׁאָר יעקב.

[4] Fehlt aber auch ליהודה.

[5] Edd., Lag, Walton, Raschi und Qimḥi zur Stelle.

[6] Vgl. Pseudo-Jon. Ex. 10, 23 תחתיו – מאתריה.

[7] So edd., Walton (in eo), Raschi und Qimḥi zur Stelle. Lag למן, wahrscheinlich Korrektur nach MT.

[8] Vgl. Raschi zur Stelle: במי שהארץ שלו.

[9] So Lag. Vgl. Anm. 7.

[10] Edd., Lag, Walton und R. Jesaiah zur Stelle. So auch Qimḥi: ממיתן, gewiß Verschreibung aus למיתן.

[11] LXX: ὧ ἔδει. In diesem Sinne muß auch Trg מְדַמֵּי gefaßt werden: er wäre wert gewesen, da מדמי in der Bedeutung cogitabat (Walton, Raschi: אשר דימה) mit למיתן und Reflexiv — לֵיה nicht denkbar ist. Mein verehrter Lehrer, Professor D. H. Müller, meint, es sei vielleicht מַרְמֵי zu lesen, das im Syrischen in der Bedeutung „meritus est" vorkommt. Vgl. Smith und Brockelmann s. v.

V, 2. מוציא, Q're המוציא. Trg: נפיק = מוציא.[1]

V, 2. וְהַמבִיא – ומֵביא. Trg: ועליל.

V, 8. שׂנאו, Q're שְׂנֻאֵי – שָׂנְאָה. Trg נפשא דדוד (Lag: רחיקת) רְחִיקָא = שָׂנְאָה נפש דוד.[2]

V, 11. עץ – עץ ואבן. Trg: אעין ואבנין.[3]

V, 11. אבן קיר – קיר. Für וחרשי אבן קיר Trg: וארדיכלין דאומנין בבנין כותלין.[4] Trg hat also אבן nicht gelesen.[5] אבן fehlt in einigen LXX-Kodd.

VI, 11. בית – עם בית. Jeruschalmi Jebamoth IV 12 (6^b 49).[6]

VI, 11. בית עֹבד – עם עובד. Jeruschalmi Jebamoth IV 12 (6^b 44). Kod. Ken. 650, Ar.

VI, 11. הגתי fehlt in Jeruschalmi Jebamoth IV 12 (6^b 49).[7] Fehlt in Ar.

VI, 13. צעדו – נשאו. Trg: נטלו.

VI, 13. צעדים – צְמָדִים. Trg: זוגין. Da Trg √צעד niemals durch √זוג ausdrückt, so kann זוגין in unserer Stelle nur die Übersetzung von צְמָדִים sein. צמדים, das einmal als Flächenmaß vorkommt,[9] kann hier als Wegmaß gebraucht sein, dann paßt es in unserer Stelle vielleicht besser als צעדים.

VII, 2. המלך – דוד. Midr. Tannaim ed. Hoffmann S. 50 aus Sifre Deut. § 67.[10].

VII, 2. אל נתן – לנתן. Midr. Tannaim S. 50 aus Sifre Deut. § 67.

VII, 2. הנביא fehlt in Midr. Tannaim l. c. aus Sifre l. c.

---

1 המוציא = דנפיק.

2 Vgl. Trg Jer. 12, 8; 44, 4; Hos. 9, 15; Amos 5, 21; 6, 8; Zach 8, 17; Mal. 1, 3. In allen diesen Stellen ist שָׂנֵא = רְחִיק. Auch ohne jeden Beleg kann des Zusammenhanges wegen רחיקא nichts anderes als שָׂנְאָה ausdrücken, da part. pass. fem. hier nicht möglich ist.

3 So Edd., Walton und Qimḥi zur Stelle. Lag om. ואבנין.

4 Edd., Lag, Walton und Qimḥi zur Stelle.

5 Trg las: וחרשי עץ ואבן וחרשי קיר. Vgl. I Chr. 14, 1; 22, 15.

6 So קונדרים אחרון in Jalkut editio princeps I N. 206, jetzt in Yerushalmi Fragments ed. Ginzberg S. 338. In Edd. עם עובד. Das Zitat lautet: וישב ארון ה' עם עובד אדום (edd. בביתו) (Jal. בית) ג' חדשים ויברך ה', es kann also I Chr. 13, 14 gemeint sein, mit den Varianten ה' für האלהים, – בית, beziehungsweise בביתו. Die Lesart der Jeruschalmiausgaben עם עובד אדום בביתו bietet Kod. Ken. 650.

7 In edd. und Yerushalmi Fragments S. 338. Vgl. die vorhergehende Anmerkung.

8 Vgl. I Sam. 14, 14 צמד שדה.

9 So I Chr. 17, 1. Sifre zitiert aber sicher unsere Stelle.

10 So Lag, Edd., Walton und Aruch v. זג 5. Qimḥi zur Stelle: דרגין entspricht ebenfalls nicht צעדים und ist wahrscheinlich aus זוגין verschrieben.

VII, 5. אל דוד — דוד. Massora parva zu II Sam. 15, 13 bemerkt: אל דוד לית, d. h. אל דוד kommt nur in dieser Stelle vor.[1] Massora parva hat also in unserer Stelle nicht אל דוד.

VII, 18. הביאתני — הֲבֵאתַנִי. Die Massora[2] zählt ohne unsere Stelle drei oder vier plene geschriebene Hifilformen der √בוא.[3] Auch Massora parva zu unserer Stelle bemerkt: דין חסר, das Wort in unserer Stelle ist defektiv.[4]

VII, 18. ביתי — חיי. Sotah 41ᵇ ms. München.

VII, 20. דוד fehlt bei Raschi zur Stelle im Stichwort.

VII, 23. הגדולה — גדלות. Trg: רברבן = גְדוֹלוֹת[5] oder גְּדֻלּוֹת.[6] P: רורֿבתא, V: magnalia.

X, 5. בירחו — בִּירִיחוֹ. Die Massora[7] fordert in den nichtpentateuchischen Schriften[8] die Schreibung יְרִיחוֹ.[9] Kodd. und Edd.: בִּירֵחוֹ, בִּירִיחוֹ.

X, 11. ארם ממני — ממני ארם. Massora zu Jdc. 11, 6 (Zitat). Kod. bei Norzi. P: מני אדום, V: adversum me Syri.

X, 11. וְהָיְתָה — וְהָיִיתָה. Die Massora[10] zählt mit unserer Stelle drei וְהָיִיתָה doppelt plene, d. h. mit zwei Jod und am Ende mit ה.[11]

XI, 11. ועבדי — וכל עבדי. Kidduschin 43ᵃ.[12] Tossafoth Kidduschin 43ᵃ v. כל) מורד).

XI, 11. על פני השדה חנים — חנים על פני השדה. Kidduschin 43ᵃ.[13] P: שרן על אפֿוהי דדברא. So auch Ar.

XII, 8. בית אדוניך — בת אדוניך. Jeruschalmi Jebamoth II 4 (3ᵇ 64).[14] P: בנֿת, Ar: בנת. בְּנֹת ist nicht denkbar, während בַּת vorzüglich paßt.

---

[1] Gemeint ist, daß in den prophetischen Schriften diese Verbindung nur einmal vorkommt, da in den Hagiographen siebenmal אל דוד steht. Vgl. Heidenheim bei Frensdorff, Massora Magna, S. 278, Note 3.

[2] Zu Cant. 3, 4; G. I 152 N. 150 *b*.

[3] Vgl. ausführlich Frensdorff, Massora Magna, S. 30, Note 3.

[4] Vgl. auch Norzi zu unserer Stelle.

[5] Vgl. Deut. 10, 21: את הגדלת ואת הנוראות.

[6] Vgl. I Chr. 17, 21: גְּדֻלּוֹת ונראות.

[7] Zu II Reg. 25, 5; Mass. fin. v. יר N. 32; G. I 740 N. 623 *c*.

[8] Mit Ausnahme von II Reg. 25, 5: יְרֵחוֹ und das Buch Josua: יְרִחוֹ.

[9] Jedoch bemerkt eine massor. Notiz bei G. I 740 N. 613 *b*, daß, mit Ausnahme von Josua und Könige, immer יְרֵחוֹ geschrieben wird: וכל שאר קריה כותיה צירי.

[10] Massora zu Jdc. 11, 6: והייתה ג' מלאים דמלאים (Jdc. 11, 6; II Sam. 5, 2) תחזק ממני ארם. Bei G. I N. 141 fehlt ג' מלאים דמלאים (für וישארא והייתה כתיב lies וישארא ו ה י י ת כתיב).

[11] Massora bei G. I 307 N. 142 zählt ohne unsere Stelle zwei והייתה. Vgl. auch Qimḥi, Wb. r. היה, Qimḥi liest וְהָיִתָה.

[12] Edd. und ms. München. Sabbat 56ᵃ = MT.

[13] So Edd., ms. München = MT, so auch Sabbat 56ᵃ.

[14] So in Or Zaruah I 159ᵇ unten.

XII, 14. איבי ה׳ – איבי עם ה׳. Trg: דסנאי עמא דה׳.[1] Vielleicht bloß Exegese.[2]

XII, 15. ויאנש – וינשא. Trg: ואִטְעַן.[3] $\sqrt{}$אנש drückt Trg nie durch $\sqrt{}$טען aus, sondern durch $\sqrt{}$תקף mit Nomen, es kennt also טען in der Bedeutung: schwer erkranken, heftig sein, nicht, folglich kann ואִטְעַן in unserer Stelle nur die Übersetzung von וינשא sein: er wurde beladen (mit einer Krankheit).

XII, 25. את שמו – שמו. Midr. Tannaim ed. Hoffmann S. 216 aus Sifre Deut. § 352.

XIII, 9. ויצאו – ויצאו. Trg: ואפיקו. Kodd. LXX: *καὶ ἐξήγαγον.* V: cumque ejecissent.

XIII, 18. תלבשן – תלבשנה. Qimḥi zu II Sam. 6, 15.

XIII, 32. על פי – בלב. Trg: בליבא. LXX-Kodd. *ἐν ὀργῇ* drücken vielleicht בלב aus, P: ברעינה.

XIV, 11. מהרבית, Q're מהרבת. Trg: בדיל לאסגאה drückt להרבות aus oder ist Erklärung von הרבית oder auch בהרבות, entspricht jedenfalls nicht מהרבות, das sich mit der ganzen Deutung Trgs[4] nicht verträgt. LXX: *πληθυνθῆναι, πληθῦναι* = הרבת, P: בסוגאה = בהרבות.

XIV, 11. משערת – משערת ראש. Trg: מסער ריש. Trg ergänzt aber ראש auch I Reg. 1, 52, daher vielleicht Übersetzungsmanier. Auch P hat an beiden Stellen + ראש.

XIV, 13. ומִדַּבֵּר – ומְדַבֵּר. Trg: ומְמַלֵּל. Die Form מִדַּבֵּר kommt in unseren Texten noch dreimal vor: Num. 7, 89 Trg מתמליל, Ez. 2, 2 Trg מתמליל, Ez. 43, 6 Trg מְמַלֵּל. Es ist also möglich, daß Trg hier מִדַּבֵּר deutet oder Ez. 43, 6 ebenfalls מְדַבֵּר liest. Auch die alten Kommentatoren, Raschi, Qimḥi und R. Jesaiah, die zu dem hier sehr schwierigen מִדַּבֵּר nichts bemerken, haben gewiß מְדַבֵּר gelesen, wie auch aus den Erklärungen Raschis und Qimḥis hervorgeht. Sym.: *λογίζεται,* P: אמרת, V: locutus es.

XIV, 14. נפש – כֹּפֶר. Trg: ממון דשקר = שׁחַד[5] oder כֹּפֶר.[6] Wegen seiner graphischen Ähnlichkeit mit נפש ist כפר hier wahrscheinlicher. Die Lesart כֹּפֶר scheint auch die hier auffallende Deutung von אלהים = Richter[7] veranlaßt zu haben.

---

[1] Edd., Lag, Walton, Raschi und Qimḥi zur Stelle. Auch XX, 19 נחלת ה׳ hat Trg עמא דה׳, dort aber ist die Ergänzung leicht erklärlich.

[2] Vgl. die Erklärung Qimḥis.

[3] Edd., Lag, Walton, Aruch v. טען, Qimḥi zur Stelle.

[4] בדיל לאסגאה אורהא קדם גאיל דמא.

[5] Vgl. Jes. 5, 23; 33, 15.

[6] Vgl. I Sam. 12, 3; Amos 5, 12,

[7] דיינא. So Lag und Qimḥi zur Stelle. Edd. und Walton fehlerhaft דִינָא, aber lateinische Übersetzung richtig: judex.

XIV, 14. וְחָשַׁב – וחשׁב. Trg: ודמחשב. LXX: *καὶ λογιζόμενος*. P: ומתחשב, V: retractat cogitans.

XIV, 25. בכל ישראל – בישראל. Sotah 10b ms. München. P: באיסראיל.

XIV, 26. את ראשו. את fehlt Sotah 10b ms. München.

XIV, 26. והיה – ויהי. Sotah 10b ms. München.

XIV, 26. לימים fehlt in Sotah 10b ms. München.

XIV, 26. שׂער ראשו – שׂערו. Sotah 10b ms. München. שערו drückt auch Ar aus.

XIV, 30. אל ידי – אשר אל ידי. Trg: דסמיכא.[1] Vielleicht bloß Erklärung.

XV, 29. ואביתר – ואביתר הכהן. Qimḥi zu Jos. 3, 3. Ar: הכהן, P: הכהנים.

XV, 29. האלהים - אלהים. Qimḥi zu Jos. 3, 3.

XV, 37 und XVI, 16. רֵעֶה -- רֵעֵה. Qimḥi.[2] Kodd. und Edd.

XVII, 11. בְּקֶרֶב – בְּקִרְבֵּנוּ. Trg: בריש כולנא.[3] Prophetentargum übersetzt לפני und את in den Verbindungen יצא לפני, יצא ובא לפני, הוציא והביא את in der Bedeutung „anführen" durch בְּרֵישׁ.[4] Auch I Sam. 12, 2 מתהלך לפניכם Trg מְדבר ברישיכון. Daraus erklärt sich ואת תהי אזיל בריש כולנא für ופניך הולכים. Dies setzt aber die Lesart ופניך הולכים לפנינו voraus, auch wird בְּקֶרֶב nicht ausgedrückt. Es ist daher sehr wahrscheinlich, daß Trg für בקרב gelesen hat בְּקִרְבֵּנוּ, das mit הולכים in der Bedeutung „anführen" durch בריש כולנא ausgedrückt werden mußte. Kod. Ken. 85: בְּקִרְבוֹ, LXX: *ἐν μέσῳ αὐτῶν* = בְּקִרְבָּם, so auch V: in medio eorum, so auch Ar. Möglich ist aber, daß LXX, Trg, V und Ar auf בְּקֶרֶב zurückgehen, das sie durch entsprechende Suffixe erklären. P hat in der Tat במצעתא.

XVII, 19. פְּנֵי – פִּי. Sotah 42b ms. München.

XIX, 3. נעצב – כי נעצב. So auch Gen. r. ed. Theodor S. 86, 259, 293.

XIX, 25. בן שאול fehlt in Midr. Tannaim S. 127 aus Sifre Deut. § 212.

XX, 18. וכן – כן. Trg: הכדין.

XX, 18. הֵתַמּוּ – הֲתַמּוּ. Trg: אם משלמין. LXX: *εἰ ἐξέλιπον*.

XXI, 1. אחרי – אחר. Responsen R. Salomo ben Adereth I N. 12.[5]

XXI, 8. מפבשת – מפי בשת. Jebamoth 78b ms. München.

---

[1] Edd., Lag, Walton und Qimḥi zur Stelle.

[2] Michlol, Nominalformen Art. רעה, vgl. auch Norzi zu 16, 16. רֵעֶה auch Wb. r. רעה.

[3] Edd., Lag, Walton, Raschi und Qimḥi zur Stelle.

[4] Vgl. I Sam. 8, 20; 18, 13, 16; II Sam. 5, 2.

[5] Ed. Bologna 1539 (בעז"ך).

XXI, 8. לעזריאל – לעדריאל. Jebamoth 78b ms. München.

XXI, 10. וחית – ואת חית. Jebamoth 78b ms. München.

XXI, 12. יביש – יבש. Die Massora[1] zählt ohne unsere Stelle sieben יבש defektiv.[2]

XXI, 16—22. Sotah 42b ms. München: כתיב הרפה וכתיב ערפה.

XXII, 1. ומיד – ומכף. Moëd Katon 16b im Kommentar des R. Salomo ben Ha-Jathom.[3]

XXII, 19. נֹדִי (נודי) – אֵידִי. Trg:[4] טְלטוּלִי.[5] Da Trg אֵיד immer durch תבר ausdrückt, so ist טלטולי in unserer Stelle nur die Übersetzung von נֹדִי.

XXII, 22. לֵאלהי – מֵאלהי. Trg:[6] קדם ה'.[7] LXX-Kodd.: *ἐνώπιον τοῦ θεοῦ μου,* was nicht לפני אלהי ausdrücken muß, sondern auch Umschreibung von לֵאלהי sein kann.

XXII, 36. וישעך – ישעך. Trg: ובפורקנך[8] = ובישעך oder וישעך, wie ובמימרך für וענותך.

XXIII, 3. ביראת – יראת. Qimḥi zur Stelle.[9] R. Jesaiah zur Stelle.

XXIII, 8. ואלה – אלה. Moëd Katon 16b im Kommentar des R. Salomo ben Ha-Jathom.

XXIII, 8. השלשים – השלשי. Moëd Katon 16b im Kommentar des Salomo ben Ha-Jathom.

XXIII, 8. והוא עורר את חניתו על שמנה... – על שמנה.... Moëd Katon 16b in Midr. Tannaim ed. Hoffmann S. 199. Vielleicht Vermengung mit oder Ergänzung aus I Chr. 11, 11,[10] aber diese Lesart ist auch sonst gut bezeugt. LXX: *οὗτος ἐσπάσατο τὴν ῥομφαίαν αὐτοῦ,* Trg: ומתביב על ידי מורניתיה. Kodd. Ken. 150, 309: הוא עורר את חניתו.

XXIII, 13. מהשָּׁלִשִׁים – מהשְּׁלֹשִׁים. Trg: מגיבריא.[11] P: מן גבׂרא.

XXIII, 18. השלשי, Q're השָּׁלִשִׁים – השְּׁלֹשָׁה. Trg: גיבריא.

XXIII, 19. השְּׁלֹשָׁה (I) השָּׁלִשִׁים. Trg: גיבריא.[12] השלשה (II): תלתא גיבריא = MT + Erklärung.

---

[1] Zu Jdc. 21, 9, G. I 704.

[2] Vgl. Norzi zur Stelle und Frensdorff, Massora Magna, S. 287, Note 2.

[3] Salomo ben Ha-Jathom's Kommentar zu Mašqin ed. Mekize Nirdamim (Chajes), Berlin 1909. Die Stelle S. 81.

[4] Edd,, Lag, Walton und Qimḥi zur Stelle.

[5] So auch Ps. 18, 19.

[6] Lag, Edd., Walton, Qimḥi.

[7] Auch Ps. 18, 22.

[8] So Edd. und Walton, Lag: תּוֹשִׁעֵנִי = פרקתני.

[9] Vielleicht aber bloß erklärend.

[10] Vgl. auch in unserem Kap. V. 18 und I Chr. 11, 20.

[11] Edd., Lag, Walton und Raschi zur Stelle.

[12] So Edd. und Walton. Lag: תלתא גיבריא, vielleicht aber Korrektur nach MT.

XXIII, 23. הַשָּׁלִשִׁים – הַשְּׁלֹשָׁה. Trg: גיבריא.[1]

XXIII, 24. בַּשָּׁלִשִׁים – בִּשְׁלֹשִׁים. Trg: בגיבריא.

XXIII, 25. החרדי. — In dem massoretischen Verzeichnis der Wörter, die zweimal in einem Verse vorkommen,[2] fehlt החרֹדי, das in unserem Vers zweimal steht.[3] Diese Massora hat also in unserem Verse einmal nicht החרדי gelesen. Für החרדי (I) bieten einige Kodd.: ההרדי, החררי, für החרדי (II): החררי, החדרי, החלדי. LXX liest החרדי (I) ὁ Ῥουδαῖος = הֲרְדִי (החרדי (II) fehlt), LXX A: ὁ Ἀρουδαῖος = הַחֲרְדִי und ὁ Ἀρωδαῖος = החרֹדי.

XXIII, 33. הארדי. In dem erwähnten massoretischen Verzeichnis wird ההררי als zweimal in unserem Verse vorkommend angegeben. Diese Massora hat also in unserem Verse ההררי für הארדי gelesen.[4] Kod. de Rossi 2: ההררי, zwei andere Kodd.: הררי.

XXIV, 5. בערֹער – בערוער. Die Massora[5] zählt mit unserer Stelle fünf ערֹער defektiv.[6] Trg: בערֹער.[7]

XXIV, 6. (וְסָבַב) סָבַב – וסביב. Trg: דמתמן איסתחר.[8] Vielleicht bloß Deutung. וְסָבְבוּ lesen oder deuten LXX und V: *καὶ ἐκύκλωσαν*, circumeuntesque.

XXIV, 7. מבצר צר. Trg: לקרוין כריכן[9] = ערי מבצר (עיר) ohne צר oder auch מבצר ohne צר und קרוי bloß Ergänzung.[10] צֹר fehlt in Kodd. Ken. 128, 242.

XXIV, 18. והקם – הקם. Sifre Deut. § 62 in Midr. Tannaim S. 48.

XXIV, 18. מזבח לה' – לה' מזבח. Midr. Tannaim S. 78, 92, 102.

---

1 Lag, Edd., Walton und Qimḥi zur Stelle.

2 Mass. fin. v. ב N. 13.

3 Ochlah we-Ochlah N. 58, S. 61a hat החרדי. Mass. par. zu החרדי bemerkt: ב' והסר ובפסוק, d. h. החרדי kommt zweimal vor, und zwar in einem Verse. Vgl. noch Ochlah ed. Frensdorff S. 16a (deutsch) und Frensdorff, Massora Magna, S. 281, Note 1.

4 Ochlah we-Ochlah N. 58, S. 61 fehlt ההררי. Mass. par. zur Stelle und I Chr. 11, 34 und 35 kennt nur drei ההררי. Mass. marg. zur Stelle fordert in zweiter Stelle הארדי (ב' דשמואל א' כתיב). Vgl. noch Frensdorff, Ochlah S. 16 (deutsch) und Massora Magna, S. 281, Note 1.

5 Zu I Sam. 30, 28; II Reg. 10, 33: ערער ה' חסר . . . ויעברו את הירדן.

6 Vgl. auch Frensdorff, Massora Magna, S. 314, Note 1.

7 Lag. Edd., Walton.

8 So Lag und Qimḥi; edd. und Walton: ומתמן. מתמן ist bloß erklärender Zusatz.

9 Edd. und Walton, Lag לְמִבְצַר צר.

10 Vgl. zu Jos. 19, 29 v. מִבְצַר צֹר.

HEFT IV.

JOSUA.

Kap. I.

2. ועתה – עתה. Seder Olam r. ms. Epstein Kap. 10,[1] R. Josef Kara in Geigers Nite Na'amanim 1ᵃ, Pseudo-Naḥmanides zu Cant. 5, 1.

3. רגלכם[2] – רגליכם. Jeṛuschalmi Ḥallah II 2 (58ᵇ 70),[3] Ex. r. XX 23,[4] Jalkut zur Stelle im Stichwort, einige Kodd. LXX: *τῶν ποδῶν ὑμῶν.*[5]

3. לכם נתתיו – לכם יהיה. Jeruschalmi Ḥallah II 2 (58ᵇ 70). Vgl. Deut. 11, 24. Es ist nun die Frage, an welche Stelle Jeruschalmi denkt. Daß unsere Stelle und nicht Deut. 11, 24 zitiert wird, ist wegen כל מקום und V. 4 unseres Kapitels als Fortsetzung des Zitats sicher. Andererseits aber kann in dieser Jeruschalmistelle, da es sich um eine halachische Deduktion handelt, nur der Pentateuchvers gemeint sein.[6] Man muß daher annehmen, daß unsere Stelle nicht das ursprüngliche Zitat, sondern erst später in den Jeruschalmitext hineingekommen ist. יהיה bieten 3 Kodd. Ken. P: נהוא.

4. מהמדבר – מן המדבר. Sifre Deut. § 51[7] (bis). Vgl. Deut. 11, 24.[8] Trg: מן מדברא.[9] LXX liest המדבר ohne מן. Vgl. die folgende Stelle.

4. מהמדבר והלבנון – מן הלבנון והמדבר. Stichwort in Raschi zur Stelle. Gewiß Verschreibung, aber diese Verschreibung bestätigt die Lesart מן המדבר.

---

1 Über der Zeile: ו, Korrektur.

2 So auch Deut. 11, 24.

3 Vgl. die Ausführung zur folgenden Stelle, v. נתתיו.

4 Ed. pr., . . . כל מקום.

5 Deut. 11, 24: *τοῦ ποδὸς ὑμῶν.* Jedoch hat F auch dort *τῶν ποδῶν.*

6 Vgl. Sifre Deut. § 51.

7 Edd. und Raschi Jos. 1, 3.

8 Es gilt hier und von den folgenden Varianten zu unserem V. aus dieser Sifrestelle dasselbe, was zu V. 3 v. לכם נתתיו in bezug auf Jer. Ḥallah II, 2 ausgeführt wurde.

9 So Lag und Jemenisches Targum ed. Prätorius (= Jem). Edd.: ממדברא.

4. ועד (I) – עד. Sifre Deut. § 51,[1] Schebuoth 47b.[2] Einige Kodd. Ken. LXX.

4. כל ארץ החתים fehlt in Sifre Deut. § 51 und in LXX.[3] Vgl. Deut. 11, 24.

4. ועד (II) – עד. Der Karäer Aron ben Josef der Ältere in Mibḥar Jescharim zur Stelle. Kod. Ken. 198.

5. אהיה – כן אהיה. Trg. So aber auch 3, 7. Vielleicht bloß Übersetzungsmanier. LXX hier und 3, 7: οὕτως.

6. ואמַץ – ואמָץ. Die Massora[4] zählt bloß zwei ואמַץ: Jos. 1, 9 und I Chr. 28, 20.[5] Kodd. bei Norzi.

7. ואמַץ – ואמָץ. Massora,[6] Kodd.

7. מאד fehlt in Lekaḥ Tob ויקרא Anfang aus Abodah Zarah 19b.[7] Fehlt in Kod. Ken. 19 und LXX.

7. לעשות – ולעשות. Berachoth 32b, Raschi zu unserer Stelle. Josef Karas Komm. zu Jos.[8] S. 45. LXX, P, V, Kodd. und edd.: ולעשות.

8. ימוש - ימִיש. Jal. zur Stelle aus Synhed. 99b und Menaḥoth 99b (bis).[9] Sechel Tob zu Ex. 13, 22 לא ימיש bemerkt: „Man wäre geneigt ימיש transitiv zu fassen.[10] Dem ist nicht so. ימיש bedeutet vielmehr dasselbe wie ימוש.[11]. Ebenso Ex. 33, 11 (ימיש); Jes. 46, 7 (ימיש); Ps. 55, 13 (ימיש), So auch לא ימוש [ספר] התורה מפיך. In all diesen Stellen ist gemeint: nicht von seinem Platze weichen."[12] Aus dieser Ausführung folgt für unsere Stelle die Lesart ימיש.[13]

8. הזה fehlt in Abodah Zarah 19b,[14] Sechel Tob zu Ex. 13, 22. Fehlt in Kodd. Ken. 70, 109, 650.

---

[1] Einmal = MT.

[2] Edd. und Jalkut Jos. zur Stelle.

[3] Manche Kodd.: כל ארץ החתי.

[4] I Chr. 28, 20; Mass. fin. v. פת N. 18.

[5] Vgl. Norzi zur Stelle und Massora aus Jemen bei Ginsburg, The Massora compiled . . ., III, 67b.

[6] Vgl. zu V. 6 v ואמַץ.

[7] In edd. fehlt das Zitat.

[8] Ed. Eppenstein, Jahrbuch der jüd.-lit. Gesellschaft zu Frankfurt a. M., V.

[9] Einmal auch ימוש.

[10] So Raschi, Ibn Esra u. a.

[11] So LXX, die Targumim, P und V.

[12] לא ימיש, קא סלקא דעתין דלא ימיש על אחרים קא משתעי דאינו ממיש הדבר ממקומו [זה אינו] אלא על כרחך לא ימיש דומיא דלא ימוש, וכן הוא אומר יהושע בן נון נער לא ימיש מתוך האהל, ממקומו לא ימיש, ולא ימיש מרחובה תוך ומרמה, וכן נמי לא ימוש [ספר] התורה מפיך. כולהו משתעי על דבר עצמו שאינו מש ממקומו.

[13] Das Zitat ימוש ist Kopisten- oder Druckfehler.

[14] So edd. Lekaḥ Tob כי תבא Ende und Jalkut ha-Machiri Ps. 1 § 37 = MT. Berach. 35b, Synhed. 99b und Men. 99b = MT, aber in anderem Zusammenhang.

8. הזה – הזאת. Jalkut ha-Machiri Ps. 1 § 37 aus Midr. Ps. 1 § 10. Kod. Ken. 196. LXX: *τοῦ νόμου τούτου* und V: legis hujus beziehen das Demonstrativum auf התורה, sie haben also הזאת gelesen. P: הנא ספרא = MT.

8. בו (I) – בה. Midr. Ps. 18 § 11 in einigen mss.[1]

8. בו (II) – בה. Wenn בה für בו (I) in Midr. Ps. l. c. echt ist, muß dieselbe Lesart auch für בו (II) angenommen werden.

8. את דרכך. את fehlt in Lev. r. XXX 3.

8. דְּרָכֶךָ – דַּרְכְּךְ. Trg edd. דַּרְכָּךְ.[2] V: viam tuam.

9. ואמָץ – ואמַץ. Massora.[3]

11. בקרב – בתוך. En Jakob ed. pr. Kidduschin 38ª.

11. צדה – צידה. Die Massora zählt ohne unsere Stelle zwei,[4] beziehungsweise drei[5] צדה defektiv.[6] Manche Kodd.

11. כי בעוד. כי fehlt in Agadoth ha-Talmud Kidduschin 38ª.

11. אתם עברים – תעברו. Kidduschin 38ª. Tossafoth ibid. v. צא.[7]

15. להם – לכם. Trg:[8] לכון. Sebirin.[9] Zahlreiche Kodd.

16. כל (I) ככל. Jemenisches Targum, Mehrere Kodd.

17. ככל אשר – כאשר. Der Karäer Jehuda Hadassi in Eschkol Ha-Kofer 85ᵈ; Parḥon, Wb. r. אלה. P: ואיכנא = יכאשר, V: sicut.

18. איש fehlt in Synhed. 49ª.[10] In Kod. Ken. 254 fehlt כל איש, ebenso in V.

18. את (II) – אל. Tanḥuma שמיני § 2.[11] Akedath Jizḥak Pf. 15. Einige Kodd. und edd. אל übersetzt auch V.[12]

---

1 In den anderen mss. fehlt die Stelle.

2 Lag und Jem: אורחתך = MT.

3 Vgl. zu V. 6. v. ואמץ.

4 Zu Gen. 45, 21 und Ex. 12, 39.

5 G. II 513, N. 127.

6 Norzi kennt bloß die Massora zu Jdc. 7, 8, die auch in unserer Stelle צדה hat. So auch Mass. fin. v. צד N. 1. Unsere Stelle ist also strittig. Vgl. auch Frensdorff, Massora Magna, S. 159, Note 1.

7 Einmal אתם עוברים. Entweder ist eines der beiden Zitate Verschreibung, oder תעברו durch den Talmudtext veranlaßt.

8 Edd. und Lag. Vgl. auch Norzi.

9 Vgl. Norzi zur Stelle und G. II 120 N. 48, ibid. 325 N. 39. Vgl. auch III 26 N. 64 *hv*.

10 Nach Jalkut Jos. zur Stelle und I Reg. § 172.

11 Alte edd. und Baḥja ben Ascher in Komm. ed. Riva 161ᵈ.

12 Non obedierit cunctis sermonibus, quos praeceperis ei.

Kap. II.

1. בן נון fehlt in einer massoretischen Notiz bei G. II 472 N. 399, in Kodd. Ken. 70, 80.

1. מן השטים fehlt in Midr. ha-gadol ed. Schechter S. XXIII aus Baraitha der 32 Normen N. 24.[1]

1. שנים — שני. Sifre Deut. § 52.

1. אנשים fehlt in Sifre Deut. § 52.

1. ראו — וראו. Sifre Deut. § 52,[2] Baraitha der 32 Normen N. 24[3] Raschi zur Stelle. Berechja Punktator in Sefer החיבור ed. Gollancz S. 107, Sefer מצרף S. 135, der Karäer Aron ben Josef Ha-Rofe in Mibḥar Jescharim zur Stelle. Mehrere Kodd. LXX: *και ἴδετε,* V: et considerate.

1. ואת יריחו — את י׳. Trg Lagarde. Einen ähnlichen Text drückt P aus: לארעא דאיריחו.

1. יריחו — ירחו. Die Massora fordert im ganzen Buche Josua, teils ohne,[4] teils mit Ausnahme von 18, 21,[5] die defektive Schreibung.

1. ויבאו fehlt in Tanḥuma שלח § 1.

1. בית — אל בית. Tanḥuma ed. Buber שלח § 1.

2. יריחו — ירחו. Massora. Vgl. zu V. 1 s. v.

3. יריחו — ירחו. Massora. Vgl. zu V. 1 s. v.

4. האשה fehlt in Tanḥuma ed. Buber שלח § 1.[6]

4. ותצפנו — ותצפנהו. Hebräisch-französisches Glossaire[7] zur Stelle.

4. ותצפנו — ותצפנם. Trg.;[8] ואטמרתנון. Vielleicht bloß sinngemäß. LXX: *αὐτούς,* P: אנון.

7. על המעברות — עד המ׳. Trg,[9] Sebirin.[10] Mehrere Kodd. und edd.

---

[1] מן השטים fehlt auch in den anderen Texten, aber dort ist das Zitat gekürzt.

[2] In Jalkut Deut. § 875. In edd. fehlt das Zitat.

[3] In Juda Hadassis Eschkol Ha-Kofer 59[d].

[4] כל יהושע חסר יוד, Mass. fin. v. יר N. 32.

[5] כל יהושע חסר יוד בר מן א׳ ובית חגלה ועמק, Mass. mag. zu II Reg. 25, 5; G. I 640 N. 624[c].

[6] Ein ms. und edd. = MT.

[7] Glossaire hébreu-français au XIII[e] siécle; Lambert et Brandin, Paris 1905.

[8] Edd. Lag und Jem.

[9] Edd. Lag und Jem. Vgl. Norzi zur Stelle und Grätz, Monatsschrift 1881, S. 220.

[10] Massora zu Gen. 49, 13; Mass. fin. v. על N. 1; G. II 235 N. 39; G. I 113 N. 1188. Vgl. auch Norzi zur Stelle.

7. כאשר – אשר. Trg: בתר דנפקו. אחרי אשר ist regelmäßig, אחרי כאשר kommt sonst nicht vor. Sebirin[1] אשר, so Kodd. Ken. 1, 109, 177, 300 marg. P: בתר דנפקו.

8. עליהם – אליהם. Trg: לותהון. Kodd. Ken. 18, 177 pr. m. LXX: *πρὸς αὐτούς*, P: לותהון, V: ad eos.

9. וכי (I) – כי. Ibn Ġanaḥ in Sefer Haschoraschim r. נפל.[2] LXX: כי.

11. אלהים – האלהים. Mechiltha 37ᵇ,[3] 43ᵃ, 59ᵃ,[4] Kodd. Ken. 90, 109, 196.

12. נא fehlt im Jalkut zur Stelle. Fehlt in Kod. Ken. 177, LXX, P, V.

12. לי נא – נא לי. Trg Jem in einem ms.

12. בה' – באלהים. Jal. zur Stelle aus Pesiktha.[5] Jal. zur Stelle.

16. ונחבתם – ונחבאתם. Gen. r. LVI Anfang.[6] Jalkut zur Stelle. Zahlreiche Kodd.

16. שמה – שם. Gen. r. LVI Anfang.[7]

16. שלשת – שלשה. Gen. r. LVI Anfang.[7]

16. שֹב – שוב. Kodd.[8] Die plene-Schreibung auch in Massora aus Jemen. Vgl. folgende Stelle. — Massora verlangt שֹב.[9]

16. שֹב – שוב. Massora aus Jemen.[10]

16. לדרכְּכם – לדרכֵּיכם. Trg edd.: לאורחתכון.[11]

17. משבועתך – משבועה. Jemenisches Targum in einem ms.: ממומתא. P: מן מומתא. V bloß iuramento.

17. הזה – הזאת. Trg und P: הדא. Vielleicht bloß notwendige Abweichung.[12] הזאת bieten Kodd. Ken. 182, 294.

19. דמו בראשו – ד' בנפשו. Raschi zu Lev. 20, 9.[13] Daß Raschi in unserer Stelle nicht בראשו gelesen, läßt sich vielleicht auch be-

---

1 Massora zu Lev. 7, 38; G. I 113 Nr. 1188; II 235 N. 39. Vgl. Norzi zur Stelle.

2 Wb. ed. Neubauer S. 413 = MT.

3 Edd. und Jalkut Jos § 10.

4 Edd. Jal. Jos. § 10; Lekaḥ Tob zu Ex. 18, 11.

5 Ed. Buber 111ᵇ. Dort und Jalkut Threni § 999 = MT.

6 Ed. pr. Jalkut Gen. § 99; Sechel Tob Gen. 22, 4; Pugio fidei ed. Leipzig S. 877.

7 In Sechel Tob Gen. 22, 4.

8 Vgl. Norzi zur Stelle und zu Gen. 18, 10.

9 Vgl. Mass. par. zur Stelle und Norzi zu Gen. 18, 10.

10 G. III 68ᵃ: תיבת שוב מלא והויו בשורק.

11 Lag und Jem. לאורחכון.

12 הזאת wird ja vom Sprachgebrauch gefordert. Vgl. auch Dillmann, Steuernagel und Holzinger zur Stelle.

13 So edd. Ed. Berliner = MT.

weisen. Niddah 17[a] מתחייב בנפשו ודמו בראשו führt Raschi דמו בראשנו aus unserem V. als Beleg an.[1] Hätte nun Raschi in unserer Stelle דמו בראשו gelesen, so hätte er notwendig dies anführen müssen, weil es an erster Stelle steht und auch der talmudischen Wendung besser entspricht.[2] Zu unserer Stelle liest Raschi בראשו. Dies beweist aber nichts gegen das Zitat בנפשו und unsere Ausführung in bezug auf Raschi Niddah 17[a]. Verschiedene Lesarten bei einem und demselben Autor kommen auch sonst zuweilen vor.[3]

19. יָד – יַד איש. Trg: יד אינש.[4] Vielleicht bloß Erklärung. Eine sichere Kontrolle ist nicht möglich, da in den prophetischen Schriften eine ähnliche Wendung nicht mehr vorkommt. Aber Ex. 19, 13 לא תגע בו יד übersetzen die Targumim wörtlich, ohne Ergänzung. LXX-Kodd. = MT. P (אנש) und V (aliquis) drücken איש aus. Ex. 19, 13 beide wörtlich.

20. תגידי – תגידו. Trg Lag und Jem: תחון (תחוון). Vgl. V. 14.

20. משבעתך – מש' הזה. Josef Bechor Schor zu Gen. 48, 7. 2 Kodd. LXX, P, V.

23. מההר – מן ההר. Trg:[5] מן טורא.

23. המצאות – המצאֵת. Trg: דערעא. P: דנדש.

24. וגם – וכי. Trg Lag: וארי. Vgl. V. 9. Kod. Ken. 96: וכי.

Kap. III.

3. כראתכם – בראתכם. Der Karäer Aron der Ältere in Mibḥar Jescharim zur Stelle. Trg edd.: במחזיכון.[6] בראתכם Kodd. 176, 182, 366.

3. הלוים – והלוים. Trg edd. וליואי. Einige Kodd. und edd. LXX, P.

4. כאלפים – אלפים. Gen. r. LIII 18.[7] Auch V drückt bloß אלפים aus.

4. אשר fehlt bei Qimḥi zur Stelle.

4. תדעו – תדעון. Tanḥuma במדבר § 9.

4. שלשם – שלשום. Die Massora[8] zählt ohne unsere Stelle vier שלשם def. in den prophetischen und hagiographischen Schriften.

---

[1] דמו בראשו . . . וראיה לדבר דמו בראשנו דמרגלים חובת דמו יהא מוטל בראשנו.

[2] Die Erklärung R. S. Edles' zur Stelle ist geistreich, aber für Raschi unmöglich, da Raschi דמו reflexiv faßt: נענש על עצמו וחובת דמו נדרשת ממנו לאחר מיתתו. Mit dieser Bemerkung antwortet Raschi auch auf die Frage Edles'.

[3] Vgl. z. B. Heft II, S. 38 zu II Sam. 18, 6 v. והמחלות 2.

[4] Edd. Lag und Jem.

[5] Edd. und Jem in einem ms.

[6] Lag und Jem כמחזיכון ist nicht sicher, da hebr. כראתכם in der Regel כד תחזון entspricht.

[7] In Jal. Gen. § 94.

[8] Gen. 31, 2; II Sam. 3, 17; G. II 632 NN. 591, 592. In letzterer Stelle ist die Angabe ה' חסר fehlerhaft, da nur vier Verse aufgezählt werden. Vgl. auch

6. ארון הברית (I). Trg: ארון ברית = ארון קיימא, da ארון הברית regelmäßig ארונא דקיימא wäre, wie in unserem V. selbst אֲרוֹן הברית (II). Da ארון קיימא durch das Zeugnis aller Texte[1] gesichert, ארון ברית aber unmöglich ist, so muß man als den ursprünglichen Targumtext ארון קיימא דה' annehmen = ארון ברית ה'. So liest LXX: *τὴν κιβωτὸν τῆς διαθήκης Κυρίου.*

7. לעיני – בעיני. Der Karäer Jehuda Hadassi in Eschkol Ha-Kofer 58[d]. Einige Kodd. und Bomberg.

7. כן אהיה – אהיה. Qimḥi zur Stelle. Vielleicht bloß Ergänzung. LXX: *οὕτως*. Trg: כן. Vgl. 1, 5.

8. בבאכם – ככאכם. Trg Lag: במימטכון.[2] Einige Kodd. und Edd.

8. מֵי fehlt bei Raschi zur Stelle im Stichwort.[3]

9. בני fehlt in Num. r. XIX 5 in den alten add.

9. כל בני – בני. Tanḥuma חקת § 9.[4]

9. העם – בני ישראל. Jal. zur Stelle. Gewiß aus V. 5 verschrieben.

9. דבר – דברי. Gen. r. V 6,[5] Tanḥuma חקת § 9,[6] Num. r. XIX § 5, Jemenisches Targum: פתגמא, Kod. Ken. 84. LXX: *τὸ ῥῆμα,* V: verbum.

10. תדעו – תדעון. Gen. r. V 5.[7]

10. האמרי – והאמרי. Jemenisches Targum.

11. הארון – ארון. Agadath Bereschith Kap. 17.[8] Vgl. V. 14.

11. ארון ברית ה' – ארון הברית. Toseftha ms. Erfurt Sotah VIII 1. Wahrscheinlich so auch Trg: ארון ברית = ארון קיימא, was ohne ה' nicht möglich ist.[9] LXX: *ἡ κιβωτὸς διαθήκης Κυρίου,*[10] P: קאבוּתא דדיתיקי דמריא, V: arca foederis Domini. Vgl. die folgende Stelle.

11. ארון ה' – ארון הברית. Toseftha Sotah VIII 1 in edd. und ms. Wien. Vielleicht ist bloß ברית ausgefallen. Vgl. die Lesart des ms. Erfurt. Vgl. V. 13.

Norzi zu Gen. 31, 2; Jos. 3, 4 und 4, 18; Frensdorff, Massora Magna, S. 198 und Note 2.

1 Edd. Lag und Jem.

2 Edd. und Jem. כמימטכון scheint Fehler oder Korrektur zu sein. כבאכם entspricht כד תימטון. Vgl. zu V. 3 v. כראתכם.

3 In den alten edd.

4 So die alten edd. Ed. pr. und Jalkut Num. § 763 = MT.

5 Mss. bei Theodor, Jalkut Gen. § 7.

6 In Jalkut Num. § 763.

7 Ms. bei Theodor, ed. pr.

8 Alte edd. und ed. Buber, S. 36.

9 Vgl. die Ausführung zu V. 6 s. v.

10 *Κυρίου* als Übersetzung von ארון ist ausgefallen. Daß *Κυρίου* die ursprüngliche Lesart ist und nicht *κυρίου*, das manche Kodd. bieten, wird durch P und V bestätigt. ברית wird auch durch *διαθήκης* ohne *τῆς* bezeugt.

12. שני – שנים. Massoretische Notiz (Zitat).[1] Kod. מגה.[2] Kodd. Edd.

13. והיה – ויהי. Ex. r. XXXVI Ende.[3] Kodd. Ken. 1, 150 pr. m.

13. כנוח – בנוח. Ex. r. XXXVI Ende.[4] 2 Kodd. Ken. Edd.

13. כפות fehlt in Sotah 33ᵇ in ms. München. LXX: *οἱ πόδες*.

15. וכבוא – ובבוא. Sotah 34ᵃ.[5]

15. נשאי הארון (II) fehlt in Jal. zur Stelle aus Sotah 33ᵇ.

16. הרחק – רחוק. Raschi zur Stelle im Stichwort.

16. מאד fehlt in Jal. Jos. § 15 aus Jelamdenu. Fehlt in V.

16. צרתָן – צרתַן. Michlol.[6] Einige Kodd.[7]

16. על ים – עד. Sotah 34ᵃ in ms. München, Josef Kara zur Stelle.[8] Kodd. Ken. 77, 149, 154, 262.

16. על ים – אל. Trg:[9] לימא. LXX: *εἰς*, P: לימא, V: in.

16. ים (II) – אל ים. Trg:[9] לימא. Wahrscheinlich keine Ergänzung, da eine solche bei einer Apposition nicht nötig und nicht gut ist. Alle anderen Vertenten drücken in der Tat MT aus.

16. יריחו – ירחו. Massora.[10] Kodd.

17. הארון – ארון. Berachoth 54ᵃ.[11] LXX, Trg, P und V drücken ארון aus.[12]

17. ברית fehlt Berachoth 54ᵃ in den alten edd. (ארון ה׳).

17. בחרבה (I) fehlt in Sche'eltoth, ed. Wilna 40ᵇ.

17. עד תמו כל הגוי – עד תום כל העם. Berachoth 54ᵃ.[13]

17. לעבור – לעבֹר. Massora.[14] Nach einer anderen Massora לעבור.[15]

---

1 G. III 310 N. 1.

2 G. III 26 N. 641 *y*: שני עשר מגה שני עשר; muß wohl heißen: מגה שנים עשר oder שנים עשר, מגה שני עשר.

3 In Jal. ha-Machiri Ps. 121 § 21.

4 Alte edd. und Jal. ha-Machiri l. c.

5 Ms. München, Agadoth ha-Talmud, En Jakob ed. pr.

6 Art. Vierlautige Nomina, ed. Rittenberg 184ᵃ: ובקמץ הראשונה ובפתח השלישית צָרְתַן. . . .

7 Vgl, auch Norzi zur Stelle und zu I Reg. 4, 12.

8 Jahrbuch der jüd.-lit. Gesellschaft zu Frankfurt a. M. V, S. 47.

9 Edd. Lag und Jem.

10 Vgl. zu 2, 1 s. v.

11 Alte edd. und mss.

12 Vielleicht aber bloß sinngemäß und sprachnotwendig.

13 Edd. und mss.

14 Zu Nah. 2, 1. Vgl. Norzi zu unserer Stelle. Vgl. dagegen Frensdorff, Massora Magna, S. 134, Note 2.

15 Zu Num. 22, 26; zu unserer Stelle. Mass. fin. v. עב, NN. 21, 23.

Kap. IV.

1. לעבור – לעבר. In der Mass. parva zur Stelle fehlt die Bemerkung ד׳ ומלא, wie bei den anderen לעבור plene. Sie liest also לעבר.[1]

3. מתוך fehlt Toseftha Sotah VIII 6 in ms. Erfurt,[2] Sotah 34^a in ms. München.

3. מתוך הירדן fehlt in Toseftha Sotah VIII 6 in ms. Erfurt.[2]

3. ממצב – ממָצָב. Massora aus Jemen.[3] Kodd.

3. ממצב – מתחת. Tosefta ms. Erfurt Sotah VIII 6.[2] P: מן תחית.

3. ממצב – ממקום מצב. Sotah 34^a in Agadoth ha-Talmud.

3. הכין fehlt in Toseftha Sotah VIII 6 in ms. Erfurt.[4] Sotah 34^a.[5] V drückt הכין nicht aus.

3. הכין – הכינו. Jalkut Jos. § 14 aus Sotah 34^a.[6] P: טיבו.

3. הכין – קחו. Agadoth ha-Talmud Sotah 34^a.

3. הכין – הכִן. Nach einer massoretischen Notiz sind alle drei הכין, die in der Bibel vorkommen, defektiv הכִן.[7] In unseren Texten sind alle plene. Vielleicht muß es in dieser massoretischen Angabe auch heißen: ג׳ וְמלא יוד. Mass. parva zu unserer Stelle bemerkt: לית ומלא.

3. והנחתם – והבאתם. Sotah 36^a ms. München.

3. והנחתם fehlt in Toseftha ms. Erfurt Sotah VIII 8, Sotah 36^a in Jal. Jos. § 14.

3. אותם (II) fehlt in Toseftha ms. Erfurt VIII 8, Sotah 34^a in Jalkut Jos. § 14. Sotah 36^a in Jal. l. c. Fehlt in LXX-Kodd.

5. ארון – ארון ברית. Kodd. bei G.[8] Kod. Ken. 602.

5. והרימו לכם – והרימו לכם אבנים. Toseftha ms. Erfurt VIII 6.

5. שבטי fehlt in Toseftha Sotah VIII 6.[9] Fehlt in Kod. Ken. 70 und in V.

5. בני fehlt Sotah 34^a.[10] Fehlt in einigen Kodd. Ken. und LXX.

---

1 Vgl. auch Frensdorff, Massora Magna, S. 134, Note 2.

2 Edd. und ms. Wien = MT.

3 G. III 68^a: הצדי בקמץ. Vgl. auch zu I Sam. 13, 23 v. מצב (Heft II, S. 20).

4 In edd. und ms. Wien fehlt das Zitat.

5 Ms. München und Jal. Num. § 743. Jal. Jos. § 14: הכינו.

6 Vgl. die Lesart des Jal. in der vorhergehenden Stelle. Einmal Verschreibung oder Korrektur nach seiner Vorlage.

7 G II 29 N. 117: (Jos 4, 3; Jer. 10, 23; Ez. 7, 14) הכִן ג׳ וחסר יוד בקריה וסימן.

8 I 607^a, III 26 N. $641y$; folgt aus der Notiz מגּה בלא ברית, Kod. מגּה liest ברית nicht.

9 So edd. und ms. Wien. Ms. Erfurt = MT.

10 So edd. ms. München = MT.

5. Am Schlusse unseres Verses hat Toseftha Sotah VIII 6 in allen Texten folgenden Zusatz: והנחתם אותם תחת מצב רגלי הכהנים. Wenn echt, vorzüglich, da dieser Befehl nach V. 9 vorausgesetzt werden muß.[1] Es entfallen nach diesem Text alle Schwierigkeiten, durch welche die Bibelkritiker an drei verschiedene Relationen zu denken sich veranlaßt fühlen.[2] Es ist aber möglich, wenn auch sehr unwahrscheinlich, daß die Toseftha diesen Zusatz aus V. 9 erschlossen hat.

11. תם – תמו. Sotah 35a.[3] Vgl. 3, 17 und 4, 1.

11. כל העם. Fehlt Sotah 35a ms. München. Auch V drückt כל העם nicht aus.[4]

11. העם – הגוי. Juda ben Barsillai, Kommentar zu Sefer Jezirah S. 233 aus Sotah 35a. Vgl. 3, 17 und 4, 1.

11. העם – אנשי המלחמה. Jal. Jos. § 14 aus Sotah 35a. Vgl. Deut. 2, 16.

11. והכהנים – והכ׳ לעבור. Jal. Jos. § 14 aus Sotah 35a.

12. בני ראובן ובני גד – בני גד ובני ראובן. Mechiltha 24a.[5] Mechiltha ed. Hoffmann S. 38.

12. המנשה – מנשה. Mechiltha ed. Hoffmann S. 38.

12. חמֻשים – חלוצים. Mechiltha 24a.[6] Für die Lesart der edd. scheint auch der Inhalt der Stelle zu sprechen.[7] Es wird Ex. 13, 18 חמֻשים als „bewaffnet" erklärt und dafür Jos. 1, 14 als Beleg angeführt, dem Jos. 4, 12 und 13 entsprechen: חמשים und חלוצים, חלוצי.[8] Da aber dieser Beweis auch durch V. 13 allein erzielt wird, so ist auch nach dieser Erklärung die Lesart חלוצים in V. 12 nicht notwendig.[9] Vielmehr spricht der Inhalt der Stelle für חמשים. Es ist nämlich sehr auffallend, warum die Mechiltha nicht die Pentateuchstellen heranzieht: Num. 32, 20—32 √חלץ, 30 und 32 und Deut. 3, 18

---

[1] Vgl. Qimḥi zur Stelle. Vgl. auch Wellhausen, Komposition des Hexateuchs^{2} zur Stelle.

[2] Vgl. Steuernagel und Holzinger zur Stelle.

[3] Juda ben Barsillai, Jezirahkommentar S. 233; Jal. Jos. § 14; ms. München und En Jakob ed. pr. im Text und Kommentar (einmal verschrieben חם).

[4] Cumque transissent omnes. So aber auch V. 1. Dagegen 3, 17 = MT.

[5] Jalkut Ex. § 229, Sechel Tob II, S. 170.

[6] So edd. In Jal. l. c. und Sechel Tob l. c. = MT.

[7] אין חמושים אלא מזוינים שנאמר ואתם תעברו חמושים, ויעברו ראובן ובני גד וחצי שבט המנשה חלוצים, ארבעים אלף חלוצי צבא (Jos. 1, 4; 4, 12, 13). So die alten edd. und Mechiltha ed. Hoffmann S. 38 (aber חמושים). Friedmann korrigiert nach Jalkut, mit Unrecht.

[8] Vgl. Weiß, Kommentar zur Stelle.

[9] Vgl. auch Friedmann zur Stelle.

חלוצים, und Jos. 1, 14 חמשים. Diese Schwierigkeit kann nur dadurch behoben werden, daß man annimmt, die Mechiltha habe es vorgezogen, die gleiche Bedeutung von חמשים und חלוצים aus einer Stelle zu beweisen, in der auch die beiden Ausdrücke in zwei unmittelbar aufeinander folgenden Versen vorkommen. Eine solche Stelle ist aber nur Jos. 4, 12 und 13 mit חמשים in 12.[1]

12. חמֻשים – חמשים עברו. Mechiltha ed. Hoffmann S. 38. V: armati praecedebant.[2]

12. לפני בני ישראל – לפני אחיהם. Mechiltha ed. Hoffmann S. 38.

13. כארבעים – בארבעים. Toseftha Abodah Zarah IV (V) 5.[3] Lekaḥ Tob Gen. 49, 18[4] und Num. 32, 32. 6 Kodd. Ken.

13. כארבעים – ארבעים. Mechiltha 24ᵃ. LXX-Kodd., P. V: et quadraginta drückt וארבעים aus oder auch ארבעים.

13. הצבא – צבא. Toseftha Abodah Zarah IV (V) 5.[5] Mechiltha 24ᵃ.[6] Cant. r. zu 4, 4.[7] Lekaḥ Tob Gen. 49, 18 und Num. 32, 32. Sechel Tob I 324.

13. עברו – עברו את הירדן. Lekaḥ Tob Gen. 49, 18. Vielleicht spricht auch die Stelle für diese Lesart: גד גדוד יגודנו אלו שעברו את הירדן בימי יהושע בארבעים אלף חלוצי צבא עברו את הירדן.

13. לפני ה׳ – לפני ה׳ ולפני עמו. Toseftha Abodah Zarah IV (V) 5.[8] Da der Inhalt der Ausführung[9] Num. 32, 22 ונכבשה הארץ לפני ה׳ als Zitat erfordert, so ist vielleicht irrtümlicherweise II Chr. 22, 17 ונכבשה הארץ לפני ה׳ ולפני עמו dafür angeführt und dann wieder ונכבשה הארץ לפני ה׳ mit der Anführung ואומר oder וכן הוא אומר ausgelassen worden. So liest in der Tat Naḥmanides zu Lev. 18, 25.[10] Aber ms. Wien und Edd. zitieren aus unserer Stelle לפני ה׳ ולפני עמו und dann die Chronikstelle.

---

1 Der Text muß also so lauten wie in Mechiltha des R. Simon S. 38, wo Jos. 1, 14 nicht zitiert wird: אין חמשים אלא מזוינים שנ׳ ויעברו — חמשים, כארבעים אלף חלוצי הצבא.

2 V drückt daher ויעברו nicht aus; Filii quoque . . . armati praecedebant = ובני . . . חמש׳ עברו.

3 Edd. mss. Naḥmanides zu Lev. 18, 25. Schem Tob ben Schem Tob, Predigten ed. pr. 55ᶜ und 57ᶜ.

4 In einem ms. und Sechel Tob I 324 = MT.

5 Edd. mss. Naḥmanides Lev. 18, 25. Schem Tob ben Schem Tob, Predigten 55ᶜ.

6 Edd. und Jal. Ex. § 227.

7 Alte edd. und ms. München.

8 Edd. und mss.

9 בארבעים אלף — ולפני עמו וכי תעלה על דעתך שישראל מכבשין את הארץ לפני המקום אלא כל זמן שהן עליה כאילו היא מכובשת הא אינן עליה כאילו אינה מכובשת . . .

10 וכן הוא אומר בארבעים אלף חלוצי צבא עברו לפני ה׳ ואומר ונכבשה הארץ לפני ה׳ ולפני עמו.

13. ירחו — יריחו. Massora.[1] Kodd.

18. בעלות, Q're בעלות. Sotah 35[a] hat das Kethib.[2]

18. ברית fehlt in Juda ben Barsillais Jezirakomm. S. 233 aus Sotah 35[a].

18. למקומם — אל מקומם. Raschi Sotah 35[a].[3]

18. למקומם — למקומן. Sotah 35[a].[4]

18. כתמל — כתמול. Nach einer massoretischen Notiz sind alle sieben כתמול, die in der Schrift vorkommen, plene.[5] כתמול in unserer Stelle auch Konkor. und Kodd.

18. שלשם — שלשום. Massora.[6] Kodd.

18. לחדש הראשון — לחודש הזה. Diese in unserem Zusammenhang kaum mögliche Lesart ist gut bezeugt: Pesiktha ed. Buber 55[b], Pesiktha r. 78[b], Tanḥuma ed. Buber ואתחנן § 6 Ende, Seder Olam r. Kap. 11 Anfang,[7] Lekaḥ Tob Ex. 12, 6. Die Stelle in Pesiktha ed. Buber scheint auch inhaltlich לחדש הזה in unserer Stelle vorauszusetzen: ר׳ חלבו בשם ר׳ יוחנן, הכא (Ex. 12, 3) בעשור לחודש הזה ולהלן הוא אומר והעם עלו מן הירדן בעשור לחודש הזה, מה כאן בניסן אף להלן בניסן. R. Joḥanan deduziert also mittels Wortanalogie (גזירה שוה), daß in unserer Stelle der Monat Nisan gemeint ist. Diese Deduktion schließt für ihren Autor לחדש הראשון in unserer Stelle aus. Indes ist der Satz מה כאן בניסן אף להלן בניסן nicht sicher echt. Er fehlt in manchen Texten[8] und in Pes. r. Das Fehlen dieses Satzes kann aber auch beabsichtigte Korrektur sein, wie das Fehlen von הזה im Jalkut. — Das Zitat לחדש הזה aus unserer Stelle ist wahrscheinlich durch Ex. 12, 3 veranlaßt.

19. בגלגל — בקצה הגלגל. Sifre Deut. § 2.

---

[1] Vgl. zu 2, 1 s. v.

[2] Alte Edd. Agadoth ha-Talmud und En Jakob ed. pr. Bei Juda ben Barsillai, Jezirahkommentar S. 233 und ms. München wird כעלות zitiert.

[3] Stichwort zu unserer Stelle = MT.

[4] Alte edd. Agadoth ha-Talmud und En Jakob ed. pr.

[5] G. II 708 N. 156: כתמול ז׳ מלא. Diese Angabe stimmt mit unseren Texten ebensowenig wie die andere, geläufigere: ז׳ חסר. Vgl. Massora mag. zu Gen. 31, 2; Ex. 5, 7; I Sam. 21, 6; II Reg. 13, 5; Mass. fin. v. תם N. 8 und Norzi zu Gen. 31, 2. Beide Angaben scheinen verstümmelt zu sein aus der ursprünglichen, einzig richtigen: ז׳ מלא וחסר oder ז׳ חסר ומלא, d. h. das Wort kommt siebenmal vor, teils plene, teils defektiv. Mass. zu Deut. 19, 6: כתמל מתמל ז׳ חסר בליש׳, ms. bei Heidenheim bloß ז׳ בקריאה. Vgl. Frensdorff, Massora Magna, S. 207, Note 8.

[6] Vgl. zu 3, 4 s. v. und Norzi zur Stelle.

[7] In ms. Epstein und in Neubauers Mediaevel Jewish Chronicles II, S. 14.

[8] Ms. Oxford, Jalkut Ex. § 191 und Jos. § 15. Vgl. auch Friedmann zu Pes. r.

19. מזרח fehlt in Kaphtor wa-Pheraḥ Kap. 10 ed. Edelmann 40^{a}.

19. ירחו — יריחו. Massora.[1] Kodd.

20. האלה fehlt Sotah 36^{a} in ms. München. Fehlt in LXX-Kodd. und V.

20. לקחו בני ישראל — לקחו. Tosefta Sotah VIII 8, in allen Texten.

20. מן הירדן fehlt Tosefta Sotah VIII 8, in allen Texten.

23. אלהיכם (I) fehlt bei Qimḥi zur Stelle im Stichwort.

24. מפני ה׳ — את ה׳. Trg Edd. und Jem: קדם. Richtiger scheint die Lesart in Lag: ית = MT. ירא מפני ה׳ kommt selten und nur in den späten biblischen Schriften[2] vor.

Kap. V.

1. כל fehlt in Sifre Deut. § 52,[3] Sotah 34^{a}.[4] Fehlt in LXX.[5]

1. המלכים — מלכי האמרי. Sifre Deut. § 306, ed. Friedmann 132^{b}: „Woher wissen wir, daß Gott die Wunder und machtvollen Taten für unsere Ahnen am Schilfmeer, am Jordan und am Arnontal zu dem Zwecke gewirkt hat, um seinen Namen in der Welt zu heiligen? Es heißt: ויהי כשמע כל המלכים אשר בעבר הירדן ימה. Ebenso hat Rahab zu den Boten Josuas gesprochen: כי שמענו את אשר הוביש ה׳ את מי ים סוף מפניכם (Jos. 2, 10)".[6] Da der Agadist von der Heiligung des göttlichen Namens, d. h. der Anerkennung der Allmacht Gottes, durch die Wunder am Jordan spricht, so kann er dafür nur unsere Stelle als Beleg anführen, in der dasselbe gesagt wird, wie im zweiten Beleg, Jos. 2, 10 und 11. An 9, 1, wo כל המלכים vorkommt, kann der Agadist unmöglich gedacht haben, da dort von einer Anerkennung der Allmacht Gottes nicht die Rede ist und aus 9, 2 das Gegenteil davon folgt. Daß also der Agadist in der fraglichen Sifrestelle unsere Stelle zitiert, ist sicher. Es kann nur darüber ein Zweifel bestehen, ob das Zitat auch ursprünglich so gelautet hat wie in unseren Sifretexten. Ein Zweifel, der hier nicht mehr und nicht weniger berechtigt ist als

---

1 Vgl. zu 2, 1 s. v.

2 Hag. 1, 12; Koheleth 8, 12 und 13.

3 So edd. Jalkut Deut. § 875 = MT.

4 Agadoth ha-Talmud und Predigten des R. Josua Ibn Schoeib שמיני עצרת.

5 Manche Kodd.: *πάντες*.

6 ומנין שלא עשה המקום נסים וגבורות לאבותינו על הים ועל הירדן ועל נחלי ארנון אלא בשביל לקדש שמו בעולם שנאמר ויהי כשמע כל המלכים אשר בעבר הירדן ימה, וכן רחב אמרה לשלוחי יהושע כי שמענו את אשר הוביש ה׳ את מי ים סוף מפניכם. So edd., Jal. Deut. § 942 fehlt ימה. Vielleicht Korrektur nach 9, 1.

bei den meisten anderen Abweichungen von MT. Wenn das Zitat echt ist, so haben wir in unserer Stelle für מלכי האמרי die Lesart המלכים.

1. ימה fehlt in Jeruschalmi Sotah VII (22[a] 3). Fehlt in LXX.[1]

1. מלכי (II) fehlt in Tosefttha Sotah VIII 3,[2] Jeruschalmi Sotah VII (22[a] 3). Fehlt in Kodd. Ken. 113, 182, 650.

1. הים – הירדן. Sotah ms. München 34[a].

1. את אשר – אשר. Sifre Deut. § 52.[3] Tosefttha Sotah VIII 3,[4] Sotah 34[a].[5]

1. מפני – לפני. Sifre Deut. § 52.

1. ולא היה – ולא נותַר[6] (ולא נשאר). Trg:[7] ולא אשתארת. Vielleicht bloß Übersetzungsmanier, da so auch I Reg. 10, 5.[8] Auch P an beiden Stellen: אשתַּחרת. V dagegen übersetzt I Reg. 10, 5 MT,[9] in unserer Stelle aber: et non remansit, wie I Reg. 17, 17.

1. בם – בהם. Zebaḥim 116[a][10] (bis). Kod. Ken. 93.

1. בם עוד – עוד בם. Zebaḥim 116[a].[11]

1. עוד fehlt bei Naḥmanides Deut. 9, 3. Fehlt in LXX, P und V.

2. ושוב – שוב. Qimḥi, Wb. v. שנה;[12] Glosse in Josef Qimḥis Sefer Ha-Galuj S. 27 N. 56.

2. ושוב – וְשֵׁב. Die defektive Schreibung ist zwar aus hebräischen Texten und Zeugen nicht bekannt, wird aber durch die LXX bezeugt, die וְשֵׁב gelesen: *καὶ καθίσας*.

2. מל – ומל. Josef Kara in Geigers Nite Na'amanim 1[a].

2. בני fehlt in Tanḥuma ed. Buber שלח § 20.

4. וזה – זה. Jalkut zur Stelle.

4. היצא – היצאים. Trg: די נפקו.[13] LXX-Kodd.: *οἱ ἐκπορευόμενοι*, P: דנפקו.

---

[1] LXX-Kodd.: *παρὰ τὴν θάλασσαν*.

[2] Edd. und mss.

[3] So edd. Jal. Deut. § 874 = MT.

[4] Edd. und beide mss.

[5] Ms. München und Agadoth ha-Talmud.

[6] Vgl. I Reg. 17, 17 לא נותרה בו נשמה.

[7] Edd. Lag und Jem.

[8] Dort wird MT auch durch II Chr. 9, 4 bezeugt.

[9] non habebat = לא היה.

[10] Manche alte edd. und andere Zeugen bei Rabbinowicz, so auch Jal. Jos. § 8 (bis).

[11] So mss. Edd. und andere Zeugen = MT.

[12] Edd. und ed. Lebrecht. — r. שוב = MT.

[13] Lag und Jemenisches Targum. Edd. נפק.

5. היצאים ממצרים – היצאים. Der Karäer Jehuda Hadassi in Eschkol Ha-Kofer 112^a.

6. ישראל – בני ישראל. Jehuda Hadassi in Eschkol Ha-Kofer 112^a. בני fehlt in LXX.

6. הדור – הגוי. Koheleth Zuta ed. Buber S. 85. Diese Lesart wird auch vom Inhalt der Stelle bestätigt, indem aus unserer Stelle dafür ein Beleg gebracht wird, daß ein „Geschlecht" דור 600.000 Seelen umfaßt.[1] הדור bieten mehrere Kodd.

6. נשבע – נשבע ה' (I). Kommentar des R. Samuel ben Meïr zu Deut. 2, 14.[2] ה' fehlt in LXX[3] und V.

7. הַקָּמִים – הֵקִים. Trg: דקמו.[4] P: דהוו מן בתריהון.

9. היום הזה – היום. Trg: יומא הדין.[5]

9. חרפּת – חרפַּת. Trg: חסודי.[6]

9. מפניכם – מעליכם. Trg edd.: מן קדמיכון.

9. מכם – מעליכם. Trg: מנכון.[7]

10. ויעשו בני ישראל את הפסח בגלגל – ויחנו בני ישראל בגלגל ויעשו את הפסח. Zebaḥim 118^a. Der Text ist gesichert.[8] Nun könnte man eine kürzende Zusammenfassung des Inhaltes unseres Verses annehmen,[9] aber diese Annahme wird dadurch sehr unwahrscheinlich, daß auch LXX faßt denselben Text bietet: *καὶ εποίησαν οἱ υἱοὶ 'Ισραὴλ τὸ πάσχα* = ויעשו בני ישראל את הפסח, ohne ויחנו בני ישראל בגלגל.[10]

10. בראשון בא' ע' – בארבעה עשר. Mechiltha des R. Simon, ed. Hoffmann S. 21. Mehrere Kodd. Trg ms. bei G.

10. בערב fehlt in Mechiltha ed. Hoffmann S. 21, Kaftor wa-Pheraḥ Kap. 10.

10. ירחו – יריחו. Massora,[11] Kodd.

11. מצה – מצות. Ibn Esra zu Lev. 23, 15.[12]

---

[1] ומנין שהדור ששים רבוא שנאמר עד תום כל הדור אנשי המלחמה היוצאים וגו'.

[2] Die betreffende Stelle gehört dem ersten Kopisten. Vgl. Rosin in seiner RSBM-ed. S. 199, Note 20.

[3] LXX-Kodd.: *Κύριος*.

[4] Edd. Lag, Jem und Maḥsor Vitry S. 165.

[5] Lag und Maḥsor Vitry S. 166. Edd. und Jem: דין = MT.

[6] Edd., Lag und Jem. Maḥsor Vitry S. 166 חסודא = MT.

[7] Jem und Maḥsor Vitry S. 166.

[8] So edd. und, da Rabbinowicz nichts bemerkt, gewiß auch die mss. So auch Jalkut Deut. § 881 und wahrscheinlich auch Tossafoth Jebamoth 71^b: ויעשו את הפסח בגלגל.

[9] Vgl. Das Schriftwort, Heft I (Prolegomena), S. 24 und 27.

[10] Manche Kodd.: *καὶ παρενέβαλον οἱ υἱοὶ 'Ισραήλ ἐν Γαλγάλοις*.

[11] Vgl. zu 2, 1 s. v.

[12] Im langen Kommentar, ed. Friedländer, S. 70.

12. הארץ – ארץ כנען. Trg מעללת ארעא.[1] דכנען ist gewiß irrtümlich ausgelassen, da מתבואת הארץ heißen müßte מעללתא דארעא.[2]

13. בירחו – יריחו. Massora.[3]

13. וירץ – וילך. Sifre Num. § 139.

13. אליו fehlt in Sifre Num. § 139. Fehlt in Kod. Ken. 223 und LXX.

14. לו – לא. Megillah 3ª,[4] Erubin 63ᵇ,[5] Synhed. 44ª,[6] Gen. r. XCVII 4,[7] Ex. r. XXXII 3,[8] Tanḥuma ed. pr. משפטים § 18, Juda Hadassi in Eschkol Ha-Kofer 27ᶜ,[9] Naḥmanides zu Lev. 23, 21,[10] Josef Albo in Ikkarim, II Kap. 28. Zahlreiche Kodd. und einige edd. Manche Kodd. לו als Q're.[11] Kod. Ken. 109: לו לא. LXX: *αὐτῷ*, P: לה, Trg: ליה.[12] Das Passekzeichen (|) zwischen ויאמר und לא deutet vielleicht an, daß לא strittig ist und soll seine Verwechslung mit ויאמר לו in V. 13 verhüten.[13]

14. אני fehlt in Tanḥuma ed. Buber משפטים § 10. Kod. Ken. 665.

14. על – אל פניו. Megillah 3ª,[14] Synhed. 44ª,[15] Tanḥuma משפטים § 18, Tanḥ. ed. Buber משפטים § 10, Raschi Megillah 3ª, Responsen der Gaonim שערי תשובה N. 337,[16] Sohar האזינו (ed. Wilna III 286ᵇ), Menorath ha-Maor N. 104, Josef Albo in Ikkarim II 28, Abarbanel zu Ex. 3, 1 und 23, 20. Zahlreiche Kodd. und einige edd. LXX, Trg,[17] P, V.

---

1 So Maḥsor Vitry S. 166. Edd. Lag und Jem = MT.

2 Vgl. oben zu 3, 6 und 11 v. ארון הברית.

3 Vgl. zu 2, 1 s. v.

4 Zahlreiche Textzeugen, siehe Rabbinowicz.

5 Auch hier mehrere Zeugen. — Geiger, Urschrift, S. 493, meint, die Lesart לו folge auch aus dem Inhalt der Talmudstelle, „da sie sonst für לא eine Deutung gesucht hätte". Ein sehr schwaches Argument.

6 Ms. München, alte edd. und Jalkut ms. Vgl. Rabbinowicz.

7 Ed. pr. und edd. Ven.

8 Ed. pr. und andere alte edd.

9 Vgl. auch 45ª.

10 Einmal: לא. Eines von beiden Verschreibung.

11 Gegen die Massora. Vgl. Norzi zur Stelle.

12 Maḥsor Vitry S. 166, Trg ms. bei G.

13 Vgl. Büchler, Entstehung der hebräischen Akzente, S. 113.

14 Ein ms. und En Jakob, in den anderen mss. fehlt das Zitat. Auch Raschi scheint es nicht gehabt zu haben.

15 So ms. München. In anderen mss. und alten edd. fehlt das Zitat, so auch Erubin 63ᵇ.

16 Das Responsum ist nicht echt.

17 Edd. Lag, Jem und Maḥsor Vitry S. 166.

14. ארצה fehlt Synhed. 44^{a},[1] Raschi Megillah 3^{a}. Fehlt in Kod. Ken. 76.

14. וישתחו – וישתחו לאפיו. Megillah 3^{a}.[2]

15. שר צבא – מלאך. Tanḥuma שמות § 19.

Kap. VI.

1. ויריחו – וירחו. Massora.[3]

1. ואין בא – ובא. Jemenisches Targum: ועליל.[4]

2. יריחו – ירחו. Massora.[5]

3. תעשה – תעשו (תעשון). Tanḥuma נשא § 28 (ed. Buber § 37).[6] 2 Kodd. Ken. LXX-Kodd. und Luc.: *ποιήσατε,* P: עבדו, V: facietis.

3. ששת – שבעת. Tanḥuma ll. cc. Vielleicht folgt die Lesart שבעת auch aus dem Inhalt der Stelle: Gott selbst habe Josua den Sabbat entweihen geheißen, indem er ihm gesagt: „so sollt ihr tun sieben Tage", es aber keine sieben Tage ohne Sabbat gibt.[7] Notwendig ist dies jedoch nicht, da die siebentägige Belagerung in V. 4 angegeben ist, welche Stelle in der Tat in den anderen Texten angeführt wird.[8] שבעת haben manche edd. am Rande.

4. וביום – ביום. Tanḥuma נשא § 28 in den alten edd.

4. תָסֹבו – הָסֵבו. Tanḥuma נשא § 28. Gewiß Verschreibung.

5. בשמעכם, Q're כשמעכם. Trg liest das Kethib. Denn במשמעכון, das weder כשמעכם,[9] noch בשמעכם ausdrückt, ist gewiß Verschreibung aus במשמעכון. LXX-Kodd. *ἐν τῷ ἀκοῦσαι.*

5. ועלו – ויעלו. Glosse in Josef Qimḥis Sefer Ha-Galuj S. 31.

5. העם – כל העם. Glosse in Josef Qimḥis Sefer Ha-Galuj S. 31 N. 65. Kod. Ken. 99. LXX: *πᾶς.*

6. ויקרא – ויאמר. Raschi Sotah 33^{b}. Daher auch für das folgende

---

1 Edd. und mss. Megillah 3^{a} und Erubin 63^{b} fehlt das Zitat.

2 Edd. und ms. Parma. In anderen Textzeugen fehlt das Zitat. Wahrscheinlich auch im Texte Raschis.

3 Vgl. zu 2, 1 s. v.

4 Edd. und Lag = MT, בא umschrieben (Lag) und erweitert (edd.) durch דשאיל בשלמא, beziehungsweise למישאל לשלמא.

5 Vgl. zu 2, 1 s. v.

6 So Jalkut Jos. zur Stelle (תַעֲשׂוּן) und Ps. § 779.

7 אם יאמר לך אדם למה הלל יהושע את השבת, אמר הקדוש ברוך הוא אני אמרתי לו שנאמר וסבותם את העיר (שבעה (!) פעמים) כה תעשון שבעת הימים ואין שבעה (scil. ימים) בלא שבת. Die Worte שבעה פעמים sind aus V. 4 verschrieben. שבעה hat Jalkut zur Stelle auch in V. 4.

8 Tanḥumaedd. Jerusch. Sabbat I 3 (4^{a} unten), Moëd Katon II 4 (81^{b} 44), Num. r. XIV § 1, XXIII § 6. Vgl. noch Seder Olam r. Kap. 11, Pirke d'Rabbi Elieser Kap. 52 und Gen. r. XLVII Ende.

9 = כד תשמעון.

6. ויאמר – לאמור. Raschi l. c.

6. ארון הברית – ארון ברית ה'. Raschi Sotah 33^{b}. LXX-Kodd. *τὴν κιβωτὸν τῆς διαθήκης Κυρίου*, Trg: ארון קיימא דה'[1], P: קאבותא דדיתיקי דמריא.

7. וסבו – סבו. Soferim VII 1.[2]

8. הכהנים – כהנים. Tanḥum Jeruschalmi, Kommentar ed. Haarbrücker S. 10. = LXX.

8. לפני ה' – ל' ארון ה'. Trg: ארונא דה'.[3] Vielleicht bloß als notwendige Ergänzung. 3 Kodd. Ken. und einige edd. P: קאבותה דמריא, V: arcam foederis = ארון ברית.

9. אחרי – אחר. R. Samuel ben Meïr zu Gen. 49, 16.

9. אחרי הארון – אחריהם. Lekaḥ Tob Num. 10, 25.

10. והריעתם – והֵרעתם. Kodd. in einer massoretischen Notiz.[4]

11. המחנה – אל המחנה. Kodd. in Massora aus Jemen.[5]

13. הֹלֵךְ (I) עובר. Raschi Num. 37, 17;[6] Baḥja ben Ascher, Komm. (ed. Riva) 234^{a}.

15. בעלות, Q're כעלות. Num. r. XIV Anfang[7] zitert das Kethib. LXX-Kodd.: *ἐτ τῇ ἀναβάσει.*

15. את העיר (II) – העיר. Rikmah S. 147.

17. העיר fehlt bei Raschi zur Stelle im Stichwort.

17. היא (I) fehlt in Synh. 113^{a}.[8] Fehlt in Kod. Ken. 162, P und V.

17. היא וכל אשר בה לה' – היא וכל אשר בה לה'. Num. r. XXX 6.

17. החבאתה – החבאת. Massora aus Jem.[9]

17. החבאתה - החבֿאַתה. Ibn Ġanaḥ, Kitab Al-Moustalḥik ed. Derenburg S. 95. Qimḥi, Michlol[10] und Wb. r. חבא.[11] Michlal Jofi zur Stelle.[12] Massora aus Jemen.[13] Massora parva.[14] Kodd.[15]

---

[1] Jemenisches Targum pr. m. דה' wird aber von ארון קיימא, auch in edd. und Lag, gefordert, da MT = ארונא דקיימא. Vgl. zu 3, 6 und 11 s. v.

[2] Ms. München und Maḥsor Vitry S. 677. Fehlt in edd.

[3] Edd. und Lag. Vgl. auch Norzi. Jemenisches Targum = MT.

[4] G. I 607^{b}, III 26 N. 641 *z*.

[5] G. III 68^{b}.

[6] Edd. und ed. Berliner.

[7] Editio princeps und Jal. ha-Machiri Ps. 60 § 15.

[8] So edd. und Raschi zur Stelle. Mss. = MT.

[9] G. III 68^{b}.

[10] Edd. Art. נחי ל"א, ed. Rittenberg 123^{b}: ואלף החבאת בפתח והמסורת עליו לית כותיה ונקדו האלף בפתח כמו שהיה עם התיו בחסרון ההא החבָאת מפני נח נראה שאחר האלף.

[11] Ed. Lebrecht. Manche alte edd. hier und r. פלא (auch in ed. L.) fehlerhaft החבָאתה.

[12] Wortlaut = Michlol.

[13] G. III 68^{b}: האלף בפתח גדול גם בירושלמיים לא בקמץ.

[14] Vgl. Michlol l. c. Michlal Jofi und Norzi zur Stelle.

[15] Vgl. Norzi zur Stelle und Mass. aus Jem. l. c.

17. החבאתה — החבאָתה. Kodd. in Massora aus Jemen.[1]
18. ורק — רק. Trg Jem: לחוד. Kod. Ken. 90. LXX, P, V.
19. וכל — כל. Tanḥuma נשא § 28.[2] P: כל.
19. וכלי — וכָל. Tanḥuma ed. Buber נשא § 31.[3] Wichtige LXX-Kodd.: *καὶ πᾶς.*
19. הוא — הם. Trg: אינון.[4] Kod. Ken. 145. P: אנון.
19. יבוא — יבואו. Trg: יתעלון.[5] Sebirin.[6] P: נעלון.
20. וירע — ויריעו. Tanḥuma בהעלותך § 10,[7] Num. r. XV 12, Jal. zur Stelle. LXX-Kodd. ויריעו.[8] P: וקעו.
20. ויריעו — וירע. Ḥajuġ, אותיות הנוח ed. Dukes S. 93. LXX: *ἠλάλαξεν,* P: קעא.
20. העם — כל העם. Josua Ibn Schoeib, Predigten, לראש השנה. Kodd. Ken. 154, 716, de Rossi I prima manu, 683 corr. LXX: *πᾶς.*
20. ויעל — ועלה. Threni r. Kap. II Anf., 48ᵃ.[9] Vgl. V. 5.
20. העירה — העיר. Threni r. ed. Buber II Anf.[10]
21. כל אשר בעיר — כל העיר. Num. r. XIV Anf.[11] Kod. Ken. 150.
21. ושה fehlt in Num. r. XIV Anf.[12] Fehlt in Kod. Ken. 84 und LXX.
23. הנערים fehlt in Jal. II Reg. § 242 aus Jerusch. Berachoth IV 4 (8ᵇ 46). Fehlt in P.
23. אביה — בית אביה. Jerusch. Synhed. X 1 (28ᶜ 18). Kod. Ken. 650.
25. ירחו — יריחו. Massora.[13]
25. יריחו — הארץ. Trg edd.: ית ארעא.[14]
26. וישבע יהושע — וישבע את העם ויש' יהו'. Jal. Deut. § 938 aus Schebuoth 36ᵃ.[15] Wenn echt, so vorzüglich. Das Hifil von $\sqrt{}$שבע wird, mit Ausnahme von uns. St., nie ohne Objekt konstruiert. In uns. St. aber ist

---

1 G. III 68ᵇ.
2 Edd. und Baḥja ben Ascher, Kommentar 197ᵇ; מסעי § 4 = MT. So auch ed. Buber נשא § 31 und מסעי § 4.
3 מסעי § 4 und Jal. ha-Machiri Ps. 60 § 15 = MT.
4 Edd. Lag und Jem. Vgl. auch Norzi.
5 Edd. Lag und Jem. Vgl. auch Norzi.
6 Vgl. Frensdorff, Massora Magna, S. 371; Norzi zur Stelle und G. I 170 N. 113.
7 Edd. und Baḥja ben Ascher, Kommentar 200ᵃ.
8 *ἐκραύγασαν, ἀνεβόησαν, ἠλάλαξαν, ἐσάλπισαν.*
9 In edd. fehlt die Stelle.
10 In edd. fehlt die Stelle.
11 In Jal. ha-Machiri Ps. 60 § 15.
12 Alte edd. Jal. ha-Machiri Ps. 60 § 15 = MT.
13 Vgl. zu 2, 1 s. v.
14 Lag und Jemen: יריחו.
15 Jal. Jos. zur Stelle. = MT.

את העם das passendste und einzig denkbare Objekt zu וישבע יהושע. Es ist aber leicht möglich, daß וישבע יהושע את העם durch das unmittelbar folgende Zitat I Sam. 14, 24 ויאל שאול את העם veranlaßt wurde.

26. ביום ההוא — בעת ההיא. Sifre Deut. § 95.[1] Kod. Ken. 150. Ken. 336 ביום, andere Kodd. ההוא. LXX: ἐν τῇ ἡμέρᾳ ἐκείνῃ.

26. לפני ה׳ fehlt bei Ibn Kureisch, Risalat S. 27. Fehlt in LXX-Kodd.[2]

26. ויבנה — ובנה. Jal. zur Stelle. LXX bloß: οἰκοδομήσει = יִבְנֶה.

26. העיר — את העיר. Jal. Deut. § 888 aus Sifre Deut. § 95.

26. ירחו — יריחו. Massora.[3]

Kap. VII.

1. ובני ישראל מעלו — וימעלו בני ישראל. Megillah 10b in ms. München. V: Filii autem Israel praevaricati sunt mandatum.

1. מעל fehlt in Midr. Megillah ed. Gaster.[4] Buch der Frommen N. 405.

1. בה׳ — בחרם. Jal. Num. § 701 aus Sifre Num. § 2. Vielleicht aus בח׳ = בחרם verschrieben.

1. בישראל — בבני ישראל. Trg Lag: בישראל.[5] Einige Kodd.

2. מירחו — מיריחו. Massora.[6]

2. לביתאל — לבית אל. Trg Lag und Jem. Es ist die Lesart der Madinḥae.[7]

2. להם — אלהם. Trg: להון. Aber Trg ist in der Wiedergabe von אלהם durch לותהון nicht streng konsequent. להם bietet Kod. Ken. 1. LXX-Kodd.: αὐτοῖς.

---

[1] So edd. Jal. Deut. § 888 fehlt בעת ההיא, ohne Ersatz.

[2] Selbst die Kodd., welche ἐναντίον Κυρίου bieten, haben es vor ארור.

[3] Vgl. zu 2, 1 s. v.

[4] Semitic Studies — Kohut, S. 174.

[5] Edd. und Jem = MT.

[6] Vgl. zu 2, 1 s. v. יריחו.

[7] G. I 592 N. 622, II 56 N. 493, G. Bibel zur Stelle. — In Palästina selbst waren die Meinungen über die Schreibung בית אל oder ביתאל verschieden, und zwar schon in tannaitischer Zeit. Soferim V 10 und Sefer Thora V 12: „Folgende Namen müssen getrennt geschrieben werden בית אל . . . R. Jose sagt, sie dürfen nicht getrennt geschrieben werden." In Jerusch. Megillah I 9 (72a oben) fehlt die Ansicht R. Joses. Daraus erklärt es sich vielleicht, daß die Dezisoren die Schreibung בית אל akzeptiert, trotz der nach dem halachischen Kanon entscheidenden Ansicht R. Joses. Ausführlich darüber in der Einleitung. Von den alten Vertenten schreiben LXX, V und Trg: ביתאל (Trg edd. ist bloß Korrektur nach unserem Text בית אל), P dagegen בית איל.

5. עד הַשְּׁבָרִים. Trg: עד דתברונון[1] = עד שַׁבְּרָם oder עד הִשָּׁבְרָם mit Hervorhebung des Subjekts. LXX: *συνέτριψαν αὐτούς*, P: עדמא דאתתברו.

5. כמים – למים. Jemenisches Targum: כמיא.[2] LXX: *ὥσπερ ὕδωρ*.

6. ארון fehlt in Gen. r. XXXIX Ende in ed. pr.[3] Fehlt in LXX.

6. ראשיהם – ראשם. Gen. r. XXXIX Ende.[4] LXX: *ἐπὶ τὰς κεφαλὰς αὐτῶν*.[5] P; רֵישיהון.

7. ולמה – למה. Jal. zur Stelle aus Synhed. 44[a].

7. לו – ולו. Ibn Saruk, Maḥbereth 18[a]. P, V.

9. הכנענים – הכנעני. Jer. Ta'anith II 5 (65[d] 31) in ms. Genizah.[6]

9. ישב – ישבי. Lekaḥ Tob Deut. 1, 27 aus Sifre Deut. § 24.[7]

9. ומה תעשה. Trg: ואת עביד[8] = ואַתָּה עֲשֵׂה. Vielleicht bloß Verschreibung aus ומא תעביד oder ומא את עביד. Aber ואת עביד wird von בדיל bestätigt. Daher entweder wirkliche Lesart oder Umschreibung aus philosophischen Gründen.

10. זה fehlt in Jal. zur Stelle. Fehlt in P und V.

11. גם – וגם (I). Tanḥuma ויחי § 8, Jal. zur Stelle.

11. בריתי – את בריתי. Qimḥi zur Stelle.

11. אתם – אותם. Kodd. bei Norzi und G. Massora[9] verlangt אִתם.

11. גם – וגם (II). Tanḥuma editio princeps וישב § 2.

11. גם – וגם (III, IV). Tanḥuma editio princeps וישב § 2. P: אַף.

11. גם – וגם (V). Tanḥuma וישב § 2 in editio princeps.

12. יָכלו – יֻכלו. Trg Jem: יָכְלִין.[10] Wenn der Text echt ist,[11] so faßt Trg לא יָכלו בני ישראל לקום לפני איביהם als Erklärung der erlittenen Niederlage: daher konnten sie nicht ihren Feinden standhalten.

12. ולא – לא אוסיף. Trg Jem. 6 Kodd. Ken. ולא drückt auch P aus: ותוב לא.

12. אסיף – אוסיף. Kodd. bei Norzi. Massora zählt ohne unsere Stelle sechs אסיף defektiv.[12]

---

[1] Edd., Lag, Jem, Raschi und Qimḥi zur Stelle.

[2] Edd. und Lag = MT.

[3] Andere edd. = MT, ein ms. bei Theodor: ארון ברית.

[4] Zwei ms. in ed. Theodor, sonst = MT.

[5] Andere Kodd.: *τὴν κεφαλὴν*.

[6] Yerushalmi Fragments ed. Ginzberg S. 177.

[7] Edd. = MT.

[8] Jem und Lag (hier עביד in עיבד verschrieben).

[9] Jos. 5, 7: Mass. fin. v. את N. 62. Vgl. auch Norzi.

[10] Superlineare Vokalisation.

[11] Edd. und Lag יָכלין (ייכלין).

[12] Vgl. Massora zu II Chr. 10, 14; Mass. fin. v. אם N. 7. Vgl. Frensdorff, Massora Magna, S. 84 Note 3.

13. תוכל – תוכלו. Trg: תיכלון.[1] Vielleicht bloß Übersetzungsmanier. LXX: *δυνήσεσθε.*

13. איביך – איביכם. Trg: בעלי דבביכון.[2] LXX: *ἐχθρῶν ὑμῶν.*

15. והיה – והיה כל. Raschi zu V. 24. כל scheint auch V auszudrücken: quicumque ille. Vgl. die folgende Stelle.

15. והיה הנלכד – כל הנל'. Buch der Frommen N. 405.

15. באש fehlt in Num. r. XXXIII 6.

15. אתו – הוא. Trg: הוא.[3] LXX F: *αὐτὸς,*[4] P: הו.

15. ואת כל – וכל. Raschi zu V. 24. Trg: וכל.[5]

17. וילכד את – ותלכד. Trg: ואתאחדת.[6] LXX: *καὶ ἐνεδείχθε,* P: ואתתחדת, V: inventa est.

18. בן זבדי fehlt in Jerusch. Synhed. VI 1 (23^{b} 41), Lev. r. XXXII 6.[7]

18. זרח – זרחי. Lev. r. XXXII 6.[8] Jal. zur Stelle im Stichwort.

19. נא (I) fehlt in Agadath Bereschith Kap. 54.[9] Fehlt in Kodd. Ken. 1, 155, in LXX,[10] P und V.

19. לה' אלהי – לאלהי. Mischnah Synhed. VI 3.[11]

19. אלהי ישראל – אלהיך. Semaḥoth II 9.[12]

19. אלהי ישראל fehlt in Jal. ha-Machiri Ps. 50 § 45 aus Lev. r. XIX § 2, Jal. Jos. zur Stelle aus Synhed. 43^{b}, bei Jehuda Hadassi in Eschkol Ha-Kofer 149^{b}.

19. לו fehlt in Tanḥuma ed. Buber מסעי § 4, Eschkol Ha-Kofer 149^{b}. Fehlt in LXX[13] und V.

19. והגד – הגד. Tanḥuma מסעי § 5[14] (bis).

19. נא (II) fehlt in Jal. zur Stelle aus Tanḥuma.[15] Fehlt in LXX, P, V.

---

1 Edd., Lag und Jem.

2 Edd., Lag und Jem.

3 Lag und Jem. Edd.: יתיה.

4 Sonst wird אתו nicht ausgedrückt.

5 Edd., Lag und Jem.

6 Lag und Jem. Edd.: ואחד ית.

7 Edd. und Jal. Jos. zur Stelle.

8 So edd. Jal. Jos. zur Stelle = MT.

9 Edd. und ed. Buber, S. 110.

10 Kod. Field 58: *δή.*

11 So edd. und Babliedd. Synhed. 43^{b}. Mischnah editio princeps, im Jerusch. und ed. Lowe, sowie Bablimss. = MT.

12 Edd. und ms. Epstein.

13 LXX Luc. und F: *αὐτῷ.*

14 In den alten Ausgaben.

15 Tanḥuma מסעי § 5, ed. Buber § 4.

19. אל — ואל. Pugio fidei ed. Leipzig S. 830 aus Synhed. 43^{b}, LXX: *καὶ μὴ*, P: ולא.

19. ממני — ממני דבר.[1] Semaḥoth II 9 in ms. Epstein.

20. את יהושע — אל יהו׳. Semaḥoth II 9.[2] Lev. r. IX Anfang, unbekannte talmudische Quelle.[3] Kod. Ken. 270. LXX: *τῷ Ἰησοῖ* = ליהושע.

20. אמנה — אמנם. Synhed. VI 3,[4] Semaḥoth II 9, Tanḥuma מסעי § 5, talmudische Quelle,[5] der Karäer Eliah Baschjazzi in Adereth Eliahu 213^{a}, Abarbanel zu Ex. 22, 33.

20. וכזאת (I) — כזאת. Semaḥoth II 9 (bis). Raschi zur Stelle im Stichwort. Parḥon im Wb. שער השינ׳ Ende. Vielleicht auch R. Ḥanina (II. Jahrhundert) in Synhed. 43^{b}.[6] LXX: *οὕτως*.

21. ואראה, Q're וארא — וארא, Q're ואראה. Madinḥae.[7]

21. ואראה, Q're וארא. Gen. r. LXXXV Ende, Num. r. XXIII 6 Baḥja ben Ascher in Kommentar 113^{d} lesen ואראה. Entweder unser Kethib oder das Q're der Madinḥae.

21. אחת fehlt in Jal. Gen. § 145 aus Gen. r. LXXXV Ende. Fehlt in LXX-Kodd.[8] und V.

21. טובה — טובה מאד. Jal. Gen. § 145 aus Gen. r. LXXXV Ende. V: valde bonum.

21. שקלים — שקל. Jal. Gen. § 145 aus Gen. r. LXXXV Ende.

21. והנם — הנם. Josef Qimḥi, Sefer Ha-Galuj S. 105.

21. והנם — והנה. Qimḥi, Kommentar zu V. 10. LXX: *καὶ ἰδοὺ* P: והא.

---

1 Vgl. II Sam. 14, 18; Jer. 38, 14.

2 So ms. Epstein.

3 In Schibbole ha-Leket ed. Buber 196^{a}, Tannja r. ed. Mantua (1514) אבל N. 63.

4 Edd., ed. Lowe und ms. Kaufmann (bei Strack, Sanhedrin-Makkoth S. 19). Synhed. 43^{b} seit ed. Basel. Älteste edd.: אמנ׳, mss. und andere Zeugen = MT.

5 In Schibbole ha-Leket 196^{a}.

6 „Achan habe dreimal sich an Gebanntem vergriffen, denn es heißt: כזאת וכזאת עשיתי." So Edd. und Qimḥi zu uns. St. Diese Deutung kann auf der dritten agadischen Deutungsregel beruhen (ריבוי אחר ריבוי): כזאת + ו + כזאת = zwei Einschließungen von nicht ausdrücklich im Text erwähntem. So nach unserem Talmudtext. R. Ḥanina kann aber auch an חטאתי + 2 וכזאת = 3 ריבוים denken, wie Raschi erklärt. Dafür spricht vielleicht der Text des Jalkut zu uns. St, der חטאתי mitanführt. Vgl. noch R. Jonah in סם חיים 48^{b} und Tossafoth z. St. Soweit aus dem verderbten Text in der Ausführung R. Jonas erkannt werden kann, spricht er für die erste Auffassung des Ausspruches R. Ḥaninas.

7 G. I 592 N. 622. Vgl. G. II 56 N. 493, ibid. 80^{b}, G. Bibel zur Stelle.

8 Im rezipierten LXX-Text fehlt אחת טובה. Manche Kodd. bieten auch *μίαν*. Siehe Field I S. 351 und Swete zur Stelle.

21. האהלי — האהל. Akedath Jizḥak Pf. 46.

21. תחתיה — תחתיהם. Trg:[1] תחותיהון. Aber so auch V. 22, daher vielleicht bloß sinngemäß. LXX hier und V. 22: ὑποκάτω αὐτῶν.

22. והכסף — והכסף טמון. Num. r. XXIII 6.[2] So LXX in V. 21.

22. תחתיה — תחתיהם. Trg: תחותיהון.[3]

23. כל fehlt in Tanḥuma מסעי § 5.[4] Fehlt in Kod. Ken. 93 und LXX.[5]

24. ואת כל אשר לו fehlt in Menorath ha-Maor N. 43 aus Synhed. 43b. Fehlt in V.

24. וכל — ואת כל. Menorath ha-Maor N. 43 aus Synhed. 43b.

24. אתם — עִמּוֹ. Menorath ha-Maor N. 43 aus Synhed. 43b.

24. עמק — אל עמק. Tanḥuma ed. Buber מסעי § 4, Tanḥum Jeruschalmi zur Stelle. Kod. Ken. 226.

25. מה — למה. Synhed. VI 3 in Babli Synhed. 43b.[6] Kod. Ken. 650. Syro-hex.[7] und P: למנא.

25. עכרתנו — עכרתני. Synhed. VI 3 in Babli Synhed. 43b.[8] Tanḥuma מסעי § 4.[9] Kod. Ken. 650. P: דלחתני.

25. ביום — היום. Synhed. VI 3 (bis).[10] Baraitha Synhed. 44b (bis),[11] Semaḥoth II 9 (bis),[12] Talmudische Quelle (bis).[13] Tanḥuma וישב § 2 (bis), Tanḥuma מסעי § 5.[14] Lev. r. IX Anf. (bis),[15] Num. r. XXIII 6,[16] Pirke d'Rabbi Elieser Kap. 38 (bis).[17] Midr. ha-gadol ed. Schechter

---

1 Lag und Jem. Edd. = MT.

2 So die alten Ausgaben.

3 Vgl. zu V. 21 s. v.

4 In den alten edd.

5 Manche Kodd.: πάντας.

6 Alte edd. und zwei mss.

7 Field I S. 352 Note 55.

8 So ms. München.

9 So die alten edd.

10 Mss., alte edd. und andere Zeugen bei Rabbinowicz. So auch Jal. z. St., ed. Strack und Jeruschalmi. In manchen Texten ist das Zitat nach MT korrigiert, aber היום in der Deutung geblieben. So in ed. Lowe und den jüngeren edd.

11 Alte edd., mss. und andere Zeugen. In manchen Texten wird ביום zitiert, aber in der Deutung היום הזה.

12 Edd. und ms. Epstein.

13 In Schibbole ha-Leket ed. Buber 169a, Tannja r. ed. Mantua (1514) אבל N. 53.

14 In der Deutung. Zitat nach MT korrigiert.

15 Edd., Jal. Ps. § 763. Jal. ha-Machiri Ps. 50 § 45: היום הזה in der Deutung. Zitat fehlt.

16 In der Deutung. Zitat = MT.

17 So ms. Epstein und Jal. zur Stelle. In edd. היום הזה in der Deutung, Zitat nach MT korrigiert.

S. 736 aus unbekannter Quelle.[1] 3 Kodd. Ken. und einer prima manu. Trg Lag: יומא דין = היום. Auch LXX drückt היום aus.[2]

25. הזה fehlt in Trg Lag: יומא דין und LXX.

26. שם המקום – למקום. Tanḥum Jeruschalmi, Kommentar z. St. Kodd. Ken. 154, 174 prima manu.

Kap. VIII.

1. עם – העם. Zitat in zwei massoretischen Notizen.[3] Vielleicht so auch Dunasch. Vgl. V. 11 v. וכל. P liest העם und deutet המלחמה: zum Kriegführen ועבד קרבא.

8. כתפשכם – בתפשכם. Trg: במיחדכון.[4]

8 und 9. Im Jemenischen Targum gehört 9ª וישלחם יהושע וילכו אל המארב zu V. 8.

9. בית אל – ביתאל. Manuel de Lecteur S. 100. Trg Lag und Jem. Zahlreiche Kodd. Es ist die Lesart der Madinḥae und R. Joses.[5]

9. בית אל – בית און, Q're ביתאל. So Madinḥae.[6] Vielleicht aber so nur in V. 12.

9. לעַי – לעיר. Tanḥum Jeruschalmi z. St.[7] P: דמדינתא, V: urbis Hai vereinigt beide Lesarten.

11. וכל – כל. Dunasch. in Crit. Voc. Rec. S. 58 N. 184.[8]

11. והגי – והגיא. Ibn Ġanaḥ, Wb. S. 236.[9] Der Karäer Aron ben Josef Ha-Rofe in Mibḥar Jescharim zur Stelle. Zahlreiche Kodd. — Die Massora[10] fordert והגי.

12. בית אל – ביתאל. Tanḥum Jeruschalmi z. St. Trg Lag und Jem. Zahlreiche Kodd. Madinḥae und R. Jose.[11]

12. בית אל – בית און, Q're ביתאל. Madinḥae.[12] Vielleicht aber bezieht sich die betreffende Notiz auf V. 9. LXX-Kodd. בית און (ביתאון).[13]

---

1 היום הזה אתה עכור, Zitat fehlt.

2 *Καϑὰ καὶ σήμερον*.

3 G. II 359 N. 499, ibid. 383 N. 334.

4 So Lag und edd. In Jem ist כמיחדכון wahrscheinlich aus במיחדכון verschrieben. כתפשכם würde regelmäßig כד תיחדון entsprechen. Vgl. oben zu 3, 3, 8.

5 Vgl. oben zu 7, 2 v. לבית אל.

6 Mass. marg. zur Stelle, G. I 592 N. 622.

7 Ed. Haarbrücker S. 16.

8 Vielleicht ist V. 1 gemeint. Vgl. oben.

9 In einem ms.

10 Deut. 34, 6; Mass fin. v. גי N. 2. Mass par. z. St. Vgl. auch Norzi z. St.

11 Vgl. oben zu 7, 2 v. לבית אל.

12 Vgl. zu V. 9 s. v.

13 *Βαιϑαῦν, Βαιϑὰν, Βαιϑαῦμ, Βηϑαῦ*. Siehe Field I 353 Note 17. Im rezipierten LXX-Text fehlt V. 12.

12. העי – העם. Ibn Ġanaḥ, Wb. S. 236.[1]

12. לעיר, Q're לעי. Tanḥum Jeruschalmi z. St: לעיר, Kethib. Trg Jem, P, V übersetzen das Kethib, LXX-Kodd. und Trg Lag und edd.: לָעַי, Q're, oder auch Kethib in vielen Kodd. und edd. In manchen massoretischen Notizen haben die Madinḥae Kethib לעיר — Q're לָעַי, während die Ma'arbae לעיר auch als Q're haben.[2] — Massora fordert Q're לעי, teils auch לעיר.[3]

13. וילך – וילן. Erubin 63ᵇ, Megillah 3ᵃ, Synhed. 44ᵇ. וילן folgt auch aus dem Inhalt der Deutung: er (Josua) übernachtete (verharrte) in der Tiefe der Halacha.[4] וילן auch Raschi zur Stelle. Einige Kodd. und edd. Manche Kodd. וילן als Q're.

13. ההוא fehlt in Trg Jem.

15. דרך – אל דרך. Trg: לאורח.[5]

16. בעיר, Q're בעי. בעיר zitieren: Ibn Ġanaḥ, Wb. r. זעק[6] und r. עיר.[7] Qimḥi, Wb. r. זעק;[8] Salomo aus Urbino, Ohel Moëd r. קבץ. Trg: דבקרתא.[9] Kodd. und edd. haben teils בעיר auch als Q're, teils בעי auch als Kethib. LXX-Kodd. teils בְּעִיר, teils בָּעַי.[10] P: עי.

17. בבית אל ובעי – בעי ובית אל. Cant. r. zu 4, 8.[11]

17. וביח – ובבית. Trg Lag. Qimḥi z. St. Sebirin.[12] LXX-Kodd.: *καὶ ἐν Βαιθήλ*, P: ובבית. Vgl. die folgende Stelle.

17. ובית – בבית. Cant. r. zu 4, 8.[13] Kod. Ken. 300.

17. ובית אל – וביתאל. Trg Lag und Jem. Viele Kodd. Madinḥae und R. Jose.[14]

---

[1] In einem ms. Zuerst העי und dann korrigiert in העם. Vgl. Neubauer.

[2] G. I 592 N. 622. Vgl. auch Norzi zur Stelle.

[3] Vgl. Norzi zur Stelle und die massoretische Randglosse. Massora aus Jemen, G. III 68ᵇ: מים לָעָר (l. לעִיר), וקרי בכל התיגאן והירושלמיים . . . גם התרגום לקרתא מוכיח דכתיב בקרא לעיר וכן השרישו בספר יאיר נתיב (Konkordanz) שורש עיר.

[4] וילן יהושע בלילה ההוא בתוך העמק מלמד שלן בעומקה של הלכה. So edd., mss. und viele andere Zeugen bei Rabbinowicz. Vgl. noch Raschi zu Erubin und Synhed., Tossafoth zu Erubin und Megillah, R. Jona zu Synhed. (סם חיים 48ᶜ), Raschi zu uns. St., Qimḥi zu Jos. 5, 4, Baḥja ben Ascher in Kad Ha-Kemaḥ v. תורה.

[5] So edd. Lag und Jem: באורח = MT oder בדרך.

[6] Ed. Neubauer S. 201 und Sefer Haschoraschim.

[7] Sefer Haschoraschim, fehlt im arabischen Original S. 521.

[8] Edd. und ed. Lebrecht. Aber Komm. z. St.: וקרי בעי.

[9] So Lag, Edd.: דבקרתא בעי übersetzt Kethib und Q're (so Norzi), oder eines von beiden ist Korrektur. Trg Jem: דבעי.

[10] Fehlt im Textus rec.

[11] In Jal. Cant. § 988.

[12] G. II 335 N. 39, III 179 N. 247. Vgl. Norzi z. St. und Frensdorff, Massora Magna S. 371.

[13] Nach Jal. Cant. § 988.

[14] Vgl. zu 7, 2 v. לבית אל.

18. נטה – נטה ידך. Jalkut ha-Machiri Ps. 26 § 8 aus Ex. r. XXXVIII 4. LXX: τὴν χεῖρά σου.

18. אל העי – על. Trg. LXX: ἐπὶ, P: על.

18. אל העיר – על. Trg. LXX: ἐπὶ, P: על.

20. המדבר – אל המדבר. Lekaḥ Tob בהעלותך Anfang. Josef Kara, Komm.[1] z. St. Einige Kodd.

20. אל הרודף – על. Trg: על. LXX: ἐπὶ, P: על.

20. הרודף – הרדף. Nach Raschi Threni 1, 6 ist, mit Ausnahme von Threni 1, 6, רֹדֵף immer defektiv.[2] — Die Massora[3] verlangt hier הרודף.

22. להם – לו. Kodex Hilleli.[4] Mehrere Kodd.[5] und edd.[6] Manche Kodd.: Kethib לו, Q're להם.[7]

23. ויקרבו – ויקריבו. Manche Massora.[8]

27. ישראל – בני ישראל. Trg Lag. Zahlreiche Kodd. und einige alte edd. LXX: οἱ υἱοὶ 'Ισραὴλ, P: בני, V: filii.

29. וכבוא – וכבא. Nach der Massora[9] ist die Form וכבוא, die dreimal vorkommt, nur Jos. 3, 15 plene Waw.

31. את בני – אל. Jal. ha-Machiri Ps. 60 § 15 aus Num. r. XIV Anf. 2 Kodd. und Edd. 1486, 1494.

31. לא הֵניף – לא תָניף. Jal. ha-Machiri Ps. 60 § 15 aus Num. r. XIV Anf.[10]

31. הֵניף – הונף. Trg: איתרם. Vielleicht bloß sinngemäß, wie auch LXX und P. Vgl. auch V.

31. עליהן – עליהם. Jal. ha-Machiri Ps. 60 § 15 aus Num. r. XIV Anf.[11] Kodd. Ken. 174, 270, 50 prima manu.

---

[1] Ed. Eppenstein, Jahrbuch der jüdisch-literarischen Gesellschaft zu Frankfurt a. M. V.

[2] כל רדף שבמקרא חסר וזה (Threni 1, 6) מלא.

[3] Threni 1, 6: Mass. par. zu uns. St.

[4] G, III 26 N. 641 x: בהללי לו ובלא נקוד (?).

[5] Ken. und de Rossi. Massora aus Jemen, G. III 68ᵇ: עד בלתי השאיר לו שריד, הכי גרסינן היבת לו בכל (!) הספרים וכן בקצת ירושלמיים.

[6] Vgl. auch Norzi und G. z. St.

[7] Vgl. Norzi z. St.

[8] Zu der massoretischen Angabe (Lev. 2, 4; 9. 9; Num. 3, 4; 7, 19; Deut. 1, 7; Jos. 8, 23; Esra 6, 17; Mass. fin. v. קר N. 21), daß √קרב in verschiedenen Verbalformen an zehn Stellen, darunter auch Jos. 8, 23, defektiv Jod geschrieben wird (י' חסר בלישן), bemerkt eine handschriftliche massoretische Notiz, bei G. II 540 N. 290: ויקרבו אותו דיהושע פילוג, d. h. die defektive Schreibung von ויקרבו in uns. Stelle ist strittig und nicht von allen Massoreten anerkannt.

[9] Deut. 23, 11; Jos. 3, 15; 8, 29; Mass. fin. v. בא N. 65.

[10] Vgl. Deut. 27, 5.

[11] Vgl. Deut. 27, 5.

33. ושטרים – ושטריו. Sota VII 4.[1] Tosefta Sotah VIII 9,[2] Tanḥuma שמות § 29 in allen alten edd. Tanḥuma ed. Buber שמות § 20 in allen mss., Ex. r. III 10 in allen alten edd., Josef Kara im Komm. z. St.,[3] Naḥmanides zu Lev. 3, 5, der Karäer Eliah Baschjazzi in Adereth Eliahu 221[a]. Einige Kodd. LXX: *καὶ οἱ γραμματεῖς αυτῶν*, Trg: וסרכוהי,[4] P: וספרוהי.

33. ושטרים ושפטיו – ושופטיו ושטריו. Sotah VII 4 in Agadoth ha-Talmud Sotah 32[a], Tanḥuma שמות § 29,[5] Tanḥuma ed. Buber שמות § 20,[6] Ex. r. ed. pr. III § 10, Naḥmanides zu Lev. 3, 5. LXX: *καὶ οἱ δικασταὶ* (AF + *αὐτῶν*) *καὶ οἱ γραμματεῖς αὐτῶν*.

33. הלוים – והלוים. Sotah VII 4 im Babli Sotah 32[a];[7] Jer. Sotah VII 4 (21[c] 53);[8] Jonathan Deut. 27, 15;[5] Fragmententargum Deut.

[1] Mischnahedd. Mischnah in Babli (32[a], edd. und Agadoth ha-Talmud) und Jeruschalmi. Ed. Lowe, Lekaḥ Tob zu Gen. 27, 12 = MT. Ms. München Sotah 32[a] fehlt ושוטרים.

[2] So ms. Erfurt. In ms. Wien und edd. fehlt das Zitat.

[3] Jahrbuch der jüdisch-liter. Gesellschaft zu Frankfurt a. M., V, S. 39.

[4] Edd. Lag und Jem.

[5] Alte edd. ohne ed. pr.

[6] So zwei mss. Ein ms.: ושופטים ושוטריו, wie LXX-Kodd.

[7] So ms. München, Agadoth ha-Talmud und En Jakob ed. pr. In edd. fehlt das Zitat. Fehlt auch in Jeruschalmi und ed. Lowe. In der Ausführung der Mischnah aber ist von Priestern und Leviten die Rede: והכהנים והלוים והארון עומדים למטה באמצע, הכהנים מקיפין את הארון והלוים את הכהנים. So auch Tosefta Sotah VIII 9. Ebenso ist in einer Baraitha (Tosefta l. c. Babli 37[a], Jerusch. 37[c] 47) von זקני כהונה ולויה die Rede. Jon. und Fragmententargum Deut. 27, 15: וכהניא וליואי (יהיבין) במציעא. Die in diesen Quellen vorausgesetzte Art der Aufstellung — Lade, Priester und Leviten im Tale, das übrige Volk beiderseits auf den Bergen — ist offenbar ein Ausgleich zwischen Deut. 27, 12—13 (על) und uns. St. (מול). Daraus ergibt sich aber ein Widerspruch in bezug auf den Stamm Levi, der nach Deut. 27, 12 auf dem Berge (Gerizim) Aufstellung nehmen mußte. Die Baraitha führt nun drei Lösungsversuche an, die alle auf der Voraussetzung der Mischnah beruhen. Aber im Jeruschalmi, 21[c] 51, verläßt R. Simon den Standpunkt der Mischnah und meint, der Stamm Levi habe in der Tat auf dem Berge Aufstellung genommen, uns. St. spreche nicht dagegen, weil — so die Erklärung des Jeruschalmi — in ihr bloß die Priester gemeint sind, die Leviten genannt werden: ר׳ שמעון אומר שמעון ולוי (Deut. 27, 12) מה שמעון כולו למעלה אף לוי כולו למעלה, מה מקיים הדין תניי נגד הכהנים הלוים (Jos. 8, 33) כיי דאמר ר׳ יהושע בן לוי בעשרים וארבעה מקומות נקראו הכהנים לוים. Diese Lösung ist in der Tat die einfachste und einleuchtendste, sie wird Deut. 27, 12 besser gerecht als alle anderen. Wenn nun trotzdem alle anderen Lehrer sie nicht akzeptiert haben und alle Quellen, mit Ausnahme des Jeruschalmi, sie ignorieren, so kann dies nur daraus erklärt werden, daß der Bibeltext הכהנים והלוים diese Annahme R. Simons als unzulässig erscheinen lies. R. Simon aber hat entweder הלוים gelesen, wie in uns. Jeruschalmitext, oder auch הכהנים והלוים (so Tossafoth Sotah 37[a]), es als *ἓν διὰ δυοῖν* (vgl. über diese Bildung D. H. Müller, Semitica I S. 16 ff.) fassend.

[8] Vgl. die vorhergehende Note.

27, 15;[5] Raschi Sotah 37ª.[1] Trg Lag:[2] ולֵיוָאֵי. LXX: *καὶ*[3] *οἱ Λευεῖται*, P: ולוֻיֵא.

33. כגר – הגר. Trg Lag und Jem: גִיוֹרָא. In den prophetischen Schriften kommt כגר כאזרח nicht mehr vor, eine sichere Kontrolle uns. St. ist daher nicht möglich. Aber Lev. 24, 16 und 22 übersetzen Onkelos und Pseudo-Jonathan: כגיורא, so ist dies wenigstens ein Anhaltspunkt dafür, daß גיורא in uns. St. nicht Übersetzungsmanier ist. LXX: והגר aber auch והאזרח.[4]

Kap. IX.

2. ויתקבצו – וַיִּתְקַבְּצוּ. Tanḥuma נח § 18, ed. Buber § 24.

2. ועם ישראל fehlt bei Qimḥi zu Gen. 11, 11. Fehlt in Kod. Ken. 70.

3. ליריחו – לירחו. Massora.[5]

4. המה – הם. Jal. Deut. § 940 aus Tanḥuma נצבים § 2, Josef Kara z. St.[6] Die Massora[7] zählt mit uns. St. vier גם הם.[8]

4. ויצטירו – ויצטידו. Josef Kara z. St.[9] R. Moses aus England in Sefer Ha-Schoham S. 16. Einige Kodd. LXX: *ἐπεσιτίσαντο* (*καὶ ἡτοιμάσαντο*),[10] P: אזדודו, Trg: ואיזדודו,[11] V: tulerunt sibi cibaria.

4. ומבקעים – מבקעים. Tanḥum Jeruschalmi z. St.[12] V: מבקעים, beweist aber nichts, weil sie auch בלים nicht hat.

7. ויאמרו, Q're ויאמר. Trg: ואמרו Kethib.[13] Kodd. ויאמר auch Kethib. LXX: *καὶ εἶπαν*, P: ואמרין, V: responderuntque.

---

1 בספר יהושע . . . נגד הכהנים והלוים אלמא כהנים ולוים למטה היו.

2 Edd. und Jem: ליואי.

3 Fehlt in manchen Kodd.

4 Andere Kodd. = MT: *ὡς* — *ὡς*.

5 Vgl. oben zu 2, 1.

6 Jahrbuch der jüdisch-liter. Gesellschaft V S. 40.

7 Mass. fin. v. גם N. 9, G. I 210 N. 127.

8 Dagegen zählt Mass. par. Jud. 1, 22 und Ex. 10, 17 ohne uns. St. drei גם הם. Vgl. auch Frensdorff, Massora Magna, S. 234, Note 4.

9 Ha-Schaḥar III S. 689, Jahrbuch der jüdisch-liter. Gesellschaft V S. 40: וילכו ויצטירו . . . ויש ספרים שכתוב בהן ויצטידו . . . אלו ואלו מביאין ראיה לדבריהם ולא הכריעו אלו את אלו, גם בדבר הזה אין לברר הנכוחה זולת אלהינו, אבל לבי נוטה אחר הספרים שכתוב בהם ויצטידו מדבר הלמד מעניינו . . . הה"ד ויקחו האנשים מצידם (V. 14).

10 In manchen Kodd. mit hexaplarischen Zusatzzeichen versehen, gewiß Dublette.

11 Edd., Lag, Jem und Qimḥi. Qimḥi: ומן התימה שתרגם אותו יונתן כמו בדלת אזדודו מן צדה שתרגמו זוודין.

12 Komm. ed. Haarbrücker S. 19.

13 So Lag und Jem. Edd.: ואמר.

7. איש fehlt in Jalkut z. St. aus Jerusch. Kidduschin IV 1.

9. מאד fehlt bei Raschi Deut. 33, 29.[1]

9. שמעו – את ש׳. Trg: ית.[2] LXX: τὸ.

9. שמעו – שְׁמוֹ. Trg Lag ית שמא. Kann leicht aus שמע verschrieben sein,[3] aber auch LXX: ὄνομα αὐτοῦ und P: שמה.

11. זקינינו – זקננו. Gen. r. XLIX 18 schließt R. Joḥanan aus der defektiven Schreibung זקננו, daß es „unehrenhafte Älteste" waren.[4] Alte korrekte Kodd. bei Norzi: זקננו. Andere Kodd. und Edd.: זקינינו.

11. בְּיֶדְכֶם – בִּידֵיכֶם. Trg. Lag: בידיכון. V: in manibus.

11. בידכם – עמכם. Trg Jem: עמכון. LXX: ἑαυτοῖς (ὑμῖν αὐτοις),[5] P: עמכון.[5]

12. והיה – היה. Tanḥum Jeruschalmi z. St. Kodd. Ken. 100, 128, 154, 173, 174, 195.

14. מצידם – את צידם. R. Samuel Masnuth, Ma'ajan Gannim ed. Buber S. 49. Kod. Ken. 168: צידם. LXX-Kodd.: τοὺς ἐπισιτισμοὺς, P-Kodd. (urm.): זודיהון ohne מן.

17. ובארות – בארות. Jal. Num. § 771 aus Pesiktha ed. Buber 115[b].

19. כל (I) fehlt bei Jehuda Hadassi in Eschkol Ha-Kofer 52[d]. Fehlt in LXX[6] und P.

19. אל כל – לכל. Jehuda Hadassi in Eschkol Ha-Kofer 52[d]. LXX: πάσῃ.

19. בהם – להם. Eschkol Ha-Kofer 52[d]. Gewiß Verschreibung oder Druckfehler. Unmöglich aber ist diese Lesart nicht.[7]

20. והחיה – וּנְחַיֶּה. Trg: ונקיים.[8] Vielleicht bloß sinngemäß.

---

[1] In edd. und ed. Berliner.

[2] Edd. Lag und Jem.

[3] Dies wird durch das folgende גבורתיה wahrscheinlich. — Trg übersetzt שמעו durch שמע גבורתיה. V: famam potentiae eius!

[4] דאמר ר׳ יוחנן ויאמרו אלינו זקננו וכל ישבי ארצנו, זקננו כתיב זקני אשמה הייני סבא דבהתא. Vgl. Norzi z. St. und Bacher, Agada der pal. Amor. I 265. — Qimḥi zitiert aus Gen. r. זקינינו כתיב und scheint die Deutung R. Joḥanans als Bestätigung für MT geltend zu machen, daß R. Joḥanan durch das auffallende Jod zwischen ק und נ zu seiner Deutung veranlaßt wurde. Gegen diese Auffassung spricht die agadische Deutungsmethode im allgemeinen und die parallele Deutung von Gen. 18, 24 (צדקם defektiv = geringwertige Fromme) im besonderen. Alle edd., Aruch v. זקן 2 und Jalkut Jos. z. St. lesen זקננו כתיב.

[5] Ist nicht Übersetzungsmanier. Z. B. Gen. 43, 15; Deut. 1, 25 übersetzen LXX und P wörtlich.

[6] Kodd. AF: πάντες.

[7] Regelmäßig ist נגע בְּ, es kommt aber auch נגע לְ vor. Vgl. besonders Gen. 20, 6 und Job 2, 5.

[8] Edd., Lag und Jem.

21. וַיהיו – וִיהיו. Trg: ויהון.[1] Sebirin.[2] Massora aus Jemen.[3] LXX: *καὶ ἔσονται,* P: ונהוון. So auch V: ut . . . caedant. Über וַיהיו vgl. Qimḥi z. St. Seine Erklärung findet sich im armenischen LXX-Text und im Syro-hexaplaris.[4]

21. להם – אלהם. Randglosse in ed. Bomberg aus einem alten Kodex. So Kod. Ken. 106. Jemenische Kodd.[5]

23. עבד fehlt in Raschi Jebamoth 78ᵇ unt. Fehlt in V. Vielleicht auch in P.[6]

23. עבד – עבדים. Trg: עבדין.[7] Vielleicht bloß sinngemäße Assimilierung an die folgenden Plurale.

23. וחטבי – חטבי. Trg Lag: מלקטין. Einige Kodd. LXX-Kodd,[8] P, V. ו fehlt auch in Raschi Jebamoth 78ᵇ unt. (חטב).

23. וחטבי – חטב. Raschi Jebamoth 78ᵇ unt. LXX: *ξυλοκόπος,*[9] P: לקיט קִיסא, V: caedens.

23. ושאבי – ושאב. Raschi Jebamoth 78ᵇ unt. LXX-Kodd. (AF): *οὐδὲ ὑδροφόρος,*[10] P: ומלא מֵיא, V: aquasque portans.

23. אלהָי – אלהים. Raschi Jebamoth 78ᵇ unt. Der Karäer Eliah Baschjazzi in Adereth Eliahu 158ᵈ. P: לביתיה דאלהא.

26. ויעש להם – וי' ל' יהושע. Ex. r. XIX 5 in Jal. ha-Machiri Ps. 55 § 21. Kod. Ken. 89. P: ישוע, V: Josue. LXX ergänzt nach ויצל אותם + יהושע ביום ההוא.

27. ביום ההוא fehlt in Jebamoth 79ᵃ,[11] Jerusch. Kidduschin IV 1.[12]

Kap. X.

1. אדני צדק – אדני בזק. Naḥmanides Num. 20, 14 zitiert aus V. 3 unseres Kapitels: אדני בזק. Wenn dies nicht Verschreibung oder Druckfehler ist, sondern eine wirkliche Lesart, so hat Naḥmanides

---

1 Edd. und Jem. Lag: והוו = MT.

2 Massora zu Ex. 26, 24. Vgl. auch Norzi z. St.

3 G. III 69ᵃ: הויו בשוא בכל (!) התיגאן.

4 Vgl. Field I 357ᵃ und Note 20.

5 Massora aus Jemen, G. III 69ᵃ: דברו אליהם, כן הגירסא בכל (!) התיגאן.

6 גברא לקיט קיסא, wo גברא Variante für עבד oder Zusatz zu חטבי sein kann.

7 Edd. Lag und Jem.

8 Vgl. die folgende Anmerkung.

9 Teils mit *οὐδε*, teils ohne dieses.

10 Sonst fehlt ושאבי מים.

11 In Jal. II Sam. § 154 und Deut. § 940. Jal. z. St.: ביום ההוא, kann aber Korrektur nach seinem Text sein.

12 In Jal. Esra § 1067.

wahrscheinlich auch in uns. St. אדני בזק[1] gelesen. LXX in uns. St. und V. 3: Ἀδωνιβέζεκ.[2]

1. אדני צדק — מלכי צדק. R. Samuel ben Meïr zu Gen. 41, 10: Die Könige Ägyptens hießen Pharao, die der Philister: Abimelech, die von Jerusalem: Melchizedek. In Josua אדני צדק מלך שלם und noch zur Zeit Davids (Ps. 100, 4).[3] Diese Ausführung spricht also trotz des Zitates אדני צדק, das Korrektur nach MT sein kann, für die Lesart מלכי צדק. Möglich ist aber, daß R. Samuel אדני צדק mit מלכי צדק identifiziert, wie Qimḥi und Gersonides zu uns. St.[4]

1. ירושלם — שלם. R. Samuel ben Meïr zu Gen. 47, 10.

1. ליריחו — לירחו. Massora.[5]

3. אדני צדק — אדני בזק. Vgl. zu V. 1 s. v.

3. אדני צדק — מלכי צדק. Vgl. zu V. 1 s. v.

3. הוהם — הורם. Naḥmanides Num. 20, 14. Vgl. V. 23.

3. לכיש — אכיש. Naḥmanides Num. 20, 14.

4. גבעון — ישבי גבעון. Trg edd.:[6] יתבי גבעון. Vielleicht bloß sinngemäße Ergänzung, wie oft im Targum.

6. ידיך — ידך. Tanḥum Jerusch. z. St.[7] Kodd. und alte Edd.: ידך.

6. אלינו (II) — עלינו. LXX, Trg, P.

8. איש מהם — מהם איש. Trg Jem: מנהון אינש. LXX: ἐξ αὐτῶν οὐθεὶς.

10. ויהמם — וישברם. Trg: ותברינון.[8] Da Trg √המם immer durch שגש (רגש) ausdrückt,[9] so gibt es für ותברינון in uns. St. keine andere Erklärung als die Vorlage וישברם.[10]

10. לפני ישראל — לפני יהושע. Jal. I Sam. § 104 aus Midr. Sam. XIII 3. Paßt vorzüglich zu den folgenden Singularen.

10. ויכֵּם — ויכְּם. Trg Lag: ומחונון. P: ומחו אנון.

10. וירדפֵם — וירדְפם. Trg Lag: ורדפונון.[11] LXX: καὶ κατεδίοξαν, P: ורדפו אנון.

---

[1] So Jdc. 1, 5—7.

[2] Vgl. darüber Budde und Nowack zu Richter, Steuernagel und Holzinger zu uns. St.

[3] כל פרעה בלשון מצרים מלך . . . ושל פלשתים אבימלך . . . ושל ירושלים מלכי צדק ביהושע אדני צדק מלך שלם ובימי דוד על דברתי אני מבטיח שתהיה מלכי צדק מלך ירושלים, ושל עמלק אגג . . .

[4] Diese Identifizierung ist aber vielleicht selbst nur ein Ausgleich zwischen MT in uns. St. und der Erklärung R. Samuel ben Meïr's.

[5] Vgl. zu 2, 1 s. v. יריחו.

[6] Lag und Jem = MT.

[7] Kommentar ed. Haarbrücker S. 20.

[8] Lag und edd.

[9] Wie Trg Jem auch in uns. St.: ושגישינון.

[10] המה לפני kommt nur in uns. St. MT vor, שבר לפני kommt ebenfalls einmal vor, II Chr. 14, 12.

[11] Edd. und Jem: ורדפינון. ו kann in י ebenso leicht verschrieben werden, wie umgekehrt.

10. ויכם — ויכֻּם. Trg Lag: ומחונון, LXX: καὶ κατέκοπτον, P: וחרבו אנון.

11. ישראל — בני ישראל. Sifre Num. § 84, Berachoth 54b,[1] Abodah Zarah 25a,[2] Ḥajuġ in אותיות הנוח ed. Dukes S. 82 r. נום, Qimḥi in Wb. r. נוס,[3] Jalkut z. St. im Stichwort, Gersonides z. St. Kod. de Rossi 20 ex corr. LXX: τῶν υἱῶν Ἰσραήλ, V: filios.[4]

11. הם — והם. Sifre Num. § 84, Aruch v. חרדלית, Jalkut z. St. P: ונחתין הוו, V: et essent.

11. השליך — המטיר. Agadath Bereschith Kap. 1.[5] Wahrscheinlich durch das vorhergehende Zitat Gen. 19, 24 veranlaßt. המטיר auch Naḥmanides zu Ex. 9, 14.

12. אז ידבר יהושע — אז יד׳ יהושע את השירה הזאת. Mechilta ed. Hoffmann S. 56,[6] Zusätze zu Tanḥuma ms. Oxford N. 183 (אז ידבר יהושע את השירה).[7]

12. לה׳ fehlt in Mechiltha ed. Hoffmann S. 56.

12. לה׳ — לפני ה׳. Mechiltha 34a.[8] P: קדם.

12. לפני — ביד. Tanḥuma אחרי § 9.[9] LXX: ὑποχείριον.

12. בני fehlt in Tanḥuma ed. pr. בשלח § 10,[10] Tanḥuma אחרי § 9.[11] Fehlt in LXX und P.

12. ישראל (II) — בני ישראל. Tanḥuma חקת § 9 in Jal. ha-Machiri Ps. 78 § 11. P. בנ̈י. So gewiß auch V.[12] Aq. אל בני (πρὸς υἱούς).

12. ישראל (II) — כל ישראל. Sifre Deut. § 306,[13] Seder Olam r. Kap. 11, Josef Kara z. St.[14] LXX-Kodd.: παντὸς Ἰσραήλ.[15]

13. עמד — עמד לו. Midraschartiger Kommentar ms. de Rossi 261.[16]

13. איביו — מאיביו. Predigten des R. Josua Ibn Schoeib, ראה.

---

1 Edd., ms. München, Jal. Ex. § 186 und Jos. § 19.

2 Edd., Jal. Deut. § 809 und Jos. § 22.

3 Edd. und ed. Lebrecht.

4 Cumque fugerent filios Israel.

5 Edd. und ed. Buber S. 2.

6 Vielleicht aus den vorhergehenden Zitaten Num. 21, 17; Deut. 31, 30 und dem folgenden Zitat II Sam. 22, 1 veranlaßt oder verschrieben.

7 Tanḥuma ed. Buber, Einleitung, S 128. Die Erklärung in der vorhergehenden Anm. in bezug auf Mechiltha ed. Hoffmann trifft hier nicht zu.

8 Edd. In Jal. ha-Machiri Ps. 18 § 6: לה׳.

9 Ed. pr. und bei Isaak Aboab dem Jüngeren (Ende des 15. Jahrhunderts) in נהר פישון (Konst. 1538, sine pag.) 32b.

10 In den anderen alten edd. fehlt das Zitat.

11 So ed. pr. In נהר פישון 32b = MT.

12 coram eis, sich auf das vorhergehende filiorum Israel beziehend.

13 In Jal. Deut. § 942.

14 Jahrbuch der jüdisch-liter. Gesellschaft zu Frankfurt a. M. V, S. 42.

15 Sonst fehlt לעיני ישראל.

16 Die Stelle in Tanḥuma ed. Buber, Einleitung, S. 154.

13. כיום — ביום. Tanḥuma אחרי § 9.[1] Akedath Jizḥak ed. pr. Pf. 13.[2] 2 Kodd.

14. ולא — לא. Josef Kara zu V. 12 (bis);[3] Baḥja ben Ascher, Komm. (ed. Riva) 90ᶜ. V: non.

14. ואחריו — ולאחריו. Seder Olam. r. ms. Epstein Kap. 11. Sifre Deut. § 306,[4] Abodah Zarah 25ᵃ,[5] Pirke d'Rabbi Elieser Kap. 52 in Jal. Jos. § 22, Predigten des R. Josua Ibn Schoeib לשמיני עצרת, Akedath Jizḥak Pf. 13, ibid. Pf. 82. — Massorah z. St. ולאחריו, mit der Angabe: in vier[6] Versen kommt לפניו ולאחריו vor. Da in den anderen drei Stellen[7] אחריו steht, so ist לאחריו in der Angabe zu uns. St., wenn es nicht Druckfehler ist, aus ihrem Platze bei einem Text לאחריו zu erklären. Umgekehrt wird in den Angaben zu den genannten drei Stellen[8] auch uns. St. ואחריו angeführt. Aus der Tatsache aber, daß diese Angaben nicht die Wendung selbst nennen,[9] sondern nur ihren Inhalt angeben,[10] ist auf Grund verwandter massoretischer Formeln mit Wahrscheinlichkeit zu schließen, daß die Wendung nicht in allen Stellen ganz gleich lautet.

14. לשמע ה' — לשמע. Seder Olam r. Kap. 11 in ms. Epstein, Pirke d'Rabbi Elieser Kap. 52 in Jal. Jos. § 22, Qimḥi z. St. Kod. Ken. 70.

14. לישראל — להם (לישראל). Glossaire hebreu-français z. St.[11] Wenn nicht Verschreibung, so ist als Lesart nur להם לישראל denkbar.

20. שרדו — אשר שרדו. Parḥon, Wb. r. שרד.

20. המבצר — מבצר. Trg: לקרוין כריכן.[12]

20. המבצר — מבצריהם. Trg Lag: לקרויהן כריכן = אל ערי מבצריהם. Vielleicht bloß Erklärung.[13]

---

1 In Midrasch Agada ed. Buber II S. 41.

2 Einmal כיום. Eines von beiden ist Verschreibung.

3 Ha-Schaḥar III 689.

4 In Jal. Deut. § 942.

5 In Jal. Deut. § 809, Jos. § 22, Jes. § 254.

6 II Reg. 18, 5 wird wohl deshalb nicht mitgezählt, weil dort אחריו vor לפניו steht.

7 Ex. 10, 14; II Reg. 23, 25; Joel 2, 2.

8 Vgl. auch Mass. fin. v. פן N. 25.

9 Wie z. St. in Jos. ד' פסוקי אית בהון לפניו ולאחריו, oder, wenn לאחריו nicht echt ist: ד' פסוקי אית בהון לפניו ואחריו. Dies hätte um so leichter geschehen können, als II Reg. 18, 5 nicht mitgezählt wird.

10 אית בהון פנים ואחור.

11 fu batilont por os נלחם להם.

12 Edd. und Jem.

13 Vielleicht auch aus עריהם המבצר, המ von המבצר dittographiert.

21. לא – ולא. Josef Kara z. St.[1] Kodd. Ken. 152, 183. LXX: *καὶ οὐκ*, P: ולא, V: nullusque.

21. חרץ. Für לא חרץ לבני ישראל לאיש את לשונו bietet Trg: לא הוה נזקא לבני ישראל למדחק גבר ית נפשיה.[2] Was hat Trg zu dieser Umschreibung veranlaßt? Die Paraphrase ist wegen Ex. 11, 7 um so auffallender. Ich meine, daß hier nur die Vorlage des Trg als Erklärung anzusehen ist: Trg las חָרַץ und איש את נפשו. חָרַץ entspricht הוה נזקא wie יֶחֱרַץ, Ex. 11, 7, ינזק (Jon.: יהנזק); bei חָרַץ aber hat איש את נפשו kein deutliches Prädikat, daher die Ergänzung למדחק, aus נזקא erschlossen.[3]

21. לאיש – איש. Trg: גבר. LXX: *οὐθεὶς* (*οὐδεὶς*), P: גברא.

21. לשונו – נפשו. Trg: נפשיה.[4]

23. את (III) – ואת. Trg Jem: וית. LXX: *καὶ τὸν*.[5] P: ולמלכא.[5]

23. את (VI) – ואת. Trg Lag: וית. LXX und P.[6]

24. איש fehlt in Sifre Deut. § 356 Ende.[7] Kodd. Ken. 20, 77, 150, 224. Fehlt auch in LXX.[8]

24. ההלכוא – ההלכו. Midrasch Tannaim ed. Hoffmann S. 223 aus Sifre Deut. § 356 Ende. Zahlreiche Kodd. und edd. 1486, 1488.

24. ההלכוא אתו – הה' אתו במלחמה. Manuel du Lecteur. S. 31.

24. Midrasch Tannaim ed. Hoffmann aus Sifre Deut. § 356 Ende: ואתה על במותימו תדרך (Deut. 33, 29), כענין שנאמר ביהושע ... שימו את רגליכם על צוארי המלכים האלה ככתוב בתורת משה, ומה כתוב בתורת משה? ואתה על במותימו תדרך. Die Worte ככתוב בתורת משה als Schluß uns. Verses werden also nicht bloß zitiert, sondern auch gedeutet. Es liegt also ein wirklicher Bibeltext vor. Wie ist aber dieser Text in uns. St. denkbar?

26. העצים (II) – העץ. Trg Lag: צליבא. Vielleicht Verschreibung aus צליביא.[9]

27. בוא – בא. Die Massora[10] zählt ohne uns. St. 13 בוא plene. Sie zitiert auch zu uns. St. בא. Auch in Mass. par. fehlt zu uns. St. die Notiz: י"ג מלאים. Aber Mass. ms. Hamburg zählt uns. St. unter den בוא plene.[11]

---

1 Ha-Schaḥar III 689.

2 Edd., Lag, Jem und Qimḥi z. St.

3 Selbstverständlich will ich diese Vermutung nur als solche ansehen.

4 Vgl. zu v. חרץ.

5 Aber so auch את IV—VI.

6 Vgl. die Anmerkung zu את (III).

7 Edd. und Jal. Deut. § 963.

8 Hexaplarischer Zusatz: *ἄνδρα*.

9 So Edd. und Jem.

10 Ex. 33, 22.

11 Vgl. Frensdorff, Massora Magna, S. 28, Note 1.

27. העץ – העצים. Trg Lag: צליבא. Vielleicht Verschreibung aus צליביא.[1]

28. אותה – אותם. Trg.: יתה.[2] Massora aus Jemen.[3] Zahlreiche Kodd. und Edd. 1486, 1488 und Bomberg 1517. LXX Luc.: *αὐτὸν*.

28. ירחו – יריחו. Massora. Vgl. zu 2, 1 s. v. יריחו.

39. וילכדוה – וילכדה. Trg Lag: וכבשוה.[4] 3 Kodd. Die Verschiedenheit der Lesarten geht vielleicht auf die defektive Schreibung zurück: וילכְּדֻה, daraus וילכדָה oder umgekehrt. LXX: *ἔλαβον αὐτὴν*.

41. ואת – ועד. Trg Lag marg.[5]

Kap. XI.

1. מלך כנען – מלך חצור. Lekaḥ Tob Ex. 15, 16 aus Mechiltha 43a. Wenn dieses Zitat nicht einfach Verschreibung ist, so ist die Lesart מלך כנען in uns. St. gut denkbar, da nach V. 10 Jabin das Oberhaupt mehrerer Könige war, woraus sich die Bezeichnung König von Kana'an erklären würde. In der Tat wird an anderer Stelle Jabin neben König von Ḥazor auch König von Kana'an genannt: Jdc. 4, 17 יבין מלך חצור und ibid. 2 יבין מלך כנען אשר מלך בחצור.

2. כנְרות – כנֶרות. Michlol,[6] Kodd.[7]

2. לנפות – ובנפות. Raschi zu Jos. 17, 11.[8] ו fehlt auch bei Ibn Kureisch, Risalat S. 44.

2. בנפַת – ובנפות. Ibn Kureisch, Risalat S. 44. LXX-Kodd.: *Ναφεθδὼρ*,[9] Sym.: *παραλίαν Δὼρ*,[10] P: ובנפתדור. Vgl. Jos. 12, 23 und I Reg. 4, 11.

---

[1] Wie in edd. und Jem.

[2] Lag, Jem, Bomberg. Spätere edd.: יתהון, offenbar nach ihrem MT korrigiert. Vgl. Norzi z. St.

[3] G. III 69a: אותה, ברביע והכי גרסינן אותם (l. אותה) וכן מוכח בתרגום שבתיגאן יָתַה . . . ולפי ספרינו החרים אותה קאי אהעיר לבד דשייך לשון זה גבי עיר ולא גבי אדם.

[4] Edd. und Jem: וכבשה.

[5] Vgl. Lagarde S. VII.

[6] Michlol, Absch. Nominalbildung Art. פעלת: ובא בשוא בלא סמיכות . . . וכן כל כנְרות.

[7] Vgl. auch Norzi z. St. und I Reg. 15, 20.

[8] Vgl. Jos. 12, 23.

[9] Auch *Ναφεδὼρ*. Auch *Φεναεδδὼρ* der geläufigen Texte geht auf נפַת zurück, *Φενα* aus *Ναφε* verschrieben.

[10] Vgl. Field I 361 Note 7 und 364 Note 23.

2. דור – דאר. Ibn Kureisch in Risalat S. 44, Raschi zu Jos. 17, 11, Glossaire hebreu-français.[1] Kodd. Ken. 20, 153, 168, 180. — Die Massora verlangt דור.[2]

5. ויועדו כל המלכים האלה – ויועדו כל המלכים ויתקבצו יחדו. Mechiltha 43[a]. So in Lekaḥ Tob zu Ex. 15, 16. In edd.: ויועדו כל המלכים האלה ויתקבצו כל המלכים יחדו, was die Lesart ויתקבצו יחדו bestätigt, da das zweite כל המלכים, das im Bibeltext kaum denkbar ist, nur aus dem ersten verschrieben sein kann. Im Jalkut, Ex. § 251, lautet der Schluß des Zitates: ויצאו הם וכל מחניהם עמם וגומר ויתקבצו להלחם עם יהושע ועם ישראל פה אחד. Auch dieser Text bestätigt die Lesart des Lekaḥ Tob, nur hat Jalkut das Zitat nach 9, 2 ergänzt, offenbar in der Meinung, daß diese Stelle zitiert wird.[3] Diese Annahme bietet zwar die einfachste Lösung der Frage nach der Herkunft des Zusatzes in der Mechiltha,[4] sie hat aber gegen sich die Tatsache, daß ויתקבצו יחדו nach VV. 1—5 uns. Kapitels zitiert wird.[5] Es bleibt daher nichts anderes übrig als die Annahme, daß die Mechiltha dieses Plus in ihrem Bibeltext in uns. St. gelesen, entweder als reines Plus oder als Variante für ויבאו ויחנו יחדו. Dafür liest in der Tat die LXX: ויבאו יחדו ויחנו.[6]

5. אל – על. Trg: על, LXX, P, Kodd. Ken. 154, 180.

6. את (II) – ואת. R. Samuel ben Meïr zu Gen. 49, 6. Ibn Esra Lev. 25, 47. P: ורֿכשהון.

7. על מי מרום. Trg: ואינון שרו על מי מרום[7] = והמה חֹנים על מי מ׳ (והם).
Vielleicht bloß Erklärung.

8. מַיִם – יָם. Trg: ימא.[8] So auch 13, 6.[2] Sym. *θαλάσσης*.[9]

10. כל – לכל. Trg:[10] לכל. Mehrere Kodd. und Edd. 1486, 1488.

11. הנפש – נפש. Ibn Ġanaḥ. Wb. S. 248.[11]

---

[1] Festschrift zu Ehren des Dr. A. Harkavy, S. 384.

[2] Sie zählt ohne uns. Stelle vier דאר. Vgl. Mass. Jos. 17, 11; Ps. 83, 11; Mass. fin. v. דא N. 1; Mass. ms. bei Frensdorff, Massora Magna, S. 58, Note 1; G. I 222[a] N. 16.

[3] So auch Friedmann zu Mechiltha l. c.

[4] In den Inhalt der Stelle passen 9, 2 und uns. St. gleich gut.

[5] Daß diese Reihenfolge maßgebend ist, sehen wir auch aus Sechel Tob zu Ex. 15, 16. Dieser Autor nimmt ebenfalls an, daß 9, 2 zitiert wird, daher führt er folgerichtig nur diese Stelle an und läßt unsere Stelle ganz weg.

[6] *καὶ παρεγένοντο ἐπὶ τὸ αὐτό, καὶ παρενέβαλον.*

[7] Lag, edd. Jem.

[8] Edd., Walton, Raschi und Qimḥi z. St. Qimḥi in Wb. r. שרף. Dagegen Lag und Jem: מיא.

[9] Nach anderen: *τῆς ἀπὸ θαλάσσης* = מִיָּם. Vgl. Field I 362[a] und Note 19.

[10] Lag und Jem. Edd.: כל.

[11] So auch Sefer Haschoraschim r. חרם.

11. נוֹתַר — הוֹתִיר (השאיר).[1] Trg: אַשְׁאַר. P: שבק. V: dimisit.

13. כל fehlt in Gen. r. LXXXI Ende.[2] Fehlt in Kod. Ken. 651 und in V.

13. ישראל — יהושע. Gen. r. LXXXI Ende.[3]

13. זולתי — כי אם. Sechel Tob Gen. 35, 5 aus Gen. r. LXXXI Ende.[4]

13. את חצור — חצור. Raschi z. St. את fehlt in LXX. Gen. r. 35.[5]

15. כאשר — ככל אשר (כל). Jeruschalmi Schekalim II 5 (47^a 27).[6]

15. לא — ולא. Sifra zu Lev. 10, 7.[7] P: ולא.

15. מכל אשר צוה ה' את משה — מכל אשר צוה משה. Sifra zu Lev. 10, 7.[8] LXX: *απὸ πάντων ὧν συνέταξεν αὐτῷ Μωυσῆς* = מכל אשר צוה אותו (צוהו) משה.

17. העלה — העולה. Die Massora[9] zählt uns. St. unter den fünf עולה plene.[10] Andererseits aber wird in uns. St. העלה defektiv gefordert.[11] Wahrscheinlich muß in einer der beiden Angaben für uns. St. 12, 7 gelesen werden. Uns. Texte stimmen mit keiner der beiden überein, da sie hier und 12, 7 העלה def. haben. So auch Konkordanz s. v. Mass. par. zu uns. St. ג' וחסר.

17. שעיר — שעירה. Zitat in Massora z. St. Eine andere massoretische Notiz[12] bemerkt: קדמאה העולה שעירה, תנינא העולה שעיר, d. h. in uns. St. שעירה und 12, 7 שעיר. In uns. Texten ist das umgekehrte der Fall, was mit Massora zu 12, 7 übereinstimmt.[13] Einige Kodd. Ken. lesen in beiden Stellen שעירה.

18. את — עם. Num. r. XXII 5.[14] Kod. Ken. 651.

18. כל fehlt in Tanḥuma ed. pr. מטות § 4. Fehlt in LXX und V.

19. אל — את. Naḥmanides Gen. 48, 22;[15] Deut. 20, 10. Baḥja ben Ascher, Komm. 161^c. Der Karäer Eliah Baschjazzi, Adereth Eliahu

---

1 Vgl. V. 14.
2 So alle alte edd. Jal. Jos. § 22 = MT.
3 Alte edd. und Jal. Jos. § 12. Sechel Tob Gen. 35, 5 = MT.
4 Edd. und Jal. Jos. § 22 = MT.
5 Ed. pr., Jal. Jos. § 22, Sechel Tob Gen. 35, 5.
6 So Jeruschalmiedd., Babliedd. (4^c) und ms. München.
7 In Jal. Lev. § 528.
8 In Jal. Lev. § 528.
9 I Sam. 17, 23; G. II 407 N. 565.
10 עולה ה' מלא בליש' וסימ', מן ההר החלק העולה שעיר.
11 Massora z. St. Mass. fin. v. על N. 35. Vgl. auch Mass. zu 12, 7.
12 Bei G. III 145^b.
13 Massora Gen. 33, 14 bloß החלק העולה שעירה, also unentschieden.
14 Alte edd. und Jal. ha-Machiri Prov. 10^b.
15 So bei Jakob ben Ascher zu Gen. 48, 22.

215[a]. Isaak Arama, Akedath Jizḥak ed. pr. Pf. 93 (200[d]). Mehrere Kodd. Trg: עם.[1]

19. בני fehlt bei Naḥmanides Deut. 20, 10; Baḥja ben Ascher, Komm. 161[c]; Baschjazzi, Adereth Eliahu 215[a]. Fehlt in den meisten LXX-Kodd.[2]

21. ויכרת יהושע – ויכרת. Naḥmanides Deut. 9, 3.

21. ומן – מן ענב. Trg Lag. Kodd. und einige edd. LXX: *καὶ ἐξ*, P: ומן, V: et (de).

21. ומן כל – ומכל (I). Naḥmanides Deut. 9, 3.

21. ומן כל – ומכל (II). Naḥmanides Deut. 9, 3.

22. נותרו – נותר. Trg:[3] אישתארו. Vielleicht bloß sinngemäß. LXX A: *καταλείφθησαν*.

22. באָרץ – באֶרץ. In Akedath Jizḥak ed. pr. Pf. 39 (200[c]) fehlt בני ישׂראל. Wenn dies in der Vorlage des Verfassers seinen Grund hat, so muß dieser Text auch באָרץ lesen.

22. בני fehlt in Mechiltha ed. Hoffmann S. 17. Kod. Ken. 1.

22. בני ישראל fehlt in Akedath Jizḥak ed. pr. Pf. 39 (200[c]).

23. כאשר – ככל אשר. Trg Jem: כמא. Kod. Ken. 145. LXX: *καθότι*, P: איך. V: sicut.

23. במחלקתם – כמחלקתם. Qimḥi, Wb. r. חלק.[4] Kodd. und edd. LXX: *ἐν μερισμῷ*, Trg: בפלגותהון,[5] P: בפלגותא.

Kap. XII.

1. ועד – עד. Trg Jem. ועד. Kodd. P: ועדמא.

2. הגלעד. Trg edd. ארע גלעד muß nicht auf ארץ הגלעד zurückgehen, sondern kann erklärende Ergänzung sein, wie häufig.

3. כנְרות – כנֲרות. Qimḥi.[6] Kodd.

3. הישמֹת – הישמות. Kodd.[7] — Die Massora fordert הישמות.[8]

3. הישמֹת – הישמות. Kodd. Edd.[9]

5. הגלעד. Trg: ארע דגלעד. Vgl. zu V. 2 s. v.

---

[1] Edd., Lag, Jem.

[2] In beiden Textformen. Vgl. LXX und Field I 363[a].

[3] Lag und Jem.

[4] Edd. und ed. Lebrecht.

[5] So Walton. Edd., Lag und Jem: כפלגותהון.

[6] Vgl. zu 11, 2 s. v. und Norzi z. St.

[7] Norzi z. St. G. I 601[b], III 26 N. 64 *hv*. G. Bibel z. St.

[8] Zu Num. 33, 49; Ez. 25, 9; יהושע הישמות כתיב. Vgl. Norzi zu Num. 33, 49 und zu uns. St.

[9] So auch Mass par. z. St.

6. משה – ומשה. Jalkut ha-Machiri Ps. 136 § 35 aus Tanḥuma.[1]

7. העלה – העולה. Massora,[2] die העולה in uns. St. ausdrücklich als plene angibt.[3]

7. שעירה – שעיר. Manche Massora.[4]

8. האמרי – והאמרי. Trg[5] LXX,[6] P,[7] V.[8]

8. הפרזי – והפרזי. Trg edd. LXX, P, V.

8. החוי – והחוי. Trg edd. LXX, P.

9. יריחו – ירחו. Massora. Vgl. zu 2, 1 s. v.

9. העי – לעי. Tanḥuma ראה § 8.[9] Tanḥ. ed. Buber משפטים § 10.[10]

9. בית – לבית. Tanḥuma משפטים § 17.[11] Kod. Ken. 150.

9. בית אל – ביתאל. Trg Lag und Jem. Madinḥae und R. Jose.[12]

16. בית אל – ביתאל. Trg Lag und Jem. Madinḥae und R. Jose.[12]

21. תעֲנָךְ – תעְנָךְ. Trg edd. Kodd. Massora aus Jem.[13]

23. לנפת – לנפות. Raschi zu Jos. 17, 11. Trg: לפילכי.[14] Einige Kodd.

Kap. XIII.

1. זקנתה – זקנת. Agadath Bereschith Kap. 32.[15] Raschi Kidduschin 72b unt. Madinḥae.[16]

1. באת – ובאת. Raschi Kidduschin 72b unt. P: ועלת V: et longaevus es.

1. מאד fehlt bei Aaron ben Josef Ha-Rofe in Mibḥar Jescharim z. St. Kod. Ken. 180. Fehlt in LXX.

2. הפלשתים – פלשתים. Ibn Ġanaḥ, Wb. S. 135. LXX.

3. ועד – עד. Raschi z. St. LXX, V.

3. חמשת – ואת חמשת. Ḥullin 60b.[16] P: וחמשא.

---

1 Die Stelle kommt in unseren Texten nicht vor.

2 Zu 11, 17; Mass. fin. v. על N. 35.

3 Vgl. jedoch zu 11, 17 s. v.

4 Vgl. die Ausführung zu 11, 17 s. v. שעיר.

5 Lag und Jem.

6 So aber auch bei allen folgenden Namen.

7 So aber durchwegs, selbst והחתי.

8 et bloß bei jedem zweiten Namen: החתי והאמרי הכנעני והפרזי החוי והיבוסי.

9 So die alten edd.

10 So in drei mss.

11 So bei Baḥja ben Ascher, Komm. (ed. Riva) 122a.

12 Vgl. zu 7, 2 v. לבית אל.

13 תענַך, העין בשוא פשוט והוא נח והנון בפתח וכן כולהו תענך שבכל מקרא כן. Vgl. Norzi.

14 Edd., Lag, Jem, Raschi z. St.

15 Edd. und ed. Buber.

16 G. I 592 N. 622, II 56 N. 493, ibid. 84a, G. Bibel z. St.

16 Edd. und Jal. Deut. § 809. Kaphtor wa-Pheraḥ Kap. 6 fehlt ואת.

3. והאשדדי — האשדדי. Kaphtor wa-Pheraḥ Kap. 6 aus Ḥullin 60^b. Raschi Deut. 2, 23.[1]

3. האשקלני — והאשקלני. Ḥullin 60^b,[2] Raschi Deut. 2, 23,[3] Raschi z. St. (bis). Mehrere Kodd., LXX, P.

3. הגתי — והגתי. Ḥullin 60^b,[4] Raschi Deut. 2, 23,[5] Raschi z. St. Mehrere Kodd. LXX, P.

3. והעקרני — העקרני. Ḥullin 60^b.[6] Tossafoth Ḥullin 60^b.

3 und 4. Ḥullin 60^b wird der Widerspruch zwischen der Angabe „fünf Fürsten der Philister" und der Einzelaufzählung von sechs Völkerschaften hervorgehoben[7] und zur Lösung die Erklärung Rabs angeführt: die ʿAwwim stammen von Teman,[8] d. h. sie gehören also nicht zu den Philisterstämmen. Rab liest also והעוים מתימן in einem Verse. Ob er aber diese Lesart wirklich in seinem Text gehabt, oder nur so deutet,[9] ist schwer zu entscheiden. Zwar lesen auch P[10] und V[11] והעוים מתימן, sie beweisen aber nichts für den Bibeltext, da sie selbst vielleicht nur die Erklärung Rabs wiedergeben, wie so oft die agadischen Deutungen.[12] Dafür spricht besonders der Wortlaut in V, der keine wörtliche Übersetzung von והעוים מתימן ist, sondern fast wörtlich die Worte Rabs wiedergibt. Rab: עוים מתימן באו — V: ad meridiem vero sunt Hevaei. — LXX liest MT.[13] So auch Sym.[14]

4. ומְעָרה — ומֵעַוה. Tossafoth Ḥullin 60^b (ומעוה). ומֵ liest auch LXX.[15]

---

1 So bei Naḥmanides Deut. 2, 23. Edd. und ed. Berliner = MT.

2 Edd. und Jal. Deut. § 809. In Kaphtor wa-Pheraḥ Kap. 6 fehlt das Wort.

3 In edd., ed. Berliner und bei Naḥmanides zu Deut. 2, 23.

4 Edd. und Jal. Deut. § 809. Kaphtor wa-Pheraḥ Kap. 6 = MT.

5 In edd. und in ed. Berliner. Bei Naḥmanides Deut. 2, 23 הגתי.

6 In Kaphtor wa-Pheraḥ Kap. 6. ed. Edelmann S. 40.

7 אמר חמשה וחשיב שיתא.

8 דאמר רב עוים מתימן באו.

9 So Tossafoth z. St., Qimḥi zu uns. St. Qimḥi וסמכו ענינו לפסוק הבא אחריו מתימן, Vgl. auch R. S. Edels zur Talmudstelle. Diese Deutung entspricht der 11. Norm der 32 Normen der agadischen Exegese: מסרור שנחלק. Vgl. auch R. Eliah Wilna zu V. 8 (Ed. Warschau 1874).

10 ועוּיא דמן תימנא, in V. 3.

11 Ad meridiem vero sunt Hevaei, in V. 4.

12 Dies ist eine bekannte Tatsache. Vgl. auch Aptowitzer in ZAW 1909, S. 241—252.

13 Wieso Steuernagel in LXX והעוים מתימן findet, weis ich nicht.

14 *καὶ εἰς τὸν νότον* = ולתימן.

15 LXX-Kodd.: *ἀπὸ Γάζης*. ומעוה in Tossafoth kann auch aus ומעזה verschrieben sein.

5. וְהָאָרֶץ – וְאֶרֶץ. Trg: וארע גיבלי.[1]

6. מַיִם – יַם. Trg: ימא.[2]

6. בנחלה – לנחלה. Trg Jem: לאחסנא.

7. הזאת fehlt bei R. Samuel ben Meïr Gen. 36, 12 (bis),[3] bei Josef Bechor Schor zu Gen. 36, 12. Fehlt in V.

7. בנחלה fehlt bei Josef Bechor Schor Gen. 36, 12.

7. לתשעת – לתשע. Josef Bechor Schor Gen. 36, 12.

7. השבטים – שבטים. Trg edd. und Jem. שבטין. P: שבֿטין.

7. השבטים – המטות. Josef Bechor Schor Gen. 36, 12.

7. השבט – שבט. R. Samuel ben Meïr Gen. 36, 12 (bis), Josef Bechor Schor Gen. 36, 12. Kodd., LXX.[4]

7. המנשה – זה המנשה. Josef Kara z. St.[5] Vielleicht folgt diese Lesart auch aus der Bemerkung: „Dies die Erklärung: es gibt noch einen halben Stamm, nämlich den halben Stamm Manasse."[6] MT bedarf auch keiner Erklärung. Vielleicht aber will Kara die Häufung der Determinationen erklären.

8. כאשר – אשר. Sebirin.[7] Kodd. Ken. 225, 300.

12. הוא – והוא. Trg edd. והוא. P: והו.

13. ואת המעכתי – והמעכתי. Trg Lag[8] und Jem: ואפקירום.

14. רק לשבט – ולשבט. Tanḥuma ed. pr. מסעי § 12.[9] V: tribui autem Levi, wie in V. 33. Vielleicht ist auch Tanḥuma davon beeinflußt.

14. נתן – נתן משה. Tanḥuma ed. pr. מסעי § 12. 7 Kodd. Trg Lag.

14. נחלה fehlt in Tanḥuma ed. pr. מסעי § 12.

14. אשי – אשה. Tanḥuma ed. pr. מסעי § 12.

14. אלהי ישראל om. Tanḥuma ed. pr. מסעי § 12. Ken. 174, 252.

15. למטה בני – לבני. Naḥmanides Num. 32, 33.

---

1 Lag und Jem. Edd.: וארעא.

2 Edd., Walton; Lag und Jemen: מיא. Vgl. zu 11, 8,

3 Edd. und ed. Rosin.

4 *φυλῆς* ohne *τῆς*, das manche Kodd. ergänzen.

5 Ed. Eppenstein, Jahrbuch der jüdisch-liter. Gesellschaft, V, S. 46.

6 וזה פתרונו, ויש לך חצי שבט אחד שהוא חצי שבט מנשה.

7 Massora zu Jona 1, 14; Mass. fin. v. איש Nr. 27. Norzi z. St. G. I 113 N. 1188, II 325 N. 39.

8 In Lagarde's Ausgabe ist ויח אפקירום Druckfehler für ואפקירום der Handschrift. Vgl. Lagarde S. VII.

9 Das Zitat lautet: ולשבט הלוי לא נתן משה אשה ה' הוא נחלתו. Vielleicht ist V. 33 gemeint, es ergäben sich dann für diesen Vers die Varianten: – נחלה, + אשה, – אלהי ישראל, נחלתו für נחלתם. Ich nehme aber deshalb an, daß unser Vers zitiert wird, weil die für ihn sich ergebenden Varianten aus Tanḥuma auch anderwärts bezeugt sind, während in V. 33 nur נחלתו und nur in einem einzigen Kodex vorkommt.

16. עד – על מידבא. Trg:[1] עד. Sebirin.[2] Kodd., edd. P: עדמא.[3]

18. וְיָהְצָה – וַיַּהְצָה. Kodd. bei Norzi.

18. וְיָהֱצָה – וְיָהְצָה. Dunasch in Liber Responsionum II S. 23.[4] Kodd. edd.[5]

21. נסיכי מדין – נסיכי סיחון. Ibn Esra zu Deut. 32, 38.[6] Benjamin ben Jehuda zu Prov. 8, 20.[7] Josef Ibn Kaspi zu Prov. 8, 23.[8] Vielleicht auch Josef Qimḥi in Sefer Ha-Sikkaron S. 67.[9] Für diese Lesart vgl. Num. 31, 8. מדין Kod. Ken. 155.

22. בן בעור fehlt in Tanḥuma ed. Buber בלק § 7.[10] Kod. Ken. 182.

22. בני ישראל fehlt in Mechiltha 27b[11] und Sifre Num. § 157.[11] Baḥja ben Ascher, Komm. (ed. Riva) 222a, 222b.[6] Fehlt in LXX.

22. על – אל. Synhed. 106b.[12] Jeruschalmi Synhed. VI (29a 7 f.), fünfmal על. Trg: על.[13] Einige Kodd., Edd.

24. לבני גד fehlt bei Naḥmanides Num. 32, 33. Kod. Ken. 145. Fehlt in P.

24. למשפחתם – למשפחותם. Massora.[14] Kodd.

25. גבול – הגבול. Gen. r. LXXI 9.[15]

25. יעזר fehlt in Jal. II Reg. § 204 aus Gen. r. LXXI 9.

---

1 Edd. Lag und Jem. Vgl. Norzi z. St. und Grätz, Monatsschrift 1881 S. 221 N. 3 und Note.

2 Massora Gen. 49, 13; Mass. fin. עַ N. 1; Norzi z. St. G. II 325 N. 39, ibid. 390 N. 353.

3 Grätz, Monatsschrift 1881 S. 221 N. 3 und Ginsburg, Bibel z. St., finden עד auch in LXX, aber in den LXX-Ausgaben und auch bei Field fehlt עד מידבא, nur LXX Luc. liest ומידבא. ἕως vor חשבון ist ein reines Plus, wie Luc. beweist, der trotz ומידבא in V. 16 in V. 17 עד חשבון liest.

4 נע נקוד בב' נקודות ופתיחת ההנעה.

5 Vgl. Norzi z. St.

6 Edd. und ms. der israelitisch-theologischen Lehranstalt in Wien.

7 Monatsschrift 1901 S. 150.

8 Zehn Schriften des R. Josef Ibn Kaspi, ed. Last I S. 26.

9 Er zitiert נסיכי מואב, was unmöglich und daher wahrscheinlich Verschreibung aus מדין ist.

10 So auch Jal. Num. § 765.

11 Das Zitat lautet: ואת בלעם בן בעור הקוסם הרגו בחרב (in Jal. Ex. § 232 aus Mechiltha bloß ואת בלעם בן בעור הקוסם), es kann also Num. 31, 8 zitiert sein, mit + הקוסם. Während aber diese Variante sonst nicht vorkommt, wird das Fehlen von בני ישראל in uns. St. von LXX bezeugt.

12 Mss. und alle alte edd.

13 Edd., Lag, Jem.

14 Die Massora zu Jos. 19, 17; G. II 250 N. 885 zählt ohne uns. St. acht (G.: neun) למשפחותם plene. Vgl. auch Norzi zu Num. 4, 38 und zu uns. St. Dagegen bemerkt Mass. par. zu uns. St. ח' מל' בנביאים, schreibt aber in uns. St. plene.

15 So in Sechel Tob Gen. 30, 11 und Jal. II Reg. § 208.

25. וכל – כל. Jal. II Reg. § 208 aus Gen. r. LXXI 9. LXX: כל.

27. הרם – הרן. Mass. fin. v. הר N. 19 zählt zwei הרן als Name einer Stadt,[1] sie hat also in uns. St. הרן gelesen. Diese Lesart folgt auch aus einer anderen massoretischen Notiz,[2] in der gesagt wird, daß als Name einer Stadt das Wort immer חרן heißt, mit Ausnahme von Num. 32, 36 und uns. St.[3] Eine dritte massoretische Notiz[4] sagt ausdrücklich, daß in uns. St. das Wort הרן lautet.[5] — Mass. par. zu Num. 32, 36 bemerkt hingegen: הרן לית שום קרתא, d. h. הרן als Stadtname kommt nicht mehr vor; sie liest also in uns. St. הרם.[6] Kodd. Ken. 30, 150: הרן, Kod. Field 58: *βηϑαρὰν*, V: Betharan.

29. מנשה – מנשה בן יוסף. Josef Kara, Komm. zu Josua.[7]

29. מטה – שבט. Naḥmanides Num. 32, 33. Kod. Ken. 30.

29. בני fehlt bei Nahmanides Num. 32, 33. Kod. Ken. 30.

30. גבולם – כל גבולם. Randglosse in edd. Ven. aus einem alten Kodex.[8]

30. כל (I) – וכל. Trg Lag: וכל.[9] Kodd., Soncin 1488. LXX, P.

30. כל (II) – וכל. Randglosse in edd. Ven. aus einem alten Kodex. LXX: *καὶ πᾶσα,* P: וכלה. Mehrere Kodd. Ken. und de Rossi.

31. ממְלכוּת – ממלֶכֶת. Josef Kara im Komm. zu Josua (bis), zu Jdc. 12, 4. Ausnahmsweise ist hier die Orthographie maßgebend. Da in dieser Handschrift die matres lectionis immer geschrieben werden, selbst bei defectiva des Textes, so kann die Schreibung ממלכת nur aus dem Text ממלֶכֶת erklärt werden, nicht aber aus ממלְכֻת.

32. יריחו – ירחו. Massora.[10]

33. הלוי – לוי. Num. r. ed. pr. V 2.

33. Ev. einige Varianten, vgl. oben S. 136 Anm. 9 zu V. 14.

---

[1] הרן ב׳ וכל שום בר נש דכוותיה הרן בר מן ב׳ הרן. Die eine Stelle ist Num. 32, 36, die zweite kann nur unser Vers sein.

[2] G. II 498 N. 403.

[3] חרן (Männername) ב׳ וכל שום קרתא דכותיה בר מן ב׳ (הרן .scil) ואת בית נמרה, (Jos. 13, 37) ובעמק.

[4] Ms. Hal. bei Frensdorff, Massora Magna, S. 281, Note 2.

[5] וכל שום קרתא דכותיה (חרן .scil) בר מן ב׳ הרן נמרה ואת בית נמרה ואת (Num. 32, 36) ובעמק בית הרן ובית.

[6] Wahrscheinlich aber ist ל׳ aus ב׳ verschrieben. Vgl. Frensdorff l. c.

[7] Jahrbuch der jüdisch-liter. Gesellschaft zu Frankfurt a. M., V, S. 51.

[8] Vgl. Norzi z. St. G. I 607ᵇ. So Kodd. Ken. 300, 277 marg.

[9] So die Handschrift, im Drucke fehlerhaft כל. Vgl. Lag S. VII.

[10] Vgl. zu 2, 1 s. v. יריחו.

Kap. XIV.

1. המטות לבני ישראל – מטות בני ישראל. Trg Lag: שיבטייא דבני ישראל. LXX: *Φυλῶν τῶν υἱῶν Ἰσραήλ.*

2. בגורל נחלתם. Trg: בעדבא אתפלינת להון אחסנתהון = בגורל נחלתם und אתפלינת להו erklärender Zusatz. LXX: *κατὰ κλήρους ἐκληρονόμησαν* = בגורל נָחֲלוּ, V: sorte omnia dividentes[1] = בגורל נִחֲלוּ.

2. כאשר – אשר. Sebirin.[2] Kodd. Ken. 89, 300.

2. לתשעת – לתת לתשעת. Der Ḳaräer Jehuda Hadassi, Eschkol Ha-Kofer 140ª. Mehrere Kodd. und edd. Trg Lag: למיתן, P: למתל.[3]

6. Midrasch zum Segen Jakobs zu V. 8 zitiert aus uns St.: והארץ שקטה ממלחמה ויגשו בני יהודה ... Dieses Zitat ist sehr merkwürdig. Eine Veranlassung zur irrtümlichen Anführung von והארץ שקטה ממלחמה ist im Inhalt der Stelle nicht gegeben, so kann der Kopist dafür nicht verantwortlich gemacht werden. Deshalb auch schwerlich der Verfasser, wegen zitierens e memoria. Das merkwürdigste aber ist, daß dieser Zusatz in uns. Stelle gut paßt, vielleicht gar vermißt wird, mit Rücksicht auf 11, 23 und uns. Kapitel V. 15.[4] Möglich aber ist, daß uns. V. irrtümlich angeführt wurde anstatt 15, 1.

6. בגלגל fehlt bei Naḥmanides Num. 26, 54. Kod. Ken. 224.

6. אליו fehlt Erachin 13ª in ms. München. Fehlt in P.

6. הקנזי fehlt Erachin 13ª in ms. München.

6. את הדבר. את fehlt bei Naḥmanides Num. 14, 21. Kod. Ken. 90.

7. בשלח משה עבד ה׳ אותי – בשלח אותי משה עבד ה׳. Zebaḥim 118ᵇ,[5] Erachin 13ª,[6] Lekaḥ Tob Num. 13, 3, der Karäer Eliah Baschjazzi in Adereth Eliahu 180ª.[7] LXX: *ὅτε απέστειλέν με κτλ,* P: כד שדרני, V: quando misit me.

7. אתי – אותי. Manche Massora.[8] Andere Massora: אתי def.[9]

7. לרגל – לתור. Seder Olam r. ms. Epstein Kap. 11.

---

[1] dividentes entspricht Trg אתפלינת.

[2] Vgl. zu 13, 8 s. v. כאשר und Norzi z. St.

[3] Vgl. Num. 34, 13.

[4] Beidemal schließt die Landzuweisung mit והארץ שקטה ממלחמה, V. 5 uns. Kapitels ist aber inhaltlich identisch mit 11, 23.

[5] So ms. München und Lekaḥ Tob Num 15, 38. Edd. und andere mss. = MT.

[6] Edd. und ms. München.

[7] Seder Olam r. ms. Epstein Kap. 11: בשלח אותי עבד ה׳ אותי mit Auspunktierung des ersten אותי.

[8] Im Buche Jos. kommt nach Mass. nur ein אתי def. vor, dies ist nun G. I 136 N. 1421 V. 11 unseres Kapitels, folglich uns. St. אותי plene.

[9] Vgl. zu V. 10 und 11.

7. לרגל – לראות.[1] Josef Kara, Komm. z. St.

7. כאשר – כאשר היה. Tanḥuma שלח § 10.[2] Trg: כמא דהוה.[3] Kodd. Ken. 250, 375. P: איך דאית הוה.

8. עלו – היו. Num. r. XVI 11.

8. המסיו – המסו. Tanḥ. שלח § 10,[4] Num. r. XVI 11. Kod. Ken. 227.

9. רגלך – כף רגלך. Trg: פרסת רגלך. Vielleicht bloß Ergänzung per analogiam.[5]

9. לך תהיה – לך אתננה. Tanḥuma ed. Buber § 9.[6] לך תהיה kommt sonst nicht vor,[7] während לך אתננה viermal vorkommt.[8]

9. ולבניך – ולזרעך. Naḥmanides Num. 14, 21.

10. הנה (I) fehlt bei Josef Kara z. St.[9] Kod. Ken. 128. Fehlt in LXX.

10. אותי – אתי. Kodd. und Soncin 1486. Massora verlangt אותי.[10]

10. דבר – דבֶּר. Kodd. und Edd. Gegen die Massora.[11]

10. הלך ישראל – הלך עִם ישראל. Trg: דאזל עם.[12] Vielleicht bloß erklärender Zusatz.[13]

10. הנה (II) fehlt in Erachin 13ª, bei Josef Kara z. St., bei Eliah Baschjazzi in Adereth Eliahu 180ª. Fehlt in P und V.

10. אנכי fehlt oder hat seinen Platz nach שנה in Erachin 13ª.[14]

10. היום fehlt in Jal. Jos. z. St. aus Zebaḥim 118ᵇ.

10. בן fehlt bei Josef Kara z. St. und in LXX.

10. חמש ושמונים – שמונים וחמש. Zebaḥim 118ᵇ,[15] Erachin 13ª in ms. München. Auch LXX, Trg, P und V übersetzen שמונים וחמש, so aber immer.

---

1 Vgl. 2, 1 ראו את הארץ.

2 Alle alte Edd.

3 Edd. Walton, Lag, Jem.

4 So alte edd. ed. pr. = MT. Bei Tanḥuma ist die ed. pr. nicht entscheidend, weil die späteren edd. mehr von ed. Mantua 1563 abhänging sind, die ihrerseits auf Handschriften zurückgeht und nicht auf ed. pr. Vgl. darüber auch Buber, Einleitung S. 164.

5 Vgl. Deut. 11, 24; Jos. 1,3: אשר תדרך כף רגלכם.

6 Jal. Num. § 742 und Jos. § 2, In ed. fehlt das Zitat.

7 Deut. 24, 13 ולך תהיה in etwas verschiedener Bedeutung.

8 Gen, 13, 15, 17; 28, 13; 35, 12.

9 Jahrbuch der jüdisch-liter. Gesellschaft zu Frankfurt a. M., V, S. 47.

10 Nach der Massora ist nur ein einziges אותי in Jos. def. 14, 7 oder 14, 11. Vgl. Mass. fin. v. את N. 53, G. I 135 N. 1321, 136 N. 1422.

11 Vgl. G. I 223 N. 38, Norzi z. St. und zu I Reg, 8, 15 (l. וא׳ בצירי für נָא׳ בסגול).

12 So Qimḥi und Walton (cum). Edd. Lag und Jem om. עם.

13 Vgl. Qimḥi. Ähnlich deutet P: דנהלך לאיסראיל (הלך = הוֹלִיך).

14 Vgl. weiter unten v. בן חמש ושמונים שנה.

15 Zwei mss. und Jal. Jos. z. St. (bis).

10. ושמונים – ושמנים. So nach Massora,[1] die ohne uns. St. sechs שמונים plene zählt.[2]

10. בן חמש ושמונים שנה – בן ח' וש' ש' אנכי. Erachin 13b.[3] Wenn diese Lesart echt ist, so betrifft wahrscheinlich die Abweichung von MT nur die Stelle des Wortes. Vielleicht auch ist אנכי wiederholt, so daß אנכי am Schluß des Verses ein reines Plus ist. Für letztere Annahme spricht P mit zweimal אנא, für erstere ist V anzuführen, die hier wie in V. 7 übersetzt.

11. אותי – אתי. Manche Massora.[4]

12. וככחי – כחי. Der Karäer Eliah Baschjazzi in Adereth Eliahu 180a.

12. ולצאת – לצאת. Adereth Eliahu 180a. Einige Kodd.

15. הוא fehlt in Trg Jem.

Kap. XV.

1. בני fehlt bei Abarbanel zu Deut. 33, 7. Kod. Ken. 77. Fehlt in LXX und V.

1. אל – על. Trg:[5] על. P: על.

4. עצמונה – עצמֹנה. So die Massora.[6]

4. נחל – נחלה. Josef Kara z. St. Vgl. Num. 34, 5.

4. תצאות – תצאותיו. Josef Kara z. St. LXX: *αὐτοῦ ἡ διέξοδος*[7] = תצאותיו, P: מפֿקנוהי, V: termini ejus.

4. הגבול – גבול. Josef Kara z. St.

6. בהן – בהֵן. Kodd. in Massora aus Jemen.[8] Trg Walton: Bohen, V: Boen.[9]

7. פנה fehlt bei Ibn Ġanaḥ, Wb. S. 136.

---

[1] Gen. 5, 25; Jdc. 3, 30; Mass. fin. v. שם N. 45.

[2] Vgl. die Bemerkung des Korrektors bei Norzi z. St.

[3] So in der Ausführung. Zitat = MT, vielleicht Korrektur. Zebaḥim 118b wird nach MT zitiert, in der Ausführung aber bloß בן חמש ושמונים.

[4] Nach Massora bei G. I 135 N. 1421 ist עודני היום חזק der Vers, in welchem das defektive אותי im Buche Josua vorkommt. Nach einer anderen Massora ist אותי in V. 7 defektiv.

[5] Edd., Lag, Walton.

[6] Mass. fin. v. עצ N. 9: עצמֹנה ב' א' מלא וא' חסר, דיהושע חסר, d. h. das Wort עצמנה kommt zweimal vor (Num. 34, 4 und in uns. St.), einmal wird es plene und einmal defektiv geschrieben. in Jos. defektiv. In uns. Texten ist das umgekehrte der Fall. Vgl. noch G. II 418 N. 748.

[7] So regelmäßig die Übersetzung von תצאותיו.

[8] G. III 69b. So auch 18, 17.

[9] So Aq. und Theod.: *Βοὲν*.

7. למעלה – מעלה. Trg: מסקנא.[1] LXX, P, V, Kodd. Ken. 30, 176.
7. תצאתיו – תוצאתיו. Massora aus Tschufutkale.[2]
8. גי (I) – גיא. Sifre Deut. § 352,[3] Tanḥum Jeruschalmi z. St.[4] Kodd.

8. אל (I) fehlt in Sifre Deut. § 352.

8. היבוסי – יבוס. Trg: יבוס,[5] LXX: Ἰεβούς.

8. מנגב fehlt in Sifre Deut. § 352.

8. היא – הוא. Sifre Deut. § 352.[6] Kodd. Ken. 102, 178.

8. הנם (II) – בן הנם. Trg Walton. Kodd. Edd. P: דבר הנום.

9. נֶפתוח – נַפתוח. Tanḥum Jeruschalmi z. St. LXX hier und 18, 15: Ναφθώ, P: דנֿפתוח.[7]

10. הגבול fehlt bei Ibn Ġanaḥ, Rikmah S. 38. Fehlt in V.

10. תמנה – תמנתה. Trg Jem: לתמנת. Vielleicht aus לתמנה[8] verschrieben. Kodd. Ken. 168, 174.

11. ויצא הגבול – וירד הגבול. In einer Angabe über die verschiedene Schreibung des Wortes תוצאת[9] heißt es: „In drei Versen wird תוצאת geschrieben, und zwar Num. 34, 8; Ez. 48, 30 und im Verse וירד הגבול."[10] Nun gibt es aber in der ganzen Bibel keinen Vers, der mit וירד הגבול beginnt und das Wort תוצאות enthält. Ich vermute daher, daß die Massora uns. V. meint, der in ihrem Text וירד הגבול begonnen hat.

11. שכרונה – שברונה. Michlol.[11] Einige Kodd. Syro-hex.: לשברונא.

12. הימה – הַיָם. Trg: ימא.[12] Die Massora[13] zählt **ohne** uns. St. sechs הימה im Buche Jos. Mit uns. St. sind es aber sieben.[14] Diese

---

1 Edd., Lag, Jem, Walton. Qimḥi z. St.: למסקנא.

2 G. III 242ª. Unsere Massora verlangt die defektive Schreibung. Vgl. Mass. zu Num. 35 und Norzi zu Jos. 16, 3.

3 Edd. und Jal. Deut. § 956.

4 Kommentar ed. Haarbrücker S. 29.

5 Edd., Lag, Jem, Walton (Jebus). 18, 28 Jem: יבוס, Lag: יבוסי, Edd. und Walton: יבוסאי.

6 Edd. und Jal. Deut. § 956.

7 18, 15 in דנֿפתלי verschrieben.

8 So edd. Lag, Walton.

9 Massora Num. 34, 8; Ez. 48, 3; Prov. 4, 23; Mass. fin. v. יצ N. 20.

10 תוצאת ג׳ כתיב כן וסימ׳ מהר ההר תתאו, ואלה תוצאת העיר, וירד הגבול. Der Text ist gesichert. Vgl. Frensdorff, Massora Magna, S. 90, Note 3.

11 Edd. Art. פְּעָלוֹן und ed. Rittenberg S. 163ª: פְּעָלוֹן . . . שברון ותאר הגבול שברונה.

12 Edd., Lag, Walton, Jem. הימה übersetzt Trg immer durch: לימא.

13 Jos. 24, 6; Mass. fin. v. ים N. 7.

14 So ein ms. bei Heidenheim. Vgl. Frensdorff, Massora Magna, S. 82, Note 7. Vgl. auch Norzi zu 16, 3.

Massora hat also in uns. St. nicht הימה gelesen, sondern wahrscheinlich הים. LXX: ἡ θάλασσα.

12. סביב fehlt bei Josef Kara z. St.

13. אל – על. Trg: על. Kod. Ken. 154.

14. שלושה – שלשה. Massoretische Notiz.[1] Mass. ed. verlangt שלושה plene.[2]

15. לפנים – אשר לפנים. Trg Jem: דמלקדמין.[3]

16. את קרית. את fehlt in Temurah 16ª,[4] Gen. r. LX 3.[5] Vielleicht ist Jdc. 1, 12 zitiert, aber auch dort hat MT את.[6] את fehlt in Jal. z. St.

19. ותאמר – ותאמר לו. Massora z. St. und I Reg. 8, 47 zitiert aus uns. St. ותאמר לו. LXX: αὐτῷ, P: לה.

19. גֻלת (I—III) גֻלֹת. Trg: בית שקיא (אתר).[7] LXX—Kodd.: Γωλαθ,[8] Andere: Κτῆσιν,[9] P: חפרא. V: irriguum. Damit stimmen auch die von diesen Vertenten ausgedrückten Singulare עלִית und תחתִית.

19. ויתן לה – ויתן לה כלב. Jal. Jos. § 24 aus Temurah 16ª. Vielleicht wird Jdc. 1, 15 zitiert. ויתן לה כלב mehrere Kodd., einige edd. LXX-Kodd., P, V.

19. עליות – עלִית. Trg: עילאה, wie Jdc. 1, 15. LXX: τὴν ἄνω, P: עליא, V: superius.

19. תחתיות – תחתִית. Trg: תתאה. LXX: τὴν κάτω, P: תחתיא, V: inferius.

---

1 G. II 625 N. 472 zählt ohne uns. St. vier שלושה plene in den prophetischen Schriften.

2 Mass. z. St. Mass. fin. v. של N. 57, G. II 625 N. 473.

3 Jdc. 1, 1: מלקדמין.

4 Jal. Jos. § 4 und § 24. In edd. fehlt das Zitat.

5 Jal. Gen. § 107 und Jos. § 24. Edd. = MT.

6 קרית ספר LXX hier V. 15 und 16: Πόλις γραμμάτων (so auch V. 49 für קרית סנה), ebenso Jdc. 1, 11 und 12 (V. 11 Glosse: Καριασσωφὰρ = קרית סֵפֶר), V hier V. 15 und Jdc. 1, 11: Cariath Sepher, id est, Civitas litterarum. Diese Übersetzung ist agadischen Ursprungs. Temurah 16ª heißt es in einer Baraitha: Während der Trauerzeit nach Moses sind 1700 Schriftdeutungen und Traditionen vergessen worden, wozu R. Abahu bemerkt: Othniel hat sie durch seine Dialektik wiederhergestellt, wie es heißt: Wer Kirjath Sefer erobern wird . . . und es eroberte es Othniel: במתניתא תנא אלף ושבע מאות קלין וחמורין .... וגזירות שוות ודיקדוקי סופרים נשתכחו בימי אבלו של משה, אמר ר׳ אבהו אף על פי כן החזירן עתניאל בן קנז מתוך פילפולו שנאמר [ויאמר כלב אשר יכה קרית ספר ולכדה so Jal. Jos. § 24] וילכדה עתניאל בן קנז. R. Abahu deutet also קרית ספר Stadt des Buches. Wir wissen nun aus LXX, daß diese agadische Deutung älter ist als R. Abahu.

7 Edd., Lag, Walton, Jem, Qimḥi z. St.

8 Auch Γολαθ, Γολὰθ.

9 Syro-hex. Wahrscheinlich Sym. wie zu Jdc. 1, 15 angegeben wird. Vgl. Field I 401ª Note 30. Dort auch Sym.: ἀρδείαν.

21. אל – על. Trg: על.[1] LXX: ἐφ', P: על.

31. וצקלג – צקלג. Gittin 7ª.[2] Josef Qimḥi, Sefer Ha-Galuj S. 84.

31. וסנסַנה – וסנס׳נה. Jal. Jos. § 26 aus Gittin 7ª.[3]

34. תפוח – ותפוח. Sotah 10ª. Massora[4] zählt mit uns. St. drei ותפוח.[5] Syro-hex.: ותפוח, P: ופתוח. V: et Taphua.

34. תפוח – (ו)תפֻּח. Massora.[6]

34. והעינָם – והעינים. Sotah 10ª.[7] Lekaḥ Tob Gen. 38, 14.[8] Die Lesart והעינים folgt auch aus dem Inhalt der Stelle: „פתח עינים Gen. 38, 14 bedeutet einen Ort, dessen Name war עינים, wie es heißt תפוח והעינים.[9] So auch Lekaḥ Tob.[10] LXX: Ἠναεὶμ, Ἠναΐμ, V: Enaim.

37. צְנָן – צְנָה. Ex. r. XL 4 (bis). Diese Lesart wird auch vom Inhalt der Stelle bestätigt. Es werden alle drei Namen in uns. Verse auf Jerusalem gedeutet und צנה wird = Schild erklärt, d. h. Jerusalem gewährt seinen Bewohnern Schutz wie ein Schild: צנה וחדשה ומגדל גד, צנה שהיא צנה. LXX: Σεννά.

37. צְנָן – צַנַן. Trg.[11]

40. ולחמס – ולחמם. Trg Lag. Kodd. und edd. V: Leheman.

44. ומראשה – ומרשה. Ibn Ġanaḥ, Wb. S. 313. Trg Lag.

46. כל – כל הערים. Trg: כל קרויא. Vielleicht bloß notwendige Ergänzung.[12] Kod. Ken. 70: כל ערים.

46. יד – ידי. Ibn Ġanaḥ, Wb. S. 275.

46. וחצריהן – וחצריה. Ibn Ġanaḥ, Wb. S. 275. V: et viculos ejus.

47. בנותיה (I) – ובנותיה. Midrasch Cant. r. ms. München zu 1, 5.[13] LXX: καὶ οἱ κῶμαι,[14] P: וכפרוניה.

---

1 Edd., Lag, Walton. Jem: ותחום.

2 Edd., Jal. Jos. § 26, Menorath ha-Maor N. 68 und En Jakob ed. pr. Ms. München: וצקלג.

3 Edd. und ms. München = MT.

4 Mass. z. St.; Joel 1, 12; Mass. fin. v. תפ N. 2.

5 Massora ms. bei Frensdorff, Massora Magna, S. 326, Note 8, hat für ותפוח והעינם: ותפוח ורקם (I Chr. 2, 43). Dies stimmt mit unseren Texten.

6 Vgl. zur vorhergehenden Stelle. Nach diesen Angaben ist ותפֻּח in unserer Stelle defektiv.

7 So Midr. ha-gadol ed. Schechter S. 572.

8 Vielleicht aus Sotah.

9 בפתח עינים . . . מקום הוא ששמו עינים וכן הוא אומר ותפוח והעינים.

10 ויש אומרים פתח עינים שם מקום כמו שנאמר ביהודה הפוח והעינים.

11 Edd. und Walton. In ed. Lag fehlt die Vokalisation, in Jem die Namen.

12 Ähnlich ergänzt P: וכלה אתרא.

13 Edd. = MT.

14 Andere Kodd.: θυγατέρες.

47. וחצריה (II). – Cant. r. zu 1, 5: אשדוד בנותיה וחצריה עזה בנותיה וחצריה עד לשע. Der Text ist gesichert,[1] ebenso sicher ist es, daß uns. St. zitiert wird.[2] Daß das Zitat von Gen. 10, 19 beeinflußt wurde, ist nicht leicht anzunehmen.

48. ושוכה – וסוכו. Zitat in einer massoretischen Notiz.[3] Vielleicht ist aus dieser Lesart auch die Tatsache zu erklären, daß die Massora[4] uns. St. nicht unter den Stellen zählt, in denen שוכו, שוכה vorkommt.[5]

49. קרית סנה – קרית דנה. Sifre Deut. § 37,[6] Gen. r. LVIII 4.[7]

51. וגשן – גשן. Madinhae.[8] V.

52. אֲרָב – אֲרַב. Mass. aus Jemen.[9] Trg: אֲרַב,[10] Edd.

52. ודומה – ורומה. Trg Lag.[11] Zahlreiche Kodd. und edd.[12] Massora aus Jemen.[13] LXX: καὶ Ῥεμνὰ, Ῥουμὰ, Syro-hex.: ורומא, P: ורומא, V: Ruma.

54. וחמטה – וחמטא. Trg.[14]

61. וסככה – וסבכה. Tossafoth Erubin 72b erklärt den Namen הסבך „aus der Stadt dieses Namens, wie es im Buche Josua heißt מדין וסבכה".[15] וסבכה Kodd. Ken. 70, 128, 174. Trg edd.

62. ועיר – ועין. Kodex מגה.[16]

63. יושבי – יושב. Sifre Deut. § 72,[17] Joma 54a,[18] Kaphtor wa-Pheraḥ Kap. 10 (ed. Edelmann S. 41a). יֹשֵׁב wird von LXX be-

---

1 Durch alle alte edd. und ms. München N. 50.

2 Uns. St. wird als Beleg angeführt für die Deutung בנות ירושלים = Städte Jerusalems. ... עתידה ירושלים להיעשות מטרפולין לכל המדינות ... כמה דאת אמר אשדוד ...

3 G. III 274 N. 26.

4 Massora fin. v. שו N. 2.

5 Vgl. über diese Massora Frensdorff, Massora Magna, S. 190, Note 5 und S. 322, Note 2.

6 In Jal. Jos. § 24.

7 So Jal. Jos. § 23.

8 G. I 592 N. 622, II 56 N. 493, II 78a.

9 G. III 70a: אֲרַב, הריש פתח.

10 Edd. und Walton.

11 Edd.: ודומה, in Jem fehlen die Städte.

12 Vgl. auch Norzi z. St.

13 G. III 70a: ורוּמה, בריש לא בדלת.

14 Edd. Lag, Walton.

15 רבינו חננאל גריס הסבך ... אי נמי על שם עירו דבספר יהושע כמו כן כתיב מדין וסבכה.

16 G. I 607b, III 26 N. 64 *hv*.

17 In Midrasch Tannaim ed. Hoffmann S. 51.

18 So ms. Oxford. In den anderen mss. fehlt das Zitat, in edd. wird Jdc. 1, 21 zitiert. Vgl. über dieses Zitat Responsen Noda Bi-Jehudah (נודע ביהודה) 2. Rez. I N. 88.

zeugt: *καὶ ὁ Ἰεβουσαῖος* (Kodd. *ὃς*) *κατῴκει*, V: Jebusaeum autem habitatorem. Walton: Jebusaeum habitatorem.[1]

63. בני יהודה (I) – בני ישראל. Sifre Deut. § 72.[2]

63. את בני יהודה fehlt Joma 54ª.[3] Fehlt in LXX.[4] Wenn die Lesart בני ישראל für בני יהודה (I) im Sifre echt ist, so muß man auch für יהודה (II) בני ישראל lesen, vielleicht aber auch das Fehlen von את בני יהודה annehmen.

63. בני יהודה (II) – בני ישראל. Nach Sifre. Vgl. die vorhergehende Bemerkung.

Kap. XVI.

1. יריחו (I, II) – ירחו. Massora.[5]

1. המדבר – אל המדבר (למדבר, מדברה). Trg: למדברא. Vielleicht bloß Deutung,[6] um eine Verbindung zwischen den beiden Vershälften herzustellen. Ähnlich deutet P: ממדברא.

1. עלה – הָעלה. Trg דסליק.[7] P: דסלק.

1. מיריחו – מירחו. Massora.[8]

1. מיריחו fehlt bei Josef Kara z. St.[9]

1. בית – לבית. Trg: לבית.[10] Vielleicht bloß Ergänzung, בית אל als Akkusativ der Richtung deutend.[11] LXX: *εἰς Βαιθήλ*.

---

[1] Edd., Lag und Jem: יתבי, so auch Waltons hebr. Text.

[2] So Raschi Deut. 12, 17 (edd. und ed. Berliner) und Jal. Deut. § 883. Edd.: לא יכלו להורישם, Midr. Tannaim ed. Hoffmann S. 51: בני בנימין, von Jdc. 1, 21 beeinflußt. — Auf die Ansicht mancher Tannaiten, daß Jerusalem keinem bestimmten Stamme gehörte, sondern Eigentum des ganzen Volkes war (ירושלם לא נתחלקה לשבטים:), will ich nur hinweisen, ohne zu behaupten, daß diese Ansicht, mit der viele Jerusalem betreffende Bestimmungen zusammenhängen, die Lesart בני ישראל hier und Jdc. 1, 21 voraussetzt: da Jerusalem dem ganzen Volke gehörte, so war es natürlich, daß das ganze Volk (בני ישראל) sich an dessen Eroberung beteiligte, weder ausschließlich Juda, noch Benjamin allein. Vgl. über die Frage ירושלים נתחלקה לשבטים oder nicht Joma 12ª und Parallelen.

[3] Ms. Oxford. Vgl. die Anmerkung zu v. בני יהודה.

[4] Manche Kodd.: *μετὰ τῶν υἱῶν Ἰούδα*.

[5] Vgl. oben zu 2, 1 s. v.

[6] Vgl. Raschi z. St.

[7] Edd., Lag, Jem, Walton. Vgl. zu המדבר.

[8] Vgl. zu 2, 1 s. v. יריחו.

[9] Jahrbuch der jüdisch-liter. Gesellschaft zu Frankfurt a. M., V, S. 49.

[10] Edd., Lag, Jem und Walton. Aber in der lateinischen Übersetzung: in Monte Bethel = בְּהַר בית אל, wie Syro-hex.: טורא דבית איל und V: ad montem Bethel. Ähnlich P: לטורא דסלק לבית איל.

[11] Vgl. Raschi z. St.

1. בית-אל – ביתאל. Trg,[1] Madinḥae[2] und R. Jose.[3]

2. מבית אל – מביתאל. Raschi zu Jos. 18, 13.[4] Trg, Madinḥae und R. Jose.[3]

3. ימה (II) – הימה. Josef Kara z. St. Zahlreiche Kodd., Edd.

6. ונסב הגבול – ועבר. Raschi Zebaḥim 118b: ועבר מזרחה. Wenn der Text echt ist,[5] so entsteht die Frage, ob Raschi ועבר anstatt ונסב הגבול oder dieses + ועבר gelesen. Für die erstere Annahme spricht die Tatsache, daß LXX ועבר für ונסב liest und הגבול nicht übersetzt: καὶ παρελεύσεται[6] εἰς ἀνατολὰς = ועבר מזרחה, also genau wie Raschi zitiert.

6. מזרחה – ממזרח. Trg: ממדנחא לתאנת. P: מן מדנחא.

6. תאנת שילה – ולו תאנת שילה. Zebaḥim 118b (bis).[7] Wie dieses Zitat zu erklären ist, weiß ich nicht. In uns. St. ist für ולו kein Platz vorhanden.

6. תאנת – תאנה. R. Moses ben Schescheth zu Jer. 2, 24.

6. תאנת – תאנה. Zebaḥim 118b.[8] Die Ausführung beruht auf der Deutung תאנה = betrübt sein.[9] Diese Deutung kann aber ebensogut

---

1 Lag. Jem, Walton.

2 G. I 592 N. 622.

3 Vgl. oben zu 7, 2 v. לבית אל, Anmerkung.

4 In den alten edd. (Ven.). So regelmäßig.

5 Zu dem Zitat der Gemara ולו תאנת שילה bemerkt Raschi: ich suchte diese Stelle und fand sie nicht, aber ich fand ועבר מזרחה תאנת שילה. Zitieren e memoria ist also hier ausgeschlossen.

6 Andere Kodd.: περιελεύσεται.

7 Raschi z. St. (mit der Bemerkung חפשתי ו.א. מצאתי), Jal. Ps. § 822, ms. München und Jal. ha-Machiri Ps. 78 § 69. Edd. einmal ולו תאנת שילה, einmal bloß תאנת שילה. Jal. Jos. z. St. zitiert bloß den zweiten Ausspruch, mit ולו. So auch im Stichwort, wahrscheinlich durch die Talmudstelle veranlaßt. Jal. Deut. § 881 zitiert den ersten, Deut. § 957 den zweiten Ausspruch mit MT. Das Zitat ולו ist also gesichert, wo es fehlt ist es ex correctura weggelassen oder weil es für die Deutung nicht nötig ist.

8 So Jal. Deut. § 881 (bis) und § 957. In den anderen Textzeugen (vgl. die vorhergehende Anmerkung) תאנת.

9 תאנה שילה, ein Ort, bei dessen Anblick man seufzt (betrübt ist), in Erinnerung an die einst dort dargebrachten Opfer (Jal. ll. cc. תאנה שילה (מאי תאנה שילה) מקום שכל הרואה אותו מתאנה על אכילת קדשים שלו. תאנה auch bei Raschi, trotz der Erklärung aus √אנה. תאנה in Jal. Deut. § 957 auch zum Ausspruche R. Ḥama bar Ḥaninas. Dieser lautet: Ein Streifen Landes reichte vom Gebiete Judas in das Gebiet Benjamins hinein. Auf diesem war der Altar errichtet. Darob war Benjamin betrübt (und bestrebt) ihn einzuverleiben. רצועה היתה יוצאה מחלקו של יהודה ונכנסת בחלקו של בנימין ובה מזבח בנוי והיה בנימין הצדיק מצטער עליה לבולעה. Dazu bemerkt die Gemara: In ähnlicher Weise reichte ein Streifen Landes aus dem Gebiete Josefs in das Gebiet Benjamins hinein (und Benjamin war darob betrübt) und daher heißt es תאנה שילה, (so Jalkut) הכי נמי רצועה היתה יוצאת מחלקו של בנימין היינו דכתיב תאנה שילה.

von תאנת √אנה (klagen, trauern) wie von תאנח √אנח (seufzen) ausgehen. Daher schwankt auch der Text in der Ausführung zwischen מתאנה und מתאנח. Es ist also aus dem Inhalt der Stelle nichts zu entnehmen. Wenn man an √אנה denkt, kommt auch vielleicht die Lesart תאנה in Betracht. Mit dieser Lesart würde auch die Deutung √אנח sich gut vertragen, da die agadische Deutung oft den Unterschied von ה und ח nicht berücksichtigt.[1]

6. אותו – לו. Trg: ליה[2] ועבר.

8. תצאתיו – תוצאתיו. Massora aus Tschufutkale.[3]

8. מטה fehlt in Gen. r. XCVII 5.[4]

9. והערים – הערים. Michlal Jofi zu Ex. 28, 14.

9. לבני אפרים – לאפרים. Midr. ha-gadol ed. Schechter S. 717 aus unbekannter Quelle.

9. נחלת fehlt in Midr. ha-gadol S. 717 aus unbekannter Quelle.

Kap. XVII.

4. בן נון fehlt in Num. r. XXI 6. Fehlt in LXX.

4. את משה – ביד משה. Num. r. XXI 6. Zahlreiche Kodd., Edd. LXX: *διὰ χειρὸς*, V: per manum.

4. אל פי – על. Trg. על. Kodd. Ken. 30, 77. P. על. LXX und V unentschieden.

5. מנשה – בני מנשה. Lekaḥ Tob Num. 1, 5.

8. אל – על. Trg: על.[5] LXX: *ἐπὶ*.

9. האלה – אלה. Josef Kara z. St.[6]

9. מנשה (I) – המנשה. Josef Kara z. St.

9. תצאתיו – תוצאתיו. Massora aus Tschufutkale.[7]

11. דאר – דור (דֹר). Trg Jem, Raschi z. St.

11. דר – דאר. Trg.[8] Zahlreiche Kodd.

11. תענָך – תענַך. Massora aus Jem.[9] Edd.

11. הנֶּפֶת – הנפות. Ibn Ġanaḥ, Wb. S. 662. Raschi z. St. Komm. des R. Benjamin ben Jehuda zu Esra und Nehemia S. 28.[10] Trg:

---

1 Vgl. darüber Heft I (Prolegomena) S. 19.

2 Edd., Lag, Jem und Walton (sibi).

3 Vgl. zu 15, 7 s. v.

4 So edd. Midr. ha-gadol ed. Schechter S. 727 = MT.

5 Edd., Jem und Walton (super). Lag: לתחום.

6 Jahrbuch der jüdisch-liter. Gesellschaft zu Frankfurt a. M., V, S. 52.

7 Vgl. zu 15, 7 s. v.

8 Edd., Lag, Walton.

9 G. III 70ᵃ. Vgl. zu 17, 21 s. v.

10 Dieser Kommentar ist in Wirklichkeit das Werk eines R. Saa'dia. Vgl. Poznanski, Studien zur gaonäischen Epoche (hebr.) S. 26.

תלתא פלכין,[1] beweist aber nichts, da nach תלתא der Sing. nicht möglich ist. Syro-hex. im Namen Sym. ספרי̈, P: תלת זוין.

11. Gen. r. XCVII 5 wird die Tatsache hervorgehoben, daß Efraim immer vor Manasse geht, so auch bei der Verteilung des Landes, wo Efraim zuerst seinen Anteil zugewiesen erhielt, wie es heißt: dies das Erbteil der Söhne Efraims (16, 8) und dann: **dies das Erbteil der Söhne Manasses** (?): ויברכם ביום ההוא ... לאמר ישימך אלהים כאפרים וכמנשה (Gen. 48, 20), כשם שקדמו כאן כך קדמו בכל מקום ... קדמו בנחלה זאת נחלת בני אפרים ואחר כך **זאת נחלת**[2] **(מטה) בני מנשה** (?). In uns. Bibeltext kommt זאת נחלת (מטה) בני מנשה oder eine ähnliche Stelle nicht vor. Wenn nun Gen. r. eine wirkliche Bibelstelle zitiert, so kann sie nur am Schlusse von V. 11 uns. Kapitels ihren Platz gehabt haben, was auch aus ואחר כך, d. h. nach 16, 6, zu erkennen ist. Zitiert aber Gen. r. wirklich einen Bibeltext? Es ist möglich, daß der Agadist die Tatsache der Landeszuweisung an Manasse durch die bei diesen Angaben geläufige[3] Schlußwendung ausdrückt, ohne an eine bestimmte Bibelstelle des Wortlautes זאת נחלת (מטה) בני מנשה zu denken.[4] Aber die Tatsache, daß diese Wendung bei allen anderen Verteilungsangaben vorkommt, macht die Annahme wahrscheinlich, daß der Agadist in Gen. r. uns eine Bibelstelle erhalten hat, für deren Fehlen in uns. Texten es absolut keine Erklärung gibt. Nach dieser Annahme hat der Agadist am Schluß uns. V. den Zusatz: זאת נחלת (מטה) בני מנשה.

14. אל יהושע – את יהושע. Sotah 36^b in Jalkut Jos. § 19, Baba Bathra 118^a.[5] Sifre Num. § 132.[6] Gen. r. XCVII 4, Sechel Tob I 325. Massoretische Notiz[7] (Zitat). Mehrere Kodd., älteste edd. LXX (ליהושע), P, V.

14. נתת – נתתה. Sifre Num. § 132,[8] Sotah 36^b,[9] Baba Bathra 118^a,[10]

---

1 Edd., Lag, Jem, Walton, Ibn Ġanaḥs Wb. S. 418, Raschi zu uns. St., Qimḥis Wb. r. נוף, Komm. des Benjamin ben Jehuda l. c. Josef Kara z. St. Tanḥum Jeruschalmi z. St.

2 So Midr. ha-gadol ed. Schechter S. 727. In edd. fehlt מטה, wahrscheinlich infolge von בני אפרים ohne מטה, während Midr. ha-gadol auch dort מטה hat. Vgl. zu 16, 6.

3 Josua 13, 23—19, 45 (zwölfmal).

4 Ein ähnliches Beispiel in Heft I (Prolegomena) S. 46 f. zu I Sam. 12, 19.

5 Mss. und andere Zeugen bei Rabbinowicz, Agadoth ha-Talmud und En Jakob ed. pr.

6 Bei Naḥmanides zu Num. 26, 54.

7 Bei G. III 290^a.

8 So Naḥmanides Num. 26, 54 und Lekaḥ Tob ibid. In edd. fehlt das Zitat.

9 Edd. und ms. München.

10 Fünf mss., יד רמ״ה, Agadoth ha-Talmud und En Jakob ed. pr. In edd. fehlt das Zitat.

Jalkut z. St. aus Pesiktha rabbathi,[1] Lekaḥ Tob Gen. 49, 22, Sechel Tob I 325, Gersonides z. St. — Die Massora liest נתתה.[2]

14. לי – לנו. Baba Bathra 118ᵃ.[3] LXX: ἡμᾶς, P: לן.

14. נחלה fehlt in Sifre Num. § 132.[4] Baba Bathra 118ᵃ.[5] Lekaḥ Tob Gen. 49, 22, Sechel Tob I 325, Naḥmanides Num. 26, 54 (bis). Jal. z. St. aus Pesiktha rabbathi. נחלה fehlt in LXX.[6]

14. נחלה – נחלת. Josef Kara z. St. So auch V: possessionem sortis et funiculi unius.

14. גורל אחד וחבל אחד – חבל אחד וגורל אחד. Sotah 36ᵇ ms. München und En Jakob ed. pr. Baba Bathra 118ᵃ zitieren bloß חבל אחד. Es ist nun, vorausgesetzt, daß der Text echt ist und auf eine Vorlage zurückgeht, zweierlei möglich: entweder fehlt גורל אחד ו oder es hat seinen Platz nach חבל אחד und wird deshalb in den genannten Quellen der Kürze wegen nicht mitzitiert. Für letztere Annahme spricht das Vorkommen der Lesart חבל אחד וגורל אחד in anderen Quellen. So zitieren Lekaḥ Tob Gen. 49, 22 und Sechel Tob I 325, und Trg Lag und Jem. übersetzen: חולק חד ועדבא חד.

14. עד אשר – על. En Jakob ed. pr. im Komm. zu Baba Bathra 118ᵃ.[7]

14. עד אשר – אשר. Sifre Num. § 132,[8] Bereschith rabbathi zu Gen. 49, 22,[9] Sechel Tob I 325, der Karäer Abul-Faraġ.[10] Einige Kodd. und Edd. Soncin 1486, 1488.

14. אשר fehlt in Trg.[11]

14. עד (II) fehlt in Sotah 36ᵇ.[12] Raschi Sotah 36ᵇ, Raschi z. St. (bis),[13] Jalkut z. St. aus Pesiktha rabbathi,[14] Lekaḥ Tob Gen. 49, 22,

---

1 So Jal. ed. pr., spätere edd. bloß: Pesiktha. Die Stelle kommt weder in Pesiktha rabbathi, noch in ed. Buber vor. Buber, Einleitung S. XXXVI verweist auf Sifre Abschn. פנחס, dort aber (§§ 132—134) steht nichts von der Ausführung des Jalkut (auch bei Raschi z. St., ohne Quelle).

2 Uns. St. wird nicht unter den 29 נתת def. gezählt. Vgl. Mass. zu Ex. 25, 21.

3 Drei mss. Fehlt in edd.

4 Lekaḥ Tob und Naḥmanides zu Num. 26, 54. In edd. fehlt das Zitat.

5 So En Jakob ed. pr.

6 Manche Kodd.: κληρονομίαν, mit Zusatzzeichen.

7 על will Dillmann lesen. Vgl. Kurzgefaßtes Handbuch z. St.

8 Edd. und Naḥmanides Num. 26, 54 (fehlt aber auch אשר).

9 Ms. Prag, Abschrift im Besitze des Herrn A. Epstein.

10 Bei Poznanski, Nouveaux Renseignements sur Abou-l-Faradj Haroun ben Al-Faradj (= REJ 1908) S. 28.

11 Edd. Jem, Walton. Lag. = MT.

12 Ms. München. In edd. fehlt das Zitat.

13 Im Stichwort עד כה, bei Kommentaren beweisen aber die Stichwörter nichts für den Autor. Vgl. Heft I (Prolegomena) S. 15 N. 28.

14 Vgl. die Anmerkung zu נתתה – נתת.

En Jakob ed. pr. im Komm. zu Baba Bathra 118a. Fehlt in Trg.[1] Mehrere Kodd. einige alte edd.

15. אלהם – להם. Sifre Num. § 132, Sotah 36b, Baba Bathra 118a.[2] LXX: αὐτοῖς.

15. אלהם – אליהם. So die Massora.[3] Kodd.

15. אתה עלה לך – אתם עלו לכם. Trg: אתון סקו לכון.[4] Trg gibt zwar oft Plur. für Sing. hier ist aber diese Manier nicht wahrscheinlich, weil Trg לך (III) uns. Verses durch לך ausdrückt,[5] was nur durch seine Vorlage erklärt werden kann. P hat durchwegs Plural.

15. לך (I) fehlt bei Ibn Ġanaḥ, Wb. S. 27.[6] Fehlt in LXX und V.

15. ובראת – ובארת. Salomo ben Samuel aus Urgendsch.[7] So Kod. Ken. 99.

15. לך (IV) – להם. Trg: לכון.[8] P. לכון.

16. רכב ברזל – רכב ברזל לו. Josef Kara z. St.[9] Damit stimmt seine Lesart לכל für בכל.

16. בכל – לכל. Josef Kara z. St. LXX-Kodd.: παντὶ.[10]

16. בארץ העמק – בארץ (בָּאָרֶץ). Jal. ha-Machiri Ps. 60 § 15 aus Num. r. XIX. LXX-Kodd.: ἐν τῇ γῇ (absolut)[11] und anstatt העמק ἐν ἐμοί.[12]

16. לאשר – ולאשר. Num. r. XIV Anf. Zahlreiche Kodd.

17. ולמנשה – ומנשה. Josef Kara z. St. P: ומנשא.

17. לאמר fehlt bei Josef Kara z. St. Fehlt in P und V. In LXX fehlt לאפרים ולמנשה לאמר.

---

1 Edd., Jem, Walton. Lag = MT.

2 Zwei mss. R. Samuel ben Meïr (alte edd.), En Jakob ed. pr. und Jal. z. St. Andere Textzeugen = MT.

3 Nach der Massora sind nur zwei אלהם im Buche Jos. defektiv: 6, 6 und 23, 2. So Mass. in mss. In Mass. fin. v. אל N. 126 ist die zweite Stelle ויאמר אלהם יהושע unsicher. Vgl. Norzi z. St. und Frensdorff, Massora Magna, S. 214, Note 5.

4 Edd., Lag, Jem, Walton (vos, ascendite vobis).

5 Für לך (IV) aber wieder לכון.

6 S. 52 wird עלה לך zitiert.

7 Bei Bacher, Ein hebräisch-persisches Wörterbuch aus dem 14. Jahrhundert, S. 104: „באר III גאי סאכתן, Platz machen, erklärt, und als Beispiel: ובארת יהוש". So Bacher z. St. Die Erklärung ist aus Trg genommen: ותתקין לך תמן אתר. Ähnlich V: et succide tibi spatia.

8 Vgl. zu אתה עלה לך.

9 Jahrbuch der jüdisch-liter. Gesellschaft zu Frankfurt a. M., V, S. 52.

10 Sonst: τῷ Χαναναίῳ = לכנעני.

11 Nur Compl.: ἐν τῇ γῇ 'Εμίκ.

12 1 Kod.: μετ' ἐμοῦ. Textus rec. für בארץ העמק ἐν αὐτῷ.

17. לא – ולא. Qimḥi z. St.

18. והיה – והיו. Parḥon, Wb. r. ברא. Mehrere Kodd. manche והיו als Q're. P. נהוֹן.

18. תֹצאתיו – תוצאתיו. Massora aus Tschufutkale.[1]

Kap. XVIII.

1. שלה – שלו. Trg.[2] Die Massora verlangt שלה.[3]

2. בבני – בני. Eliah Baschjazzi, Adereth Eliahu 180b. LXX: *οἱ υἱοὶ*.

7. כי – כי אם. Trg: אלהין.

7. כהנת ה׳. Trg: מתנן דיהב להון ה׳. Diese Umschreibung ist weder aus dogmatischen, noch aus sprachlichen Gründen zu erklären.[4] Wir finden diese Paraphrase noch einmal in 13, 33 uns. Buches für ה׳ אלהי ישראל הוא נחלתם, wo sie aber in der Manier Trgs dogmatisch[5] und zum Teil auch exegetisch[6] gerechtfertigt ist. Ich meine daher, daß für Trg hier derselbe Grund zur Umschreibung gegeben war wie in 13, 33, d. h. Trg hat auch in uns. St. bloß ה׳ נחלתו gelesen, ohne כהנת, und daher genau so umschrieben wie in 13, 33.

7. נחלתו – נחלתם. Trg: אחסנתהון.[7] Wahrscheinlich nicht aus Übersetzungsmanier, da 13, 14 נחלתו durch אחסנתיה ausgedrückt wird. נחלתם Kodd. Ken. 30, 182. LXX-Kodd.: *μέρις αὐτῶν*, P: ירתותהון V: eorum haereditas.

8. בשלה – בשלו. Trg. Lag und Jem. Die Massora verlangt בשלה.[8]

9. שלה – שלו. Trg Lag und Jem.

10. יהושע (I) fehlt in Jalkut ed. pr.[9] aus Jeruschalmi Joma IV (41b unt.). Fehlt in P und V.

10. גורל – הגורל. Jalkut ed. pr. aus Jerusch. Joma IV (41b unt.).

10. גורל – גורלות. Trg Lag:[10] ערבין. P: פצֵא, V: sortes.

---

[1] G. III 242a. Vgl. zu 15, 7 s. v.

[2] Edd., Lag, Jem. Walton שילה.

[3] Vgl. Mass. zu Gen. 49, 10. Vgl. Frensdorff, Massora Magna 322b und Note 4.

[4] 13, 4 אשי ה׳ Trg wörtlich קורבניא דה׳.

[5] נחלה ist dort konkreter Besitz.

[6] Gott als idealer, geistiger Besitz kann nicht Ersatz sein für greifbaren, materiellen Besitz.

[7] Edd., Lag, Jem, Walton.

[8] Vgl. zu V. 1 v. שלה.

[9] קונדרים אחרוֹן im I. Teil, N. 8. Jetzt bei Ginzberg, Yerushalmi Fragments, S. 312.

[10] Edd., Jem, Walton: עדבא (sortem).

10. בשלה – בשילו. Trg Lag und Jem.

10. בשלה לפני ה׳ – לפני ה׳ בשילה.[1] Jerusch. Joma IV (41^{b} 68).[2] V: coram Domino in Silo.

10. Zebaḥim 119^{b} wird uns. V. folgendermaßen zitiert: ויחלק להם יהושע ויפל להם גורל בשילה על פי ה׳. Der Text ist gesichert.[3] Wie nun dieses Zitat anders als durch die Voraussetzung eines so lautenden Bibeltextes zu erklären ist, weiß ich nicht. Die Annahme einer Zusammensetzung aus mehreren Bibelstellen,[4] die zuweilen als Erklärung abweichender Zitate zu verwenden ist, kann nicht in Betracht kommen, weil hier die Notwendigkeit einer solchen Zusammenstückung nicht vorhanden ist, da uns. St. all das enthält, was aus der Zusammensetzung mehrerer auseinanderliegender Stellen erzielt werden konnte.

11. גורַל – הגורָל. Abarbanel zu Deut. 33, 12. Trg: עדבא,[5] V: sors prima.

11. למשפחתם – למשפחותיהם. Jakob ben Ascher Deut. 33, 6.

11. ויצא – ויהי. Raschi Jos. 16, 6. Auch V: ut possiderent drückt ויהי aus.

11. גבול – הגבול. Raschi Jos. 16, 1.

12. יריחו – ירחו. Massora.[6]

12. תצאתיו – תוצאתיו. Massora aus Tschufutkale.[7]

12. בית און – ביתאל. Trg Lag.

13. אל כתף – אשר אל כתף. Trg: דלעיבר.[8]

13. נגבה fehlt bei Josef Kara z. St.

---

1 Vgl. Vers 8.

2 Edd.: לפני ה׳ במצפה, wo במצפה offenbar Verschreibung ist, durch Jdc. 11, 11 veranlaßt. Vielleicht ist nun auch die Wortstellung aus Einfluß von Jdc. 11, 11 (vgl. hier V: 8) zu erklären. Jal. ed. pr., Yerushalmi Fragments S. 312, bloß הגורל לפני ה׳. Entweder fehlt בשלה, wie in Ar., oder es hat seinen Platz nach לפני ה׳ und wird deshalb, weil für die Ausführung irrelevant, nicht angeführt.

3 Edd. und, da Rabbinowicz nichts bemerkt, auch mss., ferner Jal. Deut. § 881, Jer. § 290, Ps. § 882, Pseudo-Midr. Ps. 132 § 2. Jal. und Midr. Ps. bloß: ויחלק להם יהושע ויפל להם (הגורל) גורל בשילה.

4 Vgl. Heft I (Prolegomena) S. 24, Anm. 2, wo ich das fragliche Zitat = Jos. 18, 10 + Kürzung aus ibid. 6 und 8 erklärt habe.

5 Edd., Walton. Lag und Jem: עדב.

6 Vgl. zu 2, 1 s. v.

7 G. III 242^{a}. Vgl. zu 15, 7 s. v.

8 Edd., Jem, Walton (quae ad latus). Lag: דעיבר, wahrscheinlich aus דלעיבר verschrieben, oder auch aus לעיבר.

13. בית אל – ביתאל. Raschi z. St. Trg.[1] Es ist die Lesart der Madinḥae[2] und R. Joses.[3]

14. מן ההר – על ההר. Zitat in einer massoretischen Notiz.[4]

14. תצאתיו – תוצאתיו. Massora aus Tschufutkale.[5]

14. אל – על. Trg. Madinḥae.[6] Kod. Ken. 158. P: על.

15. נֶפתוח – נַפתוח. Vgl. zu 15, 9 s. v.[7]

16. קצה ההר – צד ההר. Trg: לסטר.[8] Vielleicht bloß Deutung.

16. הנם (II) – בן הנם. Trg. בן הנם.[9] Kodd. Ken. 1, 84, 93. LXX-Kodd.: *υἱοῦ 'Εννόμ*, P: דבר הנום.

17. גלילות – הגליל. Trg: לגלילא.[10] P: גלילא.

17. גלילות – הגלגל. Trg Jem: לגִלְגָלָא.[11]

17. בהַן – בהֶן. Massora aus Jemen.[12]

19. תוצאתיו, Q're תוצאות – תוצאות Kethib. Massora aus Jemen.[13] Kodd. Edd.

20. יגבול אתו – גבול לו. Trg: תחומא ליה. V: qui (Jordan) est terminus illius.

22. ובית אל – וביתאל. Chronikkommentar der Schüler Sa'adias, ed. Kirchheim S. 27. Trg.[14] Madinḥae und R. Jose.[15]

23. והפרה – וחפרה. Trg Lag.

28. צלַע – צלָע. Qimḥi, Wb. r. צלע.[16]

28. האלף – ו(ה)אלף. Trg: ואלף.[17] Auch P drückt ו aus.

---

1 Lag, Jem, Walton.

2 G. I 592 N. 622, G. Bibel z. St.

3 Vgl. oben zu 7, 2 s. v.

4 Bei G. III 291^{a}.

5 G. III 242^{a}. Vgl. zu 15, 7 s. v.

6 G. I 592 N. 623, II 56 N. 493.

7 Trg Jem vokalisiert נַפתוּח, aber im superlinearen Vokalisationssystem gibt es für Segol kein besonderes Zeichen.

8 Edd., Lag, Jem, Walton (latus).

9 Edd., Lag, Walton (filii).

10 Edd., Lag, Walton (Gelila). Jem: לגִלְגָלָא = הגִלְגָל, vielleicht Verschreibung aus לגלילא.

11 Vgl. die vorhergehende Anm. Ibn Ġanaḥ, Wb. S. 136 ebenfalls: לגלגלא. mit dem Hinweis auf 15, 7 אל הגלגל als Erklärung des Trg.

12 G. III 70^{a}: אבן בהֶן בהא והוא סגול. Vgl. zu 15, 6. Die Bemerkung בהא ist gegen manche Kodd. gerichtet, die בהן haben. Vgl. Norzi zu 15, 6 und z. St.

13 G. III 70^{a}.

14 Lag, Jem, Walton und diesmal auch alte edd.!

15 Vgl. oben zu 7, 2 v. בית אל.

16 Edd. und ed. Lebrecht. Michlol, Nomiralformen Art. פֵּעָל: צלַע.

17 Jem und Michlol Art. פֵּעָל. Edd. und Walton: וְצלַע אלף, wie wenn צלע האלף eine Stadt wäre. So LXX-Kodd.

28. היבוסי – יבוס. Trg Jem יבוס.[1] LXX: *καὶ Ἰεβούς,* P: ויבוס, V: Jebus.[2]

28. היבוסי – והיבוסי. Ex. r. XL 4 in ed. pr. Kodd. Ken. 93, 99, 145, 173, 180, 224.

28. היא – הוא. Ex. r. XL 4 (alle alte edd.).[3]

Kap. XIX.

1. נחלתם – נחלת בני שמעון. Abarbanel Gen. 49, 1.

4. ואלתולד – ואל תולד. Raschi und Qimḥi zu Jos, 15, 32. Massora aus Jemen.[4] Kodd. Ken. 70, 158, 176, 226. Mehrere edd.

4. ואלתולַד – ואל תולֶד. Massora aus Jemen: והאלף בסגול.

5. וצקלַג – וצקלָג. Massora.[5] Kodd. bei Norzi.

6. ושָרוחן – ושַרוחן. Trg. edd.

7. רמון – ורמון. Raschi zu Jos. 15, 32. LXX-Kodd.: *καὶ Ῥεμμών,* P: ורמין, V: et Remmon. 4 Kodd. Ken. und 1 Kod. pr. man. ורמון.

9. מחבל בני יהודה נחלת בני שמעון – ויפלו חבלים מנחלת בני יהודה לנחלת בני שמעון. So zitiert Sifre Deut. § 348. Wenn echt, so ist dies ein vorzüglicher Text.

12. אל הדברת – לדברת. Massora aus Jem, bei G. III 70ª.

13. ומשם – משם. Gen. r. XCVIII 16.[6]

13. קדמה fehlt in Gen. r. XCVIII 16.[7] Fehlt in V.

14. מצָפון – מצְפון. Massora aus Jem.[8] Kodd. So P und V.

14. תצאתיו – תוצאתיו. Massora aus Tschufutkale.[9]

14. יפתח אל – יפתחאל. Trg Lag und Jem. Kodd. Ken. 1, 30, 176, 242.

15. וידאלה – ויראלה. Jeruschalmi Megillah I 1 (bis: 70ª 61, 64). Mehrere Kodd., Edd. LXX, Trg, P, V: וידאלה.

16. בני – מטה בני. Trg Lag: שיבט בני. LXX: *Φυλῆς υἱῶν,* V: tribus filiorum.

19. ואנָחרת – ואנַחרת. Trg Edd. und Walton.

19. ואנחָרת – ואנחַרת. Massora aus Jem.[10]

---

1 Lag: ויבוסי, Edd. und Walton: ויבוסאי. Vgl. zu 15, 8.

2 LXX 15, 8: יבום, P und V: היבוסי,

3 Vgl. zu 15, 8 s. v.

4 G. III 70ª: תרי תיבין ומקף והאלף בסגול.

5 Vgl. Heft II S. 64 zu Sam. 30, 1 s. v.

6 So Midr. ha-gadol ed. Schechter S. 740.

7 Midr. ha-gadol S. 740.

8 G. III 70ª: הצדי בשוא גם בירושלמיים.

9 G. III 242ª. Vgl. zu 15, 7 s. v.

10 G. III 70ª.

20. ואבץ וקשיון – וקשיון ואבץ. Ma'asse Efod S. 125.

20. ואבץ – ואבֵץ. Trg edd.

22. גבולם – הגבול. Trg Lag: דתחומא.[1] LXX: *τῶν ὁρίων*.[2]

26. ואלמלך – ואַלַמלך. Lekaḥ Tob Gen. 49, 20.[3] LXX: *καὶ Ἐλειμέλεκ*.[4]

27. מזרח – ממזרח. Trg: ממדנח.[5] Kodd. Ken. 85, 198. LXX: *ἀπ' ἀνατολῶν*, P: מן מדׄנחי.

27. בזבולן – בזבלֻן. Die Massora[6] zählt mit uns. St. neun זבלון.[7]

27. יפתח אל – יפתחאל. Trg Lag und Jem. Einige Kodd.

28. ועברן – ועבדן.[8] Trg Lag. Mehrere Kodd. Manche עבדון als Q're. Syro-hex. und Sym. עֲבדון.[9] Mass. fin. v. עב N. 6 bemerkt: עבדון ג׳, d. h. das Wort עבדון kommt dreimal vor. Nun kommt aber dieses Wort in Wirklichkeit achtmal vor,[10] es könnte daher vielleicht die Angabe der Massora so verstanden werden, daß עבדון als Stadtname dreimal vorkommt,[11] was עבדון in uns. St. voraussetzen würde. Es ist aber auch möglich, daß die Angabe „dreimal" sich bloß auf die prophetischen Schriften bezieht.[12] Dafür sprechen auch die angeführten Stellen.[13]

28. וחמון – וחרמון. Trg Lag.

29. צֹר. Trg für עיר מבצר צר: קרוין כריכן קרוי תוקפא,[14] dies entspricht einem Text ערי מבצר ערי מצור, also ערי מצור für צֹר.[15] Es ist nun dreierlei möglich. 1. Trg hat ערי מבצר oder ערי מצור gelesen, wobei קרוי תוקפא, beziehungsweise קרוין כריכן spätere Variante ist für ערי מצור, beziehungsweise ערי מבצר. 2. Trg selbst hat schon beide Lesarten gekannt und vereinigt. 3. Trg hat schon beide Varianten im Texte gehabt. Eine vierte Möglichkeit ist auch noch vorhanden, die aber nicht sehr wahrscheinlich ist, nämlich: die Differenz zwischen

---

[1] Edd., Jem, Walton: דתחומהון.

[2] A: *ὁρίων αὐτῶν*.

[3] שהרי בגבול נחלתו (של אשר .scil) היה אלימלך.

[4] *καὶ Ἀλιμελέχ* in anderen Kodd.

[5] Edd. Lag, Jem, Walton (ab oriente).

[6] Gen. 30, 20; 46. 14; Mass. fin. v. זב N. 19; G. I 459 N. 14.

[7] Vgl. Norzi z. St. und Frensdorff, Massora Magna, 218^b und Note 5.

[8] So Jos. 28, 30 und I Chr. 6, 59 (עֲבדון).

[9] Vgl. Field I 381 Note 64 und 65: עבדון.

[10] Jos. 21, 30 und I Chr. 6, 59 als Stadtname; Jdc. 12, 13; 12, 15; I Chr. 8, 23; 8, 30; 9, 36; II Chr. 34, 20 als Personenname.

[11] עבדון [שום קרתא] ג׳.

[12] So Frensdorff, Massora Magna, S. 310, Note 1.

[13] Jos. 21, 30; Jdc. 12, 13 und 15.

[14] Edd., Lag, Jem, Walton, Raschi und Josef Kara z. St.

[15] Micha 7, 12 ערי מצור, Trg: קרוי תוקפא.

Trg und MT besteht nur darin, daß Trg מצוֹר oder צוֹר gelesen und קרוי ergänzt hat, es aus קירוין כריכן wiederholend.[1] Unwahrscheinlich ist die letztere Annahme deshalb, weil קירוי תוקפא die regelmäßige Übersetzung von ערי מצור ist, während für die Übersetzung von צוֹר oder מצוֹר durch קרוי תוקפא keine Analogie vorhanden ist.

29. ויהיו, Q're והיו – והיו Kethib. Massora aus Jem.[2] Kodd. Trg: ויהון,[3] והֲוֹן.[4] LXX; *καὶ ἔσται*, P: והוין, V: eruntque.

29. תצאתיו – תוצאתיו. Mass. aus Jem,[9] Mass. aus Tschufutkale.[5]

29. מחֶבל – מחֵבל. Kodex Hilleli und andere Kodd.[6]

33. מחֶלף – מחֵלף. Trg.[7] Kodd.

33. מאַלון – מאֵלון. Trg.[8] Massora aus Jem.[9] Kodd.

33. מאלון – ומאלון. Trg Lag: ומאלון. Kodd. Ken. 93, 145, 149, LXX, P, V: ומאלון.

33. לקוֹם – לקוּם. Trg Jem. Massora aus Jem.[10]

33. ויהי – ויַהיו (וְהיו). Trg: והוון.[11] Kodd. Ken. 154, 224, 246: והיו. LXX: *καὶ ἐγενήθησαν*. Sebir ויהיו.

33. תצאתיו – תוצאתיו. Massora aus Tschufutkale.[12]

34. אזנות – אונות. Josef Kara zu Jdc. 4, 6.[13] Vielleicht ist dafür LXX: *'Ενὰθ* anzuführen.

34. חֻקקה (חוּקקה) – חִקקה. Jeruschalmi Schebiith IX 1 (38[c] 9 v. unt.): R. Simon ben Lakisch war einmal in חיקוק. Jerusch. Pesaḥim I 4 (27[c] l. Zeile) wird ein Joḥanan חיקוקיה, d. h. aus חיקוק,[14] erwähnt. חקוקה, חקוקאה in manchen Texten[15] ist kein Beweis für (חוקקה) חִקקה. LXX-Kodd.: *'Ικώκ*.[16]

---

1 Vgl. Micha 7, 2 מצור Trg: וקרוי ציירא, Jer. 21, 13 צור המישר Trg: בקירוין כריכן, Jer. 10, 17 במצור Trg: בתוקפיא בקירוין כריכן, wo eine der beiden Übersetzungen offenbar Glosse ist.

2 G. III 70[a].

3 Edd., Lag und Walton (Text).

4 Jem und lateinische Übersetzung (fuerunt).

5 G. III 70[a], 242[a]. Vgl. zu 15, 7 s. v.

6 Norzi z. St. G. I 605[a], III 26 N. 641*w*, III 132[a], G. Bibel z. St.

7 Edd. Jem, Walton.

8 Jem (vgl. Prätorius z. St.), edd., Walton.

9 G. III 70[a]: האלף בצירי ולא בפתח.

10 G. III 70[a]: ובחולם ולא בשורק.

11 Edd., Lag, Jem, Walton (fuerunt).

12 G. III 242[a]. Vgl. zu 15, 7 s. v.

13 Jahrbuch der jüdisch-liter. Gesellschaft zu Frankfurt a. M., IV, S. 5.

14 Vgl. Aruch v. חק 3 und Tossafoth Pesaḥim 3[b] unten.

15 Vgl. Ratner, Ahawath Zion, Pesaḥim S. 15 und Aptowitzer in MGWJ 1910, S. 279.

16 Andere Kodd.: *'Ιακανά*, geht ebenfalls auf —חָ zurück.

34. בזבולֻן – בזבְלון. Massora.[1] Kodd.

35. הצדים – חצרים. Makkoth 10ª.[2] Kod. Ken. 1: הצרים. LXX: *τῶν Τυρίων* = הצֹרים.

38. ומגדל אל – ומגדלאל. Trg Lag. LXX, P, V.

38. חֲרֵם – חָרוּם, חוּרָם. Madinḥae.[3] Syro-hex.: חֹרום, P: וחרום.

39. עֲנָת – עֱנָת. Ḥajuġ אותיות הנוח ed. Dukes S. 20, Manuel du Lecteur S. 64.

41. ועיר שמש – ובית שמש. Trg Lag. Drei Kodd.

45. בְרַק – בְרָק. Trg,[4] Massora aus Jem.[5]

47. כשם – על שם. R. Samuel ben Meïr zu Gen. 33, 18. P: על שם.[6] V: ex nomine drückt על שם aus.[7]

51. נחלו – נחל. Trg edd.: דאחסין. P: דאורת.

51. האבות – אֲבות העדה. Jalkut z. St. aus Jebamoth 89ᵇ. אֲבות liest P.[8]

51. בשלה – בשלו. Trg Jem.

Kap. XX.

2. לאמור fehlt in Jal. z. St. aus Makkoth 11ª.

2. דברתי – דבר ה׳. Makkoth 11ª in Jal. Jos. z. St.

2. אליכם fehlt in Makkoth 11ª, Lekaḥ Tob zu Deut. 4, 41. Fehlt in P.

4. ואספו – ויאספו. Ibn Ġanaḥ, Wb. S. 61.[9]

7. בגליל fehlt in Sifre Num. § 160.[10]

7. ארבע – הארבע. Sifre Num. § 160.

7. בהר יהודה – בארץ כנען. Sifre § 160 zu Num. 35, 14. Gewiß durch diese St. veranlaßt.

8. יריחו – ירחו. Massora.[11]

---

[1] Vgl. oben zu V. 27 s. v.

[2] Jal. Num. § 789 (ed. pr., in den späteren edd. fehlt das Zịtat) und Jos. § 30 (ed. pr., in den späteren eḍd.: 'חצרי).

[3] G. I 592 N. 622, II 56 N. 403, II 84ª, G. Bibel z. St.

[4] Edd. und Walton; fehlt in Jem.

[5] G. III 70ᵇ: הריש בקמץ.

[6] So aber auch Jdc. 18, 29.

[7] Jdc. 18, 29: iuxta vocabulum.

[8] LXX-Kodd.: אָבות.

[9] So in einem ms.

[10] So Lekaḥ Tob Num. 35, 4.

[11] Vgl. oben zu 2, 1 s. v.

8. ראמות – רמות. Trg.[1] Kodd.
8. ראמות – ראמת. Trg Lag, Massora.[2] Kodd.

Kap. XXI.

1. המטות לבני ישראל – מטות בני יש׳. Trg Lag: שבטיא דבני יש׳.[3] V: tribus filiorum Isr.[4]
2. בשלה – בשלו. Trg.[5]
3. אל פי – על. Trg. Kodd. Ken. 125, 198. P: על.
6. ממשפחת – ממשפחות. Kodd. Vielleicht auch Massora.[6]
7. וממטה גד fehlt in Trg Jem.
9. אתהן – אתהם. Qimḥi z. St. Manche Massora.[7] Trg Jem: יתהון. Kod. Ken. 101.
9. אתהן fehlt im Trg. Trg liest oder erklärt נִקְרְאוּ בשֵׁם: דאיתפרשא בשמהן.[8] אתהן fehlt in LXX-Kodd. und P.
10. ממשפחת – ממשפחות. Die Massora[9] zählt ohne uns. St. drei משפחת[10] defektiv im Buche Josua.[11]
12. ואת (I) – את. Jal. Jos. § 23 aus Baba Bathra 123ᵃ.
12. העיר – חברון העיר. Chronikkomm. der Schüler Sa'adias, S. 14.
12. ואת חצריה – וחצריה. Makkoth 10ᵃ.[12]
12. חצריה – מגרשיה. Baba Bathra 123ᵃ in ms. Hamburg.[13] P: שרכא דאגורסיה.
12. באחזתו – לאחזה. Baba Bathra 123ᵃ in Jal. Jos. § 23. LXX: ἐν κατασχέσει,[14] V: ad possidendum. Kod. Ken. 30: לאחזתו.
13. הכהן – הכהנים. R. Samuel ben Meïr zu Baba Bathra 122ᵇ.[15]

---

1 Jem und Walton.

2 Uns. St. gehört zu den drei ראמֹת plene א und def. ו. Vgl. Massora zu Deut. 4, 43; Ez. 27, 16; Mass. par. zu uns. St., Mass. fin. v. רא N. 42; Mass. ms. bei Frensdorff, Massora Magna, S. 179, Note 5.

3 Auch lateinische Übersetzung: tribuum filiorum, aber hebr. Text: לבני.

4 מטות auch P: דישבטא דאיסראיל.

5 Edd., Lag, Jem, Walton.

6 Vgl. zu V. 27 s. v.

7 Die zu uns. St. bemerkt: אתהם ה׳, Vgl. Ibn Ḥajim in Mass. marg. z. St.

8 Edd., Lag, Walton (expositae sunt in nominibus earum). Jem: יתהון, vgl. jedoch Prätorius z. St.

9 Gen. 10, 18; Jos. 21, 4; Mass. fin. v. שפ N. 4. Vgl. zu Ps. 96, 7.

10 D. h. ohne und mit Präfix.

11 Vgl. auch Norzi zu uns. St.

12 Jal. Num. § 787.

13 Andere mss. und edd. = MT.

14 Nur LXX Luc.: κατασχέσει αὐτοῦ.

15 Alte edd., nur ed. Pesaro = MT.

15. ואת (III) – את. Ochlah we-Ochlah 155ª N. 296.[1]

16. את – ואת. Trg.[2] Mehrere Kodd. und Edd. LXX, P, V.

17. את (II) – ואת. Trg Lag und Jem: וית. LXX, P, V: ואת.

18. ואת (II) – את. Trg Jem.[3]

19. ערים – עיר. Kodd. Manche Massora hat עיר als Q're.[4]

24. את גת – ואת. Stichwort in Qimḥis Komm. z. St. Trg Jem.[5] LXX, P, V.

25. תְּעֶנְךְ – תַּעְנַךְ. Trg.[6] Massora aus Jem.[7]

26. למשפחת – למשפחות. Massora.[8] Kodd.

26. בני – לבני. Rikmah S. 17. Michlol. Das Zitat לבני ist gesichert, da es als Beispiel für ein überflüssiges ל angeführt wird.[9] Vielleicht wird aber I Chr. 6, 55 mit למשפחות für uns. למשפַּחַת zitiert[10] V: filiis.

27. ממשפחת – ממשפחות. Massora.[11] Kodd.

27. ממשפחת – למשפחת. Zitat in einer massoretischen Notiz.[12] Kod. Ken. 70. LXX-Kodd. τοῖς συγγένεσι.

27. הלוים – הגרשני. Zitat in der erwähnten massoretischen Notiz.

29. את (II) – ואת. Massora aus Jem.[13] Trg Lag und Jem. LXX, P, V.

30. עבדון – עברון. Massora z. St. (Zitat). P: עברו.[14]

34. ולמשפחת – ולמשפחות. Massora.[15] Kodd.

34. את קרתה – ואת. Trg.[16] LXX, P, V.

---

[1] In uns. V. ist die Reihenfolge der Partikel: את ואת את ואת.

[2] Lag und Jem. Edd. und Walton: ית.

[3] So auch lateinische Übersetzung, aber hebr. Text וית.

[4] G. II 56 N. 493, II 96ᵇ.

[5] So auch Walton (et), hebr. ית.

[6] Edd. und Jem. Vgl. zu 12, 21 und 17, 11.

[7] G. III 70ᵇ. Vgl. oben zu 12, 21.

[8] Vgl. zu V, 10 v. ממשפחת.

[9] הלמד דחוקה ואין לה מקום.

[10] So in der Tat Michlol in edd., Nominalformen Art. מִפְעָלָה, ed. Rittenberg S. 165ᵇ: למשפחות.

[11] Vgl. zu V. 10 v. ממשפחת. Mass. par. zu uns. St. bemerkt; ג׳ חסר בנביא, aber so auch zu V. 6. Demnach wären es vier משפחת def. in Josua, was der Angabe der Massora widerspricht. Vgl. auch Norzi zu V. 6. Es scheint aber, daß Mass. par. aus Ungewißheit darüber, welches ולבני גרשון die Massora meint, ob in V. 6 oder hier, zu beiden Stellen auf die defektive Schreibung hinweist.

[12] G. II 249 N. 849.

[13] G. III 79ᵇ: בויו.

[14] Vgl. 19, 28. P auch dort עַבְרון.

[15] Vgl. oben zu V. 10 v. ממשפחת.

[16] Edd., Lag, Jem, Walton.

35. ואת – את דמנה. Ein massoretisches Verzeichnis zählt ohne uns. St. 27 את in der Aufzählung der Levitenstädte im Buche Josua.[1] LXX, V.

35. ואת – את נהלל. Trg Lag. Kodd. LXX, V.

36. וממטה ראובן את עיר מקלט הרוצח – וממטה ראובן. Zahlreiche Kodd. LXX: *τὴν πόλιν τὸ φυγαδευτήριον τοῦ φονεύσαντος*, V: civitas[2] refugii.

36. את בצר במדבר – את בצר. Zahlreiche Kodd. LXX: *ἐν τῇ ἐρήμω*, V: in solitudine.

37. ואת – את קדמות. Massoretische Notiz, bei G. I 611ᵇ, (Zitat). Zahlreiche Kodd.

37. קדמֹת – קדמות. Kod. מנה.[3]

37. מיפַעת – מיפעת. Kodd., bei G. III 26 N. 641*x*. Trg Walton.

40. לוי – הלוים. Trg Lag. LXX: *Λευεί*.[4]

41. אר׳ וש׳ עיר – ארבעים ושמנה. Bereschith rabbathi ms. Prag.[5] LXX: *πόλεις*.

44. מפניהם – בפניהם. Trg: מן קדמיהון.[6] Kod. Ken. 93.

45. דבר אחד – דבר. Ṭanḥuma במדבר § 2.[7] Rikmah S. 152. V: unum, P: אחד ohne דבר.

45. דברו – הדבר. Tanḥuma במדבר § 2.[8]

45. הטוב fehlt in Tanḥuma במדבר § 2 in den alten edd. Fehlt in V.

45. על – אל. Trg edd. und Walton.

45. עם (את) – אל. Trg: עם. So Lag und Jem.

45. בני – בית. Tanḥuma ed. Buber במדבר § 2. LXX: *υἱοῖς*.

Kap. XXII.

1. שבט – מטה. Seder Olam r. ms. Epstein Kap. 11. Zahlreiche Kodd. und edd. Soncin 1486, 1488.

1. המנשה – מנשה. Seder Olam r. ms. Epstein Kap. 11. Kodd.[9]

---

1 G. I 114 N. 1207. Massora z. St. und Mass. fin. v. את N. 8 zählt mit uns. St. 28 את.

2 So mss. In edd.: civitates. Vgl. die Randbemerkung in ed. Wien 1863.

3 G. I 607ᵇ, III 26 N. 641 *y*.

4 Andere Kodd.: *τοῦ Λευεί* (*Λευί*) = הלוי.

5 Abschrift im Besitze des Herrn A. Epstein, S. 259.

6 Lag und Walton. Jem und Edd.: קדמיהון.

7 Alte edd., ed. Buber, Jal. Num. § 683.

8 Ed. Buber und Jal. Num. § 683.

9 Vgl. V. 7 שבט המנשה.

5. המצות — כל המצוה. Abraham Saba, Zeror Ha-Mor zu Gen. 30, 11. Einige Kodd.

5. ואת התורה — והתורה. Zeror Ha-Mor zu Gen. 30, 11.

5. וללכת — ללכת. Midr. Ps. 27 § 5.[1] Kodd. Ken. 287, 225. LXX.

5. ולשמור מצותיו ולדבקה בו — ולדבקה בו ולשמור מצותיו. Midr. Ps. 27 § 5.[2]

6. ויברכם יהושע — ויברכם יהוש' ביום ההוא. Sechel Tob I 324.[3]

6. אל אהליהם — לאהליהם. Gen. r. XXXV 4.[4]

7. וגם — גם. Gen. r. XXXV 4.[5] Kod. Ken. 182.

8. ויאמר אליהם fehlt in Sechel Tob I 324. Fehlt in LXX.[6]

8. אליהם — להם. Gen. r. XXXV 4.[7]

8. לאמור fehlt in Gen. r. XXXV 4;[8] Lekaḥ Tob zu Gen. 49, 19.[9] Kod. Ken. 128. Fehlt in LXX,[10] P und V.

8. אל אהליכם — לאהליכם. Gen. r. XXXV 4;[11] Midrasch Agada ed. Buber II S. 77; Lekaḥ Tob Gen. 49, 19;[12] Sechel Tob Gen. S. 324.

8. ובמקנה — במקנה. Trg Jem: בבעירא.

8. ובמקנה — ומקנה. Gersonides z. St. Kodd. Ken. 30, 93. LXX: *καὶ κτήνη,* V: atque divitiis.

8. מאד fehlt in Gen. r. XXXV 4,[13] Gersonides z. St., Sechel Tob I S. 324. מאד fehlt in V.

8. ובזהב — בזהב. Lekaḥ Tob Gen. 49, 19.[14]

8. ובברזל — וברזל. Tanḥum Jeruschalmi zur Stelle. Gersonides zur Stelle.

---

[1] Vielleicht aber wird Deut. 11, 22 zitiert. Vgl. die folgende Anmerkung.

[2] Das Zitat lautet: ללכת בכל דרכיו ולדבקה בו ולשמור מצותיו, es ist daher wahrscheinlich, daß das ursprüngliche Zitat Deut. 11, 22 gewesen, das später durch Kopisten mit uns. St. vermengt wurde. Dies muß man auch aus dem Grunde annehmen, weil gewöhnlich bei Inhaltsgleichheit die frühere Stelle zitiert wird, besonders wenn die eine Stelle im Pentateuch vorkommt. In manchen mss. wird auch bloß ללכת בכל דְרכיו zitiert.

[3] Das Zitat lautet: ... ויברכם יהושע ביום ההוא לאמור בנכסים רבים. Es ist daher vielleicht V. 7 gemeint, mit + יהושע ביום ההוא. Vorausgesetzt natürlich, daß das Zitat auf einen Bibeltext zurückgeht.

[4] Edd. und mss. bei Theodor, Jal. Jos. z. St.

[5] Edd., mss. und Jal. Jos. z. St. (bis), Josef Kara z. St. (bis).

[6] Nur einige wenige Kodd. bieten: *καὶ εἶπε πρὸς αὐτούς.*

[7] Alte edd. und vier mss. in ed. Theodor, S. 331.

[8] Mss. in ed. Theodor, Josef Kara z. St.

[9] In ed. Buber und Beth ha-Midrasch V S. 199.

[10] Manche Kodd.: *λέγων.*

[11] Ein ms. in ed. Theodor und Jal. z. St.

[12] Beth ha-Midrasch V S. 199, ed. Buber MT.

[13] Alte edd. und drei mss. in ed. Theodor S. 331.

[14] Beth ha-Midrasch V 199, ed. Buber MT.

8. ובשלמות – ובשמלות. Gen. r. XXXV 4.[1] Lekaḥ Tob Gen. 49, 19; Sechel Tob I 324.

8. חלקו – וחלקו. Gen. r. XXXV 4.[2] LXX: *καὶ (διείλαντο)*, P: ופלגו.

8. שלל – את שלל. Neue Pesiktha.[3] LXX: *τὴν προνομὴν*.

9. משלה – משילו. Trg.[4] Q're in manchen Kodd.

9. אל (II) ואל. Naḥmanides zu Num. 16, 8.

10. גלילות – גלילי. Parḥon, Wb. v. גלל.[5]

10. המנשה – מנשה. Zeror Ha-Mor zu Gen. 30, 11.

11. אל גלילות – בגלילות. Trg: בגלילי.[6] P: בגלגלא.

12. שלה – שלו. Trg. Q're in manchen Kodd.

12. לעלות עליהם לצבא – ויאמרו כל העדה לעלות עליהם לצבא. Maimonides, Dalalat III 41.[7] Da der Text gesichert ist, so zitiert Maimonides aus dem Gedächtnis, oder er gibt den Inhalt uns. Verses in kürzender Umschreibung wieder, oder er zitiert nach seinem Bibeltext. Letzteres halte ich für das wahrscheinlichste. Vgl. V. 33: ולא אמרו לעלות עליהם לצבא.

14. נשאים – נשׂאִם. Massora ms. bei Norzi z. St.[8]

14. אבותם – אבותיו. Ibn Ġanaḥ, Wb. S. 40;[9] Manuel du Lecteur S. 101. Kod. Ken. 84.

16. עדת ה׳ – עדת ישראל. Der Karäer Jehuda Hadassi, Eschkol ha-Kofer 64[a]. Kod. Ken. 253.[10]

17. את עון. את fehlt in Akedath Jizḥak Pf. 85. Fehlt in Trg Jem.

---

[1] Alte edd. und ein ms. bei Theodor S. 331.

[2] So nur ein ms.

[3] Beth ha-Midrasch VI S. 46.

[4] Edd., Lag, Jem, Walton.

[5] גלילות פ׳ גבולות וכן אמר התרגום תחומי פלישתאי מ״א (משקל אחר) גלילי הירדן הוא הגליל. Die Lesart גלילי folgt also auch aus dem Inhalt der Ausführung. Es scheint aber, daß Parḥon so bei Ibn Ġanaḥ gelesen, da die betreffende Ausführung aus Ibn Ġanaḥs Wb. S. 136 entlehnt ist.

[6] Edd., Jem, Walton. Lag לגלילי, ist gewiß Korrektur.

[7] תעלם דלך מן קציה בני ראובן ובני גד אלדין ג׳א פיהם ויאמרו כל העדה לעלות עליהם לצבא. So im arabischen Text ed. Munk S. 39[a] und in der Tibbonischen Übersetzung (וראיה לדבר ענין בני גד ובני ראובן שבא בהם ויאמרו כל העדה . . .). Vgl. Munk S. 331 Note 5. In der Übersetzung Al-Ḥarisis wird bloß לעלות עליהם לצבא angeführt, offenbar e correctura.

[8] Ein anderes ms. bei Norzi und Mass. ed. Gen. 27, 10 verlangen נשאים. Vgl. nooh Mass. fin. v. נש N. 30 und Norzi zu Jos. 17, 4.

[9] So nur in einem ms. Vgl. Neubauer z. St.

[10] De Rossi 211 marg. und 440: עדת בני ישראל. Manche LXX-Kodd.: עדת ה׳ בני ישראל *ἡ συναγωγὴ Κυρίου οἱ υἱοὶ Ἰσραήλ*. Vgl. Field I 389[a]. Ar: כל בני ישראל ohne עדת.

17. הַטַּהֲרנו – הַטָּהֲרנו. Qimḥi in Michlol.[1]

18. אתם – אם אתם. Gersonides z. St. LXX: ἐάν.[2]

18. היום בה' – בה' היום. Gersonides z. St.

18. אל – על. Sechel Tob II 158.[3] Akedath Jizḥak Pf. 83, Kod. Ken. 30. LXX: ἐπὶ, Trg: על,[4] P: על.

19. בתוכנו – בה בתו'. Akedath Jizḥak Pf. 85.[5]

19. ובה' – בה'. Ibn Ġanaḥ, Rikmah S. 107.

20. מַעַל fehlt in Mechiltha ed. Hoffmann S. 95, Tanḥuma וישב § 2,[6] Tanḥ. נצבים § 2,[7] Tanḥuma ed. Buber נצבים § 5. Kodd. Ken. 174, 182. Fehlt in V; auch P drückt מַעַל nicht aus.

20. ועל – ואל. Madinḥae.[8] Kod. Ken. 688.

20. עדת fehlt in Mechiltha ed. Hoffmann S. 95, Tanḥuma ed. Buber נצבים § 5.

22. הוא (I) fehlt in Mid. Ps. 50 § 1.[9]

22. יֹדֵעַ – יודע. Jerusch. Schekalim III 2 (47ᶜ 43),[10] Zeror Ha-Mor zu Gen. 30, 11. Wenn nicht einfach Verschreibung, vielleicht יְדַע. P: יָדַע = יוֹדֵעַ. יָדַע auch in Trg Jem.[11]

22. בְּמֶרֶד – בְּמֹרֹד. Trg Jem: בִּמְמְרַד.[12] Auch P drückt ein Verbum aus: אן דנפריק.

22. במרד – במרד בה'. Zeror Ha-Mor zu Gen. 30, 11.

22. ואם – אם. Der Karäer Eliah Baschjazzi, Adereth Eliahu 205ᵈ.[13] Trg Jem: אם.[14] Mehrere Kodd. Madinḥae.[15]

22. בְּמַעַל – בְּמֹעַל מַעַל. Trg Jem: בְּשַׁקְרָא שְׁקַר.

---

[1] לא הֻטָּהֲרנו ממנו משפטו התְטָהֲרנו. So edd. Art. התפעל und ed. Rittenberg 68ᵃ: im Wb, edd. und ed. Lebrecht, הִטַּהרנו.

[2] Ohne ὑμεῖς, so daß in der Vorlage der LXX אם vielleicht bloß Rest von אתם war. Syro-hex. und einige andere Kodd.: ἐὰν ὑμεῖς.

[3] Vielleicht aus Mechiltha 22ᵇ unt.

[4] Edd., Lag, Jem, Walton (super).

[5] So edd. In ed. Konst. והאחזו ביי'. Vielleicht ist בה auch aus בה' entstanden, oder auch umgekehrt ביי' = בה' aus בה = בָּה.

[6] In den alten edd., mit Ausnahme von edd. Konst. und Sal.

[7] In allen alten edd.

[8] G. I 592 N. 622, II 57 N. 493, II 80ᵇ, G. Bibel z. St.

[9] So Jal. ha-Machiri Ps. 50 § 7.

[10] So Menorath ha-Maor N. 313, edd.: ידע.

[11] Edd. und Walton יְדַע = יְדֵעַ und יְדָע.

[12] Lag, edd. und Walton בְּמָרְדָא.

[13] 207ᶜ: ואם, eines von beiden Verschreibung oder Druckfehler.

[14] Später ו hinzugefügt, vgl. Prätorius z. St.

[15] G. I 592 N. 622, II 57 N. 493, II 80ᵇ, G. Bibel z. St.

22. במעל מעלנו – במעל. Trg: בְּשִׁקְרָא שְׁקַרְנָא.[1] So auch LXX: ἐπλημμελήσαμεν, aber ohne ואם במעל. Wahrscheinlich bloß notwendige Ergänzung des fehlenden Prädikats, wie auch P und V in anderer Weise ergänzen.[2] Vielleicht aber hängt doch dieses מעלנו mit מעל des Trg Jem zusammen?[3]

27. עבדת fehlt bei Josef Kara z. St.,[4] in Akedath Jizḥak Pf. 12.[5] Fehlt in V.

27. ה' אלהינו – ה'. Josef Kara z. St.

27. לבנינו מחר – מחר לבנינו. Trg: לבננא מחר.[6] LXX: τέκνοις ἡμων αὔριον.

29. ולמנחה – למנחה. Trg Lag: ולמינחתא. Einige Kodd. LXX, Aq.

30. ויטב – וייטב. Qimḥi in Michlol, ed. Rittenberg 92a,[7] 92b,[8] Michlal Jofi z. St.[9] Die Massora[10] zählt ohne uns. St. drei יטב defektiv.

32. וישבו – וישיבו. Nach der Massora.[11] Einige Kodd. und alte edd.

33. בני ישראל (II) fehlt in Akedath Jizḥak Pf. 85 (bis). Fehlt in Ar.

33. הארץ – את הארץ. Akedath Jizḥak Pf. 85 (bis).

34. בני גד ובני ראובן – בני ראובן ובני גד. Trg bei Qimḥi.

34. עד למזבח – למזבח. Trg סהיד למדבחא.[12] Manche Kodd. und edd. Andere Kodd. und viele edd.: למזבח עד. Manche edd. haben עד als

---

1 Edd., Lag, Walton (in praevaricatione praevaricati sumus).

2 P: עבדן הכנא, V: hoc altare construximus (ohne ואם במעל).

3 מַעַל aus מָעַלְנוּ entstanden, oder מָעַלְנוּ aus מַעַל, wie מָעַל gelesen und sinngemäß ergänzt. — מַעַל für Trg Jem ist sicher, da שְׁקַר zu ergänzen keine Notwendigkeit vorhanden ist.

4 Jahrbuch der jüdisch-liter. Gesellschaft zu Frankfurt a. M., V, S. 58.

5 So in ed. Konst. 56d.

6 Edd. und Walton (filiis nostris cras).

7 Auch edd., Verbalformen v. יחם: ונפלה יו"ד פ"א הפעל מהמכתב כמו שנפלה במלת ויטב בעיניהם דבני גד ובני ראובן.

8 Auch edd. l. c. v. יטב: ויטב בעיניהם דבני גד ובני ראובן נעדרה היו"ד פ"א הפעל מהמכתב. Vgl. auch Norzi z. St.

9 בא ביו"ד האיתן לבד ונפלה היו"ד פ"א הפעל מהמכתב. Vgl. auch Norzi.

10 I Sam. 24, 5; II Reg. 25, 24; Mass. fin. v. טב N. 18.

11 Die uns. Stelle zu den sieben וישבו defektiv zählt. Vgl. Massora marg. zu Num. 13, 26; II Chr. 34, 28; Mass. fin. v. שב N. 2. Vgl. auch Norzi z. St. Auch Mass. par. z. St. bemerkt: ז' חסרים,

12 So Qimḥi; in uns. Targumtexten (edd., Lag, Jem und Walton) fehlt סהיד. Vgl. auch Norzi z. St. Ginsburg, Bibel z. St., zitiert aus Targum ms. die Lesart למזבח עד.

Q're.[1] Von den alten Vertenten bietet Ar: עַד (אלשׂהד) während LXX = MT, P מזבח העדות ergänzt und V למזבח עד הוא בינותינו liest.

34. האלהים – הוא האלהים. Trg.[2] Manche Massora.[3] Mehrere Kodd. LXX: ἐστιν, P: הו, V: ipse sit.

Kap. XXIII.

2. ישראל – בני ישראל. Trg Jem. LXX: υἱοὺς, Ar. בני.

3. מפניכם. Trg Lag: דתריכינון מן קדמיכון = אשר הורישם מפניכם. Vielleicht bloß erklärende Ergänzung. P: ואובד אנון מן קדמיכון.

6. וחזקתם – והתחזקתם. Naḥmanides Deut. 12, 23.

6. בספר תורת – בתורת. Naḥmanides zu Deut 12, 23.

7. בוא – בא. Massora ms.[4] zählt ohne uns. St. 13 בוא plene.[5]

13. ולשטט – לשטט. Ibn Saruk, Maḥbereth Art. שט; Josef Qimḥi, Sefer Ha-Galuj S. 154.

13. ולשטט בצדיכם ולצנינים בעיניכם. Trg: ולסיען נטלן זין לקבליכון ולמשרין מקפנכון.[6] So übersetzt Onkelos Num. 33, 55 לשכים בעיניכם ולצנינים בצדיכם. Darauf geht gewiß Trg zu uns. St. zurück. Daraus erklärt sich aber nur die Übersetzung von צנינים, שטט und מקפנכון, aber die Wortstellung bleibt auffallend. Uns. Text würde im Sinne dieser Paraphrase ולסיען נטלן זין מקפנכון ולמשרין לקבליכון entsprechen. Daß uns. Trg die Übersetzung aus Onkelos gedankenlos herübergenommen hat, ist schwer denkbar. Es ist daher wahrscheinlich, daß Trg wenigstens was die Wortstellung betrifft, hier denselben Text gehabt wie Num. 33, 55, d. h. ולשטט (ולשכים) בעיניכם ולצנינים בצדיכם. So übersetzt Ar: מתֿל אלאֿסנّה פי אעינכם ואלסّכאכין פי אגֿנאבכם velut cuspides in oculis vestris et cultri in lateribus vestris.

14. והנה אנכי – ואנכי. Lekaḥ Tob zu Gen. 15, 1. LXX: ἐγὼ δὲ.

14. היום fehlt in Lekaḥ Tob Gen. 15, 1. Fehlt in LXX und P.

15. אליכם – עליכם. Trg: עליכון.[7] Einige Kodd.[8]

---

[1] Vgl. Massora aus Jemen, bei G. III 70[b].

[2] Edd., Jem, Walton (ipse). Lag ohne הוא.

[3] Massora aus Jemen, bei G. III 70[b]: הוא האלהים. כן צריך להיות, הו֗א בכל ספרינו גם בירושלמיים. ובמוסרה (ובמסורה) דכ"ד גדול (d. h. ed. Bomberg) פליג דין אינון דסמיכו ובספרים דילן לא מסיר עליה כלום, מוכח דלא חשיב ליה בהדי אינון דסמיכון . . .

[4] Frensdorff, Massora Magna, S. 28, Note 1; G. I 169 N. 80 *b*.

[5] Auch Mass. par. ms. hat in uns. St. בא def. Vgl. Frensdorff, l. c. Mass. par. ed. bemerkt zu uns. St.: י"ד מל'. So auch Massora bei G. l. c. N. 80.

[6] Edd., Lag, Jem, Walton.

[7] Lag, edd., Jem, Walton (super vos). Vgl. auch Norzi z. St.

[8] Ginsburg hat im Text עליכם und bemerkt: dies die Lesart der Ma'arbae, die Madinḥae אליכם und so einige edd. Da אליכם die Lesart der allermeisten Kodd.

Kap. XXIV.

1. את fehlt bei R. Samuel ben Meïr zu Gen. 49, 10.[1] Fehlt in LXX.[2]

1. שבטי – זקני. Jeruschalmi Horajoth III (48[b] unt.),[3] Tanḥuma נצבים § 1,[4] Midr. Sam. XV 3,[5] Midr. ha-gadol ed. Schechter S. 214 aus unbekannter Quelle.

1. שבטי fehlt bei R. Samuel ben Meïr zu Gen. 49, 10. R. Jakob ben Ascher Gen. 49, 10.

1. האלהים – ה׳ אלהים. Josef Kara z. St.[6] Wahrscheinlich aus האלהים verschrieben, sicher ist dies aber nicht; da die Lesart ה׳ (ohne האלהים) durch V und Ar. bezeugt ist.

4. מצרים – מצרימה. Akedath Jizḥak Pf. 36.[7] Sebirin.[8] Kodd.

7. ביניכם – ביניהם. Tanḥum Jeruschalmi z. St.[9] P: ביניהון, Ar: בינהם.

8. ואביאה, Q're ואביא – ואביא, Q're ואביאה. Madinḥae.[10]

9. מלך מואב fehlt in Threni rabbathi ed. Buber S. 74.[11]

9. בישראל – עם ישראל. Lekaḥ Tob zu Num. 25, 1. P: עם.

10. לבלעם – אל בלעם. Midr. Tannaim ed. Hoffmann S. 146. Kodd. Ken. 150, 250.

11. את fehlt in Tanḥuma ed. Buber בהעלותך § 18. P drückt (ל)את nicht aus.

12. אל יריחו – על. Tanḥuma בהעלותך § 10.[12]

12. יריחו (I, II) – ירחו. Massora.[13]

11. בכם fehlt in Tanḥuma בהעלותך § 10.[14]

---

und Edd. ist, so ist aus der letzteren Bemerkung G.'s zu erkennen, daß sie sich auf עליכם bezieht. Es muß daher im Text אליכם und in der Anm. עליכם stehen.

1 In edd. und ed. Rosin.

2 Andere Kodd.: τὰς. So A.

3 Edd. und Genizahms. bei Ginzberg, Yerushalmi Fragments S. 286. So auch in den Babliedd. (dem Traktat Horajoth beigedruckt).

4 So auch alle alte edd.

5 Jal. I Sam. § 115 und I Chr. § 1081.

6 Jahrbuch der jüdisch-liter. Gesellschaft zu Frankfurt a. M., V, S. 59.

7 So in ed. Konst, 181[a].

8 Massora zu Ex. 4, 19; Mass. fin. v. מין N. 20; G. II 325 N. 39; ibid. 241 N. 110.

9 Kommentar ed. Haarbrücker S. 36.

10 G. I 592 N. 622, II 57 N. 793, ibid. 80[b]. Vgl. auch G. Bibel z. St.

11 In edd., zu 10, 1, fehlt das Zitat, ebenso in Gen. r. XLI 3 und Jalkut Jdc. § 42.

12 Alte edd., ed. Konst. אל.

13 Vgl. zu 2, 1. s. v.

14 So ed. Konst. andere alte edd., die nicht von ed. pr. abhängen, בכם.

11. והכנעני והחתי — החתי והכנעני. Tanḥuma בהעלותך § 10.[1] Num. r. XV 12.[2]

11. והחתי — החתי. Tanḥuma בהעלותך § 10.[3] Num. r. XV 12.[4]

11. החוי — והחוי. Tanḥuma בהעלותך § 10.[5] LXX, P, V, Ar.

11. והיבוסי — היבוסי. Kaphtor wa-Pheraḥ Kap. 10, 42[b].

12. לפניכם את הצרעה — את הצרעה לפניכם. Akedath Jizḥak ed. pr. Pf. 32, 151[c]. Vgl. Ex. 23, 28.

12. מפניכם fehlt bei R. Samuel ben Meïr zu Gen. 48, 22. Fehlt in V.

14. ועתה — עתה. Josef Kara.[6] P drückt ו nicht aus (מִכּלל).

14. יְראוּ — ירוּאו. Kodd. bei dem Karäer Aron ben Josef Ha-Rofe in Mibḥar Jescharim z. St.[7]

15. ואם (I) — אם. Sifre Deut. § 2,[8] Josef Kara.[9] LXX: εἰ δὴ.

15. את (I) fehlt in Sifre Deut. § 2. Fehlt in LXX.[10]

15. את מי — למי. Mid. Ps. 119 § 46.[11]

15. תעבדון — תעבדו. Sifre Deut. § 2.

15. בעבר, Q're מעבר. Das Kethib zitiert Akedath Jizḥak Pf. 89. Trg: בעיברא.[12] LXX: ἐν τῷ πέραν, P: בעברא, V: in.[13]

15. אשר בעבר הנהר fehlt in Sifre Deut. § 2.

15. האמרי — הנכר. Sifre Deut. § 2.

15. ואנכי — ואני. Baḥja ben Ascher, Kommentar 27[c].

16. ויאמר fehlt in Akedath Jizḥak Pf. 89.

---

[1] In Kaphtor wa-Pheraḥ Kap. 10, ed. Edelmann 35[b].

[2] So alte edd. ed. Sal.: החתי הַכנעני.

[3] So Kaphtor wa-Pheraḥ Kap. 10., 35[b].

[4] In allen alten edd.

[5] Alle Alte edd. und Kaphtor wa-Pheraḥ l. c.

[6] In Geigers Nite Na'amanim 4[a].

[7] „In manchen Kodd. ר mit Schurek und ebenso das ו ... Nach diesen Kodd. ist es (das Wort ירואו) nach der Form זכורו (?) ,ויש ספרים שהרי"ש בשורק וגם הוי"ו כן ... וכפי אותם הספרים הוא בשקל זכורו." Die Form זכוּרוּ (זכֻרוּ) kommt in uns. Texten nicht vor. Vielleicht meint uns. Autor die Stelle Neḥ. 4, 8 זכרו והלחמו, wo er זכוּרוּ (זכרו) für uns. זְכֹרו gelesen.

[8] Edd. und Jalkut Deut. § 800.

[9] In Geigers Nite Na'amanim 4[a].

[10] Manche Kodd. bieten τῷ, aber mit hexaplarischem Zusatzzeichen. Vgl. Field I 393[a].

[11] $\sqrt{}$עבד in der Bedeutung „dienen" wird zwar regelmäßig mit את oder Akkusativ konstruiert, aber bei עבד in enger Verbindung mit מי lautet die Frage in der einzigen Stelle, in der es außer hier noch vorkommt: למי, II S. 16, 19. עבד mit ל noch Jer. 44, 3; vgl. auch Koheleth 5, 8.

[12] Edd., Lag und Walton. Jem: מעיבר.

[13] Nach Ginsburg, Bibel z. St., ist בעבר die Lesart der Ma'arbae, während nach den Madinḥae das Kethib בעבר, das Q're מעבר lautet.

17. אבתינו – אבותינו. So die meisten Texte, auf Grund der Massora.[1]

17. מבית עבדים fehlt in Akedath Jizḥak Pf. 89. Fehlt in LXX.[2]

17. האתת – כל האתת. Akedath Jizḥak Pf. 89 (bis).

17. האתת – האתות. Massora.[3] Kodd.[4]

17. הגדלות – הגדלות + ואת. Trg: וית רברבתא.[5]

18. יושב – ישב. Massora.[6] Kodd.

18. גם – וגם. Trg Lag: ואף. Kodd. Ken. 154, 187, 128 pr. m.

19. העם – כל העם. Midrasch Tannaim ed. Hoffmann S. 111, Seder Eliah r. Kap. 18.[7] Einige Kodd.

19. לפשעכם – לפשעיכם. Trg.[8] Trg drückt aber auch sonst פשע durch Plur. aus.[9] LXX: *τὰ ἁμαρτήματα,* P: לחוביכון, V: scleribus vestris. לפשעיכם Kodd. Ken. 1, 70. Sing. לפשעכם ist wahrscheinlich aus Ex. 23, 21 zu erklären, da in uns. St. ולחטאותיכם auch לפשעיכם richtiger erscheinen läßt. Freilich ist es auch denkbar, daß dieser Parallelismus die Verss. beeinflußt hat.

21. ויאמר – ויאמרו. Jal. Deut. § 800 aus Sifre Deut. § 2.[10] Sebirin.[11] P: ואמרו. Kod. Ken. 93: ויאמרו.

---

1 Gen. 46, 34; Jer. 14, 20; Mass. fin. v. אב N. 8; G. I 20 N. 44. Vgl. Mass. zu Prov. 22, 28. Die Angabe lautet: „אבותינו (doppelt plene) kommt achtmal vor, nämlich . . . Ebenso durchwegs in Josua, Richter und Psalmen, mit Ausnahme von einer Stelle (Ps. 22, 5) אבותינו ח' מל' בקריה כוליה וסמנה ,. . . יהושע ושופטים ותלים דכוותיה במ"א (בר מן אחד) . . .". Demnach ist אבותינו im Buche Josua immer plene. Es ist daher sehr merkwürdig, daß Norzi z. uns. St. meint, אבותינו müsse defektiv ו (אבֿתינו) geschrieben werden, weil es in der Massora nicht unter den acht plene gezählt wird. Er hat offenbar die Bemerkung וכל יהושע... דכותיה übersehen.

2 Fehlt aber auch ואשר עשה – האלה. Kod. Field 85 bietet nun *καὶ ὅσα — ταῦτα* im Text und *ἐξ οἴκου δούλων* bloß am Rande.

3 Vgl. Frensdorff, Massora Magna, S. 7, Note 2.

4 Vgl. Norzi z. St. Manche Kodd. האותות, so Konkor. v. האותות.

5 Edd., Walton. Lag und Jem om. וית.

6 Zwei handschriftliche massoretische Notizen geben ausdrücklich an, daß ישב in uns. St. def. ist. Auch Mass. par. ed. zu Jos. 9, 7 יושב bemerkt: לית מלא בסיפרא, d. h. יושב plene kommt in uns. Buche nicht mehr vor. Vgl. Die Bemerkung des Korrektors bei Norzi z. St. und ausführlich Frensdorff, Massora Magna, S. 93, Note 3.

7 Edd. und ed. Friedmann, S. 103.

8 Edd. Lag, Jem und Walton (culpis vestris).

9 Vgl. z. B. Jes. 59, 20; Micha 1, 5; 7, 18.

10 Edd.: ויענו, Midr. Tannaim ed. Hoffmann S. 3 = MT.

11 Massora ed. Num. 32, 25; Jdc. 11, 15; G. I 91 N. 844. II 325 N. 493; G. Bibel z. St. Vgl. V. 24.

21. העם - כל העם. Sifre Deut. § 2.[1]

21. כי - כי אם. Trg: אלהין. So auch LXX ($\dot{\alpha}\lambda\lambda\dot{\alpha}$), P (אלא) V (sed). Vielleicht bloß sinngemäß.

21. את fehlt in Sifre Deut. § 2.[1] Fehlt in LXX.

22. העם — כל העם. Sifre Deut. § 2.[2] Sifre Deut. § 306.[3] 4 Kodd.

22. בכם — בכם היום. Sifre Deut. § 2,[6] Sifre Deut. § 306.[4] Kod. Ken. 150. Kodd. Ken. 4, 84, 375: היום בכם.

22. לכם fehlt in Akedath Jizḥak Pf. 89. Kod. Ken. 149. Fehlt in LXX.[5]

23. את (II) fehlt in einer massoretischen Notiz bei G. II 279 N. 204 (Zitat).

26. אלהים — האלהים. Makkoth 11a.[6] Akedath Jizḥak Pf 89. LXX τοῦ ϑεοῦ.

27. הנה האבן — והאבן. Midrasch Koheleth zuta ed. Buber S. 87. Stichwort in Qimḥis Komm. z. St. הנה fehlt in Kod. Ken. 84.

27. בנו — לנו. Koheleth Zuta S. 87, Juda ben Barsillai in Kommentar zu Sefer Jezirah S. 150. Trg: לנא.[7] LXX A: ἡμῖν.[8] P: לן.[9] Ar: עלינא.

27. אמרי — דברי. Midr. Sam. XV 4, Sal. b. Ha-Jajathom.[10] 3 Kodd.

27. לעדה (II) — (ו)לעדה (ל)זִכָּרוֹן (זִכָּרוֹן לעדה). Trg: לדוכרן ולסהדו.[11] Dieses Plus kann nur als Übersetzung von (ל)זִכָּרוֹן im Text aufgefaßt werden, aus folgenden Gründen: 1. ist für eine Erweiterung des gegebenen לעדה gar kein Grund vorhanden. 2. wird in uns. Verse selbst לעדה (I) einfach durch לסהדו[12] wiedergegeben.[13] Es ist daher sicher, daß לדוכרן auf לזִכָּרוֹן in der Vorlage zurückgeht.

---

1 Edd. In Jal. Deut. § 800 und Midr. Tannaim l. c. = MT.

2 Midr. Tannaim ed. Hoffmann S. 3; Lekaḥ Tob zu Deut. 1, 3. In edd. fehlt das Zitat.

3 Midr. Tannaim S. 180, Lekaḥ Tob Deut. 32, 1. Edd. — MT.

4 In Midr. Tannaim S. 3, S. 180, Jal. Jos. z. St. (aus § 306).

5 Einige Kodd. bieten ἑαυτοῖς.

6 In Jal. Jos. z. St. (viermal).

7 Edd., Lag, Jem, Walton (nobis), Raschi, Qimḥi und Josef Kara z. St. (Jahrbuch der jüdisch-liter. Gesellschaft zu Frankfurt a. M., V, S. 59).

8 Sonst: ἐν ὑμῖν = בכם, wie in der zweiten Vershälfte.

9 ל drückt V aus: vobis = לכם, so auch für בכם.

10 Kommentar zu Mašqin, ed. Mekize Nirdamim (Chajes), Berlin 1909. Das Zitat S. 120.

11 So Josef Kara z. St., Edd. und Walton (in memoriale et in Testimonium). Lag: דוכרן לסהדו = זִכָּרוֹן לעדה, Jem: לדוכרן לסהדו = לזִכָּרוֹן לעדה.

12 So in allen Texten und Textzeugen: Edd., Lag, Jem, Walton, Raschi, Josef Kara und Qimḥi z. St.

13 Auch Gen. 21, 30 לעדה bieten die Targumim bloß: לסהדו.

29. יהושע – יהושׁע. Midrasch über defectiva und plena, ed. Wertheimer S. 22, zählt außer Deut. 3, 21 noch zwei יהושוע plene ו nach ש,[1] ohne anzugeben, in welchen Stellen der Name so geschrieben wird. Aber aus der agadischen Begründung der scriptio plena: weil er Gott mit ganzem Herzen gedient,[2] ergibt sich mit großer Wahrscheinlichkeit, daß die beiden Stellen gemeint sind, in den Josua als עבד ה׳ bezeichnet wird, d. s. uns. St. und ihre Parallele Jdc. 2, 8. Es ist aber auch möglich, daß der Midr. an Jdc. 2, 7[3] und Jos. 24, 31 denkt.[4] Vielleicht auch stimmt uns. Midrasch mit der Massora der Madinḥae überein.

30. סרח – חרם. Josef Bechor Schor zu Gen. 48, 7. Vielleicht wird Jdc. 2, 9, mit + אשר,[5] zitiert.

30. אשר fehlt in Sabbat 105^b.[6] Megillah 14^b.[7] Vielleicht wird Jdc. 2, 9 mit סרח[8] für חרם zitiert. אשר in uns. St. fehlt in einigen Kodd., in LXX, Trg Jem und Ar.[9]

30. מצפון[10] – אשר מצפון. Sabbat 105^b.[11]

32. בני ישראל. בני fehlt in Tosephtha Sota IV 6,[12] bei Raschi zu Gen. 48, 22 und Sechel Tob II 171 (auch ישראל).

32. בני ישראל fehlt bei Raschi Gen. 48, 22 und Sechel Tob II 171.

32. מארץ מצרים – ממצרים. Tanḥuma עקב § 6.[13] Deut. r. II 4.

---

[1] Drei יהושוע haben auch die Madinḥae, wie Mass. marg. zu Jdc. 2, 7 angibt. Nach Ginsburg, zu Jdc. l. c., ist יהושׁע (I) in Jdc. 2, 7 die dritte Stelle. Wahrscheinlich so auch Massora aus Tschufutkale, G. III 450^a, wo bemerkt wird: יהושוע ג׳ של׳ (שלמין) (Deut. 3, 21), ויעבדו העם שנ׳ (שנים) בת׳ (במ׳ = במקרא?), d. h. יהושוע plene kommt dreimal vor: Deut. 3, 21; Jdc. 2, 7 zweimal im (Verse?).

[2] שעבד להקדוש ברוך הוא בלב שלם.

[3] Dies nach der Massora die zweite Stelle. Vgl. Mass. Deut. 3, 21; Jdc. 2, 7.

[4] So die Ansicht Wertheimers, wegen des Inhaltes der Ausführung unwahrscheinlich. W.'s Erklärung ist gekünstelt.

[5] So einige Kodd. und P.

[6] Jalkut Jos. z. St., Jal. ha-Machiri Ps. 56 § 5, Baḥja ben Ascher in Kad Ha-Kemaḥ Art. אבל I und אבל II.

[7] So Jal. II R. § 248. In edd. fehlt das Zitat.

[8] So einige Kodd. und Edd. und P, sowie einige LXX-Kodd. bei Field, I 404, Note 12.

[9] Im Jal. ha-Machiri Prov. 19, 15 aus Ruth r. Proemium fehlt אשר בהר אפרים.

[10] So auch Jdc. 2, 9.

[11] Bei Baḥja ben Ascher, Kad Ha-Kemaḥ Art. אבל I und אבל II. Vielleicht ist Jdc. 2, 9 gemeint, wo Kod. Ken. 251 und P אשר מצפון lesen.

[12] So ms. Erfurt, Edd. und ms. Wien = MT.

[13] Alte edd. Der ganze Abschnitt fehlt in ed. pr. und Ven. und ist erst in ed. Mantua 1563 aus mss. aufgenommen worden. Vgl. Buber, Einleitung zu seiner Tanḥumaausgabe S. 176.

32. ויהיו – ויהי. Mechiltha 24[b], Sotah 13[b].[1] Nach Raschis Erklärung will die Gemara aus uns. St. beweisen, daß die Stadt Sichem das Erbteil der Nachkommen Josefs war.[2] Dieser Beweis setzt mit absoluter Notwendigkeit die Lesart ויהי voraus.[3] Versteht man aber die Talmudstelle im Sinne Raschis, so muß man die Lesart ויהי in uns. St. auch in Tosefta Sotah IV 6[4] voraussetzen, trotz des Zitates ויהיו in allen bekannten Texten. Die Lesart ויהי in uns. St. muß auch für eine Reihe von Stellen vorausgesetzt werden, die nicht auf uns. St. sich beziehen. Gen. 48, 22 שְׁכֶם אַחַד wird von vielen Autoren als die Stadt Sichem erklärt. Diese wegen אחד kaum mögliche Auffassung scheint durch ויהי in uns. St. veranlaßt worden zu sein: Die Angabe, Sichem ward das Erbteil der Nachkommen Josefs, hat nur als Plusquamperfectum und somit als Grund für das Bestatten der Gebeine Josefs in Sichem in uns. St. ihren rechten Platz. Es wird also in uns. St. gesagt, daß Sichem schon längst im Besitze der Söhne Josefs[5] war. Da aber früher von einer darauf bezüglichen Angabe keine Spur vorhanden ist, so mußte eine solche Spur in שכם אחד gefunden werden, mittels der Deutung: Sichem als eins. So fassen שכם Gen. 48, 22 als Sichem: Mechiltha zu Ex. 14, 10;[6] R. Neḥemiah

---

[1] Edd., ms. München und Raschi z. St.

[2] (scil. יוסף) והכתיב בשכם ויהי לבני יוסף לנחלה וגו' אלמא בנחלתם קברוהו דחביב היה עליהם.

[3] Freilich ist die Erklärung Raschis nicht absolut notwendig. In der 13[a] angeführten Baraitha wird erzählt, wie Moses sich um den Sarg mit den Gebeinen Josefs bemühte. Dazu bemerkt die Gemara: „Wie ist es denkbar, daß die Nachkommen Josefs diese Mühe dem Moses und nach dessen Tode Israel, d. h. dem gesamten Volke, überließen und nicht vielmehr selbst, beziehungsweise allein sich mit den Gebeinen ihres Ahnen abgegeben, es heißt ja והו אי לא איעסקו ביה ישראל בניו לא הוו מיעסקי ביה והכתיב ויהי לבני ויהי (ויהיו) לבני יוסף לנחלה יוסף לנחלה). Es kann nun die Gemara aus uns. St. belegen wollen, daß die Gebeine Josefs seinen Nachkommen zum Erbteil wurden, was nicht der Fall gewesen wäre, wenn sie sich nicht in verehrungsvoller Weise für ihren Ahnen interessiert hätten. Dieser Beweis würde die Lesart ויהיו voraussetzen. Aber Raschi hat in seinem Talmudtext ויהי gehabt und dieser Text läßt keine andere Erklärung des Beleges als im Sinne Raschis zu.

[4] Dieselbe Frage wie in der Gemara Sotah 13[b]: ואילו לא היה משה מתעסק בו לא היו בני שבטו מתעסקין בו (scil. ביוסף)? והלא כתיב ויהיו לבני יוסף לנחלה.

[5] Und nicht der Söhne Efraims, weshalb hier nicht an die Tatsache gedacht werden konnte, daß Sichem im Gebiete Efraims lag. Man mußte deshalb an eine Zeit denken, wo die Söhne Josefs noch eine Einheit bildeten.

[6] In bezug auf Gen. 48, 22 אשר לקחתי מיד האמרי בחרבי ובקשתי: וכי בחרבו ובקשתו לקחה? Vgl. Tanḥuma בשלח § 9.

in Gen. r. XCVII Ende;[1] Pseudo-Jon. zu Gen. 48, 22;[2] Raschi, Lekaḥ Tob[3] und Sechel Tob zu Gen. 48, 22.[4] Deut. r. II 4 wird Sichem als das Land Josefs bezeichnet,[5] also wahrscheinlich auch שכם = Sichem und ויהי in uns. St.[6] ויהי in uns. St. lesen P ‹והות› und V (et fuit).

33. בגבעת – בגבול. Midr. Tannaim ed. Hoffmann S. 107.[7]

---

[1] שכם אחד, דו שכם ודאי.

[2] שכם ,ית קרתא דשכם הולק חד auch in seiner eigentlichen Bedeutung: Teil.

[3] ואני נתתי לך שכם אחד על אחיך, כלומר עיר שכם נתתי לך בנחלה יותר על נחלת אחיך ... ולפיכך נתנה שכם לבני יוסף לנחלה ולשם קברו את עצמות יוסף שנאמר ואת עצמות יוסף קברו בשכם.

[4] Vgl. auch Qimḥi zu beiden Stellen.

[5] נקבר בארצו.

[6] שכם Gen. 48, 22 schon LXX: *Σίκιμα*, daher LXX in uns. St.: *καὶ ἔδωκεν αὐτὴν Ἰωσὴφ ἐν μερίδι*. Vgl. Ev. Joh. 4, 5: *ἔρχεται οὖν εἰς πόλιν . . . Συχάρ* (*Σίκιμα*), *πλησίον τοῦ χωρίου ὅ ἔδωκεν Ἰακὼβ Ἰωσὴφ τῷ υἱῷ αὐτοῦ*. Vgl. auch Hier. zu Gen. 48, 22; V freilich: partem.

[7] So auch Hoffmanns לקוטי בתר לקוטי S. 19. In Hildesheimer-Jubelschrift S. 97 בגבעת ist also Druckfehler oder Hoffmanns Korrektur nach MT.

DAS SCHRIFTWORT

IN DER RABBINISCHEN LITERATUR.

VON

V. APTOWITZER.

V. HEFT.

FIRST PUBLISHED 1915

HEFT V.

RICHTER.

Kap. I.

1. לאמר fehlt in Sechel Tob ed. Buber I S. 321.

1. לנו fehlt in Raschi Abodah Zarah 25^a unten und in Kod. Ken. 70.

1. בכנעני – אל הכנעני. Schitah Ḥadaschah zum Segen Jakobs[1] zu 49, 8 in edd. und Lekaḥ Tob zu Gen. 49, 8. Vgl. aber Jal. in der folgenden Stelle.

1. בתחלה אל הכנעני – אל הכנעני בתחלה. Abodah Zarah 25^a. Jal. Gen. § 159 aus Schitah Ḥadaschah zu Gen. 49, 8.[2] Raschi Abodah Zarah 25^a. Sechel Tob I S. 321. Vielleicht auch Ibn Esra zu Gen. ed. Friedländer S. 67: וכשיאמרו מי יעלה לנו בתחלה ישיבו להם יהודה יעלה בתחלה. Vgl. Ri 20, 18.

1. בראשונה – בתחלה. Josef Bechor Schor zu Gen. 49, 10.

1. להלחם בו fehlt in Num. r. II 10 in edd. und ms. Epstein = Kod. Ken. 1.

1. בו fehlt in Sechel Tob I S. 321. Vgl. die vorhergehende Stelle.

2. ויאמר – ויאמר ה'. Schitah Ḥadaschah zum Segen Jakobs in edd. und Jal. Gen. § 159.

2. יעלה בתחלה – יעלה. Gen. r. LXII Ende in Jal. Jos. § 1. Num. r. II 10 ms. Epstein.[3] Ibn Esra zu Gen. 49, 10.[4] Naḥmanides zu Num. 2, 2 und Deut. 33, 7. Der Karäer Aron ben Josef ha-Rofe in Mibḥar Jescharim zu II Sam. 5, 19.

3. אל שמעון – לשמעון. Josef Bechor Schor zu Gen. 49, 10. A: πρὸς Συμεών.

3. עמך – אתך. Josef Kara, Kommentar zu Jos.[5] S. 1.

---

[1] In Gen. r. ed. Wilna und Beth ha-Midrasch ed. Jellinek II (S. 75). Vgl. darüber Theodor in Jakob Guttmann-Festschrift S. 153 f.

[2] Vgl. aber die vorhergehende Stelle.

[3] Es ist keine Verwechslung mit Ri 20, 18, da auch jene Stelle angeführt wird. Vgl. noch hier zu 20, 18.

[4] Edd. und ed. Friedländer S. 67. Vgl. noch Ibn Esra zu Deut. 33, 6.

[5] Ed. Eppenstein, Jahrbuch der jüdisch-literarischen Gesellschaft zu Frankfurt a. M., Bd. IV.

4. והפרזי – ואת הפרזי. Massora aus Jemen bei G. III 140[b]: קדמאה את הכנעני והפרזי (V. 5) את הכנעני ואת הפרזי תניינא, d. h.: V. 3 ואת הפ׳, V. 5 והפ׳. Also beidemal gegen MT. ואת הפ׳ Kodd. Ken. 77, 174. LXX: *καὶ τὸν Φερεζαῖον*.

5. את אדני – אדני. Joma 22[b] in edd. Mss. und Sekundärquellen = MT.

5. בֶּזֶק – בָּזֶק. Massora aus Jemen bei G. III 71[a]. = P und Ar. Vgl. noch I Sam. 11, 8 und Joma 22[b].

5. ואת הפרזי – והפרזי. Massora aus Jemen, vgl. oben zu V. 4 v. והפרזי. Kodd. Ken. 77, 84. LXX: *καὶ Φερεζαῖον*.

7. מלקטים – מלקטים לחם. Trg und P: מלקטין לחמא, V: ciborum reliquias. Vielleicht bloß erklärende Ergänzung.

7. ויביאהו – ויבִאהו. Massora ms. Hamburg zu drei Stellen fordert in unserer Stelle die defektive Schreibung; s. Frensdorff, Massora Magna S. 31 Anm. 7. Dagegen eine andere handschriftliche Massora bei Norzi zu Jer. 26, 23.

11. יושבי – ישבי. Norzi zur Stelle bemerkt, daß in einigen korrekten Kodizes das Wort plene geschrieben ist.

11. דביר (I und II) דבר. Kodizes bei Norzi. Auch manche edd. So Jos. 15, 15.

11. und 12. ספר – סֵפֶר. Vielleicht so die agadische Deutung Temurah 16[a]. Vgl. Das Schriftwort IV S. 143 Anm. 6. So LXX-Kodizes, P und Ar. Vgl. darüber ausführlich Budde zur Stelle.

15. לו fehlt Temurah 16[a] ms. München. Fehlt in 4 Kodd. Ken. und V.

15. הבה – תנה. Massora zu Jos. 15, 19 und I R. 7, 41 (Zitat). Kod. Ken. 650.

15. את גלת – גלת. Temurah 16[a] ms. München. את fehlt in LXX.

15. גלֹּת – גֻּלֹּת. Trg, LXX, Sym. Aq. P und Ar. Vgl. zu Jos. 15, 19 s. v. So auch V.

15. עלִית – עליות. Temurah 16[a] ms. München. Glossaire hebreu-français zur Stelle. Konkordanz ed. Bomberg v. עלה. V. גלל wird עלִית zitiert, ist aber auch עלִית zu lesen, oder es geht auf einen anderen Kodex zurück. LXX: *μετεώρων*, Sym.: *ἐν ὑψηλοτέροις*. Kod. Ken. 150.

15. תחתית – תחתיות. Temurah 16[a] ms. München. Glossaire hebreu-français zur Stelle. LXX: *ταπεινῶν*, Sym.: *πεδινῶν, ἐν κοιλοτέροις, ἐν ταπεινοτέροις*. Kodd. Ken. 30, 145, 150.

16. את בני – אל בני. Tanḥuma יתרו § 4 in den alten edd. A: *πρὸς τοὺς υἱούς*.

17. אחיו fehlt bei Naḥmanides zu Num. 21, 1 in ms. Berlin und Jakob ben Aschers Kommentar (Tur) zu Num. a. a. O.

17. ויחרימו — ויחרם. Trg Bomberg: וגמר. Lag, Jem, Walton = MT.

17. אותה — אתו. Konkordanz ed. Bomberg v. חרם. LXX: αὐτούς, V: eum.

18. את fehlt bei Kimḥi zu Jos. 11, 22.

18. ואת (II) — את. Kaftor wa-Feraḥ Kap. VII ed. Edelmann 21^b.

19. להוריש — הוריש. Konkordanz ed. Bomberg v. ישב, v. ירש und v. עמק. 2 Kodizes. Kod. 85 bei Field: ἐκληρονόμησαν = הורישו, so auch P und Ar.

19. להוריש — יכלו להוריש. Trg: יכילו לתרכא. LXX: ἠδυνάσθησαν, oder: ἐδύνατο, V: potuit. Kodd. Ken. 183 und 506 marg.: יכלו. Vielleicht aber bloß Ergänzung.

20. משה — משה עבד ה׳. Baba Bathra 122^b in alten edd. und En Jakob editio princeps.[1] Vgl. die folgende Stelle.

20. משה — ה׳. Baba Bathra 122^b in 2 mss. und im Kommentar des R. Samuel ben Meïr in den meisten alten edd. Vielleicht ist in Übereinstimmung mit der Lesart in den alten edd. משה עבד zu ergänzen. Vgl. die vorhergehende Stelle.

21. ישב — ישבי. Joma 54^a in den alten edd.[2] Stichwort in Raschi zu unserer Stelle. Konkordanz ed. Bomberg v. ישב. Mehrere Kodizes. Es ist die Lesart der Madinḥaë, s. G. II 57 N. 494 und 85^b.[3] Trg: יתבי, P: דיתבין. Vgl. Jos. 15, 63.

21. בני בנימן — בני ישראל. Midr. ha-gadol ed. Schechter S. 350 in einem ms. aus Pirke R. Elieser Kap. 36. Vgl. Das Schriftwort zu Jos. 15, 63 v. בני יהודה, Heft IV S. 146. Nachzutragen ist noch, daß Kimḥi zu Ri 17, 1 Jos. 15, 63 ebenfalls בני ישראל liest. Daß es bei ihm wirkliche Lesart ist, beweist seine Ausführung.

21. היבוסי — יבוס. Trg Jem: יבוס.

21. את בני — בקרב בני. Joma 54^a in den alten edd.[2] Ar: בין.

21. בירושלם fehlt in einer Bemerkung des babylonischen Amora Ula, Joma 54^a in den alten edd.[2] Daß Ula בירושלם nicht gelesen, folgt auch aus dem Inhalt seiner Bemerkung. Zur Erklärung eines Ausspruches R. Simons stellt Ula die These auf, daß Zustände, von denen die Schrift berichtet, daß sie עד היום הזה herrschen, in aller Ewigkeit fortdauern.[4] Dagegen erhebt Rabbah den Einwand, daß in unserer Stelle עד היום הזה steht, wo doch die Geschichte gezeigt hat, daß die berichteten Zustände später sich geändert haben.

1 In der Parallelstelle Makkoth 10^a fehlt in den alten Texten das Zitat.

2 In den Handschriften fehlt das Zitat oder es wird Jos. 15, 63 zitiert. Vgl. Rabbinowicz zur Stelle und meine Bemerkung zu Jos. a. a. O.

3 Bei G. I 592 N. 623 ist nach den Madinḥaë ישבי bloß Kere.

4 Vgl. auch Sotah 46^b und Raschi v. ויקרא.

Darauf erwidert Ula: Die angefochtene These gilt nur von solchen Zuständen, bei denen die Angabe „שם dort" steht, in unserer Stelle aber steht nicht שם. D. h.: die Schrift sagt nicht, daß Benjamin עד היום הזה in Jerusalem wohnt.[1] Es ist nun evident, daß Ula und Rabbah, der diese Antwort gelten läßt, und auch der Redaktor des Talmuds, den diese Antwort nicht stört, in unserer Stelle und auch Jos. 15, 63 בירושלם nicht gelesen. בירושלם fehlt in A und Ar.

22. בית יוסף — בני יוסף. Massora fin. v. גם N. 9 (Zitat). Konkordanz ed. Bomberg v. בנה und v. עלה zitiert aus unserer Stelle בני und führt sie v. בית nicht an. 14 Kodd. LXX: οἱ υἱοί, Ar: בני. LXX-Kodd. V. 23: υἱοί, so auch Kod. Ken. 30.

22. בית אל — ביתאל. Trg Bomberg, Lag und Jem. Madinḥaë bei G. I 592 N. 623.

23. יוסף — יוסף גם הם. Juda Ibn Ḥajuġ, אותיות הנוח S. 98. Vielleicht Verwechslung mit V. 22.

23. בבית — בית. Juda Ibn Ḥajuġ, אותיות הנוח S. 98. Vgl. die Bemerkung zur vorhergehenden Stelle. Kod. Ken. 173: בית, LXX: (τὴν) Βαιθὴλ, auch Trg und V drücken בית אל aus.

23. בבית אל — בביתאל. Madinḥaë bei G. I 592 N. 623. P und Ar. LXX und Trg ביתאל. Vgl. die vorhergehende Stelle. Für die Schreibung ביתאל in einem Wort vgl. Das Schriftwort Heft IV S. 114 Anm. 7.

24. השמרים — האנשים השמרים. Sotah 46^b in Agadoth ha-Talmud und En Jakob editio princeps.

24. נא fehlt Sotah 46^b ms. München, fehlt in LXX, P, V und Ar.

24. עִמְּךָ — עִמָּךְ. Kodd. bei Kimḥi zur Stelle. Vgl. Norzi hier und Jos. 2, 14.

24. חסד — חסד ואמת. Sotah 46^a in alten edd., ms. München, En Jakob editio princeps und Jal. Ri § 38. Konkordanz ed. Bomberg v. אמן und v. חסד. 2 Kodd. Ken. Vgl. Jos. 2, 14.

25. מבא — מבוא. Kodd. und edd. Vgl. Norzi.

25. ויכו — ויהרגו. Sotah 46^b in edd., ms. München, Agadoth ha-Talmud, En Jakob und Jal. Ri § 38. Die Bibelstelle wird nicht zitiert, aber in der Ausführung: שכל אותה העיר הרגו לפי חרב.

25. העיר — כל העיר. Sotah 46^b in den in der vorhergehenden Stelle erwähnten Texten und in Midr. ha-gadol ed. Schechter S. 532, wo die Bibelstelle angeführt wird. Ar drückt כל aus.

---

[1] So schon R. Jeḥezkel Landau, Responsen Noda Bi-Jehudah II. Rezension I N. 87.

25. כל fehlt: Sotah 46^b in den oben v. ויכו genannten Textzeugen, in Pirke d'Rabbenu ha-Kadosch ed. Schönblum 43^b, in Jal. Gen. § 120 aus Gen. r. LXIX Ende. Fehlt in Kod. Ken. 765 p. ras., in LXX und Ar.

26. ארץ – אל ארץ. Sotah 46^b in alten edd. 3 Kodd. 1 Kod.: לארץ. Auch die alten Vertenten drücken אל oder ל aus, es kann aber bloß Manier sein.

26. החתים – החתי. Sotah 46^b ms. München. Pirke d'Rabbenu ha-Kadosch ed. Schönblum 43^b.

26. שמה (I) – את שמה. Sotah 46^b in alten edd., ms. München, Agadoth ha-Talmud, Jal. Ri § 38 und Midr. ha-gadol ed. Schechter S. 532. Konkordanz ed. Bomberg v. עיר.[1] LXX: *τὸ ὄνομα.*

26. הוא – היא. Sotah 46^b in edd., ms. München, Jal. Ri § 38 und bei Kimḥi zu unserer Stelle.[2] 3 Kodd.

27. ולא – לא. Ḥullin 7^a in edd. und dem R. Gerschom zugeschriebenen Kommentar.[3] Vgl. die folgende Stelle. Stichwort in Raschi zu unserer Stelle. Einige Kodd.

27. ולא הוריש מנשה – מנשה לא הוריש. Ḥullin 7^a ms. München.

27. ואת בנותיה (I) – ובנותיה. Ḥullin 7^a in edd.

27. ואת (II) – את. Ḥullin 7^a in edd.

27. ואת בנותיה (II) – ובנותיה. Ḥullin 7^a in edd. und ms. München.

27. תַּעֲנָךְ – תְּעַנַךְ. Massora aus Jemen. Vgl. Das Schriftwort Heft IV S. 134.

27. ישבי (I)[4] – יושבי. Massora bei G. I 744 N. 681 zählt unsere Stelle zu den 34 יושבי plene. Vgl. dagegen Norzi.

27. דור – דאר. Trg Bomberg, Lag und Walton. Konkordanz ed. Bomberg v. ישב. Zahlreiche Kodizes.

28. חזק – חזקו. Ibn Ġanaḥ, Wb. S. 218[5] und Ar.

28. הורישו – הורישום. Trg Lag und Jem: תריכונון; Walton: תרכִנון, aber in der lateinischen Übersetzung: extirpaverunt eos. Ar: disperdiderunt illos.

30. ויהיו – ויהי. Konkordanz ed. Bomberg v. מסם. LXX: *καὶ ἐγὲνετο,* V: factusque est.

31. הוריש – הורישו. Jerusch. Sukkah V 1 55^a bei Abraham ben Esriel, mitgeteilt in Monatsschrift für Geschichte und Wissenschaft des Judentums 1881 S. 412. Trg Bom, Jem und Walton: תריכו.

---

[1] Aber v. בנה, v. קרא und v. שם = MT.

[2] Raschi Sotah a. a. O. v. ויקרא hat das Zitat nicht gelesen.

[3] Über diesen s. Epstein in Steinschneider-Festschrift S. 115 ff.

[4] So das Kere, in zahlreichen Kodd. aber auch als Kethib.

[5] S. 219 und Sefer Haschoraschim v. חזק = MT.

31. אפיק — אֲפֵיק. Kodd. bei Norzi. V: Aphec. Vgl. Jos. 19, 30.

32. ישבי — יֹשֵׁב. Konkordanz ed. Bomberg v. ארץ. 9 Kodd. LXX, V.

32. הורישו — הורישום. Trg Bom, Lag und Jem: תריכונון; Walton: תרכנון, aber in der Übersetzung: extirpaverunt eos. Vgl. zu V. 28 s. v. P: אובדו אנון, Ar: occiderunt illos.

33. ישבי (III) — ישב. Konkordanz ed. Bomberg v. ארץ. V. ישב = MT. Einige Kodizes, LXX, V, Ar: ישב.

34. האמרי — בני האמרי. Konkordanz ed. Bomberg v. בנה. V. לחץ = MT.

34. כי לא — ולא. Massora bei G. II 137 N. 212 zählt mit unserer Stelle fünf ולא נתנו. Vielleicht aber ist bloß die Zählung von נתנו beabsichtigt und ולא nur deshalb mit angeführt, weil es in vier von den fünf Stellen mit נתנו verbunden ist. So Massora zu Gen. 37, 7 und Massora fin. v. נת N. 24. Aber auch V und Ar lesen ולא: nec, ולם. LXX in dem unserer Stelle entnommenen Zusatz zu Jos. 19, 48: *καὶ οὐκ εἴων αὐτοὺς*.

34. נתנו — נתנום. Trg Bom, Lag, Walton und Jem: שבקונון. LXX: *ἀφῆκαν*, P: שבקו אנון. Kod. Ken. 154. LXX zu Jos. a. a. O. Vgl. die vorhergehende Stelle.

34. לעמק — בעמק. Baḥja, Kommentar zu Ex. 3, 9. Konkordanz ed. Bomberg v. ירד.[1] 6 Kodd.

34. לעמק — העמק. Sechel Tob II S. 135. Vgl. die folgende Stelle.

34. לעמק — אל העמק. Josef Kara in Geigers Nite Na'amanim 3ª.

36. עקרבים — העקרבים. Massora aus Jemen bei G. III 146ᵇ (Zitat).

Kap. II.

1. בריתי — את בריתי. Der Karäer Aron ben Josef ha-Rofe in Mibḥar Jescharim zur Stelle. LXX: *τὴν διαθήκην*.

2. לישבי — ליושבי. Kodd. bei Norzi.

2. בקולי fehlt in Massora aus Jemen bei G. III 146ᵇ: קדמאה ולא שמעתם מה זאת תניינא (6, 10) ולא שמעתם בקולי. Fehlt in Ar.

3. לצדים — לצָרים. Trg: למעיקין, worauf schon Kimḥi aufmerksam macht. LXX: *εἰς συνοχάς*, V: hostes. Kodd. bei G. Bibel zur Stelle.

4. אל — את, עם. Trg Lag und Jem: עם. Vielleicht Manier.

4. העם — כל העם. Trg Bomberg und Lag: כל עמא. P: עמא כלה.

7. העם fehlt in: Jal. Jos. § 35 aus Sabbath 105ᵇ. Num. r. ms. Epstein III 7.[2] Midr. über defectiva und plena ed. Wertheimer S. 22 N. 64.[3] Simon Duran, Magen Aboth ed. Livorno 1ª. Kod. Ken. 168. Fehlt in V.

---

[1] Aber v. נתן und v. עמק = MT.

[2] In edd. wird Jos. 24, 31 zitiert.

[3] Ed. Berliner, Peletath Soferim S. 37 = MT.

7. העם — בני ישראל. Seder Olam r. Kap. 12 in manchen Texten. Vielleicht ist es eine Variante zu Jos. 24, 31.

7. את ה' — אל ה'. Sabbath 105b ms. München.

7. יהושע — יהושוע. Massora aus Tschufutkale. Siehe Das Schriftwort Heft IV S. 171 Anm. 1.

7. וכל ימי הזקנים — והזקנים. Jal. Jos. § 35 aus Sabbath 105b. Maḥsor Vitry S. 463. V: et seniorum.

7. אשר (II) — ואשר. Seder Olam r. Kap. 12 ms. Epstein. In den anderen Texten fehlt das Zitat. Mehrere Kodd.: ואשר. Trg Walton: דחזו, aber die Übersetzung: et qui viderunt. P: וחזו, V: et noverant.

7. את כל — כל. Josef Kara, Kommentar zur Stelle.

7. את כל — את. Aboth di R. Nathan Kap. I in edd. Trg Jem. 3 Kodd. Ken.

8. בן נון fehlt in Lekaḥ Tob zu Deut. 31, 14. Fehlt in P.

9. בתמנת — אשר בתמנת. Vgl. Das Schriftwort zu Jos. 24, 30 v. אשר, Heft IV S. 171.

9. חרס — סרח. Vgl. Das Schriftwort a. a. O.

10. אבותיו — אבותם. Gersonides zur Stelle. LXX: τοὺς πατέρας αὐτῶν. P: אבה̈יהון.

10. וגם את המעשה — ואת כל הטובה. Josef Kara, Komm. zu Jer. 2, 8. Wahrscheinlich Reminiszenz an Ex. 18, 9. Vgl. auch I R. 8, 66. ואת lesen A, V und Ar. כל liest Kod. Ken. 198.

13. לבעל — לבעלים. Trg Jem: לבעליא. P: לבע̈לא.

14. שסים — שסיהם. Trg Bomberg und Walton: בוזיהון, direptorum suorum.

14. וימכרם — ויתן אותם. Midrasch „Zehn Könige" in Horowiz' בית עקד האגדות I S. 42.

14. מסביב fehlt in Midrasch „Zehn Könige" a. a. O.

14. עוד fehlt in Midrasch „Zehn Könige" a. a. O., in LXX-Kodd., V und Ar. Vgl. die folgende Stelle.

14. לעמד — לקום. Midrasch „Zehn Könige" a. a. O. Wahrscheinlich Reminiszenz an Jos. 7, 12.

15. בכל — וכל. Midrasch „Zehn Könige" a. a. O. Ar: et quoties.

16. ויושיעום — ויושיעם. Konkordanz ed. Bomberg v. יד. V. ישע und v. שסה = MT. Kodizes: ויושיעָם. Vgl. auch die folgenden Stellen.

16. ויושיעום — וישיעָם. Ochlah we-Ochlah N. 46. Kodd. Vgl. die folgende Stelle.

16. ויושיעום — ויושיעָם. Josef Kara, Kommentar zur Stelle (dreimal). Diese Lesart folgt auch aus der Erklärung: „Als sie sehr bedrängt waren, da ließ Gott Richter erstehen, und er half ihnen durch den Richter, französisch: adjuvit els כאשר צר להם מאד הקדוש ברוך

הוא מקים להם שפטים ויושיע(ו)ם על ידי השפט." Kodd. Kodd. bei G. zur Stelle. LXX: *καὶ ἔσωσεν αὐτοὺς*, Trg Bom und Walton: ופרקינון und in der Übersetzung: et liberavit eos.

17. מצות — את מצות. Konkordanz ed. Bomberg v. עשה. V. צוה und v. שמע = MT. LXX: *τῶν λόγων*, oder: *τὰς ἐντολάς*. Kod. Ken. 84: אל מצות.

17. לא (II) — ולא. Konkordanz ed. Bomberg v. עשה. Zahlreiche Kodd. Ken. P, Ar. Trg Walton לא, aber in der Übersetzung: et non.

18. וכי — כי. Alḥarisi, Übersetzung des Moreh Nebuchim II 46 S. 66. Arab. Original 93[b] = MT. LXX-Kodd., Itala, Sym.: כי. Siehe Field S. 404[a].

18. הקים ה' — הקים. Konkordanz ed. Bomberg v. קום. V. שפט = MT.

18. והיה ה' — והיה. Raschi zur Stelle. V und Ar drücken ה' nicht aus.

18. והושיעם — והושיע להם. Trg Bom, Lag, Walton und Jem: ופריק להון. R. ישע mit Suffix wird im Prophetentargum durch פרק mit Suffix ausgedrückt, daher geht להון in unserer Stelle auf להם in der Vorlage zurück.

19. ולהשתחות — להשתחות. Konkordanz ed. Bomberg v. עבד. V. שחה = MT. 2 Kodd. להשתחות.

22. דרך — דרכי. Trg Bom, Lag, Walton und Jem: אורחן. Vielleicht bloß Parallelisierung mit dem folgenden בם. Ar: vias.

22. את דרך — דרך. Tanḥuma ראה § 9 in den alten edd.

22. בם (II) — בה. Sebirin bei Norzi zur Stelle und G. I 164 N. 23 und II 325 N. 40. Mehrere Kodd. Ken. LXX: *ἐν αὐτῇ*, P: בה, V: in ea.

Kap. III.

1. ואלה — אלה. Tanḥuma ראה § 9 in Jal. Deut. § 885 und Ri § 41. Seder Eliahu rabba Kap. 30 ed. Friedmann S. 150. Stichwort im Jal. zur Stelle. Josef Ibn Kaspi, Kommentar zur Stelle.[1] 2 Kodd. Ken. V.

1. את כל (I) — כל. In Trg Lag fehlt ית. In LXX fehlt *τοὺς*. In Kod. Ken. 70 fehlt את כל.

2. רק (I) fehlt Abodah Zarah 25[a] in edd., Jal. II Sam. § 141 und Zeror ha-Mor ed. Warschau I 125[a]. Fehlt in V und Ar.

2. ללמדם fehlt in Zeror ha-Mor a. a. O. aus Abodah Zarah a. a. O. Vgl. zu unserer Stelle Moore, Budde und Nowack. Wenn Zeror ha-Mor eine wirkliche Lesart bietet, so ist dies eine Stütze für Moore-Budde.

---

[1] אדני כסף ed. J. Last I, London 1911.

4. צוה – צוה ה׳. Konkordanz ed. Bomberg v. יד.

5. והפרזי – הפרזי. Trg Walton in der Übersetzung.

5. והחוי – החוי. Trg Lag: חיואי.

7. את הרע – הרע. Tanḥuma בהר § 3 in edd. und Jal. ha-Machiri Ps. 106 § 98. Tanḥuma ed. Buber בהר § 7.

7. וישכחו – ויעזבו. Midr. Agadah ed. Buber II S. 166 aus unbekannter Quelle. Vgl. Ri 10, 6.

7. את הבעלים – לבעלים. Trg Jem: לבעליא. Daß es nicht Manier ist, beweist die Übersetzung von 2, 11, 13; 10, 6, 10 wo את konsequent durch ית und das eine ל 2, 13 ebenfalls durch ל ausgedrückt wird. Vgl. auch die Übersetzung zu 3, 6.

7. ואת האשרות – ולאשרות. Trg Bom, Walton und Jem. Vgl. die Bemerkung in der vorhergehenden Stelle.

7. האשרות – העשתרות. Tanḥuma בהר § 3 (ed. Buber § 4) in Midr. Agadah ed. Buber II S. 63.[1] Midr. Agadah II S. 166 aus unbekannter Quelle (zweimal). 2 Kodd. Ken., P und V.

8. וימכרם – ויתנם. Raschi Synhed. 105[a]. V: et tradidit eos, während sie מכר mit vendere übersetzt.

8. בני ישראל – ישראל. Stichwort im Jal. zur Stelle. Vgl. die folgende Stelle.

8. בני ישראל fehlt Synhed. 105[a] in einem ms. In den anderen Textzeugen fehlt das Zitat. בני ישראל fehlt in LXX-Kodd. bei Field S. 405[a] und vielleicht auch in V.

8. שנים – שנה. Tosefta Sotah IX 4.

9. ויזעקו – ויצעקו. Jal. ha-Machiri Ps. 106 § 98 aus Tanḥuma בהר § 3. Juda Ibn Chalz, Sefer ha-Musar Kap. 4 Anf.

9. מושיע לבני ישראל – לישראל מושיע. Sefer ha-Musar a. a. O. לישראל lesen Kod. Ken. 176 und LXX, Ar: לבני ישראל מושיע. Die Nachsetzung von מושיע auch in folgender Stelle.

9. מושיע לבני ישראל – להם מושיע. Tanḥuma בהר § 3. So edd. Jal. ha-Machiri Ps. 106 § 98: ויקם ה׳ מושיע, ist entweder להם — vor oder nach מושיע, vgl. die folgende Stelle — weggelassen, oder es fehlt לבני ישראל ויושיעם, wie in Kod. Ken. 85. להם מושיע liest V: eis salvatorem, das aber auch מושיע להם ausdrücken kann, wie in der folgenden Stelle.

9. מושיע לבני ישראל – מושיע להם. Juda Ibn Chalz, Sefer ha-Musar Kap. II Anf. aus agadischer Quelle. Vgl. die vorhergehende Stelle und V. 15.

9. ויושיעם fehlt Tanḥuma בהר § 3 in edd. und Jal. ha-Machiri Ps. 106 § 98. Tanḥuma ed. Buber בהר § 7. Bei Juda Ibn Chalz

---

[1] In edd. fehlt das Zitat.

in Sefer ha-Musar Kap. II Anfang aus agadischer Quelle. Kod. Ken. 85.

10. רוח ה' — רוח אלהים. Tanhuma ויקהל § 5 und ed. Buber § 6: ועתניאל בן קנז שהוא משבטו של יהודה מלא רוח אלהים שנאמר ותהי עליו רוח אלהים. Ex. r. XLVIII 4 in den alten edd. und Jal. Ex. § 412.

12. הרע — את הרע. Midr. Ps. 18 § 6. So edd., aber Jal. ha-Machiri Ps. 18 § 8 und Midr. Sam. Kap. 29 = MT. LXX: τὸ πονηρὸν.

12. Tanhuma ed. Buber בהר § 7 in 2 mss. und Midr. Agadah ed. Buber II S. 63 zitiert aus unserer Stelle: וימכרם ה' ביד עגלון. Wenn hier eine wirkliche Lesart vorliegt, so ist sie als Plus zu ויחזק ה' etc. und vor diesem zu denken, mit Hinzufügung von מלך מואב, da diese Bezeichnung Eglons bei seiner ersten Erwähnung nicht fehlen darf. Also: וימכרם ה' ביד עגלון מלך מואב ויחזק.... Dieser Satz, der in unserer Stelle weder in hebräischen Kodizes, noch bei einem der alten Vertenten vorkommt, findet sich in dem unserer Stelle entnommenen Zusatz der LXX am Schlusse von Josua: *καὶ παρέδωκεν αὐτοὺς Κύριος εἰς χεῖρας Ἐγλὼμ τῷ βασιλεῖ Μωάβ.* Nicht wahrscheinlich, aber auch nicht ausgeschlossen ist es, daß Tanhuma — bewußt oder unbewußt — aus dem LXX-Zusatz zitiert. Beispiele für Septuagintazitate in der rabbinischen Literatur siehe bei Aptowitzer, Ha-Kedem II S. 18 f. Vgl. noch hier zu 16, 16 v. כל הימים Anm.

13. ויאסף — ויאסור. Threni r. ed. Buber zu 1, 10. Es liegt sehr nahe, hier einen Kopisten- oder Druckfehler anzunehmen, um so mehr als edd. und Jal. ha-Machiri Jes. S. 100 = MT sind. Aber auch V: „et copulavit" liest ויאסור.

13. את בני — בני. Gen. r. XLI 3 in Jal. Ri § 42. Gen. r. LXXIV 14 in den alten edd. und Jal. II Sam. § 157. Handschriftlicher Kommentar zu Gen. r. bei Theodor, Gen. r. S. 391. Stichwort im Jal. zur Stelle.

13. את בני — כל בני. Threni r. ed. Buber zu 1, 10. LXX: πάντας τοὺς υἱούς.

13. וילך fehlt in Gen. r. XLI 3 in einem ms. bei Theodor S. 390 und Jal. ha-Machiri ed. Greenup zu Micha 6, 5. Threni r. zu 1, 10 in ed. Buber und Jal. ha-Machiri Jes. S. 100.[1] Stichwort im Jal. zur Stelle.

13. ישראל — בני ישראל. Threni r. ed. Buber zu 1, 10. In edd. fehlt das Zitat, Jal. ha-Machiri Jes. S. 100 = MT. Aber auch Ar liest בני ישראל.

13. ויירשו — וירשו. Konkordanz ed. Bomberg v. ירש, v. עיר und v. תמר.

---

[1] In edd. fehlt das Zitat.

15. Maḥsor Vitry S. 217 in einem Piut zu Purim heißt es: ויקם אל עושה סיינ מאחי שאול, wozu im Kommentar S. 216 bemerkt wird: ויקם אל ist ein Bibelvers ויקם אל מושיע לעמו את אהוד. Auch sonst in der Bibel kommt dieser „Bibelvers" nicht vor.

16. שני – שתי. Tanḥuma ויחי § 14 in edd. und Jal. Ri § 42. Kimḥi und Gersonides zur Stelle. 30 Kodizes. Vgl. auch Norzi.

16. אָרכה – אַרכה. Kod. Hilleli bei G. III 27 N. 641*bb* und 132[b]. Diese Lesart setzt ein Nomen אֶרֶךְ voraus.

20. ואהוד בא – ויבוא. Synhed. 60[a] ms. München. Sym.: *εἰσῆλθεν πρὸς αὐτὸν ὁ Ἀὼδ,* Ar: ודחל אליה אהור = ויבוא אליו אהוד.

20. לי fehlt Synhed. 60[a] in mss. München und Florenz. 2 Kodd. Ken.

20. אליך – עליך. Der Karäer Aron ben Josef ha-Rofe in Mibhar Jescharim zur Stelle.

20. אליך – אליך המלך. Synhed. 60[a] in 2 mss. Tanḥuma ויחי § 14 in edd. Konst. und Sal. Tanḥuma ed. Buber ויחי § 14 in 4 mss. Ruth r. II 9 in Lekaḥ Tob zu Ruth ed. Bamberger S. 4 und Jal. Ruth § 106 Ende.[1] Raschi Synhed. 39[b] v. במתוקנים. Maimonides, אגרת השמד ed. Breslau S. 3. Kod. Ken. 150. LXX: *πρὸς σέ, βασιλεῦ.*

20. הכסא – כסאו. Trg Bom und Walton: כורסיה, so auch die Übersetzung: solio suo. P: כורסיה.

22. אחר – אחרי. Dunasch Ibn Labrat in Criticae Vocum Recensiones 74[b] v. ולהג.

22. בעד – אחר. Trg Lag: בתר. Wahrscheinlich aus dem vorhergehenden בתר verschrieben. Trg Bom, Walton und Jem: באפי = MT.

22. הפרשדנה. Trg: אוכליה שפיך drückt פרשו aus und שפיך ist bloß Erklärung. Vielleicht aber ist das ganze bloß Deutung durch Zerlegung in הפרש + שדה. Vgl. V, Kimḥi, Moore, Budde und Nowack.

23. אהוד fehlt bei Ibn Ġanaḥ, Rikmah S. 71. Fehlt in LXX, vielleicht aber bloß zum Schluß von V. 22 gezogen. אהוד fehlt in Ar.

23. המסדרונה – המַסדרונה, Manuel du Lecteur S. 44: ויבא על מַפְּעלון כמו המסדרנה.

23. דלתות – את דלתות. Ibn Ġanaḥ, Wb. S. 441. Sefer Haschoraschim S. 309 = MT. LXX aber auch: *τὰς θύρας.*

23. ונעל בעדו – ונעל בעדו. Trg in Pirḥons Wb. r. ניף: ואגיף באפוהי.

24. את רגליו – רגליו. Jebamoth 103[a] in edd. Aber in Raschi und ms. München = MT. Trg bei Raschi zu unserer Stelle: עביד צורכיה. Aber edd., Lag, Walton und Jem = MT.

---

[1] Es wird im Jal. דבר סתר לי אליך המלך angeführt, aber der Inhalt der Stelle אמר לו הקדוש ברוך הוא אתה עמדת מכסאך בשביל כבודי beweist, daß unser Vers gemeint und סתר Verschreibung ist. Vielleicht zitiert aber Jal. irrtümlich V. 19.

25. נפל — נִפָּעם נפל. Trg: טריף רמי. Vgl. Trg Gen. 41, 8 und besonders Ps. 77, 5. Aber auch Ri 4, 22 טריף רמי für נפל, so daß vielleicht טריף bloß aus Manier hinzugefügt ist; dagegen aber Trg Ri 19, 27 und I Sam. 5, 4. Eine Erklärung zu נפל ist hier und 4, 22 wegen מת im Texte gar nicht nötig. Vgl. noch zu 4, 22.

28. למואב — על מואב. Trg. Vielleicht bloß Deutung. Vgl. 12, 5.

29. שמן — איש שמן. Bereschith rabbathi ms. Prag (Abschrift Epstein) S. 276. Aruch v. פרשדן. Kommentar des R. Jes. zur Stelle. Trg bei Raschi zur Stelle: גבר אימתן. 4 Kodizes Ken.

29. חיל — גבור חיל. Trg Bom und Walton: גבר חילא.

30. ישראל — איש ישראל. Trg: אנש ישראל.

31. היה fehlt in Jal. ha-Machiri Ps. 90 § 2 aus Midr. Ps. 90 § 1.

Kap. IV.

2. יבין — יכין. Konkordanz ed. Bomberg v. מכר. Ebenso aus den Versen 17, 23 und 24 יכין, vgl. zu diesen Stellen. Daher ist v. יד aus V. 2 und v. שר aus V. 7 יבין Druckfehler oder aus einem anderen Kodex zitiert.

3. בני ישראל (II) — ישראל. Lev. r. VII 6 in Jal. Lev. § 480 und Jal. ha-Machiri Ps. 73 § 21. Tanḥuma ed. Buber צו § 4 in Jal. Ri § 42 und II Sam. § 161. Midr. Sam. XIII 6 in Jal. I Sam. § 107. Midr. Ps. 2 § 1 in edd., Jal. Jes. § 350 und Jal. ha-Machiri Ps. 2 § 3. Num. r. X 2 in den alten edd. und Jal. ha-Machiri Prov. 41[a]. Massora fin. v. זה N. 15 (Zitat). Die Schüler Menaḥems in Liber Responsionum ed. Stern S. 56. Josef Kara, Kommentar zur Stelle. Moses aus England, Sefer ha-Schoham S. 93 v. לחץ. Einige Kodd. und edd. LXX: τὸν Ἰσραήλ.

3. עשרים — שבעים. Tanḥuma בהר § 3 in den alten edd.

4. היא — והיא. Zahlreiche Kodd. Vgl. Norzi.

5. בית אל — ביתאל. Trg. Madinḥaë. Vgl. oben zu 1, 23 v. בבית אל.

5. ויעלו — ועלו. Kimḥi, Kommentar zur Stelle.

5. ויעלו — ויבאו. Bereschith rabbathi ms. Prag (Abschrift Epstein) S. 97. Kod. Ken. 198.

6. ותקרא fehlt in Sifre Deut. § 357 in Lekaḥ Tob Deut. 34, 2 und Jal. Deut. § 823.[1] Gen. r. XL 4 in Jal. Gen. § 67.

6. אליו fehlt in Seder Eliahu rabba Kap. 9 ed. Friedmann S. 50.

6. מבני נפתלי ומבני זבולן — מבני זבולן ומבני נפתלי. Mechilta zu Ex. 14, 22 ed. Friedmann 31[a]: בא ולמר שכשם שעשה הקדוש ברוך הוא נסים על ידי שבט יהודה

---

[1] Edd. und Jal. Deut. § 963 = MT. Midr. Tannaim S. 223 fehlt das Zitat.

ובנימין על הים כך עשה להם לישראל נסים על ידי שרי זבולן ונפתלי על ידי דבורה שנאמר ותשלח...עשרת אלפים איש מבני זבולן ומבני נפתלי. In Mechilta ed. Hoffmann S. 51 ist das Zitat = MT, aber in der Ausführung ebenfalls: כך נעשו נסים לישראל על ידי שבט זבולן ושבט נפתלי בימי דבורה. In Jal. Ex. § 234 und Jal. ha-Machiri Ps. 68 § 76 fehlt das Zitat, aber in der Ausführung: על ידי שבט זבולן ונפתלי. In einem anderen Zusammenhang in Seder Eliahu rabba Kap. 9 S. 50 heißt es in bezug auf unsere Stelle: מה נשתנו זבולן ונפתלי[1] מכל השבטים שבאתה תשועה גדולה לישראל על ידיהן. Ebenso Seder Eliahu rabba Kap. 11 S. 59: ושכרן של שבט זבולן ושבט נפתלי...באתה תשועה גדולה לישראל. — Die Reihenfolge Zebulon-Naftali ist nicht bloß in den Zählungen, im Segen Jakobs, im Segen Moses und bei der Landesverteilung, sondern auch in allen anderen biblischen Berichten und Angaben stehende Regel, die nur in unserer Stelle von MT durchbrochen wird. Vgl. Deut. 27, 13; Ri 1, 30, 33; 4, 10 (also in unserem Berichte selbst!); 5, 18 (also in bezug auf unseren Bericht!); 6, 35; Jes. 8, 23; Ps. 68, 28; I Chr. 12, 34—35, 41. Kod. Ken. 125: מבני זבולן, so daß der Schreiber נפתלי ומבני in der Mitte des Verses übersprungen oder — was vielleicht wahrscheinlicher ist — ומבני נפתלי am Ende des Verses weggelassen haben kann.

6. זבולן – זבולון. Trg. Jem. Edd. זבלון. Vgl. dagegen Norzi nach Massora. Vgl. noch Norzi zu Num. 1, 9; Jos. 19, 27 und Frensdorff, Massora Magna S. 281 Anm. 5.

7. אל נחל – בנחל. Mechilta zu Ex. 14, 22 31[b]. Aber Jal. Ex. § 234 und Jal. ha-Machiri Ps. 68 § 76 = MT.

7. ואת (I) – את. Trg Lag: ית. Zahlreiche Kodd. und edd.

8. ברק fehlt Seder Eliahu rabba Kap. 9 S. 51 in edd. und Jal. Ri § 42.

9. תהיה – יהיה. Konkordanz ed. Bomberg v. אסף und v. פאר.

9. ימכר – מכר. Ibn Saruk, Maḥbereth 116[b] v. מכר.

9. קֵדשה – קֶדשה. Vgl. zu V. 10 v. קדשה.

10. קֶדשה – קֵדשה. Massora par. zur Stelle zählt zwei קדשה, d. h. in den Versen 9 und 10 קֶדשה oder קֵדשה. Letzteres ist wahrscheinlich, wie in einer massoretischen Notiz bei G II 530 N. 73. Kodd. lesen beidemal קֶדשה, spanische Kodd. bei Norzi beidemal קֵדשה.

10. ויעל – ויעלו. Trg: וסליקו. LXX: *καὶ ἀνέβησαν*. P: וסלקו.

10. אלפי – אלפים. Sebirin. Kodd. Vgl. auch Norzi. Vgl. V. 14.

11. נפרָד – נפרַד. Massora bei Norzi zur Stelle. Kodd. in einer massoretischen Notiz bei G. III 26 N. 641 *aa*.

---

[1] So edd., Pseudo-Raschi zu Gen. r. XL 4 und Jal. Ri § 42.

11. אהלו – אהלה. Konkordanz ed. Bomberg v. אהל. Aber v. נטה = MT. Mehrere Kodd. אהלה. Massora fin. v. אה N. 11 gibt in der Tat fünf אהלה an, aber mit Hinweis auf Massora zu Gen. 9, 21, wo jedoch in unseren Texten bloß vier gezählt sind, ohne unsere Stelle. Vgl. Frensdorff, Massora Magna S. 6 Anm. 2.

11. אלון – אלן. Nach Massora fin. v. אי N. 22 ist, mit Ausnahme einiger Stellen, zu denen unsere Stelle nicht gehört, אלן doppelt defektiv, ohne ו und ohne י. Vgl. noch hier zu 12, 11 und 12.

11. אלון – אילון. Konkordanz ed. Bomberg v. אהל und v. נטה. Kodd. bei G., Bibel zur Stelle. Spanische Kodd. bei Norzi zur Stelle.

15. ויהם ה' – ויהם. Kimḥi, Michlol 128[b].

15. ואת (I) – את. Trg Jem: ית. Kod. Ken. 187.

15. מעל – מן. Der Karäer Aron ben Eliah aus Nikomedien, Kether Thorah II 39[b].

17. יבין – יכין. Konkordanz ed. Bomberg v. מלך und v. שלם. Vgl. zu V. 2 s. v.

19. צמתי – צמאתי. Ibn Ġanaḥ, Rikmah S. 78, Wb. S. 612, Sefer Haschoraschim SS. 427, 432. Pirḥon, Wb. r. צמא. Konkordanz v. מעט und v. צמא. Unser Wort fehlt im Verzeichnis der Wörter, die einmal ohne Alef oder mit nicht hörbarem Alef vorkommen; siehe Ochlah we-Ochlah N. 199, Massora II R. 16, 7 und Massora fin. v. א N. 5. Auch in den Verzeichnissen bei G. I 9 N. 14*b*—14*d* und S. 11 N. 15 wird unser Wort nicht gezählt. Vgl. dagegen die Korrektorglosse bei Norzi. Zahlreiche Kodd. und edd. und auch jemenitische Kodizes in Massora aus Jemen bei G. III 71[a]: צמאתי.

19. נאוד – נוד. Tosefta Sabbath VIII (IX) 25 ed. Zuckermandel. Aber edd., ms. Wien und Or Zarua I 227[a] = MT, so auch Niddah 55[b]. Midr. ha-gadol ed. Schechter S. 336 aus unbekannter Quelle: נוד. Mehrere Kodd.

21. חבר – חבר הקיני. Tanḥuma שמות § 16 in Midr. ha-gadol ed. Hoffmann S. 38 und edd. seit Verona. 3 Kodd. Ken.

21. את המקבת – ואת המקבת. Josef Ibn Kaspi, Scharschoth Kesef ed. Last S. 25.

21. בלאט – בלט. Stichwort in Raschi zur Stelle. Konkordanz v. בוא. Aber v. לוט = MT. Zahlreiche Kodd. בלט.

21. את היתד – היתד. Midr. ha-gadol ed. Schechter S. 336 aus unbekannter Quelle.

21. נרדם – נרדָם. Kodd. bei Norzi zur Stelle und in einer massoretischen Notiz bei G. I 601[b] und III 26 N. 641*aa*. Vgl. Kimḥi und Norzi.

22. נפל – נִפְעָם נפל. Trg Lag und Jem: טְרִיף רמי, in Trg Bom und Walton טְרִיף ist רמי ausgefallen. Vgl. hier oben zu 3, 25.

23. יבין – יכין. Konkordanz ed. Bomberg v. מלך. Vgl. zu V. 2 s. v.

24. יבין – יכין. Konkordanz V. מלך und v. קשה. Vgl. die vorhergehende Stelle.

Kap. V.

1. אבינעם – אבי נועם. Gen. r. editio princeps VI Anf. Ed. Theodor S. 41 = MT.

1. אבינעם – אבינועם. Trg Bom, Walton und Jem.

3. אנכי (II) fehlt in Trg: קדם ה׳ אנא משבחא. Fehlt in 4 Kodd., in LXX-Kodizes, in P und Ar.

3. אזמר – ואזמר. Trg: ומברכא. P: ואזמר.

4. משדה – על שדי. Trg: על תחומי. Ähnlich P und Ar: בשדי. Vgl. Gen. 49, 22 (עלי) und Ps. 68, 8 (ב). V: per, drückt על oder ב aus.

4. משדה – משדי. Tosefta Erachin I 10 in edd. und ms. Erfurt.[1] Num. r. I 7 ms. Epstein.[2] Alḥarisis Übersetzung des Moreh Nebuchim III 9.[3] Trg: תחומי, P: חַקְלָתא, V: regiones.

4. גם (I) – וגם. Pesikta ed. Buber 106ª. Pesikta r. Kap. 20 ed. Friedmann 95ª. LXX-Kodd.: *καίγε*, LXX: *καὶ*. P: ואף.

4. גם (I) – אף. Pesikta r. Kap. 15 ed. Friedmann 70ᵇ. Dunasch in Criticae Vocum Recensiones nach R. Tam in seinen Entscheidungen daselbst. Kod. Ken. 95. Vgl. Ps. 68, 9.

4. נטפו – נָטו. Trg: מְכו, was keineswegs נטפו ausdrücken kann, sondern nur נטו, oder נָמכו. Vgl. Trg Ps. 106, 43 und Job 24, 24. Vielleicht נָמגו, wie LXX: *ἐταράχθη*, oder: *ἐξεστάθη*.

4. עבים נטפו – שחקים יזלו. Sifre Deut. § 343. In Midr. Tannaim S. 209 fehlt das Zitat. Wahrscheinlich liegt hier eine Reminiszenz an Jes. 45, 8 vor. Aber auch Trg נגדו drückt נזלו aus; vgl. Trg Jes. 44, 3; 45, 8 und Jer. 9, 17.

5. נזלו – נוֹלו. Dunasch, Criticae Vocum Recensiones 51ᵇ v. תבעה. Glossaire hebreu-français zur Stelle. Trg: זעו, wie Jes. 63, 19 und 64, 2 נזלו. LXX: *ἐσαλεύθησαν,* P: דלו. Vgl. Budde und Nowack. Vgl. auch noch Ibn Ġanaḥ, Sefer Haschoraschim SS. 132, 295 und Kimḥi, Wb. r. נזל.

7. פרזון – פרזות. Midr. Ps. 3 § 1. Aber Jal. ha-Machiri Ps. 3 § 5 = MT. 4 Kodd. Vgl. Ez. 38, 11; Zach. 2, 8; Esther 9, 19. Vgl. Budde und Nowack zur Stelle.

---

[1] In ms. Wien fehlt das Zitat.

[2] In edd. fehlt das Zitat.

[3] Arab. Text 15ᵇ = MT.

8. חֲדָשִׁים — חֲדָשִׁים. Kodizes bei Norzi zur Stelle und bei G. I 601b.

8. אלף — אלף איש. Jal. Ri § 50 aus Seder Eliahu rabba Kap. 10 S. 55.

9. ה׳ — את ה׳. Kommentar des R. Jes. zur Stelle. A: *τὸν Κύριον.*

10. ישבי — וישבי. Trg paraphrastisch: ומתבחרין. P: ויתבי, V: et sedetis.

12. ושבה — ושֲבֵה. Vgl. dazu ausführlich Norzi. ושֲבֵה auch Ibn Ganaḥ, Rikmah S. 103; Kimḥi, Wb. r. שבה und massoretische Notiz bei G. III 5 N. *23b*.

13. יָרַד — יֵרֵד. Trg: נחית. LXX: *κατέβη*, P: נחת.

13. לאדירים — לאדירֵי. Trg: גברי עממיא.

13. לי — לו. Trg paraphrastisch: קדם עמיה. LXX: *αὐτῷ*.

14. אחריך — אחריו. Trg: בתרוהי. V: post eum. Vielleicht aber bloß Änderung in erzählende Form. Vgl. Trg in der folgenden Stelle.

14. בעממיך — (בעממים) בעממיך עמלק. Trg paraphrastisch: קטיל ית דבית עמלק ואגיח קרבא בשאר עממיא. V: in populos tuos o Amalec. Kod. Ken. 95: אחריך בעמלק בנימין.

15. ושרי בישׂשכר — ושרֵי יששכר. Trg: ורברבי יששכר. P: רוֹרבנא דאיסכר, V: Duces Issachar.

15. כן — עִם. Trg paraphrastisch: משמשין קדם ברק kann nicht כן ausdrücken, sondern wahrscheinlich עִם. Auch V: „et Barac vestigia sunt secuti" kann nur als Deutung von עם erklärt werden. עם 2 Kodd. Ken.

15. בעמק — לעמק. Trg Jem in einer Handschrift לקרוי מישרא. A und LXX-Kodizes: *εἰς τὴν κοιλάδα.*

15. בפלגות — לפלגות. Trg Jem in einer Handschrift. LXX: *εἰς τὰς μερίδας*, P: לפלגותא. Auch V: „divisio contra se" drückt לפלגות aus, vgl. auch V zu V. 16.

15. חקקי — חקרי. Josef Kara, Kommentar zur Stelle. 4 Kodd. P und V: בדקי und contentio, wie in V. 16.

16 לפלגות — בפלגות. Glossaire hebreu-français zur Stelle, mit der Glosse: en parties. Zahlreiche Kodd.

16. לפלגות — פלגות. Trg: דבית ראובן als Ansprache. Vgl. die folgende Stelle.

16. גדולים חקרי לב — (הלא) לו חקרי לב. Trg: הלא ידעתון דקדמוהי גלין מחשבות לבא. Diese Paraphrase drückt גדלים nicht aus, sondern dafür wahrscheinlich לו oder הלא לו. Weniger wahrscheinlich, wenn auch dem Konsonantenbild von גדלים ähnlicher, wäre גלוים.

16. חקרי — חֵקֶר. Trg Lag: גליא מחשבת.

17. ודן — דן. Trg Lag: דבית דן.

17. למה fehlt in Trg: שויאו נכסיהון בספיניא. Fehlt in 2 Kodd., P und V.

18 כל מרומי – על מרומי. Trg paraphrastisch: ודבית נפתלי ישבחונון כל ארעא (Lag und Jem: יתבי) עממי.

18. ארץ – שדה. Trg: ארעא. Aqu.: *χώρας*, Sym.: *χωρῶν*.

19. בתענך – בתְּעֲנָךְ. Handschriften und jerusalemische Kodizes in Massora aus Jemen bei G. III 71ᵇ. Vgl. Das Schriftwort Heft IV S. 134 Anm. 13.

20. משמים – מן שמים. Moëd Katon 16ᵇ bei Ascheri zur Stelle. Pesikta ed. Buber 70ᵇ. Tanḥuma בשלח § 12 in edd. und Jal. Ex. § 258. Tanḥuma ed. Buber בשלח § 20[1] und צו § 4. Abarbanel, Kommentar zu Deut. 4, 15.

20. השמים – שמים. Mechilta zu Ex. 15, 1 in Jal. Ex. § 243. Sifre Num. § 85 in Jal. Num. § 730. Berachoth 58ᵃ. Pessaḥim 118ᵇ.[2] Synhed. 96ᵃ ms. München. Lev. r. VII 6 in Jal. Lev. § 480. Threni r. ed Buber S. 58. Tanḥuma ed. Buber בשלח § 20 in Jal. Job § 921. Tanḥuma עקב § 3.[3] Midr. Ps. 36 § 1 in Jal. Deut. § 963.[4] A: *ἐκ τοὺ οὐρανοῦ.*

20. כוכבים – הכוכבים. Menorath ha-Maor N. 114 aus Pesaḥim 118ᵇ. A: *ἀστέρες,* ohne *οἱ.*

21. טרפם – גרפם. Trg: תברינון. Das kann nicht גרפם ausdrücken,[5] sondern wahrscheinlich טרפם. Vielleicht auch הדפם.

21. תדרכֵם – תדרכי. Trg: דושישת נפשי קטילי גבריהון. LXX: תדרכו.

23. לי בגבורים – בגבורים. Jal. ha-Machiri Zach. S. 32 aus Sifre Num. § 84. Vgl. LXX-Kodizes: *βοηθὸς ἡμῶν Κύριος.* Vgl. V. 13.

25. אבירים – אדירים. Hebräisch-persisches Wörterbuch ed. Bacher S. 104.

26. הלמה – והלמה. Tanḥuma editio princeps חיי שרה § 3. Trg Bom, Jem und Walton: מחתיה.

26. ומחקה – מחקה. Tanḥuma חיי שרה § 3. Stichwort in Raschi zur Stelle. Pirḥon, Wb. r. מחק. P: ופכתה.

26. מחצה – ומחצה. Tanḥuma חיי שרה § 3. Ex. r. editio princeps XV 22. Aruch v. פע. Trg Lag, Jem und Aruch a. a. O.: פעת, sonst פצעה, פצעת. Mehrere Kodd.

26. חלפה – וחלפה. Trg Bom, Walton und Jem: אעברת. LXX: *διήλωσεν.*

---

[1] Jal. Job § 921: מן השמים. Vgl. die folgende Variante.

[2] Edd. und mss. Josef Karas Kommentar zu unserer Stelle und Menorath ha-Maor N. 114 = MT.

[3] Alte edd. Editio princeps. Konst. und Jal. ha-Machiri Jes. S. 20 = MT.

[4] Jal. Ps. § 724 = MT.

[5] Wie zu erklären versucht wird in Massora aus Jemen bei G. III 71ᵇ: התרגום תברינון, פירוש דרך המים הנגרים במורד כשהן שוטפין ויורדין בסלעים הן משתברין הגרופים:

27. נפל שכב – שכב נפל. Ibn Esra, Zaḥoth 22^b, Kommentar zu Jes. ed. Friedländer zu 25, 12.

27. נפל (II) – שכב. Jebamoth 103^a ms. München.

28. ותיבב. Trg: ומדיקה sie blickte. Das scheint also ein mit נשקפה synonymes Verbum auszudrücken, wobei ותבט das nächstliegende ist. Auf das Targum macht schon Josef Kara, Kommentar zur Stelle, aufmerksam: ומפרש ותיבב ותצפה. Vgl. auch Kimḥi. Es ist aber möglich, daß Trg ותיבב mit בבת עין zusammenstellt und daher in der Bedeutung „sehen, blicken" faßt. Aber auch A und LXX-Kodizes drücken „sehen" aus, freilich ein geistiges sehen: *καὶ κατεμάνθανεν* = וַתִּתְבֹּנֵן, oder auch Deutung von ותבט. Vgl. Budde, Nowack und Kittel.

29. אמריה – וַתֹּאמַר. Trg Bom und Walton: ואמרא למימר, wobei למימר eine zweite Übersetzung ist. Vgl. die folgende Stelle.

29. אמריה – לֵאמֹר. Trg Jem: למימר. Vgl. die folgende Stelle.

29. אמריה – לְאָמְרָה. Trg: למילה. Vielleicht auch: לאמריה. In Konsequenz dieser Lesart fehlt das folgende לה. Vgl. die folgende Stelle. Ähnlich A und LXX-Kodd.: *ἐν ῥήμασιν αὐτῆς* = באמריה. Siehe Field p. 418^a.

29. לה fehlt in Trg Lag, in A und LXX-Kodizes. Vgl. die vorhergehende Stelle.

29. לה – להן. Trg Bom und Walton: להן.

30. שְׁלַל צבעים (I) – שְׁלַל רב. Trg: בזא סגי קדם סיסרא. Vielleicht liest Trg: שלל רב עם סיסרה, so daß der Konsonantenbestand von צבעים in רב עם erhalten ist. Für עם spricht vielleicht auch קדם.

30. לסיסרה – עם סיסרה? Trg. Vgl. die vorhergehende Stelle.

30. רקמה – רקמה לצוארו. Trg: ביזת ציורי צבעונין על צואריה. LXX drückt ebenfalls לצוארו aus, aber an derselben Stelle wie MT. Vgl. noch die zweitnächste Stelle.

30. צֶבַע – צִבְע. Kodizes in einer massoretischen Notiz bei G. I 601^b.

30. לצוארי שלל. Trg: קדם גיברוהי דבזו. Trg drückt also לצוארי nicht aus und liest לִשְׁלָלָיו, oder vielleicht auch bloß: לְשָׁלָל. Trg hat לצוארי an einer früheren Stelle, vgl. oben s. v. רקמה. P liest שְׁלָלִים.

31. כן – כך. Jal. ha-Machiri Zach. ed. Greenup S. 130.

31. אויביך – אויבי. Gersonides zur Stelle. Mehrere Kodd.

31. בגברתו – בגברתה. Sebirin bei G. III 643 N. 792.

Kap. VI.

1. הרע – את הרע. Midr. Ps. 18 § 6 in edd. und Jal. ha-Machiri Ps. 18 § 8 (zweimal). Juda Ibn Chalz, Sefer ha-Musar Kap. II Anf. aus agadischer Quelle. LXX: *τὸ*.

1. ויתנם – וימכרם. Seder Olam r. Kap. 12.[1] A: *παρέδωκεν*.

1. ויתנם ה' – ויתנם. Seder Olam r. Kap. 12 ms. Epstein. V: qui tradidit illos.

2. ואת (I) – את. Trg Jem: ית.

3. ועלה – ועלו. Baba Mezia 59ª in einem ms und Agadoth ha-Talmud. In den anderen Textzeugen fehlt das Zitat. LXX: *καὶ ανέβαιναν*. Trg: סלקין, P: סלקין הוו.

3. ועלו עליו fehlt in Sifra zu Lev. 26, 17 nach Jal. Deut. § 673 und Micha § 551. Sifre Deut. § 42 in Jal. Deut. § 864. Fehlt in P, V und Ar. Vgl. noch weiter unten zu V. 4 v. ויחנו עליהם.

3. עליו – אליו. Konkordanz ed. Bomberg v. עלה. Aber v. קדם = MT, geht auf einen anderen Text zurück. LXX: *αὐτοῖς* = אליהם oder auch אליו.

4. ויחנו עליהם – וחנו עליו. Jal. Micha § 551 aus Sifra zu Lev. 26, 17. Jal. Deut. § 673 = MT. Vgl. die folgende Stelle.

4. ויחנו עליהם – וחנו ועלו עליו. Sifre Deut. § 42. Vielleicht wird V. 3 zitiert, so daß ויחנו עליהם fehlt, wie in der folgenden Stelle. Midr. Tannaim ed. Hoffmann S. 36 wird bloß V. 3 zitiert, u. z. = MT. Jal. Deut. § 864 wird V. 4 = MT und V. 3 ohne ועלו עליו angeführt. P. in V. 4: ושרין הוו = וחנו, Kodd. Ken. 155 und 145 marg. bieten V. 4. ויעלו עליהם. Es gibt also für das Zitat in Sifra und Sifre manche Stütze.

4. ויחנו עליהם fehlt Baba Mezia 59ª in einem ms. Vgl. auch die vorhergehende Stelle.

4. יבול הארץ – כל הארץ. Sifra zu Lev. 26, 17 in Jal. Deut. § 673. Jal. Micha § 551 = MT. 2 Kodd.: כל, P: כלה ארעא. Auch V drückt כל aus. Vgl. die folgende Stelle.

4. יבול הארץ – יבולם. Baba Mezia 59ª in einem ms. Ein ms. = MT, in den anderen Textzeugen fehlt das Zitat. LXX: *τοὺς καρποὺς αὐτῶν*. V: „sicut erant in herbis cuncta vastabant" drückt כל היבול oder auch כל יבולם aus.

4. בואך – בואכה. Sifra zu Lev. 26, 17 in Jal. Deut. § 673. Baba Mezia 59ª in einem ms. und Agadoth ha-Talmud. In anderen Textzeugen fehlt das Zitat. Massora fordert בואך; vgl. Massora Gen. 10, 19; I Sam. 15, 7.

---

[1] Ms. Epstein und ed. Neubauer, Mediaeval Jewish Chronicles II S. 43 = MT.

4. ישאירו — השאירו. Sifra zu Lev. 26, 17 in Jal. Deut. § 673. Baba Mezia 59[a] in einem ms. Agadoth ha-Talmud = MT, in den anderen Textzeugen fehlt das Zitat. LXX: *κατέλιπον*.

4. מחיה fehlt Baba Mezia 59[a] in einem ms. Fehlt in Ar. Eine Konsequenz dieser Lesart ist die drittfolgende Variante.

4. בישראל — לישראל. Baba Mezia 59[a] in einem ms. 4 Kodizes, P und Ar.

4. ושה ושור — ושור ושה. Sifra zu Lev. 26, 27.[1] Vgl. die folgende Stelle.

4. ושה ושור — שור ושה. Baba Mezia 59[a] in einem ms. In den anderen Textzeugen fehlt das Zitat. P: תורא ואמרא, Ar: שור וחמור ושה. 4 Kodizes: ושור ושה. Vgl. die vorhergehende Stelle und oben v. מחיה.

4. ושה ושור — משה ועד שור. Josef Kimḥi, Sefer ha-Galuj S. 29: וכבר נאמר בשופטים משה ועד שור. Kimḥi beweist damit, daß שה auch vor שור steht.

6. מאד — עד מאד. Tanḥuma בהר § 3 in den alten edd. Midr. Ps. 60 § 3 und 108 § 8.

6. מאד fehlt in Konkordanz ed. Bomberg v. דלל. V. פנה fehlt das Zitat.

8. איש נביא — נביא. Seder Olam r. ms. Epstein Kap. 12. Josef Ibn Kaspi, Kommentar zur Stelle.[2] איש fehlt in Ar.

8. אל בני — בבני. Juda Ibn Chalz, Sefer ha-Musar Kap. II aus agadischer Quelle. Offenbar ein Kopisten- oder Druckfehler.

9. ואצל — ואציל. Nach Massora fin. v. הצ N. 5 ist ואציל Jos. 24, 10 und in unserer Stelle plene geschrieben. Dagegen Massora par. zu beiden Stellen und zu I Sam. 10, 18: ב׳ חסר, womit wahrscheinlich die Stellen in Jos. und Ri gemeint sind. Vgl. auch Norzi zu Jos. a. a. O. und Frensdorff, Massora Magna S. 124 Anm. 1. Kodd. bei G., Bibel zur Stelle, teils ואצל, teils ואציל.

9. וַאגרש — וָאגרש. Trg: ותריכית. LXX: *καὶ ἐξέβαλον*, P: ואובדת, V: ejecique. Kodd. bei G., Bibel zur Stelle: וָאגרש.

10. לא תיראו — אל תיראו. Konkordanz ed. Bomberg v. ירא. V. אלה = MT.

11. העזרי — העזר. Trg Lag und Jem: דעזר. Aber so auch V. 27 und 8, 32, so daß wahrscheinlich י bloß deshalb, weil es Gentilicium ist, nicht ausgedrückt wird. Trg Bom und Walton hier und die anderen Versionen an allen drei Stellen schreiben העזרי.

12. החיל — חיל. Jal. ha-Machiri zu Prov. 23, 22 aus Berachoth 63[a]. Simon ben Josef Duran, חשן משפט in Zunz-Jubelschrift S. 170.

---

[1] Jal. Deut. § 673: שה ושור.

[2] אדני כסף ed. J. Last, I, London 1911.

13. עמנו – אתנו. Raschi zur Stelle.[1] Josef Kara, Kommentar zur Stelle (einmal = MT). Akedath Jizḥak Pf. 34 163ᵇ. 3 Kodd.

13. בְּכַף – ביד. Akedath Jizḥak a. a. O. Kod. Ken. 226. Vgl. zu V. 14 v. מִכַּף.

14. ויפן – ויבוא. Tanḥuma שופטים § 4. Abraham Ibn Daud, Emunah Ramah S. 84. Akedath Jizḥak Pf. 84 288ᵈ.

14. אליו fehlt in Jal. Ri § 62 aus Jelamdenu. Kod. Ken. 21.

14. ה׳ – מלאך ה׳. Tanḥuma שופטים § 4. Akedath Jizḥak Pf. 54 288ᵈ. Kod. Ken. 145. LXX: ἄγγελος Κυρίου, Trg Lag: מלאכא דה׳.

14. ויאמר – ויאמר לו. Jelamdenu in Jal. Ri § 62. Tanḥuma שופטים § 4. A: αὐτῷ, P: לה. Vgl. auch die folgende Stelle.

14. ויאמר – ויאמר אליו. Midr. ha-gadol ed. Schechter S. 723 aus unbekannter Quelle. Vgl. die vorhergehende Stelle.

14. מִכַּף – מיד. Akedath Jizḥak Pf. 20 19ᵈ und Pf. 34 163ᵇ (zweimal). 2 Kodd. Ken. Vgl. oben zu V. 13 v. בְּכַף.

14. הלא – ראה. Akedath Jizḥak Pf. 34 163ᵇ (zweimal) und 163ᵈ.

15. הצעיר – צעיר. Trg: חלש. A: μικρός.

16. אליו fehlt in Konkordanz ed. Bomberg v. אמר.

17. שָׁאתה – שַׁאתה. Ibn Ġanaḥ, Rikmah S. 51: וכבר שמו הפתח תחת הסגול....ובשַׁאתה מדבר עמי. Profiat Duran, Ma'asse Efod S. 83: והפתח בא מקום הסגול שַׁאתה מדבר עמי. Kodd. bei Norzi zur Stelle und G. I 601ᵇ, 606 N. 652 und G. III 26 N. 641*aa*. Vgl. noch Ewald-Dukes, Beiträge I S. 148 Anm. 3.

18. ויאמר – ויאמר אליו. Konkordanz ed. Bomberg v. אמר. P: לה.

19. הבשר – והבשר. Massora fin. v. פר N. 7 (Zitat). LXX: καὶ τὰ κρέα, P: ובסרא, V: carnesque.

19. והמַרק – והמָרק. Ben Ascher bei Kimḥi zur Stelle. Kimḥi, Wb. r. מרק. Massora aus Jemen bei G. III 71ᵇ. Kodd. bei Norzi.

19. אל תחת – תחת. Ibn Ġanaḥ, Sefer Haschoraschim r. אלה S. 30. S. 444 = MT. LXX und V drücken אל nicht aus.

20. המַרק – המָרק. Ben Ascher, Kimḥi, Massora aus Jemen. Vgl. zu V. 19 v. והמרק.

21. הלך – הולך. Konkordanz ed. Bomberg v. הלך. V. עין wird הלך zitiert, was auf einen anderen Text zurückgehen oder auch הֹלֵך gelesen werden kann.

22. מלאך ה׳ – מלאך אלהים. Konkordanz v. אלה und v. לאר.

23. לו ה׳ – ה׳ אליו. Akedath Jizḥak Pf. 57 301ᵇ.

23. לא (II) – ולא. Trg Jem: ולא.

---

[1] Stichwort = MT. Über die Stichwörter siehe Das Schriftwort Heft I (Prolegomena) S. 15 N. 28.

24. מזבח לה' – מזבח. Trg Lag fehlt קדם ה'.

24. ה' – אדני ה'. Midr. Mischle 14 § 1: ה' אלהים, d. i. Kethib: אדני ה'. Vielleicht auch: ה' אלהים. Vielleicht durch das vorhergehende Zitat Amos 3, 7 veranlaßt. Vgl. noch die folgende Stelle.

24. ה' – אלהים. Neue Pesikta in Jellineks Beth ha-Midr. VI S. 38. Vielleicht ist ה' weggelassen, so daß hier dieselbe Lesart oder dasselbe Zitat vorliegt wie in der vorhergehenden Stelle.

24. בעפרַת – בעפרָת. Massora aus Jemen bei G. III 71^b. Trg Jem.

24. העזרי – העזר. Trg. Vgl. oben zu V. 11 s. v.

25. ויאמר לו ה' – ויאמר ה' אל גדעון. Lev. r. XXII 6 in Jal. I Sam. § 103.

25. לו ה' fehlt Temurah 28^b in edd. Ms. München = MT. Vgl. die folgenden Stellen.

25. לו fehlt in Jal. Ps. § 779 aus Tanḥuma ed. Buber נשא § 31.

25. לו ה' – לו. Tanḥuma editio princeps נשא § 28. Midr. Ps. 27 § 6 in edd. und Jal. ha-Machiri Ps. 27 § 6.

25. פר – הפר. Massora fin. v. אר N. 70 (Zitat).

25. ופר – ואת הפר. Temurah 28^b in Tossafoth Baba Bathra 129^b v. חוץ. LXX-Comp.: *καὶ τὸν μόσχον.*

25. השני – שני. Raschi Temurah 28^b unten. LXX: *δεύτερον.*

25. ואת האשרה – והאשרה. Josef Kara, Kommentar zur Stelle.

25. אשר עליו fehlt in Tanḥuma editio princeps נשא § 28.

26. לה' אלהיך fehlt bei Josef Kara, Komm. zur Stelle (dreimal).

26. ראש – הראש. Ibn Ġanaḥ, Rikmah S. 37. LXX-Kodd. und A: *τῆς κορυφῆς.*

26. המעוז – המעון. Suraner bei G., Bibel zur Stelle. 12 Kodd. A: *τοῦ Μαὼχ,* d. i. המעוך, was leichter aus המעון verschrieben sein kann als aus המעוז.

26. עולה – עלה. Massora bei G. II 380 N. 196 zählt ohne unsere Stelle 24 עולה plene. Dagegen Massora zu Num. 7, 27 und bei G. II 379 N. 194.

27. אליו fehlt in Konkordanz ed. Bomberg v. עשה. V. דבר = MT.

28. והאשרה – האשרה. Trg Bom: אשרתא. Kod. Ken. 150: ואת האשרה.

29. ויאמרו (I) – ויאמר. Konkordanz v. אמר. V. עשה und v. רעה = MT. LXX: *καὶ εἶπεν.*

29. הדבר (I) – את הדבר. Massoretische Notiz. Kodd. Vgl. Norzi.

31. יריב לו – יריב לבעל. Trg Jem: דאתפרע לבעלא.

31. יומת עד הבקר – עד הבקר יומת. Raschi zur Stelle. P: עדמא לצפרא נמות.

31. ירֶב – יריב. Ibn Ġanaḥ, Sefer Haschoraschim r. כי S. 220. Raschi zur Stelle. Konkordanz ed. Bomberg v. אלה. Ibn Ġanaḥ, Wb. S. 318 und Konkordanz v. ריב wird ירב angeführt, was aber ירֵב gelesen werden kann.

31. ירב לו – ירב לו הבעל. Trg: יתפרע ליה בעלא.

32. ירב בו – ירב לו. Trg: יתפרע ליה בעלא. Durch diese Lesart ist der Widerspruch zwischen V. 31 und V. 32 aufgehoben und es entfallen durch die geringfügige Änderung von בו in לו alle Ausführungen Buddes, Nowacks und anderer. Es gibt hier keinen späteren Zusatz, sondern es liegt eine Verschreibung von לו in בו vor. לו bietet Kod. Ken. 112 prima manu.

34. ורוח ה' – ורוח. Sa'adias Kommentar zu Sefer Jezirah Kap. 4.[1] Juda ben Barsillai, Jezirahkommentar S. 182.

34. ויזעק – ויצעק. Dunasch, Criticae Vocum Recensiones 91^a v. ויצעקו und die Schüler Menaḥems in Liber Responsionum S. 91 aus Menaḥems Maḥbereth. Unser Maḥbereth 151^a = MT.

34. ויזעק – ויזעקו. Trg Bom und Walton: ואתכנישו.

34. אביעזר – איש אביעזר. Trg Bom, Lag und Walton: אנש אביעזר.

34. אחריו – תחתיו. Maḥbereth Menaḥem 151^a.

35. מנשה – גבול מנשה. Trg Bom und Walton: תחום מנשה. Erklärender Zusatz ist תחום hier nicht, da als Erklärung hier שבט besser paßt, was in der Tat von Trg zum folgenden באשר ובזבולן ובנפתלי geboten wird und Trg Lag und Jem auch hier haben.

35. מנשה – המנשה. Trg Lag und Jem: שיבטא דמנשה, während sie בשיבט אשר ובשיבט זבולון ובשיבט נפתלי schreiben. Folglich geht שיבטא דמנשה auf המנשה in der Vorlage zurück.

36. בידי fehlt in Jal. ha-Machiri ed. Greenup zu Micha 5, 6 aus Tanḥuma ed. Buber תולדות § 19. Fehlt in 3 Kodd. Ken.

37. אנכי – אני. Tanḥuma ed. Buber תולדות § 19. Bereschith rabbathi ms. Prag (Abschrift Epstein) S. 129.

37. מציג – מציק. Jal. Micha § 553 aus Tanḥuma תולדות § 19.

37. חרב – יהיה חרב. Bereschith rabbathi ms. Prag S. 129. Ibn Ġanaḥ, Wb. S. 246. 2 Kodizes.

38. ויזַר – ויזֶר. Kimḥi, Michlol 108^a und Wb. r. זור.

38. ויזר את הגזה fehlt in Jal. ha-Machiri zu Micha 5, 6 aus Tanḥuma תולדות § 19. Ed. Buber fehlt das Zitat.

38. את הגזה – מן הגזה. Glossaire hebreu-français ed. Lambert-Brandin SS. 382, 389.

39. הפָעם – בפעם הזה. Trg Lag: בזימנא הדא. Bom, Walton und Jem: זימנא הדא = MT.

39. יהי – ויהי. Konkordanz ed. Bomberg v. בדד. LXX: καὶ γενέσθω.

---

1 In den hebräischen Übersetzungen ms. München 92^{20} — Abschrift Epstein S. 44, auch angeführt von Kaufmann in seinen Bemerkungen zu ben Barsillais Jezirahkommentar S. 341 — und in Juda ben Barsillais Kommentar zu Sefer Jezirah S. 178. Im arabischen Original ed. Lambert S. 72 = MT.

39. אל הגזה – על הגזה. Tanḥuma ed. Buber תולדות § 19.[1] Jelamdenu in Jal. Ri § 62. Bereschith rabbathi ms. Prag (Abschrift Epstein) S. 129. Ibn Ġanaḥ, Wb. S. 607.[2] Raschi zu Deut. 13, 2. Konkordanz v. בדד und v. חרב. Mehrere Kodd., LXX, Trg und P. Vgl. auch Norzi hier und zu V. 40.

40. אלהים כן – כן ה׳. Jal. ha-Machiri zu Micha 5, 6 aus Tanḥuma ed. Buber תולדות § 19. *οὕτως* an erster Stelle hat LXX, ה׳ liest Ar.

40. בלילה – ביום. Tanḥuma ed. Buber תולדות § 19. Jal. ha-Machiri zu Micha 5, 6 = MT.

40. אל הגזה – על הגזה. Midr. ha-gadol ed. Schechter S. 22 aus unbekannter Quelle. Bereschith rabbathi ms. Prag (Abschrift Epstein) S. 129. Sefer ha-Oreh S. 160. Konkordanz ed. Bomberg v. בדד und v. חרב. Mehrere Kodd. und edd. LXX, Trg und P.

40. לבדה fehlt in Bereschith rabbathi ms. Prag S. 129.

Kap. VII.

1. ומחנה – ומחנות. Trg Jem: וּמַשְׁרְיָת.

1. בעמק – לעמק. Trg: למישרא.

2. אתך – עמך. Tanḥuma ed. Buber תולדות § 19. Aber Jal. Ri § 62 und Micha § 553 und Jal. ha-Machiri zu Micha 5, 6 = MT.

2. בידם – בידך. Baḥja ben Ascher, Kommentar zu Ex. 13, 17. Akedath Jizḥak Pf. 97 109[d].

3. ירא – הירא. Trg: דדחיל. LXX: *ὁ φοβούμενος*. P: דדחיל.

3. ויצפר – ויִצָרֵף. Trg Bom, Lag und Walton: ויתבחר; vgl. V. 4 ואצרפנו Trg: ואבחרינון. Vgl. auch Nowack zur Stelle.

3. ויצפר – וַיֵּהָפֵך oder וַיְהָפֵך. Trg Jem: ויתחזר. Vgl. Trg Jos. 8, 20 und Ri 20, 41. P: ונהפוך, aber auch für das folgende וישב P: והפך. Vielleicht bietet Jem bloß Deutung. Vgl. Kimḥi.

3. ויצפר – ויצפה. Akedath Jizḥak Pf. 97. 109[d].

3. מהר fehlt bei Baḥja ben Ascher, Kommentar zu Ex. 13, 17.

3. הגלעד – גלעד. Massora zur Stelle (Zitat). Naḥmanides, Kommentar zu Job 1, 1. LXX: *Γαλαάδ*. Einige edd. bei Norzi. Vgl. seine Bemerkung.

3. נשארו – אשר נשארו oder הנשארים. Trg Jem: דאשתארו. Vielleicht Kopistenfehler. Wenn aber echt, so ist dieser Text so zu verstehen: 10.000 (waren es), die zurückblieben.

---

[1] Ed., Jal. Ri § 62 und Micha § 553 und Jal. ha-Machiri zu Micha 5, 6.

[2] So auch Sefer Haschoraschim S. 429. Arabischer Text S. 246 und Sefer Haschoraschim S. 167: אל = MT.

4. עוד – עד עתה. Trg Jem: עד כען. Vielleicht aber bloß Deutung, wie auch V hier und an anderen Stellen עוד mit „adhuc" übersetzt; vgl. z. B. V Gen. 45, 11. Ri 8, 20 עודנו Trg: עד כען. So auch Bom, Walton und Lag.

4. אותם – את העם. Konkordanz ed. Bomberg v. ירד. V. מי = MT und in v. עמם wird unsere Stelle nicht angeführt.

4. ואצרפנו – ואצרפֵם. Trg: ואבחרינון. Vielleicht bloß Parallelisierung mit אותם. LXX-Kodd. und A: καὶ δοκιμῶ αὐτούς, P: ואבקא אנון, V: probabo illos. נו und ם können leicht miteinander verwechselt werden. Ein klassisches Beispiel ist Jos. 5, 1.

4. אשר (I) – כל אשר. Jal. ha-Machiri Micha 5, 6 aus Tanḥuma ed. Buber תולדות § 19. Konkordanz v. אמר.

5. את העם – העם. Massora zur Stelle (Zitat).

5. לְבַד – לבדו. Trg: בלחודוהי. Daß es nicht Übersetzungsmanier ist, beweist Trg Zach. 12, 12—14, wo לבד in derselben Bedeutung wie hier — für sich — zwölfmal durch בלחוד wiedergegeben wird. Freilich kommt לבד ohne Suffix schon in älteren Stellen vor: Ex. 26, 9; 36, 6.

6. המלקקים – המלֲקְקים. Manuel du Lecteur S. 67. Kimḥi, Michlol 72[a]. Vgl. auch Norzi. Massora aus Tschufutkale bei G. III 277 N. 38: סימן שתי אותיות אשר בתיבה אחת צמותות, זו לעמת זו עמותות, בתיבה חרותות . . . אם גיעיה (ׅ) לאות ראשון, תקדום בנעימת לחשון, יפתח פיו באות הראשון, כמות . . . מלֲקְקים:

6. המלַקקים – המלֹקקים. Josef Kara, Kommentar zur Stelle. Auch in der Erklärung zweimal המלוקקים, המלוקק. Er hat also המלוקקים oder המלֹקקים gelesen.

6. בידם fehlt bei Josef Ibn Kaspi, Kommentar zur Stelle.

6. וכל יתר – ויתר. Jal. ha-Machiri ed. Greenup zu Micha 5, 6 aus Tanḥuma ed. Buber תולדות § 19. In ed. fehlt das Zitat. Ar: ויתר.

7. האיש – איש. Tanḥuma ed. Buber תולדות § 19 in ed. und Jal. Ri § 62 und Micha § 553. Jal. ha-Machiri Micha 5, 6 = MT. In Jal. I R. § 219 fehlt האיש, so auch Ar.

7. המלַקְקים – המלֲקְקים, המלֹקקים. Vgl. zu V. 6 s. v.

7. אתכם – את ישראל. Tanḥuma ed. Buber תולדות § 19 in Jal. Ri § 62, I R. § 219 und Micha § 553. Jal. ha-Machiri zu Micha 5, 6 und ed. = MT.

7. בידך – בידיך. Konkordanz ed. Bomberg v. יד. P: בידיכם.

8. ויקחו – ויקחו האנשים. Josef Kara, Kommentar zur Stelle. Vielleicht bloß Verdeutlichung.

8. צדה – צדת. Juda Ibn Balaam in חיי עולם ed. Goldberg und Edelmann Heft I (Paris 1874) S. 60. Ibn Esra in dem ihm zugeschriebenen ספר הפעלים in חיי עולם a. a. O. Josef Kimḥi, Sefer ha-

Sikkaron S. 53 in 2 mss. LXX: ἐπισιτισμὸν τοῦ λαοῦ. Trg: זוודי, worauf schon Kimḥi aufmerksam macht.

8. בעמק – העמק. Trg: משיפולי מישרא. 2 Kodd.: העמק.

9. אליו – לו. Threni r. ed. Buber S. 58. Kod. Ken. 224.

9. אליו ה' – ה' אליו. Jal. Ps. § 816 aus Pesikta ed. Buber 129[b]. Trg Jem: ה' ליה. Kod. Ken. 93. V: Dominus ad eum. Vgl. auch die folgende Stelle.

9. אליו ה' – ה' אל גדעון. Midr. פנים אחרים zu Esther in Bubers ספרי דאגדתא 37[a].

9. במחנה – אל המחנה. Jal. Ps. § 816 aus Pesikta ed. Buber 129[b]. A und LXX-Kodizes: εἰς τὴν παρεμβολήν, P: למשריתא.

9. נתתיו – נתתים. Trg: מסרתנון. V: tradidi eos.

11. ידברו – אשר ידברו. Trg Lag und Jem: מה דימללון. Daß es nicht Übersetzungsmanier ist, beweist Trg zu 8, 1: מה . . עשית. Auch P: מדעם דממללין.

12. וכל בני – ובני. Ibn Ġanaḥ, Sefer Haschoraschim S. 336.[1] Raschi zu Gen. 25, 18. 2 Kodd. Vgl. Ri 6, 3.

13. לרעהו fehlt in Pesikta r. Kap. 18 ed. Friedmann 92[b]. Bereschith rabbathi ms. Prag (Abschrift Epstein) S. 212.

13. ויפל fehlt in Pesikta r. a. a. O. Fehlt in Kod. Ken. 82, in LXX-Kodizes, P und V.

13. ויהפכהו – ויהפכו. Pesikta r. Kap. 18 ed. Friedmann 92[b]. Konkordanz ed. Bomberg v. הפך, v. נפל und v. עלה.

13. ונפל – ויפל. Pesikta r. a. a. O. LXX: καὶ ἔπεσεν, Trg: ונפל, P: ונפל. In der Tat ist ונפל hier grammatisch nicht gut. Vielleicht aber eben deswegen Umdeutung seitens der Vertenten.

16. שלש מאות האיש. Massora fin. v. חצ Nr. 3 führt als dritte Stelle, in der ויחץ vorkommt, den Satz an: ויחץ את העם לשלשה ראשים. Wahrscheinlich liegt eine Verwechslung mit Ri 9, 43 vor. Massora zu Gen. 22, 7 zitiert in der Tat unsere Stelle = MT.

16. שלשה – לשלשה. Trg Bom, Lag und Walton: לתלת. LXX: εἰς τρεῖς, P: לתלתא. Vgl. noch Massora fin. in der vorhergehenden Stelle.

16. ולפדים – ולפידם. So nach Massora zu Naḥum 2, 5. Vgl. aber Norzi zu V. 20 und zu Ex. 20, 15. Vgl. auch Frensdorff, Massora Magna S. 106 Anm. 1.

17. תעשו – תעשון. Massora zu Num. 32, 23 und zu unserer Stelle zählt mit unserer Stelle 15 תעשון, mit der ausdrücklichen Bemerkung, daß das Wort in unserer Stelle zweimal vorkommt: ב' בו. Auch Massora zu Ri 15, 7 und Massora fin. v. עש geben 15 תעשון an, mit

[1] Im arabischen Text S. 479 fehlt die Stelle.

dem Hinweis auf die Verzeichnisse zu Num. 32 und Ri 7. Sie haben also ebenfalls in unserem Verse תעשון auch an der ersten Stelle gelesen. In diesen Verzeichnissen aber wird auch die Ansicht anderer Massoreten angeführt, daß das Wort in unserem Verse bloß an der zweiten Stelle תעשון geschrieben ist: ויאמר אלהם ממני ב׳ בו ויש אומרים תניינא. Daraus erklärt es sich, daß Massora zu Ex. 4, 15; 20, 20; Deut. 12, 14 und Massora par. zu vielen der Stellen, in denen das Wort vorkommt, bloß 14 תעשון angeben; sie folgen der Ansicht der יש אומרים. Diese von der Massora wiederholt betonte Meinungsverschiedenheit hat Frensdorff, Massora Magna S. 150 Anm. 7, übersehen und ist deshalb zu einem falschen Resultat in der Lösung des vermeintlichen Widerspruches gelangt.

17. אעשה — עשיתי. Konkordanz ed. Bomberg v. עשה.

18. וכל — וכל העם. Konkordanz v. עמם und v. שפר. P: וכלה עמא דעמי.

18. לה׳ — חרב לה׳. Trg: חרבא מן קדם ה׳. 10 Kodd. LXX-Kodizes: *ῥομφαία τῷ Κυρίῳ,* P: חרבא למריא. Vielleicht bloß Konformierung mit V. 20.

19. איש — האיש. Trg: גברא. LXX: *οἱ ἕκατον ἄνδρες.*

19. ראש — לראש. Tosefta ed. Zuckermandel Berachoth I 3.

19. ראש — בראש. Der Karäer Eliah Baschjazzi, Adereth Eliahu 102[d]. LXX: *ἐν ἀρχῇ,* Trg: בריש, P: בריש.

19. את השמרים — השמרים. Ibn Ġanaḥ, Wb. S. 42 und Sefer Haschoraschim S. 28, wo auch in der Erklärung zweimal השמרים ohne את. Juda Ibn Balaam, mitgeteilt in Ha-Ḥoker I S. 340.

20. שלשת הראשים בשופרות. Massora fin. v. גד N. 20 nennt als drittes Mal in Ri, wo ולגדעון vorkommt, die Stelle ויתקעו שלש מאות, d. i. 7, 22, wo aber ולגדעון nicht vorkommt und nicht vorkommen kann. So ist es zweifellos, daß unsere Stelle gemeint ist. Wahrscheinlich ist שלש מאות Verschreibung und es ist mit Massora fin. v. ו N. 9 und Ochlah we-Ochlah N. 16 שלשת הראשים zu lesen. Aber diese Wahrscheinlichkeit wird durch die Tatsache verringert, daß nicht nur Kod. Ken. 375, sondern auch P שלש מאות liest. Wenn man sich nun entschließt, für die Massora eine Variante anzunehmen, so hat sie wahrscheinlich שלש מאות השופרות gelesen, wie Kod. Ken. und V. 22. Ähnlich Ar: שלש המאות בשופרות. P: שלש מאות הראשים בשופרות. Dies scheint eine Vereinigung von MT und Ken. 375 zu sein.

20. בלפדים — בלפידם. Nach Massora zu Nah. 2, 5. Vgl. oben zu V. 16 v. ולפדים.

20. השופרות — בשופרות. Trg Bom und Walton: בשופריא.

21. המחנה — העם. Massora zur Stelle (Zitat).

22. שלש – בשלש. Trg Jem: בתלת. LXX: ἐν ταῖς τριακοσίαις.

22. ויגם – וירץ. Massoretische Notiz bei G. III 146b zu V 21: וירץ המחנה (V. 22) וירץ כל תניינא (V. 21) קדמאה. Vielleicht aber ist das zweite וירץ Verschreibung aus dem vorhergehenden und die Notiz will bloß die Lesart כל המחנה — so einige Kodd., A und P — zurückweisen.

22. השיטה – שיטה. Trg: בית שיטה. LXX: Βηθσεέδ, V: Bethsetta.

22. צְרָתָה – צְרֵרָתָה. Trg Bom und Walton: לצרֵרַת.

22. צררתה – צרדתה. Massora aus Jemen bei G. III 71b. Einige Kodd. und edd. P: צדרתה. Vgl. II Chr. 4, 17. Vgl. I R. 11, 26. Trg Lag marg.: לצְרֵידַת. Vgl. die Bemerkung Lagardes S. XI unten. Kimḥi zur Stelle scheint die Lesart צרדתה zu kennen und abzulehnen. Vgl. seine Bemerkung: בשני רישין.

22. על – אל. Trg Bom, Walton und Jem: לטבת. V: in Tebath.

22. על – עד. Sebirin bei Norzi zur Stelle und G. II 325 N. 40. Vgl. noch Frensdorff, Massora Magna S. 257.

23. ויצעק – ויזעק. Konkordanz ed. Bomberg v. זעק. Unsere Stelle wird aber auch v. צעק angeführt und auch v. איש wird ויצעק zitiert. Der Autor hat also verschiedene Kodizes benützt. Kod. Ken. 253 und edd. ויזעק.

23. איש – כל איש. Trg bei den Schülern Menaḥems in Liber Responsionum S. 91 N. 37. Ar: כל בני ישראל.

23. ומן אשר – ומאשר. Trg Lag und Jem: ומשיבט אשר. Kod. Ken. 89.

23. אשר – האשרי. Trg Bom und Walton: דאשר. Vgl. Ri 1, 32.

23. מנשה – המנשה. Trg: שיבטא דמנשה. Vgl. oben zu 6, 35 s. v.

24. המים (I und II) – המעברות. Trg: מגזתא, wie 3, 28 und 12, 5. Vielleicht bloß Deutung.

25. שני – את שני. Trg Lag und Jem: ית תרין. LXX: τοὺς mit und ohne δύο.

25. ויהרגו – ויכו. Jal. I R. § 209 aus Ḥullin 5a. Edd. und ms. München = MT.

25. ביקב זאב – ביקבזאב. Ḥullin 5a ms. München. LXX: Ἰακεβζήβ.

25. ביקב – בעמק. Trg: במישר. Sym.: ἐν τῇ κοιλάδι. Vielleicht bloß Deutung. Vgl. Kimḥi.

25. אל מדין – אחרי מדין. Massora aus Jemen bei G. III 71b. Trg: בתר.

Kap. VIII.

1. ויאמרו – ויאמר. Ochlah we-Ochlah 3b, Massora fin. v. י N. 1 (Zitat). 2 Kodd. LXX: εἶπεν.

1. אליו fehlt in Mass. fin. a. a. O. Ochlah we-Ochlah a. a. O. = MT.

1. לבלתי קְרֹאת – מדוע לא קָרָאתָ. Trg: בדיל מה לא קריתא. לבלתי mit folgendem Infinitiv drückt Trg durch בדיל דלא mit Infinitiv aus, also hier: בדיל דלא למקרא. Daher ist בדיל מה לא קריתא nicht Übersetzungsmanier, sondern geht auf eine Vorlage zurück. P: ולא קריתן.

2. ככם – בכם. Konkordanz ed. Bomberg v. יכל und v. עת. Zahlreiche Kodd.

3. אלהים – האלהים. Konkordanz v. יד. V. אלה und v. נתן = MT.

3. ככם – בכם. Konkordanz v. יכל und v. עשה. Mehrere Kodd. und edd.

3. בדברו – בדברי Kethib, בדברו Kere. Madinhaë. Vgl. G. I 592 N. 623, II 57 N. 494.

3. בדברו – כדברו Kethib, בדברו Kere. Massora fin. חלופי המקרא; G. I 592 N. 623, II 57 N. 494 und 85b. Kod. Ken. 158: כדברו. P: כד אמר.

3. הדבר – את הדבר. Trg Lag: ית פתגמא. Siehe Lagarde S. XII. LXX: τὸν λόγον.

4. עֹבֵר – עָבַר. Trg: עָבַר. So Bom, Walton und Jem. V: transivit. LXX und P: ויעבר.

4. האיש – איש. Konkordanz v. עבר. V. איש, v. מאה und v. שלש = MT. Trg Lag: גברין.

5. ויאמר – ויאמרו. Trg Jem: ואמרו.

5. אחרי – אחר. Konkordanz ed. Bomberg v. אחר. V. רדף = MT.

6. ויאמר – ויאמרו. Massora fin. v. ה N. 2 (Zitat), Massora fin. v. כ N. 1 (Zitat). Sebirin.[1] Einige Kodd. A: εἶπαν, Trg: ואמרו, P: אמרין, V: Responderunt.

6. סכות – הסכות. Massora fin. v. ה N. 2 (Zitat).

6. הכף – הֲכֵן. Trg drückt הכף nicht aus, sondern bietet dafür הא כאילו, das wörtlich: הכמו אם entspricht, aber auch Deutung von הֲכֵן sein kann und hier auch wahrscheinlich ist, da הכן und הכף leichter miteinander verwechselt werden können als הכף und הכמו אם. Vielleicht auch einfach Deutung von הֲזבח, wie Ar liest. Vgl. V. 15 v. הכף.

6. בידך – בידיךָ. Konkordanz ed. Bomberg v. יד. V. עתה = MT. P: באידיך.

---

[1] Vgl. Kimḥi, Et Sofer S. 2, Norzi zu unserer Stelle, G. I 91 N. 844 und II 325 N. 40. Vgl. noch die Stellen bei Frensdorff, Massora Magna S. 370.

7. את קוצי — אל קוצי. Gersonides zur Stelle. Trg: על כובי = על קוצי oder auch אל. Zur Deutung Trgs vgl. Kimḥi. P: על. Vgl. V. 16. Vgl. die folgende Stelle.

7. ואת — ואל. Gersonides zur Stelle. Trg: ועל = ועל oder auch ואל. P: ועל. Vgl. die vorhergehende Stelle. LXX: ἐν . . . καὶ ἐν . . . drückt בְּ und וב aus, aber in lokalem Sinne, so daß die Deutung des Satzes dieselbe ist wie in Trg. Es ist auch denkbar, daß Trg wie LXX בְּ liest, es lokal faßt und daher durch על verdeutlicht. Vgl. V. 16 עליהון für בהם.

9. בשובי — כשובי. Trg: כד אתוב.

11. לנבח — לנכח. Konkordanz ed. Bomberg v. קדם. P: לנכח. So auch 2 Kodd. Ken. Vgl. Num. 32, 42. P auch dort נכח.

12. וינס — וינוסו. Ben Naftali in Massora bei G. I 579 N. 799.

12. החריד — החרידו. Trg Jem: אזיע.

13. מלמעלה — למעלה. Massora bei G. III 146[b] (Zitat).

13. מלמעלה — ממעלה. Ibn Ġanaḥ, Wb. S. 525. Wb. S. 249 und Sefer Haschoraschim SS. 170, 369 = MT. LXX: ἀπὸ ἐπάνωθεν, P: מן מסקנא, V: ante ortum = ממעלה. Trg: עד לא מיעל שימשא scheint auch bloß ממעלה auszudrücken.

13. החרס — חרס. Pirḥon, Wb. r. עלה. LXX: Ἄρες, Ἅρες, drückt den Artikel nicht aus.

15. ויבא — ויבאו. Massora fin. v. ה N. 2 (Zitat). Massora fin. v. כ N. 1 und Ochlah we-Ochlah 71[a] = MT.

15. ויאמר — ויאמר אליהם. Konkordanz ed. Bomberg v. אמר. A: αὐτοῖς = להם, so auch V: eis. P: להון = להם oder אליהם.

15. הכף — הכן. Trg: הא כאילו. Vgl. oben zu V. 6 v. הכף.

15. בידך — בידיך. Konkordanz ed. Bomberg v. יד. V. עתה = MT.

16. וידע — ויָּרַע. Trg edd., Walton, bei Raschi und Kimḥi: ותבר. Trg Lag, bei Josef Kara zur Stelle, Jem und Bom I: וגרר könnte vielleicht ויַּסַּע, wie Kod. Ken. 356 und vielleicht auch LXX-Kodizes: κατέξανεν, ausdrücken; es ist aber bloß Verdeutlichung, da nach Trg die Strafe im Schleifen über Dornen bestand, weshalb es ja auch בהם durch עליהון ausdrückt. Vgl. oben zu V. 7. Für וירע vgl. Micha 5, 5: ורעו...בחרב und Ps. 2, 9 תרעם בשבט ברזל.

16. את אנשי — אנשי. Ibn Esra, Jesaiakommentar ed. Friedländer zu 8, 44. Benjamin, Glosse zu Josef Kimḥis Sefer ha-Galuj S. 25 N 52. Sam. Masnuth, Ma'ajan Gannim ed. Buber S. 113. Baḥja ben Ascher, Kad ha-Kemaḥ v. פסח. Josef Albo, Ikkarim IV Kap. 37. את τοὺς fehlt in A.

18. ויאמרו — ויאמר. Konkordanz ed. Bomberg v. אמר. 3 Kodd. P: ואמר.

18. אחד – אחד מהם. Trg: חד מנהון. Vgl. Raschi und Kimḥi. V: unus ex eis. Vielleicht bloß Deutung, die aber unnötig und schwierig ist.

21. השהרנים – הסהרנים. Jerusch. Sabbath VI 5 8^b 57[1] als Erklärung zu Jes. 3, 18, wo Jerusch. ebenfalls הסהרנים liest. Der Karäer Aron ben Josef ha-Rofe in Mibḥar Jescharim zur Stelle. 2 Kodd. Vgl. V. 26 s. v.

22. ויאמרו – ויאמר. Konkordanz ed. Bomberg v. איש. V. אמר = MT. Einige Kodd. und edd. ויאמר. A: *εἶπεν*.

23. אלהם – לֹהֶם. Massora fin. v. ל N. 17 (Zitat).

23. אני fehlt in Jal. zur Stelle.

23. ימשל (II) – מֹשֵׁל. Trg Lag und Jem: מלכא. Zur Deutung aus dogmatischen Gründen ist kein Grund vorhanden.

24. ותנו – ויתן. Raschi, Kommentar zu Ex. 3, 22.

24. נזם – את נזם. Konkordanz v נתן. V. נזם und v. איש = MT.

24. הם – הכו. Trg Jem und bei Kimḥi ארי ערבאי קטילו. Vgl. dazu Kimḥi. כו und ם können leicht miteinander verwechselt werden, wie נו und ם. Vgl. oben zu 7, 4 v. ואצרפנו.

26. השהרנים – הסהרנים. Der Karäer Aron ben Josef, Mibḥar Jescharim zur Stelle. 3 Kodizes. Vgl. oben zu V. 21 s. v.

26. ולבד – לבד. Ibn Saruk, Maḥbereth 135^b v. ענק.

27. ויעש – וישם. Jerusch. Sabbath IX 1 11^d 38 in Aruch v. אפדת. Vgl. die folgende Stelle.

27. ויעש אותו גדעון לאפוד – ויעש גדעון אפוד. Jerusch. Abodah Zarah III 6 43^b 5. Parallelstelle Sabbath IX 1 11^d 38 = MT. P: ויעש אפוד = ועבד עופדא.

27. אתו (I und II) – אותו. Massora und Kodd. Vgl. Norzi.[2]

27. גדעון fehlt in Sechel Tob I S. 8 aus Gen. r. XLIV § 20.[3] Raschi zu unserer Stelle. Fehlt in P.

27. שם – שמה. Trg Bom, Lag und Walton: לתמן.

28. ויכנע – ותכנע. Juda ben Barsillai, Kommentar zu Sefer Jezirah S. 182. Vgl. Ri 3, 30.

28. לפני – מפני. Kimḥi, Wb. r. כנע. A: *ἀπὸ προσώπου*.

30. היו (I) – היו לו. Konkordanz v. בנה. V. שבע = MT. P: ולה לגדעון.

30. היו (I) fehlt in Seder Eliahu rabba Kap. 17 ed. Friedmann S. 86.

33. כאשר – אחרי כאשר oder auch אחרי אשר. Trg Lag: בתר. Kod. Ken. 96: אחרי. V: postquam.

---

1 Edd. und שרידי הירושלמי ed. Ginzberg S. 80. Aruch v. סהרון und Jal. ha-Machiri Jes. S. 32 = MT.

2 Vgl. noch Frensdorff, Massora Magna S. 226.

3 Edd. und Theodor S. 442 = MT.

33. להם – לו. Jal. Ri § 64 aus Sabbath 83[b]. Vielleicht wird diese Lesart auch vom Inhalte der Stelle bestätigt: „Das lehrt, daß jeder einzelne sich ein Bild des Götzen angefertigt מלמד שכל אחד ואחד עשה לו דמות יראתו. Dies wird wohl aus לו geschlossen, wie ähnlich Jerusch. Synhed. VI 7 23[d] aus dem Kethib לי II Sam. 21, 4. Vgl. jedoch Synhed. 63[b] und Tossafoth Sabbath a. a. O. v. וישימו.

Kap. IX.

1. אליהם – אלהם. Massora bei G. III 331 N. 63 zählt unsere Stelle unter den defektiven אלהם. Dagegen Massora zu Ri 18, 2. Vgl. auch Frensdorff, Massora Magna S. 214 Anm. 5.

1 אבי אמו – אביו. Trg Lag: אבוהא ohne דאמיה, das aber edd., Walton und Jem bieten. Daher ist דאמיה bei Lag gewiß vom Kopisten weggelassen.

2. באזני – אל. Trg Lag: עם = אל oder auch עם. Bom, Walton und Jem: קדם = MT.

4. Agadath Bereschith XXVI 3 aus Tanḥuma וירא § 29, wo in den edd. das Zitat fehlt: ויקבצו אליו אנשים ריקים ופוחזים והיו עמו. Vermengung mit anderen Stellen. Vgl. Ri 11, 3; I Sam. 22, 2; II Chr. 13, 7.

6. מלוא – מלו. Trg Jem.

7. ויגידו – ויגדו. Nach Massora zu Gen. 26, 32 und II R. 18, 37 sind alle ויגדו in Ri defektiv. Vgl. auch Norzi.

7. להם – אלהם. Konkordanz ed. Bomberg v. אמר. LXX: αὐτοῖς.

8. הלוך – ההלוך. Trg Bom, Lag und Walton: המיזל. Ich kann eine Frage in unserer Stelle nicht erklären. Vielleicht ist הֲ falsche Vokalisation und es muß הַ lauten = הא = הנה. Also: הנה הלוך.

9. להם – אלהם. Konkordanz v. אמר.

9. החדַלתי – החדָלתי. Ibn Ġanaḥ, Rikmah S. 220. Pirḥon Wb. 8[c].

9. בי – בו. Konkordanz v. כבד. V. איש und v. אלה = MT. Trg Bom, Lag, bei Kimḥi, Walton und Jem: דמניה מיקרין, וביה מתפנקין. LXX: ἐν ᾗ, V: quā.

10. לכי את – לכי. Bereschith rabbathi ms. Prag (Abschrift Epstein) S. 97. σύ fehlt in LXX, tu fehlt in V.

10. מָלכי – מֳלכי. Josef Kimḥi, Sefer ha-Sikkaron S. 32: ויתכן בחטף קמץ שמרי כמו לכי את מֳלכי עלינו. Moses aus England, Sefer ha-Schoham SS. 26, 37: שְׁמרי לנקיבה או שֳׁמרי בחטף קמץ כמו מֳלכי עלינו. Ebenda S. 101: על משקל מלכי עלינו (Ez. 32, 20) מֳשכו אותה. In unseren Texten in Ez.: מָשכי.

11. החדַלתי – החדָלתי. Vgl. oben zu V. 9 s. v.

12. מָלכי – מֳלכי. Vgl. oben zu V. 9 s. v.

13. החדלתי – החֲדַלתי. Vgl. oben zu V. 9 s. v.

14. כל העצים – העצים. Bereschith rabbathi ms. Prag S. 98. πάντα fehlt in LXX.

15. באמת – באמת ותמים. Ibn Ganaḥ, Wb. S. 393. Sefer Haschoraschim S. 275 fehlt das Zitat. Kod. Ken. 30: באמת ובתמים. P bloß בשררא = בתמים. Vgl. V. 16.

16. ובתמים – ואם בתמים. Konkordanz v. אמן. V. עשה und v. תמם = MT.

19. היום הזה – היום. Trg Bom, Lag und Walton: יומא דין. P: יומנא. הזה fehlt in Kod. Ken. 30.

23. אלהים – ה׳. Tanḥuma ויקרא § 4.[1] 2 Kodd. V: Dominus.

23. בין אבימלך ובין בעלי שכם – בין בעלי שכם ובין אבימלך. Tanḥuma ויקרא § 3 in den alten edd. Ed. Buber § 4 und Midr. Agadah II S. 1 = MT.

24. חמס – חמת. Ochlah we-Ochlah N. 17. Konkordanz v. בוא. V. חמס = MT und unsere Stelle wird v. חמה nicht angeführt.

25. לו – להם. Jal. Ri § 66 aus Baba Kama 79ᵇ.

25. ראשי – ראש. Trg Lag: ריש. Vielleicht bloß fehlerhaft für רישי in Bom, Walton und Jem. Aber auch P und V lesen ראש: ריש, summitate.

25. את כל – כל. Baba Kama 79ᵇ in edd. und ms. München. Gen. r. LIV 3 in edd., Aruch v. גזל, Jal. Gen. § 95 und Sechel Tob zu Gen. 21, 34. את τὸν fehlt in LXX.

25. את כל – את. Jal. Ri § 66 aus Baba Kama 79ᵇ. כל fehlt in V.

25. יעבור – עבר. Jal. a. a. O. aus Baba Kama a. a. O. LXX: παρεπορεύετο. Trg Lag, Bom und Walton: עבר, P: דעבר. Vgl. die folgende Stelle.

25. יעבור – עובר. Sechel Tob Gen. 21, 34 aus Gen. r. LIV 3. Vielleicht ist עָבר zu lesen und ו als Mater lectionis anzusehen. Vgl. dazu Das Schriftwort I (Prolegomena) S. 35. Vgl. hier die vorhergehende Stelle.

25. עליהם בדרך – על ההרים. Baba Kama 79ᵇ ms. München. Zu beachten ist, daß der Hinterhalt על ראשי ההרים war.

27. וידרכו fehlt bei Elasar aus Beaugenci, Komm. zu Jes. 9, 62.

27. ויעשו הלולים ויבאו בית אלהיהם – ויבאו בית אלהיהם ויעשו הלולים. Elasar aus Beaugenci a. a. O.

27. הלולים – חלולים. Trg: חנגיא. Vielleicht bloß Deutung ה = ח. Vgl. Prolegomena S. 19 N. 3. A: χορούς, P: חלולא, V: factis cantantium choris.

28. ירבעל – ירבעל הוא. Trg Lag und Jem. Auch P drückt הוא aus.

---

[1] Ed. Buber, Midr. Agadah ed. Buber II S. 1 und Jal. ha-Machiri Ps. 8 § 23. — Edd. und Jal. ha-Machiri Prov. ed. Grünhut 86ᵃ = MT.

29. רַבֶּה — רַבָּה. Dunasch in Criticae Vocum Recensiones 70b. R. Tam in seinen Entscheidungen daselbst. Josef Kimḥi, Sefer ha-Galuj S. 44. Vgl. auch die Bemerkung Norzis.

29. רַבֶּה — רַבָּה. Ochlah we-Ochlah N. 56.

29. צבאך — צבאיך. Kimḥi, Michlol 97b. Auch Trg drückt den Plural aus.

31. והנם — והנה. Konkordanz v. צור. V. עיר = MT. P: והא.

33. כזרח — בזרח. Konkordanz v. בקר. V זרח und v. שמש = MT. Trg Lag: במדנח. Trg Walton כמדנח, aber in der lateinischen Übersetzung: in oriri. כְּ ist auffallend, da Trg in der Regel כְּ mit Infinitiv durch כד mit verb. finit. ausdrückt.

33. על — אל. Madinḥaë in Massora fin. חלופי המקרא und bei G. I 592 N. 623 und II 57 N. 494. 3 Kodd. Ken.

35. והעם — וכל העם. Trg Jem: וכל עמא. 7 Kodd. V: omnis exercitus. Auch mehrere wichtige LXX-Kodizes: καὶ πᾶς ὁ λαός.

35. המאֲרב — המאְרב. Siehe Arugath ha-Bosem bei Norzi. Kodd. bei Norzi und bei G. I 601b, III 26 N. 641*aa*. Vgl. auch Massora aus Jemen bei G. III 71b.

36. אֶת (II) — אֵת. Die älteren edd. Massora aus Jemen bei G. III 71b.

37. ירדים — יורדים. Konkordanz ed. Bomberg v. ירד und v. עמם. Vgl. Norzi.

38. מאסתה — מאסת. Jerusch. Pesaḥim VI 3 33b unten in edd. und im Kommentar des R. Ḥananel zu Pesaḥim 69a. Konkordanz v. מאס und v. עמם.

38. נא fehlt in Jerusch. a. a. O. bei R. Ḥananel a. a. O. Es fehlt in A (δή), Trg Bom und Walton, P und V.

38. עתה fehlt in Jerusch. Pesaḥim VI 3 33b bei R. Ḥananel zu Pesaḥim 69b. Konkordanz v. לחם. V. יצא und v. עתה = MT. עתה fehlt in V.

38. עתה — אתה. Sebirin bei G. III 375 N. 83. Massora I R. 1, 18 ohne Angabe der Stellen: ג׳ סבי׳ אתה. 2 Kodd. Ken.: אתה.

38. והלחם — הלחם. Jerusch. Pesaḥim VI 3 33b unt. bei R. Ḥananel zu Pesaḥim 69b.

40. השער — העיר. Trg Lag: דקרתא. LXX-Kodizes und A: τῆς πόλεως, V: in urbem. Ar: שער העיר vereinigt beide Lesarten.

41. וישב — וילך. Massora fin. v. א N. 7 (Zitat). LXX: καὶ εισῆλθεν.

41. בארומה — באדומה. Massora fin. a. a. O. (Zitat). 2 Kodd. P: באדומא.

44. והראשים — והראש. Trg Lag und Jem: ומשריתא. V: cum cuneo.

44. והראשים — וכל ראשים. Trg Bom und Walton: וכל משירין.

44. הראשים — ראשים. Trg: משירין. P: רישין.

46. בית אל – ביתאל. Stichwort in Raschi zur Stelle. Trg Lag, Bom und Walton. LXX: *Βαιθήλ, Βηθήλ*.

48. הקרדמות – הקרדום. Zeror ha-Mor ed. Warschau I 107[a]. LXX-Kodizes und A: *την ἀξίνην*, P. נרגא.

48. שוכת – סוכת. Aruch v. סך$_3$.

48. שכמו – שכמָיו oder auch שכמָו. Trg Bom und Walton: כתפוהי. LXX: *ὤμων, ὤμους*.

48. עשו – ועשו. Bereschith rabbathi ms. Prag (Abschrift Epstein) S. 225.

49. גם כל – כל. Bereschith rabbathi S. 226. Massora fin. v. כ N. 2 (Zitat). Haj Gaon, Kommentar zu Tohoroth S. 37. גם fehlt in A, P und V, aber auch כל העם.

49. כל fehlt in Konkordanz v. עמם. V. כרת = MT. Vgl. die Versionen in der vorhergehenden Stelle.

49. שוכה – שוכו. Haj Gaon, Kommentar zu Tohoroth S. 37. Pirḥon, Wb. r. שוך. Simon Duran, Magen Aboth ed. Livorno 4[b]. Zeror ha-Mor ed. Warschau 107[a]. Es ist die Lesart der Madinḥaë, G. II 57 N. 494.

49. הצריח (I und II) – צריח. Trg faßt צריח als Eigennamen, vgl. Trg V. 46, und schreibt daher auch hier צריח.

52. פתח – שער. Trg: תרע. P: לתרעא.

53. אחת fehlt in Massora fin. v. פל N. 9 (Zitat).

53. ותרץ – ותריץ. Ochlah we-Ochlah N. 1. Vgl. dagegen Norzi.

55. ויראו – וירא. Ibn Ġanaḥ, Wb. r. איש im arabischen Text und in Sefer Haschoraschim S. 26. LXX: *καὶ εἶδεν*.

57. כל fehlt in Bereschith rabbathi ms. Prag (Abschrift Epstein) S. 98.

57. קללת – קלְלַת. Juda Ibn Ḥajuġ אותיות הנוח ed. Dukes S. 20. Kimḥi, Michlol 72[a]. Vgl. oben zu 7, 7 v. המלקקים.

Kap. X.

1. להושיע את ישראל fehlt in Seder Olam r. Kap. 12 in edd. und mss. München und Epstein. Gewiß bloß Kürzung und es ist nach אבימלך mit ed. Neubauer 'וגו zu lesen.

1. בן פואה fehlt in Seder Olam r. Kap. 12 ms. Epstein. In edd. fehlt das Zitat.

1. דודו – דורו. Seder Olam r. Kap. 12 ms. München. In edd. und ms. Epstein fehlt das Zitat.

1. בשמיר – בשומרון. Seder Olam r. Kap. 12 ms. München. LXX-Kodizes und A: *ἐν Σαμαρείᾳ*.

2. שנה — שנים. Seder Olam r. Kap. 12 ms. Epstein. Kod. Ken. 150.

2. בשמיר — בשמר. Konkordanz ed. Bomberg v. קבר.

4. להם (II) — ולהם. Trg Lag: ולהון. Kod. Ken. 150. LXX-Kodizes. *καὶ αὐτὰς.*

4. הגלעד — גלעד. Trg Lag und Jem: גלעד. LXX: *Γαλαάδ.*

6. ויעבדו — ויעבדו בני ישראל. Juda Ibn Kureisch, Risalat S. 53.

6. ואת אלהי צידון fehlt bei Juda Ibn Kureisch a. a. O.

6. צידון — צידן. Trg Lag.

6. ואת אלהי עמון ואת אלהי מואב — ואת אלהי מואב ואת אלהי בני עמון. R. Jakob aus Wien in פשטים ופירושים ed. Großberg S. 129.

6. בני עמון — עמון. R. Jakob aus Wien. Vgl. die vorhergehende Stelle.

6. את ה׳ — את אלהים. Seder Olam r. Kap. 12 ms. Epstein. In edd. und ms. München fehlt das Zitat.

8. בני ישראל (I) — ישראל. Seder Olam r. Kap. 12 in ms. München und Sechel Tob II S. 194.

8. בשנה ההיא fehlt in Seder Olam r. Kap. 12 ms. München. Fehlt in LXX-Kodizes und V.

8. בני ישראל (II) — ישראל. Seder Olam r. Kap. 12 ms. München. Kod. Ken. 77.

8. ישראל (II). Trg Lag: ית כל בני ישראל דחיקו = את כ׳ ב׳ י׳ רעצו. Wahrscheinlich ist דחיקו aus dem Anfange des Verses verschrieben.

10. וכי — וכי Kethib, כי Kere. Massoretische Notiz bei G. II 57 N 494 und II 82b. Mehrere Kodd. haben כי als Kethib. LXX: *ὅτι,* P: דשבקנן, V: quia.

10. אלהינו — ה׳ אלהינו. Trg Bom und Walton: ה׳ אלהנא. 7 Kodd. Ken. 2 Kodd. bloß ה׳. LXX-Kodizes: *Κύριον τὸν θεόν ἡμῶν,* V: Dominum Deum nostrum.

11. מן — ומן. Konkordanz v. בנה. Massora bei G. II 233 N. 538 bezeichnet unsere Stelle und Jer. 17, 26 als die zwei Verse, in denen dreimal ומן vorkommt. ומן fordert auch Massora aus Jemen bei G. III 71b, mit der Bemerkung, daß auch die jerusalemischen Kodizes ומן bieten. Zahlreiche Kodd. und edd. LXX und Sym.: *καὶ ἀπὸ,* Trg: ומן. Vgl. auch die folgende Stelle.

11. מן בני — ומבני. Num. r. XX 5 in den alten edd. LXX-Kodizes und V: ובני.

11. ומן פלשתים — ומפלשתים. Num. r. editio princeps XX 5. Trg Bom und Walton: ומפלשתאי.

12. ועמלק. Massora fin. v. ו N. 27 führt als den einzigen Bibelvers, der mit dem Worte וצידונים anfängt, die Stelle an: וצידונים ועמלק

וכל בני קדם. Es kann nur unser Vers gemeint sein. Daß aber hier bloß eine Verwechslung mit Ri 7, 12 vorliegt, ist nicht sicher.

12. ומעון — ובני עמון. Cant. r. zu 1, 3 in ms. München N. 50.[1] Mit Rücksicht auf V. 11 ist diese Lesart kaum denkbar. Möglich aber ist es, daß Cant. r. V. 11 עמון nicht gelesen. Einen solchen Text bietet P: מצרים ומואב וצדונים ועמלק ועמון.

12. ואושיעה — ואושיע. Cant. r. zu 1, 2. Num. r. XX 5.

14. המה. Trg: האם יכלין drückt nicht האם aus, sondern es ist dogmatische Umschreibung, um nicht einmal per ironiam auszudrücken, daß die Götzen helfen können. Vgl. I R. 18, 27 und Trg.

15. אל ה׳ fehlt in Raschi Berachoth 29b v. עשה. So edd.; Or Zarua I 27d N. 47 = MT.

15. ככל הטוב — כטוב. Raschi Berachoth 29b v. עשה. Vgl. aber die folgende Stelle. P: מדם דשפיר und V, quidquid tibi placet, drücken כל nicht aus, sondern כטוב oder auch הטוב.

15. ככל הטוב — את כל הטוב. Or Zarua I 27 N. 47 aus Raschi Berachoth 29b. Vgl. aber die vorhergehende Stelle. Kod. Ken. 174: כל הטוב.

15. היום הזה — היום. Trg Bom und Walton: יומא דין. P: יומנא. V: nunc.

16. ויסירו — ויסירו בני ישראל. Seder Eliahu zuta ms. Parma Kap. 8, in M. Horowiz' בית עקד האגדות I. Edd. und ed. Friedmann S. 185 = MT. Aber auch P: ואפרקו בני איסראיל.

16. מקרבם — אשר מקרבם. Trg Lag: דביניהון. Kod. Ken. 187.

16. ותקצר נפשו — ותצר נפשו. Trg Bom und Walton: ועקת נפשיה. Vielleicht auch ותקן. Vgl. aber Trg Ri 16, 16. Trg Lag in dogmatischer Umschreibung: ואתגלגלו רחמוהי. Es gibt aber alte Zeugnisse, daß Trg den ganzen Satz unübersetzt ließ, wie in der Tat in Trg Jem. Vgl. Maimonides, Moreh Nebuchim I 41 und Munk S. 147 Anm. 2.

16. בעמל — מעמל. Ibn Ġanaḥ, Sefer Haschoraschim r. עמל S. 375. Der Karäer Juda Hadassi, Eschkol ha-Kofer AB 69 32c. Zu בעמל vgl. Kimḥi und Moreh I 41.

18. ויאמרו — ויאמר. Konkordanz ed. Bomberg v. אמר. V. עמם = MT. P: ואמר.

18. העם — כל העם. Jal. I Sam. § 107 aus Midr. Sam. XIII 6.[2] Konkordanz v. אמר und v. עמם.

---

[1] In den alten Edd.: ועמלק לחצו, so daß ומעון oder ובני עמון fehlen kann.

[2] Verschrieben in ויאמרו כל אנשי יבש גלעד.

Kap. XI.

1. אשה – אשת. Pirḥon, Wb. r. זנה.

3. ויצאו – ויהיו. Baba Kama 92ᵇ. 2 Kodd.

4. מימים. Trg Lag und Jem: לזמן יומין drückt nicht לימים aus, sondern es ist die stehende Übersetzung von מימים.[1] Daher ist מזמן in Bom und Walton fehlerhaft.

6. והייתה – והיית. Konkordanz ed. Bomberg v. הלך und v. קצן.

7. לזקני – אל זקני. Massoret. Notiz bei G. I 601ᵇ. Mehrere Kodd.

8. לנו fehlt bei Josef Ibn Kaspi, Kommentar zu Threni 1, 5. Fehlt in 2 Kodd. Ken., P und V.

11. העם fehlt in Tanḥuma ed. Buber וירא § 29, in LXX-Kodd. und P.

11. עליהם fehlt in Jal. Num. § 732 aus Sifre Num. § 85.

13. ועד (I) – עד. Naḥmanides zu Num. 21, 26 in 2 mss. und ed. Lissabon. Gersonides, Kommentar zur Stelle. Zahlreiche Kodd. und V.

13. היבק – יבק. Gersonides, Kommentar zur Stelle. ה τοῦ fehlt in LXX.

13. ועד (II) – עד. Naḥmanides, Kommentar zu Num. 21, 26 in 5 mss. So A.

15. ויאמר – ויאמרו. Sebirin.[2] 6 Kodd. V Vers 14: ut dicerent.

15. לו fehlt in Massora zur Stelle (Zitat). Fehlt in V und Ar.

17. לאמר fehlt bei Naḥmanides zu Deut. 23, 5.

17. אעברה – נעברה. Kod. מנה bei G. I 607ᵇ und III 27 N. 641 *cc*. 4 Kodd. P: נעבר.

17. נא fehlt im Stichwort bei Raschi zur Stelle und bei Naḥmanides zu Deut. 23, 5. Fehlt in LXX-Kodizes, P und V. So auch zahlreiche Kodd.

17. אבה – רצה. Midr. Agada ed. Buber II S. 178.

18. ויבא – ויבאו. Raschi Deut. 2, 3. Trg: ואתו. Kod. Field 85 marg.: *παραγένοντο*.

18. לארץ – אל ארץ. Konkordanz ed. Bomberg v. ארץ. V. שמש = MT.

18. ויחנון – ויחנו. Ibn Ġanaḥ, Wb. S. 186.[3] Konkordanz v. חנה und v. עבר.

18. בעבר – מעבר. Konkordanz v. עבר. V. חנה = MT.

20. עם ישראל – בישראל. Konkordanz v. חנה. Zahlreiche Kodd.

---

[1] Vgl Jos. 23, 1; Ri 14, 8 und 15, 1.

[2] Kimḥi, Et Sofer S. 2. Norzi zur Stelle. G. I 91 N. 844 und II 325 N. 40.

[3] Sefer Haschoraschim S. 126 = MT.

21. הארץ – בארץ. Trg Lag: בארעא. Trg Walton ארעא, aber in der Übersetzung: in terra. 3 Kodd. 1 Kod.: בהארץ. Wichtige LXX-Kodizes und A: ἐν τῇ γῇ.

22. ויירשו – וירשו. Konkordanz v. גבל und v. ירש.

22. ועד (I) – עד. Josef Kara, Kommentar zur Stelle. Zahlreiche Kodd. Vgl. zu V. 13.

22. ומן – מן. Stichwort in Raschi zur Stelle.

24. מפנינו fehlt in Konkordanz v. ירש. Wird aber v. פנה angeführt, was durch die Benützung verschiedener Texte, wie auch sonst öfters, erklärt werden kann. ἀπὸ προσώπου ἡμῶν fehlt in A und anderen LXX-Kodizes, die auch הוריש durch κατεκληρονόμησεν und nicht τοὺς, sondern ὅσα ausdrücken. Auch V faßt הוריש in der Bedeutung „besitzen, in Besitz nehmen" und drückt מפנינו nicht aus, während LXX, Trg und P מפנינו lesen. Die Verschiedenheit der Deutung von הוריש hängt also vom lesen oder nicht lesen des Wortes מפנינו ab.

25. הרב – הרוב. Massora zur Stelle und zu Job 11, 2 betont, daß הרוב in unserer Stelle plene geschrieben ist. Zahlreiche Kodd. und edd.

25. אם – ואם. Lekaḥ Tob zu Num. 25, 1. Zahlreiche Kodd.

26. בשבת – כשבת. Trg: כד יתיב. P: כד יתב, V: quando habitavit.

26. ובבנותיה (I) – ובנותיה. Seder Olam r. Kap. 12 ms. München. V: et viculis ejus.

26. ובערעור – ובערועער. Seder Olam r. Kap. 12 ms. München. Naḥmanides zu Num. 32, 41. Konkordanz v. בנה. LXX: καὶ ἐν γῇ Ἀροήρ, P: ובערועיר, V: et in Aroër. Der Name lautet sonst durchwegs עֲרֹעֵר.

26. ובערעור – ובערער. Trg: ובערער. Vgl. auch die folgende Stelle.

26. ובערעור – בערער. Josef Kara, Kommentar zur Stelle.

26. ובבנותיה – ובנותיה. Seder Olam r. Kap. 12. V: et villis illius.

26. ידי – יד. Gersonides zur Stelle.

29. ה' – אלהים. Sa'adias Kommentar zu Sefer Jezirah in der hebräischen Übersetzung des Jakob ben Nissim, ms. München N. 92 [20].[1] Arabischer Text ed. Lambert S. 72 und Juda ben Barsillais Jezirahkommentar S. 178 = MT.

29. בני – אל בני. Trg Lag und Jem: לות בני. Bloße Deutung würde לבני sagen. 14 Kodd. אל, 1 Kod. אל ארץ. LXX: εἰς, P: לבני, V: ad filios.

---

[1] Abschrift Epstein S. 44. Auch mitgeteilt in Kaufmanns Bemerkungen zu Juda ben Barsillais Jezirahkommentar S. 341.

31. היוצא אשר יצא — אשר יצא יָצָא. Trg: דיפוק מיפק. Vielleicht auch היוצא יָצָא. Vielleicht bloß Umschreibung der doppelten determinierten Relation, aber nicht sehr wahrscheinlich. היוצא ὁ ἐκπορευόμενος fehlt in wichtigen LXX-Kodizes. P und V drücken bloß אשר יצא oder bloß היוצא aus. Vgl. auch die folgende Stelle.

31. אשר יצא fehlt in Lev. r. XXXVII 4 in edd. und Sefer We-hishir II S. 260. Tanḥuma בחוקותי § 5 bei Baḥja ben Ascher, Kommentar zu Lev. 27, 29. Fehlt in Kod. Ken. 96 und in LXX-Kodizes und Itala. Über P und V vgl. die vorhergehende Stelle.

31. מדלתי — חוץ מדלתי. Trg Bom, Walton und Jem: דיפוק מיפק בר. Vgl. auch die folgenden Stellen.

31. לקראתי — החוצה לקראתי. Gen. r. LX 3 in allen alten edd. Kod. Ken. 70. Vgl. die vorhergehende und die folgende Stelle.

31. לקראתי — החוצה. Ta'anith 4[a] bei Baḥja ben Ascher, Kommentar zu Gen. 24, 14. Tanḥuma בחוקותי § 5 bei Baḥja ben Ascher, Kommentar zu Lev. 27, 29. Da der weitere Bibeltext gekürzt angeführt wird, so kann man auch an die Lesart החוצה לקראתי denken, wie in der vorhergehenden Stelle. Vgl. aber das folgende. Kod. Ken. 651: חוצה.

31. לקראתי fehlt Ta'anith 4[a] in Jal. ha-Machiri Jes. S. 179.

31. בשובי — כשובי. Trg: כד איתוב.

31. בשובי בשלום מבני עמון fehlt in Jal. ha-Machiri Ps. 116 § 44 aus Lev. r. XXXVII 4. Vgl. die folgende Stelle.

31. מבני עמון fehlt in Gen. r. LX 3 in allen alten edd. Fehlt in Kod. Ken. 651.

31. והיה לה' והעליתיהו עולה — והעליתיהו עולה לה'. Gen. r. LX 3 in allen alten edd. Tanḥuma בחוקותי § 5 bei Baḥja ben Ascher, Kommentar zu Lev. 27, 29. So auch V: eum holocaustum offeram Domino. So Kod. Ken. 651.

31. והעליתיהו — והעלותיהו. Jal. Jos. § 25 aus Gen. r. LX 3. Als Kethib lesen so die Madinḥaë. Vgl. Massora fin. חילוף המקרא und G. I 592 N. 623, II 57 N. 494 und 82[a].

31. והעליתיהו — והעליתיו. Baḥja ben Ascher, Kommentar zu Lev. 27, 29 aus Tanḥuma בחוקותי § 5.

31. עולה — עלה. Nach der Massora ist das Wort עלה in Ri nur 6, 26 plene: וכל שופטים חסר בר מן אחד מלא וסימנא והעלית עולה. Siehe Massora zu Num. 7, 52; G. II 379 N. 194. Massora bei G. II 380 N. 196 zählt עלה in unserem Buche nicht unter den 24 עולה plene. Vgl. oben zu 6, 26 s. v.

31. עולה — לעולה. Ta'anith 4[a] ms. München. 6 Kodd. Ken. P: לעלתא.

33. מערועֵר – מערער. Trg: מערער. Kodd. Massora verlangt מערועֵר. Vgl. Massora zu I Sam. 30, 28; II R. 10, 33. Vgl. die Korrektornote bei Norzi zur Stelle.

33. ועד (I) -- עד. Massora fin. v. מ N. 1 (Zitat). Profiat Duran, Ma'asse Efod S. 155. Zahlreiche Kodd. LXX: ἕως, Trg Bom und Lag und Walton: עד.

34. המצפה – המצפתה. Ta'anith 4[a] in Jal. Gen. § 107. Gen. r. LX 3 in den alten edd. und in Lekaḥ Tob zu Gen. 24, 13. Lev. r. XXXVII 4 in Jal. ha-Machiri Ps. 116 § 44.[1] Mehrere Kodd.

34. יוצאת – יוצאה. Ta'anith 4[a] in Jal. Gen. § 107.

34. ממנו – ממנה. Trg Lag und Jem מנה. Sebirin.[2] 3 Kodd. LXX-Kodizes: πλὴν αὐτῆς, P: לבר מנה.

35. הכרע fehlt in Tanḥuma בחוקותי § 5 bei Baḥja ben Ascher, Kommentar zu Lev. 27, 29.[2] Fehlt in LXX-Kodizes, Itala und V.

35. פי – פה. Tanḥuma בחוקותי § 5 in den alten edd.

35. אל ה' – לה'. Gen. r. XXII 11 in den alten edd. und 2 mss. bei Theodor S. 217 und Jal. Gen. § 38.[3] Kod. Ken. 1.

35. ולא – לא. Tanḥuma בחוקותי § 4 in den alten edd. 4 Kodd.

36. פציתה – פצית. Konkordanz ed. Bomberg v. פה und v. פצה.

36. לך ה' – ה' לך. Der Karäer Abul Faraǵ bei Poznanski, Nouveaux Renseignements sur Abu-L-Faradj S. 62. Konkordanz v. אחר und v. נקם. V. עשה = MT.

37. ממני – לי. Bereschith rabbathi ms. Prag (Abschrift Epstein) S. 161.

37. ואלכה fehlt in Bereschith rabbathi a. a. O. Fehlt in V und Kod. Ken. 30.

37. על ההרים – אל ההרים. Ex. r. XV 4 in Jal. ha-Machiri Zach. ed. Greenup S. 57 (zweimal). Ibn Ġanaḥ, Wb. S. 296.[4] Der Karäer Aron ben Josef ha-Rofe, Mibḥar Jescharim zur Stelle.

38. שני – שנים. Kethib in einer massoretischen Notiz bei G. II 57 N. 494 und 92[a]. 4 Kodd.

39. נדרו – נדרה. Konkordanz v. נדר und v. עשה. Kod. Ken. 176.

40. מימים – מדי ימים. Moses ben Schescheth, Kommentar zu Ez. 8, 14.

40. מימים – ימים. Nazir 5[a] ms. München.

---

[1] In edd. fehlt das Zitat.

[2] Siehe Massora und Norzi zur Stelle. G. II 234 N. 547[a] f. 325 N. 40. Vgl. noch Frensdorff, Massora Magna S. 255.

[3] Einige mss. bei Theodor: את ה'.

[4] Sefer Haschoraschim S. 204 = MT.

40. לבת — את בת. Ta'anith 4ª in Agadoth ha-Talmud.[1] Nazir 5ª ms. München. Tossafoth Nazir a. a. O. v. תלכנה. LXX und V drücken את aus.

40. הגלעדי fehlt in Nazir 5ª ms. München. Raschi und Tossafoth daselbst.

40. ימים — פעמים. Nazir 5ª ms. München.

Kap. XII.

1. עברת. Trg Bom und Walton: עבדתא — fecisti = עשית. Es ist Verschreibung aus עברתא, wie richtig Lag und Jem.

2. ואזעק — ואצעק Massoretische Notiz bei G. I 601ª aus Kodizes. 3 Kodd. Ken. Alter korrekter Kodex bei Norzi. Randglosse in ed. Bomberg.

2. אתכם — אליכם. Trg: ובעית מינכון. Es faßt also ואזעק in der Bedeutung „bitten, flehen", in dieser Bedeutung aber wird זעק — צעק mit אל oder ל verbunden. Es gibt freilich außer unserer Stelle noch zwei Verbindungen von זעק mit Akkusativ der Person: Zach. 6, 8 „ויזעק אתי — er rief mich" und Neh. 9, 28 ויזעקוך; aber in der ersten Stelle ist die Bedeutung von זעק verwandt mit „versammeln, aufbieten", in welchem Sinne זעק immer mit את konstruiert wird, und die zweite Stelle gehört einem sehr späten Sprachgebrauch an.[2] A: πρὸς ὑμᾶς. P und V haben אתכם, deshalb lesen sie auch וָאַזְעִק — vocavi.

4. אתם. Trg: מא אתון חשיבין דבית גלעד. Das ist gewiß Deutung von מה אתם. Jedenfalls aber verbindet Trg אתם mit גלעד, wie LXX und Sym., während MT אתּם hat.

4. בתוך — ובתוך. Trg Lag und bei Raschi, Josef Kara und Kimḥi: ובנו. Zahlreiche Kodd. LXX: καὶ ἐν μέσῳ. Sym., P und V: ומנשה.

4. מנשה — בני מנשה. Midr. ha-gadol ed. Schechter S. 717 aus unbekannter Quelle.

5. גלעד (I) fehlt im Stichwort bei Raschi zur Stelle und Kod. Ken. 168.

5. יאמרו פליטי. Trg: אמר חד ממשיזביא = יאמר פליט. Vielleicht bloß Harmonisierung mit den folgenden Singularen. Es ist aber wohl targumische Übersetzungsmanier, Singulare zu pluralisieren, nicht

---

[1] In edd. und mss. fehlt das Zitat, auch Raschi hat es nicht gelesen.

[2] Ein Autor des 15. Jahrhunderts, Juda Ibn Chalz, in seinem Sefer ha-Musar Kap. II Anf. zitiert aus agadischer Quelle Richter 3, 9 und 6, 6—7 זעקו . . . את ה' und ויזעקו . . . את ה'. Ich teile dieses Zitat zu den betreffenden Stellen nicht mit, weil es mir sicher scheint, daß hier bloß Verschreibung aus אל vorliegt.

aber umgekehrt. Vgl. Das Schriftwort Heft II S 26 Anm. 7. V: cumque venisset ... fugiens atque dixisset.

5. הַאפרתי, alte edd. אפרתי – הָאפרתי. Trg: אפרתי. So Bom und Walton, Jem: אפרתאי, Lag: האפרתי.

6. ויאמר – ויאמרו. Tanḥuma בחוקותי § 3 in allen alten edd. Seder Eliahu rabba Kap. 11 ed. Friedmann S. 56. 2 Kodd. LXX-Kodizes und A: εἶπεν.

6. יבין – יכין. Tanḥuma בחוקותי § 3 in den alten edd.[1] 12 Kodd. und die ältesten edd.

6. נכון – יכין. Hebräisch-persisches Wörterbuch ed. Bacher[2] S. 104.

6. לאמר – לדבר. Hebräisch-persisches Wörterbuch a. a. O.

6. על – אל. Trg Jem: על. A: ἐπὶ, P: על.

6. במעברות – על מעברות. Trg Lag, Bom und Walton: במגזת. V: in transitu.

7. הגלעדי fehlt Gen. r. LX 3 in den alten edd. und Jal. Ri § 68. Fehlt auch in V, die es aber beim ersten יפתח liest.

7. הגלעד – גלעד. Gen. r. LX 3 in Jal. Ri § 68 (zweimal). Raschi zu Ri 11, 39. Kimḥi zur Stelle.

8. בית הלחמי – מבית לחם. Trg: דמבית לחם. P: דמן בית לחם.

11. אילן – אילון. Trg Lag.

11. אלן – אילון. Nach Massora fin. v. אי N. 22. Vgl. oben zu 4, 11.[3]

12. אלן – אילון. Trg Lag.

12. אלן – אילון. Nach Massora fin. v. אי N. 22. Vgl. oben zu 4, 11.[3]

14. עירם – עירים. Nach Massora bei G. II 389 N. 346 ist das Wort עירם Gen. 32, 16 und in unserer Stelle defektiv. Vgl. dagegen Massora fin. v. עי N. 35 und Frensdorff, Massora Magna S. 138b.

Kap. XIII.

1. ויעשו בני ישראל – ויסיפו בני ישראל לעשות. Seder Olam r. Kap. 12 in edd., allen mss. der ed. Ratner und ms. Epstein. Ratner verweist für diesen Text auf den Ausspruch R. Abahus in Midr. Ps. 18 § 6:[4] Vor dem Deborahlied heißt es im Bibeltext: ויוסיפו בני ישראל לעשות הרע, nach dem Deborahlied: ויעשו בני ישראל הרע. Aber dieser Hinweis beruht auf einem Mißverständnis. R. Abahu meint

---

[1] In editio princeps fehlt das Zitat. Bei Tanḥuma aber ist die editio princeps für die späteren Ausgaben nicht maßgebend. Vgl. Das Schriftwort Heft IV S. 140 Anm. 4.

[2] XXIII. Jahresbericht der Landesrabbinerschule in Budapest.

[3] Vgl. noch Frensdorff, Massora Magna S. 18 Anm. 2 und S. 265 Anm. 6.

[4] Auch Cant. r. zu 4, 1 und Midr. Sam. XIX, 1.

natürlich: unmittelbar nach dem Deborahlied, d. h. 6, 1, wie aus der weiteren Ausführung des Ausspruches deutlich zu sehen ist.

1. ויתנם ה׳ – ויתנם. Seder Olam r. Kap. 12 in edd. und allen mss. der ed. Ratner.[1] So A, der Κύριος nicht ausdrückt.

2. אחד fehlt in Mechilta zu Ex. 17, 14 ed. Friedmann 55b. אחד εἷς fehlt in A.

2. ממשפחת – ממשפחות. Mechilta a. a. O.

2. ולא – לא. Jal. ha-Machiri Jes. S. 181 aus unbekannter Quelle. Trg Bom und Walton: לית לה ולד. 4 Kodd. Ar.

3. הנה נא – הנה. Lev. r. IX 8 in Jal. Ps. § 712. פרק השלום ms. Epstein. Konkordanz v. אמר.[2] 2 Kodd. LXX, P. In V fehlt הנה נא.

3. וילדת – ויולדת. Pesikta ed. Buber 141a in Jal. Ps. § 873 und Jal. ha-Machiri Ps. 112 § 24. Lev. r. IX 8 in edd. und Jal. Ps. § 712. Konkordanz v. בנה und v. הרה.[2] Wenn v. ילד „וילדת" angeführt wird, so stammt dies aus einem anderen Kodex, oder — was wahrscheinlicher ist — es ist וילדת zu lesen, wie ja auch aus den Versen 5 und 7 unseres Kapitels וילדת zitiert wird. 5 Kodd. Ken.: ויולדת.

4. ועתה – עתה. Sotah 9b in alten edd. und ms. München.[3]

4. ואל (I) – אל. Sotah 9b in alten edd., ms. München und Jal. Ri § 68.[3] Zahlreiche Kodd. P und V drücken אל aus.

4. ואל (II) – אל. Sotah 9b in den alten edd.

4. טמא – טומאה. Sotah 9b in ms. München (zweimal), Agadoth ha-Talmud und bei Kimḥi zu unserer Stelle. LXX, P und V übersetzen auch 7 und 14 טומאה mit ἀκάθαρτον, דטמא, immundum, auch Trg an allen drei Stellen: מסאב. Sie drücken also abstractum per concretum aus, so kann ihr Text in unserer Stelle nicht erkannt werden. Nur V. 7 haben LXX-Kodizes: ἀκαθαρσίαν.

5. יעלה. Trg יעיבר, so auch 16, 17 עדא = עבר für עלה.[4] Dies geht nicht auf יעבר und עבר in der Vorlage zurück, sondern es ist bloß Deutung von יעלה und עלה unter dem Einfluß von Num. 5, 6; 8, 7 und Ez. 5, 1.

5. והוא – הוא. Sotah 9b ms. München.

6. איש – הנה איש. Lev. r. I 1 in den alten edd. und in Jal. Ri § 40, Lev. § 427 und Hag. § 567.

6. איש – הנה נא איש. Lev. r. I 1 in Jal. Lev. § 427.

---

[1] Ms. Epstein und ed. Neubauer = MT.

[2] V. עקר = MT. Geht auf einen anderen Text zurück.

[3] Agadoth ha-Talmud und En Jakob = MT.

[4] I Sam. 1, 11 faßt Trg מורה nicht in der Bedeutung Scheermesser, sondern = מורא Furcht, daher gibt es יעלה mit יהי wieder. Vgl. Das Schriftwort Heft II zur Stelle in Sam.

6. האלהים (I) – אלהים. Lev. r. I 1 in den alten edd. und Jal. Lev. § 427 und Hag. § 567.[1] Jal. zur Stelle. ה τοῦ fehlt in LXX.

6. האלהים (II) – ה׳. Lev. r. I 1 in Jal. Hag. § 567.[2] Midr. Ps. 103 § 17.[3]

7. ואל – אל. Kimḥi, Wb. r. טמא.

7. עד – ועד. Josef Kara, Kommentar zur Stelle. Aber zweimal auch = MT. ועד mehrere Kodizes.

8. עוד fehlt bei Abarbanel, Kommentar zu Ex. 12, 2 und in Trg Jem prima manu. Fehlt in 2 Kodd. Ken. und A.

8. היולד – הילד. Josef Kimḥi, Sefer ha-Sikkaron S. 24. Zahlreiche Kodd.

9. האלהים – אלהים. Num. r. X 17.

10. ביום – ביום הזה. Trg: ביומא דיכי. Vielleicht bloß Verdeutlichung, vgl. Kimḥi. Dafür spricht vielleicht דיכי statt des gewöhnlichen הדין. Dasselbe gilt auch von LXX-Kodizes ἐκείνῃ und P בהא = ההוא.

11. יבא – יבאו. Sebirin. Vgl. Massora zu Lev. 11, 34; Norzi zu unserer Stelle; G. I 170 N. 113 und II 325 N. 40. Vgl. auch Frensdorff, Massora Magna S. 371 und 370 Anm. 6. Frensdorffs Frage, wie hier der Plural erforderlich sein kann, da דברך steht, erledigt sich einfach durch den selbstverständlichen, auch von Norzi zu unserer Stelle betonten Schluß, daß die, welche יבאו fordern, auch דבריך lesen. Vgl. weiter unten v. דברך. Trg: יתקיימון. LXX, P und V lesen יבא und daher auch דברך.

12. יבא – יבא נא. Konkordanz v. אמר, v. בוא, v. דבר und v. עתה. Kod. Ken. 187. LXX-Kodizes und A: νῦν δὴ = עתה נא oder auch עתה יבא נא.

12. דברך – דבריך. Massora zu Lev. 11, 34 und bei G. I 170 N. 113, II 325 N. 40 (Zitat). דבריך wird von denen gelesen, die יבאו fordern. Vgl. oben v. יבא. Unsere Stelle fehlt auch in den massoretischen Verzeichnissen der defektiven דברך. Siehe Norzi. Trg: יתקיימון פיתגמך. Vgl. Norzi.

12. יהיה fehlt in Trg bei Raschi: מה חוי.[4] P: מנו דינה = מה משפט.

14. אל (II) – לא. Josef Kara, Kommentar zur Stelle. Einige Kodd. und edd.

16. תעשה – תעלה. Isak Aboab der Ältere in נהר פישון 71ᵃ. Josef Albo, Ikkarim II 28 (dreimal). 15 Kodd. P: תסק.

---

[1] Jal. Ri § 40 = MT.

[2] Edd. und Jal. Ri § 40 = MT.

[3] Jal. ha-Machiri Ps. 103 § 34 = MT.

[4] Edd., Lag, Walton und Jem: מה יהי דחזי. Wahrscheinlich so auch Kimḥi: דחזי.

16. עלה לה׳ – עלה. Josef Kara, Kommentar zur Stelle. Wenn es wirkliche Lesart ist, so ist der Satz so zu verstehen: wenn du aber [ein Ziegenböckchen] zubereiten willst, so bringe es als Ganzopfer dar.

17. מי שמך – מה שמך. Num. r. X, 17. Abarbanel zu Ex. 3, 1. Zeror ha-Mor Absch. נשא ed. Warschau 9ª. Trg Bom, Lag und Walton: מא. Einige Kodd.

17. יבא – יבאו. Trg: יתקיימון פיתגמך.[1] Trg liest das Kethib דבריך. Vgl. oben zu V. 12 v. יבא.

17. דבריך – דברך. Kere. Nach den Madinḥaë ist auch das Kethib דברך, siehe G. I 592 N. 623. So zahlreiche Kodd. und edd. LXX, P und V.

18. לו – אליו. Sifre Num. § 42 im edd., Jal. Jes. § 310 und Jal. ha-Machiri Ps. 147 § 8.

19. ואת המנחה fehlt in: Zebaḥim 108ᵇ in einem ms. und Jal. Gen. § 59. Zebaḥim 119ᵇ in Jal. Deut. § 881. Damit hängt die folgende Variante zusammen.

19. ויעל – ויעלהו. Zebaḥim 108ᵇ in edd. mss. München und Rom und Jal. Gen. § 59. Zebaḥim 119ᵇ in 3 mss. und Jal. Deut. § 881. Vgl. die vorhergehende Stelle.

19. לה׳ – לפני ה׳. Zebaḥim 119ᵇ in den alten edd. In mss. und Jal. Deut. § 881 fehlt das Zitat, Jal. Gen. § 59 = MT.

20. בעלות – כעלות. Pirḥon, Wb. r. להב. Baḥja ben Ascher, Kommentar zu Lev. 10, 2. Akedath Jizḥak Pf. 57. 25 Kodd. P: כד סלקת.[2] Gegen diese Lesart richtet sich die Bemerkung Kimḥis: בבית. Vgl. auch Norzi.

22. אלהים – ה׳. R. Samuel ben Meïr, Kommentar zu Gen. 19, 17.

24. הנער – הנער שמשון. Sotah 10ª in Agadoth ha-Talmud.

25. ה׳ – האלהים. Ibn Ġanaḥ, Wb S. 578 in einem ms.

25. אשתאל – אשתאול. Trg Bom, Lag, Walton und Jem in einem ms. Massora zu Jos. 15, 32 zählt mit unserer Stelle 3 אשתאול plene. Kodd. bei Norzi. Norzi verweist auf abweichende massoretische Angaben. Vgl. auch Heidenheim bei Frensdorff, Massora Magna S. 269 Anm. 6.

---

[1] Nur Jem in einer Handschrift: ייתי. Auch Kimḥi: יתקיימון.

[2] Dies die regelmäßige Umschreibung des temporalen Infinitivs mit כ auch in Trg. Daher ist bei Ibn Ġanaḥ, Wb. S. 753 aus Trg כמיסק Verschreibung aus במיסק wie Sefer Haschoraschim S. 538 und Bom, Walton, Lag und Jem.

Kap. XIV.

1. וירא — וירא שם. Sotah 9b in En Jakob. Gen. r. XCVIII 14 in Midr. ha-gadol ed. Schechter zu Gen. 49, 17.[1] Raschi Sotah 9b. En Jakob im Kommentar zu Sotah 9b. V: vidensque ibi. Vgl. noch weiter unten v. בתמנתה.

1. בתמנתה — בתמנת. Trg: בתמנת. P: בתמנת. LXX und V = MT. Vgl. zu V. 2.

1. בתמנתה fehlt in Raschi Sotah 9b und in V. Dies hängt mit ihrer Lesart שם zusammen. Vgl. oben v. וירא.

2. בתמנתה — בתמנת. Trg Bom, Walton und Jem: בתמנת, während Lag בתמנתה. LXX und V auch hier = MT. Vgl. zu V. 1 s. v.

3. ויאמר — ויאמרו. Trg Bom und Walton: ואמרו. 2 Kodd. P und V.

3. בבנות אחיך — בבית אביך. Juda Ibn Balaam, mitgeteilt in Ha-Ḥoker I S. 340. P: בבית אבוך.

3. לקחת — לקחת לך. Massora fin. v. הל N. 8 (Zitat). Vielleicht ist auch Sotah 9b, wo in der Heirat Simsons mit der Timniterin keine Sünde erblickt wird תחלת קלקולו בעזה, diese Lesart vorausgesetzt. Vgl. Raschi שלקחה לו לאשה. Besonders wahrscheinlich wird diese Annahme, wenn man der Ausführung Kimḥis zu 13, 3 zustimmt, daß es keine Mischehe war. In diesem Falle ist לקחת לו erforderlich. Vgl. Schwarz, Monatsschrift 1901 S. 282—291, besonders S. 284.

3. אל אביו fehlt in Sifre Num. § 115 nach Jal. Num. § 750. Nazir 23a in Agadoth ha-Talmud. Horajoth 10b in edd. und ms. München.

3. היא fehlt in Sifre a. a. O. nach Jal. a. a. O. Fehlt in LXX-Kodizes und V.

3. היא ישרה — ישרה היא. Zeror ha-Mor ed. Warschau I 127a, 128b, II 17a. Kod. Ken. 96.

4. ואביו ואמו — והם. Midr. Agadah ed. Buber I S. 59 aus Moëd Katon 18b. V: „parentes ejus" scheint eher Verdeutlichung von והם zu sein als Umschreibung von אביו ואמו. Vgl. V in unserem Kapitel 2, 3, 5, 6, 9 und 16, wo אביו ואמו ungekürzt durch „pater et mater" ausgedrückt wird.

4. היא — הוא. Moëd Katon 18b bei Salomo ben Ha-Jathom, Kommentar zur Stelle ed. Chajes S. 96 und in Jal. Gen. § 109 und Ri § 70. Sotah 9b in den alten edd., ms. München, Raschi, En Jakob und Jal. Ri § 69. Stichwort in Jal. zur Stelle. Kimḥi, Kommentar zu 14, 19.

---

[1] In edd. fehlt das Zitat.

4. היא – היתה לו. Moëd Katon 18^b in Menorath ha-Maor N. 172. Massora fin. v. א Verzeichnis „מה'".[1] Vgl. die folgende Stelle.

4. היא – היה הדבר. Moëd Katon 18^b in ms. München, Kommentar des R. Ḥananel und Buch der Frommen N. 383.[2] Sotah 9^b in Agadoth ha-Talmud. V: quod res a Domino fieret. Vgl. auch die vorhergehende Stelle.

4. כי (II) – וכי. Trg Lag: וארי V: et quaereret.

4. מפלשתים. Trg: לאתגראה בפלשתאי. Dies ist Erklärung von בפלשתים. Vielleicht auch Deutung von מפלשתים. V: „occasionem contra Philisthiim" drückt sehr wahrscheinlich בפלשתים aus. בפלשתים Kod. Ken. 4.

4. משלים – נלחמים. Trg Lag: מגיחין קרבא. Es ist schwer, sich vorzustellen, daß dies Verschreibung sei aus שלטין im Bom, Walton und Jem. Auch als Deutung von משלים ist מגיחין קרבא kaum denkbar, da der Bibeltext in der ganzen Erzählung keinen Anhaltspunkt dafür bietet. Noch mehr von Wichtigkeit ist die Tatsache, daß auch 15, 11 משלים steht, wo auch Trg Lag dafür שלטין bietet. Es ist daher fast zweifellos, daß der ursprüngliche Targumtext מגיחין קרבא ist, das hebr. נלחמים ausdrückt, und daß שלטין spätere Korrektur ist oder eine in den Text gedrungene Randglosse, die auf die Abweichung vom Bibeltext aufmerksam machte.

5. ואמו fehlt in Lev. r. VIII 2. Fehlt in Kod. Ken. 252.

5. תמנתה (II) – תמנת. Trg: תמנת. Vgl. oben zu V. 1 s. v.

7. לאשה – באשה. Trg: ושאיל באיתתא. Vgl. I Sam. 25, 39 וידבר באביגיל Trg ושאיל באביגיל, dagegen II Sam. 11, 3 וידרש לאשה Trg Bom und Walton ושאיל לאתתא. Lag auch dort באיתתא, weil er באשה gelesen. שאיל mit ב wäre auch sehr auffallend, wenn es nicht auf die Vorlage zurückginge.

7. ותישר – ותיטב. Raschi Sotah 9^b. LXX-Kodizes: *καὶ ἤρεσεν*, die stehende Übersetzung von יטב — gefallen. Vgl. Esth. 2, 4, 9.

8. מימים – מימים ימימה. Trg Jem: מזמן לזמן, die stehende Übersetzung von מימים ימימה; vgl. Onkelos Ex. 13, 10; Trg Ri 11, 14; 21, 19; I Sam. 1, 3; 2, 19[3] und II Sam. 14, 26. Dagegen מימים wird durch לזמן יומין ausgedrückt,[4] wie in der Tat Bom, Walton und Lag auch

---

[1] Auch Kimḥi zu 13, 3 zitiert neben MT auch einmal היתה.

[2] Buch der Frommen ms. Parma ed. Berlin S. 285 N. 1128 = MT.

[3] An den letzten drei Stellen: מזמן מועד למועד, aber Kimḥi Ri 21, 19: מזמן לזמן. I Sam. 14, 26 מזמן עידן לעידן. Inhaltlich sind alle drei Wendungen gleich, sie drücken „eine bestimmte Zeit" aus: ein Jahr, dreißig Tage oder Festeszeit. Vgl. Aptowitzer, Zeitschrift für alttestamentliche Wissenschaft 1909, SS. 241, 249.

[4] Vgl. oben zu 11, 4 v. בימים.

hier. מימים ימימה bedeutet nach rabbinisch-targumischer Deutung „ein Jahr", so wäre in der Lesart des Trg Jem hier eine Andeutung des Brauches zu finden, einer Jungfrau zwischen Werbung und Heimführung ein Jahr für die Ausstattung frei zu geben.[1]

8. דברים — דבורים. Nach handschriftlicher Massora bei Norzi zu Ps. 118, 12 und bei G. I 222 N. 17 ist דבורים hier und Ps. 118, 12 plene geschrieben. Vgl. noch Frensdorff, Massora Magna S. 47ᵃ.

8. בניית — בְּנִיּת. Massora aus Jemen bei G. III 71ᵃ: הגימל בחירק והויו שוא נח. Diese Massora muß dann auch V. 9 מְנִיּת lesen.

8. ודבש — ובה דבש. Trg: וביה דובשא. Daß es bloß Deutung ist, ist nicht wahrscheinlich, da der Text keiner Erklärung bedarf. Es darf auf die Lesart mancher LXX-Kodizes verwiesen werden: *καὶ μέλι ἦν*. Vgl. auch V.

9. אל כפיו — על כפיו. Lev. r. VIII 2 in den alten edd. Josef Kara, Kommentar zu Jer. 2, 31. 2 Kodd. und P.

9. אל כפיו — בכפיו oder auch בכפו. Trg Lag und Jem: בידוהי, bei Josef Kara zur Stelle, in Bom und Walton: בידיה. Ar: בכפיו. Die beiden Lesarten Trgs sind vielleicht aus בכפָו zu erklären.

9. מניית — מְנִיּת. Vgl. V. 8 v. בנוית.

11. כראתם — בראתם. Konkord. v. ראה. Kod. Ken. 178. LXX-Kodizes und A: *ἐν τῷ φωβεῖσθαι αὐτοὺς* = ביראתם, oder vielleicht auch בראתם.

12. נא fehlt in Pirke d' Rabbi Elieser Kap. 16 nach Jal. Ri § 70 und Menorath ha-Maor N. 173. Fehlt in LXX, Trg Jem, P und V.

15. הלא — הלום oder הֵנָּה. Trg Bom, Lag, Walton und Jem, bei Raschi und Kimḥi: הלכא = הלום, wie Kimḥi bemerkt, oder auch הֵנָּה. Für beides schreibt Trg הלכא. 5 Kodd. Ken. bieten הלום, nach einer Randbemerkung in Kod. Ken. 154 ist הלום Kethib der Suraner und Kere der Nahardaë. So gibt Trg vielleicht dieses Kere wieder.

16. חרתה — חרת. Konkordanz v. חור, v. בנה und v. עמם. Kodd. bei Norzi, der auch auf Konkordanz verweist.

16. הגדתה — הגדת. Konkordanz v. נגד und v. עמם. Michlol 6ᵃ.

17. הימים — ימים. Ibn Esra, Zaḥoth ed. Lippman 72ᵇ (zweimal). Pirḥon, Wb. 8ᵇ. Trg Lag: יומין, während Bom, Walton und Jem: יומיא.

18. לולא — לולי. Synhed. 21ᵃ in edd. und Jal. II Sam. § 141. Massora fin. v. א N. 23 (Zitat). Pirḥon, Wb. r. חרש. Gersonides, Kommentar zur Stelle. Konkordanz v. חרש und v. עגל. Dagegen Massora zu Gen. 43, 10; II Sam. 2, 27; Massora ms. bei Norzi zu I Sam. 25, 34.

---

[1] Vgl. Kethuboth 57ᵇ. Schwarz, Monatsschrift 1901 S. 284 Anm. 5, findet diese Andeutung schon in מימים, was aber nicht einwandfrei ist, da מימים bloß „nach einiger Zeit" bedeutet.

19. את fehlt Nazir 4[b] in den alten edd.

19. חליצתם – חליפותם. Nazir 4[b] ms. München.[1] Zu beachten ist, daß das unmittelbar darauf folgende ויתן החליפות für die Vorzüglichkeit dieser Lesart der Münchener Handschrift spricht. Auch 12 und 13 ist von חליפות die Rede. Wichtige LXX-Kodizes, darunter Syro-hexaplaris und A lesen: τὰς στολὰς αὐτῶν = חליפותם.

19. החליפות – את החליפות. Konkordanz v. נתן. V. חלף = MT. LXX: τὰς στολὰς.

Kap. XV.

1. הֶחָדְרָה – הַחַדְרָה. Massora aus Jemen bei G. III 71[a]: הַחַדְרָה פתח באתנח.

4. וילך שמשון – וילך שמשון תמנתה. Jal. zur Stelle aus Sotah 10[a].

4. לפדים – לפידם. Nach Massora zu Naḥum 2, 5. Vgl. oben zu 7, 16.

4. וַיִּפֶן – וַיֵּפֶן. Raschi zu Ex. 1, 20 und Threni 2, 5. Dagegen Raschi zu II R. 17, 6. Auch Pirḥon, Wb. r. חרה liest וַיִּפֶן, r. תעה aber וַיֵּפֶן. Vgl. noch Norzi zu unserer Stelle und Levita zu Michlol 158[a].

5. בקמות – בְקָמַת. Michlol 171[b].[2] Trg: בקמת. P: בקימתא.

5. זית – ועד זית. Trg: ועד זיתיא[3]. P: ועדמא לזיתא. LXX: καὶ ἐλαίας, Itala und V: et oliveta = וזית. — Berachoth 35[a] und Baba Mezia 87[b] wird MT. betont.

6. אביה – בית אביה. Der Karäer Jehuda Hadassi, Eschkol Ha-Kofer AB 146 55[a]. Konkordanz v. בית, v. אב, v. אש und v. שרף. So bei 50 Kodd. A und Luc.: καὶ τὴν οἰκίαν τοῦ πατρός αὐτῆς, P: ולבית אבוה.

9. וינטשו – ויחנו. Trg Jem: ושרו, während Lag, Bom und Walton: ואתרטישו.

9. בלחי – על לחי. Trg: על לחי, während II Sam. 5, 18, 22 בעמק Trg: במישר. נטש pass. mit על I Sam. 30, 16.

10. עלינו – אלינו. Konkordanz ed. Bomberg v. עלה.

10. לֶאֱסור – לְאסור. Der Karäer Aron ben Josef ha-Rofe, Mibḥar Jescharim zur Stelle: האלף בשוא לבדו.

11. אלפים – אלפי. Massora fin. v. מה N. 1 (Zitat).

11. איש fehlt in Konkordanz v. אלף und v. שלש, v. איש wird unsere Stelle nicht angeführt.

11. עשיתי – אעשה. Sa'adia bei Ibn Esra zu Ex. 21, 24. Kod. Ken. 93.

12. להם – אליהם. Lev. r. editio princeps XX 1. Tanḥuma ed. Buber אחרי § 1. Koheleth Zuta S. 119.

12. שמשון fehlt in Pesikta ed. Buber 168[b]. Fehlt in P.

---

[1] Edd. und Responsen der Gaonim ed. Lyck N. 103 = MT.

[2] Wb. r. במה und r. קום = MT.

[3] So Lag, Jem, Josef Kara und Kimḥi. Bom und Walton: זיתא.

12. השבעו — ועתה השבעו. Lev. r. XX 1 in Sefer We-hishir II S. 161. Vgl. Gen. 21, 23 und I Sam. 24, 22. Vgl. die folgende Stelle.

12. השבעו לי — השבעו לי באלהים. Tanḥuma אחרי § 1. ואתחנן § 1 = MT. Vgl. Gen. 21, 23; I Sam. 30, 15; I Sam. 24, 22; Jos. 2, 12. Wahrscheinlich sind die Zitate ועתה und באלהים Reminiszenzen an diese Bibelstellen.

12. השבעו לי — השבעו לי אתם. Midr. Ps. 18 § 6 in Jal. II Sam. § 157.

12. פן — אם. Trg Jem: דלא, die stehende Übersetzung von אם bei נשבע. LXX-Kodizes: $\mu\acute{\eta}$, P: דלא, Itala: ne, V: quod non. נשבע פן kommt sonst nicht vor.

12. תפגעון — תפגעו. Lev. r. editio princeps XX 1. Tanḥuma אחרי § 1. Tanḥuma ואתחנן § 1 in Jal. Kohelet § 989. Midr. Ps. 18 § 6 in Jal. II Sam. § 157 und Jal. ha-Machiri Ps. 18 § 8.

13. לו — אליו. Ochlah we-Ochlah 5^b.

13. לאמור fehlt Ochlah we-Ochlah a. a. O. Fehlt in P. In Kod. Ken. 96 und V fehlt לו לאמור.

13. בידם — בידיהם. Trg Lag,[1] Bom und Walton: בידיהון. LXX-Kodizes und A: εἰς χεῖρας, P: באידיהון.

13. בשנים — בשני. Der Karäer Benjamin Al-Nahwendi, משאת בנימין 3^a.

14. זרעותיו — זרועותיו. Massora bei G. I 465 N. 136: הוא בא עד לחי זרועותיו כתיב. So korrekte Kodd. bei Norzi.

14. אשר בערו באש — בהריחם אש. בער באש Ex. 3, 2; Deut. 4, 11; 5, 20; 9, 15 übersetzen Onkelos und Jonathan: בעיר (דליק) באשתא. Es ist daher auffallend, daß Trg hier MT mit דארח ביה נורא übersetzt, wie 16, 9 בהריחו אש. Es ist daher nicht unwahrscheinlich, daß Trg in unserer Stelle בהריחם אש gelesen. LXX-Kodizes und A: ἡνίκα ἂν ὀσφρανθῇ πυρός und 16, 9: ἐν τῷ ὀσφρανθῆναι αὐτὸ πυρός. V: „sicut solent ad odorem ignis lina consumi" und 16, 9: „cum odorem ignis acceperit."

14. וימסו — וינָּתְקוּ. Trg Lag und Jem: ואתפסיקו. Bom und Walton: ואתמסיאו, wie Trg überall r. מסס durch r. מְסָם, מסי wiedergibt. Vgl. 16, 9: וינתק את היתרים und 16, 12: וינתקם מעל זרעותיו.

14. אסוריו — אֱסוּרָיו. Der Karäer Aron ben Josef ha-Rofe, Mibḥar Jescharim zur Stelle: והאלף בחמש נקודות. Korrekte Kodd. bei Norzi,[2] so auch alte edd. Vgl. auch die folgende Stelle.

14. אסוריו — אֶסוּרָיו. Kod. מנה bei G. I 607^b und III 27 N. 641cc: האלף בסגול.

---

[1] Es scheint eine Korrektur nach MT versucht worden zu sein. Siehe Lagarde S. XIII 11.

[2] Norzi verweist auch auf Kimḥis Wb., aber in ed. Lebrecht r. אסר = MT.

15. חמור – החמור. Ibn Esra, Kommentar zu Jes. ed. Friedländer zu 1, 6. Wahrscheinlich ist es, daß jene merkwürdige Sage, die unseren Esel mit dem Esel Abrahams identifiziert,[1] auf der Deutung der durch den Artikel ausgedrückten Determination beruht, ebenso wie eine andere Agada Ex. 4, 20 und Zach. 9, 9 החמֹר[2] mit dem Esel Abrahams identisch sein läßt.[3]

15. בה – בהם. Konkordanz v. איש.[4] Kod. Ken. 70: בם, Kod. Ken. 650: מהם. Ar: בה מהם.

16. חֲמוֹר – חֲמוֹר. Raschi: לצבור צבורים רבים[5]. Vgl. die folgende Stelle.

16. חֲמוֹר חֲמֹרָתָיִם. Trg: רמיתינון דגורין[6] entspricht wörtlich hebräischem הפלתים (חֲמָרִים) חֲמֹרִים oder mit Beibehaltung der Konsonanten unseres Textes רְמִיתִם חמרים. Vielleicht auch חֲמַרְתִּים חמרים, wobei רמיתינון der Deutlichkeit wegen für דגרתינון, die wörtliche Übersetzung von חֲמַרְתִּים, gewählt wurde. Möglich ist auch, daß Trg חמור nicht gelesen und es רמיתינון als Erklärung zu חמרים oder חמרתים hinzugibt,[7] wie z. B. Ri 5, 30 יהבין zu רחם רחמתים. Kod. Ken. 145: חמור חמורים. V bloß „delevi", drückt vielleicht החרמתים aus, oder auch חֲמַרְתִּים von arab. ḥamar — schinden. LXX *ἐξαλείφων ἐξήλειψα αὐτούς* und P קשיתא קשית wird als Übersetzung von חָמֹר חֲמַרְתִּים aufgefaßt. Vgl. Moore, Budde und Nowack. Zu חָמוֹר vgl. die vorhergehende Stelle.

16. חמֹרָתים – חמורותים. Raschi zur Stelle. Einige Kodd.

17. ככלתו – בכלתו. Trg Bom und Walton כשיציותיה, was aus בשיציותיה verschrieben oder oberflächliche Korrektur nach MT ist, da ככלתו nur כד שיצי entspricht, wie in der Tat Trg Jem auch hier. Trg Lag כד שיציותיה, was unmöglich ist, ist nur halb durchgeführte

---

[1] Randglosse in Kodex Reuchlin (Lag): היא הות לועא דחמריה דאברהם ואיתעמדא למעבד נסא לשמשון צדיקא. Siehe Lag S. XIII 14. Die Quelle dieser Agada ist mir nicht bekannt. Sie steht im Widerspruch mit der anderen von mir im Text erwähnten Agada.

[2] Unser Text חמור, aber Kodd. und Rabbinen: החמור.

[3] Pirke d' Rabbi Elieser Kap. 31. Vgl. Lurja zur Stelle.

[4] V. אלף und v. נכה = MT.

[5] Raschi faßt חמרתים nicht als Dual, „zwei Haufen", sondern viel richtiger תַיִם als multiplikativen Ansatz. Vgl. darüber D. H. Müller, Semitica I S. 34 ff. und Aptowitzer, Zeitschrift für alttestamentliche Wissenschaft 1909 S. 249.

[6] Daß Trg nicht MT übersetzt, etwa דגורין דגורין, ist um so auffallender, als die merkwürdige Deutung Trgs V. 16 טריה = schwanger — [Jes. 1, 6 מרססא] — offenbar nur auf agadischem Wege erzielt werden kann, wie in Gen. r. XCVIII 13, wo sie von חֲמוֹר חֲמֹרתים = MT in der Bedeutung „ein Esel, zwei Esel" abgeleitet wird.

[7] Trg bei Josef Kara zur Stelle: דגורין דגורין, so kann רמיתינון ergänzende Erklärung zu MT sein. Aber auch Raschi liest, wie Bom, Walton, Lag und Jem, bloß דגורין.

Korrektur nach ככלתו oder בכלתו, so daß entweder der Targumtext בשיציותיה bot, oder der Korrektor so lesen wollte. Waltons Übersetzung: in finire = בכלתו.

18. ויקרא – ויקרא שמשון. Gen. r. XCVIII 13 in den alten edd. Vgl. die folgende Stelle.

18. אתה – אדני ה' אתה oder auch ה' אלהים. Gen. r. a. a. O.: ויאמר ה' אלהים, wobei ה' אלהים Kere zu אדני ה' oder auch Kethib sein kann. Vielleicht aber ist das Zitat bloß Reminiszenz an Ri 16, 28. Dies wird noch wahrscheinlicher, wenn man das in der hier vorhergehenden Stelle mitgeteilte Zitat berücksichtigt. Vgl. aber die folgende Stelle.

18. אתה – ה' אתה. Pentateuchtossafoth zu Gen. 49, 18 in Da'ath Zekenim 28ª. Ar: ה' אתה.

18. נתת – נתתה. Gen. r. XCVIII 13 ed. Saloniki. — Massora zu Ex. 25, 21 zählt unsere Stelle zu den defektiven נתת.

18. נתת – עשית. Jal. Jos. § 4 aus Sifre Deut. § 27.[1] Trg עבדתא beweist nichts, weil so auch I R. 5, 2.

18. את התשועה – התשועה. Sifre Deut. § 27 in Midr. Tannaim S. 16 und Jal. Deut. § 814. — In edd. fehlt das Zitat, Jal. Jos. § 4 und Jal. ha-Machiri zu Amos 3, 7 = MT.

19. אלהים – ה'. Sotah 9ᵇ ms. München. V: Dominus. P: מריא אלהא. Nowack und Kittel verweisen für die Lesart ה' auch auf Trg, was aber ein Mißverständnis ist. Prophetentargum drückt aus dogmatischen Gründen אלהים — Gott immer durch ה' aus. Vgl. Aptowitzer, Revue des Études Juives 1907 S. 57 f.

19. את המכתש – במכתש. Jal. Ri § 70 aus Sotah 9ᵇ. Vielleicht Verschreibung aus המכתש, aber את fehlt.

20. בימי פלשתים fehlt in Jerusch. Sotah I 7 17ᵇ 16 in edd., Jal. Ri § 71 und Midr. ha-gadol ed. Schechter S. 743. Wenn hier nicht einfach Kürzung vorliegt, so entfällt alles, was Nowack, Budde u. a. über diese zwei Wörter zu sagen wissen.

20 und 16, 31 עשרים שנה. Jerusch. a. a. O. in bezug auf Simson: „In dem einen Bibelverse heißt es: er richtete Israel **40** Jahre, während es in einem anderen Bibelverse heißt: er richtete Israel 20 Jahre. Dies, sagt R. Aḥa, lehrt uns, daß die Philister noch 20 Jahre nach Simsons Tode ihn ebenso gefürchtet haben wie zu seinen Lebzeiten כתוב אחד אומר וישפוט את ישראל ארבעים שנה וכתוב אחד אומר והוא שפט את ישראל עשרים שנה אמר רבי אחא מלמד שהיו הפלשתים יראים ממנו עשרים שנה לאחר מותו כדרך שהיו יראים ממנו עשרים שנה בחייו." So der Text in den

---

[1] Edd., Midr. Tannaim S. 16 und Jal. Deut. § 814 = MT.

Ausgaben; Tossafoth Sabbath 55[b] und Jal. Ri § 71: והוא שפט את ישראל ארבעים שנה. Dem Inhalte der Deutung entspricht besser der von Tossafoth und Jal. zitierte Jeruschalmitext, da die Angabe 16, 31 auf den Bericht vom Tode Simsons folgt. In jedem Falle aber folgt aus dieser Jeruschalmistelle für unseren Vers oder für 16, 31 die Lesart ארבעים statt עשרים, wie schon Tossafoth a. a. O. hervorheben. Versuche, durch Korrektur oder Deutung den Jerusch. mit unserem Bibeltext in Einklang zu bringen, sind schon in älterer Zeit unternommen worden. Sie zielen alle darauf hin, daß die agadische Deutung bloß auf einer Summierung der Zahlen in beiden Bibelstellen beruht.[1] Aber mit Rücksicht auf die zur Konstatierung eines Widerspruches dienende Formel כתוב אחד אומר וכתוב אחד אומר[2] erscheint diese schon an sich kaum annehmbare Erklärung völlig ausgeschlossen. Jeruschalmi hat an einer der beiden Bibelstellen ארבעים gelesen, darüber kann kein Zweifel bestehen. Wie ist aber diese Lesart zu erklären?[3] Darauf scheint Luzzato die einzig richtige Antwort gegeben zu haben. Er erklärt:[4] In samaritanischer Schrift sind כ und מ sehr ähnlich. Ein Schreiber habe עשרים abgekürzt durch כ ausgedrückt, das von einem anderen Schreiber als מ gelesen und so geschrieben worden.

20 und 16, 31 עשרים שנה. Sotah 10[a]: ויקרא שמשון אל ה׳ ויאמר ה׳ אלהים זכרני נא... אמר רב יהודה אמר רב אמר שמשון לפני הקב״ה זכור לי עשרים ושתים[5] שנה ששפטתי את ישראל. Es ist also von einer zweiundzwanzigjährigen Richtertätigkeit Simsons die Rede. Darüber wurde schon R. Jehudai Gaon gefragt,[6] er wußte keine Antwort zu geben. Auch an Haj Gaon wurde diese Frage gerichtet,[6] er teilt eine wenig befriedigende

---

[1] Vgl. Num. r. XIV 21. Kimḥi, Kommentar zu Ri 16, 31. Midr. ha-gadol ed. Schechter S. 743. Vgl. noch Aron Ibn Ḥajim, Einleitung zur Massora. R. Samuel Edels zu Sotah 10[a]. Norzi zu I Sam. 2, 24. Jad Maleachi N. 283. Waldberg, דרכי השינויים 24[b]. Bacher, Agada der pal. Amoräer III S. 127 Anm. 4. Buber zu Midr. Sam. XXVIII 4 und zu Lekaḥ Tob und Sechel Tob Gen. 49, 18.

[2] Siehe die Belege bei Bacher, Exegetische Terminologie I S. 90, II S. 94.

[3] Daß Jeruschalmi nicht עשרים in ארבעים korrigieren will, wie manche es sogar für „offenbar" halten, braucht angesichts des Wortlautes der Stelle kaum bemerkt zu werden.

[4] In Kirchheims דרכי שומרון S. 107 und Haschaḥar II S. 336.

[5] So edd., En Jakob und Jal. Ri § 71. Andere Textzeugen — ms. München, Num. r. IX 24, Lekaḥ Tob zu Gen. 49, 16 und R. Salomo ben Adret, Responsen I N. 88 — lesen עשרים. Aber das Zeugnis R. Jehudais und Hajs ist natürlich ausschlaggebend.

[6] Responsen der Gaonim ed. Lyck N. 45, תורתן של ראשונים II S. 46 N. 18. Vgl. Aptowitzer, Monatsschrift 1905 S. 614 und Das Schriftwort I (Prolegomena) S. 21 f.

Erklärung mit. Die Erklärung R. Samuel Edels[1] ist geistreich, aber nicht annehmbar. Ich selbst habe an einer anderen Stelle[2] die Vermutung ausgesprochen, daß der ursprüngliche Talmudtext כל עשרים שנים gelautet, das dann in כל כ' שנים und später in כ"כ שנים abgekürzt wurde, das man wieder כ"ב gelesen und in עשרים ושתים aufgelöst hat. Ob dies richtig sei?

Kap. XVI.

1. וילך – וירד. Sotah 9^b in ms. München, Agadoth ha-Talmud, En Jakob und Jal. Ri § 69. Tanḥuma בשלח § 12.[3] Num. r. IX 24. Kod. Ken. 651.

1. שמשון fehlt bei Baḥja ben Ascher, Kommentar zu Ex. 15, 1 aus Tanḥuma בשלח § 12. Fehlt in V.

2. לאמר – הֻגַּד לאמר. Trg: אתחואה למימר. Vielleicht bloß notwendige Ergänzung. LXX: *καὶ ἀνηγγέλη τοῖς Γαζαίοις λέγοντες* = וַיֻּגַּד לעזתים לאמר. Das Passekzeichen vor לאמר deutet vielleicht die Schwierigkeit an und den Versuch, sie durch Ergänzung mit הגד zu beheben.[4]

2. ויתחרשו – ויתחרשו לו. Trg Lag: ושתיקו ליה. In Bom, Walton, Jem und bei Kimḥi fehlt ליה.

3. בחצי – בתוך. Jal. Ri § 70 aus Sotah 10^a. Jal. im Stichwort.

3. שער – שערי. Sotah 10^a in alten edd. Bei Raschi und in ms. München = MT.

3. המוזות – המזוות. Massora zu Ex. 17, 7 und Deut. 6, 9 und bei G. II 207 N. 259: „Deut. 6, 9 und Ri 16, 3 ist מזוות defektiv, ohne erstes Waw שמע ישראל ושמשון מזוות כתיב". Ähnlich Massora ms. Heidenheim bei Frensdorff, Massora Magna S. 56 Anm. 5. Vgl. auch Norzi.

3. ויסעם – וישאם. Sotah 10^a in Jal. Ri § 70. Kod. Ken. 145.

3. אל ראש ההר – על ההר. Sotah 10^a in Jal. a. a. O. P: אל ההר = לטורא. 9 Kodd. und LXX: על.

5. נִתַּן – נִתֶּן. Forderung mancher Massoreten bei Norzi zur Stelle und bei G. I 600^a. Vgl. Norzi.

5. לָךְ – לְךָ oder auch לְךָ. Kodex Hilleli bei G. I 605^a und III 26 N. 641*aa*: לְךָ. Nach einer anderen Angabe, bei G. III 27 N. 641*bb*, hat Hilleli: לְךָ.

---

[1] Novellen zur Stelle: עשרים ושתים = עשרים שתים = 2×20.

[2] Monatsschrift 1905 S. 614.

[3] So edd. Bei Baḥja ben Ascher zu Ex. 15, 1 = MT.

[4] Das Passek hat oft den Zweck, naheliegende Korrekturen zu verhüten. Vgl. darüber Büchler, Die Entstehung der hebräischen Akzente S. 100 ff.

7. האדם — העם. Kimḥi, Wb. ed. Lebrecht r. קבץ in einem ms.

9. לה — לו. Trg Jem: ליה. Kod. Ken. 77. P: לה. Auch V. 12 Kod. Ken. 187 und P: ישב לו.

13. הגידה — הגידה נא. Trg Bom und Walton: חוי כען. Mehrere Kodd. LXX: *δὴ*.

13. עם המסכת – עם היתד במסכת. Trg: עם אכסנא במשתיתא. So Bom, Lag und Kimḥi. In Walton in דמשתותא und in Jem in כמשתיתא verschrieben. LXX-Kodizes: *μετὰ τοῦ διάσματος καὶ ἐγκρούσῃς ἐν τῷ πασσάλῳ* = עם המסכת ותקעת ביתד, P: במשתיתא = במסכת, Ar: פי אלנול = ביתד. Vgl. V. 14 ותתקע ביתד.

14. את היתד fehlt in Midr. Sam. XIX 1 nach Jal. Jes. § 338 und Jal. Ps. § 620. Vgl. zu dieser Stelle Budde und Nowack.

14. היתד — יתד. Ibn Ġanaḥ, Wb. r. נסע in einem ms. Aruch v. $גרד_5$. Akedath Jizḥak Pf. 73 10^c. Konkordanz v. ארג, v. יתד, v. נסך und v. נסע. Trg: אכסן.

14. הָאֶרֶג — הארֵג. Trg: דגרדאין.[1] P: גרדיא. Vgl. I Sam. 21, 19 und Trg.

14. ואת — עם. Midr. Sam. XIX 1 in edd. und Jal. Jes. § 338. Ibn Ġanaḥ, Sefer Haschoraschim r. נסע S. 308.[2] 3 Kodd.

16. כי הציקה — כְּהֵצִיקָה. Gen. r. editio princeps LII 12. Edd., ed. Theodor S. 552 und Sechel Tob I S. 50 = MT.

16. בדבריה — בדברים. Jal. Ri § 70 aus Sotah 9^b.

16. בדבריה fehlt in Sechel Tob I S. 50 aus Gen. r. LII 12. Fehlt in V und Ar.

16. כל הימים fehlt Gen. r. LII 12 in 5 mss. bei Theodor S. 552. Kod. Ken. 252.[3]

17. אם — כי אם. Berachoth 56^b in edd. und 2 mss.

---

[1] So Lag, Jem, Aruch v. אכסן und v. $גרד_5$ und Kimḥi. Bom und Walton: דגרדסון.

[2] R. נסך = MT, ebenso arabischer Text an beiden Stellen.

[3] Für כל הימים lesen LXX-Kodizes *ὅλην τὴν νύκτα* = כל הלילה. Mir scheint es nicht unwahrscheinlich, daß auch die Deutung von ותאלצהו in Sotah 9^b, Jerusch. Kethuboth V 9 30^b, Gen. r. LII 12 und in einer Randglosse in Trg Reuchlin, Lagardes Einleitung S. XIII 19, ואישתמיטת מתהותוהי בעידן תשמישותיה auf dieser Lesart beruht. Wichtig ist, daß auch Aquila, der so oft der rabbinischen Deutung folgt, כל הלילה liest. Möglich ist auch, daß die Agada die Lesart der LXX für ihre Deutung verwendet, ohne Rücksicht auf MT. Ein klassisches Beispiel dafür siehe Das Schriftwort I (Prolegomena) S. 58 zu I Sam. 25, 11. Vgl. auch hier oben zu 3, 12. Es wäre auch denkbar, daß umgekehrt die Lesart der LXX-Kodizes und Aquilas aus der rabbinischen Deutung entstanden ist, wofür es ja Beispiele gibt; vgl. Aptowitzer, Zeitschrift für alttestamentliche Wissenschaft 1909 S. 241—252. Aber die erstere Annahme ist in unserem Falle wahrscheinlicher, weil es sonst für die agadische Deutung keinen Anhaltspunkt gibt. Vgl. jedoch Doorninck bei Budde.

17. בכל – כאחד. Berachoth 56^{b} ms. München.[1] Konkordanz v. חול.[2] Akedath Jizḥak Pf. 73 10^{c}. Vgl. V. 11 und V. 13. LXX-Kodizes: ὡς εἷς. Trg Bom und Walton: כחד, Lag und Jem: כבל. Ar: כואחד = כאחד. 7 Kodd.: כאחד.

18. לבו – לבבו. Konkordanz v. לבב. V. נגד: לבו ist vielleicht vom vorhergehenden Zitat V. 17 beeinflußt, wie oft, oder es geht auf einen anderen Text zurück.

18. הפעם – אך הפעם. Trg Bom und Walton: ברם זימנא הדא. LXX: ἔτι = עוד.

18. ועלו – ויעלו. Konkordanz v. כרן und v. עלה. Zahlreiche Kodd.

19. ויסר – ובנלחו סר. Jal. Gen. § 147 aus Berachoth 56^{b}.

19. כחו – את כחו. Sotah 9^{b} in den alten edd.

20. והוא לא – ולא. Konkordanz v. סור. V. ידע = MT. V: nesciens drückt vielleicht bloß ולא aus. Ar: ולם = ולא.

21. ויאחזוהו – ויאחזו אותו. Lev. r. XX 1 in den alten edd. Num. r. IX 23 alte edd. und Massora fin. v. עז N. 6 zitieren bloß ויאחזו, es kann אותו oder הו weggelassen sein.

21. ויורידו – ויוליכו. Baḥja ben Ascher, Kommentar zu Ex. 15, 2 aus Tanḥuma בשלח § 12. LXX-Kodizes: καὶ ἀπήγαγον, V: duxerunt. Vgl. V. 1.

21. ויורידו אותו – ויורידוהו. Mechilta zu Ex. 15, 2 in edd. und Jal. Ex. § 243.

21 האסורים – אסורים. Trg Lag und Jem: אסירי, und nicht אסיריא wie Bom und Walton.

22. כאשר – אחרי כאשר oder auch אחרי אשר. Trg: בתר דאיתגלח, während כאשר nur: כד אִתגלח entspricht, wie Trg überall כאשר durch כד mit Verbum ausdrückt. Vgl. auch oben zu 8, 33 v. כאשר.

23. אלהינו – אלהים. Konkordanz v. אלה. Diese Lesart ist sehr auffallend, dazu kommt, daß Konkordanz an zwei anderen Stellen, v. אמר und v. יד richtig MT zitiert. So liegt die Annahme sehr nahe, daß אלהים einfach Verschreibung ist. Aber, merkwürdig genug, auch LXX bietet ὁ θεὸς ohne ἡμῶν! Auch zwei hebräische Kodizes haben in unserem Verse אלהים, für אלהיהם!

23. בידנו – בידינו. Konkordanz v. איב, v. אלה, v. אמר, v. יד. Kodd. und alte edd. V.

23. אויבנו – איבנו. Nach Massora bei G. I 45 N. 352 *b* ist איבנו in unserer Stelle und in V. 24 doppelt defektiv. Vgl. dagegen Massora fin. v. אי N. 13 und G. a. a. O. N. 352 *a*. Kodd. und edd.: איבנו.

---

1 In edd. fehlt das Zitat.

2 V. אחד wird unsere Stelle nicht angeführt.

24. אתו fehlt in Massora fin. v. אי N. 13 (Zitat). Fehlt in V.

24. אויבנו – איבנו. Massora. Vgl. zu V. 23 s. v. Kodd. und edd.

24. בידנו – בידינו. Konkordanz v. אמר, v. יד und v. נתן. Kodd. und alte edd. V: in manus nostras.

24. חללינו – חללנו. Kimḥi zur Stelle: חללנו ist Plural, obwohl es ohne י geschrieben ist. Kodd. und alte edd. Vgl. Norzi.

25. כי טוב – בטוב. Abodah Zarah 19ª in ms. München und Jal. ha-Machiri Ps. 1 § 6. Soferim VII 3 in edd. und ed. Müller.[1] Konkordanz v. לבב.[2] Kod. R. 196.

25. וישחק – ויצחק. Abodah Zarah 19ª in Agadoth ha-Talmud und Jal. ha-Machiri Ps. a. a. O. 4 Kodd.

25. לנו – לפנינו. Abodah Zarah 19ª in Agadoth ha-Talmud.[3] LXX: ἐνώπιον ἡμῶν, P: קדמין, V: ante eos. Manche Kodd.

26. אותי – לי. Kommentar zu Canticum in Steinschneider-Festschrift S. 171. Vielleicht so auch Trg שבוק מני.

26. נכון. Massora fin. v. הר N. 19 und Massora bei G. II 28 N. 112 zählen ohne unsere Stelle 28 נכון. Es fehlen aber auch V. 29 unseres Kapitels und II Sam. 7, 16. Vgl. Frensdorff, Massora Magna S. 99, Anm. 2.

27. בשחוק – בשחק. Nach einer Version in Massora zu Prov. 14, 13 ist שחק in unserer Stelle und Jer. 20, 7 defektiv. Vgl. dazu Norzi zu Jer. 48, 26.

28. ויקרא – ויתפלל. Gen. r. LXVI 3 in editio princeps und Jal. Gen. § 115 und Ri § 71.

28. אדני ה' – ה' צבאות. Lekaḥ Tob Gen. 49, 16 aus Sotah 10ª. Edd. und Sechel Tob I S. 323 = MT. — Nach dem Zeugnis Eleasars und Levis, der bekannten palästinischen Amoräer des 3. Jahrhunderts, war Ḥannah die erste, die Gott mit ה' צבאות angerufen.[4] Auch der Palästinenser Aḥa bestätigt MT.[5] Aber auch manche LXX-Kodizes bieten: κύριε, κύριε τῶν δυνάμεων = אדני ה' צבאות, Kod. Arm. I: κύριε θεὲ δυνάμεων = ה' אלהי צבאות.

28. נא (I) fehlt in Trg, A und V.

28. וחזקני – ופקדני. Sotah 10ª in Lekaḥ Tob Gen. 49, 16 und Sechel Tob I S. 323. Gen. r. editio princeps LXVI 3. Kod. Ken. 224. Vgl. noch die folgende Stelle.

---

[1] Maḥsor Vitry S. 697 = MT.

[2] Konkordanz v. טוב = MT.

[3] Edd., ms. München und Jal. ha-Machiri Ps. 1 § 6 = MT.

[4] Vgl. Berachoth 31ᵇ und Midr. Sam. II 3.

[5] Gen. r. LXVI 3: יתן לך אלהותא.

28. וחזקני — ופקדני וחזקני. Jal. Gen. § 161 aus Schitah Ḥadaschah zum Segen Jakobs. Vgl. aber die folgende Stelle.

28. וחזקני — ואמצני וחזקני. Midr. Agadah ed. Buber I S. 113 aus Schitah Ḥadaschah.

28. נא (II) fehlt Sotah 10ª ms. München. Fehlt in LXX, P und V.

28. אך fehlt in Midr. Agadah ed. Buber I S. 113 aus Schitah Ḥadaschah zum Segen Jakobs. In V fehlt אך הפעם.

28. האלהים fehlt Sotah 10ª in edd. und En Jakob. ϑεέ fehlt in A.

28. נְקַם אַחַת — נְקַם אֶחָד. Tanḥuma ויחי § 12 in Midr. ha-gadol ed. Schechter S. 743:[1] נקם אחד. LXX: ἀνταπόλοσιν (ἐκδίκησιν) μίαν, Trg: פורענותא חדא, V: unam ultionem. P bloß נָקָם.

28. משתי — משתי. Massora aus Jemen bei G. III 72ᵇ: השין והתיו דגש היפך רד״ק זל. Vgl. Kimḥi und Norzi.

29. נכון fehlt in Massora. Vgl. oben zu V. 26 s. v.

30. תמת — תמות. Ochlah we-Ochlah 27ᵇ. Massora fin. v. ו N. 8. Ein massoretisches Verzeichnis von Wortpaaren, von denen das eine Wort Waw in der Mitte, das andere Waw am Ende hat, führt für ותמת — תמות unsere Stelle als Beleg an.[2] Siehe Massora fin. v. ו N. 59 und G. I 223 N. 17. Dagegen Massora zu Num. 23, 10. Massoretische Notiz zu unserer Stelle in Kodizes bei Norzi fordert die plene Schreibung. So Kodd. und edd.

30. אתו, אותו — אותו, אתו. Nach Massora bei G. I 607ᵇ und III 26 N. 641*aa* ist in unserem Verse das erste אותו plene und das zweite defektiv. אותו I auch in Kod. מנה. Siehe G. zur Stelle.

30. אשתאול — אשתאל. Massora und Kodd. bei Norzi.

Kap. XVII.

1. איש — איש אחד. Lev. r. XXXII 6 in edd. und Jal. Ex. § 390 und Jos. § 18. Massora fin. v. מי N. 17 (Zitat). 3 Kodd. P: גברא חד, V: vir quidam.

1. מיכיהו — מיכה. Trg Lag und Jem: מיכה. LXX-Kodd. und A: Μιχά, P: מיכא. In der weiteren Erzählung, in diesem und im folgenden Kapitel ist der Name immer מיכה geschrieben, mit der einzigen Ausnahme 17, 4 מיכיהו. Und auch dort lesen LXX-Kodizes, Trg, P und V מיכה.

2. באזני — באזנַי. Massora bei G. I 40 N. 260 zählt mit unserer Stelle 14. באזנָי.[3]

---

[1] Jerusch. Sotah I 8 17ᵇ deutet MT. Vgl. auch Kimḥi.

[2] In dem ungeordneten Verzeichnis Ochlah we-Ochlah N. 248 fehlt תמת.

[3] Unerklärlich ist Massora zu Num. 14, 28 und Massora fin. v. אז N. 6, die ohne unsere Stelle bloß acht באזנָי zählt.

2. ותאמר לו – ותאמר. Zeror ha-Mor ed. Warschau V 22b. V: cui.

2. לה׳ בני – בני לה׳. Zeror ha-Mor a. a. O.

3. את אלף ומאה הכסף – הכסף. In פירושים לאסתר רות ואיכה ed. Jellinek zu Ruth 1, 22: „So wie es am Schlusse des Buches der Richter zu finden ist ‚er gab die **Silberstücke** seiner Mutter zurück' und **nach** diesem heißt es ‚die **1100** Silberstücke seiner Mutter'. Die Erklärung des **zweiten** Verses ist wie folgt: als er die **1100** Silberstücke seiner Mutter zurückgab, da nahm seine Mutter 200 Silberstücke und gab sie dem Goldschmiede כמו שמצינו בסוף ספר שופטים וישב הכסף לאמו וכתב אחריו את אלף ומאה הכסף לאמו וכה פתרון המקרא השני כשהשיב את אלף ומאה הכסף לאמו אותה שעה ותקח אמו מאתים כסף ותתנהו לצורף." Der Autor dieses Kommentars hat also in unserer Stelle וישב הכסף und im folgenden Verse את אלף ומאה הכסף gelesen, beides gegen MT.

3. אליו – אמו. R. Samuel ben Meïr, Kommentar ed. Rosin zu Ex. 19, 8 (zweimal). V: ei = לו.

3. הכסף – את הכסף. Raschi Schebuoth 35b. Gersonides zu unserer Stelle.

3. לעשות לו – לעשות. Trg: למיעבד ליה.

4. אלף ומאה הכסף – הכסף. Vgl. oben zu V. 3 v. את אלף ומאה הכסף.

4. מיכה – מיכיהו. Trg: מיכה. So auch die anderen Versionen. Vgl. zu V. 1.

6. כל הישר – הישר. Maḥsor Vitry S. 546 aus Sotah 47b. Vgl. noch die folgende Stelle. Kod. Ken. 180: כל. Auch 21, 25 MT הישר, Kodd. Ken. 30 und 77 כל הישר.

6. את כל הישר – הישר. Zeror ha-Mor ed. Warschau I 125a aus Abodah Zarah 25a.

8. מעירו – מהעיר. Trg: מקרתיה. Ar: מן קרתה.

10. עמי – עמדי. Manuel du Lecteur S. 49.

10. וצמד – וערך. Trg: זווג. Daß es bloß Erklärung ist im Sinne der Ausführung Kimḥis, ist kaum anzunehmen. LXX-Kodizes, Sym. und Aq.: *ζεῦγος*, V: duplicem. Zu Trg vgl. auch Ibn Ġanaḥ, Wb. S. 549 = Sefer Haschoraschim S. 385.

12. הלוי – הנער. Midr. Cant. Zuta ed. Buber S. 19.

13. היטיב – ייטיב. Trg: אוטיב. LXX-Kodizes und A: *ἠγαθοποίησεν*. Vgl. die folgende Stelle.

13. היטיב ייטיב – ייטיב. Midr. ha-gadol ed. Hoffmann S. 55 aus Baba Bathra 109b.

13. לי ה׳ – ה׳ לי. Midr. ha-gadol a. a. O. aus Baba Bathra a. a. O. P: לי מריא, V: mihi Deus

Kap. XVIII.

1. בתוך - מתוך. Trg Bom und Walton. Aber in der Übersetzung: in Medio.

2. ממשפחתם - ממשפחותם. Konkordanz v. בנה und v. שפח. LXX: *ἀπο δήμων αὐτῶν*, oder: *ἐκ συγγενειῶν αὐτῶν*. Trg: מזרעייתהון.

2. ומאשתאל – ומאשתאול. Trg Bom, Lag und Walton. Vgl. dagegen Massora zu Jos. 15, 32.

3. המה - הם. Massora bei G. II 454 N. 219 (Zitat). Massora fin. v. הם N. 3 zählt mit unserer Stelle 19 Verse, die mit המה anfangen.

3. המה – המה באו. Midrasch über defektiva und plena ed. Wertheimer S. 38. Ibn Ġanaḥ, Sefer Haschoraschim S. 373.[1]

3. עם – עד. Stichwort in Kimḥis Kommentar.[2] Trg Lag. 2 Kodd. Kod. Reuchlin.[3]

3. בית מיכה – בית מיכה לא הרחיקו. Massora bei G. II 454 N. 219 zitiert aus unserer Stelle הם עם בית מיכה לא הרחיקו.

3. שם – שמה. Baba Bathra 110ª in edd. und ms. München.

3. שם – אליו. Baba Bathra 110ª in Jal. Ri § 73 und Midr. hagadol ed. Hoffmann S. 55. Vgl. die vorhergehende Stelle. Vgl. noch die folgende Stelle. Ar: אליה = אליו.

3. שם – אליו שם (שמה). Trg Lag marg.: לוותיה לתמן. P: לותה לתמן = אליו שם (שמה).

3. ויאמרו – ויאמר. Baba Bathra 110ª in edd. und ms. München. Andere Textzeugen bei Rabbinowicz und Midr. ha-gadol. a. a. O. = MT.

3. לו fehlt Baba Bathra 110ª in edd. und ms. München. Fehlt in 2 Kodd. Ken und Ar.

3. לו – אליו. Jal. Ri § 73 aus Baba Bathra 110ª. V: ad eum.

3. מי – מה. Trg Jem und Lag marg.: מא. P: מנא. Ar כיף – quomodo drückt ebenfalls מה aus.

3. בזה – פה. Raschi aus agadischer Quelle: יש כאן תמיהות הרבה לא מזרעו של משה רבינו אתה שנאמר בו אל תקרב הלום (Ex. 3, 5) ומי שם פה לאדם (Ex. 4, 11) ומה זה בידך (Ex. 4, 2). Dieselbe agadische Deutung unserer Stelle findet sich auch Baba Bathra 110ª, wo als Begründung der letzteren zwei Fragen Ex. 4, 12 und Deut. 5, 28 ואתה פה עמד

---

[1] Arabischer Text S. 531: המה [באו] ist gewiß Druckfehler für (באו), so daß das Wort auch im arabischen Text steht.

[2] Kimḥi zu Ri 19, 1 und Wb. r. עם = MT. Über die Stichwörter in den Kommentaren siehe Das Schriftwort I S. 15 N. 28.

[3] Siehe Lagardes Einleitung S. XIII 31.

angeführt werden.[1] Es ist daher bei Raschi sehr auffallend, daß die letzteren zwei Belege nicht in ihrer Reihenfolge im Bibeltext angeführt werden und — was noch schwerer wiegt — zu פֹּה nicht der gut passende Beleg ואתה פֹּה עמד, sondern die gekünstelte Entsprechung מי שם פֶּה herangezogen wird. Dann ist auch auf folgende Frage Nachdruck zu legen: Schöpft Raschi aus Baba Bathra, warum weicht er von der dort gegebenen Ordnung der Belege, die ja auch der Reihenfolge der Stichwörter in unserer Stelle פה nach בזה entspricht, zuungunsten der Ausführung ab? Hat aber Raschi eine andere Quelle benützt, warum gibt er ihr den Vorzug vor dem Talmud, der im allgemeinen für ihn maßgebender sein muß und hier noch das bene für sich hat, daß er mit dem Bibeltext übereinstimmt? Auf all diese Fragen gibt es nur eine Antwort: Raschi, oder richtiger seine Quelle, die gewiß die Agada in Baba Bathra ist, hat in unserer Stelle פה vor בזה gelesen, daher mußten die Belege in derselben Reihenfolge geordnet werden, dann gibt es für פה keine andere Entsprechung als מי שם פה לאדם. Diese Lesart finden wir in Trg: ומא את עביד כא (הכא) ומא לך כדין (בדין), d. i.: ומה אתה עשה פה ומה לך כזה (בזה)[2].

3. בזה – פה. Raschi zur Stelle aus Baba Bathra 110ª. Vgl die vorhergehende Stelle. So Trg Walton: בדין — in hoc. Siehe die folgende Stelle.

3. כזה – פה. Trg Bom, Lag und Jem. Möglich ist es, daß die behandelte agadische Deutung in Raschi, die in bezug auf die Reihenfolge פה – בזה mit Trg sich deckt, auch in bezug auf den Konsonantenbestand כזה mit ihm übereinstimmt. Aber der Text im Trg selbst ist ja nicht ganz gesichert, da Walton בדין liest. Vgl. die vorhergehende Stelle. Eine der beiden Lesarten, כדין oder בדין, ist doch notwendig Korrektur nach MT, da es eine andere Erklärung der Variation nicht gibt. Diese Verschiedenheit beweist nun, daß בזה oder כזה in mehreren Kodizes, zu verschiedenen Zeiten in der dritten Frage vorkam.

---

[1] Dieselbe Agada auch in תרגום אחר in Kodex Reuchlin marg., Lagardes Einleitung S. XIII f., wo anstatt Ex. 4, 12 Ex. 31, 1 כי זה משה als Beleg für בזה angeführt wird. Dieser Targumzusatz schöpft aus Baba Bathra, mit derselben Ordnung der Belege wie in dem Texte, der auch in den Ausgaben vorliegt. Vgl. noch die folgende Anmerkung.

[2] Auch das תרגום אחר in der vorhergehenden Anmerkung hat diese Lesart, zu der rein mechanisch die Agada in Baba Bathra hinzugefügt wurde: ומה את עביד הכא קורבנא לפולחנא נוכראה הלא מן משה הסידא אתיתא דאיתאמר ליה ארי דין משה גברא ומא לך כדין למיהוי כומר לפיסלא הלא מן משה עינוותנא אתיתא דאיתאמר ליה ואת הכא קום גביי:

6. נכח – הוכיח. Trg Bom, Walton, Jem, bei Josef Kara und Kimḥi אתקין, Lag: אצלח.[1] Vgl. Gen. 24, 44 אשר הוכיח ה׳. P: נתקן = יוכיח, V: respicit.

7. יושבת – יושבים. Trg: יתבין. P: דיתבין.

7. צידנים – צדנים. Massora zur Stelle und bei G. II 514 N. 129 zählt mit unserer Stelle 4 צדנים defektiv. Die defektive Schreibung des Wortes folgt auch aus der massoretischen Angabe bei G. a. a. O. N. 128. Vgl. noch Massora par. und Norzi zur Stelle und Frensdorff, Massora Magna S. 317ᵃ und Anm. 1.

7. ואין – אין. So פירושים לאסתר רות ואיכה ed. Jellinek zu Ruth 2, 25. Sym. und V.

7. עצר – צעיר. Trg: ירותין ועירין.

7. מצידנים – מצדנים. Nach Massora bei G. II 514 N. 128. Dagegen Massora zur Stelle. Vgl. Norzi.

8. ואשתאל – ואשתאול. Trg. Vgl. dagegen Massora zu Jos. 15, 32.

8. מה – מי. So פירושים לאסתר רות ואיכה ed. Jellinek zu Ruth 3, 16 מי את.

8. אתם – אתם אומרים. Trg Lag: אתון אמרין. Vielleicht bloß Erklärung. Vgl. Kimḥi zur Stelle und Wb. r. מה. Über κάθησθε der LXX = ישבים, das aus משיבים abgeleitet wird, vgl. Budde und Nowack. Auch P erklärt bloß: מאין באתם = אימכא אתותון.

9. קומה – קומו. Trg: קומו. LXX: ἀνάστητε, V: surgite. P: וקמו = וקומו. Nach Madinḥaë ist קומו Kere. Siehe G., Bibel zur Stelle.

9. עליהם – אליהם. Konkordanz ed. Bomberg v. עלה.[2] V: ad eos. Ar: אֱלֶיהָ = אליהא.

9. תעצלו – תתעצלו. Stichwort bei Kimḥi zur Stelle. Kimḥi, Wb. r. עצל = MT.

9. לבא fehlt in Trg Lag. Wahrscheinlich ist למעל ausgefallen, das Bom, Walton und Jem haben.

10. כבאכם – בבאכם. Konkordanz v. בוא und v. בטח. Trg: במתיכון.[3] 13 Kodd. P: במעלניכון.

10. אלהים – ה׳ אלהיכם (אלהים). Trg Lag: ה׳ אלהכון, wobei ה׳ — wie wohl sonst im Prophetentargum auch für אלהים[4] — hier neben

---

[1] Am Rande: אתקין. — Josef Kara: ויונתן תרגם אתקין ה׳ ארחכון ועשה מן נכח לשון נכוחה, ואי אפשר לפי שהנון ננקדת במלאפום והכ׳ בפתח כמו לנכח אשתו (Gen. 25, 21) . . . אבל אם היה פתרונו לשון נכוחה היה הכף ננקדת בקמץ כמו שם ישר נוכח עמו (Job 23, 7).

[2] V. קום = MT. Geht auf einen anderen Text zurück.

[3] כמתיכון ist Verschreibung oder flüchtige Korrektur nach MT. כבאכם muß in Trg durch (תעלון) כד תיתון wiedergegeben werden. Vgl. auch oben zu 15, 17.

[4] So stets ה׳ auch für אלהים des Textes. Vgl. oben zu 15, 19. Auch hier verweisen Ginsburg und Kittel für die Lesart ה׳ auf Trg, was ihrerseits, da sie bloß ה׳ aus Trg kennen, ein Mißverständnis ist.

אלהיכם doch wohl nur ה' des Textes ausdrückt. ה' für אלהים lesen Kod. Ken. 225 und Kodd. in einer massoretischen Notiz bei G. I 607[b] und III 27 N. 641 *cc*. V: Dominus. Ar: אלרב.

10. בידכם — בידיכם. Trg Bom und Walton: בידיכון. P: באידיכון.

10. שם fehlt bei Raschi zu V. 17. Fehlt in 2 Kodd. Ken.

11. ומאשתאל — ומאשתאול. Trg. Vgl. dagegen Massora zu Jos. 15, 32.

12. הנה — הנה הוא. Trg: הא היא (הוא). V: „et est" scheint והוא auszudrücken. Ar: והו.

14. ההלכים — הַהָלְכוּ. Trg: דאזלו. Vielleicht bloß sinngemäß, da so auch V. 17. P: דאזלו, V: qui prius missi fuerant. הַהָלְכוּ Jos. 10, 24. Verbum finitum mit Artikel I Chr. 26, 28; 29, 17. Vgl. noch Ibn Esra Lev. 10, 19 und Aptowitzer, Monatsschrift 1912 S. 498.

14. האלה. In einer massoretischen Notiz bei G. III 132 findet sich zu unserem Wort folgende kuriose Bemerkung: האלָה בהללי האלֶה. Der Autor dieser Notiz hat also in seinem Text האלָה gehabt![1]

17. ההלכים. Trg: דאזלו. Vgl. zu V. 14 s. v.

17. לקחו — וַיִּקְחוּ. Trg Bom und Walton: ונסבו. P: ונסבו.

21. הכבודה — הכבדה. Ibn Ġanaḥ, Wb. S. 303: הכבֻדה.[2] Massora aus Jemen bei G. III 79[a]: הוא חסר ויו. Vgl. dagegen Kimḥi und Norzi.

23. פניהם — את פניהם. Konkordanz v. סבב und v. פנה. Kod. Ken. 99. LXX: *τὸ πρόσωπον*.

24. אלהי — אלהים. Raschi Schebuoth 35[b]. LXX-Kodizes: *τοὺς θεούς*, P: אלהא.

25. יפגעו — יפגעון. Konkordanz v. פגע.

25. ואספתה — ואספת. Stichwort bei Kimḥi zur Stelle. Konkordanz v. אסף und v. נפש. Michlol Jofi zu Gen. 30, 23.

27. והמה — המה. Tanḥuma ראה § 16 in den alten edd. (zweimal). Vgl. dagegen Massora fin. v. הם N. 3.

27. והמה — והם. Tanḥuma ed. Buber ראה § 14 in ed. und bei Kimḥi zu unserer Stelle.

27. על ליש — אל ליש. Tanḥuma ed. Buber ראה § 14 in ed. und Jal. Ri § 74. 4 Kodd. Trg Bom und Walton: לליש, P: לליש, V: in Lais.

27. על ליש — עד ליש. Tanḥuma editio princeps ראה § 16. Konkordanz v. בוא. Zahlreiche Kodd. LXX-Kodizes und A: *ἕως*.

27. על עם — אל עם. Tanḥuma כי תשא § 14 in den alten edd. (zweimal). Tanḥuma editio princeps ראה § 16 (zweimal). Trg Bom und Walton: לעמא. V: ad populum. 6 Kodd.

---

1 Ich vermute, daß diese Notiz zu 6, 11 oder 19 gehört.

2 Sefer Haschoraschim S. 209 הכבודה.

27. אותם – אותה. Kimḥi zur Stelle aus Tanḥuma ed. Buber ראה § 14. Sebirin bei G.

28. רחוקים הם מצידונים – רחוקה היא מצידון. Trg Lag und Jem: רחיקין אינון מצידונאי. V: procul habitarent = רחוקים הם, LXX: ἀπὸ Σιδωνίων = מצידונים.

29. בשם – כשם. Gen. r. editio princeps LXXXII 5. Gersonides zu unserer Stelle. Kodizes in Massora par. zur Stelle und bei G. I 601ᵇ. Zahlreiche Kodd. und edd. LXX-Kodizes und A: κατὰ τὸ ὄνομα. — Massora zu Jos. 19, 47 zählt mit unserer Stelle 4 כשם. Da aber in der nicht mitgezählten fünften Stelle, I Chr. 17, 8, בשם nicht gut denkbar ist, so muß der Massoratext nach Massora zu Gen. 4, 17 emendiert werden: כשם הגדולים (וחבירו דשופטים) דיהושע [וחבירו דדברי הימים]. Massora par. zu Jos. a. a. O. fordert für unsere Stelle: כשם. So korrekte Kodd. bei Norzi.

30. ויקימו – וישימו. Seder Olam r. Kap. 12 in einem ms. bei Neubauer und bei Raschi zu Ri 17, 1. Der Karäer Aron ben Josef, Mibḥar Jescharim zu Ri 17, 1.

30. ויקימו – ויעשו. Midr. Ps. 101 § 2 in Jal. ha-Machiri Ps. 101 § 4 und Jal. ha-Machiri Zach. S. 99.

30. להם fehlt in Jal. ha-Machiri Ps. a. a. O. aus Midr. Ps. a. a. O. Fehlt in Ar.

30. את הפסל – הפסל. Neue Pesikta in Jellineks Beth ha-Midrasch VI S. 49.

30. ויהונתן – ויונתן. Baba Bathra 109ᵇ in ms. München, Agadoth ha-Talmud und Kommentar des R. Samuel ben Meïr (zweimal). Stichwort in Jal. zur Stelle (יונתן). Der Karäer Jehuda Hadassi, Eschkol Ha-Kofer AB 172 68ᵃ (zweimal).

30. הוא fehlt in Mechilta zu Ex. 18, 1 ed. Friedmann 57ᵇ.[1] Lekaḥ Tob Deut. 34, 1. Fehlt in LXX-Kodizes und V.

30. היו fehlt: Baba Bathra 109ᵇ in Midr. ha-gadol ed. Hoffmann S. 55. Jal. II R. § 246 aus Seder Olam r. Kap. 24. Lekaḥ Tob Deut. 34, 1. Kommentar des R. Samuel ben Meïr zu Baba Bathra 110ᵃ v. ששב. Kod. Ken. 30. V.

31. את פסל – פסל. Jal. Ri § 41 aus Seder Olam r. Kap. 12. Konkordanz v. פסל und v. שום.

31. היות – היות שם. Kimḥi zu Ri 17, 1 aus Seder Olam r. Kap. 12.

31. האלהים – אלהים. Schebuoth 35ᵇ in alten edd., ms. München, bei Raschi zu unserer Stelle und bei Kimḥi zu Ri 17, 15 und 18, 5

---

1 Mechilta ed. Hoffmann S. 86 und Lekaḥ Tob zu Ex. 18, 1 = MT.

(zweimal). Seder Olam r. Kap. 12 in ms. München und bei Raschi zu Ri 17, 1. Soferim IV 7 in edd.[1]

31. בשלה – אשר בשילה. Soferim IV 7 in allen edd. und Maḥsor Vitry S. 693.

31. בשלה – בשילו. Trg Bom, Walton und Jem: בשילו.

Kap. XIX.

1. ההר fehlt bei Ibn Ġanaḥ, Wb. S. 595.[2] Gersonides zur Stelle. 2. Kodd. Ken.

2. ארבעה – וארבעה. Gersonides zur Stelle. Vielleicht bloß Erklärung. Vgl. Kimḥi.

3. בית – אל בית. Konkordanz v. אבה, v. בוא und v. בית.

4. ויחזק – ויפרץ. Ibn Ġanaḥ, Wb. r. פרץ S. 588 und Sefer Haschoraschim S. 414. Es ist keine Verwechslung mit V. 7, da jene Stelle richtig in r. פצר angeführt wird.

6. נא fehlt in Lekaḥ Tob Deut. 1, 5 aus Sifre Deut. § 4. Fehlt in LXX-Kodizes und P.

9. נא (I) fehlt in Midr. ha-gadol ed. Schechter S. 331 aus unbekannter Quelle. Fehlt in 2 Kodd. Ken. P und V.

9. רפה – פנה. Trg: פנא. LXX-Kodizes und A: κέκλικεν, wie Jer. 6, 4. P: פנא. V: declivior sit, vgl. Jer. 6, 4. Diese Übersetzungen als Deutung von רפה zu fassen, ist nicht leicht.

9. הנה – הנה נא. Massora fin. v. חן N. 3 (Zitat).

9. הִנֵּה – הֵנָּה. Trg: הכא. LXX: ὧδε.

9. חנות היום – אך היום. Trg Bom, Walton, Lag und bei Kimḥi: לחוד יומא דין.[3] LXX-Kodizes: ἔτι σήμερον = עוד היום. Vgl. V: etiam hodie.

10. ויקם – ויקומו. Seder Olam r. Kap. 12 ms. München.[4]

10. וילך – וילכו. Seder Olam r. a. a. O.[4]

10. ויבא – ויבאו. Seder Olam r. a. a. O.[5] LXX-Kodizes: παρεγένοντο.

10. ויבא fehlt in Seder Olam r. Kap. 12 in ms. Epstein und bei Kimḥi zu Ri 17, 1. Fehlt in Kod. Ken. 1.

10. צמד – עשר. Seder Olam r. a. a. O.[5]

11. אל עיר – על עיר. Konkordanz v. עיר. V. סור = MT.

11. הזאת fehlt in Konkordanz v. לון. Fehlt in Kod. Ken. 253 und V.

---

[1] Ed. Müller und Maḥsor Vitry S. 693 = MT.

[2] Sefer Haschoraschim S. 419 = MT.

[3] Trg Jem: נחת יומא = ירד היום, vielleicht auch חָנָה.

[4] Edd. und ms. Epstein = MT.

[5] In edd. und ms. Epstein fehlt das Zitat.

11. הזאת — הזה. Trg Jem: הדין. Kod. Ken. 155 הזה.

12. אל עיר — לעיר. Konkordanz v. סור. V. נכר und v. עיר = MT.

12. נכרי — נכרים. Trg: בני עממיא. Vielleicht bloß Pluralisierung mit Rücksicht auf המה. Vgl. die folgende Stelle.

12. הנה — המה. Seder Olam r. Kap. 12 ms. Epstein.[1] Josef der Zelot in Berliner-Festschrift S. 89. Massora fin. v. יש N. 70 zählt mit unserer Stelle 3 אשר לא מבני ישראל המה. 14 Kodd. המה, Kod. Ken. 172: הם. Trg: אנון. Vgl. die vorhergehende Stelle.

12. נבעה — הגבעה. Seder Olam r. Kap. 12 ms. Epstein. Konkordanz v. עבר. Trg: גבעתא.

13. באחד — באחת. Massora zur Stelle (Zitat). Konkordanz v. קום.[2] In einer massoretischen Notiz bei G. II 57 N. 494 und 76[a] wird באחת als Kere angegeben. Dies ist sehr sonderbar, da באחד hier das einzig richtige ist, wie in der Tat II Sam. 17, 12 das Kethib באחת vom Kere in באחד geändert wird. Es ist daher zweifellos, daß die fragliche Notiz so zu korrigieren ist, das באחת als Kethib erscheint: באחת כתיב באחד קרי.[3] Mehrere Kodd. bieten באחת, so auch Trg Lag: בחדא.

14. לבנימן — מבנימן. Trg Lag: דמשיבט בנימן. A: τοῦ Βενιαμείν drückt vielleicht מבנימין aus. V. liest: בבנימן.

15. לבוא — ויבאו. Massora fin. v. אי N. 63 (Zitat).

16. זקן fehlt in Akedath Jizḥak Pf. 20 und Kod. Ken. 70.

16. מן מעשהו — ממעשהו. Kimḥi, Kommentar zu Gen. 5, 29. Akedath Jizḥak Pf. 20.

17. ברחוב — ברחב. Kodizes in einer massoretischen Notiz bei G. I 601[b]. Vgl. noch Norzi zu V. 15.

18. ואת — את. Salomo aus Urbino, Ohel Moëd v. אל.

18. ואת — ואל. Trg: ולבית. LXX: εἰς, P: ולביתה, V: ad. Vielleicht bloß notwendige Erklärung.

19. וגם (I) — גם. Ibn Ġanaḥ, Wb. und Sefer Haschoraschim r. ספא. P: אף.

19. גם — וגם. Trg Lag: ואף. LXX: καί, ohne γε. Auch V und Ar drücken ו aus. Zahlreiche Kodd.: וגם.

19. ויין — וַיין. Zusätze zum Kommentar Ibn Esras in קובץ על יד ed. Mekize Nirdamim I S. 84: דע כי מה שאמר בן עזרא מנוחתו כבוד במלת לחם וַיין (Gen. 14, 18; **Ri 19, 19**; Neh. 5, 15) כי נפתח הויו ... להקל על

---

1 In den Ausgaben fehlt das Zitat.

2 V. אחד, v. הלך und v. קרב = MT.

3 Es ist eine Sorglosigkeit Ginsburgs und Kittels, ohne weiteres באחת als Kere anzugeben. Kittel benützt dieses Kere sogar als Stütze für seine Forderung, באחת zu lesen!

(Threni 1, 1) וגם במלת היתה למס (Lev. 19, 28) הלשון כמו שרעתו במלת ושאט לנפש. Vgl. Ibn Esra zu den Stellen in Leviticus und Threni und Bacher, Ibn Esra als Grammatiker S. 71 Anm. 19.

19. עבדיך — עבדך. Konkordanz ed. Bomberg v. נער und v. עבד. Trg und P: עבדך. 6 Kodd.

20. תָּלַן. Massora fin. v. לן N. 1 gibt an, das תלן, hier und Job 17, 2, einmal mit Pathach und einmal mit Kamez vokalisiert ist. Wahrscheinlich in unserer Stelle תָּלָן, wie Kodizes bei Norzi. Massora zu Job: תלן ב׳. Vgl. Norzi hier und Frensdorff, Massora Magna S. 105 Anm. 2. Norzis Bemerkung betreffend Kimḥi wird von Kimḥis Wb. r. לון bestätigt.

21. לחמרים — לחמריו. Trg Bom und Walton לחמָרֵיה. P: לחמרה. LXX-Kodizes und A: τοῖς ὑποζυγίοις αὐτοῦ und Itala „jumentis ejus" = לִצמדיו kann mit Rücksicht auf V. 10 auch Erklärung von לחמריו sein.

22. בני fehlt in Baraitha der 32 Normen N. 4 in Midr. ha-gadol ed. Schechter S. XX.[1] Fehlt in 5 Kodd. und P.[2]

22. את הבית — על הבית. Baraitha der 32 Normen a. a. O.[1] Trg Lag: על. 4 Kodd. Vgl. Gen. 19, 4.

22. על הדלת — אל הדלת. Moses aus England, Sefer Haschoham S. 16.

22. אל ביתך — לביתך. Konkordanz ed. Bomberg v. בית. V. בוא = MT.

23. אל אחי — אחי. Konkordanz v. אחה und v. אמר.

24. הבתולה — הגדולה הבתולה. Gersonides, Kommentar zur Stelle. Kod. Ken. 30: הבתולה הגדולה. Vgl. die folgende Lesart.

24. הבתולה — הגדולה. Josua Ibn Schoëib, Predigten Abschn. וירא aus Naḥmanides. Massora fin. v. אי N. 47 gibt an, daß ולאיש[3] in dem Verse הנה בתי הגדולה vorkommt. Da nun ולאיש I Sam. 18, 17 nicht stehen kann, so kann die Massora nur unsere Stelle meinen, in der sie הגדולה gelesen, für הבתולה oder mit diesem.

24. ופילגשהו — ופילגשו. Kimḥi zur Stelle. Naḥmanides zu Gen. 19, 8.

24. אותם (I, II) — אותן. Trg Bom, Lag und Walton: יתהן. LXX: αὐτὰς, P: אנין, V: eas. Vielleicht bloß sinngemäß. Für אתם (II) 2 Kodd. Ken. אתן.

24. וענו אותם fehlt bei Naḥmanides zu Gen. 19, 8.

24. להם — להן. Trg Bom, Lag und Walton: להין. LXX: αὐταῖς, P: להין. Mehrere Kodd. להן.

---

[1] In edd., Kerithoth und Halichoth Olam fehlt die Stelle.

[2] בליעל Aquila: ἀποστασίας, V: absque jugo. Dasselbe Synhed. 111[b] שפרקו עול מלכות שמים מצואריהם.

[3] So nach der richtigen Emendation Heidenheims. Vgl. Frensdorff, Massora Magna S. 13 Anm. 1.

24. הטוב – כטוב. Trg Jem: כְּתקין.[1] Zahlreiche Kodd. כַּטוב.

24. דבר – את דבר. Kimḥi zur Stelle. LXX: τὸ ῥῆμα.

25. ויתעללו – ויתעוללו. Menaḥem ben Salomo, Eben Boḥan.[2] Glossaire hebreu-français zur Stelle.

26. הבקר – בקר. Sa'adia bei dem Karäer Benjamin Alnahwendi. Vgl. Harkavy in Haḥoker I S. 169.

27. דלתות – את דלתות. Konkordanz v. בית, v. דלת und v. פתח. Vgl. Norzi, der diese Lesart auch aus Kodizes anführt und gegen sie polemisiert. LXX: τὰς θύρας.

27. הסף – הַסַּף. Massora, Kimḥi, Kodizes. Vgl. Norzi zur Stelle und Frensdorff, Massora Magna S. 131[b].

29. ויבא – ויבא האיש. Konkordanz v. איש, v. בוא und v. בית.

29. וינתחה – וינתח אותה. Ibn Ġanaḥ, Wb. S. 465. Sefer Haschoraschim S. 327 = MT.

29. לעצמיה – לנתחיה. Trg: לאיברהא, wie איברין für das folgende נתחים.[3] Daß dieses eine Umdeutung von לעצמיה veranlaßte, ist schwer anzunehmen.

30. הראה – הרָאָה. Trg Lag und Jem: לה [4]רחוי. P: רחוה, Ar: ראהא.

30. למיום – למן יום. Trg Bom, Lag und Walton: למן יומא.

30. לכם – לבבכם. Trg Bom, Walton und Jem: לבבכון.[5] 6 Kodd.: לבבכם.[6]

Kap. XX.

1. למדן – מדן. Trg Lag: מדן. LXX: ἀπὸ, P: מן, V: de.

1. הגלעד – גלעד. Trg: ארע (ארעא) גלעד, während ארץ הגלעד in Trg ארעא דגלעד lautet. A: Γαλαάδ, ohne τοῦ.

1. המצפה – במצפה. Stichwort bei Kimḥi zur Stelle. P: במצפיא.

3. בנימן – בנימין. Trg Bom, Walton und Jem.

---

1 Dies entspricht hebräischem כְּטוב. Aber in der Bedeutung „wie es beliebt" heißt das Wort immer כַּטוב. Daher ist כתקין aus כדתקין = כַּטוב oder דתקין = הטוב verschrieben. Bom, Lag und Walton: דתקין.

2 Mitgeteilt von Bacher in Hagoren IV S. 40.

3 נתחים = איברים Sifra zu Lev. 1, 6. Ḥullin 11[a] und Joma 25[a]. Daher auch LXX μέλη.

4 In Jem in ליה verschrieben. Bom und Walton lassen לה weg, aber in der Übersetzung: eam.

5 In Lag ist לכון vielleicht bloß aus לבכון verschrieben oder nach MT korrigiert.

6 LXX: θέσθε ἑαυτοῖς περὶ αὐτῆς βουλὴν = שימו לכם עליה עצה, ähnlich Kod. Ken. 253: עצה לכם. Wie aber Moore, Budde, Nowack und Kittel nach LXX שימו לבכם עליה עצו ועצה lesen dürfen, weiß ich nicht. LXX-Kodizes ebenfalls bloß: שימו לכם עצה עליה.

5. אותי – אתי. Massoreten bei G. I 600[a].

5. אותי – עלי. Trg: עלי. Zur Umschreibung ist gar kein Anlaß vorhanden. Onkelos Gen. 37, 19 beweist nichts für unsere Stelle, weil dort להמיתו steht.

5. אותי דמו – דמו אותי. Glossaire hebreu-français, mitgeteilt in Harkavy-Festschrift S. 372. V: volentes me, Ar: ואראחוא קתלי = דמו אותי.

5. ענו – עִנּוּהָ. Trg: עניוהא.

6. ואחז – ואחֻז. Moses aus England, Sefer Haschoham S. 46.

6. שדה – גבול. Trg: תחום.[1] LXX: *ὁρίῳ*, V: terminos. Kod. Ken. 70: גבול. Vgl. 19, 29.

7. דבר ועצה – עצה ודבר. Midr. Ps. 1 § 13 in Jal. Ps. § 614 und Jal. ha-Machiri Ps. 1 § 20. Kod. Ken. 30.

7. דבר ועצה – דְּבַר עצה. Sifre Deut. § 13 aus unserer Stelle: דבר עצה. Wenn עצה nicht einfach Verschreibung ist,[2] so ist gewiß דְּבַר עצה zu lesen.

9. עליה. Trg: נתמני עלה[3] = נִפְקֵד עליה. Wahrscheinlich bloß erklärende Ergänzung, wie LXX נעלה und P נפילה ergänzt.

10. ולקחנו – ולקחו. Massora fin. v. ל NN. 5 und 13 (Zitat). V „eligantur" drückt entweder das Unpersönliche in וְלָקְחוּ durch das Passivum aus, oder sie liest וְלֻקְּחוּ.

10. שבטי – מטות. Ibn Ġanaḥ, Wb. S. 659. Sefer Haschoraschim S. 465 = MT.

10. לגבע – לגבעת. Trg: לגבעתא. LXX, V und Kod. Ken. 93: לגבעה, LXX-Kodizes: לגבעת.

10. עשה – נעשתה. Trg Bom, Jem und Walton: קלנא דאיתעביד. Daß dies bloß sinngemäß ist, ist nicht leicht anzunehmen. Eine sinngemäße Übersetzung wäre ja auch mit der von MT weniger abweichenden Änderung in עשתה, auf גבעה, oder עשו,[4] auf die Bewohner Gibas bezogen, erreicht. דעבדו für עשה entspräche auch der Manier Trgs, Singulare zu pluralisieren. Es ist daher sehr wahrscheinlich, daß Trg דאיתעביד auf נעשתה in seiner Vorlage zurückgeht.

11. כל איש – כל. Ḥaggigah 26[a] in Jal. Richter § 75. Niddah 34[a] in Kaftor wa-Feraḥ Kap. 5 ed. Edelmann 13[b]. Stichwort in Jal. zur Stelle. איש fehlt in Kod. Ken. 84 und V.

11. אל העיר – העיר. Kommentar des R. Ḥananel zu Ḥaggigah 26[a]. Vgl. die folgende Stelle.

---

[1] Vgl. jedoch oben zu 5, 4 v. משדה.

[2] Midr. Tannaim ed. Hoffmann S. 7 wird II Sam. 16, 20 zitiert. Jal. Deut. § 402 דבר ועצה = MT.

[3] So Bom, Walton, Lag und Josef Kara. Jem נתפליג = נֵחָלֵק.

[4] So Kod. Ken. 30, LXX-Kodizes und P.

11. אל העיר fehlt in Ḥaggigah 26[a] ms. München. קונדרים אחרון ממדרש ילמדנו in Jal. editio princeps = Beth ha-Midrasch ed. Jellinek VI S. 84 N. 38.

11. כאיש — כלם כאיש. Jelamdenu in Beth ha-Midrasch a. a. O.

13. תנו — תנו לנו. Josua Ibn Schöeib, Predigten Abschn. וירא aus Naḥmanides zu Gen. 19, 8.[1] Ar: אלינא = לנו, אלינו.

13. את האנשים — האנשים. Naḥmanides bei Josua Ibn Schöeib a. a. O. Vgl. I Sam. 11, 12.

13. בקול — לקול Naḥmanides bei Josua Ibn Schöeib a. a. O.

13. בנימן. Die Massora[2] hat hier בני als non scriptum sed legendum. Aber im Verzeichnis der legenda et non scripta in Nedarim 37[b] fehlt unsere Stelle. Der Autor dieses Verzeichnisses hat also in unserer Stelle בני als Kethib gehabt. Vielleicht aber auch nicht einmal als Kere. LXX, Trg und P lesen בני, V scheint es nicht auszudrücken. Mehrere Kodd. bieten בני im Texte.

15. מהערים — מן הערים. Trg Bom und Walton: מן קירויא.

17. זה — אלה. Trg: אילין, LXX: *οὗτοι*. Vielleicht bloß sinngemäß. P: כלם.

18. בית אל — ביתאל. Kimḥi zur Stelle (fünfmal), zu V. 26 und zu 21, 12. Gersonides zur Stelle.[3] Es ist die Lesart der Madinḥaë. Vgl. G. I 592 N. 623 und hier oben zu 1, 23 v. בבית אל. Trg Lag und Jem: לביתאל. So LXX und V. Vgl. noch Norzi.

18. עם בני — על בני. Naḥmanides zu Gen. 19, 8. LXX: אל.

18. בנימן — בנימין. Trg Bom, Walton und Jem.

18. בנימן — בנימן אחי. Tanḥuma במדבר § 14 in Jal. ha-Machiri ed. Greenup zu Nah. 2, 1.[4] Vgl. VV. 23, 28.

18. בתחלה — יעלה בתחלה. Tanḥuma a. a. O. in Jal. ha-Machiri a. a. O. Num. r. II 10.[5] Konkordanz v. $חלל_2$.[6] Gersonides zur Stelle. Kod. Ken. 173. LXX: יעלה בתחלה, oder בתחלה יעלה.[7] A: *ἀναβήσεται*

---

1 In edd. fehlt das Zitat.

2 Zu Ruth 3, 17. Vgl. Norzi und die Stellen bei Frensdorff, Massora Magna S. 369[a]. Soferim VI 8. Eine agadische Deutung dieser Wörter in Jellineks Beth ha-Midrasch V S. 27—30. Vgl. noch dazu Geiger, Urschrift S. 254.

3 Zweimal, zweimal auch בית אל.

4 In edd. wird Richter 1, 1 zitiert.

5 Ms. Epstein = MT. Vgl. oben zu 1, 2 v. יעלה.

6 V. עלה wird unsere Stelle nicht angeführt. Verschiedene Kodizes.

7 *ἐν ἀρχῇ ἀναβήσεται ἀφηγούμενος* = בתחלה יעלה בתחלה, was aus der zweifachen Übersetzung von בתחלה zu erklären ist, wobei es zweifelhaft bleibt, welche der beiden Übersetzungen die ursprüngliche ist. Da in der Frage בתחלה mit *ἐν ἀρχῇ* übersetzt ist, so scheint diese Übersetzung auch in der Antwort ursprünglich zu sein, also: בתחלה יעלה. Auf Grund des A-Textes aber, der auch

ἀφηγούμενος = יעלה בתחלה, V: sit dux vester = A. Ar erweiternd: יעלו בני יהודה בתחלה. Vgl. noch die folgende Stelle.

18. בתחלה – יעלה. Agadath Bereschith Kap. 63, ed. Buber S. 129. Vielleicht ist בתחלה irrtümlich weggelassen, so daß Agadath Bereschith ebenfalls יעלה בתחלה liest. Vgl. Ri 1, 2.

19. על הגבעה – אל הגבעה. Massora bei G. II 398 N. 414 zählt 2 על הגבעה, **Ri 20, 20** und Jes. 30, 17: על הגבעה ב׳ וסימן ויערכו אתם איש ישראל וכנס על הגבעה. Diese Massora hat also in unserer Stelle nicht על הגבעה gelesen, sondern gewiß אל הגבעה, da eine andere Partikel bei ויחנו nicht gut denkbar ist. — Massora fin. v. גב N. 15 und Massora par. zu unserer Stelle bestätigen על.

20. אל הגבעה – על הגבעה. Die in der vorhergehenden Stelle angeführte Massora. Massora par. ms. Erfurt[1] zu Ri 20, 19 und Jes. 30, 17 gibt an, daß על הגבעה dreimal vorkommt. Diese Massora hat also an einer der Stellen unseres Kapitels, in denen אל הגבעה vorkommt, Verse 20, 29, 30, 36, 37, dafür על הגבעה gelesen. Auch Massora fin. v. גב N. 15 zählt 3 על הגבעה, führt aber als Beleg für das drittemal eine Stelle an, die in unserem Bibeltext gar nicht vorkommt: ויקח דוד את שלל דדברי הימים. In Chronik kommt auch הגבעה nicht vor. LXX, Trg und 10 Kodd.: על.

21. בישראל – מן ישראל. Trg Jem: מן ישראל, P: מן איסראיל. V: de filiis Israel = מן בני (מבני) ישראל. Ar. = V. Vgl. V. 25.

23. למלחמה – במלחמה. Der Karäer Aron ben Josef, Mibḥar Jescharim zur Stelle.

23. אליו – עליו oder auch עליהם. Trg: עליהון, kann auch עליו entsprechen.

25. ויצא – ויצאו בני. Trg Lag: ונפקו בני.[2] LXX: *καὶ ἐξῆλθον οἱ υἱοι*, P: ונפקו בני, V: eruperunt filii. Kod. Ken. 30: ויצאו בני. Kod. Ken. 180: ויצא בני.

25. שמנת – שמנה. Konkordanz ed. Bomberg v. איש, v. עשר und v. שמן.

26. בית אל – ביתאל. Trg Lag und Jemen. Madinḥaë. Vgl. zu V. 18 s. v.

27. האלהים – ה׳. Ibn Ġanaḥ, Rikmah S. 217. P: דמריא. 2 Kodd. LXX und 2 Kodd.: ה׳ האלהים.

---

in der Frage *ἀφηγούμενος* hat, kann angenommen werden, daß *ἐν ἀρχῇ* hinzugefügt wurde, und zwar nach *Ἰούδας* in Anlehnung an MT. בתחלה — *ἀφηγούμενος* Ri 1, 1 in allen LXX-Texten, was für A hier spricht, für den auch V zeugt.

[1] Siehe Frensdorff, Massora Magna S. 274 Anm. 1.

[2] Trg Jem ונפקו דבית kann auch wegen בנימין MT ויצא entsprechen. Bom und Walton: ונפק.

28. אלעזר – אלעזר הכהן. Joma 73^b und Schebuoth 35^b, beide in Jal. ms. bei Rabbinowicz. Massora bei G. II 338 N. 177 (Zitat). 2 Kodd.

28. בן אהרן – בן אהרן הכהן. Joma 73^b in ms. München und En Jakob. Schebuoth 35^b in den alten edd. Buch der Frommen N. 758.[1] Kimḥi zur Stelle. Sohar אחרי ed. Wilna III 57^b [2] (zweimal).[3] Gersonides zu V. 18. Der Karäer Eliah Baschjazzi, Adereth Eliahu 221^b.[4] 10 Kodd. P.

28. בן אהרן fehlt: Joma 73^b in Jal Ri § 76. Schebuoth 35^b ms. München. Stichwort in Jal. zur Stelle.

28. עמד לפניו – היה כהן. Jal. Ri § 76 aus Joma 73^b. Sohar אחרי 57^b. Stichwort in Jal. zur Stelle.

28. למלחמה – אל המלחמה. Akedath Jizḥak Pf. 20 91^d.

28. בני fehlt: Joma 73^b in ms. München und allen alten edd. Schebuoth 35^b in den ältesten edd. und einem ms. bei Rabbinowicz.[5] Akedath Jizḥak a. a. O. Fehlt in 2 Kodd. Ken. und 2 LXX-Kodizes.

28. ה' – אליו. Schebuoth 35^b in alten edd. V: quibus[6] ait Dominus = ויאמר[6] אליהם ה'.

28. עלו – עלה. Schebuoth 35^b in einem ms. und einigen alten edd. Raschi zu V. 18. R. Eljakim zu Joma 73^b.[7]

28. כי מחר – ומחר. Konkordanz ed. Bomberg v. נתן. V. יד und v. מחר = MT.

29. אל הגבעה – על הגבעה. Trg Bom, Walton und Jem. Vielleicht so Massora, vgl. zu V. 20 s. v. Kod. Ken. 249. P.

30. אל הגבעה – על הגבעה. Trg. Vielleicht so Massora, vgl. zu V. 20 s. v. P.

31. בנימן – בנימין. Trg Bom, Walton und Jem.

31. מהעם – מן העם. Trg: מן עמא. Mehrere Kodd. und alte edd.

31. במסלות – למסלות. Konkordanz v. סלל. V. פעם = MT.

---

1 Ed. Berlin (ms. Parma) S. 389 N. 1591 fehlt die Stelle.

2 Vgl. dazu Jakob Emden, Mitpaḥath Sefarim 11^b und Kunitz, Ben Joḥai S. 83 N. 55.

3 Sohar bemerkt: An allen Stellen, in denen Pinḥas erwähnt wird, wird er als Sohn Arons des Priesters bezeichnet. בכל אתר דאתא פינחס בן אהרן הכהן כתיב. Diese Angabe ist nicht richtig. Vgl. Num. 31, 6; Jos. 22, 13, 30—32 und andere Stellen.

4 Er zitiert: בן אהרן הכהן הגדול.

5 In ms. München und anderen Textzeugen fehlt das Zitat.

6 Plural deshalb, weil V mit LXX nach בימים ההם das Plus וישאלו בני ישראל בה hat.

7 Siehe Rabbinowicz zu Joma S. 218 Anm. 70.

31. ביתאל — בית אל. Trg Lag und Jem. Madinḥaë. Vgl. zu V. 18.

32. כראשנה — כבראשנה. Trg Lag: כקדמיתא, während Bom, Walton und Jem: כדבקדמיתא.

32. ונתקנום — ונתקנוהו. Trg: ונגודינון. Vielleicht bloß sinngemäß. LXX, P, V: וְנַתְקנום.

33. וארב — ואורב. Massora Jos. 8, 19 zählt ohne unsere Stelle 3 אורב plene. Vgl. Norzi.

33. ממערה גבע. Trg: ממישר גבעתא. Es ist nicht einzusehen, wie מערה die Bedeutung מישר — Ebene haben kann und warum Trg hier, bei einem Hinterhalt, wo die eigentliche Bedeutung „Höhle" vorzüglich passen würde, מערה hätte umdeuten sollen. Es scheint mir daher, daß Trg für ממערה in seiner Vorlage מִמַּעֲרָבַת gelesen. Ähnlich lesen wichtige LXX-Kodizes und A: ממערב ἀπὸ δυσμῶν. V: ab Occidentali urbis. Ob גבעתא = גבעה ist oder damit גבע erklärt wird, ist nicht sicher. Vgl. oben zu V. 10.

34. מנגב — מנגד. Trg: מדרומא. 29 Kodd. מנגב.

34. אליהם — עליהם. Trg Bom und Walton: להון. V: illis. Auch LXX-Kodizes: αὐτῶν, ἀπ'αὐτῶν scheinen אליהם auszudrücken. Vgl. zu V. 41 v. עליו.

35. בני ישראל — ישראל (I). Ibn Ġanaḥ, Sefer Haschoraschim S. 233. LXX, V, Ar, 1 Kod. R. prima manu.

36. ויתן — ויתנו. Pirḥon, Wb. r. כתר.

36. בני — איש. Ibn Ġanaḥ, Sefer Haschoraschim S. 233. Trg Lag: בני. LXX, P, V. 4 Kodizes Ken. בני.

36. על הגבעה — אל הגבעה. Trg: על גבעתא. Vielleicht so Massora. Vgl. oben zu V. 20. Dagegen zählt eine andere Massora ohne unsere Stelle 2 על הגבעה, siehe oben zu V. 19. Kodd. und edd. על. Es ist die Lesart der Madinḥaë, siehe G. I 592 N. 623 und II 57 N. 494. So LXX und P. V unentschieden. Vgl. noch Norzi.

37. החיש — החישו. Trg: אוחי. Es ist nicht Manier, da Trg wohl Singulare pluralisiert, nicht aber Plurale durch Singular ausdrückt. Vgl. oben zu 12, 5 v. יאמרו. LXX: ἐκινήθη, ὥρμησεν.

37. ויפשט — ויפשטו. Trg: ואיתנגיד. So Bom, Lag, Walton und Ibn Ġanaḥ, Wb. S. 395 und Sefer Haschoraschim S. 276. Nur Jem: ואיתנגידו. P: נפל.

37. על הגבעה — אל הגבעה. Trg: על גבעתא. Vielleicht so Massora, siehe zu V. 20. 4 Kodd. und die ältesten edd. LXX, P.

38. להעלות — להעלותם. Konkordanz v. עלה.[1] Trg Lag und Jem: לאסקא.[2] 2 Kodd.

---

[1] V. רבב = MT.

[2] Bom und Walton: לאסקותהון.

38. משאת העיר מן העיר – משאת העיר. Josef Kimḥi, Sefer ha-Sikkaron S. 60. Samuel Masnuth, Ma'ajan Gannim ed. Buber S. 43 und S. 105. Daß wenigstens bei Masnuth keine Verschreibung oder Ungenauigkeit, sondern eine wirkliche Lesart vorliegt, dafür spricht vielleicht die Tatsache, daß er משאת „Brand" deutet, was bei der Verbindung משאת העשן kaum möglich wäre. Kimḥi, der versucht, משאת in dieser Bedeutung zu fassen, ist gezwungen משאת העשן in משאת [הלהב ועמוד] העשן erweitert zu denken.[1] Bei Masnuth aber findet sich gar keine Erklärung, wie משאת hier „Brand" bedeuten kann, sondern diese Bedeutung wird als bekannt und selbstverständlich vorausgesetzt.

39. החל – החלו. Ibn Ġanaḥ, Wb. S. 360.[2] Kod. Ken. 154. V und Ar החלו, sie lesen aber בני בנימן. Trg שריאו kann auch Manier sein.

39. להכות – להכות מהעם. Konkordanz v. חלל 1 und 2, v. נכה und v. עמם. V für באיש ישראל „de exercitu eorum" drückt vielleicht eher מהעם aus. Vgl. V. 31.

40. והמשאת החלה – והארב החל. Trg: וכמנא שרי. Daß dies bloß Deutung und Harmonisierung mit V. 38 wäre, kann nicht im Ernst gedacht werden. Vgl. noch die folgende Stelle.

40. לעלות – להעלות. Trg: לאסקא. Es kann aber auch Deutung des Kal sein, vgl. Das Schriftwort II S. 6 v. לעלות.[3] Ibn Ġanaḥ, Wb. S. 320 להעלות.[4] 2 Kodd.

40. אחריו – לאחריו. Der Karäer Aron ben Eliah aus Nikomedien, Kether Thorah II 23b. Trg Jem: לאחוריהון. P: לבסתרהון.

41. עליו – אליו. Konkordanz v. נגע und v. ראה.[5] Trg: ליה (להון).[6] Mehrere Kodd. LXX-Kodizes: αὐτοῦ. Vgl. zu V. 34 v. עליהם. Vgl. noch Norzi hier.

42. אל דרך – בדרך. Trg Lag. Ar: פי טריק.

42. אל דרך – על דרך. Madinḥaë.[7] Kod. Ken. 658.

42. המדבר – המדברה. Madinḥaë.[7] Mehrere Kodd. und edd.

---

[1] Daß dies Künstelei ist, scheint Kimḥi selbst empfunden zu haben. In der Tat führt er in seinem Wörterbuche r. נשא für die Bedeutung „Brand" nicht unsere Stelle an, sondern erst V. 40 והמשאת. Auch Ibn Ġanaḥ, Wb. S. 460 und Sefer Haschoraschim S. 323, zitiert nur V. 40 als Beleg.

[2] Sefer Haschoraschim S. 233 = MT.

[3] Deutet Trg bloß לעלות = להעלות, so ist dies ein noch wichtigerer Anhaltspunkt dafür, daß Trg והארב החל gelesen. Siehe die vorhergehende Stelle.

[4] Sefer Haschoraschim SS. 221 und 323 = MT.

[5] V. רוע = MT.

[6] So Bom und Walton. להון muß nicht אליהם ausdrücken, es kann auch aus Manier sein. Jedoch LXX und P: עליהם.

[7] Siehe G. I 512 N. 623, II 57 NN. 494, 525, III 26 N. 641*aa*.

42. ואשר מהערים. Trg: ואנשי כמנא קמו מקירויהון = ואנשי המארב (האורב) קמו מעריהם. Als Exegese ist eine solche Erweiterung unnötig, es hätte genügt ודי קמו מקירותא, oder auch מקירוידהון. Jedenfalls liest Trg nicht ואשר, sondern dafür ואנשי. Vielleicht deutet Trg einen Text ואנשים מעריהם.

42. אתו בתוכו. Trg: ביה (בהון) מכא ומכא = בו מזה ומזה. Vielleicht bloß Exegese? Vielleicht auch Deutung und Umschreibung von בתוכם, wie LXX: *ἐν μέσῳ αὐτῶν*. Für בו vgl. VV. 21, 25, 33.

43. הרדיפהו – הִרדיפהו. Massora bei G. II 546 N. 7 zählt unser Wort zu den Wörtern, in denen ein dageschiertes Resch vorkommt.

43. הרדיפהו מנוחה – מנוחה הרדיפהו. Massora a. a. O. (Zitat).

43. מְנוּחָה – מְנוּחֹה. Trg: מבית ניחהון — a domo requietionis eorum, aus ihren Ruhestätten. Vielleicht auch מְנוּחָם, ohne daß dies nötig wäre, da Trg sinngemäß Singulare pluralisiert. נוּחַ Ruhestätte II Chr. 6, 41 לנוחך = Ps. 132, 8 למנוחתך. LXX liest ebenfalls מְנוּחֹה, nur hat sie mißverständlich נוּחֹה als Eigennamen — vielleicht in Anspielung auf I Chr. 8, 2 — gefaßt: *ἀπὸ Νουὰ*.

44. את כל – כל. Konkordanz v. איש und v. חיל. את fehlt in 6 Kodd., LXX, P und V. — V. 46 MT את fehlt in Kod. Ken. 180, LXX, P und V.

45. ויעללהו – ויעלהו. Sefer Haschoraschim S. 234. Daß es bei Ibn Ġanaḥ nicht einfach Verschreibung ist, ist vielleicht der Umstand ein Anhaltspunkt, daß das Wort in r. עלל S. 367 nicht angeführt wird.

45. ויעללהו – וַיְעֹלְלֻהוּ. Trg: ואיטמרו.

45. גדעם – גדעום. Trg Lag, Bom und Walton.

45. גדעם – גדעון. Ibn Ġanaḥ, Wb. S. 336 in einem ms. LXX: *Γεδᾶν*. P: גבעון.

46. עשרים וחמשה – חמשה ועשרים. Stichwort bei Kimḥi. Kimḥi zu V. 15 = MT.

48. בני fehlt bei Raschi im Stichwort. Fehlt in 3 Kodd.

48. מתם – מתים. Konkordanz v. תמם. Zahlreiche Kodd. und edd. מתִם, מתים. Vgl. Norzi.

48. מעיר מתם. Trg: מקירויהון גמרונון = מעריהם הֶחָמוּם, oder auch sinngemäße Übersetzung von מֵעִירָם תַּמָּם. Ein LXX-Kodex bei Field: *διδύμων* = תֹּמִים,[1] siehe LXX Gen. 25, 24. תמים kann auch תֹמם geschrieben werden, so daß dieser LXX-Kodex תַּמָּם in תֹמם verlesen haben kann. Ähnlich wie Trg liest auch P: וגמרו אנון מן קרויא, wörtlich: וַיְחָמוּ (ויחרימו) אותם מן הערים, kann aber Erweiterung des Textes Trgs sein.

48. עד (I) – ועד. Konkordanz v. עיר.[2] LXX: *καὶ ἕως*, P: ועדמא.

[1] Field: תַּמִּים, aber dafür LXX Ex. 26, 25 und 36, 29 *ἴσοι*.

[2] V. בהם und v. תמם = MT.

Kap. XXI.

1. בתו – את בתו. Raschi Gen. 35, 11.[1] Konkordanz v. איש und v. נתן.[2] Akedath Jizḥak Pf. 71 382^c^. A: *τὴν*.

2. בית אל – ביתאל. Trg Lag und Jem. Madinḥaë. Vgl. oben zu 1, 23 v. בבית אל.

2. בית אל – בית ה׳. Naḥmanides zu Gen. 19, 8. V: domum Dei in Silo = בית אלהים בשילה.

2. וישאו קולם fehlt bei Naḥmanides a. a. O.

3. זאת – כזאת. Abarbanel zu Gen. 37, 34.

5. כי השבועה הגדולה היתה – כי היתה השבועה גדולה. Jal. Ri § 76 aus Pirke d' Rabbi Elieser Kap. 38. גדולה auch LXX, *μέγας* ohne *ὁ*, Konkordanz v. גדל.

5. לאשר – אשר. Pirke d' Rabbi Elieser a. a. O. in edd. und Jal. a. a. O. = P und V.

5. עלה (II) – יעלה. Pirke d' Rabbi Elieser Kap. 38 in den alten edd. A: *ἀναβάντι*.

5. עלה אל ה׳ המצפה – עלה בקהל. Pirke d' Rabbi Elieser Kap. 38 ms. Epstein. אל ה׳ המצפה + בקהל Kod. Ken. 30. V liest nicht אל ה׳ המצפה, fügt aber nach היתה "במצפה„ ein.

6. בנימן – בנימין. Ochlah we-Ochlah 8^a^. Trg Lag, Bom und Walton. Massora Gen. 35, 18; Jos. 21, 17; Neh. 11, 36 zählt ohne unsere Stelle 17 בנימין.

6. נגדע – נגרע. Der einem Schüler Sa'adias zugeschriebene Chronikkommentar ed. Kirchheim zu I Chr. 1, 6.[3] Trg: איתמנע. Mehrere Kodd. und Edd.[4] LXX-Kodizes und A: *ἀφῄρηται*, V: ablata est = נגרע.

6. נגדע – נסע. Massora bei G. III 147^a^ (Zitat). Wenn dies nicht einfach Verschreibung ist, so ist wahrscheinlich נִסַּע zu lesen. Vgl. Jes. 38, 12 und Job. 4, 28.

---

[1] Die Ausführung Raschis stammt aus Jerusch. Ta'anioth IV 69^c^, Gen. r. LXXXII 4 und Threni r. Pethiḥa 33, aber in diesen Stellen wird unser Vers nicht angeführt. — Im Kommentar zu Gen. r. a. a. O. und zu Ta'anith 30^b^ wird בתו zitiert, aber diese Kommentare gehören nicht Raschi. Vgl. Asulai, Schem Hagedolim ed. Ben Jakob I 84^b^; H. Chajes, Imre Bina V 23^a^ und Zion II; Epstein in Steinschneider-Festschrift S. 117 und in Haḥoker I S. 29 f. Theodor in Levy-Festschrift S. 132 f.

[2] V. בנה = MT. Geht auf einen verschiedenen Text zurück.

[3] ודיפת הוא ריפת לפי שדומים ד׳ ור׳ בציורם ובחיקוקם הסדירן וחלפן זה בזה כמו . . . נגרע היום שבט אחד (Zach. 11, 14) ואגדע את מקלי. Vgl. Kirchheims Anm. 4.

[4] Vgl. Eliah Levitas Zusätze zu Kimḥis Wb. r. גרע und Norzi zu unserer Stelle.

8. מיבש — מיביש. Massora zu V. 9 zählt unsere Stelle nicht zu den defektiven יבש.[1]

10. העדה fehlt bei Naḥmanides zu Lev. 27, 29 in einem ms. Fehlt in V.

10. איש fehlt bei Naḥmanides a. a. O.

10. מבני — בני. Trg: מזרזי חילא.[2] Kod. Ken. 150. V: viros robustissimos.

10. יושבי — אנשי. Trg Jem: אנש. Daneben auch יתבי. Vgl. zu V. 12 v. מיושבי.

12. מיושבי — מאנשי. Jebamoth 60^b in alten edd., bei Raschi, in En Jakob, Agadoth ha-Talmud und in Jal. Ex. § 382, Ri § 76 und Num. § 785. En Jakob, Kommentar zu Jeb. 60^b. Diese Lesart liegt noch in den folgenden zwei Varianten vor.

12. מיושבי — באנשי. Jebamoth 60^b ms. München.

12. מיושבי — אנשי. Jebamoth 60^a bei Baḥja ben Ascher, Kommentar zu Num. 31, 18. Dublette in Trg Jem: מיתבי אנש.

12. יבש — יביש. Nach Massora. Vgl. Norzi. Kodd. Vgl. oben zu V. 8 v. מיבש.

12. נערה בתולה — נערות בתולות. Baḥja ben Ascher, Kommentar zu Num. 31, 18 aus Jebamoth 60^b. LXX, Trg, P und V übersetzen den Plural. Vielleicht aber bloß mit Rücksicht auf die Zahl. Vgl. die folgende Stelle.

12. ידעה — ידעו. Jebamoth 60^b in edd., ms. München, En Jakob, Agadoth ha-Talmud, Jal. Ex. § 382 und Ri § 76 und Num. § 785 und bei Baḥja zu Num. 31, 18. Kod. Ken. 93, LXX, Trg, P und V. Vgl. die vorhergehende Stelle.

12. איש למשכב — משכב. Jebamoth 60^b in ms. München, En Jakob, bei Baḥja zu Num. 31, 18 und in Jal. Ex. § 382, Ri § 76 und Num. § 785. V: viri thorum.

12. אותם — אותן. Trg Lag: יתהין. = LXX, P und V.

12. אותם fehlt in Konkordanz v. הנה. V. בוא = MT.

13. שלם — לשלם. Konkordanz v. קרא und v. שלם. Zahlreiche Kodd. und alte edd. LXX: εἰς εἰρήνην. So auch Trg Lag, vgl. die folgende Stelle.

13. שלם — דברי שלם.[3] Trg Bom, Walton und Jem: מלין דשלם. Vielleicht bloß Exegese, da שלום hier nicht Gruß ist, sondern „Friedensverhandlungen" bedeutet. Vgl. V: ut eos susciperent in pace. Vielleicht erklärt aber auch V דברי שלום. Trg Lag למילין לשלם ist gewiß

[1] Vgl. Norzi. Vgl. noch Frensdorff, Massora Magna S. 287 Anm. 2.
[2] מזרזי חילא = בני חיל Deut. 3, 18.
[3] Vgl. Deut. 2, 26; Esther 9, 30.

Verschreibung aus למילן דשלם = לדברי שלום oder auch לשלום, wenn מילין Exegese ist. לשלם kann auch Randglosse nach לשלום sein.

14. הנשים – נשים. Trg: נשין

17. שבט – שמו. Baba Bathra 116ᵃ in ms. München und Jal. Ri § 76.

18. אשה – בתו. Threni r. Petiḥah 33 in Jal. Ri § 76. Jal. im Stichwort. Vgl. V. 1. V und Ar: de filiabus suis uxoren = מבנותיו אשה. Verbindung von V. 1 und V. 7.

19. הנה fehlt in Josef Karas Kommentar zur Stelle. Fehlt in A.

19. 'ה – 'לה. R. Samuel ben Meïr, Kommentar zu Deut. 1, 1.[1] Konkordanz v. אמר.[2] Der Karäer Eliah Baschjazzi, Adereth Eliahu 221ᵇ. 6 Kodd. und die ältesten edd. Trg Bom, Lag und Walton קדם ה' drückt nicht sicher לה' aus. A: τῷ Κυρίω. Ar: ללרב.

19. בשלו – בשילה. R. Samuel ben Meïr zu Gen. 49, 10 und Deut. 1, 1. Josef Kara zur Stelle. Kimḥi zu Ri 20, 26 und zu unserer Stelle. Konkordanz v. אמר, v. חגג und v. יום. Baḥja ben Ascher zu Ex. 13, 10. Akedath Jizḥak Pf. 31. Der Karäer Eliah Baschjazzi, Adereth Eliahu 221ᵇ. Massora Ri 9, 1 (Zitat). Massora fin. v. מ N. 13 (Zitat). Massora bei G. II 619 N. 362: הנה חג ה' בשילה שילה כתיב.[3] Vgl. noch zu V. 21 v. שילו.

19. לבית אל – לביתאל. Raschi zur Stelle. R. Samuel ben Meïr zu Deut. 1, 1.[4] Kimḥi zur Stelle (zweimal). Trg Lag und Jem. Madinḥaë bei G. I 592 N. 623. Vgl. oben zu 1, 23 v. מבית אל.

19. מזרחה – ממזרח. R. Samuel ben Meïr a. a. O.[4] P: מן מדנחי.

19. מבית אל – מביתאל. Raschi und Kimḥi zur Stelle. Trg Lag und Jem. Madinḥaë. Vgl. oben zu V. 23 s. v.

19. מבית אל – בית אֵל. R. Samuel ben Meïr zu Gen. 49, 10 und Deut. 1, 1 (ביתאל). Konkordanz v. עלה. V. סלל = MT.

19. ומנגב – מנגב. R. Samuel ben Meïr zu Deut. 1, 1.[5] P: מן תימנא.

20. ויצו – ויצוו. Soferim VII 1[6] im Verzeichnis der Waw legenda et non scripta fehlt unsere Stelle. Der Autor dieses Verzeichnisses hat also in seinem Text ויצוו als Kethib gehabt. — Dagegen Massora zur Stelle und zu Gen. 50, 16; Massora fin. v. ו N. 18 und Ochlah we-Ochlah N. 119.

---

1 Zu Gen. 49, 10 = MT.

2 V. חג = MT.

3 Massora zu Gen. 49, 10 und bei G. II 619 N. 359 bestätigt MT. Vgl. auch Norzi zu Gen. a. a. O. und zu unserer Stelle und Frensdorff, Massora Magna S. 322ᵇ Anm. 4.

4 Zu Gen. 49, 10 = MT.

5 Zu Gen. 49, 10 fehlt das Zitat.

6 Edd., alle mss. der ed. Müller und Maḥsor Vitry S. 696.

21. והנה — והיה. Schitah Ḥadaschah zum Segen Jakobs. Kimḥi zu V. 19. Baḥja ben Ascher zu Gen. 34, 11. Vgl. die folgende Stelle.

21. והנה fehlt in Tanḥuma ed. Buber ויחי § 13. Jal. Gen. § 161 aus Schitah Ḥadaschah, vgl. aber die vorhergehende Stelle. והנה fehlt in P und V.

21. אם יצאו — כי יצאו. Profiat Duran, Ma'asse Efod S. 95. LXX, P und V scheinen כי auszudrücken.

21. שילו (I) — שלה. Duran a. a. O. Massora zu Gen. 49, 10 zählt ohne unsere Stelle 8 שלו, mit der Angabe: in den sonstigen Stellen wird das Wort שלה geschrieben. So ist auch Massora fin. v. שי N. 1 zu emendieren: שילו ח׳ כתיב [בוא׳ו ושארא] שלה. Norzi zu Gen. 49, 10 und zu unserer Stelle ist unberechtigt. Vgl. noch die folgende Stelle.

21. שילו (I) — שילה. Tanḥuma ed. Buber ויחי § 13. Schitah Ḥadaschah zum Segen Jakobs.[1] Manuel du Lecteur S. 99. Baḥja ben Ascher zu Gen. 34, 11. Konkordanz v. $חלל_4$ und v. בנה. Trg Bom und Walton. Massora bei G. II 619 N. 359 zählt mit unserer Stelle 3 שילה. Vgl. auch die vorhergehende Stelle.

21. וחטפתם — לכו וחטפתם. Raja Mehemna in Sohar I 91[b] ed. Wilna.

21. אשתו — את אשתו. Baḥja ben Ascher, Kommentar zu Gen. 49, 27.

21. שילו (II) — שלה und auch שילה. Massora, vgl. oben v. שילו (I). Midr. Agadah ed. Buber I S. 115 aus Tanḥuma ויחי § 14. Konkordanz v. בנה.

21. או אחיהם — ואחיהם. Akedath Jizḥak Pf. 71. V: ac fratres.

23. וישאו — וישאו להם. Konkordanz v. ספר.[2] 4 Kodd. P: להון, V: sibi.

23. המחללת — המחלת. Trg: חינגיא, Reigentänze.

23. בהם — בם. Konkordanz v. בנה und v. ישב.

25. בישראל — לישראל. Akedath Jizḥak Pf. 71 382[b]. Ar: לבני אסראיל.

25. בישראל — בשראל. Massoretische Notiz bei G. I 601[b]: בְּשְׂרָאֵל לית חסר יוד.

25. הישר — כל הישר. Akedath Jizḥak Pf. 71. 2 Kodd. Vgl. oben zu 17, 6 s. v.

---

[1] Edd., Jal. Gen. § 161 und Jal. ha-Machiri ed. Greenup zu Amos 3, 7. Greenup verweist fälschlich auf Gen. r. XCII 2, wo der Schluß der Stelle ganz anders lautet.

[2] V. איש und v. נשא = MT.